Friedrich Schleiermacher

Friedrich Schleiermacher's sämmtliche Werke

Zur Philosophie

Friedrich Schleiermacher

Friedrich Schleiermacher's sämmtliche Werke
Zur Philosophie

ISBN/EAN: 9783742892973

Hergestellt in Europa, USA, Kanada, Australien, Japan

Cover: Foto ©Thomas Meinert / pixelio.de

Manufactured and distributed by brebook publishing software
(www.brebook.com)

Friedrich Schleiermacher

Friedrich Schleiermacher's sämmtliche Werke

Friedrich Schleiermacher's

sämmtliche Werke.

Dritte Abtheilung.

Zur Philosophie.

Sechster Band.

Berlin,

gedruckt und verlegt bei G. Reimer.

1862.

Friedrich Schleiermacher's
literarischer Nachlaß.

—————

Zur Philosophie.

—————

Vierter Band.

——————————————

Berlin,

gedruckt und verlegt bei G. Reimer.

1862.

Psychologie.

Aus Schleiermacher's handschriftlichem Nachlasse
und nachgeschriebenen Vorlesungen

herausgegeben

von

L. George.

Berlin,
gedruckt und verlegt bei G. Reimer.
1862.

Vorwort des Herausgebers.

Die Psychologie Schleiermacher's gehört zu denjenigen Werken, deren Herausgabe der selige Prediger Jonas sich selbst vorbehalten hatte; aber so sehr ihm auch diese Arbeit am Herzen lag und so gern er sich in diese Vorlesung vertiefte, die ja gewissermaßen den Schlüssel nicht nur zu dem philosophischen System sondern auch zu der theologischen Grundanschauung des verehrten Meisters abgiebt, und die er einst selbst, als dieser mitten in ihr durch den Tod abgerufen wurde, vor seinen damaligen Zuhörern zu Ende zu führen gewürdigt war, so ist es ihm doch nicht vergönnt gewesen, wirklich an die Ausführung zu gehen, weil theils die nach vielen Seiten hin gesteigerte Berufsthätigkeit ihm nicht die dazu nöthige Muße ließ, theils die Unleserlichkeit der zu benutzenden Hefte ihn immer wieder davon zurückschreckte. Nach seinem Tode erhielt im vorigen Jahre der Unterzeichnete den ehrenvollen Auftrag, sich nunmehr der Herausgabe des Werkes zu unterziehen, und mit

aller der Liebe, welche die Dankbarkeit gegen den hochver-
ehrten Lehrer und die Sache selbst einzuflößen vermag, hat
er denselben nach Kräften auszuführen gesucht.

Schleiermacher hat nach Ausweis der Lectionskataloge
der Berliner Universität viermal über Psychologie Vorlesungen angekündigt, in den Sommersemestern 1818, 1822,
1830 und im Wintersemester 1833/4 und aus diesen Jah-
ren fanden sich mit Ausschluß von 1822 ziemlich vollständige Manuscripte, die nach der Stunde aus der Erinnerung
aufgeschrieben das Wesentlichste zu fixiren suchten. An dem
Rande des von 1818 herrührenden stehen dann eine geringe Zahl offenbar später hinzugefügter Bemerkungen, die
vielleicht sich auf die Vorlesung des Jahres 1822 beziehen,
ebenso wie die freilich weit umfangreichere Ausführung von
1833/4 sich an dem Rande des Heftes von 1830 befindet,
wo sie bis zur 64sten Stunde reicht, welche in der That
auch dem nachgeschriebenen Hefte gemäß die letzte vor seiner
tödtlichen Krankheit gewesen ist. Die Vorlesung von 1830
ist nur bis zum Anfange des zweiten Haupttheils ausgear-
beitet und verweist dann für diesen auf das frühere Heft,
welches überhaupt am ausgeführtesten ist und, wie eine
Vergleichung mit der Nachschrift der Vorlesung zeigt, kaum
wesentliche Gedanken übergeht und nur ganz am Ende, wo
mehrere Stunden zusammengezogen sind, nicht mehr hin-
länglich den Inhalt des Vortrags erkennen läßt.

Nach dem bei der Herausgabe der übrigen Vorlesungen befolgten Verfahren war es nicht zweifelhaft, daß diese
von Schleiermacher's Hand herrührenden Aufzeichnungen
vollständig abgedruckt werden mußten, zumal da sie einen
authentischen Beleg für die Entwicklung des Schleiermacher-

schen Denkens abgeben, das in den Vorlesungen von 1818 von
der naturphilosophischen Strömung der Zeit stark afficirt
war, während die späteren sich fast ganz frei davon gemacht
haben. So schwierig es auch anfangs war, sich in die
kleine, vielfach abgekürzte Schrift hineinzulesen, die oft der
Loupe bedurfte, um zu einer bestimmten Entscheidung zu
gelangen, so glaube ich doch bis auf wenige Wörter, die
deshalb mit einem Fragezeichen versehen worden sind, dieselbe vollkommen entziffert zu haben, und ich kann um so
mehr für die Richtigkeit einstehen, als mein in dem Lesen von
Handschriften sehr geübter College, Herr Professor Hertz,
die Güte gehabt hat, eine genaue Revision zu übernehmen,
wofür ich ihm öffentlich meinen Dank ausspreche. Außerdem fanden sich kleine Zettel vor, die für das Bedürfniß
jeder Stunde berechnet in der gedrängtesten für jeden Andern unverständlichen Kürze den Inhalt derselben angaben,
aber da sie so kein Interesse darboten und auch nicht einmal vollständig erhalten waren, würde der Abdruck derselben
von keiner Bedeutung gewesen sein.

Schwieriger aber war die Frage zu entscheiden, inwieweit von den vorhandenen Nachschriften der Vorlesungen
Gebrauch gemacht werden sollte. Es standen mir zu Gebote:

a) Eine, wie die Vergleichung mit dem entsprechenden
Schleiermacher'schen Manuscript ergiebt, aus dem Jahre
1818 stammende, welche ohne Jahreszahl und ohne
Namen des Verfassers ist, aber vielleicht von dem Prediger Jonas selbst herrührt. Sie schließt sich sehr
treu jenem an und hat mir zur Entzifferung desselben
sehr wesentliche Dienste geleistet; an einigen Stellen,

deren Sinn nicht ganz deutlich war, habe ich sie auch
zu kurzen Anmerkungen benutzt, aber eine weitere Ver=
wendung schien bei der Ausführlichkeit des Manuscripts
unnöthig.

b) Drei aus dem Jahre 1830; eine kürzer abgefaßte von
dem Herrn Prediger Schubring und zwei fast wörtlich
nachgeschriebene, die eine von meinem Freunde dem
Herrn Consistorialrath Professor Dr. Erdkam in Kö=
nigsberg, die andre von mir selbst herrührende, durch
deren Vergleichung mir die Möglichkeit gegeben war,
für eine genaue und treue Wiedergabe des Schleier=
macher'schen Vortrags einzustehen.

c) Endlich lag noch eine aus dem Semester 1833/4 von
einem unbekannten Verfasser vor, welche ebenfalls die
Lesung des besonders undeutlich geschriebenen Manu=
scripts bedeutend erleichterte.

Es konnte nun zweifelhaft erscheinen, ob diese Nach=
schriften nur in der Weise benutzt werden sollten, daß ein
aus ihnen gemachter kürzerer Auszug zur Erläuterung der
Schleiermacher'schen Manuscripte, die allerdings ja zum
Theil dem Eingeweihteren völlig verständlich erschienen und
die hauptsächlichsten Gedanken deutlich wiedergaben, in An=
merkungen gebracht würden, wie es ja sonst auch bei an=
deren der herausgegebenen Vorlesungen geschehen ist, oder
ob vielmehr die Vorlesung eines Semesters in ihrem Zu=
sammenhange wiedergegeben werden sollte. Ich entschied
mich aber bald für das letztere Verfahren, weil dadurch
allein ein leichteres Verständniß des Ganzen und eine in
allen Theilen gleichmäßige Durchführung zu erzielen war
und die frühere Behandlung in der anderen Weise deutlich

gezeigt hatte, wie der eigentliche Genuß des Werkes dadurch erheblich verkümmert würde. Stand aber so der Entschluß fest, die Nachschrift einer Vorlesung als ein Ganzes zu geben, so konnte es nicht fraglich sein, daß ich die von 1830 wählen mußte, einmal weil sie die letzte vollständige war, und sodann, weil ich für die Treue der Nachschrift eine hinlängliche Bürgschaft besaß. Aus eben diesem Grunde war mir aber auch für die Redaction derselben das Gesetz aufgelegt, die Schleiermacher'sche Darstellung so genau wie möglich festzuhalten, und nur wo die Unebenheiten des frei gesprochenen Wortes für den Leser nicht erträglich gewesen wären, habe ich mir erlaubt in schonendster Weise nachzuhelfen und bloße Wiederholungen, besonders beim Beginn einer neuen Stunde, wegzulassen oder abzukürzen, wenn sie nicht etwa, wie dies überwiegend der Fall war, dazu dienten dem Gedanken noch eine neue Wendung abzugewinnen, wo es dann gerathener erschien, lieber eine solche Unebenheit stehen zu lassen als den Gedanken selbst aufzuopfern. So wird die gegebene Vorlesung ein treues Bild der mündlichen Behandlung des Stoffes geben und theils das Verständniß des entsprechenden Manuscripts vermitteln, theils in demselben seine vollständige Controlle finden. Der Gewissenhaftigkeit in der Wiedergabe des Vorhandenen bin ich mir bewußt und mein eifriges Bestreben ging dahin, daß man die treue Sorgfalt dessen nicht allzusehr vermissen möchte, dem die Herausgabe zuerst übertragen war und der durch seine innige Vertrautheit mit den Schleiermacher'schen Gedanken vor Allen berufen war, diesen köstlichen Schatz aus seinem Nachlaß ans Licht zu förbern; wie weit es mir jedoch gelungen ist, den Ansprüchen zu genügen, die man an den Herausgeber eines solchen Werkes stellen kann, muß ich dem billigen Urtheil Anderer anheimgeben.

Die Psychologie, welche gerade geeignet ist, neben seiner Dialektik das hellste Licht über Schleiermacher's wissenschaftliche Grundanschauungen und über seinen Begriff von der Religion zu verbreiten, erscheint leider sehr spät, und manche Probleme mögen heute in andrer Weise und vielleicht auch besser zu lösen sein; aber nicht nur wird die großartige wahrhaft künstlerische Anlage des Werkes und die von jeder Einseitigkeit sich fern haltende Behandlung den immer noch zahlreichen Verehrern des großen Meisters hohen Genuß, reichliche Belehrung und mannigfaltigen Aufschluß über dunklere Seiten seines Systemes gewähren, sondern es wird dasselbe auch in dem Kampfe entgegengesetzter Richtungen, welcher jetzt auf diesem Gebiet der Wissenschaft mit Lebhaftigkeit geführt wird, einen mächtigen Einfluß auf die Entwicklung desselben auszuüben im Stande sein, so daß wir nicht fürchten dürfen, es möchte zu spät ans Licht gezogen und der Vergessenheit entrissen sein.

Greifswald, den 20. December 1861.

L. George.

Inhalt.

———

Einleitung.

Wenn man eine wissenschaftliche Untersuchung gemeinschaftlich führen will, so muß man sich erst über zweierlei verständigen,
einmal über den eigentlichen Gegenstand der Untersuchung und
sodann über die Art und Weise, wie man den Gegenstand hat
oder erlangen will, nämlich im Wissen. So wie es an dieser
Verständigung fehlt, kann man sich einer Menge bekannter Ausdrücke bedienen und damit die Untersuchung eine Zeit lang fort-
führen, ohne daß man doch eigentlich weiß, ob jeder dasselbe
dabei denkt und ob das angestrebte Ziel für alle dasselbe ist. In
verschiedenen Fällen ist diese Verständigung leichter oder schwerer.
Es fragt sich, wie es hiemit steht in Beziehung auf diese Untersuchungen, die ich Seelenlehre genannt habe? Unsere beiden
Fragen werden also die sein, wie sie sich auch in dem Worte
selbst schon combinirt finden, was verstehen wir unter Seele
und auf welche Weise glauben wir von der Seele etwas
wissen zu können? Es ist schon eine Unvollkommenheit, daß
wir vorläufig diese Fragen trennen müssen. Es kann nämlich
wohl sein, daß wenn wir wüßten, was die Seele ist, wir auch
wüßten, auf welche Weise und inwiefern wir etwas von ihr wissen könnten. Es wäre auch das umgekehrte möglich, daß wenn
wir erst über die Art und Weise der Erkenntniß der Seele einig

wären, wir auch zu sagen vermöchten, was die Seele sei. Aber inwiefern das der Fall sein kann und wie beides durch einander bedingt ist, darüber wissen wir jezt noch nichts, und deßhalb müssen wir beide Fragen vorläufig von einander trennen. Nun ist freilich der Ausdruck ein uns völlig geläufiger, und man sollte also glauben, es könnte nicht schwer sein, eine ordentliche Erklärung der Seele zum Grunde zu legen; sobald man aber die Sache wirklich angreifen will, so zeigt sich die Schwierigkeit als eine fast unauflösliche, und es wird wieder klar, daß man die andere Frage von Anfang an hinzunehmen muß, so daß man sich immer in einem Cirkel herum zu bewegen scheint.

So wie wir die Seele erklären, bringen wir sie in eine gewisse Klasse. Denn wenn wir auch nur von dem gewöhnlichsten logischen Begriff einer Erklärung ausgehen, so wird der Gegenstand dadurch mit andern zusammengefaßt und von andern gesondert. Das erstere bestimmt das Genus und sezt also eine allgemeine Vorstellung voraus, unter welche der Gegenstand subsumirt wird; dadurch ist er aber selbst noch nicht definirt, sondern es muß eine besondere Bestimmung hinzugefügt werden, wodurch er sich von allem Gleichartigen unterscheidet. Diese beiden Operationen erscheinen wieder auf die allerverschiedenste Weise bestimmbar. Ich kann so weit oben anfangen mit dem Zusammenfassen, daß als gegenüberstehendes nur das Nichts bleibt, aber desto größer sind dann die Abstufungen, die ich machen muß, um durch Sonderung zu dem Gegenstande zu gelangen. Dabei muß ich dann wieder fragen, ob ich nicht willkürlich zu Werke gegangen bin, ob ich zu bald mit der Trennung innegehalten oder sie zu weit fortgesezt habe. Wir wollen uns z. B. einbilden, wir hätten schon etwas in der Beschreibung der Seele gethan und wären auf einen gewissen Punkt gekommen, aber es wäre ein solcher, wo wir denken könnten, es möchten noch andere als menschliche Seelen in unserer Erklärung begriffen sein, so träte gleich der Zweifel ein, und wir müßten uns entschließen, ob wir diese von unserem Gebiet ausschließen wollten oder nicht. Ebenso aber wäre es möglich, daß wir eine solche Erklärung gemacht hätten, wodurch etwa die wahnsinnige Seele ausgeschlossen würde, und dann wären wir doch offenbar zu weit gegangen.

Die ganze Operation wird allerdings leichter, wenn der Gegenstand ein solcher ist, den man aufzeigen kann, also ein äußerlich wahrnehmbarer, denn da giebt es eine Menge von Vorstellungen, von denen man ohne weiteres überzeugt ist, daß sie für den einen ebenso viel Werth haben als für den andern. Auf solche Weise ist uns aber die Seele gar nicht gegeben, wir müssen uns umgekehrt darauf verlassen, daß es etwas giebt, was nicht äußerlich wahrnehmbar, sondern für einen jeden ein rein innerliches ist, wovon wir aber voraussezen dürfen, daß es dem einen dasselbe ist, wie dem andern. Gäbe es so etwas, so hätten wir wenigstens einen Anfangspunkt, von dem wir weiter zu sehen hätten, wie weit er uns etwa führen möchte. Hier stoßen wir nun gleich auf etwas, was sich dazu darbietet, nämlich Ich, denn ich wage nicht zu sagen: das Ich, weil in dem Artikel schon eine nähere Bestimmung liegt, ohne daß wir sagen könnten, was wir damit meinen. Nun ist so viel gewiß, daß wo das Ich-sezen gar nicht vorkommt, auch keine Sicherheit darüber gegeben ist, ob unser Gegenstand, nämlich die Seele vorhanden ist, (ich sage nicht, daß da keine sei, denn das wäre schon zu viel behauptet,) wo aber im Gegentheil dies sich findet, da nehmen wir Seele an. Das führt uns allerdings auf einen äußerlich wahrnehmbaren Gegenstand, und es scheinen sich also die beiden möglichen Anknüpfungspunkte, ein äußerlicher und ein innerlicher mit einander zu verbinden. Der äußerliche ist der Mensch, denn in diesem ist uns überall das Ich-sagen gegeben, und wo dies vorkommt, sezen wir Seele voraus.

Aber wie verhält sich die Seele zum Menschen? Diese Frage beantwortet sich sehr leicht; ob wir jedoch diese Antwort zum Anfangspunkt in unserer wissenschaftlichen Untersuchung machen können, ist sehr zweifelhaft. Man sagt: der Mensch besteht aus Leib und Seele, aber wo ist diese Antwort her?

Stammt sie aus einer wissenschaftlichen Untersuchung oder ist sie etwas vor derselben schon dagewesenes? In dem ersteren Falle dürften wir nicht damit anfangen, in dem andern Falle dagegen, wenn sie aus dem gemeinen Leben herrührte, würde es unbedenklich sein. Dies könnte parabox erscheinen, aber es ist doch offenbar so. Fangen wir nämlich mit einem Saz an aus einer wissenschaftlichen Untersuchung, so müssen wir immer voraussezen, wo wir nicht das Gegentheil ganz bestimmt wissen, daß es auch über denselben Gegenstand Untersuchungen gegeben hat von ganz verschiedener Art, und da würden wir uns an eine bestimmte einzelne gefangen geben und parteiisch verfahren gegen alle anderen. Dagegen wenn wir einen Saz aus dem gemeinen Leben an die Spize stellten, so wäre dies nur mißlich in dem Falle, wenn er aus einem bestimmten gemeinen Leben herrührte, wo er dann keinen Werth und keine Gültigkeit über diesen bestimmten Kreis hinaus haben könnte; vermöchten wir uns aber zu überzeugen, daß der Saz allgemein wäre, so wäre er auch tüchtig an die Spize gestellt zu werden.

Damit werden wir auf das Gebiet der Sprache geführt; denn Leib und Seele sind doch nur Ausbrücke einer bestimmten Sprache, und fände es sich, daß jeder Deutsche darunter dasselbe verstände, so würde der Saz zunächst als Ausgangspunkt für unsre Sprache Geltung haben, und wir müßten nur uns weiter überzeugen, daß auch in andern Sprachen ganz gleichbedeutende Werthe mit derselben Geltung vorkämen. Wenn wir aber nur einigermaßen in der Geschichte zurükgehen, so wird sich zeigen, daß sich dies keinesweges behaupten läßt. Die ersten wissenschaftlichen Untersuchungen finden wir bei den Griechen und da giebt es Ausbrücke, welche wir gewohnt sind den unsrigen gleich zu stellen, ψυχή und σῶμα, aber sie bezeichnen gar nicht dasselbe, wie bei uns. Ich will davon absehen, daß das Wort σῶμα schon Gebrauchsweisen hat, die bei unserem Wort Leib nicht vorkommen, aber die Art und Weise, beide im Menschen zu theilen, ist doch gar nicht dieselbe im Griechischen, wie im Deutschen.

Nämlich so wie man von dem Saze ausgeht, der Mensch besteht aus Seele und Leib, so muß es in dem Menschen etwas geben, was ganz dem Leib, und anderes, was ganz der Seele zuge-schrieben wird; das wäre dann eine ganz bestimmte Theilung, oder aber es müßte etwas überwiegend dem Leibe, etwas anderes überwiegend der Seele zukommen, wo dann die Theilung nicht mehr so scharf und streng wäre, wie jene erste. Untersuchen wir danach die Sache genauer, und fragen, was schreiben wir der Seele und dem Leibe zu und was die Griechen, so sehen wir Punkte, die bei uns und ihnen zusammenfallen, aber es treten auch Verschiedenheiten auf. Die Griechen z. B. schreiben den Ernährungsproceß, die ϑρεπτικὴ δύναμις, der Seele zu und sehen sie als die erste und niedrigste Function derselben an, was uns niemals einfallen wird, so daß also daraus hervorgeht, daß unser Wort Seele und das griechische ψυχή keinesweges dasselbe aussagen. Wir gerathen also gleich von Anfang an in einen solchen Conflict, daß wir es entweder aufgeben müssen mit dieser Formel anzufangen, oder uns entscheiden, auf welche Seite wir uns schlagen wollen.

Nehmen wir nun noch den andern Punkt hinzu, nämlich das Verbum in dem Saze, der Mensch besteht aus Leib und Seele, so führt uns das auf den Begriff der Zusammensezung und also auf das Verhältniß des einen zu vielem; wir denken Leib und Seele zunächst für sich, und wenn beides zusammenkommt und eins wird, so entsteht der Mensch. Der Leib aber weist auf den Begriff Organismus zurük, einen viel weiteren, als der Begriff Mensch, und so können wir die Frage nicht abweisen, ob wir überall, wo wir organische Wesen sehen, die wir ihrer räum-lichen Erscheinung nach unter den Begriff Leib stellen können, auch Ursache haben Seele vorauszusezen? So wie man die Frage bejaht, bekommt man menschlichen Leib und menschliche Seele, und thierischen Leib und thierische Seele. Was wir aber unter Organismus verstehen, findet sich auch bei den Pflanzen, und sobald wir da die Frage nach der Seele aufwerfen, so ver-

neint sie unsere Sprache sogleich, indem wir uns dabei des Ausdrukks Leib nicht bedienen, wogegen die Griechen, weil sie den
Ernährungsproceß der Seele zuschreiben, auch behaupten müßten,
die Pflanzen bestehen aus Leib und Seele, wenn auch die letztere
von untergeordneter Art ist. So würden wir eine dreifache Abstufung bekommen, Pflanzenseele, thierische und menschliche Seele,
die sich im Gebiete unserer Sprache nicht findet. So ist also
jener Saz, der Mensch bestehe aus Seele und Leib, durchaus
nicht allgemein gültig, er stammt aus einem Sprachgebiete, welches aus wissenschaftlichen Untersuchungen und aus dem gemeinen
Leben gemischt hervorgegangen ist, und da müssen wir ein gewisses Mißtrauen gegen ihn hegen, weil wir nicht wissen können,
ob die Uebereinstimmung eine wirkliche oder nur scheinbare ist,
da der eine den Saz gelten läßt nach dem gemeinen Leben, der
andere nach der wissenschaftlichen Untersuchung. Wir werden es
daher aufgeben müssen, ihn zum Ausgangspunkt unserer Entwikkelung zu machen.

. Wäre aber die Uebereinstimmung auch noch so groß, so treten noch von anderer Seite her Bedenken gegen die Formel auf,
welche auf der Vorstellung von der Zusammensezung beruhen.
Etwas zusammengeseztes muß man zerlegen können, und darin
liegt eine absolut oder relativ zu denkende Unabhängigkeit des
einen von dem andern. Wenn wir auf irgend einem Gebiete
von einem solchen Bestehen aus etwas reden, denken wir uns
immer, daß die Elemente auf irgend eine Weise für sich sein können. Sagen wir z. B., eine jede freie Handlung besteht aus
einem Impuls, einem Willensact, und der aus demselben her-
vorgehenden Bewegung im weitesten Sinne des Worts, sei es
eine psychische oder körperliche, so wird niemand gegen den Ausdrukk etwas einwenden können, aber darin liegt doch, daß es einen
Impuls geben kann, wozu die Bewegung nicht hinzukommt, aber
ebenso auch, daß sich eine Bewegung denken läßt, die nicht aus
einem Impuls hervorgegangen ist, nämlich eine erzwungene. Wenn
wir dies anwenden auf unsere Formel, so müßten wir auch Seele

und Leib für sich betrachten können; wir vermögen aber nicht Seele zu denken ohne auf Leib zurükzugehen, und ebenso hört auch in unserer Sprache der Gebrauch des Ausdruks Leib sogleich auf, sobald wir von der Seele absehen, so daß wir schon den Leib, wenn wir ihn seelenlos denken, nicht mehr Leib nennen, sondern einen anderen Ausdruk anwenden, und das ist auch der Grund, weshalb wir den Pflanzen nicht einen Leib zuschreiben, wohl aber den Thieren, weil wir bei den letzteren auch den Gegensaz von Leib und Seele anerkennen. So wie wir also die Formel auf diese Weise in Anwendung bringen wollen, so ist sie eigentlich nicht haltbar, wir können uns den Menschen nicht so zusammen- gesezt denken, und das Bestehen muß hier in einem anderen Sinne genommen werden. Je mehr man von dieser Formel ausgegangen ist und sie in der gewöhnlichen Bedeutung versteht, desto mehr ist man auf Fragen gekommen, welche schon durch ihre Unlöslichkeit die Unhaltbarkeit der Formel selbst beweisen. Es knüpfen sich sodann gleich die neuen Formeln daran, das Le- ben des Menschen sei das Zusammensein und Aufeinanderwirken von Leib und Seele, so wie der Tod das Auseinandersein und Nichtaufeinanderwirken beider, und man fragt nothwendig, wo und wie ist die Seele, wenn sie nicht mehr mit dem Leibe zu- sammen ist, wo es dann eine Menge von Auflösungen gegeben hat, die man nur für Phantasien halten kann, weil sie doch im- mer nur gleich mögliche und willkürliche Annahmen sind. An- ders ist es freilich mit dem Leibe, denn das wissen wir, wenn der Moment eingetreten ist, welchen die Formel bezeichnet als das Getrenntsein beider, so hören die Lebensthätigkeiten auf und es treten die allgemeinen Naturprocesse ein. Ebenso gestaltet sich rükwärts eine ähnliche Frage, wann und wie kommt die Seele zu dem Leibe hinzu, und da giebt es dann eben so viele leere und willkürliche Beantwortungen. Wollten wir also von dem Gegensaze, auf den uns die Sprache führt, ausgehen, so müssen wir uns das als feste Maxime aufstellen, daß wir uns nicht über den Punkt des Zusammenseins von Seele und Leib hinaus verlieren wollen. Wir hatten früher schon ein anderes einfacheres gefunden, welches uns davor zu bewahren scheint, daß wir nicht über dieses Gebiet hinausgehen, nämlich Ich, denn dabei denken wir immer an die Identität von Leib und Seele und heben den Gegensaz auf. Deshalb sagt man im gemeinen Leben ebensogut „meine Seele" als „mein Leib", Ich stellt sich weder auf die eine noch die andre Seite, sondern ist das Zusammenfassende von beiden. So wie nun jemand behauptete, darin, daß der Mensch aus Leib und Seele bestehe, läge' das, daß Ich gewesen wäre schon vor dem Anfang dieses Lebens, so wird das keiner zuge= ben, sondern man wird sagen, Ich habe angefangen zu sein, mag auch meine Seele schon vorher gewesen sein; und dasselbe gilt auch nach der andern Seite hin. Wir werden uns also in den Grenzen zu halten haben, daß wir sagen, wir haben keinen Grund, irgend etwas von der Seele auszusagen, was sich gar nicht auf das Zusammensein derselben mit dem Leibe bezieht, wie es das Ich constituirt.

Daraus folgt dann sogleich noch die andere Beschränkung, daß wir über die menschliche Seele nicht hinausgehen wollen, weil Ich uns nicht anders als im Menschen gegeben ist, so daß wir alles über das menschliche hinausliegende als ein unbekanntes stehen lassen, aber uns auch bescheiden, daß, wenn ein solches wirklich ausgemittelt würde, eine neue Untersuchung anzuknüpfen sei, inwiefern sich das, was wir von der menschlichen Seele ausgesagt haben, auch auf das Weitergehende anwenden lasse. Vorläufig aber abstrahiren wir davon. Das ist aber kei= neswegs etwas leichtes, und ich sage im Voraus, daß ich es nicht so unbedingt werde halten können, als ich es hingestellt habe, daher ich die Beschränkung noch näher bestimmen muß. Wir haben nämlich im gemeinen Leben eine große Menge von Formeln, die darauf ausgehen, daß der Mensch Vergleichungs= punkte sezt zwischen dem menschlichen und thierischen, nach denen das Vorhandensein einer Seele außer der menschlichen feststeht. Alle Behauptungen daher, die das gänzlich aufheben wollten, indem sie das thierische Sein so bestimmten, daß alles seelische in ihm geleugnet würde, müßten mit der gemeinen Sprache in Widerspruch stehen. Obgleich nun allerdings die Ansichten der Schule, wenn sie sich bewährten, allmälig jene falschen Ausdrükke des gemeinen Lebens verdrängen würden, so ist dies doch bis jezt noch nicht geschehen, sondern die Formeln haben sich im Gebrauche der Sprache erhalten. Dasselbe ist nun der Fall mit dem Ausdruck „vernünftige Seele", welcher den Gegensaz einer unvernünftigen voraussezt, worunter in diesem Fall nur die thierische gemeint sein kann, nicht etwa die thörichte, wahnsinnige menschliche Seele, denn das sind nur abnorme Zustände der vernünftigen Seele. Ist nun dies aber so wichtig, so werden wir uns solcher Vergleichungen nicht enthalten können, aber nur um das menschliche in seiner Eigenthümlichkeit recht festzustellen und nicht um das thierische für sich zu bestimmen.

Die Maxime, welche wir vorläufig ausgesprochen haben, daß wir über das Zusammensein von Seele und Leib in dem Ich nicht hinausgehen wollen, könnte scheinen etwas negatives zu sezen und den ganzen Gegensaz als solchen zu leugnen. Dies ist aber keinesweges der Fall. Es giebt bekanntlich zwei metaphysische Ansichten, welche diese Tendenz haben den Gegensaz aufzuheben, aber in entgegengesezter Weise, der Materialismus und der Spiritualismus. Der erstere behauptet, daß alle Thätigkeit, die wir der Seele zuschreiben, doch dem Leibe zukomme, an bestimmte Zustände der Materie nicht allein gebunden, sondern auch in ihnen begründet sei, und daß also alles geistige in seinem Bestande und Grunde ein materielles sei. Dies ist offenbar eine hypothetische Annahme, denn es ist uns ein Zusammenhang zwischen den eigentlich geistigen Thätigkeiten und den materiellen Zuständen gar nicht so unmittelbar gegeben, daß man die einen in den andern begründet halten müßte, sondern nur so, daß die einen durch die andern bedingt sind. Die entgegengesezte Ansicht, die unter mancherlei Formen hervorgetreten ist, z. B. namentlich in der Leibnizischen Monadologie, ist die, alles sei

geiſtig, und was wir Materie nennen, ſei nur eine Zuſammen-
ſezung aus geiſtigem, wodurch ebenſo der Gegenſaz aufgehoben
wird, indem in den Monaden nur geiſtiges geſezt und alles
leibliche nur als Zuſtände deſſelben angeſehen wird. Das eine
iſt ebenſo willkürlich angenommen, wie das andre, und um eins
von beiden anzunehmen oder in Beziehung auf beide eine irgendwie in der Mitte ſtehende Hypotheſe aufzuſtellen, müßten wir
ſchon vieles andere entſchieden haben. Darum nun habe ich dieſe
Maxime für unſre Unterſuchung aufgeſtellt, damit wir nicht genöthigt ſein möchten, ſchon im voraus eine beſtimmte Annahme
zu unterſchreiben, über welche erſt die ſpätere Unterſuchung beſtimmen kann.

So wie man aber den Punkt, an dem man ſich im weiteren
Verlauf immer orientiren kann, das einfache Zuſammenfaſſen beider in dem Ich, aus den Augen verliert und den Gegenſaz als
wirkliche Duplicität gelten läßt, ſo pflanzt ſich dieſes Verfahren
in ferneren Spaltungen fort, wie dies in mehreren Formeln theils
im Leben theils in der Wiſſenſchaft niedergelegt iſt. Es giebt
z. B. noch eine andere Art den Menſchen zu theilen in Leib,
Seele und Geiſt, ſo daß ſich die Zweitheilung in eine Dreithei-
lung verwandelt. Dies iſt keinesweges etwas neues, ſondern wir
finden die Parallele dazu ſchon in den älteſten griechiſchen Unterſuchungen, wie Ariſtoteles de anima, wo ψυχή und νοῦς auch
von einander geſchieden werden, aber ſo, daß dieſer ſelbſt ſich
ſehr zweifelhaft darüber ausſpricht, worin der Gegenſaz von beiben zu ſezen ſei. Es giebt noch eine andre Art ungefähr daſſelbe zu thun, die ſich aber auf beſtimmte Weiſe anknüpft an die
andre Vorausſezung, daß es Seele giebt außer dem Menſchen,
oder daß ein ſtreitiges Gebiet im Menſchen ſelbſt vorhanden iſt,
von dem man nicht weiß, ob es mehr der Seele oder mehr dem
Leibe zukommt. Alsdann ſezt man einen Namen für das ent-
ſchiedene und einen andern für das unentſchiedene Gebiet und
ſagt, ſo wie der Menſch aus Leib und Seele, ſo beſteht dieſe
aus Sinnlichkeit und Vernunft. Da haben wir ſchon wieder ein

solches Bestehen und es gewinnt ganz das Ansehen, als ob Sinnlichkeit und Vernunft sich ebenso zur Seele verhalten, wie Seele
und Leib zum Menschen. Die Sinnlichkeit ist dann das, wovon
sich das Analogon schon findet in der thierischen Seele, während
die Vernunft das eigenthümlich menschliche darstellt. Es ist hier
überall dieselbe Unentschiedenheit, wie in dem ursprünglichen, sowohl wenn man es anknüpft an den Punkt, daß es zwischen Leib
und Seele ein streitiges Gebiet giebt, als auch wenn man es anknüpft an den Unterschied von menschlicher und thierischer Seele.
Wenn man dann die Spaltung noch weiter treibt und die Seele
ansieht als ein Aggregat oder System von verschiedenen Vermögen, aus denen sie bestehe, so geht das Ich ganz und gar verloren. Denn wenn man diese Formeln aufstellt, so giebt es nichts
mehr, wozu Ich das Subject ist, sondern indem in jedem Momente ein bestimmtes Vermögen als das vorherrschende gesezt
wird, erscheint dieses als das Subject, und für das Ich bleibt
nichts mehr übrig, als daß es das Resultat von dem Conflict
unter diesen verschiedenen Vermögen ist. Wenn man diese Art
und Weise über den Gegenstand zu reden in wissenschaftlichen
Büchern verfolgt, so stößt man immer auf solche Formeln, die
nichts als einen solchen Conflict ausdrükken, wie z. B. die Sinnlichkeit oder diese und jene Function der Sinnlichkeit unterbrükkt
den Verstand, verführt die Urtheilskraft u. s. w. Da muß man
dann das eine als stärker, das andere als schwächer sezen, und
hieraus entsteht wieder ein Bestreben, die Stärke und Schwäche
zu messen und die ganze Untersuchung wird eine mathematische.
Der eigenthümliche Vorzug, der darin liegen könnte, wird aber
dadurch völlig aufgehoben, daß es unbestimmbar bleibt, ob diese
quantitativen Differenzen ein beständiges sind in jeder einzelnen
Seele oder ein wechselndes, und inwiefern dieser Wechsel in der
Seele selbst gegründet ist oder äußeren Einflüssen unterworfen.
Aber alles dies sind rein willkürliche Annahmen und es giebt
keine sicherere Rettung aus diesem Labyrinthe, als daß man sich
immer an dem Ich orientirt und keine Formel gelten läßt, die

sich nicht daran anschließt. Dies sezt voraus die ursprüngliche Einheit von Leib und Seele und die ebenso ursprüngliche Einheit von allem dem, was wir in der Seele selbst unterscheiden können.

Indem wir nun diese beiden vorläufigen Maximen aufgestellt haben, daß wir nur die menschliche Seele im Auge behalten und nichts von ihr aussagen wollen, was nicht in der Identität von Seele und Leib im Ich gegeben ist, so scheint es, als wenn wir schon etwas bestimmt hätten über die andere Präliminarfrage, von welcher Art die Erkenntniß sein solle, die wir suchen. Ich muß hier wieder von einem Wort ausgehen, in der Voraussezung, daß man darüber einverstanden ist, was ein Erkennen und Wissen sei. Wir sind gewohnt dasselbe als eins anzusehen, es aber auch wieder auf vielfache Weise zu theilen. Es giebt nämlich ein allgemeines, welches wir, unter einer Menge von Ausdrükken modificirt, doch als ein und dasselbe denken, und welches das Gebiet des Denkens, Erkennens, Wissens constituirt. Dabei sezen wir einander gegenüber das Wissen selbst als Operation und das gewußte als Gegenstand, und indem wir es entgegensezen, beziehen wir es auf einander und meinen eine solche Beziehung, die eine Gleichheit sezt zwischen dem Wissen und dem gewußten. Sobald eine Ungleichheit entsteht, so entsteht auch eine Mehrheit von Vorstellungen, der Gegenstand erscheint dann gleichsam im Centrum und um dasselbe herum eine Mannigfaltigkeit von Gedanken, die sich alle auf jenen beziehen, aber unter einander verschieden sind. Dies bezeichnen wir mit den Ausdrükken Meinen, Vermuthen, Glauben und ähnlichen, während wir das Wissen der ersteren Art Ueberzeugung nennen. Wenden wir nun dies auf unsern Gegenstand, die Seele, an, so haben wir uns selbst noch außerhalb des Processes gestellt und nichts ausgesprochen, aber wir haben schon eine Mannigfaltigkeit von Vorstellungen gefunden, die wir als Meinungen und Hypothesen aufstellten. Nun kann es nicht zweierlei Erkenntniß über denselben Gegenstand geben, sondern entweder ist die eine Wissen, die

andere Meinung, oder beide sind Meinungen, und wenn die Erkenntniß selbst ein Mannigfaltiges ist, in dem sich verschiedene
Theile sondern lassen, und ein Theil wollte sich als das Ganze
der Erkenntniß geltend machen, so wäre das auch immer nur
Meinung. Fragen wir nun aber doch, von welcher Art die Erkenntniß sein solle, die wir suchen, so hat das nur einen Sinn,
wenn es verschiedene Arten giebt zu derselben zu gelangen. Indem wir diese Frage weiter verfolgen, finden wir uns freilich schon
mitten in unserem Gegenstande, denn die Erkenntniß ist selbst in
der Seele, und die Art dazu zu gelangen sind Operationen in
der Seele. Aus dieser Verwirrung können wir uns aber retten
durch folgende Betrachtung. Wenn wir von der Seele sprechen,
so meinen wir, unserer allgemeinen Formel gemäß, daß jeder
Mensch eine eigene Seele hat, und wenn es sich um solche Thätigkeiten einzelner Seelen handelte, so wären wir mitten in unserem Gegenstande, aber wenn wir unsere Frage recht verstehen,
so war sie allgemein gestellt, wir abstrahiren ganz von der Art
und Weise, wie die Seele dabei zu Werke gegangen, und nehmen
nur das Denken in seiner Richtung auf das Wissen mit Aussonderung alles übrigen heraus, in den Unterschieden, wie sie
die Geschichte alles Denkens und Wissenwollens an die Hand
giebt, und wie sie doch nur im Zusammenhange des Denkens geworden sein können, ganz abgesehen von dem Zusammenhang mit
einer einzelnen Seele, und da haben wir ein Recht zu untersuchen, auf welche Weise wir zum Wissen zu gelangen denken.

Es giebt hier einen Unterschied, der früher ein ganz aner-
kannter war und dem auch jezt noch seine Bedeutung nicht ab-
gesprochen werden kann, das ist der des a posteriori und des
a priori, des empirischen und speculativen. Wenn ich mich
hierüber auf die ersten Gründe einlassen wollte, so würden wir
weit von unserer Untersuchung abkommen, ich will daher nur die
Unterschiede mit solchen Merkmalen angeben, wie wir sie hier
nöthig haben. Da ist nun die erstere eine Erkenntniß, die von
außen kommt und ein äußerlich gegebenes voraussezt, die andere

eine rein innerliche, die in dem Acte des Denkens selbst ihren Ursprung und zureichenden Grund hat, und danach hat man auch früher die Seelenlehre in empirische Psychologie und rationelle eingetheilt. Wenn wir den Unterschied gelten lassen, so entsteht die Frage, ob in der Regel, die wir uns gestellt, nur die menschliche Seele in der Identität von Seele und Leib behandeln zu wollen, schon eine Entscheidung darüber liegt, ob unsere Untersuchung der empirischen oder rationellen Psychologie angehöre. Beruht die empirische Erkenntniß auf einem äußerlich gegebenen, so könnte man vielleicht sagen, dies sei hier von selbst ausgeschlossen, weil die Seele nicht äußerlich gegeben ist, aber meine Meinung war die ganz entgegengesezte, daß man glauben dürfte, unsere Erkenntniß von der Seele könne nur empirisch sein. Es kommt hier alles darauf an, wie der Gegensaz zwischen dem äußerlichen und innerlichen gefaßt wird. In einem gewissen Sinn kann man die Seele gar nicht äußerlich nennen, auf der andern Seite aber, wenn wir uns auf die Identität von Leib und Seele beschränken, ist allerdings das Ich ein gegebenes und der Nachdruk läge dann mehr auf dem gegebenen als dem äußerlichen. So scheint die Bezeichnung nicht richtig, indem es neben dem äußerlich gegebenen auch ein innerlich gegebenes giebt, aber wir können leicht zeigen, daß der Gegensaz völlig untergeordnet ist. Wenn wir zurükgehen in unserem Selbstbewußtsein und Gedächtniß, so finden wir uns immer in diesem Ich-sezen, Auf-Ich-beziehen und Von-Ich-ausgehen, und das hängt damit zusammen, daß wir jenseit dieses Actes keine Besinnung haben. Ist nun dieses Ich-sezen eine Erkenntniß oder nicht, und ist es eine solche, welche auf dem gegebenen beruht oder eine rein producirte? Was die erste Frage betrifft, so wird doch jeder sagen, daß dies der gemeinsame Boden seiner Erkenntniß sei, und daß es für keinen etwas gewisseres gäbe als dieses. So wie wir aber den Gegensaz in Frage stellen, ob es ein gegebenes oder producirtes sei, so werden wir sagen müssen, es erscheint immer als ein gegebenes, weil wir nicht auf den

Anfangspunkt in unserer Erinnerung zurükkommen und da ein Produciren aufzeigen können, das wir wirklich wüßten und nicht bloß vermutheten. Da nun alles Erkennen ein gemeinschaftliches ist, so sezt dies auch in einem jeden ein Ich-sagen voraus, und ein jeder sieht sein Ich als ein dem andern äußerlich gegebenes an. Aber wir können noch weiter gehen. Wenn wir in unserer Erinnerung zurükdenken, so kommen wir auf den ersten Anfang derselben, über welchen hinaus es gar kein Bewußtsein giebt, und dieser ist von der Art, daß wir ihn selbst als ein uns äußerlich gegebenes sezen müssen, weil wir ihn nicht als einen unmittelbaren Act, sondern nur aus der Erzählung anderer kennen. Insofern also hatte ich Recht zu sagen, daß wenn wir die Untersuchung auf dies Gebiet beschränkten, es scheinen könnte, als wäre unsere ganze Erkenntniß eine erfahrungsmäßige.

Nun giebt es aber noch eine andre Ansicht von der Sache. Wenn wir diesen Act seinem eigentlichen Inhalte nach betrachten, so können wir freilich nicht sagen, daß dabei irgend ein Wollen zum Grunde liegt, aber es ist doch eine Thätigkeit und insofern nichts äußerlich gegebenes. Allerdings gehen alle unsere Zustände als Modificationen unseres Seins, insofern sie zum einzelnen Bewußtsein werden und ein Aggregat von Erinnerungen bilden, auf ein gegebenes zurük, die Zustände waren gegeben und wir nehmen sie in unser Bewußtsein auf, das Dasein ist früher als das Wissen um den Zustand. Aber das Ich-sagen ist nicht eine solche einzelne Modification, sondern wir heben darin alle Differenzen dieser Modificationen auf und sezen das Ich als das, woraus sie hervorgehen. Entweder ist also dieser Act eine leere Abstraction von diesen Modificationen, und das Ich-sezen ist nicht die ursprüngliche Wahrheit, sondern vielmehr das so und so, da und da gewesen sein, woraus das Ich als Einheit erst abstrahirt ist, oder das Ich ist die ursprüngliche Thätigkeit, die alles übrige begleitet und allem andern vorangeht. So wie wir die Sache so stellen, so erscheint in diesem Acte die reine Indifferenz zwischen dem Gegebensein und dem von Innen heraus Produciren und es würde daraus folgen, daß es nothwendig zweierlei Arten von Seelenlehre geben müsse, auf der einen Seite die empirische, auf der andern die speculative.

Wenn wir nun dies vorläufig annehmen, so entsteht die Frage, wie wir es machen müssen, um diese beiden Arten hervorzubringen. Dies scheint bei der empirischen ganz leicht anzugehen; wir beobachten unsre eignen Zustände und das Resultat dieser Beobachtungen ist die empirische Seelenlehre, worin nichts speculatives vorkommt. Aber wenn wir doch ein Wissen erzeugen wollen, das Allen gemeinschaftlich ist, so müssen wir unsre Zustände bezeichnen durch die Sprache, und wenn etwas als ein besonderes in der Sprache ausgedrükkt werden soll, so muß es vorher unterschieden sein, damit es als ein besonderes von Allen gleich aufgefaßt werde. So kommen wir auf die allgemeinere Frage, die sich auf alles gegebene und auf alle Erkenntniß des gegebenen anwenden läßt, wie es möglich sei, daß uns irgend etwas zu einem einzelnen werde, da uns doch alles gegeben ist in der Continuität von Raum und Zeit. Mit dem Raum haben wir es hier nicht zu thun, wohl aber mit der Zeit, in deren beständigem Fluß jede Trennung als eine Willkür erscheint. Wenn die Momente sich so von selbst sonderten, daß zwischen dem einen und andern ein leeres wäre, so könnten wir das auf eine gemeinschaftliche Weise veranstalten, insofern das Nichts für alle dasselbe ist; aber das giebt es nicht. Dies ist jedoch erst die eine Hälfte der Schwierigkeit. Gesezt es gäbe eine solche Art zu sondern in dem Flusse des zeitlichen, so handelt es sich weiter um die Bezeichnung, wo wir sicher sein müßten über die Identität des Denkens und der Sprache, so daß, wenn der eine einen gesonderten Moment in bestimmter Weise bezeichnet, der andre die Bezeichnung anerkennt und dasselbe dabei denkt wie der andre.

Beides zusammen bildet den Grund der skeptischen Ansicht, welche darauf ausgeht, die reine Unmöglichkeit davon aufzuzeigen. Ich will mich etwas näher über die Sache erklären.

Wir könnten sagen, in der ursprünglichen Voraussezung, daß wir alle in dem Ich-sezen begriffen sind, liegt auch die, daß wir Momente sondern, aber um zu wissen, ob wir sie auf dieselbe Weise aussondern, fehlt es an einer unmittelbaren Verständigung, weil, wenn auch der andere in der Bezeichnung übereinstimmt, es doch zweifelhaft bleibt, ob er dasselbe dabei gedacht hat. Deshalb mangelt es auch an jedem Mittel, unser eigenes Denken aus der Beschränktheit eines bloß zufälligen, subjektiven zu einem wirklich objektiven zu erheben. Es ist eine bekannte Sache, daß sich diese Unsicherheit über die Identität des Denkens und der Bezeichnung auf die allererften Elemente erstreckt. Auf dem Gebiete des Sehens ist es gewiß, daß beide Fälle vorkommen, daß einer dieselbe Empfindung hat wie der andere, aber was der eine grün nennt, nennt der andere grau und umgekehrt, daß die Bezeichnung dieselbe ist, aber verschiedenes darunter vorgestellt wird. Daraus können wir also den Schluß ziehen, daß wenn wir nichts anderes thun wollten als beobachten, wir zu keiner Erkenntniß gelangen könnten; es muß etwas anderes geben, was uns aus dem Zustande der Skepsis herausbringt. Was dieses ist, wissen wir noch nicht, aber wenn wir nun auf der andern gegenüberstehenden Seite, dem a priori und speculativen ein günstigeres Resultat erhielten, so könnten wir das a posteriori fallen lassen.

Wie sollen wir es aber anfangen, um aus dem Ich-sagen irgend etwas weiteres in der Seele auszumitteln? Hier ist eben dies das üble, daß dasselbe, so wie wir es hingestellt haben, ein schlechthin einfaches ist, das reine Selbstbewußtsein an und für sich, aus welchem sich nichts weiter entwickeln läßt. Wenn wir uns überhaupt die Aufgabe sezen, aus einem ursprünglichen eine Mannigfaltigkeit der Erkenntniß zu entwickeln, ohne daß wir noch einen andern Anfangspunkt dazu nehmen, so läßt sich gar nicht einsehen, wie es zu einem mannigfaltigen kommen sollte, wenn es nicht schon in dem Ursprunge vorhanden wäre. Dies könnte aber nur der Fall sein, wenn in dem einfachen ein Gegensaz sich fände, so daß wir sagen könnten, a ist sowohl b als c, oder auch entweder b oder c, woraus dann wol ein Complexus von Säzen sich entwikkeln möchte. Dies ist das Verfahren, welches man gewöhnlich Analysis genannt hat, nur daß die Benennung etwas voraussezt, was wir hier gar nicht angenommen haben. Denn Auflösung ist nur möglich, wenn das Verbundene früher getheilt gewesen ist, wie es etwa in der Erfahrung vorkommt, nun aber haben wir es hier mit etwas zu thun, das ebenso vor aller Erfahrung liegt, wie es in den einzelnen Modificationen durch die Erfahrung gegeben ist. Sobald wir von dem lezteren absehen, kann es gar nicht als ein zusammengeseztes gegeben sein, und wir müßten also sehen auf irgend eine Weise einen Gegensaz zu finden, wozu gehört, daß wir erst etwas haben, was diesen Gegensaz hervorruft. Bleiben wir bei dem Ich stehen, so haben wir in unserer Sprache ein Correlatum dazu, das ist das Du. Wäre nun das Ich-sagen ein beständiges Du-suchen oder postuliren, so hätten wir allerdings schon etwas anderes als das einfache Ich-sagen und es wäre möglich davon auszugehen. Dem Ich entspricht das einfache Selbstbewußtsein, und auch da gilt dasselbe, indem das Selbst den Gegensaz von etwas anderem involvirt. Man hat in manchen philosophischen Systemen der neueren Zeit sich des Ausdrukks Nicht-Ich bedient, ich habe statt dessen gesagt das Du, weil das andre eigentlich kein Gegensaz ist, sondern nur eine Negation, so daß es auch nichts sein könnte.

Nun müssen wir fragen, ob wir dadurch einen Weg in das andere Verfahren hinein finden? Wollen wir genau zu Werke gehen, so können wir uns dabei nicht beruhigen, daß in allen Sprachen dem Ich ein Du entgegengesezt wird, denn da berufen wir uns auf die Sprache als ein gegebenes und kommen so wieder auf das empirische Gebiet. Wir müssen vielmehr untersuchen, wie es hineingekommen ist. Fände sich dabei, daß es nur in bestimmten Sprachen oder einem gewissen Kreise von Sprachen vorkäme, so wäre es ein besonderes und nicht ein allgemeines, nur ein Theil der Wahrheit, die wir unter der Form des

Gegenſazes finden wollen; dürften wir es aber als ein ganz allgemeines anſehen, das ſich in jeder Sprache wieder finden muß,
ſelbſt in ſolchen, von welchen wir noch gar keine Kenntniß haben,
ſo wäre es ein apriorisches, weil wir die Erfahrung darunter
ſubſumiren, und wir wären in unſerem Gebiete geblieben. Sind
wir nun dazu berechtigt, allen zuzumuthen, daß ſie das auf dieſelbe Weiſe ſezen ſollen wie wir? Es müßte dann ganz denſelben Rang einnehmen, den wir urſprünglich dem Ich-ſagen ein-
geräumt haben. Wie könnten wir das aber anders entſcheiden,
als indem wir die Erfahrung vorausſezen als durch jenes bedingt? Dürften wir nämlich ſagen, das Ich kann gar nicht ein
wirkliches ſein ohne ſein Du und das Selbſtbewußtſein nicht ohne
das Bewußtſein des andern, ſo hätten wir es als Grundbedingung alles anderen geſezt. Ich kann nicht leugnen, ich glaube,
daß das jeder wird zugeben müſſen, und zwar nicht bloß ſo, daß
er ſagt, ich habe es nie anders erfahren und daraus ſchließe ich,
daß ich es auch nie anders erfahren werde; denn das wäre nur
die Gewißheit der Analogie, die nie als eine vollkommene gelten
kann. Nur wenn wir ſagen könnten, wir geben das alle als
ganz gewiß zu, und ſelbſt wenn wir im Stande geweſen wären,
gleich bei dem Anfange unſerer Erfahrung dieſe Frage aufzuſtellen,
ſo wäre die Gewißheit ganz dieſelbe geblieben, ſo müßte ſie auch
auf etwas anderem beruhen als der öfteren Wiederholung der
Erfahrung, ſie wäre dann die Grundbedingung aller Erfahrung
und wir müßten es ſo anſehen, daß es ein Ich-ſagen gar nicht
geben könne ohne ein Du-ſagen zugleich mitzuſezen.

Wenn wir nun das annehmen wollten, ſo entſteht gleich
noch die andere Frage, ob wir auch gewiß ſein können, daß es
nicht noch mehreres giebt, durch welches das Ich bedingt iſt, und
da müßten wir nicht, wo wir etwas hernehmen wollten, um ſie
beſtimmt zu bejahen oder zu verneinen. Denn wollten wir ſagen,
es fällt uns nichts anderes ein, welches ſich zu dem Ich eben
ſo verhielte wie das Du, ſo wäre das gar keine Gewißheit, ſondern nur ein Verfahren aufs Gerathewohl. Wir müßten mit

2 *

dem, was wir haben, anfangen und sehen wie weit wir damit
kommen; entsteht dann beim Fortschreiten der Untersuchung etwas
anderes, was dem coordinirt ist, so müßten wir es hinzunehmen
und wieder von vorn anfangen, aber dann dürften wir auch nicht
behaupten im Fortschreiten des Wissens begriffen zu sein. Denn
sowie wir nur die Möglichkeit davon denken, so könnte auch ein
anderer anders angefangen und alles auf das Ich-sagen bezogen
haben, und seine Seelenlehre würde eine andre als die unsrige.
Man sieht also, daß sich hier ebenso ein Skepticismus entwikkelt,
der uns gleich bei dem ersten Schritte hemmt.

So wie ich nun vorher die Frage aufgestellt habe als eine
bloße Fiction, in Beziehung auf den Gegensaz des Ich und Du,
ob er, wenn wir uns in den Anfang unserer Erfahrung zurükk-
versezten, weniger gewiß sein würde als nachher, so wollen wir
jezt eine andere ebenso als Fiction hinstellen. Gesezt es wären
seitdem alle Processe, welche die Thätigkeiten des Leibes und der
Seele bilden, fortgegangen wie immer, und wir stellten uns an
das Ende der vollendeten Erfahrung, würde dann die Gewißheit
in Beziehung auf das a priori größer sein als jezt? Ich glaube
kaum, daß jemand meinen wird, die Frage könnte noch verneint
oder durch ein non liquet beantwortet werden. Ich seze voraus
daß wir in dem Versuche aus solchen Anfängen eine Seelenlehre
a priori zu construiren geblieben wären, dann hätten uns ja auch
jene Anfänge, die sich uns jezt noch verbergen, nicht entgehen
können, und unser Erkennen a priori müßte zu gleicher Zeit vollendet sein. Daraus folgt, daß kein Wissen anders als mit allem
andern fertig wird, und daß alle Annäherung an das Wissen ein
gegenseitiges Hineinarbeiten des a priori in das a posteriori
und umgekehrt sein muß. Sobald wir das eine oder das andre
Verfahren isoliren wollen, so entsteht immer ein Skepticismus,
bei dem a posteriori der materielle, ob dasjenige ist, was wir
als seiend sezen, bei dem a priori der formelle, ob das, was
wir als ein Wissen sezen, auch wirklich ein Wissen ist, und schon
daraus können wir schließen, daß das Wissen immer nur in dem

beständigen Einswerden beider gegeben ist, und daß wir eine vollkommene Gewißheit nur dann haben können, wenn das a priori und a posteriori sich vollkommen durchdrungen haben.

Wollten wir nun hienach das von uns zu beobachtende Verfahren aufstellen, so hängt freilich sehr viel davon ab, inwieweit uns schon eine Vollständigkeit der Erfahrung zu Gebote steht, in welcher die Anfangspunkte auch schon müßten gegeben sein. Sobald wir uns hier der Erfahrung zuwenden, werden wir zu jenem Punkt zurükgeführt, in welchem es eine Differenz gab, nämlich das Verhältniß der Seele zu dem Leibe in dem Ich. Wenn wir diese Frage wieder aufnehmen, so handelt es sich darum zu bestimmen, was das für ein Gebiet ist, in welchem wir die Thätigkeiten der Seele finden, und da haben wir uns schon entschieden, daß wir nicht über das Gebiet des Menschlichen hinausgehen wollen; dazu gehört aber auch das Leibliche, und so kommt es an auf eine Scheidung dessen, was dem Leibe und der Seele angehört. Giebt es nun um diese Scheidung zu bewirken, etwas, was als reiner Anfangspunkt gelten könnte? Wenn das der Fall wäre, so würde auch der Gegensaz zwischen Leib und Seele immer auf dieselbe Weise gemacht sein, wir haben aber schon gesehen, daß die Griechen etwas zur Seele gerechnet, was wir zum Leibe rechnen, so daß wenn wir dies der Seele beilegen wollten, wir noch vieles andre mit ihm durchaus gleichartige auch dazu rechnen müßten. So wie das entschieden ist, so ist auch entschieden, daß man die Theilung nicht überall von demselben Punkte aus gemacht hat, und das erregt Bedenken gegen alles wissenschaftliche, wo eine solche Theilung vorausgesezt wird, ohne daß vorher gehörig bestimmt ist, welche Art dieselbe zu machen die richtige sei und welche die falsche. Aber dazu müssen wir noch etwas anderes haben, was dazu die nöthige Handhabe abgiebt.

Bei dieser Schwierigkeit, zwischen Leib und Seele die rechte Linie zu ziehen, handelt es sich überhaupt darum, ob ein gehöriger Grund vorhanden ist zwischen beiden zu theilen. Da wir

Verzicht darauf leisten wollen, über eine andre als die menschliche Seele etwas festzustellen, so brauchten wir nur den ganzen Men= schen zum Gegenstande unserer Untersuchung zu machen, unbe= kümmert darum wie Leib und Seele getrennt ist. Das wäre die Anthropologie statt der Pfychologie, und es ist natürlich, daß sich unsere Untersuchungen dann viel weiter erstrekken müßten. Es wäre offenbar ein Theil der Naturwissenschaft, wo wir es zu thun hätten mit dem Begriff der lebendigen Kräfte in dem organischen. Da fragt sich nur, ob wir das, was wir eigentlich wollen, die Kenntniß der Seelenthätigkeiten ebenso bekommen, wie wir es suchen, oder auf eine andere Weise, und wie sich beides verhält zu dem Zwekk, daß wir von der Seele allein reden wol= len. Dies führt uns auf einen neuen Punkt, auf die Absicht, warum ein solches Segment aus der Anthropologie und Natur= wissenschaft gemacht wird. Davon brauchte früher nicht die Rede zu sein, denn so wie man sich etwas als Wissenschaft für sich denkt, so ist von einem weiteren Zwekk dabei nicht die Rede, sondern wer in sich die Richtung hat auf die Wissenschaft, der will sie. Sobald aber, bei der Schwierigkeit den Gegenstand zu bestim= men, es zweifelhaft wird, ob er wirklich ein organischer Theil der Wissenschaft sei, so muß ein Grund dafür gesucht werden, weshalb man die Erkenntniß nicht in ihrem natürlichen Zusam= menhang läßt.

Hier würde es etwas unzureichendes sein, wenn wir es nur darum thun wollten, weil es schon lange so geschieht und wir uns sonst aus dem Zusammenhange heraussezen würden, denn das wäre nur ein traditioneller Grund. Wenn die Trennung unrichtig wäre, so müßte auch das Resultat des Wissens unrichtig sein, und bei unserer reinen Richtung auf das Wissen, ohne be= sondere Absicht und Zwekk, wären wir nicht berechtigt, dies fort= zusezen. Was haben wir nun für einen andern Grund? Viel= leicht den, daß das ganze zu groß ist, oder daß vieles darin ent= halten, was für uns nicht dasselbe Interesse hat. Der erste würde recht gut sein, wenn wir nur voraussezen könnten, daß die Thei=

lung richtig gemacht wäre. Wenn wir aber darüber nicht gewiß sind, ist dann der andere Grund ein hinreichender um die Theilung aufs Gerathewohl zu machen? Ich glaube, wir stehen so, daß wir die Frage nicht können von der Hand weisen. Denn wir haben nur drei Wege; entweder müssen wir unser Verfahren ändern und uns ohne zu trennen an das ganze halten, oder wir müssen ein besonderes Interesse nachweisen und eine hinlängliche Befugniß nach diesem Interesse zu theilen, oder endlich wir müßten alles bei Seite legen und erst eine richtige Theilung von Leib und Seele ausfindig machen. Das lezte ist aber das, wobei wir stehen und stekken geblieben sind, und wo wir uns nach anderen Hülfsmitteln umsehen mußten. Also bleibt uns nur das erste und zweite übrig. Wollten wir nun unsern Vorsaz umändern und so erweitern, daß wir den ganzen Menschen und also die Anthropologie umfaßten, so haben wir darin beides, die Thätigkeiten des Leibes in der Identität mit der Seele und die Thätigkeiten der Seele in ihrer Identität mit dem Leibe. Würden wir nun sagen, die Anthropologie bestehe aus diesen beiden Theilen, so kämen wir auf den alten Flekk zurükk, denn die Kenntniß von jenen wäre das, was wir Physiologie nennen, und die von diesen wäre die Psychologie. Aber so lange wir den Gegensaz nicht bestimmt haben, können wir auch die Theilung nicht machen und ohne daß sie uns gelingt, können wir auch die Anthropologie nicht so theilen. Dürften wir die Theilung schon voraussezen, so würde die Physiologie in genauer Verwandtschaft mit anderem ähnlichen stehen, worin der Begriff des organischen das vorherrschende ist, es gäbe eine Physiologie der Pflanzen, der Thiere, des Menschen. In den Pflanzen wäre gar keine Seele sondern nur die organischen Functionen; bei den Thieren abstrahirten wir von dem, was am meisten in der Analogie mit den Thätigkeiten der Seele im Menschen ist, und sie bildeten eine Reihe, wie die der Pflanzen, in der es mehrere Abstufungen von mehr und minder organisirten Thieren giebt; der Mensch endlich

als Organiſation betrachtet ſtände an der Spitze. Das ganze
wäre dann ein Theil der Naturwiſſenſchaft und von den Seelenthätigkeiten wäre dabei gar keine Rede. Nun fragt ſich, wenn
wir das ähnliche auf der andern Seite thun wollten, würden wir
da eine Parallele zu dem bisherigen finden? Wenn wir der gewöhnlichen Vorſtellung folgen, müßten wir allerdings das eine
Glied fortlaſſen, ſo daß beide Linien ungleich würden, wenn wir
nicht auf der andern Seite etwas zuſezen könnten. Wir haben
thieriſche und menſchliche Seelenthätigkeiten, aber auf dem Gebiete des vegetativen erſcheint der Gegenſaz ſo abgeſtumpft, daß
eine ſolche Duplicität von Seele und Leib nicht hineinzubringen
iſt. Aber auch bei den Thieren haben wir eine Neigung bei dem,
was der menſchlichen Seele analog iſt, auf das Phyſiologiſche zurükzugehen. So bleibt alſo die Pſychologie allein bei dem Menſchen ſtehen ohne eine ſolche Fortſezung nach unten hin zu haben
wie die Phyſiologie. Gehen wir nun etwa höher hinauf, ſo finden wir freilich in unſerer Sprache einen Ausdruck, der darauf
zu führen ſcheint, nämlich den Ausdruck „Geiſt“, und ſo wie wir
den nur hören, ſo denken wir an eine andre Abſtufung, Leib,
Seele und Geiſt; aber, wenn wir ſagen wollten, Geiſt ſei etwas
viel weiter verbreitetes und über das menſchliche Gebiet hinaus-
gehendes, ſo würden wir etwas ſagen, was allerdings ſehr oft
geſagt iſt, wovon es eine Menge Phantaſien giebt und was auch
ſelbſt in die Wiſſenſchaft eingedrungen iſt, aber wenn wir Re-
chenſchaft darüber ablegen ſollten, ob es ſich wirklich ſo verhält,
daß wir das menſchliche unter dieſen Begriff ſubſumiren könnten,
aber auch ein Mittel darin hätten die pſychiſche Linie zu verlän-
gern, ſo würden wir das nicht vermögen. Was wir Geiſt nennen, iſt uns nur im Menſchen gegeben, und alle anderen Arten
von Geiſtern ſind problematiſch. Darin würde nun ſchon liegen,
daß der Ausdruck auf dem menſchlichen Gebiete und bei der
Beobachtung des menſchlichen müſſe entſtanden ſein, aber wir
kommen hier auf ein eben ſo unſicheres und unbeſtimmtes Feld,

und obwohl auch in anderen Sprachen sich ähnliche Ausdrücke
finden, so decken sie sich doch keinesweges.

Ich will hier gleich eine Formel hinzufügen, die häufig im
Gebiet der wissenschaftlichen Untersuchung vorgekommen ist und
auf die Sache ein besonderes Licht wirft. Indem man nämlich
von der Seele ausging in ihrer Identität mit dem Leibe und
die Thätigkeiten derselben bestimmt erkennen und von anderen
sondern wollte, hat man häufig den Unterschied gemacht zwischen
solchen Thätigkeiten der Seele, welche sie verrichtet vermittelst
des Leibes und solchen, die sie verrichtet durch sich selbst, und
diese lezteren stehen dann in einer besondern Beziehung zu dem,
was durch den Ausdruck Geist bezeichnet werden soll. So könnten wir vorläufig ziemlich adäquat sezen die beiden Ausdrücke,
Thätigkeiten der Seele ohne den Leib und geistige Thätigkeiten,
und ist das einmal angenommen, so läge auch die Möglichkeit darin,
daß diese Thätigkeiten statthaben könnten ganz abgesehen von der
Identität des Leibes und wenn das wäre, so wäre es nicht mehr
Seele, die sich immer auf den Leib bezieht, sondern Geist.

Ich muß jezt zurückkehren zu dem Punkt, von welchem wir
ausgegangen sind, nämlich auf die Frage, welches das besondere
Interesse wäre, das uns bewegt eine solche Trennung zu machen
und die Psychologie aus dem Gebiete der Anthropologie als einen
besondern Theil auszuscheiden. Ich glaube, wir werden nichts
anderes sagen können, als es ist das Interesse an den geistigen
Thätigkeiten. Fragen wir nun, was das für Thätigkeiten sind,
welche die Seele verrichten soll ohne den Leib, so kommen wir
auf dasjenige, was man in verschiedenem Sinne durch den Ausdruck Idee bezeichnet hat, und auf das, was man das Sittliche in dem höchsten und tiefsten Sinne des Wortes nennt.
Sowie jenes die Principien sind zu dem Wissen, welches die
Seele nicht aus sich selbst erzeugen kann ohne die Thätigkeit des
Leibes hinzuzunehmen, so enthält dieses die Principien zu aller
Thätigkeit nach außen hin, die sie aber auch nicht verrichten kann
ohne die organische Thätigkeit zu Hülfe zu nehmen. Da wir

nun für dieses Gebiet ein bestimmtes Interesse hegen, aber doch wissen, daß es nicht anders ist als im Leben, welches die Identität von Seele und Leib bildet, so werden wir durch unser Interesse an den Ideen dazu getrieben, uns an den Thätigkeiten der Seele zu halten, wobei wir die Thätigkeiten des Leibes ignoriren können, weil sie sich nicht darauf beziehen. Das wäre allerdings ein Grund und zwar der einzige, worauf die Trennung vernünftiger Weise beruhen könnte. Ob aber der Grund ein richtiger ist, ist eine andere Frage, und wir können nicht eher darauf vertrauen, als bis dies aufgezeigt ist.

Gäbe es nun auf der anderen Seite ebenso ein Interesse, den menschlichen Organismus mit den übrigen organischen Erscheinungen zusammenzufassen und dagegen zu abstrahiren von denjenigen Thätigkeiten des Menschen, bei denen eine Mitwirkung des organischen am wenigsten hervortritt, so daß daraus ein übersehen und beiseitesezen des Psychologischen entstände, so wäre das ein Grund, woraus sich auch die abgesonderte Betrachtung der Seele rechtfertigen ließe. Dann hätten wir einen Parallelismus aufgestellt. Das ursprüngliche wäre die Anthropologie, aber es giebt einerseits ein Interesse, in dem Menschen das organische Dasein aufzufassen und mit den anderen Organismen in Verbindung zu bringen, und so entstände der Theil, den die Physiologie behandelt und deren Gegenstand die menschliche Organisation ist, als die höchste Stufe des Irdischen, in welcher der Gegensaz von Seele und Leib zur Einheit des Lebens zusammengefaßt ist, und auf der andern Seite giebt es ein Interesse, diejenigen Thätigkeiten des Menschen, von denen wir am wenigsten in dem Gebiete des übrigen organischen Lebens eine Analogie finden und die grade die höchsten menschlichen Aufgaben und Interessen umfaßt, auszuscheiden und zu einem besondern Gegenstande der Betrachtung zu machen, und das giebt dann jenem gegenüber die Psychologie. Der Parallelismus ist allerdings insofern unvollständig, als wir in der ersteren den Organismus des Menschen als das lezte Glied einer Reihe ansehen können, in welcher das organische sich als ein ganzes darstellt, während in der andern der Mensch allein steht. Wollten wir auch hier auf eine Reihe ausgehen, so müßten wir den Menschen umgekehrt als den niedrigsten Punkt betrachten, bei dem das Geistesleben anfängt, aber andre Glieder der Reihe sind uns nicht gegeben, wenngleich wir fast nirgends eine Entwickelung des menschlichen Bewußtseins bis auf einen gewissen Punkt finden, ohne daß sich Vorausfezungen von einem größeren Reichthum und einer mächtigeren Gestaltung dieses Geisteslebens bildeten, aber immer nur unter der Form des Gedankenspiels und der Phantasie.

Wir müssen von hier aus zunächst ein paar ebenfalls vorläufiger Betrachtungen anstellen, die implicite schon in dem bisherigen angelegt sind; die eine ergiebt sich daraus, daß wir auf eine Theilung von Seele und Leib ausgehen, die andere daraus, daß wir schon im voraus festgestellt haben, wir wollten bei der Einheit von Seele und Leib stehen bleiben. Wenn wir sagen, die Anthropologie kann nicht unter einer andern Bedingung in diese beiden Disciplinen der Physiologie und Psychologie, deren einzelne Elemente hernach doch andre sind als die, wie sie in der Anthropologie selbst sich finden, umgewandelt werden, als insofern der Gegensaz von Seele und Leib vorausgesezt wird, so veranlaßt diese Scheidung, die auf der einen Seite in die Physiologie ausgeht, hernach wieder eine Zusammenfassung und Betrachtung des organischen Daseins in allen Abstufungen, dem ein anderes gegenübersteht, das man gewöhnlich als das anorganische bezeichnet. Das ist nun kein reiner Gegensaz, weil er nichts positives giebt, und so möchte ich vorläufig dafür den Ausdruck des mechanischen oder des Massendaseins annehmen. Wenn wir nämlich das organische mit dem anorganischen vergleichen, so liegt in dem ersteren immer eine Ueberwindung des mechanischen Processes, worunter auch der chemische mitbegriffen ist, während in dem anderen der mechanische Proceß dominirt. Es ist aber offenbar, daß diese beiden Ausdrücke mechanisches und Massendasein vollkommen identisch sind. Unter Massendasein nämlich verstehe ich ein solches, wo nichts auf feste Weise ein ganzes oder eine Einheit ist, indem eben dieser Proceß, durch welchen das Dasein bestimmt wird, diese Einheit immer wieder aufhebt. Alles, was dem mechanischen oder chemischen Processe unterliegt, kann durch einen äußeren Einfluß ein mannigfaltiges werden und die Einheit ist nur zufällig. Diesem nun steht das organische gegenüber; aber wenn wir auf jenen Gegensaz sehen, von welchem die Theilung der Anthropologie ursprünglich ausgegangen ist, so kann ihm gegenüber dieses beides in eins zusammengefaßt werden und bildet dann das materielle, so daß das organische Sein wie das Massendasein nur verschiedene Formen des materiellen Seins sind. Indem hiebei die Vorstellung von Materie oder Stoff vorausgesezt wird, will ich die Frage nicht erörtern über die Wahrheit dieser Vorstellung. Man könnte allerdings sagen, Stoff oder Materie an sich ist gar nicht aufzuweisen, sondern aller Stoff ist entweder in dem organischen Dasein oder in dem Massendasein gesezt, und dann ist er nicht Stoff überhaupt sondern bestimmter Stoff und jene Vorstellung von Stoff im allgemeinen ist immer nur eine Vorausdsezung.

Wenn wir aber auf dieser Seite bis auf diesen Punkt gekommen sind, so sezen wir diejenigen Thätigkeiten, um derentwillen die Psychologie aufgestellt ist, nicht nur jenen gegenüber, welche die Physiologie umfaßt, sondern dem materiellen überhaupt. Wenn wir rein dabei stehen bleiben, daß diese geistigen Thätigkeiten nur im Menschen sind, so können wir das bis jezt gesagte nur durch einen negativen Saz ausdrücken, nämlich die Thätigkeiten sind in dem Menschen, aber nicht vermöge dessen, was ihn als materielles sezt, sie sind nicht in ihm vermöge des organischen, inwiefern es selbst ein materielles ist, und sie stehen in keiner Verwandtschaft mit diesen Voraussezungen der Materie. Sobald man diesen Saz nicht zugiebt, so hört auch aller Grund zu einer besonderen Behandlung der Psychologie auf. Denn wenn die geistigen Thätigkeiten vermöge des organischen in seiner Identität mit dem Maffendafein in dem Menschen wären, so hätten wir kein Recht sie von den physiologischen zu sondern.

Wir haben gesehen, daß die rein geistigen Thätigkeiten nicht auf eine solche Reihe führen wie die organischen, indem sie uns nur im Menschen gegeben sind, während sie in den niedern animalischen Organisationen immer mehr verschwinden und alle höheren als bloße Fictionen und Vorstellungen angesehen werden müssen. Wir wollen aber diese Fictionen einmal als eine Thatsache gelten laffen, welche überall auf einem bestimmten Entwikkelungspunkt des menschlichen Bewußtseins vorkommt, so entsteht uns hier eine ähnliche Aufgabe wie die, welche durch den Begriff der Materie gelöst worden ist, nämlich das geistige in allen noch so verschiedenen Geistessubjecten auf eben solche Weise zu sezen. Wenn sich nun Geist und Materie so gegenüberstehen, so müffen wir beide auch als einen positiven Gegensaz ansehen, während die Vorstellung von der Immaterialität der Seele eine bloße Negation ist. Wie die Vorstellung des materiellen nicht eine rein negative ist, sondern ihre Position in dem gemeinsamen der Raumerfüllung hat, so müffen wir auch den Geist als das gemeinsame Princip aller solcher geistigen Thätigkeiten denken, möchten die Subjecte auch ganz andre sein als der Mensch. Wenn wir nun davon ausgehen, daß diese Vorstellung besteht, wie denn das gar nicht abzuleugnen ist, da sie sich überall findet, so lange die Entwikkelung der Vorstellungen ihren natürlichen Lauf nimmt, und daß wir uns selbst vermöge dieser Thätigkeiten als Geist sezen, so wird auch das Intereffe des Bewußtseins sich auf eine vorzügliche Weise an diese Seite des Daseins heften. Was ist nun wol von diesem Punkte angesehen die Seele? Ich möchte um diese Frage zu beantworten erst auf die andere Seite zurükkgehen und fragen, Was ist, von der Vorstellung der Materie aus, der Leib? Die Materie schließt schon in sich die verschiedene Modificabilität, so daß selbst das bloß mechanische Dasein wenigstens schon als bestimmte Materie vorhanden ist. Sobald wir bei dem mechanischen allein stehen bleiben, so abstrahiren wir davon, ob in einer so gesezten Masse wieder eine Differenz von modificirter Materie ist oder ob sie eine einfache ist, so wie wir aber das chemische hinzunehmen, so entsteht diese Frage. In dem organischen ist diese Differenz etwas wesentliches, weil sich nur in dem Maaße ein solches constituirt, als ein Gegensaz von festem und flüssigem da ist, und je mehr er unterdrükt ist, die Organisation auch um so unvollkommener wird. Nun nehmen wir hinzu, daß das organische nicht allein auf mechanische Weise zu bewegen sei, sondern daß es ein eignes Princip der Bewegung in sich selbst habe. Diese beiden Punkte würden die sein, aus welchen das organische nach der Seite der Materie hin zu construiren wäre. Ich habe dies nur angeführt um eine Anschauung zu geben von der Bedeutung der Frage, die oben aufgestellt ist, was die Seele sei, wenn wir uns als Geist sezen. Wenn wir sagen, das beruhe auf jener Möglichkeit, daß die geistigen Thätigkeiten auf eine andere Weise zu Stande kommen als im Zusammenhange mit dem organischen Leibe, so werden wir darauf zurükgehen müssen, was wir vorher schon zugegeben haben, daß die Seele in Beziehung auf ihren Leib verschieden bestimmt ist. Diese Verschiedenheit involvirt aber nicht, daß der Geist selbst verschieden bestimmt sein müßte, es kann auch sein, daß die Differenzen in der Seele nur herrührten von der Art und Weise, das Verhalten des Geistes im organischen Leibe mit dem Verhalten der Materie in dem organischen Leibe zu vergleichen. So wie wir die Sache so fassen, wie es bis dahin geschehen ist, daß die Ideen des Wissens, des Wahren, des Guten u. s. w. das Princip sind, auf welchem die Ausscheidung der geistigen Thätigkeiten beruht, so beziehen wir auch diese Thätigkeiten, sobald wir nur zum Bewußtsein derselben gekommen sind, auf unser Ich und sehen sie an als diejenigen, welche unser eigenes Wesen ausmachen. Die Seele ist dann nichts anderes als eine Art und Weise dieses Princips da zu sein im Zusammenhange mit einem solchen organischen Leibe, eine Art und Weise des Seins des Geistes, oder auch, wenn wir darauf sehen, daß sie eben dadurch zu einer Zeit an das organische als ein äußerlich gegebenes gebunden ist, eine Erscheinung des Geistes in Verbindung mit dieser Organisation.

Von diesem Punkte aus möchte ich noch einen geschichtlichen Rückblick machen, denn das bisher gesagte bestätigt sich dadurch gar sehr, daß geschichtlich sich ergiebt, überall, wo ein Zweifel obgewaltet hat an der eigenthümlichen Dignität dieser Thätigkeiten, sei auch ein Bestreben gewesen alle Facta des Seelenlebens auf die Materie zurückzuführen. Der Materialismus ist nichts anderes als die positive Seite an dem Skepticismus in Beziehung auf die geistigen Thätigkeiten, während auf der anderen Seite überall da, wo wir das Interesse an diesen Thätigkeiten am höchsten gesteigert finden, sich auch die größte Neigung zeigt zu dem entgegengesezten System des Spiritualismus. Ich will dieses deswegen nicht gleich kanonisiren, sondern nur auf die zwiefache Weise aufmerksam machen, wie es zu Stande gekommen ist, entweder unter der positiven Form, daß alles eigentlich Geist sei und auch die Materie nur schlafender Geist, oder in der negativen Form, daß dasjenige, was nicht Geist sei auch überhaupt nicht sei, sondern nur ein Schein. Weder eins von beiden noch beide will ich für gültig erklären, sondern beide nur als dem Materialismus entgegengesezt aufstellen, als ein geschichtliches Datum unserer sich entwikkelnden Vorstellungen. Wo das Interesse an diesen geistigen Thätigkeiten unterbrükkt ist, aber doch eine gewisse Lebendigkeit der Vorstellung, die man im Gegensaz der Speculation das Räsonnirende nennt, da entsteht der Materialismus, aber ob die dieser entgegengesezte Ansicht nothwendig müsse in eine jener beiden Formen des Spiritualismus übergehen, das will ich hier unentschieden lassen.

Es ist aber offenbar, daß wir die geistigen Thätigkeiten nicht als das eigentliche Wesen unseres Daseins betrachten können, ohne ihnen alles andre unterzuordnen, d. h. dem, was wir als Geist sezen, das Primat zuzuerkennen auch für das Gesammtgebiet der Anthropologie; denn weiter haben wir gar nicht Ursache zu gehen.

Haben wir nun, dies vorausgesezt, schon einen Bestimmungsgrund den Gegensaz zwischen Leib und Seele in Beziehung auf die anthropologischen Thätigkeiten genau zu fixiren? Nach einer Maxime, die ich schon früher ausgesprochen, und die wir nach allem, was in unserer späteren Untersuchung vorgekommen ist, nicht zurükkzunehmen brauchen, werden wir das insofern nicht thun können, als wir bei allen Thätigkeiten, die in unserer Betrachtung vorkommen können, uns immer an der Identität von Seele und Leib halten wollten. Wenn wir dabei bleiben und zugleich den Gegensaz von Seele und Leib gelten lassen, so wird sich die Einheit allein darstellen lassen unter der Form einer zwiefachen Reihe von Thätigkeiten, einer solchen, wo das geistige das Minimum und das leibliche das Maximum ist, und einer solchen, wo dies umgekehrt ist. Sobald wir diese beiden Punkte als das äußerste sezen, so haben wir alles in Betrachtung zu ziehen, wobei nicht das geistige auf die allerbestimmteste Weise gleich Null wird, denn da hätten wir etwas, was ganz außer dem Gebiet unserer Untersuchungen läge und rein zu dem physiologischen gehörte. Ich will dies an einem Beispiel aufzeigen. Der organische Leib ist insofern zusammengesezt, als wir darin eine Menge von verschieden modificirter Materie finden. Gesezt nun diese wäre gefunden als die Elemente des lebendigen Leibes, so ist a priori nicht anzunehmen, daß in allen Menschen das Verhältniß dieser Elemente dasselbe sei. Die Elemente sind überhaupt nicht auf eine bloß mechanische Weise gegeben, sondern sie sind in dem Reproductionsprocesse begriffen und werden immer wieder hervorgebracht durch das Leben selbst. Nun entsteht die Frage, ist die Beschaffenheit der lebendigen Bewegung, wodurch das Verhältniß dieser Elemente bestimmt wird, vollkommen unabhängig von aller Einwirkung der Seele? Sobald wir sie bejahen müßten, so läge dies dann auch außerhalb der Psychologie. Aber wenn wir auch kein augenblikkliches Bewußtsein haben von der Nothwendigkeit dieser Beziehungen, so werden wir uns doch ein solches Verhältniß leicht denken können in solchen Lebensthätigkeiten, die wirklich pfychisch sind, z. B. wenn Gemüthsbewegungen mit gewissen Geberden verbunden sind, und wenn da der Zusammenhang als möglich erscheint, so wird er auch weiter möglich sein. Dies führt dahin, daß die Psychologie nichts anderes ist, als die ganze Anthropologie aus dem Gesichtspunkt des Geistes betrachtet, ebenso wie die Physiologie dasselbe umgekehrt ist von dem des Leibes aus angesehen. Wir hätten auf diese Weise vorläufig das gewonnen, daß uns der Grund einer solchen Theilung klar geworden ist, nämlich das Interesse an den rein geistigen Thätigkeiten als dem höchsten im Menschen, und daß wir von den Einseitigkeiten des Materialismus und Spiritualismus fern bleiben, indem wir die Einheit des Lebens in dem Gegensaz zwischen dem geistigen und leiblichen festhalten.

Um nun aber Versuche nicht unbenuzt zu lassen, welche gemacht sind, das ganze genauer zu bestimmen, will ich zurükgehen auf das älteste, was in dieser Beziehung aufgestellt worden ist; das sind die aristotelischen Säze von der Seele in dem Buche de anima. Hier sagt er, alle, die hierüber philosophirt, hätten die Seele bestimmt durch drei Punkte, Bewegung, Bewußtsein und das Unleibliche · (ἀσώματον). Hier könnte ich keineswegs dem lezteren unser „immateriell" substituiren, denn Aristoteles schließt doch durchaus nicht diejenigen aus, welche die Functionen der Seele an einen bestimmten Stoff binden, z. B. Luft oder Feuer, sondern er hat darunter nur die Negation der organischen Zusammensezung verstanden. Nun können wir aber gleich sehen, wie schwer die Grenzen hier zu bestimmen sind, denn Aristoteles rechnet das Θρεπτικὸν mit zu den Seelenfunctionen. Hieraus ergiebt sich, wie es weit sicherer ist, vorher gar keine Lebensfunctionen auszuschließen, sondern sie zu berüksichtigen in ihrer Einwirkung auf die Seelenthätigkeiten. Eine solche zwiefache Einwirkung haben wir schon im voraus festgestellt und dies stimmt auch mit der Erklärung der Seele von dem Standpunkt des Geistes vollkommen überein. Denn wie sie eine Art und Weise des Geistes in der Organisation ist, so ist diese eine Art und Weise des Seins des materiellen in Verbindung mit dem Geist, so daß in diesem ganzen Gebiet keines so anzusehen ist, als wäre es ganz Null.

Wenn wir aber auf die beiden andern Bestimmungen gehen, welche Aristoteles aufgestellt hat, so haben wir die eine auch jezt wieder aufs neue festgesezt. Denn es ist doch in diesem Zusammensein der Geist das den Organismus bewegende. Freilich wenn wir von dem physiologischen Standpunkte ausgehen und also eine Analogie zwischen dem animalischen und menschlichen Organismus voraussezen, wodurch doch alle physiologische Betrachtung motivirt wird, so ist Organismus gar nicht zu denken ohne ein System eigenthümlicher, ihr Princip in sich habender Bewegungen. Wenn wir nun überall den Geist ansehen als das den Organismus bewegende im Gebiet der menschlichen Seele, sollen wir dies auch erstreffen auf diejenigen Thätigkeiten, in welchen die Analogie des Thierischen und Menschlichen am meisten hervortritt? Dann müßten wir auch dort den Geist voraussezen oder hier ein System von Bewegungen annehmen, welches mit dem Geist nicht zusammenhängt. Gehen wir davon aus, alles Leben im Geiste begründet zu finden und nur zu unterscheiden ein vollkommneres oder unvollkommneres Hervortreten desselben, so hat es gar keine Schwierigkeit die Frage auf die erste Art zu beantworten, denn dann ist auch der Geist das bewegende, aber er scheint auf den untergeordneten Stufen noch nicht so hervorzutreten. Gehen wir aber davon aus, daß wir kein Recht haben Geist anzunehmen, wo nicht auch die geistigen Thätigkeiten sind, so würde die Frage auf die andre Weise beantwortet werden müssen. Nun aber haben wir noch nichts gefunden, was die eine oder andre Entscheidung postulirte.

Es wäre zu versuchen, ob wir durch das dritte Element, nämlich das des Bewußtseins weiter kommen. Die Bedeutung dieses Worts muß als allgemein bekannt vorausgesetzt werden. Wenn wir uns die drei Bestimmungen Bewegung, Bewußtsein, Unleiblichkeit vorhalten, so sieht Jeder, daß sie nicht vollkommen gleichartig sind, die lezte bestimmt eine Art zu sein auf eine bloß negative Weise, die beiden andern bestimmen Inhalt und Art zu sein positiv, also wird es vorzüglich darauf ankommen zu unter= suchen, wie diese zu einander stehen. Wenn wir rein der Beob= achtung folgen, wie die menschlichen Zustände in der täglichen Erfahrung vorkommen, so coincidiren beide offenbar nicht immer; es giebt Thätigkeiten des Bewußtseins ohne Bewegung und Be= wegung ohne Bewußtsein, aber auch ebenso Zustände, wo bei= des innig verbunden ist. Wenn wir dies ganz festhalten könn= ten, so scheint es als wenn wir dadurch eine bestimmtere Grenze gewönnen, um das physiologische von dem psychologischen zu trennen. Giebt es bewußte Zustände ohne Bewegung, so sind es solche, die wir als rein geistige bezeichnet haben, und diese wer= den also der Seelenlehre angehören; giebt es Thätigkeiten des Bewußtseins mit Bewegung verbunden, so werden wir diese, in= wiefern die Bewegung dem Bewußtsein untergeordnet ist, zur Psychologie rechnen, insofern aber das Bewußtsein der Bewegung untergeordnet ist, d. h. insofern das Bewußtsein das aus der Be= wegung entstehende ist, werden wir zweifelhaft werden und sagen, da ist der Zustand des Bewußtseins als Resultat gesezt wol der Seelenlehre angehörig, aber die Bewegung selbst gehört der Phy= siologie an. So hätten wir die Psychologie in den sichersten Gren= zen eingeschlossen, denn es würde nur das übrig sein, wo die Bewegung ist ohne Bewußtsein, und das wäre ein System von Bewegungen, die nur dem Leibe angehören und mit dem Geiste nichts zu thun haben.

Von hieraus könnten wir also allerdings eine solche Sonde= rung machen und sagen, das Bewußtsein sei der Centralpunkt, die Art und Weise des Geistes zu sein in der Einheit mit der Organisation, und dieses würde in und mit der Organisation durch die Thätigkeit des Geistes. Denken wir uns den Geist in einer solchen Verbindung mit der Raumerfüllung, daß es nicht zu dem Bewußtsein kommt, so wäre das die Stufe des träumen= den Geistes, wenn aber Bewußtsein mit der organischen Thätig=

keit verbunden ist, so wäre das der wachende Geist. Nun aber
wollen wir die beiden Fälle in Betrachtung ziehen, wo das Bewußtsein das Resultat der Bewegung ist oder das Bewußtsein
ganz von der Bewegung getrennt. Wenn wir unsere sinnlichen
Operationen betrachten, unser Wahrnehmen durch die Sinne und
unser Empfinden, so scheinen das solche Fälle zu sein, wo das
Bewußtsein entsteht durch die Bewegung; es ist die Bewegung
der eigenthümlichen besondern Organe, wodurch das Wahrnehmen
entsteht und dazu kommt dann das Bewußtsein, es ist die Affection des allgemeinen Organs, wodurch die Empfindung entsteht
und diese wird dann Bewußtsein des eigenen Zustandes, Selbstbewußtsein. Hier werden wir also die Grenze wohl so ziehen
müssen, daß wir die Bewegungen der Sinne als rein organische
fassen und behaupten, das, worauf es beruht, daß wir sehen, riechen, schmekken u. s. w. gehört nicht in die Psychologie, aber wie
dies zum Bewußtsein wird und wie es sich zu den übrigen Formen des Bewußtseins verhält, gehört in die Psychologie. So
klar dies scheint, so ist doch dagegen ein Zweifel zu erheben von
einer andern Seite her. Wenn die Thätigkeiten der Sinne mit
dem geistigen Lebensprincip gar nichts zu thun haben, wenn unser
leibliches sehen und hören gar nicht ein solches ist, daß es durch
das Princip des Bewußtseins verändert wird, so müßten wir auch
behaupten, daß unsre Sinnesthätigkeit ganz unabhängig wäre von
der Willensthätigkeit, und dies ist doch keinesweges der Fall.
Das Sehen und Hören ist ein anderes, wenn wir die Aufmerksamkeit darauf richten, es hat eine stärkere Spannung, die in der
Bestimmtheit des Willens ihren eigentlichen Grund hat. Nun
sind wir uns aber weiter bewußt, daß wir zuweilen nicht sehen
und nicht hören, weil wir etwas anderes wollen; wir sehen nicht
im Schlaf, weil da die organischen Thätigkeiten geschwächt sind,
aber ebenso auch in einem Zustande rein geistiger Thätigkeit, die
ganz in sich zurükkgegangen ist. Da sind unsre Sinne nicht abgespannt, aber dessenungeachtet sehen und hören wir nichts, auch
können wir nicht sagen, daß unsere Sinnesthätigkeiten nicht in

Wirksamkeit wären, weil wir doch hernach dunkle Bilder von dem, was wir wahrgenommen haben, in uns finden. Nur also weil der Wille nicht da war, sind wir uns dessen nicht bewußt. Diese Abhängigkeit also der Sinnesthätigkeit von dem Princip des Bewußtseins gehört auch in die Psychologie, aber dies ist etwas ganz anderes, als der Verlauf der Sinnesthätigkeiten an und für sich.

Was nun zuletzt die Bewegungen betrifft, die gar nicht mit dem Bewußtsein zusammenhangen, so sind das die innern animalischen; alles was zur Circulation des Flüssigen im Körper, was zur Assimilation derjenigen Stoffe gehört, durch welche der Leib sich regenerirt, das sind alles Bewegungen, von denen wir unmittelbar kein Bewußtsein haben. Sonach wären diese denn auch ganz von der Seelenlehre auszuschließen. Aber auch hier erheben sich wieder Einwendungen von der Erfahrung aus. Einmal ist zwar wahr, daß wir von der Circulation des Bluts keine Wahrnehmung haben, aber es ist doch auch wahr, daß die Zustände des Bewußtseins auf die Circulation Einfluß haben, und das ist doch ein Einfluß des Bewußtseins auf die Bewegung. Man kann zwar nicht sagen, daß die Bewegung entsteht durch das Bewußtsein, aber doch die Veränderung der Bewegung. Was daraus entsteht, wird der Physiologie angehören, aber wenn wir darauf sehen, daß gewisse Zustände des Bewußtseins diese Veränderungen hervorbringen, so werden wir sagen müssen, daß etwas psychologisches darin ist, und das werden wir nicht ausschließen dürfen. Wir sehen also, wir haben allerdings etwas gewonnen, aber es ist nichts einfaches, und wir werden uns immer wieder an unsere Hauptmaxime zu halten haben, auf der einen Seite, damit wir nicht in ein fremdes Gebiet überschweifen, auf der andern, damit wir nichts wesentliches ausschließen, was in das unsrige gehört.

Wir werden demnach die Grenzen unserer Untersuchung so bestimmen können: alles, was nach der physiologischen Seite hin sich auf den Gegensatz zwischen organischem und mechanischem bezieht, und das gilt von allen Processen, die nur den Zweck haben, das Für-sich-bestehen des Organismus im Gegensaz zu dem allgemeinen des mechanischen zu erhalten, also auch die ganze Art und Weise der Organisation, wie sie von dem ersten Lebensanfange an entsteht als Ausbildung dieses Gegensazes, bleibt aus unserer Untersuchung weg und fällt der Physiologie anheim, aber doch so, daß wir den Raum frei lassen um den Einfluß des Seelenlebens auf die Operationen festzustellen. Gehen wir aber auf die andere Seite, das unstreitig psychische Gebiet, wie wir es ausgesondert haben in Beziehung auf die höchsten geistigen Functionen, so wird es auch hier etwas geben, was wir vorausezen müssen, nämlich das, was über den Geist an sich in transcenbenter Hinsicht über das einzelne Leben hinausgehend gesagt werden kann. Ebenso giebt es Grenzen, wie in Beziehung auf die Voraussezungen, so auch in Beziehung auf das Resultat. Wie wir bei der Richtung auf das physiologische gesagt haben, es giebt einen Einfluß psychischer Zustände auf die somatischen Operationen, welcher Störungen in dem normalen Zustande der Organisation verursacht, und diese brauchen wir nicht zu betrachten, weil sie außerhalb unseres Gebietes liegen, so geschieht es auch auf der andern Seite; wenn wir die geistigen Functionen in ihrer Gesammtheit betrachten und eingehen wollten auf die Resultate derselben in ihrer Organisation, abgesehen von der einzelnen Erscheinung, so würden wir das nicht ein transcenbentes nennen können, aber es wäre auch kein psychologisches, sondern gehörte in die Ethik hinein, deren Ziel es ist, den ganzen Zusammenhang dessen, was aus den geistigen Thätigkeiten hervorgehen soll, als etwas nothwendig in der menschlichen Vernunft postulirtes darzustellen, wobei von dem einzelnen Leben abstrahirt wird. Also zwischen diesen Grenzpunkten nach der Seite des physiologischen und des reinen Wissens hin muß unsere Untersuchung sich einschließen.

Als die lezte Reihe unserer vorläufigen Untersuchungen anfing, sagte ich, ich wollte einige Folgerungen aus dem bisherigen entwikkeln, auf der einen Seite aus dem Gegensaz von Seele und

Leib, dann aber auch aus der Identität beider im Leben; diese letzteren wollen wir jezt entwikkeln. Wir sind in dieser Beziehung schon früher ausgegangen von einer allgemeinen Thatsache, deren erstes Vorkommen freilich keiner mit seiner eigenen Erinnerung erreichen kann, nämlich der Thatsache des Sich-selbst-findens, des Ich-sagens. Dies können wir in jedem Momente wiederholen, aber der erste Anfang davon liegt in einem Lebensstabium, von dem es eine zusammenhangende Erinnerung nicht giebt. Vorher aber ist an einen Gegensaz von Leib und Seele, welcher für das Subject selbst bestände, nicht zu denken. Das Ich aber ist, wie wir schon gesehen haben, nichts anderes als eine Erscheinung des Geistes unter der Form des Einzellebens und in der Verbindung mit einer bestimmten Organisation. Wenn wir nun diese betrachten in ihrem bestimmten Zusammensein mit der Seele, aber vom physiologischen Standpunkt aus, so sezen wir bei jedem Organismus einen Gegensaz zwischen diesem als einem individuellen und dem allgemeinen rein mechanischen Dasein, und die Einheit des zeitlichen Lebensverlaufes ist nichts anderes, als die Tendenz sich in diesem Gegensaze zu erhalten. Dies fällt außerhalb unserer Untersuchung; wenn wir aber von der andern Seite ausgehen, daß die Seele eine Art und Weise des Seins des Geistes ist, und nun das Wesen von diesem in die höheren geistigen Thätigkeiten sezen, so werden wir wieder sagen müssen, die Einheit des Lebens besteht darin, daß in demselben das Hervortreten der eigentlich geistigen Lebensthätigkeiten sich im Bewußtsein beständig erhalte. So wie wir aber die Formel von der Einheit von Leib und Seele unter dem Begriff des Lebens aufstellen, so müssen wir auch die eine Formel auf die andre beziehen und sagen: Auf der psychologischen Seite erkennen wir als die Einheit des Lebens das Bestreben, die zusammenhangende Erscheinung der geistigen Thätigkeiten an demselben festzuhalten, aber gebunden an die Erhaltung des organischen Processes im Gegensaze gegen das mechanische. Wenn wir nun das einzelne menschliche Leben fixiren, so ist es nur ein einzelnes, insofern es einen Anfang und ein

Ende hat, und wir können über beide nicht hinaus. Jede Frage darüber, wo die Seele herkomme in die Einheit mit dem Leibe und wo sie bleibe nach der Einheit mit demselben, liegt völlig außerhalb unseres Gebietes, und wir haben keine Antwort darauf, aber es bleibt dahingestellt, ob nicht aus den Resultaten unserer Untersuchung, wenn man sie in einem anderen Gebiete als gegebenes mit in Betracht zieht, etwas für die Beantwortung dieser Frage folgen könnte. Halten wir nun dies fest, so ergiebt sich der zeitliche Verlauf des Lebens in seiner bestimmten Form.

Wir müssen hier wieder die beiden Seiten, die psychologische und die physiologische, jede für sich betrachten. Das physiologische beruht auf dem Gegensaz zwischen dem universellen Processe der räumlichen Veränderungen in dem mechanischen und chemischen und dem individuellen, wodurch ein einzelnes nicht ein zufälliges sondern ein lebendiges ist, welches den Grund seiner Veränderungen zum Theil in sich selbst hat. Wenn wir es nun in seiner Vollständigkeit betrachten, so ist das, was wir als Blüthe des Lebens bezeichnen, dies, daß die Lebenskraft sich im Maximum ihrer freien Entwikkelung befindet im Gegensaz zu dem Wiberstande, welchen der universelle Proceß leistet. So erscheint der Organismus als etwas gewordenes, d. h. wenn wir zurükgehen, finden wir die Lebenskraft schwächer und wenn wir die ersten Anfänge in Betrachtung ziehen, so kommen wir bei den unvollkommenen Organisationen, wenn diese aus einer generatio aequivoca entstehen, auf einen Indifferenzpunkt zwischen dem universellen und individuellen Proceß. Bei den höheren Organisationen kommen wir darauf nicht, sondern die ersten Anfänge finden sich eingeschlossen und geschüzt durch einen andern Organismus, und erst in diesem erhebt sich allmählig die sich neu bildende Lebenskraft, bis sie so weit gediehen ist, daß sie sich der Einwirkung des universellen Processes hingeben kann und ans Licht tritt. Wenn wir von jenem Punkte weiter vorwärts gehen, so können wir den Tod nicht anders ansehen als ein Uebergewicht des universellen Processes über den individuellen. Hier haben wir also die Formel eines Anfangspunktes mit einer Steigerung zu einem Maximum und dann wieder eines Sinkens bis zum Endpunkte, und das ist die Formel des zeitlichen Daseins, die wir bei unserer Untersuchung als das gegebene vorausſezen müſſen.

Hier kann eine Frage aufgeworfen werden, die ich aber nur berühren will, um eine neue Grenze feſtzuſtellen, nämlich: iſt der Anfang eines jeden menſchlichen Daſeins uns immer nur unter der Form des Eingeſchloſſenſeins in dem der Mutter gegeben, wie iſt dann der erſte menſchliche Organismus entſtanden? In dem Gebiete unſerer Disciplin können wir dieſe Frage nicht beantworten, denn ſie würde weiter auf die führen, wie zuerſt der Gegenſaz zwiſchen dem univerſellen und individuellen Proceß unter der Form des Menſchen entſtanden ſei und das wäre eine rein kosmologiſche Frage. Daraus folgt aber weiter, daß wenn wir dieſe Frage ausſchließen müſſen und alſo nur reden von dem zeitlichen Verlauf des Lebens, wie er durch die Erzeugung entſtanden iſt, wir auch in keiner Beziehung zurückgehen dürfen auf einen erſten problematiſchen Menſchen. Denn da wir nicht wiſſen, ob dieſer auf dieſelbe Weiſe in Beziehung auf den zeitlichen Anfangspunkt beſtimmt geweſen iſt, wir aber doch das pſychologiſche Gebiet auch der rein geiſtigen Thätigkeiten nicht anders als unter der Form der Einheit von Seele und Leib betrachten wollen, ſo werden wir auch keine Antwort darauf haben, wie die Entwikkelung des Bewußtſeins und der geiſtigen Thätigkeiten in dem erſten Menſchen vor ſich gegangen ſei.

Wenn wir auf die andere Seite hinübergehen, ſo wird, wie die Formel des zeitlichen Lebensverlaufes in phyſiologiſcher Beziehung die des Lebens als eines ſich ſelbſt bewegenden iſt, die Formel für den zeitlichen Verlauf des Lebens nach der pſychologiſchen Seite hin keine andre ſein, als die des menſchlichen Lebens als ſich ſeiner bewußten, denn das iſt die allgemeine Formel für alle rein geiſtigen Veränderungen. Hier haben wir alſo eine Duplicität, einmal das Bewußtſein als Lebenseinheit betrachtet, welches nichts anderes ſagen will, als die Identität des Ich-ſezens in einem einzelnen Organismus, und sodann das Bewußtsein in seiner Beziehung auf den Geist als gleichsam den Ort der geistigen Thätigkeiten. Was das erste betrifft, so haben wir hier dieselbe Formel eines Anfangspunktes, eines Endpunktes und eines Maximums zwischen beiden, eine Steigerung von dem Anfangspunkte aus bis zum Maximum und ein Herabsinken vom Maximum bis zum Nullpunkt. Denn wie der Anfang des organischen Processes uns unbekannt ist und nicht zur vollständigen Wahrnehmung gelangt, so ist es auch ebenso mit dem Anfange des Bewußtseins. Wir können nicht eher sagen, daß es da ist, als bis es auch wirklich erscheint, wollen wir es aber hier firiren in der Formel des Ich=sagens, so ist dies ein weit späterer Punkt, denn wir können nicht mit Gewißheit sagen, daß in dem angefangenen Leben ein Ich=sezen als ein bewußtes da ist, als bis dieses auch zur Mittheilung kommt, die Kinder aber sprechen eher als daß sie Ich sagen. Nun aber zeigt sich, daß von diesem Punkte an die Continuität des Ich=sezens ein werdendes ist; denn wenn wir das Leben als eine Reihe von Momenten betrachten, so ist die Einheit desselben nur in der Beziehung der Momente aufeinander, die Stetigkeit des Bewußtseins erscheint als ein wechselndes und das Maximum des Lebens ist in dem Zeitraum, wenn die Beziehung aller Momente auf einander am vollständigsten und größesten ist. Nach diesem finden wir wieder eine Abnahme des Bewußtseins, die Beziehungen der Momente auf einander werden schwächer, indem im Alter das Gedächtniß abnimmt und dies geht so fort, bis im Tode das Bewußtsein gänzlich aufhört und also auch das Ich=sagen.

Wenn wir nun die rein geistigen Thätigkeiten betrachten, so fragt sich, ob wir da auch eine solche Formel von einem Anfangspunkt, der als der Null nahe anzusehen ist, zu einem Maximum und von da wieder zu einem in Null übergehenden Endpunkt finden. Wir müssen zu diesem Behufe weiter zurükgehen auf das frühere, wo wir das Leben betrachteten als die organische Continuität im Gegensaz zu dem mechanischen Processe der räum=

lichen Veränderungen. Das Bewußtsein nämlich in seiner ganzen Entwikkelung ist nicht ohne organische Thätigkeit und es fragt sich, wie genau das Band zwischen beiden ist und ob das Bewußtsein jener nothwendig folgen müsse. In der Vorstellung von dem lebendigen, daß es den Grund seiner Veränderungen zum Theil in sich trage, liegt schon, daß zum Theil auch der Grund außerhalb falle und daß ein Unterschied gesezt sei zwischen den Veränderungen, die von innen, und denen, die von außen bedingt sind. Wenn nun aber das Subject durch diese Duplicität nicht gespalten werden soll, so müssen wir den Gegensaz in die Einheit aufnehmen. Im Verlauf des mechanischen und chemischen Processes ist ein beständiges Einwirken der Dinge auf einander, wobei das eine sich bloß passiv verhält, wie z. B. bei dem Stoße; wenn es sich nun mit den von außen herkommenden Einwirkungen bei den lebendigen Wesen ebenso verhielte, so wäre das Leben aufgehoben, weil die Einwirkung gegen den universellen Proceß nicht vorhanden wäre, es muß also stets ein in dem Innern gegebener Factor mitwirken, wenn etwas von außen her mitwirkt. Wenn wir nun beides zusammen nehmen, den äußern und inneren Factor, so erscheint der erste als etwas geringeres, der andere als etwas größeres, aber das, was auf der einen Seite ein mehr und minder ist, erscheint auch wieder als Gegensaz. Wir bezeichnen das geringere mit dem Ausdrukk Receptivität oder Empfänglichkeit, wo aber immer auch die Mitwirkung des innern Princips mitgedacht ist, und das größere nennen wir Spontaneität oder Selbstthätigkeit, wobei wir aber auch hinzubenken, daß das, was aus jener hervorgeht, etwas wird für das äußere, so daß wir also Aeußerungen der Selbstthätigkeit, die in dem Subject bleiben und solche die aus ihm heraustreten, als eins betrachten. In diesem Gegensaz von Empfänglichkeit und Selbstthätigkeit als einem stetigen, worin ein großer Spielraum für die Differenz einzelner Momente liegt, ist der ganze zeitliche Verlauf des Lebens begriffen.

Wenn wir nun von hier aus zu unserer jezigen Frage zurükkehren und also den zeitlichen Verlauf des Lebens betrachten in Hinsicht auf die Continuität des Bewußtseins, insofern dieses das Dasein des Geistes realisirt, so ist der Anfang des Lebens in dieser Beziehung ebenfalls Null, und von diesem Nullpunkt aus gestaltet sich dann die Entwiklung des Bewußtseins nur in dem Zusammensein des lebendigen Subjects mit der Außenwelt. Dieses erste ist etwas, wogegen ein Zweifel gar nicht erhoben werden kann, ja selbst diejenigen, welche etwas anderes zu behaupten scheinen, wenn sie von angebornen Ideen reden, behaupten doch nichts anderes. Unter Ideen verstanden wir die Gesammtheit jener geistigen Thätigkeiten, abgesehen von dem zeitlichen Verlauf, an und für sich betrachtet, aber wenn man sie so als angeboren sezt, so kann man damit doch niemals meinen, daß sie schon als bewußte vorhanden sind, sondern nur daß sie das Princip sind, an welchem das Bewußtsein zum Vorschein kommt und sich entwikkelt.

Hier muß ich wieder daran erinnern, daß wir unsere Untersuchung nicht auf einen problematischen ersten Menschen ausdehnen dürfen, weil wir uns von dem Werden seines Bewußtseins keine Vorstellung machen können. Wenn wir also nur von solchen Menschen reden, die durch Erzeugung entstanden sind, so sezt das andre Menschen voraus, und wir können uns auch keine Vorstellung davon machen, wie ohne andre Menschen ein Anfang und Wachsen des Bewußtseins stattfinden sollte. So wie wir dabei stehen bleiben, haben wir dasselbe Recht, überall schon entwikkeltes Bewußtsein vorauszusezen und so können wir auch nur annehmen, daß sich in dem einzelnen der zeitliche Verlauf des Bewußtseins entwikkelt im Zusammenhange mit anderen, in denen es schon entwikkelt ist. Dies führt uns auf einen Punkt, auf den uns das vorige nicht führen konnte. Wenn sich nämlich das Bewußtsein seinem geistigen Gehalte nach nur entwikkelt unter der Form und Bedingung des Zusammenseins mit anderen, so heißt das nichts anderes, als das Bewußtsein belebt sich durch die Gemeinschaft mit anderen, und das sezt voraus eine Identität aller

in Beziehung auf alles, was zu diesem Entwikklungsprocesse gehört. Diese Identität ist nun ihrem Wesen nach das, was wir
durch den Ausdrukk Gattung oder Natur bezeichnen. Denn es
ist dasselbe, ob wir sagen, es giebt eine menschliche Natur, indem
alle einzelnen identisch sind in Beziehung auf den Begriff des
Lebens und seines zeitlichen Verlaufs, oder die Gesammtheit der
einzelnen Menschen bildet die menschliche Gattung, inwiefern sie
alle Theil haben an der menschlichen Natur. Ohne diese Identität
würde nicht zu begreifen sein, wie sich an dem einen Bewußtsein
das andre entzünden könnte.

Wir wollen einen Augenblikk bei diesem Punkte stehen bleiben und auf das ganze physiologische Gebiet zurükksehen. Wenn
wir die Gesammtheit der Organismen betrachten und vorläufig
uns an das animalische Gebiet halten, so werden wir sagen, daß
wir hier auch eine solche Einheit der Gattung und für jede eine
besondere Einheit der physiologischen Natur präsumiren. Indem wir aber unvollkommnere und vollkommnere Organisationen unterscheiden, werden wir immer finden, daß die Bestimmtheit in der Erzeugung auch zugleich die Grenze bildet zwischen
der Vollkommenheit und Unvollkommenheit in der Organisation.
Je vollkommener die Organisation ist, desto bestimmter ist die
Gattung und ebenso umgekehrt, je mehr wir zu den vollkomme-
ren Organisationen aufsteigen, desto mehr finden wir auch einen
bestimmten Kreis von Lebensthätigkeiten, der sich in höherem
Grade vermannigfacht. Da haben wir also allerdings die Analogie einer solchen Fortpflanzung der Bestimmtheit des Lebens
durch das Zusammensein der späteren Generation mit der früheren bedingt, aber wie dort das Bewußtsein problematisch ist, so
lassen wir dies bloß als eine Analogie stehen.

Gehen wir nun wieder auf das menschliche zurükk und fragen, welches ist der Punkt, von dem die Entwikklung des Bewußtseins seinem geistigen Gehalte nach anfängt, so kann es nur
der sein, wo die Aneignung der Sprache beginnt. Ich sage die
Aneignung, weil die Sprache in dem früheren Geschlecht schon

gegeben sein muß. Aber wenn wir nicht dabei dächten, daß dieses Gattungsbewußtsein, diese Identität der Natur schou als eine Voraussezung mit wirksam wäre, so hätten wir keinen Grund, warum das beginnende Leben nicht ebenso außer seinem Kreise seine Entwikkelung suchen sollte als in demselben. Wir finden aber keine Neigung bei den menschlichen Individuen, ihr Bewußt= sein an ein anderes als menschliches Bewußtsein anzuknüpfen. Hier zeigt sich in der Sprache wieder ein organischer Proceß, und wir haben hier einen Punkt, wo das physiologische mit dem rein geistigen Gehalt des Bewußtseins in der unmittelbarsten Ver= binbung steht, so daß wir keine Vorstellung haben, wie sich der geistige Gehalt des Bewußtseins ohne biesen organischen Proceß entwikkeln könnte. Wir können uns aber nicht benken, baß bas bei dem ersten Menschen anders gewesen sein möchte, denn bann hätten wir auch keine Sicherheit baß der geistige Gehalt bei ihm berselbe gewesen wäre, wie bei uns.

Das ist also die allgemeine Voraussezung: wenn wir uns benken, die Organisation hätte nicht die Sprache hervorgebracht, so wäre sie auch nicht der Träger eines solchen geistigen Bewußt= seins. Sprache wirb hier in einem weiteren Sinne genommen. Denn sowie der Mensch schon andere Bewegungen erfunden hat um ben Mangel ber artikulirten Tonsprache bei einzelnen Indi= vibuen zu erfezen, so können wir auch ein ganz anderes System benken, welches die Stelle unserer Sprache verträte. Dies also steht fest, daß die Entwikklung des geistigen Gehalts des Be= wußtseins und damit zugleich die bestimmte Form des Auseinan= bertretens in dem Bewußtsein selbst an ein solches System von organischen Thätigkeiten gebunden ist. Wenn wir von dem Wissen ober dem Schaffen des Geistes reden, abgesehen von der zeitlichen Form des Lebens, so abstrahiren wir von bieser Nothwenbigkeit, aber bann finb wir auch in einem ganz anberen Gebiete, als das ist, in bem wir gegenwärtig verfiren. Wenn wir also ben An= fangspunkt ber Entwikklung des geistigen Bewußtseins an bie Aneignung ber Sprache knüpfen müssen, so fragt sich, kommen wir auch hier zu einem Maximum und ist jenseit desselben ein Sinken? Ich glaube, wir werden dies nicht leugnen können. Dieses Maximum läßt sich nur beschreiben als das vollkommene Gegenwärtig-haben der Sprache, nur daß wir uns das nicht als ein bloßes Haben denken müssen, da die Sprache immer in der Thätigkeit ist, sondern vielmehr als die Kraft des Producirens in der Continuität der menschlichen Sprachthätigkeit, so daß der einzelne die ganze Sprache zu seiner Disposition in sich trägt. Das wäre das Maximum von dieser Seite und ebenso werden wir auch nicht leugnen können, daß es im weiteren Verlauf des Lebens eine Verminderung dazu giebt, wie sich dies in der Schwäche des Alters zeigt, wo das Band zwischen dem Bewußtsein und der Sprache sich löst und man zu dem Begriff das Wort nicht mehr finden kann, was besonders bei solchen, die sehr productiv in der Sprache gewesen sind, ein Zeichen von der Abnahme der geistigen Kräfte ist. Es zeigt sich also auch hier dieselbe Form des zeitlichen Verlaufs.

Offenbar haben wir hier die geistigen Thätigkeiten nur von der einen Seite angesehen, inwiefern das Sein sich in der Seele als Gedanke und Begriff herausbildet, und das ist allerdings die eine allgemeine Beziehung zwischen der Seele als Erscheinung des Geistes und der Welt, in welche sie vermöge ihrer Einheit mit dem Leibe gestellt ist; aber es ist dies nicht die einzige, sondern wir müssen nun das wieder aufnehmen, was wir vorher liegen ließen, daß die Selbstthätigkeit als das höhere immer ein Bewirken von etwas in dem äußern ist. Diese aus sich herausgehende Thätigkeit wird hier ebenfalls von der Seite betrachtet, daß wenigstens die höchste Tendenz darin, die Darstellung der Thätigkeiten des Geistes, ein Werk des Menschen sei. Wenn wir nun einen allgemeinen Ausdruck dafür entweder selbst suchen oder unter den gegebenen aufnehmen und sanctioniren, so werden wir keinen andern finden als den der Kunst in weiterer Bedeutung. Betrachten wir in dieser Hinsicht den Verlauf des Lebens, so müssen wir den Anfang sezen in einer von dem Geiste ausgehenden Thätigkeit in der Organisation, die sich in äußeren Werken darstellt. In den ersten Anfängen des Lebens zeigt sich dies schon in dem Werden der Organisation. Diese selbst ist doch nichts anderes als die allgemeine Basis für diesen ganzen Proceß, nicht nur insofern alle Thätigkeit des Menschen von organischen Bewegungen ausgeht, sondern die Organisation an und für sich betrachtet ist schon eine Darstellung des Geistes, weil er als Seele ihr einwohnt. Müßten wir lediglich stehen bleiben bei den Organen des Leibes, von dem Punkte an, wo man schon ein Leben voraussezt, so ist das freilich etwas vollkommen bewußtloses und wäre also von unserer Betrachtung ganz auszuschließen; wir können aber nicht leugnen, daß dies ein bis zu einem gewissen Punkte fortgehendes Werk ist, in welchem wir die Wirksamkeit der Seele erkennen, während doch die Bewußtlosigkeit bleibt. Wenn wir nun die Entwicklung der leiblichen Persönlichkeit in dieser Beziehung ansehen, so finden wir einen Fortschritt von dem allgemeinen zum besonderen darin. Wenn man neugeborne Kinder neben einander stellt, so zeigt sich eine weit geringere Differenz in ihrer organischen Erscheinung als bei erwachsenen Personen, in den ersteren nur das allgemein menschliche, in den andern die besondere Eigenthümlichkeit. Diese fortgeschrittene Entwicklung ist nun nicht zu denken ohne psychischen Einfluß, da er aber ganz bewußtlos ist, so müssen wir zwar eine solche Wirksamkeit annehmen, aber ohne die Activität des psychischen und die Passivität des leiblichen dem Grade nach festzustellen. Das Werden der äußeren Persönlichkeit bis zu einem vollkommenen Ausdruck der innern geistigen Eigenthümlichkeit werden wir also als das Minimum ansehen, weil wir dabei die Selbstthätigkeit des geistigen nicht wahrnehmen können, sondern nur voraussezen; von diesem Minimum aus entwickeln sich alle diejenigen Thätigkeiten, in denen das, was wir den Willen nennen, immer stärker hervortritt. Denn ich glaube, wir können ein Minimum des Willens auch hier schon annehmen, weil es auch hier schon Thätigkeiten giebt, in denen sich die Tendenz ausspricht, innerliche Gemüthszustände durch organifche Bewegungen kenntlich zu machen. Dies führt uns auf eine andere Differenz, die auch schon bei der vorigen Betrachtung zur Sprache gekommen ist. Wenn wir uns nämlich auf den Punkt stellen, wo sich das psychische in dem Leibe selbst durch organische Bewegungen kund giebt, so daß wir einen Antheil des Willens nicht ausschließen können, so setzt der Wille sich zu erkennen zu geben immer voraus eine Beziehung auf etwas anderes. Wenn wir bei dem geringsten stehen bleiben, so ist da die Beziehung nur die zwischen einem Momente des Daseins und dem andern, denn es wird niemand leugnen können, daß unsere eigenen Gemüthszustände sich uns selbst stärker einbrükken, so daß eine Erinnerung davon übrig bleibt, wenn sie in organische Bewegungen übergegangen sind, und das ist doch eine Befestigung dessen, was in dem einen Moment gewesen ist, für den andern. Gehen wir weiter, so ist die Relation der einzelnen untereinander die allgemeine Voraussezung für dieses Gebiet des sich einander unmittelbar Gegenwärtigseins bei denjenigen, die ein und denselben Moment gemeinschaftlich haben. Wenn die organische Bewegung nur Darstellung eines Moments ist, der einen geistigen Gehalt hat, so kann sie auch nur für diesen Kreis von Organisationen gelten, weil die Bewegung in dem Momente vorgeht, aber wir werden doch immer sagen, was aus der Organisation heraustritt, ist schon eine sich weiter erstrekkende Darstellung der geistigen Thätigkeit. So ist es allgemein bekannt, daß wenn wir eine gewisse Kenntniß von einem Menschen haben, wir sein Bild auch wiederfinden in der Art, wie er seine nächste Umgebung einrichtet, und das ist etwas, was über die unmittelbare Vergegenwärtigung der Person hinausgeht. Die weitere Stufe ist die, daß etwas von uns ganz trennbares, ohne eine genauere Beziehung zu behalten auf unsere Persönlichkeit, für alle diejenigen, welche vermögen das geistige darin anzuschauen, hingestellt wird, mit der Einladung es zu erkennen, und da kommen wir also auf das bestimmtere Gebiet der Kunst. Es würde überflüssig sein, wenn ich hier mehr auf das einzelne eingehen wollte, und es fragt sich nur, ob auch in dieser Region der zeitliche Verlauf des Lebens dieselbe Form habe? Wir haben schon nachgewiesen eine allmähliche Steigerung in jenem ersten Minimum bei der Entwikkelung der Organisation, insofern sie an und für sich Ausbrukk oder Darstellung ist. Ein Hervorbringen außer sich sezt immer schon eine Entwikkelung des Organismus bis zu einem gewissen Punkte voraus, hier haben wir also ein späteres, was zu einem früheren hinzukommt und also eine Entwikkelung dieser Art von Thätigkeiten. Das Maximum würde sein der höchste Grad von Lebendigkeit in den Thätigkeiten, durch welche der Geist sich nach außen hin manifestiren will, und dieser besteht aus zwei Elementen, einmal der Lebendigkeit in der Succession und dem Zusammenhange der Bewegungen des Bewußtseins und also der eigentlich geistigen Thätigkeiten und sodann in der größesten Energie und der ganzen Fülle der Kraft in dem Gebrauche alles desjenigen, was zur Darstellung nach außen hin gehört. Je vollkommener beides sich entspricht, je mehr der einzelne vermag, das was in seinem Bewußtsein gegeben ist, zur Darstellung zu bringen, und je mehr er auf der anderen Seite in seinem Bewußtsein darstellbares Material findet, um desto vollkommener ist die Entwikkelung dieser Thätigkeiten. Aber von diesem Maximum giebt es auch wieder ein Herabsinken; ebenso, wie wir schon gesagt haben, daß im Alter die Sprache abnimmt, so kommt auch hier eine Zeit, wo die psychische Gewalt über die organische Thätigkeit geringer wird, und so haben wir also auch hier dieselbe Formel in Beziehung auf den zeitlichen Verlauf, nur daß wir daran denken werden, daß die Dimensionen nicht bei allen einzelnen dieselben sind, sondern hier die größte Mannigfaltigkeit in der Entwikkelung sich herausstellt.

Dies führt uns auf einen andern Hauptpunkt in unserer Untersuchung, nämlich die Differenz der einzelnen Seelen. Diese ist nun freilich eine sehr vielfältige; das, worauf wir jezt gekommen sind, wird ein zwiefaches sein. Wir werden im voraus zugeben müssen, und die Erfahrung bestätigt es auch, daß es eine

Differenz giebt in Beziehung auf den Exponenten des ganzen zeit=
lichen Verlaufs, indem einzelne Seelen viel und andre wenig lei=
sten, d. h. der Unterschied zwischen dem Maximum des zeitlichen
Verlaufs und dem Anfangs= und Endpunkt ist größer oder ge=
ringer; dasselbe gilt auch von dem Ort, an welchem das Maxi=
mum zu stehen kommt, und von dem Raum, den es einnimmt,
indem es bei dem einen kürzere bei dem andern längere Zeit
währt. Aber wir werden auch dabei nicht stehen bleiben dürfen,
daß es solche Differenzen unter den einzelnen giebt, sondern sie
kommen auch massenweise vor. Wir sind ursprünglich, als wir
das eigentliche Gebiet der Seele zu bestimmen suchten, davon aus=
gegangen, die Seele als eins zu setzen und den Organismus auch
nur als eins, aber indem wir nun bei der Weiterführung der
Untersuchung darauf gekommen sind, die Differenzen in den ein=
zelnen Seelen zu betrachten, so fragt sich, wie dabei die Organi=
sation betheiligt ist? Als wir das psychische von dem physischen
trennten, mußten wir zugeben, daß es ebenso einen Einfluß der
Seele auf das rein materielle Gebiet der Organisation giebt, wie
umgekehrt einen Einfluß der Organisation auf die Seele, dies
werden wir also auch auf die Differenz anwenden können und,
wenn wir hier eine allgemeine Formel aufstellen wollen, so wird
diese so lauten, daß ein großer Unterschied möglich ist in Be=
ziehung auf die Unabhängigkeit der Seele von der Bestimmtheit
der Organisation und in Beziehung auf die Macht, welche die
Seele auf diese ausübt. Wenn wir aber auf jenes Werden der
Organisation zurückgehen und diese betrachten auf dem ihr eigen=
thümlichen Gebiete, so treten uns hier bedeutende Differenzen in
großen Massen entgegen und zwar solche, die sich als Differenz
durch den ganzen Erzeugungsproceß fortsetzen, das ist die nationale
organische Constitution, die in verschiedenen Theilen der Erde ver=
schieden ist und abzuhangen scheint von dem Leben der Erde selbst
d. h. von dem Verhältniß des organischen Processes zu dem uni=
versellen. Nun finden wir ebenso auch Differenzen auf der psy=
chischen Seite in offenbarem Zusammenhange mit diesen organischen,

4*

unb zwar fo, baß man fich über bie Stärke bes Zufammenhan-
ges fehr leicht irren kann, baß wir aber boch nicht glauben bürften
unfer Gebiet erfchöpft zu haben, wenn wir uns auf biefe Differenzen nicht einließen. Daran fchließt fich auch ber Unterfchieb
ber Gefchlechter, nur baß es zweifelhaft ift, ob es zugleich ein
pfychologifcher ift, was balb behauptet unb balb geleugnet wor-
ben ift unb an biefem Orte auch nur erft problematifch hingeftellt
werben kann.

Bis hieher haben uns bie Betrachtungen geführt, bie aus
ben beiben Formeln entftanben finb, Leib unb Seele zu fcheiben
unb boch wieber bie Einheit von ihnen in bem Ich ober bem
Leben feftzuhalten; fie haben bis auf einen gewiffen Punkt ben
Umkreis unferer Unterfuchungen unb bie Gegenfäze, bie fich innerhalb beffelben finben, beftimmt; es fragt fich nun, welche Me-
thobe ber Behanblung wir anwenden wollen? Wir haben
fchon in biefer vorläufigen Betrachtung verfchiebene Seelenthätigkeiten uns vergegenwärtigt aus ber Erfahrung, ohne behaupten
zu wollen, baß wir fie vollftänbig aufgeführt hätten; wir haben
aber boch bie Seele als Einheit zum Gegenftanbe unferer Unterfuchung, unb ba können wir biefe Differenzen nur als Elemente
anfehen, bie unter bie Form ber lebenbigen Einheit ber Seele
aufzunehmen finb. Dabei ift eine zwiefache Anficht möglich. Wenn
ber ganze zeitliche Verlauf eingenommen würbe von einer einzigen
biefer Thätigkeiten, alle anberen aber unterbrükkt, fo wäre bas
keine menfchliche Seele, aber biefes ift uns auch niemals gegeben. Denken wir uns aber, baß mehrere berfelben in bem zeitlichen Verlauf vorkämen, bie anberen aber fehlten, fo würben wir
nicht gleich fagen können, bas fei keine menfchliche Seele, fon-
bern es wäre bie anbere Möglichkeit, baß bie verfchiebenen Thätigkeiten nicht in gleichem Verhältniß ftänben zu bem Wefen ber
Seele, indem wir bei ber Aufzählung berfelben untergeorbnete
Einzelheiten aufgenommen hätten, bie in ber Seele nicht vorzu-
kommen brauchen. Der Traum z. B. ift offenbar eine pfychifche
Thätigkeit; wenn nun jemanb fagte, ich träume nie, fo könnten

wir ihm doch nicht sagen, daß er keine ordentliche menschliche Seele habe. Also müssen wir uns hüten, solche untergeordneten Thätigkeiten als Hauptsache aufzustellen. Es ist also gewiß, daß die Betrachtung der elementaren Thätigkeiten an und für sich nicht der Gesammtinhalt unserer Untersuchungen ist und daß wir dabei immer auf die Totalität des menschlichen Lebens zurück-gehen müssen, damit wir nicht so etwas aufnehmen, was sich nachher nicht wirklich allgemein in den Individuen nachweisen läßt. Gesezt nun, es wäre in diesem Sinne das elementare aufgefaßt, die Zusammenfassung des wesentlichen mit Weglassung des zufälligen, so müßten in diesem Falle alle aufgezählten elementaren Thätigkeiten in jeder Seele vorkommen, und jeder zeitliche Verlauf einer einzelnen menschlichen Seele wäre eine Reihe von Momenten, in welchen die Gesammtheit derselben sich zeigen müßte. Hier finden wir aber wieder eine zwiefache Art, wie die Sache vorgestellt werden kann; entweder die Reihe theilt sich in die Ge-sammtheit der elementaren Thätigkeiten so, daß die eine den einen, die andre einen andren Moment einnimmt, oder man sagt, in jedem Moment sind alle verschiedenen Thätigkeiten wirklich vor-handen, aber die einzelnen Momente unterscheiden sich durch das Verhältniß, in welchem sie vorkommen. Es wird gut sein, wenn wir uns vorläufig eine Ansicht verschaffen über den Werth dieser beiden Vorstellungsweisen in Beziehung auf das Zustandekommen der Erkenntniß, die wir suchen, und in Beziehung darauf, daß wir schon festgestellt haben, die Seele als Einheit und Totalität innerhalb des zeitlichen Verlaufs betrachten zu wollen.

Fangen wir nun mit der ersten an, so ist die Seele in ihrem zeitlichen Verlauf als ein Continuum gegeben; wenn wir uns aber die Sache so vorstellen, daß in dem einen Moment eine ele-mentarische Thätigkeit isolirt hervorträte, in dem andern eine an-dere, so würde das Aggregat solcher Elemente schwerlich ein Con-tinuum geben, denn zwischen dem Aufhören des einen und dem Anfange des andern ist ein Nullpunkt, und wir hätten nur eine Reihe von discreten Größen. Wir müßten etwas ganz anderes hinzunehmen, wenn wir diese in ein Continuum verwandeln wollten, wodurch aber die ganze Betrachtungsweise aufgehoben würde, nämlich daß der Nullpunkt ausgefüllt ist durch das Uebergehen der einen Thätigkeit in die andre. Aber wir bekämen dasselbe, wenn wir das Uebergehen als eine besondre Thätigkeit sezten, denn zwischen der Fortdauer der einen Thätigkeit und dem Uebergehen in eine andre wäre wieder ein Nullpunkt. Wir werden also das Uebergehen mit in den Verlauf der ersten Thätigkeit hineinnehmen und in der zweiten zur Vollendung bringen. Dann haben wir aber nichts anderes, als daß die zweite in der ersten schon als Minimum gewesen, und so kommen wir von selbst dahin, daß die Seele nicht als Continuum gefaßt werden kann, wenn wir die Thätigkeiten nicht auf eine absolute Weise unter die Momente vertheilen.

Nun wollen wir noch eine andre Betrachtung hinzunehmen in Beziehung auf die Erkenntniß, welche wir zu Stande bringen wollen. Wenn wir uns denken die Sache wäre so, wie wir es zuerst gedacht haben ohne eine solche Ausfüllung des leeren, so erschiene die Aufeinanderfolge der einzelnen Thätigkeiten entweder als eine schlechthin willkürliche oder als eine schlechthin von außen bestimmte. Sagen wir, die Seele kann nicht anders als die eine Thätigkeit fahren lassen und die andre ergreifen, je nachdem sie von außen bestimmt wird, so haben wir aufgehoben, was wir vorhin festgestellt, daß die Seele zum Theil den Grund ihrer Veränderungen in sich trage. Wir kämen wieder in den universellen Proceß, die Sache würde etwas ganz mechanisches und damit wäre unsere Aufgabe aufgehoben. Was entstände daraus? Die elementaren Thätigkeiten blieben stehen, und wir wollen annehmen, wir hätten sie alle aufgezählt. Nun haben wir schon erkannt, wie sie eines verschiedenen Quantums fähig sind in den verschiedenen Seelen, vermöge dieser verschiedenen Quanta werden sie Gegenstände der Rechnung. Nun sind es äußere Impulse, die sie ins Leben rufen und zum Schweigen bringen und es könnte also allerdings auf diese Weise, was eine jede Seele geworden ß, vollständig berechnet werden, wenn die äußern Impulse gegeben sind. Hier wird es dann deutlich, wie wir ganz in das mechanische Gebiet gerathen, aber die Rechnung ließe sich doch nicht vollziehen, weil die Impulse nicht gegeben sind. Wir hätten so die Möglichkeit einer Erkenntniß angebahnt, aber es fehlte an den Mitteln sie zu Stande zu bringen. Nun können wir uns freilich auch denken, das Uebergehen der einen Thätigkeit in die andere hätte einen innern Grund, sowie aber dieser in keinen Zusammenhang gesezt würde mit dem Verlauf der andern, so wäre die Art und Weise dieses Ueberganges schlechthin unerkennbar, denn es wäre die Willkür schlechthin. Diese Vorstellungen sind auch vorgekommen; jene ist die mathematische Psychologie, diese die Theorie von der absoluten Freiheit, die aber eigentlich nur eine absolute Willkür ist. So scheint es daher, daß wir auch in dieser Beziehung von jener Vorstellungsart aus nicht zu einer Erkenntniß kommen können.

Gehen wir nun auf die andre Seite zurük, auf unser unmittelbares Wissen um uns selbst, so werden wir sagen, daß es nur eine oberflächliche Betrachtung ist, welche uns ein solches ausschließliches Erfülltsein des einzelnen Moments durch eine solche einzelne elementare Thätigkeit darstellt, eine genauere Betrachtung wird immer auf ein Latitiren auch der andern Thätigkeiten führen. Ist in jedem Moment die ganze Seele thätig, so werden doch nicht alle Thätigkeiten in dem einzelnen Moment erscheinen können, sondern während die eine dominirt, tritt die andre zurük, und wo die dominirende ein Maximum ist und die zurüktretende ein Minimum, da scheint es als ob die eine Thätigkeit den ganzen Moment erfülle. Es giebt aber eine Menge von Erfahrungen im Leben, die uns belehren, daß selbst in solchen ausgezeichneten Momenten wir hinterher das Vorhandengewesensein auch der anderen Thätigkeiten erkennen. Wenn wir z. B. mit großer Anstrengung auf einen Punkt unsere Aufmerksamkeit gerichtet haben und es kommt uns eine äußere Wahrnehmung, so wissen wir in dem Momente der Aufmerksamkeit nichts von ihr, aber wenn die Anspannung nachläßt, so haben wir eine dunkle Erinnerung davon. Hier hört also die Aufgabe etwas leeres zu sezen auf, und es entsteht vielmehr die, die Regel zu finden für dies Hervor- und Zurükktreten, welches auf die mannigfaltigste Weise gedacht werden kann.

Nach der Analogie mit unserem bisherigen Verfahren werden wir sie auf Endpunkte reduciren müssen, zwischen welchen wir uns den Raum ausgefüllt denken als ein Continuum. Die Endpunkte sind nicht anders zu bestimmen als durch den Unterschi ed zwischen dieser Vorstellungsweise und der entgegengesezten. Es lassen sich Momente denken, wo die Differenz in der Wirksamkeit der einzelnen Functionen der Seele ein Minimum ist, und andere, wo die Wirksamkeit einzelner Thätigkeiten ein Maximum ist und die anderer ein Minimum. Denken wir uns dann die Momente des Maximums auf einander folgend, so haben wir die Reihe, in welcher sich diese Functionen in einem Individuum zu einem Maximum entwikkeln, und ebenso verhält es sich auf der andern Seite mit dem vollkommenen Gleichgewicht der Functionen. Zwischen beiden giebt es unendliche Abstufungen und jeder Moment muß dann nach der Analogie von einem von beiden construirt werden. Der zeitliche Verlauf als eins gedacht und das Resultat auf dem Culminationspunkt der einzelnen Existenz angeschaut bestimmen den Ort des einzelnen in der Totalität in Bezug auf den Gegensaz zwischen einzelnen Virtuositäten und der allgemeinen Harmonie des Lebens.

Wir brauchten nur hier stehen zu bleiben und alles gesagte zusammenzufassen, um einzusehen, daß die Darstellung der einzelnen Momente des Seelenlebens nach den einzelnen Functionen für die Seelenlehre nothwendig ist, aber daß sie doch nicht das ganze sein kann; denn wenn wir nicht noch bestimmten, wonach sich das Zusammensein der einzelnen Thätigkeiten richtet, um dadurch die Gesammtheit der Seele zu construiren, so würden wir unserer Aufgabe gar nicht genügt haben. Aber auch dabei dürfen wir noch nicht stehen bleiben, sondern müssen noch eine andere

Vorausſezung hinzunehmen, das ſind die großen Differenzen im menſchlichen Geſchlechte, welche die ethniſchen Verſchiedenheiten bezeichnen, unter denen große Maſſen von Perſönlichkeiten gruppirt ſind und die durch eine Reihe von Generationen hindurchgehen. Wir nehmen alle an, theils als ein wirklich geſchichtliches Datum, theils als eine Aufgabe für die geſchichtliche Forſchung, die verſchiedenen Menſchenracen, welche ſich auch ſehr nach der phyſiſchen Seite unterſcheiden, und unter dieſen die Hauptvölkerſtämme, und es kommt darauf an, ihnen allgemeine von einander verſchiedene pſychiſche Charaktere beizulegen, um ſo ihr Weſen der Beſtimmtheit des Begriffs näher zu bringen, da das der einzelnen Individuen niemals in eine Formel aufgeht. Durch dieſen Ausdruck der nationalen Charaktere bezeichnen wir zunächſt nur das allgemeine, den Typus für das Verhältniß der verſchiedenen Seelenthätigkeiten, indem wir in dieſen großen Maſſen die hervor- und zurücktretenden Richtungen ausſcheiden. Das zweite iſt dann dies. Auf welchen Punkt der Geſchichte wir uns auch ſtellen, ſo finden wir immer eine große Differenz unter den Völkern in Beziehung auf das Maaß der Entwicklung d. h. die Entfernung des Anfangspunktes bis zum Culminationspunkt. Man braucht nun nicht, um das Maaß zu beſtimmen, anzunehmen, ein Volk habe ſeinen Culminationspunkt ſchon erreicht, ſondern dies beſtimmt ſich nach der größern oder geringeren Schnelligkeit der Entwicklung. Dieſer Unterſchied in derſelben iſt freilich nicht ſo ſicher, wenn wir uns auf einen ſolchen Punkt der Geſchichte ſtellen, wo die einzelnen Völker noch iſolirt ſind, als da, wo ſie in Verbindung mit andern ſtehen. Beides zuſammengenommen, die Beſtimmung der Charaktere und die Beſtimmung des Maaßes vollenden erſt die ganze Aufgabe.

Wenn wir an dieſem Punkte angekommen ſind, ſo ſind wir eigentlich am Ende unſerer Unterſuchungen, was darüber hinausgeht, kann nur ein Uebergang aus dem pſychologiſchen Gebiet in das ſpeculative ſein. Wir können dies in zwei Punkte zuſammenfaffen. Wir wollen annehmen, es wäre uns gelungen auf diese Weise die nationalen Charaktere und das Maaß aller in das geschichtliche Leben eingetretenen Menschengruppen zu bestimmen, so würden wir eine zwiefache Art unterscheiden können es darzustellen, entweder mehr eine empirische Auffassung in einem Aggregat von Einzelheiten oder mehr eine speculative, wenn wir darauf ausgingen nachzuweisen, daß dies einen zusammenhangenden Cyclus bilde und sich in der menschlichen Seele nichts anderes denken lasse, als bisher zum Vorschein gekommen ist. Dies ist der eine Punkt, der andere würde folgender sein. Wenn wir darauf zurükgehen, wie wir zu der allgemeinen Vorstellung Geist gelangt sind gegenüber der der Materie, und darin schon lag, daß die menschliche Seele als eine einzelne Form der Erscheinung des Geistes auf der Erde angesehen werden müsse, so würden wir Ursache haben, wie überall Materie gegeben ist, auch überall Geist vorauszusezen, und wenn wir nun da die Resultate unserer Untersuchungen von den Schranken, die ihnen durch das physiologische angelegt werden, zu befreien suchten, so würden wir ganz über unser Gebiet hinausgehen und die Untersuchungen würden speculativ sein.

Hieraus wird sich nun auch ergeben, wie wir unser Gebiet einzutheilen haben. Der erste Theil wird ein elementarischer sein, wo wir vollständig und genau die einzelnen das psychische Leben constituirenden menschlichen Thätigkeiten zusammenzustellen und in ihrer Zusammengehörigkeit und in ihrem Verhältniß zur Totalität so bestimmt wie möglich zu erkennen haben; auf diesen werden wir dann einen constructiven Theil folgen lassen, worin die Aufgabe sein wird zu zeigen, wie diese Elemente auf verschiedene Art zusammensein können, erstens, um ein einzelnes Leben zu constituiren abgesehen von den großen Massen und Gruppen der Völker, und dann zweitens, die Charaktere dieser großen Massen, insofern sie wahre Einheiten bilden, was nur dann der Fall sein kann, wenn feststeht, daß derselbe nationale

Charakter und dasselbe Maaß in den auf einander folgenden Geschlechtern sich wiederholt. Wenn wir dies können zur Vollständigkeit bringen und uns wenigstens die Aufgabe stellen, dies
als ein wirkliches System und als ein vollständiges Ganze aufzufassen, dann sind wir an der lezten Grenze unserer Aufgabe
angekommen.

A. Elementarischer Theil.

Wir haben hier die einzelnen pſychiſchen Thätigkeiten in ihrem Weſen und gegenſeitigen Verhältniß aufzufaſſen. Dabei iſt es ſehr gewöhnlich, die einzelnen Functionen als verſchiedene Vermögen zu betrachten, was an ſich etwas ganz richtiges iſt, aber in der Art, wie man ſie meiſt behandelt, nicht wenig dazu beigetragen hat, die ganze Aufgabe in den Zuſtand einer unheilbaren Verwirrung zu bringen. Es geſchieht nämlich ſehr leicht, daß man die verſchiedenen Vermögen in einem gewiſſen Sinne perſonificirt, wo dann das Zuſammenſein der Thätigkeiten, wie wir es in dem Wechſel der Momente als ein Hervortreten der einen und Zurükktreten der andern dargeſtellt haben, als ein Conflict zwiſchen den verſchiedenen Vermögen erſcheint. Daraus haben ſich eine Menge von Formeln gebildet, und dieſe ſind auch in das gemeine Leben übergegangen, ja es iſt oft ſchwierig auszumitteln, ob ſie aus dem gemeinen Leben gekommen ſind oder aus der Wiſſenſchaft in dieſes übergegangen. Bei dieſer Betrachtung verſchwindet die Einheit des Subjects, es iſt nur die arena, auf welcher die verſchiedenen Vermögen als Perſonen mit einander kämpfen, und das ganze Leben verwandelt ſich auf dieſe Weiſe in einen ſolchen fortgeſezten Kampf eingebildeter Geſtalten. Als den erſten Urſprung dieſer Behandlungsweiſe können wir For-

meln ansehen, die freilich so häufig in dem gemeinen Leben vorkommen, daß man sie kaum anders als in diesem entstanden ansehen kann. Wie wir schon oben gesehen, daß man die Einheit
des Subjects als aus dem Gegensaze von Leib und Seele be-
stehend so ausdrückt, daß beide Glieder desselben als dem Subject angehörig vorgestellt werden, so überträgt sich das auch auf
die substantiirten Vermögen. Wäre man immer bei dem Verbum geblieben, so wäre das nicht so leicht geschehen; denn hätte
man gesagt: vernehmen, verstehen anstatt Vernunft, Verstand u. s. w.,
so würde man nicht dazu gekommen sein zu sagen: mein Vernehmen, mein Verstehen. Man sieht aber, daß dies eine Quelle von
Mißverständnissen und Verwirrungen sein muß, und da es uns
obliegt, alles, was uns die Einheit des Lebens verkümmern könnte,
zurükzuweisen, so wollen wir es dabei bewenden lassen, diese Thätigkeiten rein als solche zu betrachten und dagegen die Behandlung, welche sie als verschiedene Vermögen ansieht, die in der
Seele ihre besondere Substanz haben, gänzlich bei Seite stellen,
damit wir leeren Abstractionen entgehen, die von der lebendigen
Anschauung der Totalität des Lebens abführen.

Nun ist die erste Frage, welche Methode wir befolgen sollen,
damit wir überzeugt sein können, daß wir die verschiedenen Thätigkeiten auch vollständig auffassen, und dazu müssen die Principien schon in der bisherigen Untersuchung liegen. Wir haben
dazu nichts anderes gegeben, als die Einheit des Lebens, in welcher, wenn wir auch den Moment isoliren, alle Lebensfunctionen
wieder eins sind, und darin den Gegensaz zwischen den rein physischen und psychischen Thätigkeiten, deren Beziehung uns aufgegeben ist. Die eigentlichen Thätigkeiten, welche wir zu betrachten
haben, endigen in den rein geistigen; da diese aber, wenn wir
das Leben in seinem zeitlichen Verlaufe betrachten, anfänglich noch
ganz Null sind und nur noch latitirende Elemente, die physischen
aber in dieser Zeit schon hervortreten, so werden wir sagen, daß
diese beginnen und jene endigen. Hier finden wir einen allmählichen Uebergang von einem Minimum zu einem Maximum, aber

keinen bestimmten Theilungsgrund, und einen solchen müssen wir doch haben; wir werden also unsern Zweck nicht erreichen, wenn wir nicht einen andern Gegensaz zu dem zwischen den organischen und geistigen Thätigkeiten hinzunehmen. Es ist aber noch etwas, wovon wir ausgehen können, nämlich das Leben des Einzelnen in seinem Verhältniß zum Ganzen. Wir haben schon eine nähere Bestimmung dieses Verhältnisses in unsere erste Erklärung aufgenommen, fänden wir also darin einen Theilungsgrund, so könnten wir uns um so sicherer darauf verlassen, weil dieses Verhältniß des Einzelnen zum Ganzen das Wesen des Einzelnen constituiren muß. Die Erklärung, die wir in dieser Beziehung angenommen, stammte aus der Erfahrung her und von einer speculativen Ansicht waren wir dabei gar nicht ausgegangen. Wir hatten nämlich gesagt, wenn wir in dem allgemeinen Flusse der räumlichen und zeitlichen Bestimmtheit des Seins etwas fixiren als eine Einheit, so wäre dies eine lebendige, insofern sie zu dem Wechsel der Veränderungen, die sie darstellt, den Grund zum Theil in sich selbst hätte und also einen eigenthümlichen Proceß bildete, der durch den Ausdruck Leben im weiteren Sinn bezeichnet werden soll. Wir sezten dem entgegen andre Einheiten, die aber den Grund ihres Bestimmtseins nicht in sich selbst hatten, und also den universellen Proceß darstellten. Wie kommen wir aber dazu, die lezteren als Einheiten zu fixiren, da sie doch nichts anderes als Durchgangspunkte für den universellen Proceß sind? Dies ist schwer zu sagen und es scheint eigentlich kein Grund, außerhalb des lebendigen Einheiten festzusezen. Diese Betrachtung liegt sehr nahe, aber weil dieser Gegensaz nur das nichtlebendige betrifft, so scheint er ganz außer unserem Gebiete zu liegen. Er führt uns jedoch ganz unmittelbar wieder in dasselbe ein, denn es ist ja nur durch unsere psychischen Thätigkeiten, daß wir die Gegenstände so fixiren und daß es für uns solche Einheiten giebt, die nicht lebendig sind. Wollten wir hier noch eine weitere Untersuchung anfangen, so müßten wir uns auf das speculative Gebiet begeben, aber dieses zu bemerken schien mir nothwendig, da es leicht einen Anknüpfungspunkt geben könnte für eine skeptische Betrachtung, so daß wir sagen müssen, von hier aus angesehen kann es uns als willkürlich erscheinen, Einheiten zu fixiren, die wir doch nur dem universellen Processe unterwerfen, aber es ist nicht willkürlich, lebendige Einheiten zu fixiren. Aber weil wir jene nicht begründet haben, so können wir die lezteren auch nur im Verhältniß zu dem Ganzen betrachten, ohne Rükksicht darauf zu nehmen, daß das Ganze auch ein gesondertes ist.

Betrachten wir nun die lebendigen Einheiten, wobei wir es mit dem eigentlichen der menschlichen Seele noch nicht zu thun haben, so haben wir gesagt, daß sie den Grund ihrer Bestimmtheit zum Theil in sich tragen, und darin liegt schon daß zum Theil der Grund auch außer der lebendigen Einheit liege. Wäre das nicht, so wären sie vollkommen isolirt, und es gäbe kein anderes Zusammensein mit den andern als ein einseitiges; die lebendige Thätigkeit ist aber nicht eine bloß innerliche, sondern ebenso eine nach außen gerichtete, und wir haben also einen zweiseitigen Grund der Bestimmtheit. Wir mögen nun auf unser eigenes Selbstbewußtsein zurükkgehen oder auf das der andern, so werden wir, wenn wir eine einzelne Thätigkeit isoliren, zum Theil den Grund derselben in uns finden, aber sie würde nicht gewesen sein, was sie ist, wenn das äußerlich gegebene nicht dasselbe gewesen wäre. Dadurch ist die Zweiseitigkeit des Zusammenseins anerkannt, aber es ist uns noch kein Gegensaz gegeben, sondern nur ein Unterschied. Wenn nämlich die Erklärung richtig ist, so ist jeder Wechsel der Bestimmtheit ein Resultat von beiden, von dem inneren mit dem Zusammensein des äußeren; die einzelne Thätigkeit also kann sich nur unterscheiden als eine mehr von dem einen und weniger von dem andern ausgehende oder umgekehrt. Ein solcher Unterschied läßt sich aber immer auf einen Gegensaz zurükkführen, was freilich nur dadurch geschehen kann, daß man das eine dem andern auf eine bestimmte Weise unterordnet. Sagen wir, es giebt Veränderungen in dem lebendigen Sein, welche mit der Einwirkung von außen auf dasselbe beginnen, aber dann durch den innern Grund erst befestigt und vollendet werden, und es giebt andere, die mit der Thätigkeit des innern beginnen, aber dann durch die Gegenwirkung des äußern bestimmt werden, so haben wir allerdings in dieser Formel von primitiven Wirkungen und Gegenwirkungen, von Action und Reaction einen Gegensaz und dieser ist von unserer Erklärung aus ein bestimmtes Theilungsprincip für alle Veränderungen, die in dem lebendigen vorgehen können. Wenn wir dies nun suchen noch genauer zu betrachten und die Formel in eine lebendige Anschauung zu verwandeln, so müssen wir beide als thätig sezen, das lebendige Einzelwesen und die Gesammtheit des übrigen Seins. Ist nun also die Einwirkung von außen auf dasselbe das primitive, so können wir sie uns vergegenwärtigen als ein Eindringenwollen des äußeren in das innere, und die Gegenwirkung ist dann zunächst nichts anders als daß es sich in diesem Den-Grund-seiner-Veränderung-in-sich-selbst-haben erhalten will. Daduch wird das, was durch die Einwirkung selbst etwas passives werden sollte, durch die Selbstbestimmung ein dem lebendigen Sein angehöriges und ihm angemessenes, aber insofern es doch von der Einwirkung ausgegangen ist, so muß diese auch mit darin gesezt sein, was wir so ausdrükken können, daß das Sein der Gesammtheit des Außeruns in dem Einzelwesen so ist, wie es der Natur des lezteren gemäß ist. So wie wir uns in einem Momente denken wollten, daß die Reaction nicht zusammenginge mit einer solchen Einwirkung, so wäre das Wesen des lebendigen aufgehoben, und es müßte sich als solches wieder herstellen in einem anderen Acte, wodurch aber die Continuität seines Seins vernichtet wäre. Wir dürfen also die Einwirkung von außen nicht als einen für sich bestehenden Moment ansehen, sondern immer nur mit der Gegenwirkung zusammen. Gehen wir nun auf die andere Seite und betrachten diejenigen Thätigkeiten, welche in dem lebendigen selbst beginnen, in ihrem Verhältniß zur Gesammtheit, so werden sie immer ein Ausströmen des lebendigen gegen die Gesammtheit sein. Wir dürfen nur hier stehen bleiben um einzusehen, wie es fast

— — — — in der Gesammtheit zu sondern, weil, so-
— — — — ausströmungen des lebendigen selbst Differenzen
— — — — ferenzen in der Gesammtheit voraussezen müssen;
— — — — auen ausströmenden Thätigkeiten sich an ver-
— — — — Gesammtheit treffen werden und also auch
— — — — vorhanden sein müssen. Dies liegt aber gegen-
— — — — halb unseres Gebietes. Wir sezen aber die
— — — — als eine Thätigkeit, und diese ist gegenüber der
— — — — lebendigen eine universelle. So wie wir
— — — — angesehen haben als die Continuität des In-dem-
— — — — resse-sich-Erhaltens, so werden wir auch das Sein
— — — — als Continuität des universellen Processes an-
— — — — Gegenwirkung des lebendigen gegen die auf
— — — — individuellen Processes ausgehende äußere Thä-
— — — — so wird auch die ausströmende Thätigkeit
— — — — universellen sich brechen, da sonst der
— — — — würde. Jeder Moment ist also aus
— — — — aber wir haben nun Gegensäze und kön-
— — — — unterscheiden, welche in dem lebendigen
— — — — sich nach außen richten, und solche, welche
— — — — des lebendigen gegen die Einwirkungen von
— — — — wollen sie bezeichnen als ausströmende
— — — — Thätigkeiten, und wenn die leztere Bezeichnung
— — — — das ausdrükt, daß sie eine Gegenwirkung
— — — — doch nur zu erinnern, daß das Aufsteh-
— — — — als die Einwirkung auf eine Gegenwir-
— — — — auch die Gegenwirkung zu erkennen.
— — — — von hier aus wieder zurük auf das
— — — — dem Auge verlieren wollen, nämlich auf
— — — — Formel des zeitlichen Verlaufs in dem
— — — — Gegensaz unter dieselbe Formel
— — — — daß er am Anfang ein Minimum ist,
— — — — Lebens zu einem Punkte am stärk-
— — — — wieder abnimmt. Das Totalbild

wird also dies sein, daß uns das Leben erscheint als ein Oscilliren zwischen den überwiegend aufnehmenden und überwiegend ausströmenden Thätigkeiten, so daß in der einen immer ein Minimum der andern mitgesezt ist und das ganze sich darstellt als eine fortwährende Circulation, in welcher die Einwirkungen von außen her das einzelne Leben anregen unter der Form der Empfänglichkeit und dann das Leben sich steigert zur Selbstthätigkeit, die in einem Ausströmen sich endigt, bis dann wieder Einwirkungen von außen kommen. Der Gegensaz von beiden entwikkelt sich nach und nach bestimmter, und so kommt dann ein Maximum des Lebens heraus. Wenn wir nun die aufnehmenden Thätigkeiten betrachten, die von außen her beginnen, aber erst durch die freie Empfänglichkeit des Subjects ihre bestimmte Gestalt bekommen, und wir wollen diese auf den Gegensaz des Außer=uns beziehen, so bezeichnet das Sein der Außenwelt in dem Subjecte das Resultat der Einwirkung und repräsentirt im Subjecte das Außer=ihm. Wenn wir umgekehrt die Thätigkeiten nehmen, die vom lebendigen Einzelwesen ausgehen und nach außen hin ausströmen, so werden diese, wie wir gesehen haben, durch das äußere gehemmt und fixirt, und repräsentiren nun das Sein des lebendigen in dem Außer=ihm. Dies führt uns darauf eine große Theilung zu machen, auf die wir früher noch nicht kommen konnten, weil wir bisher das Außer=uns in seiner Einheit als eine große Masse betrachteten, so wie wir aber nach der Dignität der Resultate in der Außenwelt Unterschiede anerkennen, so tritt auch die Differenz von bewußtem und unbewußtem Sein in der Außenwelt ein und da wir das wahrhaft Bewußte als gleicher Art mit uns sezen, so kommen wir auf das Gattungsbewußtsein, eine Differenz, die wir hier nur im allgemeinen angeben können, ohne sie vorläufig weiter zu verfolgen.

Zuerst aber, ehe wir das ganze Ergebniß darauf ansehen um eine weitere Theilung zu machen, müssen wir fragen, ob wir in der gefundenen Duplicität wirklich ein Bild von der Totalität des Lebens besizen? Dagegen können Zweifel entstehen, wenn wir uns erinnern, daß wir schon geredet haben von einem dritten noch höher liegenden Gegensaz, nämlich von solchen Thätigkeiten, welche ein Verhältniß des lebendigen Einzelwesens zu dem Außer-ihm sezen, und von rein immanenten Thätigkeiten, die innerhalb des lebendigen Einzelwesens selbst verlaufen. Wenn wir noch einmal versuchen in das lezte das Gattungsbewußtsein mit einzuschließen und das gesammte Außer-ihm als eins zu sezen, so erscheint die ganze Duplicität allerdings als eine immanente Thätigkeit und der Wechsel zwischen Aufnehmen und Ausströmen ist nur eine Circulation in sich selbst. Um es so anzusehen, müßten wir beide als eins sezen, aber darin untergeordnet den Gegensaz von lebendigem Einzelwesen und dem Außer-ihm. Nun haben wir das Einzelwesen als Einheit gesezt und einen Gegensaz darin zwischen Leib und Seele angenommen; wie es daher immanente Thätigkeiten in der Einheit alles Seins gab, so wird es auch Thätigkeiten geben, welche innerhalb des Einzelwesens selbst verlaufen, indem sie mit leiblichen Erregungen beginnen und in geistigen Functionen ihr Ende erreichen oder umgekehrt mit geistigen Erregungen anfangen und in leiblicher Bestimmtheit endigen, und dabei würde dann von einem Verhältniß des lebendigen Einzelwesens zu dem Außer-ihm gar nicht die Rede sein. Es fragt sich, ob wir diesen Gegensaz aufnehmen sollen und den früher aufgefaßten nur als untergeordneten stehen lassen, so daß das Einzelwesen sich in solche Momente theilte, die einen rein innern Verlauf haben, und solche, die theils innerlich theils äußerlich sind, wo dann erst unser Gegensaz wieder seinen Plaz hätte? Wir wollen einmal versuchen, ob das so geht oder nicht. Wir würden alsdann diese rein innern Thätigkeiten abschneiden müssen von allem Zusammenhang mit dem Außer-uns; aber wenn wir auf die Ansicht zurükgehen, die wir früher als die höchste aufstellten, daß wir nämlich die menschliche Seele als solche in der Einheit der geistigen und organischen Thätigkeiten denken als die Erscheinung des Geistes in Verbindung mit der auf gewisse Weise organisirten Materie, und wenn wir dazu nehmen, was

5*

wir gesagt von dem fortwährenden Einfluß der geistigen Thätigkeiten auf die organischen, so werden wir die Bildung der Organisation, durch welche das Einzelwesen in seinem Dasein bedingt
ist, auch ansehen können als Einwirkung des Geistes auf die
Materie, ebenso wie in dem fortwährenden Dasein es eine Einwirkung auf die rein organischen Thätigkeiten giebt. Dann ist
also schon das ganze Sein des Einzelwesens in der That von
Anfang an nichts für sich seiendes sondern ein Verhältniß zwischen dem Geist und dem Außer-ihm, und das einzelne Sein ist
das Resultat von diesem. Denken wir uns nun einen rein innern
Thätigkeitsverlauf, der mit dem leiblichen endigt, so ist das schon
jenem untergeordnet und wir können es gar nicht anders fassen
als entstehend aus dem Zusammenhange unserer organischen Materie mit dem Außer-ihr. Das organische ist entweder rein abhängig von dem Geiste oder im Zusammenhange mit dem universellen Proceß, und ein rein innerer Thätigkeitsverlauf, der mit
der leiblichen Erregung begonnen hat und nicht mit der Außenwelt in Verbindung steht, ist nur ein Schein. Wenn wir nun
die Sache von der andern Seite ansehen, so läßt sich ebensowenig
ein solcher Verlauf denken, der in eine rein geistige Thätigkeit
aufgeht, ohne allen Zusammenhang des lebendigen Einzelwesens
mit dem Außer-ihm, sondern sie muß immer endigen mit einem
Einfluß nach außen. Hier müssen wir etwas anticipiren, nämlich daß die rein geistigen Thätigkeiten entweder solche sind, die
eine Action nach außen hin motiviren, oder solche, die einen rein
innern Moment constituiren; die ersteren sind die, welche in einem
Willensacte, die andern die, welche in einem Gedanken endigen.
Ein Verlauf nun, der ein innerer ist aber in einem Willensacte
endigt, ist schon kein rein innerer mehr, sondern geht nach außen,
ein Verlauf jedoch, welcher in einem Gedanken endigt, constituirt
einen reinen innern Moment und sezt kein Verhältniß des lebendigen Einzelwesens zu dem Außer-ihm. Hiebei ist zweierlei zu
bedenken, einmal giebt es kein Denken, das nicht ein Denken von
etwas wäre, und da kommen wir gleich wieder auf das Verhält-

niß des Einzelwesens zum Außer-ihm; wenn wir aber sagten, es endigt ein solcher Verlauf rein innerlich in einem Gedanken und dieser sei ein Sich-selbst-Denken des Einzelwesens, so wäre das wohl am meisten ein rein innerlicher Verlauf. Endigt es sich aber in einem Denken, dessen Inhalt nicht der denkende selbst sondern ein anderes ist, so ist schon dem Inhalte nach ein Verhältniß zwischen dem denkenden und dem Außer-ihm gesezt; aber selbst wenn wir von dem Inhalte ganz absehen, muß doch das Denken, wenn es ein wirkliches Ende haben soll, in der Form der Sprache endigen und ein inneres Sprechen sein. Soll der Inhalt bloß der denkende als solcher sein, so wäre das ein beständiges Ich-sagen, welches zwar die allgemeine Basis des Bewußtseins in allen Momenten ist, aber niemals einen wirklichen Moment ausfüllt; die Annäherung an eine solche Thätigkeit, die mit dem bloßen Ich-sagen endigte, wäre ein rein inneres Brüten und nur ein Schein des Denkens. Der Inhalt sei also welcher er wolle, so wie wir uns das Ende des Denkens unter der Form der Sprache vorstellen, so will auch die Sprache äußerlich werden, und wenn es bei einem rein innerlichen Sprechen bleibt, so ist das kein wahres Ende, sondern ein Abbrechen seines Verlaufs. Ein rein innerlicher Verlauf, der weder in seinem Anfange noch an seinem Ende eine Beziehung hätte auf das Aeußerlich-werden-wollen, ist also nur ein Schein, und es giebt einen rein innerlichen Verlauf innerhalb des bloßen Einzelwesens überhaupt nicht. Aber allerdings können wir den Gegenstand noch auf eine andre Weise-fassen. Wir wollen zugeben, daß jeder Thätigkeitsverlauf Anfang und Ende haben müsse in einer Beziehung des Einzelwesens auf das Außer-ihm, aber wir werden doch einen großen Unterschied darin finden, indem der Anfang als das von außen aufnehmende und das Ende als das nach außen ausströmende ein Minimum sein kann und der dazwischen liegende Verlauf ein Maximum, und das ist eine wesentliche Differenz in den menschlichen Thätigkeiten zwischen solchen, die einen kurzen Verlauf haben, wo die Anfangs- und Endpunkte unmittelbar zusammentreten und solchen die einen

längeren Verlauf haben und wo die innere Circulation das wesentliche ist. Eine solche Differenz werden wir leicht zugeben können,
nämlich das verschiedene Heraustreten des Gegensazes zwischen
dem individuellen und universellen Proceß. Wenn wir uns dächten, alle Momente wären so, daß das Aufnehmen von außen und
das Ausströmen nach außen immer unmittelbar zusammen wäre,
so würde der Unterschied zwischen dem menschlichen Sein und
dem der Materie nur sehr gering sein, indem das menschliche
Einzelwesen nur ein Durchgangspunkt wäre; das eigenthümliche
des menschlichen Einzelwesens dagegen werden wir besonders in den
geistigen Thätigkeiten erkennen, die einen innern Verlauf haben.

In unserm Gegensaz selbst aber zwischen den mehr aufnehmenden und den mehr ausströmenden Thätigkeiten haben wir in
jedem der beiden Glieder wieder eine Duplicität, indem, was ursprünglich nur als ein mehr und minder erscheint, sich auch wieder zu einem relativen Gegensaz gestalten läßt. Bei den aufnehmenden Thätigkeiten haben wir eine Einwirkung von außen
auf das Einzelwesen, die unter der Form der Receptivität seiner
Natur gemäß gestaltet wird; dies kann auf zwiefache Weise geschehen, nämlich so, daß sie das Sein der Dinge außer uns repräsentiren und unter der Form des Erkennens darstellen, und dann
wieder so, daß sie das Sein der Dinge in uns repräsentiren
unter der Form der Empfindung. Das eine ist das, was auf
Wahrnehmung ausgeht, und das andre das, was auf Selbstbewußtsein (Empfindung, Gefühl) ausgeht. Beides ist in Beziehung auf den höhern Gegensaz dasselbe, aber sie unterscheiden
sich doch und sind relativ entgegengesezt; bald wird durch das
Resultat mehr die Veränderung repräsentirt, die der aufnehmende
erleidet, bald mehr die Einwirkung, welche der aufnehmende ausübt. Dasselbe ist der Fall auf der Seite der ausströmenden Thätigkeit von der Selbstthätigkeit des Einzelwesens nach außen hin
ausgehend. Auch hier haben wir zweierlei zu unterscheiden, einmal wird in irgend etwas, was außer uns ist, etwas anderes
hineingebracht und dadurch eine Veränderung verursacht, sodann

aber ist es auch ein Heraustreten des beseelten Einzelwesens aus sich selbst. Das lezte ist der Grund des ersten, und das Resultat aus beiden ist die Thätigkeit des Einzelwesens. Der Grund kann aus der Thätigkeit und der Art, wie sie gehemmt wird, hervorgehen und sich bald als eine Veränderung außer uns darstellen in einem Werk des Einzelwesens, bald mehr als ein aus sich Hervortreten, wobei eine Veränderung des Außer-uns nur als ein Minimum besteht. Dies sind die allgemeinen Formeln und diese müssen wir nun, indem wir sie auf gegebenes beziehen, in wirkliche Anschauungen verwandeln.

Diejenigen aufnehmenden Thätigkeiten also, welche mehr das einwirkende in ihrem Resultat repräsentiren, sind zunächst das, was wir Wahrnehmen nennen, wo also das Resultat dies ist, daß wir eine Affection, die ursprünglich eine physische ist, auf ein Außer-uns als dasjenige, woher sie ist, beziehen und also als einen Gegenstand, der auf uns einwirkt, sezen. Was hiebei zum Grunde liegt ist eine Affection gewisser Organe, dieselbe Affection ist aber zugleich auch eine in uns vorgehende Veränderung und wenn das Resultat mehr diese Veränderung repräsentirt, so ist sie eine Empfindung oder ein Gefühlszustand. Indem wir sagen, daß das eine dasselbe sei wie das andre, so gehen wir darauf zurük, daß alle Functionen in einem Momente zusammen sind, aber, rein auf das Ich bezogen, werden wir immer sagen können, es ist eine andere Function, wodurch wir den Gegenstand wahrnehmen und eine andre, wodurch wir unsere eigene Affection empfinden, aber das Factum des Zusammentretens des Ich und des Außer-ihm ist in beiden dasselbe. Denkt man sich irgend einen Sinneseindruk, so kann dieser auf etwas bezogen werden, was in Berührung mit unserm Organ gekommen ist, dann entsteht eine Wahrnehmung, wobei der Gegenstand übrigens ganz unbekannt sein kann; etwas anderes ist dagegen die Empfindung, denn dasselbe Factum kann sich so gestalten, daß wenn die Empfindung auf uns einwirkt, der Gegenstand ganz verschwindet. In beiden Fällen wird das eine auf das andre bezogen. Will man burch ben Geschmack einen Gegenstanb kennen lernen, so bezieht man die Empfindung nur auf die Wahrnehmung; wir benken uns bann ben bestimmten Einbruck in seinem ganzen Umfange, b. h. als eine Scala unb weisen bem Gegenstanbe einen Punkt an nach bem Grabe seiner Wirksamkeit, was wir nicht thun könnten, wenn wir keine Empfindung hätten. Ganz umgekehrt verhält es sich, wenn bei bemselben Factum die Empfindung bas vorherrschenbe ist; bann können wir auch ben Gegenstanb fixiren, aber bieser wirb nur auf die Empfindung bezogen, inbem ich bem Gegenstanbe einen Stanbort anweise zu meinem Empfindungszustanbe. Je mehr wir uns beibe in gleicher Weise ober im Gleichgewichte benken, besto mehr benken wir uns zwei auseinanber tretenbe Elemente ober wir benken ein verworrenes, unb bann eine stumpfe Inbifferenz, in welcher Wahrnehmung unb Empfindung noch nicht geschieben sinb.

Wie steht es nun um bieselbe Differenz auf ber anbern Seite? Hier ist bas beseelte Einzelwesen bas ursprünglich thätige, biese Thätigkeit hat eine Richtung irgenb wohin unb bringt also in bas Außer-uns ein. Wirb nun bieses burch bas Einbringen ein anberes, als es vorher gewesen ist, immer nur nach ber Art unb Weise bes universellen Processes, aber auf ber anberen Seite als die Thätigkeit bes beseelten Einzelwesens barstellenb, so ist bies ein Werk unb die Hanblung eine solche, burch welche bas Werk hervorgebracht ist. Wenn man sich benkt ein Heraustreten bes Einzelwesens aus sich selbst, also ebenso eine Selbstthätigkeit, bie nach außen geht, so kann sie bies nur burch organische Bewegungen, unb biese sinb immer schon etwas mit bem Außer-uns zusammenhangenbes. Denn wir sezen uns selbst nie in ben leeren Raum, sonbern wir sinb von bem Außer-uns umschlossen, unb so ist jebe Bewegung ein Einbringen in bas Außer-uns, sei es ein bloßes Durchschneiben ber Luft ober eine Veränberung unserer Gestalt. Hier ist aber in bem unmittelbaren Außer-uns nichts zu fixiren, als bie momentane Bewegung, bas Herausgetretensein bes Inbivibuums unb ber Zusammenhang dieses Herausgetretenseins mit der Art und Weise der innern Selbstthätigkeit. Hier kommen wir auf eine Unterscheidung zurück, die schon oben angedeutet worden. Durch die eben bezeichnete Thätigkeit ist allerdings auch etwas in dem Außer-uns verändert worden, aber die Veränderung ist eine schlechthin fließende und vergängliche, durch welche nur ein Minimum hervorgebracht ist. Dasselbe gilt von der andern Seite; denn sind wir wahrgenommen worden in einem Zustande innerer Erregung und ist diese vorüber, so kehrt das constante Bild des Individuums zurück. Was also hier in dem Außer-uns durch die Selbstthätigkeit geworden ist, ist ein solches Minimum, daß es unmöglich für dieses sein kann. Wofür ist es also? Hier tritt offenbar in diesen Thätigkeiten allemal schon das Gattungsbewußtsein als wirksam auf, so daß wir aus uns heraustreten für andere, und sobald wir in einem bewegten Momente zu dem Bewußtsein kommen, daß niemand da sei, so werden wir auch die Bewegung hemmen. So wie wir aber dieses Gattungsbewußtsein ins Auge fassen, so werden wir auch auf das, was wir vorher gesagt, zurückgehen müssen, und fragen, ob es denn wahr ist, daß das selbstthätige geistige Einzelwesen immer nur Veränderungen hervorbringen kann nach der Analogie des universellen Processes, da alle Bewegungen für andere dies nur sein können, wenn sie nach Art des individuellen Processes zu Stande gebracht sind? Alle Veränderungen sind allerdings vermittelt durch organische Bewegungen und diese gehören freilich dem universellen Processe an, aber die Voraussezung daß ein individueller Proceß zum Grunde liegt, sondert diese Thätigkeiten von allen andern. Wollten wir nun diese beiden Arten von Thätigkeiten unterscheiden, so werden wir sagen, da, wo das Heraustreten des Einzelwesens bezogen wird auf das Außer-uns, ist eine solche, die wir Wirksamkeit nennen, da aber, wo die Selbstthätigkeit nur ein Heraustreten des Individuums aus sich selbst ist zum Behufe des Auffassens, entstehen diejenigen Thätigkeiten, die wir darstellende nennen, die ihre Wirksamkeit und ihre Abzweckung nur in dem mensch-

lichen Gebiete haben und unter der Voraussezung, daß andere
unseres gleichen da sind. Wenn wir nun das obige dazunehmen,
daß rein immanente Thätigkeiten nie einen Moment abschließen,
so werden wir anerkennen, daß unter den jezt aufgestellten Ge=
gensäzen alle Thätigkeiten befaßt sein müssen.

Ich habe früher gesagt, wir könnten uns das Leben ursprünglich nicht anders vorstellen als unter der Form eines stetigen Con-
tinuums, aber auch wieder das Einzelne darin nicht unterscheiden
und zu einer Vollständigkeit des Ganzen gelangen, ohne das Continuum in discrete Größen zu theilen und diese weiter nach Momenten. Aber wir haben dies nur gethan, um zugleich eine Einheit des Seins in dem Subjecte selbst zu bezeichnen, indem wir
das Getrenntsein in Momente unter jene Thätigkeiten subsumir-
ten, so daß in jedem Moment alle Thätigkeiten wenn auch nur
im Minimum verbunden sind. Wenn wir nun in diesen Thätigkeiten diejenigen unterscheiden, welche erregt werden von außen,
und die, welche übergehen nach außen, so aber daß der innere
Verlauf bald ein Minimum ist bald ein Maximum, und wenn
wir dabei behauptet haben, einen rein innern Verlauf gebe es
nicht, weil dieser keinen Moment abschlösse, so scheint damit nicht
zu stimmen, daß wir uns einer Menge von Thätigkeiten bewußt
sind, die einen rein innern Verlauf haben, ohne daß sie nach
außen endigen z. B. eine Conception von Gedanken zum Behuf
der Mittheilung. Hier giebt es einen großen innern Verlauf,
und wenn dieser nun von anderen Thätigkeiten unterbrochen wird,
so daß die Mittheilung nicht zu Stande kommt, so könnte man
meinen, daß das obige falsch sei; dem ist aber nicht so, wenn
wir nur den Moment richtig fassen. Denn die Thätigkeit ist nur
abgebrochen, und selbst, wenn wir sie aufgegeben haben, so ist
das ganz dasselbe, da die Thätigkeit erst vollendet ist, wenn die
Mittheilung da ist. Wenn wir uns andere Momente denken,
welche von außen angefangen haben, so scheinen diese rein innerlich zu endigen, aber es knüpft sich wieder etwas daran, was sich
ebenso verhält wie eine abgebrochene Thätigkeit; z. B. eine Beob-

achtung fängt allerdings von außen an, habe ich sie abgeschlossen, so ist das Ende ein rein innerliches, aber dies ist auch nur eine partielle Thätigkeit, und gehe ich weiter, so komme ich immer wieder auf ein Außer=uns. Also müssen wir beides als wesentlich eins denken, was von außen anfängt und mit dem innern endigt, und was mit einem innern anfängt und nach außen endigt, und der Gesammtverlauf des geistigen Lebens ist ein solcher Umlauf zwischen dem Einzelwesen und dem gesammten Außer=ihm. Wenn wir dies festhalten, so sind alle Thätigkeiten, welche in unsere Untersuchung hineingehören, hiedurch beschlossen, und wir können dazu übergehen sie näher in Betrachtung zu ziehen.

I. Aufnehmende Thätigkeiten.

Die eigentlich geistigen Functionen, welche wir bezeichneten als solche, welche die Seele ohne den Leib verrichtet, sind allerdings die, durch welche sich das eigenthümliche Leben des Geistes am stärksten ausspricht, die ausströmenden Thätigkeiten sezen aber die ganze Entwikklung der geistigen Functionen voraus, und da diese sich nur entwikkeln an der Leitung der organischen, aufnehmenden Thätigkeiten und das Leben mit der Indifferenz von beiden anfängt, so ist hiedurch schon vorläufig gerechtfertigt, daß wir nicht anders als mit den aufnehmenden Thätigkeiten beginnen können. Wenn hier Einwirkungen auf das lebendige Einzelwesen stattfinden, welche von diesem aufgenommen und in ihm fixirt werden sollen, so muß es eine Vermittelung geben zwischen dem Sein außer ihm und dem lebendigen Einzelwesen selbst. Diese wird in dem Organismus ihren Grund haben, und der Anfang also überwiegend physiologisch sein; da wir die davon handelnde Wissenschaft aber nicht zum Gegenstande unserer Untersuchung machen, so müssen wir das, was wir als Resultate aus ihr annehmen können, voraussezen. Worauf wir unser Augenmerk gerichtet haben als das eigentliche Ziel ist das rein geistige, das sich daraus entwikkelt, und wir müssen also eine Reihe

ſuchen anfangend mit organiſchen Thätigkeiten und dabei gleich
fragen, was das rein geiſtige iſt, das daraus entſteht. Dieſe organiſche Vermittelung, wodurch Einwirkungen aufgenommen werden, iſt nun das, was wir durch den Ausdruck Sinnesthätigkeiten bezeichnen.

1. Sinnesthätigkeiten.

Wir müſſen ſogleich fragen, ob in dieſen phyſiologiſchen Thätigkeiten ſelbſt es eine Seite giebt, die darauf ausgeht das Sein
der Dinge in uns in der Form von Thätigkeiten in Beziehung
auf den Zuſtand der Dinge d. h. als Wahrnehmung, und eine
andere Seite, die darauf ausgeht das Sein der Dinge in der
Form von Zuſtänden von uns d. h. als Affection, Empfindungs-
oder Gefühlszuſtände zu begreifen, ein Gegenſaz, welchen wir nur
auf eine unbeſtimmte Weiſe fixirt haben. Was nun die organiſchen Veränderungen betrifft, durch welche wir Einwirkungen von
außen aufnehmen, ſo iſt auf der einen Seite in der Erfahrung
gegeben das Syſtem der fünf Sinne, aber dann auch noch ein
allgemeiner Sinn, deſſen Nothwendigkeit ſich, wenn überhaupt die
Aufgabe gelöſt werden ſoll, auf eine viel allgemeinere Weiſe ein-
ſehen läßt. Wäre die ganze Oberfläche unſeres Leibes, welche
dem Außer-uns zugewandt iſt, rein paſſiv, ſo machten die andern
Sinne davon eine Ausnahme, daß dies aber nicht ſo iſt, ſondern
hier auch eine Empfänglichkeit ſtattfindet, wodurch Einwirkungen
aufgenommen werden, iſt eine allgemeine Erfahrung. Offenbar
liegt hier ſchon ein Gegenſaz vor, indem die eine Art der Sinnesthätigkeiten an gewiſſe Orte gebunden iſt, der allgemeine Sinn
aber ſich über die ganze Oberfläche verbreitet, und zwar in zwiefacher Weiſe. Betrachten wir den thieriſchen Körper, wie er ſich
im menſchlichen zur höchſten Stufe entwickelt hat, in Beziehung
auf die ſogenannten Höhlungen, ſo iſt eine äußere und eine innere
Oberfläche zu unterſcheiden, welche beide in Verbindung ſtehen.
Indem aber die Totalität der Oberfläche der Totalität der Außen-

welt gegenübersteht, so hat auch der allgemeine Sinn eine allgemeinere Verwandtschaft zu jener, während die fünf Sinne nur
eine speciellere zu einem Theile des Außer-uns zeigen. Dieser
Gegensaz stumpft sich aber wieder ab, indem es eine größere Analogie giebt zwischen dem allgemeinen Sinn und einzelnen unter
den speciellen Sinnen im Verhältniß zu andern. Indeß hat man
dies größer gemacht, als es eigentlich ist, indem man zu viel von
dem, was sich aus diesen organischen Thätigkeiten erst psychisch
entwikkelt, schon mit in sie aufgenommen hat. Wir wollen hier
die Sache ganz allgemein betrachten, indem es hinreicht bei dem,
was allen in der gewöhnlichen Erfahrung gegeben ist, stehen zu
bleiben.

Ich habe oben gesagt, wir müßten damit anfangen, das
Außer-uns als eine ungetheilte Gesammtheit anzusehen, da die
Sonderung derselben erst ein Resultat unserer psychischen Thätigkeiten ist. Betrachten wir nun das Ganze der organischen
Gestaltung, so erscheint es uns als das Geöffnetsein des Ich
gegen die Gesammtheit des Außer-uns. Der allgemeine Sinn
ist das Hautsystem, das Leben der Oberfläche als solcher, und
diese ist afficirbar von den verschiedenen Zuständen der Atmosphäre; die Temperatureindrükke kommen aber so sehr aus der
ungetheilten Gesammtheit des Außer-uns, daß wir sie als etwas
einzelnes nicht festhalten können. Es giebt hier allerdings auch
Differenzen, die von dem Individuellen ausgehen, aber indem die
Gegenstände, die eine besondere Temperatur haben, diese der ganzen Atmosphäre mittheilen und so nur eine besondere Atmosphäre
in der allgemeinen sich entwikkelt, so empfangen wir also doch
nur die allgemeine Temperatur der Atmosphäre. Betrachten wir
die speciellen Sinne, so theilt man sie gewöhnlich in höhere und
niedere und rechnet zu jenen das Gesicht und Gehör, zu
diesen den Geruch, Geschmakk und den Tastsinn. Fragen
wir nach dem Grund dieser Unterscheidung, so liegt er doch ganz
in dem mehr psychischen Gebiet; diejenigen Sinne sind die höheren, aus welchen im Gebiet der Seelenthätigkeiten mehr ent-

wikkelt wird als durch die Einwirkung der niedern. Darin scheint aber viel willkürliches zu sein. Es giebt eine sentimentale Art die Sache zu betrachten, indem man sagt, das Gesicht sei es allein, welches über die Erde hinausreiche und also das Universum aufschließe und das Gehör sei es allein, wodurch der Mensch menschliche Gedanken vernehme. Aber beides ist genau genommen nicht wahr. Das Gesicht sagt uns gar nicht, daß die Sterne jenseits der Atmosphäre liegen, sondern es heftet sie an das lezte Ende des Himmels, und der Horizont für das Auge ist der Ort, wo Himmel und Erde zusammenzutreffen scheinen. Das Gehör läßt uns auch nicht die Gedanken der Menschen vernehmen, sondern da müssen wir erst an die Sprachwerkzeuge appelliren. Es giebt eine andere mehr wissenschaftliche Ansicht, wonach man sagt, das Gesicht vermittele uns allein Gegenstände, alle anderen Sinne nur vorübergehende Zustände. Auf diese Weise tritt dann das Gesicht hervor und das Gehör zurükk; wollen wir dieses in die Parallele wieder aufnehmen, so müssen wir daran denken, daß es keinen andern Uebergang giebt als durch das Wort, mit dem wir den Gegenstand bezeichnen, und daß das Festhalten desselben durch den Ton nichts anderes ist als ein inneres Hören. Wenn wir aber meinen, daß das Gesicht rein für sich betrachtet uns Gegenstände gebe, so ist das ein bloßes Vorurtheil, welches daher stammt, daß wir uns nicht der reinen Thätigkeit bewußt sind. Denn alles, was wir sehen, sehen wir nur als eine Fläche ohne Tiefe, und was wir darin unterscheiden, sind nichts als begrenzte Lichteindrükke, die den Umrissen der Gegenstände entsprechen; das sind aber doch nur quantitative Differenzen und die Gegenstände entstehen daraus erst durch eine weitere Combination.

Was geben uns aber eigentlich die anderen Sinne? Wir wollen mit dem Tastsinn beginnen, der allerdings mit dem allgemeinen Hautsinn zusammenhängt, aber ein specielles Organ hat in den Fingerspizen, wenn dieses auch nicht so ausschließlich hervortritt wie etwa das Auge. Da nehmen wir nun zunächst die verschiedenen Grade materieller Cohäsion wahr. Bewegen

wir unseren Finger an einer harten Körperfläche entlang, so be=
kommen wir den Eindruk einer materiellen Cohäsion, fahren wir
mit dem Finger weiter bis zum Ende des Körpers, so hört der
Eindruk der Cohäsion auf, und es bleibt nur ein Minimum da=
von übrig in der Luft. Hierin liegt unstreitig auf eine viel be=
stimmtere Weise als in den Gesichtseindrükken das Herausheben
des einzelnen im Gegensaz zu dem allgemeinen. Es ist aber ein
Zusammenhang zwischen der Cohäsion und dem, was wir den
magnetischen Proceß nennen, und auch zu diesem steht der Tast=
sinn in einem bestimmten Verhältniß. Inwiefern uns nun der
Gesichtssinn keine Gegenstände giebt sondern nur verschiedene Licht=
zustände, und der Tastsinn die verschiedenen Cohäsionsverhältnisse,
so stehen beide darin völlig gleich und der eine giebt nicht mehr
für das objective Bewußtsein als der andre; wollen wir einen
Unterschied zwischen beiden feststellen, so manifestirt der Gesichts=
sinn mehr von dem Außer=uns, der Tastsinn nur das einzelne,
aber es ist auch klar, daß der Gesichtssinn, wenn wir uns nur
erst gewöhnt haben Nähe und Ferne zu unterscheiden, in einer
gewissen Nähe auch die Gegenstände bestimmter sondert, während
in der größten Nähe wie in der größten Ferne der Eindruk ver=
schwindet.

Die niedrigsten Sinne sind Geruch und Geschmak; aber
dieses Urtheil ist von dem rein geistigen Gesichtspunkt aus ge=
fällt und paßt nicht mehr ganz für unsere Zeit. Was wir durch
sie wahrnehmen hängt mit chemischen und elektrischen Processen
zusammen, und so liegen hier die ersten Anfänge zu der Kenntniß
dieser allgemeinen Naturprocesse. Der Unterschied der Sinnes=
eindrükke in Beziehung auf ihre Dignität ist also gar nicht so
groß, und wenn man ihn früher machte, so gehört das einer Zeit
an, wo man nur noch eine geringe Kenntniß von den allgemei=
nen Naturprocessen hatte. Wenn man aber sagt, der Ueber=
gang aus dem physischen in das rein geistige erfolgt bei den einen
schneller als bei den andern, so betrifft das nicht mehr die Sinne
als solche.

Was nun den Unterschied zwischen der Wahrnehmung und Empfindung betrifft, so findet man in allen Sinnen beides aber in verschiedenem Verhältniß. Ein Lichteinbruck kann zu einer bloßen Empfindung werden ohne eine Wahrnehmung zum Resultat zu haben; wenn ein Gegenstand das Auge blendet, so bekommen wir nur den Eindruck von dem Afficirtsein des Organs, und je stärker dies ist, desto weniger vertrauen wir der Objectivität des Eindrucks. So erscheinen uns Gegenstände, die uns blenden, in rotirender Bewegung und mit einem besonderen Farbenspiel, welches verschwindet, wenn die Blendung aufhört. Hier sehen wir also einen Gegensaz zwischen der einen und der andern Richtung, je mehr das eine hervortritt, desto mehr tritt das andre zurück, und je weniger wir eine Empfindung von der Affection unseres Organs haben, um desto richtiger sind auch die Gesichtseindrücke in objectiver Richtung. Bei den andern Sinnen ist dieser Gegensaz weniger offenbar, wenn auch bei weitem nicht in dem Grade, wie man geneigt ist es anzunehmen, wenn man den Gesichtssinn nicht in seiner Reinheit isolirt. Bei dem Gehör können wir gleich den Unterschied machen, aber ihn auch wieder vernichten; wenn dasselbe uns nur Geräusch giebt, so ist dies ein allgemeines, je mehr es uns dagegen articulirte Töne giebt, desto mehr individualisirt sich der Eindruck, aber im allgemeinen ist doch das Ohr der gesammten Außenwelt geöffnet und wir können einen speciellen Eindruck höchstens auf eine bestimmte Richtung in dem Außer-uns beziehen.

So wie wir darauf achten, wie die Sinne den allgemeinen Naturprocessen zugewendet sind, keinesweges aber einzelne Gegenstände oder Individuelles angeben, wir jedoch alles auf das Individuelle beziehen, indem wir diesen Thätigkeiten ihren Ort anweisen in einem bestimmten und besondern, welches das Individuum ist, so ergiebt sich daraus ein anderer Unterschied, der uns auf die Combination der Sinnesthätigkeiten führt: Es ist schon aus dem früher entwickelten klar, daß es eigentlich der Tastsinn ist, der die Gegenstände am unmittelbarsten erkennen läßt; wenn wir nun darauf zurükgehen und zugleich darauf achten, daß der Tastsinn am wenigsten unmittelbar afficirt wird, sondern am meisten von der Willkür der Bewegungen ausgeht, so ergiebt sich ein Unterschied zwischen leitenden und folgenden Sinnen in Beziehung auf die Combination der Thätigkeiten. Es ist eine der ersten Operationen, die wir bei den Kindern bemerken, daß sie ganz vorzüglich nach dem, was sie sehen, greifen, und erst durch die Verbindung beider Sinne entwikkelt sich das weitere Verfahren, so daß wir ohne diese schwerlich zwischen den einzelnen Gegenständen und unserem individuellen Dasein sondern könnten. Das Gesicht erscheint dabei allerdings als der am meisten leitende Sinn und der Tastsinn als der am unmittelbarsten folgende, diejenigen Sinne hingegen, die am meisten den Naturprocessen zugewendet sind und am wenigsten an dem individuellen haften, indem sie nur durch elektrische und chemische Thätigkeiten angeregt werden, sind auch die, welche am spätesten leitend werden. Sie bleiben am meisten Gefühlszustände, Eindrükke, wogegen alle eigentliche Wahrnehmung immer auf der Combination eines leitenden und anderer folgenden Sinne beruht. Das Sehen zeigt ursprünglich nur verschiedene Farbeneindrükke auf einer Fläche, erst durch die Combination mit dem Tastsinn entsteht daraus die Wahrnehmung von Gegenständen.

Dies führt uns auf eine andere Frage. Wie der Gegensaz überhaupt als die allgemeine Bedingung des psychischen Lebens sich allmählich entwikkelt, so haben wir dies auch angewandt auf den Gegensaz der Empfänglichkeit und Selbstthätigkeit; von allen Sinnesthätigkeiten, obgleich wir sie überwiegend als Aeußerungen der Empfänglichkeit angesehen haben, müssen wir also doch annehmen, daß anfangs dieser Gegensaz noch zurüktritt und eine Indifferenz zwischen Receptivität und Spontaneität vorhanden ist. Wenn wir nun die Selbstthätigkeit darin aufsuchen, so erscheint das Greifen nach dem Gegenstande um ihn zu betrachten als eine willkürliche Thätigkeit, welche erregt ist durch die Affection, die einen andern Sinn getroffen hat. Die Affection des Gesichts ist

nur ein Eindruk, ein Gefühl, aber das Greifen ist eine selbstthätige Operation, die freilich erst durch die Affection des Organs als das zweite entsteht. Betrachten wir ferner die Sinnesthätigkeiten in dem Zustande des schon völlig entwikkelten
Lebens, so sind da bisweilen die Affectionen des Organs vorhanden, aber die Sinnesthätigkeit wird nicht vollständig vollzogen,
weil es an der Selbstthätigkeit dabei fehlt. Wenn wir uns in
dem Zustande der Betrachtung befinden, so können wir mit geöffneten Augen doch nicht sehen; das, was sich anknüpfen muß,
um den Moment wirklich zu vollziehen, geschieht nicht, weil die
Selbstthätigkeit eine andre Richtung hat. Wenn jemand dagegen sagte: Ich will mit geöffneten Augen nicht sehen, ohne daß
er zugleich etwas anderes wollte, so wäre das ein leerer Versuch, der nicht gelingt. Es ist hier also keine absolute Willkür, sondern nur eine bedingte, wenn keine andre Thätigkeit hinzukommt, ist das Band zwischen der Affection und der Selbstthätigkeit nicht zu zerreißen. Wenn wir dies auf den ersten Anfang des Lebens rükkwärts anwenden, so können wir das Sich-
öffnen der Sinne zugleich als einen Act der Selbstthätigkeit
ansehen und beides ist dann gleich ursprünglich, aber nicht von
einander zu unterscheiden. Man wird immer geneigt sein, und
es ist auch richtig, zu sagen, es sei die Wirkung des Lichts auf
das Organ, daß dieses sich öffnet und das ist die Seite, wonach es als ein reines Aufnehmen erscheint, aber es liegt hiebei
doch zum Grunde die allgemeine Selbstthätigkeit gerichtet auf das
Außer-uns um es aufzunehmen. Der Gegensaz von dem, was
Gefühl wird, und dem, was Wahrnehmung wird, entwikkelt sich
also erst durch die Combination der Sinnesthätigkeiten.

Wir haben nun von hier aus unsere Aufmerksamkeit noch
einmal auf einen Punkt zu richten, der allerdings auch schon zur
Sprache gekommen ist, nämlich auf das verschiedene Verhältniß
der Sinne als eines organischen Systems zu der Entwikklung des
Selbstbewußtseins und des objectiven Bewußtseins. Wir werden
nicht behaupten können, daß die verschiedenen Sinne sich so ver-

halten, daß einige ausschließlich dem einen angehören und andre ausschließlich dem andern. Denn wir beziehen in dem weiteren Verfolg das, was wir von elektrischen und chemischen Processen wahrnehmen, auf bestimmte Gegenstände und nicht auf ein unbestimmtes Außer-uns, wir sagen nicht bloß, ich rieche, sondern auch, der Gegenstand giebt einen Geruch von sich, und ebenso beim Schmeken. Wenn der Gegensaz nothwendig eine Combination voraussezt, so werden wir keinen andern Unterschied machen können, als daß bei den einen eine größere Reihe von Combinationen dazu gehört um zu dem Gegensaz von Wahrnehmung und Gefühl zu kommen, während dies bei den andern durch eine kurze Reihe mehr unmittelbarer Combinationen geschieht. Wenn wir uns denken, wir könnten alle anderen Sinne und besonders das Gesicht schließen und nur den Tastsinn wirken lassen, so würden wir nicht unmittelbar zum Bewußtsein des Gegenstandes kommen, weil dies ein zu complicirtes Resultat geben würde. In dieser Hinsicht wird es also wahr bleiben, daß die Combination des Gesichts und des Tastsinns die unmittelbarste ist, um die Wahrnehmung und das Gefühl bestimmter zu sondern, wogegen die andern Sinne allerdings eine größere Combination erfordern. Wenn wir nicht sehen, so würde die Combination zwischen einem Geruchseindruk und dem Tastsinn, um jenen auf einen begrenzten Raum zu fixiren, schwieriger und complicirter sein.

Das zweite, wohin uns diese Betrachtung führt, ist das, wo denn nun der eigentliche Anfang des Psychischen ist, und z̃ ar des menschlichen? Sobald wir auf jenen ersten Punkt zurükgehen, die Indifferenz von Receptivität und Spontaneität, und das Oeffnen und Geöffnetsein der Sinne ebensosehr als ein Product der Selbstthätigkeit wie als das Resultat von den Einwirkungen äußerer Reize ansehen, so erscheint die eine Ansicht als die überwiegend physiologische, die andere als die überwiegend psychische; aber darin ist das eigenthümlich menschliche noch nicht mitgesezt, denn bis auf diesen Punkt kommen wir bei den thierischen Operationen auch. Wenn wir freilich auf die Wirkungen der Com-

6 *

bination sehen, so werden wir diese gar nicht weit zu verfolgen
haben, um das menschliche zu erkennen, aber den bestimmten Punkt
aufzuzeigen, wo das eigenthümlich menschliche in dem animalischen hervortritt, ist eine schwierige Aufgabe. Hier werden wir
uns einem Vergleiche des menschlichen mit dem thierischen nicht
entziehen können, aber dabei gleich die bestimmte Grenze sezen,
daß wir die Sache nicht etwa so ansehen, als ob beides bis auf
einen bestimmten Punkt ganz gleich sei und dann das menschliche
zu dem animalischen hinzukäme, sondern es sind vielmehr beide
Operationen bei beiden von Anfang an ganz verschieden, und der
Vergleich ist nur so anzustellen, daß der Punkt ermittelt wird,
wo das eigenthümlich menschliche in den Operationen zu latitiren
aufhört, und das, was schon ursprünglich da ist, in der Thätigkeit selbst hervortritt; denn ohne dieses werden wir nicht leicht
dahin kommen, das menschliche in dem weiteren Verlauf der Sinnesthätigkeiten auf den ersten Anfang zurükzuführen. Es ist
allerdings eine schwierige Aufgabe, aber ich glaube, wir werden
hier das folgende bestimmt behaupten können. Wenn wir auf
den Gegensaz zwischen den eigentlichen Sinnesthätigkeiten, welche
Empfindung und Selbstbewußtsein werden, und denen die objectives Bewußtsein und Wahrnehmung werden, achten, und dabei
von allen andern Functionen absehend nur diese beiden in ihrem
Wechsel betrachten, so ist es das Ich-sezen in uns, worauf wir
beide in ihrem Wechsel beziehen, und ein jeder wird zugeben, daß
dies das ganz bestimmt menschliche sei, was wir den Thieren
durchaus nicht zuschreiben können. Sehen wir aber auf das allerursprünglichste, die Indifferenz von Receptivität und Spontaneität, und den Zustand des Geöffnetseins der Sinne, so haben wir
da dasselbe in dem thierischen und menschlichen Leben. Zwischen
diesen beiden Punkten muß also das Product liegen.

Wenn wir das System der Sinne betrachten, so finden wir
in der ganzen Abstufung der Animalisation ein allmähliches Hervortreten desselben, aber wir können zur Vergleichung nur die
Thiere nehmen, welche das vollkommenste haben, und das sind

diejenigen, in deren Organismus dasselbe System gegeben ist, wie im Menschen. Hier zeigt sich nun sogleich, daß das Geöffnetsein der Sinne bei den Thieren keinesweges so allgemein ist, wie bei dem Menschen. Dabei muß ich aber noch eine andere Betrachtung einschalten. Man hat häufig gesagt, bei den Thieren wären die niederen Sinne überwiegend, indem sie durch die Eindrükke derselben vorzugsweise geleitet würden, aber das größere Hervortreten einer Lebensfunction, die unserem Dasein auch angehört, kann niemals eine Unterordnung und die Schwächung einer solchen nie einen Vorzug beweisen. Man kann doch nicht sagen, es gehöre zu den Vorzügen der menschlichen Natur, daß sie keinen so feinen Geruch und Geschmakk habe, aber es liegt allerdings die Ahnung von etwas wahrem darin. Indem nämlich das Leben von diesen Operationen geleitet wird, so wird es von der Wahrnehmung abgezogen, weil die dazu nöthige Combination nicht zu Stande kommt. Die größere Mannigfaltigkeit und die zusammengesezte Reihe der Operationen hängt aber von dem allgemeinen Geöffnetsein der Sinne ab, und so kommen wir auf einen Punkt an dem wir festhalten können. Die menschlichen Sinne sind auf eine absolute Weise geöffnet und wenden sich dem ganzen Außer-uns das ins Bewußtsein aufgenommen werden soll zu, wogegen das thierische Leben sich ganz auf das Interesse des Fortbestehens des animalischen Processes beschränkt. Daher giebt es eine Menge von gleichgültigen Gegenständen für die Thiere, die gar keinen Anknüpfungspunkt für sie bilden, obgleich sie davon afficirt gewesen sein müssen. Der Sinn ist bei ihnen beschränkt durch die auf die Fortsezung der animalischen Processe gerichteten Triebe, während bei dem Menschen die Sinne auf eine uneigennüzige Weise allgemein geöffnet sind, und darin erkennen wir das eigenthümlich menschliche und geistige selbst in den allerersten Anfängen. Zwar könnte man Einwendungen machen, die aber nur aus einem künstlichen Zustande hergenommen sind, nämlich aus dem nähern Verhältnisse, in welchem die gezähmten und die Hausthiere zu bem Menschen stehen, aber dies ist boch auch nur eine Erweiterung der Triebe.

Fragen wir nun, was dieses allgemeine Geöffnetsein der Sinne, welches wir als das eigenthümlich menschliche anzusehen haben, eigentlich bebeute, so müssen wir noch etwas hinzunehmen, was auch schon auseinander gesezt worden ist. Ursprünglich sind die einfachen Organe überwiegend den Naturthätigkeiten zugewenbet und der Gegenstand der Sinne ist die Gesammtheit der irbischen Natur, aber die combinatorische Thätigkeit, die immer mit babei sein muß, hat von Anfang an die Abzwekkung, die Getheiltheit des Seins in dem Außer-uns zum Bewußtsein zu bringen. Bebenken wir nun, wie der Anfang aller Thätigkeiten in der Indifferenz von Selbstthätigkeit und Empfänglichkeit liegt und die ursprüngliche Selbstthätigkeit nichts anderes ist als das Sich-in-Berührung-sezen mit dem Außer-uns, so ist das Auffassen burch die Sinne das Für-das-Bewußtsein-Besiz-nehmen-wollen des ganzen Außer-uns; betrachten wir bagegen das zweite Moment der Selbstthätigkeit, welches auf die Combination der verschiebenen Sinnesthätigkeiten gerichtet ist, und wie baraus die bestimmte Wahrnehmung hervorgeht, so werden wir dies als die einwohnende Ahnung von der Getheiltheit des Seins bezeichnen müssen. Damit scheinen wir das eigentliche Gebiet, worin wir jezt versiren, verlassen zu haben und in ein anderes übergegangen zu sein. Denn wir haben die Sinnesthätigkeiten unter die aufnehmenden Thätigkeiten subsumirt, jezt jeboch schon zwei Momente der Selbstthätigkeit gefunden und damit also auch Elemente der entgegengesezten aufgenommen; aber das Resultat dieser Combination ist boch immer nur das Aufnehmen, und wir haben schon gesagt, daß der Gegensaz nicht absolut ist und daß wir die aufnehmenden Thätigkeiten nicht recht verstehen würden, wenn wir die Selbstthätigkeit nicht mit betrachteten. Wenn wir also hier das erste Moment der Selbstthätigkeit ansehen als die allgemeine Richtung auf die Gesammtheit des Seins außer uns und das zweite Moment als die Richtung auf die Getheiltheit besselben, so ist beides rein der aufnehmenden Thätigkeit untergeordnet, aber gerade in diesen Momenten der untergeordneten Thätigkeit manifestirt sich das eigenthümlich menschliche auf dieser Stufe.

Wollten wir auf das physiologische eingehen, so müßten wir, uns an die gegebenen Resultate haltend, untersuchen, was in dem wirklich Aufgenommenen das nächste ist, worin sich die Differenz des menschlichen und animalischen offenbart, und das führt uns auf einen andern aber sehr damit zusammenhangenden Vergleichungspunkt, nämlich auf die Bestimmtheit des Auseinandertretens von subjectivem oder Selbstbewußtsein und objectivem oder gegenständlichem Bewußtsein. Wir haben in dieser Beziehung schon einen Unterschied in der Gesammtheit der Sinnesthätigkeiten anerkannt, ohne ihn jedoch so hoch anzuschlagen, wie es gewöhnlich geschieht. Jezt können wir aufmerksam machen auf die vollendete Spannung dieses Gegensazes. Wenn ich denselben als einen Vergleichungspunkt in Beziehung auf das animalische aufstelle, so kann ich das gegenüberstehende auf der animalischen Seite nicht ebenso nachweisen, weil es nur ein negatives ist. Die Behauptung geht nämlich dahin, daß in den thierischen Operationen dieses bestimmte Entgegentreten beider Elemente nicht zu Stande kommt, sondern beide auf eine verdunkelnde Weise gemischt werden, so daß das, was Wahrnehmung werden will, Empfindung bleibt, und das, was ein vollständiges In-sich-zurükgehen werden will, durch die Einwirkung von außen gehemmt wird. Wenn wir daher die thierischen Operationen in ihren Endpunkten betrachten, wie sie durch die Beziehung auf den Trieb im voraus gebunden sind, so ist der Verlauf hier ein solcher, daß die Beziehung auf den Trieb sich realisirt, ehe jenes Auseinandertreten der aufnehmenden und ausströmenden Thätigkeit zu Stande gekommen ist; was wir aber im thierischen Leben als aufnehmende Thätigkeit ansehen müssen, ohne daß es in dem Triebe endigte, das bleibt in der Verworrenheit. Die aufnehmenden Thätigkeiten kommen nur zu Ende durch eine Beziehung auf den Selbsterhaltungstrieb in dem Assimilationsproceß und alles, was als ein Aufmerken und Geöffnetsein der Sinne erscheint, ohne daß ein solches Resultat zu Stande kommt, haben wir nicht als reines Aufmerken anzusehen sondern als Richtung des Triebes, und wo dieser nicht ist, da ist das Aufnehmen die abgestumpfte Indifferenz zwischen objectivem und subjectivem. Das eigenthümlich menschliche besteht also darin, daß jede aufnehmende Thätigkeit entweder in einem bestimmten Selbstbewußtsein oder in einem bestimmten objectiven Bewußtsein endigt, frei von jeder Beschränkung durch den Trieb. Allerdings scheint dies nicht so klar in den einzelnen Fällen, wenn wir bei dem Zeitraum stehen bleiben, wo die Sinne sich erst anfangen zu öffnen und wo noch keine Continuität des Bewußtseins aus ihrer Thätigkeit entstanden ist. Aber es würde auch immer ein unrichtiges Verfahren sein, wenn wir das eigenthümlich menschliche in dem ersten Stadium der Entwikklung auffassen wollten, wir können die Aufgabe vielmehr erst lösen, wenn wir den völlig ausgebildeten Menschen betrachten. Von diesem Punkt aus ist es nun ein charakteristisches für das eigenthümlich menschliche, daß jede aufnehmende Thätigkeit sich aus dem ursprünglich dunkeln Ineinander von subjectivem und objectivem löst und eins von beiden wird.

Nehmen wir nun die Differenz in den verschiedenen Sinnesthätigkeiten wieder auf, so finden wir hier den eigentlichen Grund zu der Haupteintheilung, die wir gemacht haben, zwischen dem allgemeinen Sinn und den speciellen Sinnen, indem der erstere eine überwiegende Richtung auf das subjective, die andern eine solche auf das objective haben. Hiebei aber haben wir uns noch über zweierlei zu verständigen, einmal wie wir von dem einen auf das andre übergehen, und sodann, wie sich in dem zusammengesetzten Complexus der speciellen Sinne das Verhältniß zwischen beiden verschiedenen Richtungen gestaltet. Wenn wir den allgemeinen Sinn, den Hautsinn betrachten, welcher dem Außer-uns geöffnet ist, insofern dieses uns auf die unmittelbarste Weise berührt, so ist dieses das Ineinander der Naturprocesse, wie es an den Gegensaz des starren und flüssigen gebunden ist, besonbers aber das Gebiet des flüssigen, und es ist also hier nichts anderes gegeben als das an und für sich fließende Verhältniß der Temperatur der Atmosphäre zu der äußeren Oberfläche und dem Respirationsprocesse, also das Verhältniß des uns allgemein umgebenden zu der Einheit unseres Lebensprocesses. Die Resultate sind hier, daß wir das Leben überhaupt gefördert fühlen durch das Verhältniß zu dem uns unmittelbar berührenden oder daß wir den Lebensproceß gehemmt fühlen durch eine zu große Wärme oder Kälte, Schwere u. s. w. Hier werden die meisten Lebensfunctionen ohne ein bestimmtes Resultat sich an einander reihen und nur in gewissen Momenten werden wir zu einem bestimmten Gefühl der Lebenshemmung oder Förderung gelangen. Das unmittelbare Verhältniß selbst ist ein stetiges und es giebt keinen Moment, in welchem wir nicht Eindrücke von der Atmosphäre erhielten, aber das Resultat für das Bewußtsein fehlt, obgleich die Richtung auf das Bewußtsein ebenso da ist, wie bei den andern Sinnen. Bleiben wir nun dabei stehen und fragen nach dem positiven Grunde, weshalb wir hier eine so große Menge von organisch auffassender Thätigkeit finden, die so selten und nur bei den Extremen zum Bewußtsein kommt, so werden wir wieder das eigenthümlich menschliche erkennen in der Befreiung der Thätigkeiten von dem Triebe. Wären wir darauf beschränkt, so würden auch die geringeren Resultate zur Wahrnehmung kommen, und jede Differenz in der Temperatur, die doch immer eine Annäherung an die Extreme ist, würde uns bewußt werden. Weil wir aber frei sind und unsere Thätigkeiten ungehindert fortgehen, so treten jene Differenzen nicht ins Bewußtsein, sondern erst dann, wenn sie auf andre Thätigkeiten Einfluß haben und das, worin wir eigentlich begriffen sind, nicht mehr in ungehemmter Weise fortgeht. Nur wenn wir einen höheren Grad von Beweglichkeit finden ohne unser Zuthun, werden wir auf dies Verhältniß als auf eine von außen gegebene Lebensförderung zurückgeführt.

Da wir nun aber den Gegensaz zwischen dem allgemeinen

Sinn und den besonderen nur als einen relativen angesehen haben und durchaus nicht so, daß hier gar kein Verhältniß statt fände zwischen dem Sein und der Wahrnehmung, so entsteht die Frage, ob, da hier nur auf gewissen Punkten und bei einem gewissen Grade der Spannung ein Selbstbewußtsein entsteht, es nun auch von diesem Punkte aus 'eine Wahrnehmung giebt, wie diese zu Stande kommt und wodurch sie vermittelt ist? Da werden wir, sobald wir diese Frage beantworten wollen, in einen großen Kreis von geistigen Thätigkeiten verwikkelt, deren Resultat wir uns ver= gegenwärtigen müssen. Die organische Affection wird nur Wahr= nehmung unter Voraussezung eines großen Complexus von geisti= gen Thätigkeiten und einem hohen Grade von Freiheit dieser psychischen Thätigkeiten von den Trieben. Das scheint freilich ursprünglich gar nicht so, sondern man könnte denken, daß hier ebenso wie überall, sobald nur ein bestimmtes Gefühl entstanden ist, auch die Reflexion nachfolgt, welche die Wirkung auf das Ver= ursachende zurükkbezieht und so ein Bewußtsein erzeugt. Die all= gemeinsten Verhältnisse sind Temperatur=, Barometer=, Hygro= meter=Unterschiede. Wenn wir uns auf die erste Weise afficirt fühlen, so schließen wir sogleich, daß die Luft sich verändert hat. Das ist allerdings wahr, was ich aber meinte ist dieses. Je weniger wir auf diesem Punkte der Reflexion an einen bestimm= ten Gegenstand gewiesen werden sondern nur an eine Verände= rung, um desto weniger haben wir auch eine bestimmte Wahr= nehmung. Sobald wir nur dies aussagen, daß die Atmosphäre sich erwärmt oder erkältet hat, so haben wir eigentlich gar nichts von dem Außer=uns ausgesagt, sondern nur unsre eigene Affec= tion anders ausgedrükkt. Wollen wir zu einem bestimmten In= halt der Wahrnehmung gelangen, so müssen wir erst einen Maaß= stab haben, und da werden wir wohl übersehen können, was für eine große Menge von geistigen Thätigkeiten hinzukommen muß, um die Wahrnehmung abzuschließen. Wir dürfen nur zurükksehen auf den frühern Zustand der Naturwissenschaften und auf die Ansichten, die den wissenschaftlichen gegenüber im gemeinen Leben stattfinden, um zu begreifen, wie viel falsche Verfuche in biefer Hinficht gemacht worden find, weil noch nicht alle bazu nothwenbigen geiftigen Thätigkeiten entwikkelt waren.

Wenben wir uns nun zu ben fpeciellen Sinnen unb betrachten fie in ihrem Verhältniß zu bem allgemeinen Sinn, welcher urfprünglich nur auf bas eigene Innere zurükgeht unb uns Zuftänbe bes eigenen Ichs giebt, währenb jene Wahrnehmungen erzeugen, fo wirb es auch hier Uebergangspunkte geben, in benen ein Gleichgewicht ftattfinbet. Wir haben fchon früher gefehen, baß erft burch bie Combination mehrerer Sinne ein vollftänbig beftimmtes Refultat hervorgeht. Der am meiften gegenftänbliche Sinn bes Geficht giebt boch an fich nur bie Differenz von Lichteinbrükken auf einer Fläche ohne bie Entfernung zu unterfcheiben, fo baß wir eine beftimmt gefonderte Wahrnehmung bes einzelnen Seins burch ihn nicht erlangen. Demungeachtet ift boch bas gefammte Außer=uns bas Object für bas objective Bewußtfein. Wollen wir nun hier bie Analogie anwenben mit bem allgemeinen Sinn, infofern boch bie Sinnesthätigkeit im allgemeinen biefelbe ift, fo giebt es auch hier Sinneseinbrükke, wo bie Wahrnehmung aufhört unb bas Bewußtfein von bem veränberten Zuftanb bes Organs hervortritt, unb ba werben wir ganz biefelbe Regel anwenben können wie vorher. Das Sehen, wenn es von einem beftimmten Willen ausgeht unb alfo auch ein beftimmtes Ziel hat, auf welches bie Beobachtung gerichtet ift, ift allemal mit einer Anftrengung verbunben, burch welche ber Zuftanb bes Organs veränbert wirb, aber es kommt nicht zu einem fubjectiven Bewußtfein, fo lange bie wahrnehmenbe Thätigkeit bes Sinnes nicht geftört wirb. Hier fehen wir alfo bas Zurüktreten ber unmittelbaren Beziehung bes Sinns auf bas eigene Fortbeftehen, bas Zurüktreten bes Triebes. Erft nach einer langen Anftrengung bes Organs, wenn bie Thätigkeit beffelben gehemmt wirb, ober bei einem plözlichen Einbruk, ber eine Blenbung hervorbringt, wo bie Wahrnehmung aufhört, tritt ein Bewußtfein von bem veränberten Zuftanbe bes Organs ein. Wir fehen alfo, wie auch hier beides zusammen ist, und daß die eine Seite, die Richtung nach innen als ein Minimum erscheint und nur bei Extremen zum Bewußtsein kommt; dies ist aber nicht etwa die Wirkung der überwiegenden Richtung des Sinnes auf das objective Bewußtsein, sondern vielmehr der Grund liegt in der Freiheit von dem Triebe, indem wir bei dem allgemeinen Sinn, der doch nur eine Richtung nach innen hat, dasselbe bemerken mußten.

Betrachten wir die andern Sinne in derselben Beziehung, z. B. das Gehör, so ist hier eine weit größere Aehnlichkeit mit dem allgemeinen Sinn. Die Eindrükke des Organs hangen ab von der Bewegung der Luft, und der Gegenstand ist also derselbe wie bei jenem, aber es handelt sich hier um eine eigenthümliche Affection, welche an eine bestimmte Localität gewiesen ist, und deshalb werfen wir den Eindruk sogleich nach außen und beziehen ihn auf etwas außer uns geschehenes, ausgenommen in solchen Fällen, wo das natürliche Maaß überschritten wird und wir auch wieder ein Bewußtsein von der Veränderung unseres Organs erhalten. Dieses Außer-uns, dessen wir uns dabei bewußt werden, ist aber ein völlig unbestimmtes, und beschränkt sich nur auf die Richtung, aus welcher die Töne herkommen. Vergleichen wir die Gehörseindrükke mit denen des Gesichts, so erfüllen die lezteren das Organ auf eine totale Weise in jedem Moment, während das Gehör nur einzelne Eindrükke empfängt; daher müssen wir dort die Eindrükke der gesammten Fläche erst sondern, und dieses Sondern bildet einen zweiten Moment, während bei den Affectionen des Gehörs nur einzelne Eindrükke aufgenommen werden und die Aufmerksamkeit auf eine einzelne Richtung gelenkt wird. Aber daß wir nun einen Anfangspunkt der Operation bestimmt sezen und einen Gegenstand als einen tönenden bezeichnen, ist nur eine Folge der Combination; darum dürfen wir auch ursprünglich nicht sagen: ich höre irgend etwas, sondern ich höre von einer Richtung her, und alle näheren Bestimmungen entwikkeln sich erst aus der Combination.

Dies führt uns auf die Frage, ob die Sinne irren können? Wenn wir einen Eindruck auf einen Gegenstand beziehen und wir finden hernach, daß wir ihn falsch bezogen haben, können wir da sagen, daß der Sinn uns getäuscht hat? Da liegt der Irrthum offenbar in der Reihe von Combinationen, die nöthig waren, um die Affection des Organs auf den Gegenstand zu fixiren. Wir wollen aber die Sache auf eine allgemeinere Weise fassen. Fragen wir zunächst, ob es Täuschungen des allgemeinen Seins giebt, so ist, wenn wir uns erwärmt fühlen, das Factum ein solches, worüber gar kein Irrthum stattfinden kann, weil es der unmittelbare Lebenseindruck ist, wo das Sein und das Bewußtsein davon absolut identisch ist. Sobald wir aber die Reflexion eintreten lassen und an die Ursache denken, so kann derselbe Zustand entstehen durch Einwirkung von außen oder von innen, und wenn nun beides verwechselt wird und wir den Grund zu dem Factum in der Atmosphäre suchen, während er in uns liegt, so ist die Täuschung da. Das wird allerdings sehr selten sein, aber als möglich müssen wir es doch anerkennen. Bei Gesichtseindrücken kann es leicht geschehen, daß wir eine bloß vorübergehende Erscheinung für einen bestimmten Gegenstand halten, wie etwa wenn wir die Bewegung und die Farben und Umrisse, welche sich uns in dem Zustande des Schwindels zeigen, den Gegenständen selbst beilegen, so könnten wir geneigt sein, dies als eine Täuschung des Sinnes zu betrachten, aber genau genommen ist es doch nicht so, sondern es sind wirklich sinnliche Eindrücke, und der Irrthum entsteht nur, wenn wir diese Bewegung der Gegenstände von äußern Umständen herleiten. Dasselbe gilt von den Gehörseindrücken. Stellen wir aber die Frage so, ob in dieser Beziehung zwischen den Eindrücken der Sinne, die mehr auf das objective Bewußtsein ausgehen, und denen des allgemeinen Sinnes kein Unterschied sei, so daß auch bei den speciellen Sinnen Sein und Bewußtsein vollständig identisch wären, so werden wir allerdings einen solchen Unterschied zugeben müssen und hierin zeigt sich also eine neue Differenz zwischen dem allgemeinen Sinn und den speciellen.

Wenn wir nun alles, was wir unter den Sinnesthätigkeiten verstanden haben, zusammenfassen, und uns das Gesammtresultat davon vorstellen, aber abgesehen von allem, was erst durch die höheren geistigen Thätigkeiten hinzukommt, so ist es der Wechsel von Empfindungen, welche durch die Sinne kommen und der Wechsel von Bildern des Außer = uns, und zwar verstehen wir unter Bild nicht die Vorstellung von einem einzelnen Gegenstande als einem fortbestehenden, sondern die Beziehung der. Eindrücke auf das Außer=uns. Wie kommen wir nun zu diesem Resultate? Die Sinnesthätigkeiten haben eine verschiedene Beziehung zu der einen oder der andern Seite, aber so daß eine absolute Einseitigkeit in keinem Organ ist. Dabei haben wir gesehen, daß bei demjenigen Sinne, welcher ursprünglich am meisten nur das subjective aussagt, dem allgemeinen Sinn, kein Umschlagen in das objective stattfindet, ohne daß vieles dazwischen tritt, was in dieses Gebiet nicht gehört aber doch dazu beiträgt, dieses Resultat hervorzurufen. Wenn es sich so mit allen Sinnen verhält, so wird uns zur Anschauung kommen, daß die Sinnesthätigkeit keinesweges ein für sich abgeschlossener Cyclus ist. Wir haben schon oben gesagt, daß die Empfindungen der Atmosphäre nicht eher Wahrnehmungen sind, als bis sie gemessen werden, und da ist es klar, welche andern intellectuellen Thätigkeiten hinzukommen müssen, um den vollständigen Eindruck zu bewirken. Die vollkommene Wahrheit des subjectiven ist in dem Auf = und Absteigen der Lebensthätigkeit, die Wahrheit des objectiven ist nur in dem bestimmten Maaß der Veränderungen, welche in dem Außer= uns vorgehen, und dieses Maaß kann uns nicht durch die Sinne gegeben werden, sondern darin ist schon ein rein geistiges Element. Nehmen wir noch diejenige Sinnesthätigkeit hinzu, die überall hinzutritt, um das Verworrene auf der Seite des Bildes aufzuheben nach der Seite des Maaßes hin, nämlich die Operationen des Tastsinns, so haben wir da zwar Entfernung und Grenze, aber diese sind doch auch nicht Maaß, sondern nur Sonderung und Differenz. Es gehört also überall ein ganzer Com-

plexus von geistigen Thätigkeiten dazu, um den Cyclus der Sinnesthätigkeiten zu vollenden und wir dürfen diese gar nicht sondern
von den intellectuellen Thätigkeiten.

Sind wir aber zu dieser Ueberzeugung auf dem Wege der
Anschauung gelangt, so entsteht die Frage, wie treten diese höheren intellectuellen Thätigkeiten ein, und in welchem Verhältniß
stehen sie zu den reinen Sinnesthätigkeiten? In dem, was wir
bis jezt nur angedeutet haben in Beziehung auf einige Sinne,
liegt schon, daß sie nicht allein der bloß aufnehmenden intellectuellen Thätigkeiten bedürfen, um ein rein für sich abgeschlossenes
Ganze zu bilden, sondern daß auch selbstthätige Thätigkeiten eingreifen müssen, ehe der Sinn seinen Cyclus vollendet. Es ist
aber das Verhältniß dieser zwei Seiten im Gebiete der verschiedenen Sinne ein sehr differentes. Ein Punkt der schon früher
angeregt ist, muß hier noch einmal zur Sprache kommen, nämlich der über das Entstehen des Irrthums in dem Gebiete der
Sinnesthätigkeiten. Was wir in dieser Beziehung bis jezt gefunden haben, läßt sich auf das folgende zurükführen. In Beziehung auf den allgemeinen Sinn, welcher die subjective Richtung hat, haben wir gesagt, daß die Aussage desselben deswegen
schlechthin wahr ist, weil das Sein und das Bewußtsein darin
vollkommen dasselbe ist, und also eine falsche Beziehung gar nicht
stattfinden kann. Beziehe ich aber meine Erwärmung auf die
Atmosphäre und schließe also, daß diese nicht durch einen innern
Proceß entstanden ist, so ist das das Minimum der Wahrnehmung eines objectiven und da ist schon die Täuschung möglich,
aber doch nicht in der ursprünglichen Sinnesthätigkeit sondern in
dem Uebergehen des einen in das andre. Da ist nicht mehr jene
absolute Wahrheit, weil da nicht mehr das Einfache ist, sondern
ein Zwiefaches, der gewordene Zustand und das, wodurch er geworden, das Ich und das Außer-mir, worin also auch eine Täuschung liegen kann. Sezen wir aber auch, daß dies richtig wäre
und daß wir Wahrheit hätten auf beiden Seiten, so wäre diese
doch nur ein Minimum. Stellen wir uns im Gedanken auf den

Punkt, wo daraus ein Maximum geworden wäre, indem wir das Object vollkommen bestimmt und gemessen hätten, und bedenken wir, was für eine Menge von Thätigkeiten dazwischen treten müssen, so ist klar, daß unter diesen auch solche sein werden, in denen die Möglichkeit des Irrthums liegt. Also ist der Irrthum etwas an der Wahrheit und zwar so, daß einerseits an einem Maximum der Wahrheit ein Minimum des Irrthums sein kann, aber auch andrerseits, daß der Irrthum immer nur an der Wahrheit ist, indem die ganze Reihe der Thätigkeiten auf der einen Seite eine Entwikklung von Auffassungen ist, von denen viele wieder Berichtigungen von Irrthümern sein müssen.

In Beziehung auf den Gesichtssinn haben wir gesagt, daß er ursprünglich die objective Richtung habe und daß das subjective nur an gewissen Endpunkten hervortrete, wie etwa in dem Fall der Blendung, wo die Thätigkeit des Organs in Beziehung auf das Aeußere suspendirt wird durch einen zu starken Reiz von außen, oder in der Finsterniß, wo das Sehen-wollen eine Alteration des Organs hervorbringt. Nun aber giebt es noch etwas anderes auf diesem Gebiet, worin sich das Verhältniß des subjectiven zu dem objectiven ausspricht, nämlich das Angenehme und Unangenehme. Wir finden, daß Farben entweder an und für sich oder in gewissen Zusammenstellungen uns unangenehm sind und daß andere wieder unser Wohlgefallen erregen; da entsteht dann in Betreff der lezteren eine natürliche Richtung darauf bei ihnen zu verweilen und bei den ersteren eine natürliche Richtung sich dagegen zu verschließen. Worauf dies beruht ist eine sehr complicirte Untersuchung, wozu wir vielleicht an einer anderen Stelle noch den Schlüssel finden werden. Was nun das Gehör betrifft, so haben wir demselben ebenfalls eine überwiegend objective Richtung zugestehen müssen, und das subjective ist hier nur das Betäubt-werden und auf der andern Seite eine große Anstrengung des Lauschens. Aber es findet hier dasselbe statt wie beim Gesicht; es giebt Töne und Zusammenstellungen derselben, die uns angenehm sind, und andre, die es nicht sind, das Umschlagen des objectiven in das subjective geschieht sehr leicht und augenblifflich und ist nicht durch einen Cyclus von Thätigkeiten bedingt, aber es begleitet daffelbe nicht regelmäßig, sondern wir können große Gehörsauffassungen haben ohne die Empfindung des Angenehmen oder Unangenehmen zu bekommen. Wie steht es nun in dieser Beziehung mit Geruch und Geschmaff, welche sehr verwandt sind und sich auf sehr verwandte Naturproceffe beziehen? Hier ist offenbar nicht ein solches Uebergewicht nach der Seite des objectiven, daß das subjective nicht an einzelnen Punkten hervorträte; während es viele Gesichts= und Gehörseinbrüffe giebt, die weder angenehm noch unangenehm sind, so ist dies bei Geruch und Geschmaff keinesweges so der Fall. Freilich wenn ein Naturforscher etwas schmeft um die Bestandtheile zu unterscheiden, wird er von dem Unangenehmen des Geschmaffs keine Notiz nehmen, weil er in der Richtung auf das objective ist, aber wenn wir die Thätigkeiten rein für sich betrachten, so ist hier immer die Empfindung des angenehmen oder unangenehmen, wenn es auch einzelne Fälle giebt, wo wir nur ein Minimum davon wahrnehmen. Beide Sinne haben das eigenthümliche, daß der Gegensaz des angenehmen und unangenehmen oft nur auf quantitativen Differenzen beruht, z. B. Asa foetida und Moschus sind in großen Mengen allen sehr unangenehm, während sie in kleinen Mengen vielen angenehm sind. Wenn wir nun hier das subjective als das ursprüngliche sezen müssen, weil es in jedem Einbruff hervortritt, so werden wir auch wie bei dem allgemeinen Sinn erkennen, daß, wenn sie in das objective übergehen, nur ein Minimum sich davon finde. Wenn ich sage, etwas schmeft oder riecht so oder so, so drüfft dieses nur so viel aus, daß dieser Geruchs= oder Geschmaffseinbruff nicht von innen sondern von außen kommt, wobei eine Täuschung selten möglich ist, aber auch sehr wenig objectives ausgesagt wird. Dennoch ist häufig Irrthum an der Wahrheit. Wir können nämlich damit anfangen, den Gegenstand ausfindig zu machen und ihm dies als eine wesentliche Eigenschaft beilegen, ohne zu bedenken, daß dieser

Eindruck seinen andern Factor in anderen Thätigkeiten hat, und da ist der Irrthum an der Wahrheit, es müssen dann noch eine Menge anderer Thätigkeiten eintreten, namentlich die Kenntniß der chemischen Processe, um das objective in seiner Wahrheit zu erhalten. Hiebei ist noch eine andere Eigenschaft dieser Sinne zu bemerken. Der Geschmacksinn nämlich äußert eine solche Anziehungskraft, daß die Seele sich gleichsam ganz in diese Sinnesthätigkeit versenkt, und die Entwicklung aller anderen höheren Thätigkeiten zurücktritt. Dies ist bei keinem anderen Sinne so der Fall, und wir werden geneigt sein diesen Sinn als dem thierischen am meisten verwandt zu betrachten; aber dennoch zeigt sich auch bei ihm die Freiheit von dem Triebe, denn während bei den Thieren der Reiz aufhört, sobald der Assimilationsproceß in Beziehung auf die Nahrung vollendet ist, so findet sich dies bei dem Menschen nicht. Mit dem Geruch hat es in dieser Hinsicht eine ähnliche Bewandtniß, eine lange anhaltende Aufeinanderfolge von Eindrücken kann einen alle geistige Thätigkeit verwirrenden Zustand herbeiführen, was häufig benuzt worden ist um Menschen in Abhängigkeit von andern zu versezen, indem dann alle Sinne in eine Aberration von ihrer natürlichen Bahn gerathen. Er ist ähnlich dem des Rausches, hat aber noch mehr den Charakter der Passivität, indem man sich leicht jedem von andern hervorgebrachten Eindrucke hingiebt, weil die Reizbarkeit aller anderen Sinne durch die Betäubung gelähmt ist.

Beide Sinne haben noch etwas verwandtes, indem in ihnen der eigentliche Siz dessen ist, was man Idiosynkrasie nennt. Wir verstehen darunter die persönliche Eigenthümlichkeit der Empfindung bei den Einwirkungen gewisser Gegenstände. Am meisten findet es sich noch bei dem Tastsinn, aber es kommt auch bei anderen Sinnen vor, wie z. B. bei gewissen Tönen, dem Krazen auf Papier oder auf einer Schiefertafel. Am auffallendsten ist es jedoch bei Geschmack und Geruch, wobei es merkwürdig ist, daß diese Sinne gerade diejenigen sind, durch welche das thierische Leben am meisten geleitet wird, und die auch in jeder Gat-

tung die conftanteften find. Fragen wir nun, worauf diefe eigenthümliche Befchaffenheit deutet, fo geht fchon aus diefem Vergleiche hervor, daß fich darin bei dem Menfchen das eigenthümliche Verhältniß des einzelnen zur Gattung auf dem Gebiete der
Sinnesthätigkeiten am beftimmteften ausfpricht. Wenn wir nämlich auf das thierifche Leben zurückgehen, fo unterfcheiden wir das
einzelne Dafein nicht fo, fondern wir fehen die einzelnen Differenzen an als entftanden aus der Verfchiedenheit der Localität
und anderen äußeren Umftänden; bei uns jedoch machen wir, fobald fich das Gattungsbewußtfein entwickelt, die Erfahrung, daß
jeder einzelne Menfch ein eigenthümlicher fei und daß die menfchliche Natur in jedem einzelnen auf befondere Weife beftimmt fei.
Während daher auf diefem Gebiet der Sinnesthätigkeiten fich die
Befchränktheit der individuellen Differenz und das Gebundenfein
an den Trieb bei den Thieren am deutlichften zeigt, fo offenbart
fich auch beim Menfchen die Freiheit und die perfönliche Differenz bei diefen Sinnen am ftärkften, wogegen, wenn fich die
Differenz bei den objectiven Sinnen manifeftirt, dies als Krankheit angefehen wird. Wir finden allerdings, daß einige Menfchen eine Abweichung in der Farbenfcala haben, indem fie ge-
wiffe Farben unter eine andre Vorftellung fubfumiren, aber damit
hat es doch in der That eine ganz andre Bewandtniß.

Indeffen ift nicht zu leugnen, daß diefes Erfahrungsgebiet
die Veranlaffung gegeben hat zu einer fehr allgemeinen und weit
getriebenen Skepfis. Es ift nämlich natürlich, daß wenn im Gebiete des Geruchs und Gefchmacks folche Differenzen vorkommen,
daß der eine das füße widrig findet und daß die Namen in Beziehung auf einzelne Gegenftände von einzelnen anders gebraucht
werden, überhaupt die fkeptifche Frage entfteht, ob es mit der
Identität der Sinneseindrücke ficher ftehe und ob nicht etwa,
wenn zwei Menfchen daffelbe roth oder braun nennen, fie doch
dabei etwas anderes fehen. Dies führt uns offenbar wieder auf
die Frage zurück, inwiefern die Sinne irren können, denn hätte
diefe fkeptifche Anficht recht, fo gäbe es gar kein Kriterium mehr

in Beziehung auf den Unterschied zwischen Wahrheit und Irrthum. An das, was ich in dieser Beziehung schon gesagt habe,
will ich hier noch eine Bemerkung knüpfen, die uns weiter führen
kann. Wir haben uns schon entwikkelt, wie es bei denjenigen
Sinnen, die ursprünglich auf das subjective ausgehen, eine Uebertragung auf das objective giebt, welche eigentlich ganz dasselbe ist
und sich nur durch die Beziehung auf das Außer-uns von der
unmittelbaren Aussage unterscheidet, indem darin die Voraussezung liegt, daß die Veränderung nicht von innen her entstanden
sei. Hier war schon der Irrthum möglich. Aber in Beziehung
auf das Gesicht und Gehör findet etwas ähnliches statt. Wenn
ich an jemand die Forderung richte, sich die Differenz von gewissen Tönen zu vergegenwärtigen, so wird er, wenn er sie einmal gehört, dies leicht vermögen, aber nicht durch Begriffe, sondern auf unmittelbare Weise durch die Reproduction vermittelst
eines inneren Hörens. Vom Gesichte gilt dasselbe, aber wir
können es uns noch in anderer Beziehung bestimmter vergegenwärtigen. Denken wir uns einen Künstler, der ein Gemälde ent-
wirft, so wird seine erste Conception ein inneres Sehen gewesen
sein, und die äußere Zeichnung ist nur ein Abbild von einem Urbilde, welches das Maaß für jenes ist, und wenn der Künstler
im ganzen Verlauf der Arbeit sich aufmerksam beobachtet, so wird
er auch angeben können, ob das vollendete Bild mit seinem innern
Urbilde übereinstimmt. Bei dem Gehör habe ich den einfacheren
Fall genommen, weil es schwierig ist sich vorzustellen, daß der
Künstler bei einer Composition eine solche Masse von Tönen, wie
sie eine Symphonie etwa erfordert, wirklich innerlich sollte gehabt
haben, während es beim Sehen auch dem Laien leichter wird sich
dieses zu denken. Wenn wir nun dieses Factum voraussezen,
so entsteht die Frage, ob wol in dieser Beziehung eine Täuschung
möglich ist, daß das innere Sehen und Hören für etwas Aeußeres gehalten wird? So wie wir diese Frage so stellen, bietet
sich ein großes Gebiet des Streits dar, an dessen Auflösung wir
hier gar nicht denken können. Es hat nämlich zu allen Zeiten

Menschen gegeben, welche behaupteten äußerlich zu sehen und zu hören, wo andere nichts vernahmen, wie dies in der Ekstase zu geschehen pflegt. Nun sind wir uns auch eines solchen inneren Sehens und Hörens bewußt als einer aufnehmenden Thätigkeit, aber im gewöhnlichen Leben geschieht dies nur immer mit Absicht und Willen, und wenn es sich auf unwillkürliche Weise zwischen das äußere Sehen und Hören einbrängt, so benken wir uns das als einen alterirten Lebenszustand. Aber bann entsteht die entgegengesezte Behauptung, daß der andere sagt, ihr erklärt das nur für ein inneres Sehen, weil ihr von einer verkehrten Weltvorstellung ausgeht und leugnet daß solche Eindrükke von außen her gekommen sein können. Wenn wir auf die andern speciellen Sinne sehen, so werden wir diese Facta am wenigsten finden, was sich leicht erklärt, wenn wir es als mit dem Willen in Beziehung stehend benken; es könnte aber ebenso geschehen, daß man sich Differenzen des Geruchs und Geschmaks vergegenwärtigte, und da wäre die Möglichkeit dazu da, wenn es auch nicht gerade vorkommt, da der Sinn barauf nicht geübt wirb.

So wie nun die Frage streitig bleibt, ob es möglich ist, daß innerlich gesehenes und gehörtes für äußerlich wahrgenommenes gehalten werbe, so haben wir die vollständigste Veranlassung zum allgemeinen Skepticismus in Betreff der Sinnesthätigkeiten. Dieser wird sehr weit eingreifen und sich auf alle geistigen Thätigkeiten erstrekken, die sich aus dem auf diese Weise erregten Bewußtsein entwikkeln, und so entsteht uns die Aufgabe, wie diese Skepsis zu vermeiden sei, eine Aufgabe, der wir uns gar nicht entziehen können, ehe wir das Gebiet der Sinnesthätigkeiten verlassen. Es fragt sich aber wie kann dies geschehen und was für eine Richtung in der Gesammtheit des Seelenlebens gehört dazu? Ich wende mich hier an das Factum, welches ich eben aufgestellt habe, nämlich des allgemeinen Zusammenhanges eines bestimmt entstehenden Bewußtseins mit den Veränderungen, welche in den Sinnen vorgehen. Wir müssen hier, wenn wir auch von dem mehr subjectiven anfangen wollen, schon das Umgeschlagensein in das objective hinzunehmen, denn dies würde ein ganz anderes sein, wenn ich sage, ich habe dieses innerlich gesehen oder gehört, oder wenn ich sage, ich bin in diesen Lebenszustand gekommen durch meine innere Thätigkeit, da jenes immer ein objectives Bewußtsein von einem Gegenstande ist, nur daß dieser nicht von außen gegeben ist sondern von innen. Wenn nun schon in den ersten Anfängen die Möglichkeit einer Täuschung liegt, so fragt sich, ob das Bewußtsein ganz dasselbe ist, so daß ich an ihm nicht unterscheiden kann, ob es aus einer äußern Affection oder von innen so geworden ist? Wäre das Bewußtsein ein anderes in dem einen Fall als in dem andern, so würde der Unterschied schon anzugeben sein und die Täuschung müßte aufhören, wäre aber dieses nicht, so müßte etwas anderes gesucht werden, um den Irrthum zu vermeiden. Dies führt uns wieder auf eine andere Frage, nämlich ob das Vermeiden-wollen des Irrthums etwas ursprüngliches ist? Denn wenn dieses nicht wäre, so müßten wir erst einen besondern Zweck aufstellen und diesen wieder besonders begründen. Hier kommen wir gegenüber dem am unmittelbarsten und am meisten organischen auf einen ganz analogen Punkt in dem gar nicht organischen sondern ganz geistigen, da die Richtung auf die Wahrheit völlig in dem lezteren liegt. Wäre es nicht möglich auf ursprüngliche Weise zu unterscheiden zwischen einem sinnlichen Bewußtsein, das aus äußerlichen Affectionen hervorgegangen ist und einem solchen, das auf innerliche Weise entstanden ist, und wäre es ebenso wenig möglich zu entscheiden, ob die Richtung auf die Wahrheit ein ursprüngliches oder etwas erkünsteltes ist, so wäre damit die ganze Frage aufgehoben. Wenn uns aber das Bewußtsein darüber, ob es von innen oder von außen geworden ist, auch nicht ursprünglich gegeben wäre, aber es gäbe eine Richtung auf die Wahrheit, so müßte der Unterschied gesucht werden, und es eröffnete sich ein Gebiet für die Untersuchung. Es ist nicht zu leugnen, daß es eine solche Denkungsart giebt, welche meint, daß die Richtung auf die Wahrheit gar nichts ursprüngliches sei und daß es deshalb auch gar nicht barauf ankomme, bie Genefis bes finnlichen Bewußtfeins zu unterfuchen, aber fie kommt nur in einzelnen unb auf pole= mifche Weife zum Vorfchein unb zerftört fich eigentlich felbft, in= bem fie einerfeits bie Unterfuchung im Werben aufhebt, aber boch anbrerfeits nicht umhin kann fich ein Ziel zu fezen, welches wie= ber eine Reihe von Unterfuchungen erforbert. Sobalb wir aber bie Richtung auf bie Wahrheit als etwas urfprüngliches fezen, fo müffen wir auch Seelenthätigkeiten auffuchen, bie eine folche Richtung haben unb bamit eröffnet fich ein großes Felb ber Un= terfuchung.

Wie fteht es nun mit ber Anficht, baß wir bie Refultate ber Sinnesthätigkeiten anfehen als Repräfentationen bes Außer= uns? Wenn wir bie fkeptifche Anficht bis bahin erweitern, baß wir es für möglich halten, bie ganze Zurükführung auf bas Außer=uns folge bem Gefeze ber Jbiofynkrafie, fo baß fie etwas rein fubjectives wäre, fo müßten wir zugleich bie Richtung auf bie Wahrheit, infofern fie fich an bie Operationen ber Sinnes= thätigkeiten knüpft, entweber für etwas rein zufälliges erklären, bas für einzelne ift unb für anbere nicht, ober für etwas in fei= nen Operationen ununterfcheibbares, fo baß es kein Kriterium giebt, ob wir eine folche Mobification bes Organs auf ein Außer= uns beziehen ober nicht. Wenn wir babei boch bie Allgemeinheit biefer Richtung auf bie Wahrheit betrachten, fo erfcheint fie uns als erkünftelt, inbem jeber eigentlich feine eigne Art unb Weife haben follte, bie Refultate ber Sinnesthätigkeiten entweber über= wiegenb als ein rein inneres Spiel ober als irgenb wie von außen beftimmt anzufehen. Daraus folgt nothwenbig, baß es bann keine gemeinfame Welt für ben Menfchen gäbe, inbem jeber einen anbern Umfang hätte, wie er bie Refultate ber Sinnes= thätigkeiten auf bas Außer=uns rebucirte. Dann bliebe, wenn fich bie wirklichen Sinnesoperationen fortbewegen follten, nichts übrig als bie Richtung auf bas fubjective, ber Gegenfaz bes an= genehmen unb unangenehmen, unb es gäbe kein anberes Gefez für ben Menfchen, als bas angenehme zu fuchen unb bas un=

angenehme zu meiden. Alle Zurückführung auf das Außer-uns könnte nichts anderes als Indication für dieses sein, ohne daß eine Tendenz da wäre, das Sein des Außer-uns auf identische Weise in uns zu reproduciren. Dies ist die materialistische oder sensualistische Richtung, welche mit jenem Skepticismus zusammenhängt.

Wir kommen hier auf einen Punkt, wo das anfängt, was wir von unsern Untersuchungen ausgeschlossen haben, denn das sind schon transcendentale Fragen; indessen sagten wir, daß von einer Seite diese Frage von der richtigen Auffassung dessen, was das wesentliche in unseren Sinnesoperationen ist, abhängt. Die Sache kommt so zu stehen: können wir nachweisen durch die Beobachtung oder durch den Zusammenhang der einzelnen Operationen des Seelenlebens, daß die Richtung auf die Wahrheit nicht zufällig ist sondern allgemein, so haben wir im Gebiet unserer Untersuchungen einen Entscheidungsgrund gegen jenen Skepticismus, können wir es nicht, so müßten wir uns völlig indifferent dazu verhalten und einen andern Punkt suchen, von welchem aus wir dies entscheiden könnten. Gehen wir noch einmal zurück und fragen, wodurch die skeptische Ansicht eine solche Haltung gewann, so sind es zwei Punkte, die wir als erfahrungsmäßig aufgestellt haben. Der erste betrifft die Differenz in den Resultaten der Sinnesthätigkeiten in mehreren Individuen unter gleichen Umständen. Sobald ich mich der Einwirkung derselben Umgebungen aussetze, wie ein anderer, und es zeigt sich dennoch, daß der eine ein anderes Resultat erhält als der andere, so entsteht eine Differenz, welche nicht anders entschieden werden kann, als durch eine absolute Vervollständigung der Erfahrung. Denn wenn ich alle übrigen Menschen unter dieselben Bedingungen stellen könnte und das Resultat aller wäre dasselbe, wie das meinige, so wäre das Urtheil wol allgemein, daß in dem andern etwas abnormes sein müsse, welches diesen abweichenden Zustand hervorbrächte. Ist nun diese Vervollständigung das einzige Mittel der Gewißheit, so bliebe die Entscheidung nur wahrscheinlich, da sie absolut nicht zu Stande zu bringen ist. Der zweite Punkt war der, daß wir Fälle aufstellen können, wo es, auch durch die Differenz mit andern, zweifelhaft wird, ob eine Veränderung der Organe irgend einen Grund in dem Außer-uns habe oder rein in uns erzeugt wurde. Dies sind die beiden Punkte, von denen die Skepsis ausgegangen ist, und es ist daher nothwendig sich darüber zu orientiren, wie groß die Differenz eigentlich sei. Ich glaube, wir werden, wenn wir die Sache genau betrachten, nicht leugnen können, daß sie noch viel größer ist, als man auf den ersten Anblick denkt. Es handelt sich nämlich nicht allein um die Jdiosynkrasien einzelner auf dem Gebiete der mehr subjectiven Sinne und um die Differenzen in der Subsumtion bei den objectiven Sinnen, sondern die Differenz bringt auf der einen Seite schon in die Sprachbildung und auf der andern in die nationale Constitution hinein. Es giebt ganze Völker, für welche Zusammenstellungen von Farben und Tönen unangenehm sind, die anderen angenehm erscheinen, und dasselbe gilt für den Geruch und Geschmack, so daß die Differenzen zwischen den einzelnen, die demselben Gesammtleben angehören, als ein geringes verschwinden gegen diejenigen, die in der Nationalität fixirt sind. Ebenso wenn wir auf die objective Seite der Wahrnehmung sehen, und in verschiedenen Sprachen die Ausdrücke zusammenfassen, die z. B. die Unterschiede des Lichts und der Farbenerscheinungen ausdrükken, so wird es nicht leicht zwei Sprachen geben, in denen die Ausdrükke der einen ganz in die der andern aufgehen. Noch viel deutlicher und in einem größeren Maaßstabe zeigt sich die Differenz, wenn man die Gegenstände, welche mit ein und demselben Ausdrukk der Farbe bezeichnet werden, mit den Gegenständen vergleicht, die in den andern Sprachen auf dieselbe Weise ausgedrükkt werden. Hier sieht man also eine verschiedene Auffassung und wird geneigt sein, diese in einer verschiedenen Structur der Organe zu suchen. Aber das wäre doch eine zu rasche Folgerung, denn da es sich um Zusammenfassungen der Eindrükke unter gemeinsame Bezeichnungen handelt, so könnte der Grund der Differenz auch in der Art dieser Zusammenfassung liegen, und wir müssen es daher unentschieden lassen, ob dieselbe im logischen oder organischen begründet ist, so daß die Frage aus der isolirten Betrachtung der Sinnesthätigkeiten nicht gelöst werden kann.

Troz dieser Differenzen in den einzelnen Sinnesthätigkeiten bleibt aber doch die Identität der Sinne überhaupt anerkannt und selbst der ausgesprochenste Skepticismus hat daran kein Bedenken gehabt, daß es eine Lebensthätigkeit giebt, die wir bei allen Menschen mit dem Ausdruck des Sehens bezeichnen, ohnerachtet aller der Unterschiede, die etwa darin vorkommen, und so auch in Beziehung auf alle übrigen Sinne. Fragen wir, woran diese Sicherheit hängt und was hier dem Weitergehen des Skepticismus seine Grenze sezt, so ist es das uns einwohnende Bewußtsein von dem menschlichen Sein der Natur. Denn wenn wir z. B. meinten, das, was bei uns Sehen ist, hätte der andere gar nicht, sondern an dessen Stelle etwas anderes, so könnten wir ihn auch gar nicht mehr als einen Menschen sezen. Darin liegt also die Nöthigung von allen Differenzen aus wieder auf die Identität zu kommen und jene dieser unterzuordnen. Sobald uns eine solche Differenz vorkommt, ist auch immer die Tendenz da, uns über dieselbe zu verständigen und sie auf die Identität zu reduciren. Wenn dieselbe auch in einzelnen Fällen unterdrükt werden kann, und wenn wir auch zugeben müssen, daß diese Aufgabe eine unendliche und nur durch Approximation zu lösende ist, so ist doch die Tendenz unleugbar und das ist nichts anderes als das Wissen-wollen in Beziehung auf das allgemeine Verhältniß des Menschen als solchen zu dem Außer-ihm als solchen. Denn in demselben Maaße, als das differente auf das identische reducirt wird, steht etwas allgemein menschliches fest, und in demselben Maaße als die Gewißheit die Operationen begleitet, ist diese Feststellung ein Wissen. Diese Tendenz auf das Wissen-wollen ist als Impuls beständig da, wenn sie auch zuweilen, von andern Functionen überwogen, unwirksam wird, und so werden wir anerkennen müssen, daß die Richtung auf die Wahrheit in diesem Gebiet eine natürliche ist.

Hiemit wäre also der erste Punkt in Beziehung auf die Differenzen in den Sinnesthätigkeiten vorläufig erledigt, der zweite Punkt aber war der, daß wir Sinnesthätigkeiten gefunden hatten, welche nicht von außen sondern rein von innen her entstehen und doch im wesentlichen und der Art nach dieselben sind, so daß also eine Unsicherheit erzeugt wird über die Weise der Entstehung. Dies finden wir in den mannigfaltigsten Beziehungen sehr häufig in Kleinigkeiten, wenn wir etwas zu sehen oder zu hören glauben, wo andre nichts wahrnehmen; zuweilen geschieht es ganz zufällig, aber manchmal auch in Folge von Gemüthsbewegungen, von Angst oder Hoffnung, indem aus dem Sehen- oder Hören-wollen ein inneres Sehen und Hören entsteht, welches für ein äußerliches gehalten wird. Aber noch weit größere Resultate zeigen sich in dem Gebiete des Traums, welches wir hier noch nicht seiner Entstehung nach betrachten können, sondern nur nach seinen Erscheinungen. Da haben wir eine Menge von Bildern von Gesehenem und Gehörtem, die nicht von außen hervorgebracht sind und doch notorisch so stark sind, daß man sie oft für etwas Aeußerliches hält. Außerdem haben wir das ganze Gebiet der Ekstase und der Visionen, wo ohne den Schlaf dieselben Erscheinungen vorkommen, und zwar sehr häufig mit dem Anspruch, daß wirkliche Wahrnehmungen stattgefunden hätten, welchem dann von allen andern, die nicht in dem Zustande der Ekstase sind, widersprochen wird. Fassen wir dies alles zusammen, so erweitert sich durch dieses innere Erzeugen von Bildern das Gebiet der Sinnesthätigkeiten ins Unendliche. Aber wir werden noch viel weiter gehen können. Wenn wir das Factum betrachten, das uns so nahe liegt, nämlich das der Erinnerung, so ist diese freilich auf einer gewissen Entwicklungsstufe und in einem gewissen Gebiete ein logisches, indem nur die allgemeinen Begriffe reproducirt werden, unter welche wir die einzelnen Erscheinungen subsumirt haben; aber dies ist nicht das urfprüngliche, wie es jeder bis zu einem gewiffen Zeitpunkt hat, ehe das finnliche durch das logifche überwogen wird, und auf längere Zeit der; der in einem Gebiete einheimifch ift, wie der Mufiker in dem des Hörens und der Maler in dem des Sehens. Hier haben wir ein inneres Nachbilden von Refultaten der Sinnesthätigkeiten, die durch eine äußere Einwirkung entftanden find, ohne daß eine neue äußere Affection hinzukommt. Ebenfo aber giebt es auch ein innerliches Produciren von Bildern, welches der äußeren Darftellung vorhergeht, wie bei dem Künftler, welcher das, was er vorftellen will, innerlich fieht und hernach äußerlich nachbildet. Dies gilt von dem eigentlichen Bildner, dem Mufiker, ja auch von dem Dichter, welcher ebenfo feine Geftalten zuerft als Bilder fieht und fie fodann äußerlich macht unter der Form der Rede, mit der Abficht, daß jeder andere fie ebenfo als Bild innerlich reproducire, wie er fie in fich getragen. Ja noch mehr, wenn wir auf die Art achten, wie wir auffaffen was uns andre von ihren Wahrnehmungen mittheilen, fo verfahren wir gerade ebenfo, wie der Dichter will, daß wir mit feiner Befchreibung verfahren follen, und je lebendiger die innerliche Production ift, defto ficherer ift die Auffaffung und defto vollftändiger die Aneignung. Nehmen wir alles diefes zufammen, fo finden wir daß diefes innere Produciren von Refultaten der Sinnesthätigkeiten ein höchft bedeutendes Element des ganzen menfchlichen Seins ift, ja wir müffen fagen, daß das urfprünglich durch äußere Einwirkungen gewordene faft feinen ganzen Werth verlieren würde, wenn diefes innere nicht wäre.

Wie fteht es nun alfo um das Verhältniß diefer ganzen Erfahrung zu jener fkeptifchen Anficht? Dies können wir uns nur vollkommen klar machen, wenn wir die Tendenz bei der innerlichen Production in dem allgemeinften Umfange auffaffen. Sie hat aber allerdings zwei verfchiedene Enden, die auch auf einen verfchiedenen Anfangspunkt zurückzuführen fcheinen; das eine ift das wirkliche Wahrnehmen-wollen, wozu aber der äußere Coefficient fehlt, und das andre ist das Aeußerlich-machen-wollen der inneren Production oder das Mittheilen derselben. Das leztere ist unstreitig das Reale, wogegen jenes das Gaukelspiel ist. Wenn wir uns im allgemeinen Umrisse den Zustand der Ekstase denken, so schließen wir alles aus, wovon wir voraussezen, daß es aus dem Willen hervorgegangen, wenn wir aber auf die analogen Elemente sehen, wie die Gemüthszustände solche Täuschungen bedingen, so gehen diese von dem Willen oder wenigstens überwiegend von der Selbstthätigkeit aus; man will etwas wahrnehmen, was auf das, worin die Spannung ihren Grund hat, eine nähere Beziehung enthält, und das ist die Gaukelei in der Sache. Das innerliche Sehen dagegen, welches der äußeren Darstellung vorangeht und in einer bestimmten Reihe von Selbstthätigkeiten endet, gehört dem Gebiete der Kunst an. Das innere Produciren, welches ein Nachbilden ist von den uns mitgetheilten Wahrnehmungen, hat offenbar eine Richtung auf das Wissen, und hier sehen wir augenscheinlich dieselbe Voraussezung zum Grunde liegen, auf die wir bei der früheren Betrachtung kamen, nämlich das Gattungsbewußtsein. Denn wenn wir nicht voraussezten, unser Sehen und Hören sei dasselbe, wie das der andern, so könnten wir auch gar nicht das, was andre gesehen und gehört haben, uns aneignen wollen. Ebenso steht es bei der Reproduction unserer eigenen Wahrnehmungen, wo dieselbe Voraussezung zum Grunde liegt, daß unser jeziges Sehen dasselbe ist, wie das frühere, so daß die Richtung auf die Wahrheit hier ebenso wie dort ist. Wenn wir nun dies ausscheiden, so bleiben von dem ganzen Gebiete nur die beiden Enden übrig, nämlich das, was wir als innerliches Gaukelspiel bezeichnet haben, und das Darstellen-wollen. Fragen wir, wie sich beide zur Einheit des Lebens verhalten, so wird es nicht an solchen fehlen, welche meinen, daß beides dasselbe sei, und daß alles, was wir Kunst nennen, auch nur ein complicirtes Gaukelspiel sei, welches dazu diene, andere in dasselbe Spiel zu versezen, aber eine solche Ansicht erscheint offenbar als eine skeptische. Alles was wir als von innen ausgehende Sinnestäuschungen ansehen, suchen wir zu eliminiren und an dem allgemein menschlichen zu rectificiren, und wenn alle die, welche dasselbe hätten wahrnehmen können, übereinstimmen, daß es keine Wahrnehmung sei, so unterwerfen wir uns, wir geben zu, daß es ein rein innerliches gewesen sei, und sagen uns davon los. Aber von demjenigen inneren Sehen, welches sich auf irgend eine Weise als ein Kunstelement verhält, wollen wir uns gar nicht lossagen, sondern diese Elemente fixiren sich in denen, deren Richtung in dieser Beziehung eminent ist, bis sie sich zu einem Ganzen gestalten, und dann werden sie äußerlich gemacht, um von anderen wahrgenommen zu werden. Hier haben wir also eine Circulation von Sinnesthätigkeiten; es fängt bei einer innern Production an, geht durch die äußere Darstellung hindurch und endigt in einer Aufnahme nach innen, wodurch das, was in dem einen ursprünglich war, in die andern übergeht. Wenn wir hier wieder eine auf andere gerichtete Tendenz finden, die auf der Voraussezung der Identität beruht, und nicht wie jene Gaukeleien der Phantasie etwas zufälliges ist, sondern ein wesentliches Element der menschlichen Natur, so liegt auch dabei dieselbe Richtung auf die Wahrheit zum Grunde, wie bei dem früheren, nur auf eine andre Weise. Wir wollen ebenfalls eine Wahrheit mittheilen, aber es ist ursprünglich nur die Wahrheit des eignen Lebens, es ist die psychische Thätigkeit, welche unter der Bedingung eines gewissen Reichthums äußerer Wahrnehmungen innerlich producirt, zugleich mit der Richtung darauf, daß dies von andern innerlich aufgefaßt werden soll, und also unter der Voraussezung, daß in diesem allereigensten ein allgemein menschliches liegt, vermittelst dessen es angeeignet werden kann.

Wie wir nun bei dem ersten Punkte auf das Resultat kamen, daß das Gebiet der Sinnesthätigkeiten nicht rein für sich isolirt werden dürfe, weil es nur durch Hinzunehmen des logischen zu seiner Vollendung gelangt, so werden wir hier dasselbe sagen müssen nur von einem entgegengesezten Punkte aus, nämlich daß die ersten Anfänge auch etwas unwillkürliches sind und in der Indifferenz von Selbstthätigkeit und Empfänglichkeit liegen. Sobald aber die einzelnen Elemente concresciren und sich zu einem Ganzen gestalten um so dargestellt zu werden, so ist hier eine beständige Zunahme von Selbstthätigkeit, und zwar eine solche, wo das Bewußtsein sich immer steigert und die Darstellung in Beziehung auf die Conception das allervollständigste Bewußtsein ist, was man sich denken kann. Fragen wir nun aber zum Behuf unsrer gegenwärtigen Untersuchung, was ist hier in dem Willen, so müssen wir allerdings sagen, die Richtung geht von Anfang an auf das Firiren und Mittheilen, wir müssen also auch voraussezen, daß ein allgemein menschliches der erste Impuls dazu gewesen sei. Fragen wir nun, was ist auf jener Seite, die wir zuerst betrachtet haben, der erste Impuls, so haben wir da auch gesagt, der erste Anfang ist in der Indifferenz von Selbstthätigkeit und Empfänglichkeit. Das Auge öffnet sich vermöge des Lichtreizes oder vermöge eines instinktmäßigen Sehen-wollens, um in Zusammenhang mit dem Außer=uns zu treten. Dieser Wille steigert sich von Anfang an immer mehr, und denken wir uns die vollständige Sonderung alles dessen, was in individuellen Verhältnissen seinen Grund hat, so haben wir erst in dem Resultate des Erkennens die vollständige Erfüllung dieses Willens. Der Wille ist also hier auf nichts anderes gerichtet als auf das Verhältniß des Außer=uns, wie es zuerst nur ein chaotisches ist, zu dem allgemeinen Inhalt der Intelligenz, d. h. zu den Ideen und Begriffen, auf welche wir alle Einwirkung von außen reduciren. Sehen wir umgekehrt auf das innere Produciren, so ist hier eine Thätigkeit, welche dem innersten Leben eines jeden angehört und diese wird in allgemeine Vorstellungen verwandelt, um dargestellt zu werden. Die Darstellung geschieht ebenfalls durch das äußere unter der Form des von Menschen hervorgebrachten, aber dies ist nur Mittel um das innerste Leben des Geistes durch das Verhältniß der Dinge, welche der einzelne hervorgebracht hat, zur allgemeinen Kenntniß zu bringen, eine Mittheilung des eigenen innersten Lebens in den Ideen. Wir kommen also von beiden

Seiten auf dasselbe, und so wie wir die Richtung festhalten das zufällige zu eliminiren und das allgemein menschliche hinzustellen, so verschwindet der ganze Schein, welcher der Skepsis Vorschub leistete; nach beiden Seiten hat die Selbstthätigkeit des Menschen die Richtung auf die Wahrheit, bald auf die des Außeruns in seiner Beziehung zur Intelligenz, bald auf die des innern Lebens in seiner Beziehung auf die allgemeinen intelligenten Lebensverhältnisse.

Wenn wir nun den ganzen Gegenstand, den wir bisher behandelt haben, die Sinnesthätigkeiten mit Ausschließung des physiologischen noch einmal übersehen und das Resultat von allem zusammenfassen wollen, so werden wir auf folgende Punkte kommen. Ein eigenthümliches, seiner Art nach von allem anderen sich unterscheidendes und am wenigsten einer positiven Vermischung der Selbstthätigkeit und Empfänglichkeit fähiges ist das, was wir den allgemeinen Sinn genannt haben, das lebendige Verhältniß des Menschen zu dem allgemeinen uns umgebenden Medium. Es giebt hier zwar auch etwas selbstthätiges, das aber nur sehr mittelbar den Gegenstand betrifft, nämlich den Gegensaz zwischen Abhärtung und Verweichlichung; der organische Zustand desjenigen, der sich abgehärtet hat, und dessen, der sich verweichlicht, kann völlig derselbe, aber der Einfluß davon auf den andern Factor kann verschieden sein. Hier wird also die Selbstthätigkeit keinen Theil haben an der Hervorbringung des organischen Zustandes, sondern diese ist ganz unwillkürlich. Dies ist also das Gebiet, welches sich am leichtesten abgrenzen läßt und das allgemeinste Lebensverhältniß darstellt. Gehen wir auf die speciellen Sinne über, so werden wir sehen, daß sich das Resultat dieser Lebensthätigkeiten auf drei Punkte zurückführen läßt. Der erste ist derjenige, welcher dem vorigen am nächsten liegt, nämlich die bloß subjective und am meisten dem physiologischen zugewandte Seite, der Gegensaz des angenehmen und unangenehmen in der Affection der Organe. Wenn wir nun dieses in derselben Beziehung für sich betrachten, so werden wir allerdings sagen, hier

ift auch eine ſehr geringe unmittelbare Beimiſchung eines intellectuellen Elements. Das ganze Gebiet gehört der animaliſchen Seite
des Lebens, dem phyſiologiſchen auf eine nähere Weiſe an, aber
es unterſcheidet ſich von dem wirklich thieriſchen durch die größere
Allgemeinheit und daher auch durch eine größere Freiheit. Die
Allgemeinheit beſteht darin, daß wir alle Urſache haben anzunehmen, die animaliſchen Senſationen ſind nur der Ausdruck von
dem Verhältniß des Außer-uns zu den Bedürfniſſen der animaliſchen Functionen, das entwikkelte Thier hat eine Zuneigung zu
dem, was zu ſeiner Erhaltung dient, und das iſt dasjenige,
was wir den angenehmen Senſationen parallel ſtellen können.
Wenn wir auch annehmen, es habe einen poſitiven Widerwillen
gegen das, was ihm ſchädlich iſt, ſo iſt es doch gegen das meiſte,
was die Sinne ſonſt noch afficirt, vollkommen indifferent, ſo daß
ſchwer auszumachen iſt, ob eine wirkliche Affection da ſei. Anders iſt es dagegen bei den Sinnesthätigkeiten des Menſchen,
mögen ſie mehr nach der ſubjectiven oder der objectiven Seite
hinneigen, die Entwikklung derſelben beſteht da in einer allmählichen Befreiung von allem, was als inſtinktartig anzuſehen iſt.
Bei dem Lebensanfange nehmen die Kinder allerdings keine Notiz
von dem, was nicht für ihre Erhaltung zuträglich oder nachtheilig
iſt, aber bei weiterer Entwikklung verſchwindet dieſe Gleichgültigkeit gegen andres, und als das lezte Ziel können wir nur anſehen
eine ſo vollſtändige Entwikklung der Sinne, daß ſie von allem,
was nur irgendwie eine Einwirkung auf ſie haben kann, beſtimmte Senſationen bekommen. Fragen wir nun, da hiebei offenbar ſchon ein beſtimmter Einfluß der Selbſtthätigkeit ſtattfindet,
vermöge deſſen der Menſch aus einem innern Impulſe ſich den
angenehmen Senſationen hingeben und gegen die unangenehmen
verſchließen kann, nach dem eigentlichen Reſultat der ganzen Entwikklung, ſo iſt es auf der einen Seite möglich, daß der Menſch
ſich auf ſolche Weiſe dieſen Eindrükken hingiebt, daß die ganze
Selbſtthätigkeit in das Aufſuchen der angenehmen Senſationen
aufgeht. Hiebei iſt etwas zu berükkſichtigen, was wir bisher noch

nicht in Anschlag bringen konnten und auch jezt noch nicht vollständig zu entwikkeln im Stande sind, nämlich auf der einen
Seite die allgemeine Erfahrung, daß die Sensationen sich unmittelbar verringern und abstumpfen durch die Gewöhnung, und auf
der andern Seite, daß man sie steigern kann durch den Einfluß
anderer Gegenstände. Nehmen wir dies hinzu, so entsteht aus
dem beständigen Aufsuchen der angenehmen Sensationen das, was
wir mit dem Ausdrukk Sinnenrausch zu bezeichnen pflegen, ein
beständiger Wechsel zwischen Abstumpfung und Reiz, indem der
Sinn, welcher durch die Gewöhnung abgestumpft war, durch die
gesteigerte und auf neue Gegenstände sich richtende Thätigkeit gereizt werden muß, worauf dann wieder, wenn die Sensation eine
eminente gewesen ist, eine Erschlaffung erfolgt nicht allein des
Organs sondern des allgemeinen Lebenszustandes, insofern er durch
den Zustand des Organs bedingt ist. In seinem Maximum betrachtet erscheint dieser Zustand als ein völliges Versenktsein der
ganzen Seelenthätigkeit in die organischen Functionen und dann
ist das intellectuelle nur ein Minimum. Nun werden wir aber
auch das entgegengesezte zu betrachten haben. Wie wir in dem
bisherigen die Seite der Selbstthätigkeit verfolgt haben, welche
sich auf das subjective, die bloßen Sensationen richtet, so wird
die andere Seite die sein, daß die Selbstthätigkeit die Richtung
darauf nimmt das subjective auf das objective zu beziehen. Hierüber muß ich mich etwas näher erklären, um das Ende, worauf
diese Formel führt, deutlich zu machen. Wenn wir auf den allgemeinen Sinn zurükkgehen, so war da schon in den ersten Auffassungen der Irrthum möglich, insofern das von innen kommende auf das Außer-uns bezogen wird. Bei den subjectiven
Sinnen fanden wir diese Täuschungen weniger möglich als bei
den objectiven. Wenn wir uns nun Empfindungen der speciellen
Sinne denken, die durch das Außer-uns bewirkt werden, so ist
in diesen zugleich ein subjectives und ein objectives Element, denn
es sind entweder gewisse Functionen oder gewisse Zustände der
Gegenstände, wodurch sie auf unser Organ einwirken, und da be-

steht nun die Beziehung des subjectiven auf das objective darin, daß die Empfindung von der Selbstthätigkeit als Mittel gebraucht wird, um die Gegenstände aufzufassen. Denken wir in diesem Proceß die Empfindung selbst sich abstumpfend, so wird der Gegensaz des angenehmen und unangenehmen weniger vorhanden sein und demgemäß auch die Beziehung auf den Gegenstand. Das Interesse also die Sensationen zu steigern ist in dieser Hinsicht auf der objectiven Seite ebenfalls, das Ende ist aber offenbar kein anderes als dieses, daß die Empfindung als solche zwar bestimmt unterscheidbar aber in Beziehung auf die Selbstthätigkeit ein gleichgültiges wird. Nehmen wir einen Menschen von der Art, wie wir ihn vorher beschrieben haben, so wird für diesen eine angenehme Sensation immer den Reiz enthalten sie zu erneuern, und also auch die Selbstthätigkeit darauf gerichtet sein, wenn ich aber die angenehme Sensation nur dazu gebrauche, daß sie mir eine Indication giebt des Gegenstandes, so wird kein Impuls dazu da sein die Sensation zu erneuern und die Selbstthätigkeit wird dagegen sich indifferent verhalten. Das Ende in seinem Maximum wird also dies sein, daß alle angenehmen Sensationen nur Beobachtungs- und Versuchselemente werden. Eine Sensation ist aber nur Beobachtungselement, wenn ich sie ganz und gar auf die objective Seite beziehe und es aufhört mich zu interessiren, ob sie angenehm oder unangenehm ist. Dabei gehe ich nicht etwa bloß darauf aus, den Gegenstand im Bewußtsein zu fixiren sondern ebenso auch den physischen Proceß. Denn wenn ich bei einem scharf schmekkenden Gegenstande die Sensation so viel wie möglich steigere um zu sehen, welche Veränderungen sie in den verwandten Systemen und Organen hervorbringt, so ist das ebenso ein Beobachtungselement, und dasselbe gilt auch bei dem Versuch, so daß die subjective Seite immer mit gewollt wird, weil wenn sie sich abstumpft auch die Beziehung zwischen der subjectiven und objectiven Seite abnimmt; aber die subjective tritt ganz in den Dienst der objectiven und hört auf an und für sich etwas zu sein.

Wir haben hier gar kein unmittelbares ethisches Interesse, und also auch nicht die Frage zu beantworten, ob diese beiden entgegengesezten Enden einen ethischen Gegensaz bilden, ich will aber nur auf einen Punkt aufmerksam machen. Indem die sub= jective Seite in den Dienst der objectiven tritt, so geschieht dies nur insofern, als in der objectiven Seite der Sinnesthätigkeiten ein logisches Element liegt und sie auf das Denken und die all= gemeinen Begriffe, also auf ein rein geistiges bezogen werden. Sezten wir nun als möglich, daß es noch eine andre Beziehung des rein geistigen gebe, welche sich an das subjective knüpft, so gäbe es auch noch ein drittes Ende, welches, da das erste ein völliges Versenktsein der Seele in das organische darstellt, mehr dem zweiten angehören würde. Dies ist das Gebiet der Kunst, d. h. der inneren Erzeugung, welche aber eine äußere werden soll. Wir werden offenbar sagen müssen, daß es auf diesem Gebiet der vermittelst der Sinnesthätigkeiten darstellenden Kunst eben= falls den Gegensaz des angenehmen und unangenehmen giebt, aber wir werden diesen sehr bestimmt von dem vorigen unter= scheiden, weil er so viel andere Elemente in sich schließt, daß das ursprüngliche organische Element dabei eigentlich verschwindet. Es wird niemand ein Concert bilden, welches aus lauter unangeneh= men Klängen besteht, sondern es ist eine conditio sine qua non, daß das, was das Organ unangenehm afficirt, vermieden wird, und dasselbe gilt von den Farben in einem Gemälde. Aber kei= nesweges werden wir meinen, daß das angenehme in der ange= messenen Zusammenstellung und Folge von Farben und Tönen auf rein organischen Elementen beruht. Hier kommen wir an die Grenze eines anderen Gebietes, so daß wir jezt hier nichts weiter darüber sagen können, sondern in der Folge uns nur mer= ken müssen, daß an die Sinnesthätigkeiten in dieser Beziehung anzuknüpfen sei. Es handelt sich hier darum, worauf das Wohl= gefallen oder Mißfallen beruht, welches durch die künstlerische Darstellung hervorgebracht wird, und das ist eine ästhetische Frage, aber mit einer physiologischen Beziehung. Nun haben wir es hier weder mit dem ästhetischen noch dem physiologischen an und für sich zu thun, aber insofern dieses Gebiet doch einen bedeutenden Theil des Seelenlebens und der Selbstthätigkeit constituirt, so werden wir doch darauf zurükkommen müssen. Daß hier an das organische und die bestimmte Sinnesthätigkeit sich auf der einen Seite eine innerliche Production auf der andern eine äußere Darstellung und darin ein höchst bedeutendes intellectuelles Element anknüpft, kann man als allgemein zugestanden ansehen, wenn auch zuweilen eine der skeptischen analoge materialistische Ansicht sich auch hier geltend gemacht hat. Der lezte Punkt ist das allen speciellen Sinnen beigemischte objective Element, wo die Selbstthätigkeit auf das Außer-uns gerichtet ist, um es in das Bewußtsein aufzunehmen. Hier ist offenbar, daß nichts zu Stande gebracht werden kann, wenn wir nicht ein logisches Element hinzunehmen. Wenn wir uns den bloßen Wechsel der Affectionen denken, und selbst daß diese Eindrükke extensiv und intensiv gemessen werden könnten, so würde doch, wenn nicht das einzelne dem allgemeinen untergeordnet würde, niemals ein Festhalten des einzelnen zu Stande kommen, und wir werden daher den weiteren Verfolg nicht eher entwikkeln können, als bis wir das logische Element mit betrachtet haben werden.

Wenn wir nun fragen, wie weit wir in der Darstellung des Seelenlebens gekommen sind, so ist noch gar nicht die Rede gewesen von allem demjenigen, wobei die Sprache in Anwendung kommt, also auch nicht von demjenigen, was durch das Denken hervorgebracht wird; wir haben es nur zu thun gehabt mit dem Auffassen und Zusammenfassen der sinnlichen Eindrükke, die wir Bilder nannten und, soweit sie auf das Subject zurükgingen, Sensationen. Wenn wir nun bei der Totalität der Bilder stehen bleiben, und in dieser Beziehung einen Moment aus einem ganz vollendeten Leben herausgreifen, um ihn mit dem zu vergleichen, was wir als den allererersten Anfang gesezt haben, der Beziehung der Umgebungen des Außer-uns als einer Unendlichkeit von Einzelnem, so ist das Ganze nicht mehr ein Bild, sondern eine Vielheit von bestimmt zu unterscheidenden Bildern. Dies haben wir insoweit erklärt, als es hier möglich war, aus der Combination verschiedener Sinnesthätigkeiten, und auf diese Weise zerfällt uns das allgemeine Aggregat von Einzelheiten in eine bestimmte Vielheit. Fragen wir nun, was diese Combination voraussezt, so führt uns das in ein neues Gebiet. Wenn ich sage, es wird aus der sinnlichen Wahrnehmung ein Gegenstand, dadurch daß ich verschiedenartige Sinneseindrüke, welche von demselben Punkte herkommen, auf eine Einheit beziehe, so gehe ich zurük auf eine Vielheit von Eindrükken, die nicht zu gleicher Zeit und immer sind, sondern nach einander. Ebenso wenn wir die Totalität der Bilder, die uns in einem Moment äußerlich oder innerlich gegenwärtig sind, betrachten, so finden wir, daß diese Bilder nicht von demselben Moment herrühren. Wir haben also hier ein breifaches: erstens das Beziehen eines organischen Eindrukks auf dieselbe Einheit mit einem früheren organischen Eindrukke, der nicht mehr existirt, zweitens das Wiederhervorrufen von organischen Eindrükken, so daß verschiedene zu gleicher Zeit sind, und drittens das Wiedererkennen späterer Eindrükke als den frühern gleich. Es entsteht uns daher im allgemeinen die Aufgabe, die organischen Operationen der Sinne in Beziehung auf die Zeit zu verstehen. Ich fasse die Sache mit Fleiß so allgemein wie möglich, weil wir auf sehr verschiedene Erklärungsarten geführt werden. Gehen wir davon aus, den organischen Eindruk anzusehen als ein momentanes, so entsteht die Frage, wie ist es möglich, daß er sich wiederhole, und daß er alsdann für denselben erkannt wird? Betrachten wir den organischen Eindruk als ein bleibendes, welcher zwar entsteht aber fortdauert, so entsteht die Frage, warum wir nicht in jedem Augenblikke alle Eindrükke, die wir bekommen, zusammen haben?— Wir stehen gegen beide Arten die Sache aufzufassen vollkommen indifferent, aber die Thatsache steht unbestreitbar fest, und es kommt nur darauf an, wie sie zu erklären ist. Wenn wir nun auf die beiden verschiedenen Methoden die sich sogleich darbieten zurükgehen, so können wir die Aufgabe in der Frage stellen, haben wir die organischen Eindrükke anzusehen als etwas schlechthin vergängliches oder als etwas schlechthin bleibendes? Wenn wir auf die Praxis achten, so scheint die Sache ganz einfach so zu sein: wir pflegen uns niemals darüber zu verwundern, daß wir etwas behalten, d. h. daß wir die Eindrükke reprobuciren, aber wir verwundern uns im Gegentheil oft, wenn uns etwas, was wir in uns aufgenommen haben, wieder abhanden gekommen ist, d. h. wie wir es haben vergessen können. Diese Praxis können wir freilich nicht als das Maaß der Wahrheit ansehen, aber sie erklärt sich nur daraus, daß die sinnlichen Eindrükke etwas beharrliches sind. Um nun aber nicht Unrecht zu thun, wollen wir grade mit der entgegengesezten Ansicht, daß die Eindrükke schlechthin vergänglich sind, anfangen und sehen, was sich zu ihrer Vertheidigung sagen läßt. Es ist eine allgemeine Voraussezung, daß das Außer=uns in einem beständigen Zustande des Wechsels ist; dies hat man von Anfang an den Fluß aller Dinge genannt. So wie man nun weiter daraus folgert, daß alles beharrliche nur Schein sei, so geht der Streit an; diesen wollen wir jezt nicht entscheiden, aber die Sache selbst kann niemand in Zweifel ziehen, denn wenn man dem obigen Saz den andern entgegen stellt, daß in dem Außer=uns auch etwas beharrliches ist, so hebt es jenen nicht auf, da der Wechsel nur an dem Beharrlichen sein kann. So wie man den Saz auf die Probe der Erfahrung bringt, so werden wir überall solche Punkte finden, an denen er sich bestätigt. Bemerken wir den Wechsel nicht, so kann das nur an uns liegen, weil die Veränderungen zu klein sind; so unterscheiden wir nur bei sehr starken Tönen in der Nähe die einzelnen Schwingungen aus denen die Einheit des Tons besteht, und wenn wir meinen der Geruch einer Blume sei derselbe, so ist das nur bis auf einen gewissen Punkt wahr, denn zwischen dem Entfalten der Blüthe und dem Verwelken derselben liegt eine Differenz, die sich allmählich steigert. Nun, sagt man, dauert die Einwirkung auf das Organ auch nur in einem unendlich kleinen Zeitraum als dieselbe fort und im nächsten ist sie schon eine andre, und daffelbe gilt von dem Gegenstande, den wir als eine Einheit sezen, wir müßten ihn jedenfalls im Werden als einen beständigen Wechsel und als eine Reihe von aufeinander folgenden Momenten denken. Sind nun die Einwirkungen rein organisch und die Eindrükke in dem Gesammtbilde in jeder Thätigkeit auf eine andre Weise in unserem sinnlichen Bewußtsein repräsentirt, so sieht man auch gar nicht, wie es eine Wiedererinnerung geben könnte. So wie man die Säze so weit ausdehnt, daß man alles sich gleich bleibende ableugnet, so entsteht auch gleich wieder die allgemeine skeptische Ansicht, daß ein jedes Fixiren der Gegenstände, ein jedes Beziehen des gegenwärtigen auf ein' vergangenes eine Unwahrheit sei, es gäbe dann nur einen beständigen Wechsel von unendlich kleinen Eindrükken und alles andre wäre Willkür. Nun hat man von einem andern Punkte aus, indem man das Beharrliche auf sich beruhen läßt und nur von der Augenblikklichkeit der Einwirkung auf den Sinn redet, den Versuch gemacht das Festhalten nnd Wiederhervorrufen der Eindrükke zu erklären. Man hat gesagt, wenn wir uns eine Einwirkung denken, welche auf unsere Organe geschieht, so sind diese doch etwas im Raum ausgedehntes und etwas lebendiges, d. h. in sich bewegtes. Man hat nun die Sache so erklärt, daß eine jede Einwirkung auf das Organ eine Spur in demselben zurükklasse, und diese werde dann wieder hervorgerufen und verstärke sich wieder. Hiebei hält man sich also ganz an das organische und sucht den Grund darin. Der Ausdrukk „Spur" ist allerdings ein bildlicher, bei dem wir deswegen nicht stehen bleiben können, sondern indem hier die Rede von etwas ist, was in dem Innern des Organs vor sich geht, so kann dies entweder nur eine Veränderung in der Gestaltung oder eine fortwährende Bewegung sein. Die Veränderung in der Gestaltung ist eine alte Hypothese, die man auf eine handgreifliche Weise ausgeführt findet in dem Theätet des Platon, wo die Seele dargestellt wird als eine wächserne Tafel, auf welcher das Außer-uns Spuren zurükkläßt. Es läßt sich aber auch auf eine andre Weise benken. Da nämlich ohne die lebendige Beweglichkeit der Sinnesorgane keine Sinneswahrnehmungen möglich sein würden, so könnten demnach die Bewegungen fortdauern, wenn auch der Eindruck vorüber ist, und bies enthielte dann den Grund der Wiederhervorrufung desselben Eindrucks. Diese Erklärungen sind aber unzureichend. Wir können uns zwar den Raum ins unenbliche theilen, und also unenblich viele Theile nebeneinander stellen ohne daß sie sich stören, ja man könnte noch mehr sagen, wie der Raum in unenblich kleine Theile getheilt gebacht werden muß, so ist bafür die Zeit auch in unenblich kleine Theile getheilt und so erschöpft sich das. Aber dann müßten die Bilder auch immer gegenwärtig sein und man könnte nichts vergessen. Da sagt man wohl, wenn der Mensch alt wird, so verwischen sich die Spuren, weil zu viele angehäuft werden und sich verbrängen, und erinnert man sich im Alter nur der Eindrükke der Jugend, so sinb bies die stärksten gewesen, welche die andern nicht aufkommen ließen. Aber die Erklärung ist zu materiell und die Methode von der sie ausgegangen ist, der ganzen Sache nicht angemessen. Ebenso wenig genügt die andre Ansicht, wenn man sich die Erinnerung benkt als eine fortschreitende Bewegung, benn ba müßte, sobalb eine spätere Einwirkung kommt, die frühere aufgehoben werden. Mobificirt man die Hypothese so, baß das Organ, wenn es öfter die Bewegung gehabt hat, leichter wieder zu berselben zurükkgebracht wird, so spricht bagegen, baß es einen Unterschied in der Leichtigkeit oder Schwierigkeit der Wiedererinnerung giebt, der gar nicht von der öfteren Wiederholung abhängig ist. Es kommt wohl vor, baß uns etwas begegnet, wovon man gewiß weiß, baß es noch nicht bagewesen, aber es erscheint boch so, als wäre es schon bagewesen, unb bas wäre dann eine Verwechselung, die aus der Leichtigkeit der Bewegung entstände, aber bies ist boch nur selten und müßte nach der Hypothese bei weitem häufiger sein. Sinb aber biese Erklärungsweisen unzureichend, so haben wir barum kein Recht uns zu der andern Art die Sache anzusehen zurükkzuwenden, da in allen diesen Eindrükken auch ein intellectuelles Element ist, das wir noch hinzunehmen müssen.

Wir wollen uns zunächst an das Factum halten, daß wir das Festhalten der Eindrükke und das Wiedererkennen derselben Gegenstände, das Beziehen des gegenwärtigen auf das vergangene und umgekehrt als das constante auf die Beharrlichkeit der Eindrükke zurükkführen und daß wir alsdann nur zu erklären haben, warum wir nicht alles behalten sondern einiges vergessen. Es ist offenbar, daß man bei dieser Voraussezung nicht nöthig hat, die Sache so materiell zu fassen, als ob das bleibende an einem bestimmten Ort unseres Inneren, auf der leiblichen Oberfläche, sei es als Bewegung, oder dauernde Gestaltung vorhanden sei, sondern dies kann sehr wohl zusammen hangen mit dem intellectuellen Element, und aus dem Factum, daß uns das Behalten als etwas gewöhnliches und alltägliches erscheint, schließen wir nur daß irgend wie etwas von den Eindrükken übrig bleibt. Von dieser Voraussezung aus würde es unmöglich sein ein gänzliches Verlorengehen der Eindrükke anzunehmen und so beschränkt sich die Aufgabe darauf, die verschiedenen Grade der Leichtigkeit und Schwierigkeit, mit der wir über die Reproduction früherer Eindrükke disponiren können, zu erklären.

Wenn wir darauf zurükkgehen, daß es ein Afficirtwerden der Sinnesorgane giebt, ohne daß die Operation vollendet wird, weil die Aufmerksamkeit auf etwas anderes gerichtet ist, so ist das Vergessen grade dasselbe, die Operation in ihrer Dauer betrachtet. Ob wir das gelten lassen, daß das Bewußtsein nicht entsteht, wenn auch das Organ afficirt ist, sobald die Aufmerksamkeit darauf nicht gerichtet ist, oder ob wir gelten lassen, daß das Bewußtsein dann verloren gehen kann, beides ist so nahe verwandt, daß wir es nicht von einander unterscheiden können. Wenn man sich denkt, man hört einen anschwellenden oder abnehmenden Ton, so ist dies ein successives Auffassen, aber so daß das frühere nicht aufgehoben ist, und da sieht man leicht, wie die Aufmerksamkeit darauf gerichtet sein muß. Ganz auf dieselbe

Weise haben wir Ursache, dasjenige, was der Anfang des Bewußtseins, also das eigentlich psychische ist, als ein an und für
sich dauerndes zu betrachten, unabhängig von der organischen
Affectiou. Wir wollen noch einen andern Punkt hinzunehmen,
wodurch die Sache vollkommen klar werden wird. Wir haben
angenommen, daß von der geistigen Richtung aus ein Analogon
der organischen Bewegung entstehen könne, was wir inneres Sehen und Hören nannten; wenn nun das Bewußtsein einer Wahrnehmung wiederkehrt, nach dem sie vorher nicht darin gewesen,
so ist das Bild vermittelt durch das innere Sehen und Hören
und nur durch dieses tritt die Identität des logischen und organischen hervor. Verbinden wir damit das vorige, so wird man
in dem Augenblick, wo der anschwellende Ton sein Maximum
erreicht, den früheren schwächeren Ton nicht auf eine abstracte
Weise durch den Gedanken haben, aber auch nicht durch das organische Hören, welches jezt nur den stärkeren Ton vernimmt,
sondern vielmehr durch das innere Hören. Aehnlich wie bei dem
Wahrnehmen ohne Aufmerksamkeit, geht hier dasselbe verloren,
weil das innere Moment fehlt und dadurch ist auch das Wiederhervorrufen der ganzen Wahrnehmung unmöglich geworden. Denken wir uns den Fall so, daß das Organ afficirt wird von außen,
der Uebergang ins Bewußtsein aber nicht zu Stande kommt, weil
dasselbe in einer andern Richtung thätig ist, so wäre die Action
für das ganze Leben verloren, aber sobald wir dies als völlig
null denken, so wäre das Band zwischen Seele und Leib, zwischen den organischen Functionen und den zum Seelenleben gehörenden völlig aufgelöst für den Moment. Denken wir aber,
dies sei wirksam gewesen und das Bewußtsein habe als ein an
und für sich dauerndes in einem Minimum stattgefunden, so liegt
darin die Möglichkeit, daß sobald es nicht mehr gehemmt wird,
es auch wieder zur Klarheit entwickelt werden könne.

Aus dieser Betrachtung der Sache folgt eine der gewöhnlichen Ansicht ganz entgegengesezte Anschauung. Man pflegt nämlich das Gedächtniß oder die Erinnerung als ein besonderes für

sich seiendes Vermögen zu betrachten, so daß man sagt, der eine hat ein gutes der andre ein schlechtes Gedächtniß. Dies können wir nicht sagen, uns liegt das Festhalten und die Reproduction rein in der Dauer des Bewußtseins, und der größere oder geringere Grad, in dem dies geschieht, darf keinesweges als eine besondere Function angesehen werden, sondern er wird ein verschiedener sein in verschiedenen Beziehungen, jenachdem die Richtung der geistigen Function habituell eine andere gewesen ist. Dem entspricht, daß man so häufig verschiedene Arten des Gedächtnisses unterscheidet, was sich aus der Differenz des Interesse erklärt, nach welchem das Bewußtsein eine stärkere Richtung hat auf gewisse Regionen der Wahrnehmung. Aber bis auf diesen Punkt gebracht, erscheint die Erklärung wieder unzureichend, denn in diesem Fall wäre es ganz unmöglich, daß man wünschen könnte etwas zu behalten, und es hernach doch vergißt. Indessen diese Einwendung reicht nicht hin die Erklärung umzustoßen, sondern das entspringt aus dem verschiedenen Grade des Interesse für die einzelnen Gegenstände und gehört in ein Gebiet, welches aus der Erfahrung ganz bekannt ist, nämlich inwiefern der Mensch der Gewohnheit unterworfen ist oder über sie herrscht. Nun aber verbirgt sich hinter diesem noch ein anderes Element, welches wir jedoch auch sehr leicht eruiren können. Ich habe nämlich eine Sonderung gemacht, analog der, welche wir bei der Absteckung der Grenzen zwischen dem physiologischen und dem psychischen aufstellten, wonach die organische Affection ihrer Natur nach momentan, das sich daran knüpfende Bewußtsein aber seiner Natur nach dauernd ist. Von dieser Dauer giebt es eine unmittelbare Erfahrung in der Identität des Ich in verschiedenen Momenten, welche gar nicht lebendig sein könnte, wenn wir nicht annähmen, daß die Vergangenheit in der Gegenwart mit ist. Hierauf haben wir nun die Wiedererinnerung begründet, indem wir eingesehen, daß wir das physiologische nicht hineinziehen dürfen, weil es nur eine schlechte Brükke ist um die Sache zu erklären. Wir werden aber doch zugestehen müssen, daß die Functionen der Organe in einem und demselben Menschen nach den verschiedenen Richtungen nicht gleich sind, und von der verschiedenen Virtuosität der Sinne wird es doch mit abhangen, in welchem Grade das Zurückrufen des Bewußtseins, welches an die organischen Affectionen geheftet ist, gelingt oder nicht. Menschen von schwachem Gesicht haben eine geringere Leichtigkeit Gestalten und Gesichtszüge wieder zu erkennen und ebenso ist es etwas allgemein bekanntes, daß Feldherren und republicanische Staatsmänner, welche mit vielen Leuten Umgang haben, vorherrschend eine große Leichtigkeit besitzen, Personen, die ihnen nur vorübergehend erschienen sind, wieder zu erkennen, was unsere Erklärung nur bestätigt, da hier das Interesse um so viel größer ist. So werden wir also das Gedächtniß und die Erinnerung nicht als ein besonderes Vermögen anzusehen haben, sondern es ist ein Product aus dem Interesse an den Gegenständen und der Schärfe des Sinnes und es würde sich für jeden aus diesen beiden Elementen zusammengenommen construiren lassen.

Aber nun giebt es freilich Erscheinungen sonderbarer Art, die ganz dagegen zu streiten scheinen. Ich will zwei ganz entgegengesezte Phänomene zusammennehmen. Es giebt Menschen, die gleichsam absolut vergeßlich sind, so daß die Differenz des Festhaltens zwischen den Gegenständen, welche sie am meisten, und denen, die sie am wenigsten interessiren, ein Minimum ist. Auf der andern Seite giebt es aber auch Virtuosen in Hinsicht auf das Gedächtniß, so daß sie alles mögliche behalten, ohne daß es sie grade besonders interessirt. Hier scheint der erste Erklärungsgrund ganz zu verschwinden und der zweite völlig unzureichend zu sein, und das sind Hauptfälle, weshalb man meint, daß das Gedächtniß ein besoneres Vermögen sei. Die Erklärung davon liegt freilich in einem andern Gebiet, aber wir wollen sie hier anticipiren; es giebt nämlich ein besonderes Interesse an dem einzelnen und dem Zusammenbringen desselben als solchen, was man Sammelgeist nennt, so daß es denjenigen, die ihn haben ganz gleich ist, ob sie Insekten, Wappen, Steine u. s. w.

sammeln. Dies kann eigentlich nur stattfinden, wo die Richtung auf das allgemeine und wesentliche zurükgebrängt ist, wobei dann noch eine Schärfe der Sinnesthätigkeiten zu Hülfe kommt. Von gleicher Art ist das auf das einzelne gerichtete Interesse eines solchen Gedächtnisses, welches hier nur auf das bestimmte Factum der Reproduction der Eindrükke angewendet ist. Deshalb sagt man auch gewöhnlich, daß eine Virtuosität des Gedächtnisses einen Mangel an Verstand andeute. Die Leichtigkeit also wird bestimmt durch das Interesse an den Gegenständen und durch die Schärfe der Sinnesfunktionen, es kommt nur darauf an zu zeigen, wie man dabei vergessen kann.

Wir wollen von diesem Punkte aus noch einmal die ganze Entwikklung der Sinnesthätigkeiten von den ersten Anfängen an übersehen, ob sich daran unsere Ansicht bewährt. Der erste Anfang ist eine chaotische Menge von unendlich kleinen Eindrükken, welche immer eine fließende und beständig sich verändernde ist. Wir ziehen nämlich im Gedanken alle Momente der sinnlichen Wahrnehmung zusammen und nehmen auf die dazwischen liegenden Momente, in denen keine Wahrnehmung stattfindet, keine Rükksicht. Dies können wir unbedenklich thun, weil nach dem Schlaf nur ein Minimum von Zeit dazu gehört, um sich wieder in die Totalität der Wahrnehmungen zu versezen, und dasselbe geschieht auch, wenn andre geistige Thätigkeiten dazwischen treten. Vergleichen wir nun das Ganze der Wahrnehmungen, wie es in einem vollkommen ausgebildeten Zustande gegeben ist, mit dem ersten Moment der Wahrnehmung und fingiren uns, die Außenwelt sei ganz dieselbe geblieben, so hat sich doch der eigentliche Zustand des Bewußtseins so geändert, daß wenn er auch in einer Beziehung derselbe ist, er doch in einer andern ein total anderer geworden ist. Die organische Seite der Functionen ist dieselbe geblieben, wenngleich es auch hier eine Menge von Differenzen giebt, die einem jeden gleich beifallen werden, wie etwa nach der subjectiven Seite hin die allgemeine Erfahrung, daß das Verhältniß der Sensationen zu dem angenehmen und unangenehmen im

Verlauf der Jahre sich oft ganz und gar umkehrt; aber das können wir ruhig beiseite liegen lassen, weil es sich rein auf den organischen Zustand selbst bezieht. Auf der objectiven Seite werden wir schwerlich andre Differenzen finden als solche, die von den mehr oder weniger entwickelten Organen abhangen; es giebt hier Erscheinungen, die den eben angeführten auf der subjectiven Seite verwandt sind, indem Töne und Farben, deren Differenz nicht so groß ist, anfangs nicht so bestimmt unterschieden werden wie später, aber dies hängt von der größeren Entwicklung des Organs selbst ab. Denken wir uns dagegen die organische Seite der Wahrnehmung ganz rein, d. h. die Eindrükke, die auf die Sinneswerkzeuge gemacht werden, bis auf den Punkt, den wir nicht näher bestimmen können, wo der Uebergang aus dem organischen in das psychische stattfindet, so werden die organischen Affectionen ganz dieselben sein, aber das, was der psychischen Seite angehört, ist ganz und gar ein andres geworden. Wir können die ersten Anfänge der Entwicklung des Bewußtseins nur als ein chaotisches ansehen, wo Einheit und Vielheit unbestimmt in einander liegen, wo der Unterschied zwischen den continuirlichen und discreten Größen noch gar nicht heraustritt. Wenn man hier die beiden Sinne, die am meisten objectiven Gehalt haben, das Gesicht und Gehör in Betrachtung zieht, so können wir in diesen ersten Anfängen das Bewußtsein nur ansehen als ein einziges Bild mit einer unbestimmten Mannigfaltigkeit. Nehmen wir hinzu daß Veränderungen vor sich gehen in den Gegenständen selbst, so werden diese denselben Charakter der Unbestimmtheit haben in Beziehung auf das Eintreten in das Bewußtsein. Dasselbe gilt von der Seite des Gehörs. Hier kann man freilich nicht sagen, daß ein solches Continuum von Wahrnehmungen sich findet, aber wenn wir uns dieselben aneinander rükken, so ist es doch damit ganz ebenso. Obgleich in dem Tone, wenn wir ihn uns eigentlich als Ton denken, schon von selbst der Keim zu einer andern Thätigkeit zu liegen scheint, indem es gilt bestimmte Absäze zu machen und nachher wieder zusammenzufassen zu einer Einheit und diese von anderen Einheiten zu sondern, so kann dies doch nicht als das ursprüngliche gesezt werden, sondern da ist schon ein zweites Moment, während an sich alles hörbare ebenso ein chaotisches ist wie das sichtbare. Zu dieser Unbestimmtheit gehört auch, daß alles mannigfaltige, insofern es im Bewußtsein ist, immer auf die Totalität und nicht auf ein einzelnes bestimmt gesondertes bezogen wird. Sobald dies stattfindet, so sind wir schon auf der zweiten Stufe, denn dies ist der Anfang zur Sonderung des Chaos. Diese zweite Stufe, daß wir einzelnes, was sich als Eindruk sondert, auch auf einzelnes in dem Außer-uns beziehen, auf einen bestimmten Ort und eine bestimmte Richtung, ist schon der Anfang dazu, daß sich die Gegenstände fixiren, aber es ist nur das Resultat von dem Zusammentreten verschiedenartiger Sinneseindrükke und von der Beziehung derselben auf dasselbe. Wir könnten die Frage aufwerfen, ob wir uns wirklich auf den ersten Anfang gestellt haben und ob es nicht noch etwas chaotischeres gebe? Wir können das allerdings sagen, wenn man den ersten Anfang des Bewußtseins auffinden will, und sobald es ein noch unbestimmteres giebt, muß man es auch sezen. In dem Unterschied verschiedenartiger Sinneseindrükke liegt allerdings schon eine Bestimmtheit, und so dürfte es also noch eine größere Unbestimmtheit geben, die sich aber der Beobachtung entzieht. Rufen wir uns den Gegensaz zwischen der objectiven und subjectiven Richtung der Sinneseindrükke und den zwischen den speciellen und dem allgemeinen Sinne zurük, so werden wir sagen, wenn wir auch diese als noch nicht entwikkelt ansehen, so wäre das das Minimum des Bewußtseins, und ließe sich dies in Worte fassen, so hätte es keinen andern Gehalt als das Bewußtsein eines beständigen Verändertwerdens. Darin wäre alles vereinigt, die Affectionen des allgemeinen Sinns und der speciellen Sinne, die objective und die subjective Richtung, aber alles wäre noch ununterschieden. Wenn wir nun von diesem Punkte an aufsteigen, so finden wir eine beständige Entwikklung und ein Fortschreiten vom unbestimmten zum bestimmten, welche wir verfolgen können ohne aus dem Gebiet der Sinnesthätigkeiten herauszugehen in das Gebiet des eigentlichen Denkens. Wenn wir uns vorstellen, wie das, was wir Bilder genannt haben, allmählich firirt wird, so liegt darin, daß das unbestimmt chaotische in bestimmte Grenzen auseinandertritt und der Gegensaz zwischen dem leeren und erfüllten Raum oder den gesonderten Gegenständen und dem ungesonderten Medium aufgefaßt wird, und das ist schon ein langer Entwikklungsgang. Wenn aber dies durch das Zusammentreffen verschiedenartiger Sinneseindrükke von derselben Richtung her bewirkt wird, ohne daß wir das Aufmerken, also die Richtung darauf den Gegenstand auffassen zu wollen, brauchen wegzunehmen, so begreift sich die ganze Entwikklung von selbst. Dies ist freilich schon das eigentlich psychische und so kann die ganze Entwikklung also nur verstanden werden als die sich immer mehr befestigende Gewalt des psychischen über das organische, das bestimmt gewollte Werden des Außer-uns in dem Bewußtsein, wodurch das chaotische Außer-uns eine gesonderte Mannigfaltigkeit wird.

Wie steht es nun aber mit den Veränderungen, die sich in diesem Zeitraum als ein Festhalten und als ein Fahrenlassen des Bewußtseins gestalten? Es ist offenbar, dieser ganze erste Bewußtseinszustand ist in dem lezten völlig untergegangen, und wir können ihn uns nur auf eine künstliche Weise und aus der Analogie reproduciren. Es kann keinen Menschen geben, der bis auf diesen Punkt der Entwikklung gekommen ist, und noch den ersten chaotischen Zustand der Wahrnehmung in sich hätte. Nehmen wir nun dies beides zusammen, daß die organischen Eindrükke ganz dieselben sind, das Bewußtsein aber ein ganz anderes geworden ist, so müssen wir sagen, daß das Festhalten in dieser Beziehung, so wie wir es uns erklärt haben, auf Null zurükkgeht. Das Festhalten des Bewußtseins tritt nur ein, insofern es ein bestimmtes wird. Verträgt sich das nun mit dem, was wir als Theorie über diesen Gegenstand aufgestellt haben, daß obgleich die organischen Eindrükke ein schlechthin vorübergehendes sind und

also auch nur im Minimum eines Moments firirt werden können, doch das Bewußtsein davon ein dauerndes ist? Hier erscheint es offenbar so, daß die Sinneseindrücke dieselben sind, aber
nicht als ob sie ein Continuum wären, sondern sie wiederholen sich auf dieselbe Weise, während das Bewußtsein ein ganz
anderes geworden ist, weil das, was wir als das erste denken
müssen, nicht mehr darin vorhanden ist. So erscheint die materielle Seite als das momentane aber sich wiederhölende, das
Bewußtsein aber keinesweges als das dauernde. Wenn wir aber
hinzunehmen, daß wir das nur so fassen konnten, daß das Bewußtsein vergangen ist, insofern es ein unbestimmtes war, dagegen geblieben, insofern es ein bestimmtes war, so ist das nur
eine Bestätigung unserer Formel. Denken wir uns die Entwicklung als das Sich-zum-bestimmten, zum-Denken-erheben-wollen, so
ist dies das Interesse, an welches wir die Dauer des Bewußtseins geknüpft haben. Dieses kann nicht das Bestreben haben,
das unbestimmte festzuhalten, sobald das bestimmte gegeben ist,
und so entsteht das Fahrenlassen und Vergessen. Dies finden
wir bei allen Sinnesoperationen im ganzen Verlauf des Lebens,
bei dem weiteren Fortschritt vergessen wir die früheren unvollkommenen Vorstellungen. So z. B. bei dem Aneignen der Sprache
wissen wir durch Beobachtung der Kinder, wie unbestimmt bei
ihnen die Vorstellungen sind; dies ist ein Bewußtseinszustand,
welcher gar nicht festgehalten wird; sondern sich völlig verliert,
wir wissen es nur deshalb, weil wir es bei einem weiter ausgebildeten Bewußtsein beobachten, während das Kind selbst es
später ganz vergißt. Also giebt es in der Entwicklung der Sinnesthätigkeiten ein beständiges Vergessen dessen, was schon im
Bewußtsein war, insofern dies ein unbestimmtes ist, dies ist ein
allgemeines Factum und stimmt ganz mit unserer Formel überein. Nun aber, wenn wir auf den bestimmten Zustand des Bewußtseins sehen und denken uns mehrere Menschen von demselben Außer-uns umgeben, so ist doch das, was ein jeder von dem
ursprünglich chaotischen Zustande aus in sich firirt, ein anderes.

Wir finden immer noch Veranlassung, Veränderungen vorzunehmen, aber jeder übt das auf eine andre Weise und in einem andern Gebiet, bei dem einen richtet sich dies Bestimmen-wollen auf diesen Gegenstand, bei dem andern auf einen andern, bei dem einen ist es größer als bei dem andern. Das leztere giebt uns die Vorstellung von einer größeren oder geringeren Seelenkraft, das erstere aber nur die Vorstellung von einer Differenz zwischen den einzelnen in Beziehung auf das Ganze, das ihnen vorliegt, indem sich der eine dies der andre jenes vorzugsweise aneignet. Damit hängt nun natürlich zusammen, daß das Festhalten schwächer ist, wo das Bestimmenwollen schwächer ist; wenn aber der eine etwas vergessen oder behalten hat und der andre nicht, von dem Punkte an, wo das Bewußtsein immer mehr bestimmt wurde, so liegt das in ihrer persönlichen Differenz, während das Interesse gleichmäßig auf alles gerichtet sein kann. Aber wir können uns auch hier benken bei dem einen die Neigung, sein Interesse über alle Gebiete der Wahrnehmung zu verbreiten, bei dem andern eine vorherrschende Neigung für einzelnes, das er vorzieht. Um so bestimmter werden wir nun das sagen können, daß das Behalten immer an dem Interesse haftet und daß das Vergessen nur das geringere Hervortreten dessen ist, worauf das Interesse weniger gerichtet ist. Ein absolutes Vergessen ist daher nicht möglich, denn wenn ein Bewußtsein bestimmt gewesen ist, so ist man auch immer im Stande, es wieder hervorzurufen. Das Behalten ist also das positive, das mit dem innern Impulse zusammenhängt, das Vergessen ist nur die Wirkung der Negation dieses Impulses, die aber immer nur relativ gedacht werden muß. Daraus sind die Phänomene zu erklären, daß wir uns oft auf etwas besinnen, was wir längst vergessen zu haben glaubten, und was doch nur im Bewußtsein schlummerte. Nur das unbestimmte Bewußtsein, welches bei weiterer Entwikklung gar keines Interesse fähig ist, wird das sein, von dem wir sagen, daß es ganz vergeßlich ist.

Wenn wir nun alles zusammenfassen und rein die Continuität der Sinnesthätigkeiten annehmen, so erklärt sich allerdings sowohl auf der einen Seite das Verschwinden der unvollkommenen und verworrenen Bilder von der ersten Kindheit an bis zum Maximum als auf der andern Seite die individuelle Differenz in dem Festhalten der sinnlichen Vorstellungen aus dem, was wir dabei als das ursprüngliche Motiv gesezt haben, dieses selbst aber ist noch nicht erklärt. Wenn wir nämlich von der Identität der geistigen und leiblichen Functionen ausgehen, so ist darin freilich die Möglichkeit der Differenzen innerhalb der Gattung gegeben; worauf es aber beruht, daß einzelne Menschen von dem Gesammtgebiet der sinnlichen Vorstellungen sich bald dieser bald jener vorzugsweise zuwenden, ist etwas, was wir noch erklären müssen. Was wir dagegen los geworden sind und nicht mehr zu erklären brauchen ist die Erinnerung, das Gedächtniß und die Reproduction, denn dieses beruht auf der Annahme, daß das Bewußtsein, wenn es einmal aus der Affection der Sinne entstanden, ein dauerndes ist. In dieser lezten Beziehung will ich noch etwas hinzufügen. Wenn wir anfangen den ganzen Proceß zu beobachten von der ersten Einwirkung des Außer=uns bis zu dem Uebergange ins Bewußtsein, d. h. die Bewegung des Organs, so wird diese als ein von dem Bewußtsein verschiedenes gesezt und also eine Linie gezogen zwischen dem physischen und psychischen. Nun ist gar nicht anzunehmen, daß das leztere ebenso ein momentanes sein sollte, wie das erste, die beste Formel ist dafür die platonische, daß alles Entstehen des Bewußtseins aus der Affection des Organs Wiedererinnerung sei, wobei also das Bewußtsein schon vorausgesezt wird. Aber zu dieser Hypothese unsere Zuflucht zu nehmen, haben wir noch keine Veranlassung; unterscheidet man aber beides, die organische Bewegung und das Bewußtsein, so hat man dasselbe Recht, auch in Beziehung auf das Zeitverhältniß das eine unabhängig von dem andern zu sezen. Was uns also hier noch übrig bleibt, ist auf der einen Seite ein Verlangen, daß sich diese Voraussezungen auch in den andern Regionen unserer Untersuchungen bestätigen mögen, wenn wir auf

analoge Punkte kommen, und auf der andern, daß wir individuelle Verschiedenheiten auch pſychiſch erklären müſſen, wie wir
ſie jezt nur vorausſezen.

2. Denkthätigkeiten.

Ich habe ſchon früher erinnert, daß allerdings der ganze
Proceß der Entwicklung der Sinnesthätigkeiten von dem chaotiſchen bis zu dem Heraustreten einzelner Bilder nicht verlaufe in
demjenigen Zeitraum des menſchlichen Lebens, welcher der Aneignung der Sprache vorangeht, ſondern daß dieſe ſchon früher
eintrete und Einfluß darauf gewinne, wir haben aber von dieſem
Einfluß abſtrahirt, ſo daß wir von allem, was Begriffselement
iſt, gar nichts in unſere Betrachtung aufgenommen haben. Um
ſo mehr Veranlaſſung haben wir dies Gebiet der Sprache und
des Denkens — denn beides gehört ſo genau zuſammen, daß
wir es als identiſch anſehen können — in Beziehung auf das
vorige zum Gegenſtand unſerer Unterſuchung zu machen. Denn
offenbar iſt immer der erſte Anfang der Sprachaneignung der,
daß die objectiven Bilder, fixirt durch die Combination der Sinneseindrücke, benannt werden. Die Unterſuchung iſt aber eine
höchſt ſchwierige und wir können nicht gut anders ſagen, als daß
wir in Beziehung auf manche Theile mit unſerer Forſchung noch
bei den erſten Elementen ſtehen. Die unmittelbare Gewißheit,
die wir alle im Gebrauch dieſes geiſtigen Organons haben, hat
viel dazu beigetragen die Unterſuchungen bei Seite zu ſezen.
Allein je weiter andre Unterſuchungen gediehen ſind, deſto brin-
gender iſt die Aufgabe geworden. Es wird nothwendig ſein, daß
wir die verſchiedenen Arten, wie man ſie faſſen kann, und die
verſchiedenen Richtungen den Gegenſtand zu behandeln vorläufig
vor Augen ſtellen.

Die erſte Aufgabe wird immer die ſein, daß wir fragen, was
iſt denn eigentlich anzuſehen als der erſte Anfangspunkt und als
der urſprüngliche Impuls, aus welchem dieſe Thätigkeiten, die

wir gleich in ihren beiden Seiten als wesentlich zusammengehörig fassen müssen, Denken und Sprechen, sich entwikkeln? Dieselbe Frage haben wir uns vorgelegt, als wir die Sinnesthätigkeiten betrachteten; da kamen wir zurükk auf eine Formel, welche für alle psychischen Functionen gleiche Geltung hatte, nämlich daß, wenn wir auf das Minimum des Seelenlebens zurükkgehen, wir auch auf ein Minimum in der Entwikklung aller hieher gehörigen Gegensäze zurükkgehen müssen. So hatten wir dort angenommen ein Minimum des Gegensazes zwischen Empfänglichkeit und Selbstthätigkeit, und gesagt, man könne den ersten Anfang der Sinnesthätigkeiten ebenso gut ansehen als die Wirkung eines Reizes von außen als zurükkgehen auf ein Wahrnehmen=wollen als den selbstthätigen Anfangspunkt; ebenso ein Minimum des Gegensazes zwischen objectivem und subjectivem Bewußtsein. Es fragt sich also, wenn wir auf den ersten Anfang des Denkens und Sprechens zurükkgehen, ob wir dieselbe Formel anwenden können oder ob wir hier einen andern Inhalt des ersten Impulses suchen müssen. Wenn wir unser vollständig entwikkeltes Bewußtsein zur Betrachtung mitbringen, so werden wir leicht zugestehen, daß ein jeder psychisch erfüllte Lebensmoment zusammengesezt ist aus einem innern des Impetus und einem äußeren der Veranlassung. Hier liegt nun die ganze Reihe von verschiedenen Verhältnissen, des Gleichgewichts dieser Factoren und des Uebergewichts des einen in der Möglichkeit vor, aber der erste Anfangspunkt wird immer eine unentwikkelte Differenz beider sein. Wenn wir nun das in Reden ausgehende Denken ebenso als freie Lebensthätigkeit ansehen, so ist die größte Wahrscheinlichkeit, daß wir auch auf einen solchen Anfang zurükkzugehen haben und es käme nur darauf an ihn richtig zu constituiren. Ich stelle das nur hier als die erste Aufgabe hin, worauf die Analogie unseres Verfahrens uns führt.

Das zweite ist dieses, giebt es auch hier eine solche Duplicität wie dort, das mehr organische und das mehr intellectuelle, das mehr physische nur aus der Beschaffenheit der Organe zu begreifende und das aus dem eigentlich geistigen zu verstehende? Das ist eine Frage, die schon hier einen ganz verschiedenen Sinn haben kann. Man kann sagen, Denken und Reden ist, wie wir bereits anerkannt haben, wesentlich zusammengehörig, aber es spaltet sich von selbst in diese zwei Seiten; das Sprechen ist nichts anderes als eine organische Thätigkeit und kann nur organisch begriffen werden, das Denken ist das Bewußtsein selbst in einer bestimmten Gestalt und kann nur psychologisch verstanden werden. So kann man allerdings die Sache ansehen, aber das ist nur die erste Ansicht aus dem groben und es ist nicht zu leugnen, daß in der Sprache rein als solcher noch eine Duplicität ist, nämlich die ganze Mannigfaltigkeit der bloß organischen Elemente und dann die Beziehung derselben auf das Denken, wie sie sich in dem ganzen System der Sprachelemente manifestirt, und das wäre allerdings das logische, intellectuelle Element der Sprache. Läßt man dies gelten, so entsteht sogleich die Frage, ist es auf der Seite des Denkens ebenso, daß das intellectuelle das erste ist, was jedem in das Auge fällt, daß aber auch das Denken organisch bedingt sei? Ist dies der Fall, so haben wir eine Gleichheit in beiden Gliedern. Nun erscheint es aber ebenso schwer sich das Denken als Bestimmtheit des objectiven Bewußtseins organisch bedingt vorzustellen, wie es auf der andern Seite schwierig ist, in Beziehung auf diese beiden zusammengehörenden Operationen eine solche Verschiedenheit anzunehmen, so daß hier vorläufig eine Indifferenz in Beziehung auf diese beiden Schwierigkeiten besteht. Sind wir nun aber zu Ende, wenn wir die Aufgabe insoweit gelöst hätten? Es wäre immer noch zweierlei übrig, erstens das Verhältniß der Momente, in denen diese Thätigkeit vorkommt, zu allen übrigen psychischen Thätigkeiten, die das menschliche Leben constituiren, festzustellen, und zweitens dann das noch größere, die Differenzen in der Thätigkeit selbst, welche nun erst zusammengenommen die Denk- und Sprachthätigkeit des Menschen repräsentiren, d. h. die Mannigfaltigkeit der Sprachen in ihren organischen Differenzen und in Beziehung auf das intellectuelle ebenfalls zu erklären. Dies würden die wesentlichen Punkte sein, welche wir in dieser Richtung in Ordnung zu bringen hätten.

Es ist allerdings sehr leicht, was von diesen beiden lezten das erste betrifft, zu sagen, das Denken ist eine alle andern Thätigkeiten und Zustände am meisten begleitende Operation, es ist am meisten das allgegenwärtige, weil wir alles, auch die mehr passiven Zustände, erst zu einem vollkommenen Bewußtsein bringen, wenn wir sie in das Denken aufnehmen. Wir haben den Uebergang zu diesen Aufgaben gemacht von der Seite des objectiven sinnlichen Bewußtseins, das subjective der Differenz der Sensationen trägt allerdings die Nothwendigkeit des Uebergehens in das Denken und Sprechen nicht auf dieselbe Weise in sich, es wird aber doch zugegeben werden müssen, daß die Klarheit in Beziehung auf den Gegensaz von angenehm und unangenehm und die Zustände des Organs erst vollendet wird durch Reflexion darauf, d. h. durch Aufnehmen derselben ins Denken. Also dies zu sagen, daß das Denken eine alles andere begleitende Thätigkeit sei, ist etwas leichtes, nicht allein wenn wir das Gebiet betrachten, welches wir schon durchgegangen haben, sondern auch in Beziehung auf die Selbstthätigkeit, die Willensbestimmungen, wo die Vollkommenheit dieser Thätigkeiten nur vorhanden ist, wenn der instinktmäßige Impuls zum besonnenen Entschluß wird, d. h. in das Denken aufgenommen ist. Aber damit haben wir eine Aufgabe und keinesweges eine Lösung, weil wir sehr differente Weisen annehmen müssen, wenn wir solche Zustände betrachten, wo das Denken bloß andere Thätigkeiten zur Vollkommenheit und zur Klarheit bringt, und solche, wo es als höchste Bestimmtheit des objectiven Bewußtseins selbständig sich zeigt.

Nicht minder ist die zweite Aufgabe eine sehr schwierige und gerade diejenige, von der wir am meisten sagen müssen, daß wir in der Lösung derselben noch bei den ersten Elementen stehen, nämlich die Differenz der Sprachen und die wesentlich damit zusammenhängende Differenz des Denkens festzustellen. Wenn das

leztere nicht wäre, so könnten wir sagen, diese Aufgabe sei etwas
rein physiologisches und gehöre nicht in unser Gebiet; aber es
bleibt immer der andere Punkt übrig, der auf der Thatsache beruht, daß auch in Beziehung auf den logischen Gehalt die einzelnen Elemente keiner Sprache in die der andern aufgehen, also
das Denken selbst, wie es in der Sprache auftritt, nicht dasselbe
ist sondern ein anderes, und das ist ein Gegenstand, den wir auf
keine Weise aus unserer Untersuchung ausschließen können. Man
sieht leicht, daß von einer vollkommen befriedigenden in das einzelne eingehenden Darstellung auch nur so weit, als die bisher
angestellten Untersuchungen uns führen könnten, hier nicht die Rede
sein kann, weil dies ein Gegenstand von einem viel zu großen
Umfang wäre, sondern daß wir uns begnügen müssen, die Untersuchung in solchen Grenzen zu lassen, wie wir ihrer bedürfen,
um diese Function im Zusammenhange mit allen andern zu solcher Klarheit zu bringen, daß darin ein hinlängliches Fundament
gegeben ist für jeden, der weiter in die Sache eindringen will.
Denn um den Gegenstand zu erschöpfen, müßten wir uns eine
allgemeine Sprachlehre schaffen in einem Umfange, wie sie jezt
noch nicht existirt, und eine vollkommene Kenntniß von allen
Sprachen besizen, so daß wir das differente von dem identischen
sondern könnten. Dies würde sehr weit über die Grenzen unserer gegenwärtigen Untersuchung hinausgehen und es ist also
hier nur ein für den Gegenstand in hohem Grade abgekürztes
Verfahren möglich.

Wir fangen nun bei der ersten Frage an, wie ist überhaupt
die Genesis dieses Actes des Denkens und Sprechens im einzelnen klar zu machen? Wie kommt der Mensch in der zeitlichen
Entwikklung seines Lebens zum Denken und Sprechen, da es
offenbar eine Zeit giebt, wo er nicht spricht, wo wir also auch
nicht Ursache haben zu glauben, daß er denkt, weil beides völlig
unzertrennlich ist? Ueber diese Unzertrennlichkeit müssen wir aber
noch etwas hinzufügen. Man hat sich hier nämlich eine Menge
von Abstufungen im Bewußtsein theils in der Erfahrung gefon-

bert theils nur imaginirt, wodurch eine große Verwirrung in diesen Gegenstand gekommen ist. Wir sagen, daß es gar kein Denken ohne Sprache giebt, in der gewöhnlichen Meinung aber ist eine Ansicht sehr verbreitet, als ob es wirklich ein Denken gäbe, das nicht Sprache ist, wie dieses an der Formel von dunklen Vorstellungen haftet. Diese sieht man als eine Art und Weise des Denkens an und erst, wenn man von Klarheit spricht, nimmt man die Bezeichnung durch die Sprache hinzu. Dies ist aber eine reine Imagination und es kann niemand so etwas nachweisen. Insofern irgend ein Bewußtsein Denken ist, ist es auch immer ein innerliches Sprechen, und wo dieses nicht ist, da ist auch nur eine Bewegung von sinnlichen Bildern, die wir gar nicht mit dem Denken verwechseln müssen. Das ist die Voraussezung, worauf die ganze fernere Darstellung beruht.

Wenn wir die erste aufgestellte Frage wieder aufnehmen, nämlich ob die Sprache ein sich ebenso wie die Sinnesthätigkeiten entwickelndes ist und ob man dabei auch auf ein ursprüngliches Ungesondertsein der Gegensäze zurückgehen müsse, so kommen wir in ein Gebiet, wo es von jeher viele Hypothesen gegeben hat, auf die wir uns nicht einlassen können. Sowie z. B. von einer wunderbaren Entstehung der Sprache die Rede ist, so würde dies gar nicht in unser Gebiet gehören, weil es nicht mit der Natur der Seele zusammenhinge. Eine solche Hypothese ist eigentlich nur eine negative Erklärung, daß man die Aufgabe nicht lösen kann, was überall da der Fall ist, wo man auf den ersten Menschen zurückgeht. Die Sache hat noch eine andre Seite. Wenn wir uns denken, die Sprache habe bei dem ersten Menschen nur durch eine übernatürliche Mittheilung entstehen können, so liegt darin dies, daß sie nicht von selbst in der menschlichen Seele entstehen konnte; nun geschieht dies aber jezt und so würde nothwendig daraus folgen, daß die Seele selbst eine andre geworden sein müßte.

Wir haben hier noch einen Anknüpfungspunkt, über den wir uns schon früher erklärt, nämlich das Verhältniß zwischen dem menschlichen und thierischen. Wenn wir den Ausdruck Sprache einmal vor der Hand so verstehen, wie es im gemeinen Leben geschieht, und fragen, was ist das eigentlich specifisch menschliche darin, so werden wir nothwendig auf diese Möglichkeit eines Vergleichs geführt, so wie wir den allgemeinen Begriff des lebendigen auf der Erde denken. Da können wir nicht umhin Analogien aufzustellen, und wenn wir nun wirklich auf eine solche Grenze kämen, wo uns das Minimum des menschlichen erschiene, das zugleich einen specifischen Unterschied von dem in der Thierwelt enthielte, so wäre das der Punkt, an den wir unsre weiteren Untersuchungen anzuknüpfen hätten. Ich muß nur noch erinnern, daß wir von der Betrachtung des objectiven sinnlichen Bewußtseins, wo sich die Wahrnehmungen fixirt haben und wir zugeben mußten, daß dies nicht eher geschehe als bis die Sprache hinzu käme, auf die Betrachtung der Sprache gekommen sind. Diese Erinnerung ist deswegen nothwendig, weil wir durch diesen Gang der Untersuchung veranlaßt werden könnten, auf eine voreilige Weise die ausschließliche Beziehung der Sprache auf diese Form des Bewußtseins festzustellen, was durchaus einseitig sein würde, weshalb wir denn auch dies nur als eine vorläufige Veranlassung ansehen dürfen. Das zweite ist dies, daß das, was wir Sprache nennen, mit dem Denken, einer bestimmten Modification des Bewußtseins, nothwendig verbunden ist. Nun haben wir von dem Denken noch gar nicht geredet, aber wir können auch von demselben nicht reden ohne von der Sprache geredet zu haben, wir müssen also diese Beziehung, die eine durchaus gegenseitige ist, nicht aus den Augen verlieren. Wenn wir nun die allgemeine Anschauung von dem Leben auf der Erde uns vergegenwärtigen, so finden wir, je bestimmter sich das Leben in der Form des Gegensazes herausbildet, um so mehr auch dies, daß der Laut als eine Lebensthätigkeit erscheint und daß die höheren Wesen die Eigenthümlichkeit besizen Laute von sich zu geben. Was dies für eine Bedeutung hat und wie es mit den übrigen Lebensthätigkeiten zusammenhängt, ist eine schwierige Untersuchung, weil es

nicht leicht ist, alle thierischen Formen in ihrer freien Entwikklung so zu beobachten, daß man eine allgemeine Zusammenstellung machen könnte. Denn die meisten Thiere sind durch die
Verbindung mit dem Menschen schon in einen Zustand versezt,
wo man nicht mehr sicher sein kann den natürlichen vor sich zu
haben. Wir mögen aber nehmen welche thierischen Laute wir
wollen, so finden wir allerdings dieses Analogon, daß sie uns
nicht erscheinen als mechanisches Resultat, sondern als wirkliche
Lebensfunctionen, auf irgend eine Weise von innen her bestimmt
und mit einem gewissen Grade von Freiheit verbunden. Aber
wie weit sie nun etwas selbstthätiges enthalten oder nur Reactionen gegen einen Reiz von außen sind, bleibt ganz unbestimmt,
und darin können wir uns die größte Mannigfaltigkeit denken.
Betrachten wir die menschliche Sprache, so finden wir, wenn sie
als Erscheinung vollständig ist, daß sie in jedem einzelnen Moment sich auf andre bezieht, also der Moment ein Wechselverhältniß zwischen mehreren Individuen ist. Wenn ich gesagt habe,
daß es kein Denken geben kann ohne Sprechen, so ist freilich das
Denken an sich nicht ein solches Wechselverhältniß sondern nur
eine innere Thätigkeit, aber es gehört doch immer dazu ein inneres
Sprechen, und wenn wir beim innern Denken stehen bleiben, so
kommt der Act der Sprache nur nicht zur Vollständigkeit, welche voraussezt daß ein Impuls vernommen zu werden da ist. Dies ist
allerdings nicht so ausschließend wahr, daß es nicht auch vorkommen könnte, daß man für sich selbst beim bloßen Denken
Worte ausspricht, aber erstens kann man dies doch nur als Ausnahme ansehen und dann reducirt es sich auf ein Analogon von
jenem, denn es hat immer die Abzwekkung einen Gedanken in ein
lebendigeres Verhältniß zu den andern zu versezen und ihnen
mehr Tenacität zu geben. Wenn wir nun fragen, ist in den
thierischen Lauten auch eine solche Beziehung zu dem Wechselverhältniß der Individuen, so werden wir das nicht ableugnen können. Denn es gilt nicht allein für den alterirten Zustand der
gezähmten Thiere, sondern in dem Maaß, als die Gattungen ge-

sellig sind, finden wir auch in den Lauten ein solches geselliges Element, daß die Töne des einen von den andern anerkannt werden und ein Wechselverhältniß zwischen den Individuen auf diese Laute eintritt. Wenn wir zurükgehen auf das, was wir vom thierischen Bewußtsein gesagt haben, so haben wir das zum Grunde gelegt, daß der Gegensaz der subjectiven und objectiven Seite des Bewußtseins unentwikkelt bliebe, daß es keine reine Objectivität für sie gäbe und auch keine reine Subjectivität, und so ist denn auch für jedes einzelne Thier die ganze Gattung in seinen Lebenschclus hineingesezt, ohne daß die Differenz des einzelnen und der Gattung dabei mit entwikkelt würde. Hier ist also das ausgeschlossen, was unsere Betrachtung hervorgerufen hat, die bestimmte Beziehung der Sprache und das objective Bewußtsein, aber es giebt uns dies Veranlassung die ganze Frage so zu stellen, ob, da diese Laute sich bei den Thieren auf die relative Indifferenz zwischen dem subjectiven und objectiven beziehen, in dem Menschen aber die bestimmte Differenz unter der Form des Gegensazes heraustritt, für das objective und subjective Bewußtsein ein gleiches System von Lauten bei dem Menschen sich findet. Dies hat eine bestimmte Beziehung zu dem Umfang der Sprache. Fände sich ein anderes System von Lauten für die objective Seite des Bewußtseins und ein anderes für die subjective Seite, so würden wir nur das erste für Sprache halten, weil wir immer auf den innern Zusammenhang mit dem Denken ausgehen. Aber diese Frage können wir jezt noch nicht beantworten, weil es noch an den dazwischen liegenden Gliedern fehlt.

Wir haben alles eigentlich organische aus unserer Betrachtung ausgeschlossen als nicht zu unserem Gegenstande gehörig, aber so lange wir in irgend einer Region einen bestimmten Grenzpunkt zwischen dem organischen und intellectuellen nicht gefunden, müssen wir doch auf das organische mit Beziehung nehmen. Wenn wir nun die Sprache betrachten von dieser ihrer organischen Seite, so finden wir zweierlei Gegensäze entwikkelt, auf die wir hier achten müssen. Der eine ist der Gegensaz zwischen Mitlautern und Selbstlautern in Bezug auf die einfachen Sprachelemente, was wir zusammengenommen durch den Ausdruk Articulation bezeichnen, worunter ein bestimmter Complexus bestimmt von einander unterschiedener Bewegungen des Organs der Sprache verstanden wird. Betrachten wir die thierischen Laute, so ist dieser Gegensaz bei ihnen nicht entwikkelt, aber wir erkennen sie als das unentwikkelte von jenem. Denn wir finden eine Annäherung an das consonantische an dem Ende der Laute und eine Annäherung an das vocalische in der Mitte. Es ist aber nur Annäherung und wir können sie nicht auf das eine oder das andre zurükführen und die thierischen Laute nicht nachbilden durch articulirte Töne. Hier haben wir also denselben Gegensaz, den entwikkelten beim Menschen, den unentwikkelten bei den Thieren, und also auch dieselbe Abstufung wie auf der Seite des Bewußtseins. Der zweite Gegensaz, den wir finden, ist der zwischen Rede und Gesang. Wir können nicht sagen, daß der leztere etwas wäre, was nur durch die Kunst entstanden ist, sondern wir finden ihn ursprünglich. Wenn wir beide mit einander vergleichen, so werden wir in Beziehung auf das vorige die Sache so ansehen müssen, daß hier wieder ein neues Element des Gegensazes auftritt, im Gesang eine bestimmte Gemessenheit der Schwingungen als Resultat der organischen Bewegungen, in dem Sprechen aber findet sich dieses nicht; es kommt nur ein Analogon davon hinein in dem Maaße als die Rede singend wird. Hat die Rede beständig dies singende an sich, so halten wir dies für eine Unvollkommenheit, so wie auch die Annäherung des Gesanges an die Rede als eine Annäherung an den unentwikkelten Zustand erscheint. Da nun das gemessene einen Vorzug hat vor dem ungemessenen, das etwas chaotisches ist, so liegt in dieser Beziehung der Vorzug auf der Seite des Gesanges, wogegen, wenn wir die Articulation betrachten, diese in der Rede immer vollkommener ist als im Gesang. Bei dem lezteren muß sich die Articulation der Gemessenheit der Schwingungen unterordnen, sonst wird der Gesang unmelodisch, dagegen bei der Rede ist die Bestimmtheit der Articulation überwiegend, so daß wenn im gemeinen Leben das singende in der Rede ist, dies auch mehr Unbestimmtheit in derselben nach sich zieht, die den eigentlichen Charakter derselben in Beziehung auf das Sprechen gefährdet. Von diesem Gegensaze findet sich nun bei den thierischen Lauten, wenn wir das System einer jeden Gattung für sich betrachten, gar nichts. Wenn wir freilich verschiedene Gattungen mit einander vergleichen, so besteht bei einigen eine große Annäherung an den Gesang; da aber bei diesen die Articulation gar nicht hervortritt, so ist auch in dieser Beziehung der Gegensaz nicht zu fixiren. Es fragt sich nun, hat dies eine bestimmte Beziehung zu der Differenz des Bewußtseins und worauf führt es uns in Betreff der Sprache? Betrachten wir die Sprache in der unmittelbaren Beziehung auf unsere nächste Veranlassung, so werden wir die Rükksicht auf den Gesang ganz beiseite zu schieben haben. Der Zusammenhang der Sprache mit dem Denken wird durch diese Differenz der Gemessenheit oder Nichtgemessenheit des Tones gar nicht afficirt, sondern nur durch das articulirte oder nichtarticulirte. Das die Denkthätigkeit begleitende innere Sprechen wird niemals irgend eine Annäherung an den Gesang sein, aber das articulirte wird ihm immer wesentlich anhangen, es ist ein inneres Wortbilden und ein Zusammenhang von Wörtern zu einer Einheit verbunden, wobei in der Hebung und Senkung des Tons ein Minimum von Annäherung an den Gesang sich zeigt. Indem wir hier auf ein Element kommen, welches der Sprache anhaftet, aber so daß es der unmittelbaren Beziehung derselben auf das Denken fremd ist, so ist dies ein Zeichen, daß wir noch nicht alle Elemente für unsere Untersuchung beisammen haben, es scheint vielmehr nothwendig, daß wir einen Punkt suchen, wo das thierische sich dem menschlichen noch mehr nähert.

Fragen wir, ist in der Geschichte des Einzellebens die Sprache der erste Anfang, durch welchen der Laut als Lebensthätigkeit eintritt, so werden wir dies verneinen müssen, denn es giebt sehr viele Laute, die schon früher da waren, und diese müssen wir noch näher unterfuchen, um in diefem Gebiet die Grenzen des organifchen und pfychifchen feſtzuſezen. Das Weinen und Lachen find offenbar die urfprünglichſten menſchlichen Laute. Wir können fie, infofern die Sprache in ihrer Entſtehung fich an das objective Bewußtfein knüpft, nicht etwa als vorläufige Verfuche in derfelben Richtung anfehen, wie fie denn auch einen beſtimmten Gegenfaz gegen das, was wir Articulation genannt haben, in fich tragen, es entſteht aber die Frage, inwiefern fie, in Beziehung auf den erſten Urfprung des Gegenfazes zwiſchen Selbſtthätigkeit und Empfänglichkeit, der Sprache gleichartig oder verwandt find? Betrachten wir die Sprache im Zufammenhang mit dem Wahrnehmen, fo werden wir fie ganz als ein felbſtthätiges anfehen müffen, um fo mehr als fie immer eine Richtung auf die Mittheilung hat, von jenen erſten Naturtönen iſt dies aber fehr zweifelhaft. Bei der Geburt geht eine große Veränderung in der Refpiration und den Organen vor und wir können alfo das Weinen entweder als die Wirkung eines blos mechanifchen Reizes auf das Organ oder als den Ausbrukk der Unbehaglichkeit in dem total veränderten Zuſtand des Organismus anfehen, fo daß es immer nur eine Reaction nicht aber eine urfprüngliche Selbſtthätigkeit iſt. Betrachten wir das Lachen in feinem Urfprunge, fo hat das freilich eine differente Entſtehung; es liegt im Gebiete der Mittheilung und alfo auch der Selbſtthätigkeit, aber es hat doch offenbar eine andre Genefis, indem es fehr leicht bei Kindern erregt werden kann durch Berührung. Hier haben wir alfo das Uebergewicht nach der Seite der Receptivität und ebenfo nach der Seite des fubjectiven Bewußtfeins, wogegen die Sprache überwiegend nach der Seite des objectiven Bewußtfeins und der Selbſtthätigkeit liegt. Aber verglichen mit dem thierifchen liegt die Tendenz der Mittheilung in allen menſchlichen Lauten. Wie die erſten Anfänge des Sprechens immer eine Richtung auf die Articulation haben, fo giebt es von der andern Seite bei den Naturlauten, dem Lachen und Weinen, einen Uebergang in den Gefang. Wir haben da die erſten Anfänge des Gegensazes, welche ben Gesang bilden, nicht bloß in der modernen Tonkunst zwischen Dur und Moll, sondern allgemein den des heitern und wehmüthigen. Wir werden also sagen können, es giebt Töne die nicht mehr Lachen und Weinen sind, aber doch keinen andern Zwekk haben, als diesen Gegensaz zu manifestiren. Insofern sie nun Manifestationen sind, sind sie auch Selbstthätigkeit, und wir müssen die Manifestation anerkennen, ohne daß die Sprache zu Hülfe genommen wird, die dabei nur ein accessorisches ist, obgleich allerdings der Gesang in Verbindung mit der Sprache ein viel weiteres Gebiet bekommt. Wenn wir uns benken ein Zusammentreffen von Menschen, welche durchaus keine homogenen Elemente in ihren Sprachen haben, so werden sie doch Mittel der Verständigung finden in Beziehung auf alles das, was auf der Seite des subjectiven Bewußtseins liegt, ohne die Sprache zu Hülfe zu nehmen, nur daß wir es als natürlich ansehen, wenn die Bewegungen des übrigen Leibes, die Geberden, zu dem Tone hinzukommen, was aber so zusammengehört, daß wir gar nicht zwei Elemente unterscheiden. Wenn sie sich aber verständigen wollen über Gegenstände des objectiven Bewußtseins, so werden sie auch Bewegungen hinzunehmen müssen, die aber keinesweges mit den Tönen ein so organisches Ganze bilden wie jene, sondern als ein frembartiges hinzutreten. Wie nun hier die Gegensäze desto bestimmter aus einander treten, je mehr sich das ganze System entwikkelt, wir also in der Analogie mit den bisherigen Betrachtungen bleiben können, indem wir eine ursprüngliche Differenz zwischen dem thierischen und menschlichen annehmen, so verbinden sich Gesang und Geberde als Darstellungsmittel für das subjective Bewußtsein und das System der articulirten Laute als Darstellungsmittel für das objective Bewußtsein. Nehmen wir die Verbindung zwischen beiden, so wird die zusammengesezte Rede die Betonung als Analogie des Gesanges zu Hülfe nehmen, wie der Gesang, wenn er complicirter wird, die Sprache zu Hülfe nimmt, aber nur in untergeordneter Weise. Etwas anderes ist es, wenn wir den Gesang betrachten als das Hinzukommende zur Poesie, aber das würde uns hier zu weit abführen. Wenn wir nun fragen, was das gemeinsame in beiden Richtungen ist, so ist es nichts anderes als das Sich-manifestiren-wollen gegen andre. Der Mensch würde weder lachen noch weinen, weder reden noch singen, wenn er nicht von Menschen umgeben wäre. In Beziehung auf die einfachsten Naturlaute müssen wir dies leugnen, aber auch darauf zurückgehen, daß sie eine doppelte Genesis haben. Was dem Bewußtsein um das menschliche außer uns vorangeht, ist dasselbe, was aus dem bewußtlosen Reiz entstanden ist, ohne daß sich auch nur die geringste Selbstthätigkeit daran geknüpft. Das erste Weinen der Kinder sehen wir so an, das erste Lachen derselben dagegen reduciren wir auf die Selbstthätigkeit und betrachten es als das erste Zeichen, daß das Kind sich des menschlichen außer sich bewußt wird.

Nun können wir zu unserem eigentlichen Gegenstand zurückkehren und fragen, ist der Uebergang aus dem bloßen bildlichen Bewußtsein ins Sprechen, insofern es Denken voraussezt, ebenfalls bedingt durch dieses Sich-mittheilen-wollen? Wenn wir dies vollständig bejahen, so liegt darin etwas, was uns bedenklich machen könnte, nämlich daß das Denken im Gegensaz zu dem bloß bildlichen Bewußtsein mit dem erwachten Gattungsbewußtsein des Menschen zusammenhinge. Wir kommen hier zu dem Gebiete unserer zweiten Frage, wie es sich mit dem Zusammenhange zwischen Denken und Sprechen eigentlich verhält? Soviel ist gewiß, daß wir eins ohne das andre nicht kennen, aber es fragt sich, wie sich beides im Zusammenhange verhält, ob beides so einfach zusammenhängt, daß das Denken die psychische Seite zu der Sprache als der organischen ist, oder vielmehr ein zusammengesezteres Verhältniß stattfindet, so daß in dem Denken auch schon etwas organisches und in der Sprache etwas psychisches ist? Zu diesem Behuf müssen wir die Frage aufnehmen, was für eine Bestimmtheit des Bewußtseins es ist, welche der Sprache zum Grunde liegt und sie hervorbringt, und dazu gehört, daß wir auf den Punkt zurückgehen, wo wir die

Entwikkung des objectiven Bewußtseins dargestellt hatten in Beziehung auf die Sinnesthätigkeiten. Wir sind davon ausgegang-
en, daß bestimmte Gegenstände uns immer nur entstehen durch
die Combination verschiedenartiger Sinneseindrükke, welche wir,
weil sie von demselben Punkte herkommen, als eins sezen. In
diesem Eins = sezen ist etwas beharrliches gesezt, aber ohne daß
das geringste von Denken oder Sprechen dabei anzunehmen wäre.
Je größer die Mannigfaltigkeit von Gegenständen ist, welche auf
diese Weise für uns zu bestimmten Bildern werden, und je mehr
wir veranlaßt wären anzunehmen, daß das Bewußtsein auf dieser
Stufe ein beharrliches wäre, desto mehr würde dieses Bewußtsein
sinnlicher Gegenstände sich anfüllen. Wenn wir nun darauf Rükksicht nehmen, wie es in der Natur überall einzelne Gegenstände
giebt, deren viele von einer Art sind, d. h. in Beziehung auf ihr
beharrliches sowohl als in Beziehung auf die Hauptmomente ihres
Wechsels so sehr dieselben, daß sie nur durch die Differenz des
Raumes und der Zeit verschieden sind, so entsteht eine Ueberfüllung mit Bildern, und diese schließt nothwendig einen Drang
in sich, sich derselben zu entledigen und das viele auf wenigeres
zu reduciren, um neues aufnehmen zu können. Auf diese Weise
erklärt sich, wie wir die Hauptzüge der gleichartigen Bilder festhalten und die einzelnen Differenzen weglassen, so daß sich im
Bewußtsein allgemeine Bilder entwikkeln, d. h. es wird in
einer Menge von Fällen gleichgültig sein, ob wir das Einzelne
in seiner Bestimmtheit von anderem Einzelnen unterscheiden. So
haben wir eine Mehrheit von Gegenständen als Erscheinung der
Art. Wenn wir noch höher hinaufgehen, so entstehen noch allgemeinere Bilder, Gattungsbilder, welche wir durch den Ausdrukk Schema bezeichnen wollen, weil sie in der That nur Bilder sind von bis auf einen gewissen Grad veränderlichen Gestalten und Beziehungen. Diese lassen uns dann neue Gegenstände,
die in der Betrachtung des Einzelnen noch nicht vorgekommen
waren, unter das allgemeine Bild subsumiren, und auf diese Weise
werden wir, wie in dem sinnlichen Bewußtsein, ohne das Denken

zu Hülfe zu nehmen eine Abstufung von Bildern finden, die ganz in derselben Analogie wie das erste Fixiren der Einheit aus der chaotischen Mannigfaltigkeit fortschreitet. Natürlich je höher hinauf, je allgemeiner das Bild ist, desto mehr verliert es von der Lebendigkeit des einzelnen, weil hier das unterscheidende mehr an der innern productiven Sinnesthätigkeit haftet als an dem unmittelbaren Eindruck von außen, aber es gewinnt dieselbe doch sogleich wieder, sobald man zum besondern hinuntersteigt. Denken wir uns nun das sinnliche Bewußtsein auf diese Weise angefüllt und die Continuität der Operationen des Hinauf- und Herabsteigens von den allgemeinen Bildern zu dem einzelnen und vom einzelnen zum allgemeinen, so haben wir eine große Masse von Seelenthätigkeiten, die alle die Tendenz haben, uns in dem Sein des Außer-uns zu orientiren, und es fragt sich nun, indem wir den Gegensaz des allgemeinen und einzelnen aufgestellt haben, ist das schon Denken oder nicht? Wenn wir davon ausgehen, daß das Denken immer in dem Gegensaz zwischen dem mehr und minder allgemeinen versirt, so haben wir in jener Abstufung der Bilder offenbar diesen Gegensaz, indem wir aber auf der andern Seite gesagt haben, es gäbe kein Denken ohne Sprechen, so werden wir, da diese ganze Totalität der Bilder zu Ende gebracht werden kann ohne Sprache, auch sagen müssen, daß dies noch nicht das Denken sei. Handelt es sich aber darum, ob es möglich sei ohne die Sprache diese Operation mit den Bildern Andern zum Bewußtsein zu bringen und also mitzutheilen, so wird dies ohne die Verwandlung der Bilder in Wörter, also ohne Sprache, schwerlich angehen. Es giebt allerdings eine Möglichkeit das Bild äußerlich zu machen, aber dies würde doch nur vereinzelt gelingen und der Verkehr im Ganzen dadurch nicht herzustellen sein, zumal wenn es darauf ankommt unser Verfahren dabei und die ganze Operation mitzutheilen.

Wenn wir unsere Frage auf dem Punkt der Erörterung betrachten, an dem wir angelangt sind, so steht es so, daß wir

sagen müssen, in dieser Zusammengehörigkeit von Denken und
Sprechen hat die Sprache ihren Siz in Lauten, die nur Ankün-
bigung des subjectiven Bewußtseins sind, aber sie kann sich aus
jenen Naturlauten nicht als eine Fortsezung und Erweiterung
entwikkelt haben. Wenn der Gegensaz zwischen der subjectiven
und objectiven Richtung ein solcher ist, daß Momente vorkommen
können, wo beide eine Einheit bilden, so ist das doch erst eine
gewordene und nicht eine ursprüngliche. Ebenso giebt es Elemente in der Sprache, welche in jene Aeußerungen des subjectiven Bewußtseins eingehen, nämlich die Interjectionen, aber
sie stehen ganz isolirt und unterscheiden sich von allen andern Elementen, indem sie nicht flexibel sind, wenngleich sie als ein fremdes ebenso gut in der Verkettung der Aeußerungen des objectiven
Bewußtseins vorkommen, wie umgekehrt. Sie sind hier aber
nicht mehr das unmittelbare Hervorbrechen des subjectiven Bewußtseins sondern nur eine Nachbildung davon. Hier hätten wir
allerdings einen Anknüpfungspunkt zu einer andern Ansicht der
Sache, die uns weiter führen könnte, wenn nur irgend eine Aus-
sicht vorhanden wäre sie durchzuführen. Wenn nämlich dies Nachbildungen sind, so könnte man auf die Vermuthung kommen, daß
auch andere Sprachelemente von ähnlicher Art sind, aber dies
würde sich doch immer nur auf einen so kleinen Theil von
Gegenständen erstrekken, zu deren Natur es gehört Laute hervorzubringen, daß es mehr als eine Zufälligkeit anzusehen ist,
ja, je mehr eine Sprache an solchen imitativen Elementen reich
wäre, desto mehr würde sie in anderer Hinsicht arm sein.

Wir müssen hier also eine zwiefache Richtung annehmen, wie
das Bewußtsein selbst in das subjective und objective getheilt ist,
und das führt uns in ein ganz anderes Gebiet, nämlich aus dem
der mehr aufnehmenden Thätigkeit heraus in das des Ausströmens. Unsere ganze Darstellung der Sinnesthätigkeiten ist in
ihrer Entwikklung vom ersten Minimum bis zum Maximum eine
Steigerung des Antheils der Selbstthätigkeit an dem, was nur
Einwirkung von außen ist, gewesen. Wenn wir nun als das

innere zur Sprache gehörige das Denken im weitesten Sinne des Wortes sezen, so fragt sich, da es gewiß ist, daß Denken und Sprechen auf das genaufte zusammengehören, das leztere aber eine ausströmende Thätigkeit ist, ob auch das Denken ebenfalls eine von dem Wahrnehmen specifisch verschiedene von innen ausgehende Thätigkeit ist? Das ist der Punkt auf welchem unsere Frage jezt steht. Wenn wir uns die Art zurükkrufen, wie ich dieselbe, die zweite von unseren vier, ursprünglich gefaßt habe, so werden wir sagen müssen, ist das Denken eine dem Wahrnehmen entgegengesezte Thätigkeit, so ist Denken und Sprechen eins und das eine nur die innere das andre die äußere Seite derselben Function, ist aber das Denken ein sich aus der Wahrnehmung entwikkelndes, zu dem nur um vollständig zu werden die Sprache hinzukommt, so wird die Sache ganz anders stehen, indem dann Sprache und Denken gar nicht so genau zusammenhangen, das eine mehr der spontanen das andere der receptiven Seite angehören würde. Es ist nicht zu leugnen, daß es hierin entgegengesezte Ansichten gegeben hat, seitdem man über diesen Gegenstand Untersuchungen zu führen anfing. Die ganze Tendenz die Sprache aus Imitation von Naturlauten zu erklären hat offenbar die Richtung darauf, das Denken als etwas dem Wahrnehmen homogenes durch Aufnehmen von außen entstandenes darzustellen; die am meisten entgegengesezte Ansicht die Sprache zu erklären durch übernatürliche Mittheilung sezt zwar auch ein Aufnehmen voraus aber nicht von außen her vermittelst des bildlichen Bewußtseins, sondern als eine ursprüngliche göttliche Einwirkung, und wenn ich gesagt, sie könne von uns nicht angenommen werden, weil dann vorausgesezt würde, daß die menschliche Seele durch diese Mittheilung etwas anderes geworden wäre, als sie vorher war, so bleibt bei dieser Richtung nichts übrig, !als das Denken und Sprechen als eine von innen her entstehende Thätigkeit anzusehen. · Ueber diesen ganzen Gegensaz hier auf eine definitive Weise entscheiden zu wollen hieße zu gleicher Zeit eine metaphysische Entscheidung über die Natur des Denkens abgeben und damit würden wir etwas thun, was weit über unsern Gegenstand hinausliegt, aber auf der andern Seite würden wir weit hinter unserer Aufgabe zurükkbleiben, wenn wir nicht den ganzen innern Hergang des Denkens vom ersten Anfang an dar= zustellen vermöchten. Wir werden aber hier die rechte Grenze nur finden, wenn wir uns streng an unsere eigentliche Aufgabe halten, und das geistige Seelenleben des Menschen in der ge= schichtlichen Entwikklung d. h. in dem Zugleichsein mehrerer Ge= nerationen, von denen die spätere sich an die frühere anknüpft, verfolgen.

Hier will ich nun nur noch eine Betrachtung vorausschikken. Wir haben uns die Sinnesthätigkeiten bis zu dem Maximum ihrer allmählichen Entwikklung dargestellt abstrahirend von allem, was durch das Hinzutreten des Denkens und Sprechens entsteht, mit dem Bewußtsein, daß dies Ziel nicht erreicht wird ohne das Hinzukommen von beiden. Wenn nun das erste Sprechen auch eine weitere Entwikklung der von außen aufnehmenden Thätigkeit wäre, so könnte es nicht eher eintreten, als bis diese bis zu der Stufe gediehen, daß sich jenes daraus entwikkeln könnte. Dies ist aber keinesweges der Fall und das Factum wäre also jener Ansicht nicht günstig. Wir könnten uns wohl denken, daß es mit der Sprache allein sich so verhielte, wenn das, was derselben zu Grunde liegt, nichts weiter wäre als die Totalität der Bilder selbst. Da könnte man meinen, es überfüllt sich das Vermögen der receptiven Thätigkeit in den Sinnen bei der allmählichen Ent= wikklung von der unbestimmten, chaotischen Mannigfaltigkeit bis zu dieser geordneten Totalität der Bilder, die zusammengenom= men das Weltbild constituiren, jede Ueberfüllung aber pflegt um= zuschlagen in ein Sich=entledigen=wollen, das nichts anderes als das Ausströmen ist. Jedes allgemeine Bild hat schon den Zwekk, daß wir uns der einzelnen Eindrükke und der Sorge sie einzeln festzuhalten entledigen wollen, und das steigert und potenzirt sich, bis wir eine ganze Reihefolge von speciellen und allgemeinen Bil= dern gewonnen haben; dann giebt es kein Mittel mehr sich der

Unendlichkeit der Eindrücke zu entledigen in derselben Form, sondern es muß eine neue Form eintreten und dies ist die Bezeichnung durch die Sprache. So könnten wir sagen, wenn der psychische Theil der Sprache nichts anderes wäre als die Sinnesthätigkeit in ihrer weiteren Entwikklung, und dann wäre eine
solche Erklärung vollkommen genügend; dazu aber müssen wir den
ganzen Bau und das ganze Wesen der Sprache uns vor Augen
stellen.

Nun ist die allerursprünglichste, älteste Ansicht von der
Sprache die, daß das einfachste Product derselben der Saz ist,
d. h. die Combination von Substantivum und Verbum. Betrachten wir diese beiden elementarischen Anfänge, so entspricht allerdings ein jedes Hauptwort einem solchen allgemeinen Bilde und
ist die Darstellung desselben unter einer andern Form. Wenn
wir ein solches Wort allein aussprechen, so erwarten wir, daß
in dem Andern sich dadurch das allgemeine Bild reproducirt, und
die ganze Mittheilung beruht auf einer solchen Combination des
Wortes und Bildes, wobei freilich die Möglichkeit eines Miß-
verständnisses ist, das aber auch wieder ausgeglichen werden kann.
Wenn wir einem Kinde einen Gegenstand vorhalten und dabei
das Wort aussprechen, so bleibt es zweifelhaft ob es das Wort
auf den Gegenstand oder die Sensation bezieht und ob es dasselbe
auch in der allgemeinen Bedeutung faßt, wie es gebraucht wird.
Wenn wir dies nun so aufstellen, so gewinnt es den Anschein,
als ob diese beiden wesentlichen Bestandtheile der Sprache nichts
anderes wären als eine Uebertragung der allgemeinen Bilder in
das Gebiet des Hörbaren. Denken wir uns dies auf eine ursprüngliche Weise entstanden, so hat das Bedürfniß zu einer solchen Verwandlung nicht der einzelne Mensch an und für sich,
denn dieser hat sein sinnliches Gedächtniß und ist im Besize seines ganzen Bilderschazes, sondern es müßte in der That das
Uebergehen in die Sprache ganz und gar seinen Grund haben
in dem Sich-manifestiren-wollen, wobei die Sprache ein Abkürzungsmittel sein würde an der Stelle der wirklichen Mittheilung

der Bilder. Das wäre als ein unendlicher Fortschritt anzusehen, da, wenn wir uns mit Andern nur so verständigen könnten, daß wir das Bild hinstellten durch Zeichnung, jede Mittheilung unendlich weitläuftig und unsicher sein würde; daß aber die Verwandlung in das Hörbare dazu schlechthin nothwendig und das einzig übrigbleibende wäre, können wir nicht behaupten. Wie wir gesehen, daß die Aeußerungen des subjectiven Bewußtseins durch den Laut begleitet werden von anderen Bewegungen, so finden wir auch, daß das Sich-mittheilen-wollen des objectiven Bewußtseins sich anknüpft an demonstrative Bewegungen, und so ist auch die Möglichkeit eines Mittheilungssystems nur durch demonstrative Bewegungen da. Dies finden wir bei Taubstummen, es ist auch die Art, wie man bei der Mittheilung von fremden Sprachen zuerst zu Werke geht und ebenso der erste Anfang in der Fortpflanzung der Sprache. Käme es also nur auf ein solches Abkürzungsmittel in der Mittheilung an, so wäre es dann ganz gleich, ob man die Bilder, welche äußerlich hinzustellen unmöglich ist, in ein System von fließenden Bewegungen oder von fließenden Tönen verwandelt. Nun fragt sich, was ist denn eigentlich in der Sprache das Denken? Nicht die Verwandlung der Bilder in Wörter, sondern die daraus gebildete Einheit des Sazes, welche unmittelbar das Factum des Bewußtseins wiedergiebt und nicht bloß Aufnehmen sondern ein Werk der Selbstthätigkeit ist. Wenn wir von diesem Punkt anfangen und diese Einheit des Sazes als etwas anerkennen, was sich in den Systemen der Bilder gar nicht darstellen läßt: so werden wir sagen, das Wesen des Denkens ist grade dies, vermöge dessen es in diesem Gebiet Einheiten giebt, die in dem andern nicht zu finden sind. Das System der Gattungsbegriffe ist gar nichts anderes als das der Bilder, und ebenso das System der Veränderungen, wie es durch die Zeitwörter ausgedrückt wird, aber die Combination, die das Wesen des Sazes ausmacht, ist das, was dem Denken eigenthümlich ist. Verfolgt man z. B. die Veränderungen in der Vegetation vom Frühling an bis zu Ende, so wird

man alle in einzelne Säze bringen können und zulezt muß es
möglich sein die ganze Reihe in eins zusammen zu fassen; denkt
man sich aber, was man in den Bildern hat, so ist es nur eine
Aufeinanderfolge von Bildern der Pflanze in den Blättertrieben,
Knospen, Blüthen u. s. w., aber die Einheit des Subjects in der
Succession der Prädicate ist niemals in den Bildern, sondern wir
bringen sie erst hinein durch die Form des Gedankens.

Gehen wir noch etwas weiter und verfolgen die Spur, die
hierin liegt, so sezt sich auf der einen Seite dieses combinatorische, welches in der Formation der Bilder gar nicht liegen kann,
ins unendliche fort, und es entstehen daraus in der Verknüpfung
der Säze wieder Elemente, zu denen sich in dem System der
Bilder gar keine Analogie findet, auf der andern Seite giebt es
unter den Haupt- und Zeitwörtern solche, wozu in den Bildern
gar keine Analogie vorhanden ist. Ich will nur ein Beispiel anführen, welches aber gleich ein Typus ist von einer großen Masse
analoger Sprachelemente, der Begriff der Kraft und Ursache,
denn dazu findet man gar nichts, was auf dem Wege der organischen Einwirkung könnte entstanden und unter der Form eines
Bildes vorhanden gewesen sein. Nun braucht man nur daran
zu denken, in wie viele Modificationen und Verhältnisse diese
beiden Begriffe sich spalten, um auf das bestimmteste den Schluß
zu ziehen, daß die Denkthätigkeit im Zusammenhange mit der
Sprache sich wohl an das sinnliche Bewußtsein in seiner vollständigen Bildung anlegt, aber doch eine besondere Thätigkeit ist,
welche keinesweges aus ihm allein verstanden werden kann. Es
ist allerdings nicht zu leugnen, daß keinesweges alle Sprachen
auf gleichmäßige Weise und in derselben Art jene eigenthümlichen
Verhältnisse, die wir die speculativen oder combinatorischen nennen können, entwikkelt, dies hängt aber damit zusammen, wie der
Complexus der übrigen Seelenthätigkeiten entwikkelt ist; daß aber
dafür ein Ersaz gegeben werden muß und dieser nur in den Bildern liegen wird, daß es also Sprachen geben kann, wo Philo-

sophie und Speculation nicht in der Form unserer Dialektik sondern mehr in poetischen Bilderreihen sich ausbildet, ist klar.

Es ist schon gesagt, daß wir uns keinesweges in metaphysische Untersuchungen einlassen wollen, und nur soweit darauf eingehen, als es nothwendig ist um das in unser Gebiet gehörige klar zu machen, und das soll auch hier nur geschehen. Es giebt bekanntlich eine unter verschiedenen Formen zu verschiedenen Zeiten ausgesprochene Theorie, welche am schärfsten die Differenz zwischen dem sinnlichen Bewußtsein und der Denkthätigkeit ausdrükkt, das ist die Theorie von den angeborenen Begriffen. Die Bezeichnung ist sehr mangelhaft, denn der Begriff ist nie ohne Wort und das Wort kann nicht angeboren sein. Wenn wir aber fragen, was damit gemeint ist, so ist es dieses, daß die Production der Begriffe von der Sinnesthätigkeit ganz unabhängig ist. Der Ausdrukk Begriff ist zu verschiedenen Zeiten und in verschiedenen Sprachen so verschieden bestimmt worden, daß man vermuthen kann, es sei in dieser Theorie etwas anderes damit gemeint, als wir hineinzulegen gewohnt sind. Der Ausdrukk bezeichnet hier nicht alle Begriffe, sondern nur einige, nämlich die, welche unabhängig von den Sinnesthätigkeiten sind. Alle Ansichten von der Sprache hingegen, welche darauf ausgehen diejenigen Sprachelemente, die nicht Gegenstände sondern etwas in den Gegenständen vorauszusezendes, über sie hinausliegendes bezeichnen, aus solchen Sprachelementen abzuleiten, welche sichtlich auf Bilder zurükkgehen, stehen auf der entgegengesezten Seite. Wir wollen nun hier gar nicht zwischen diesen entgegengesezten Ansichten, insofern sie einen Unterschied machen in dem Werthe der Vorstellungen, welche auf die eine oder andre Weise entstanden sind, entscheiden, sondern nur auf die Differenz selbst aufmerksam machen und diese in Verbindung bringen mit den Fragen, die wir uns vorgelegt haben. Wenn wir in der Gesammtheit der Vorstellungen, die wir nur in und mit der Sprache haben, ganze Klassen finden, und zwar nicht zufällig sondern von bedeutendem Einfluß, welche gar nicht aus Bildern entstehen, so

können wir auch die Denkthätigkeit nicht als eine bloße Fortsezung und weitere Entwikflung der Sinnesthätigkeiten anfehen,
und damit hängt dann zusammen, daß sie auch nicht erst eintritt,
wenn die Sinnesthätigkeiten schon vollkommen entwiffelt sind, sondern früher.

Müssen wir nun eine Differenz annehmen, so fragt sich nur,
wie weit wird sie sich erstreffen und wie haben wir die geistigen
Thätigkeiten als solche anzusehen? Aus organischen Einwirkungen wird dasjenige, was nicht in die Bilder aufgeht, nicht entstanden sein können, es ist uns also auch nicht als Sein außer
uns gegeben. Nun wollen wir aber auch keinen solchen Sprung
machen, wie bei der Theorie von den angebornen Begriffen, sondern nur sagen, es ist etwas was immer irgendwie entstanden
sein muß und wozu wir irgend einen innern Grund auffuchen
müffen. Bleiben wir dabei, daß wir alle psychischen Thätigkeiten
in überwiegend aufnehmende und ausströmende theilen, so können
wir nicht anders sagen, als das objective sinnliche Bewußtsein
gehört der aufnehmenden Thätigkeit an, die von innen entstehende
Denkthätigkeit aber können wir nicht so ansehen. Bildet man
die Theorie von den angeborenen Begriffen aus, so kommt man
auf die antike Form derselben, daß die Begriffe durch Erinnerung
entstehen und das ist doch wieder aufnehmende Thätigkeit. Kann
man nun außer der von außen aufnehmenden Thätigkeit noch
eine von innen aufnehmende aufstellen? Diese könnte keinen andern Gegenstand haben als die Selbstthätigkeit, und da kommen
wir auf das, was in der Schulsprache durch den Ausdruff Reflexion und reflectirendes Bewußtsein bezeichnet wird.
Wenn wir zurükfgehen auf das, was schon früher erwähnt ist
über das unentwikfelte Verhältniß dieses Gegensazes auf den untergeordneten Lebensstufen, so können wir uns denken eine Selbstthätigkeit, die nicht bloß rükfwirkend ist, aber die doch nicht zum
Bewußtsein kommt. Sie kann aber auch nicht in eine solche
Aeußerung, wie das Denken und Sprechen ist, übergehen und
deshalb knüpfen wir beides auch immer nur an das Gebiet der

sich bewußten Selbstthätigkeit an. Hier kommen wir auf eine Unterscheidung, welche, wenn wir sie machen, gleich verschwindet, und wenn wir sie aufheben, gleich wieder zum Vorschein kommt. Nämlich in andern Fällen können wir unterscheiden das Bewußtsein als reflectirtes und als selbstthätiges, diese andern Fälle sind aber nur die, wo die Selbstthätigkeit eine Reaction ist. Wenn wir z. B. in einer Willensbestimmung Selbstthätigkeit unterscheiben, so thun wir es in Beziehung auf das reflectirte Bewußtsein darin; dieser Unterschied zwischen der bewußten und unbewußten Selbstthätigkeit kann gemacht werden, aber wenn wir ihn auf eine solche Weise machen, daß wir beides von einander sondern und in zwei Momente theilen, so müssen wir ihn wieder aufheben, weil die Selbstthätigkeit in ihrer Ursprünglichkeit doch nicht eine bewußte war. Da sehen wir also, wie die ursprüngliche und wesentliche Einheit jener relativ entgegengesezten Momente, der aufnehmenden und Selbstthätigkeit, in einem und demselben uns zugleich entschwindet und gegeben ist. Nun werden wir also sagen, das Denken ist eine solche eigenthümliche Selbstthätigkeit, aber nur in sofern, als ursprünglich nichts darin ausgesagt wird als das denkende Subject selbst und was es als solches hervorbringt. Dies aber ist immer zugleich ein sich selbst Aufnehmen d. h. die Thätigkeit ist zugleich in der Form des Bewußtseins gegeben, sie nimmt sich selbst in dieser Form auf und dies wird eine solche ausströmende Thätigkeit, wie das Sprechen ist, in einer doppelten Beziehung, einmal grade deswegen, weil hier ein zwiefaches in der Einheit des Momentes gesezt ist, als das Band zwischen einem Moment und den andern um die Continuität hervorzubringen, andrerseits von dem universellen Gattungsbewußtsein aus, um die Selbstthätigkeit in uns der Intelligenz, die außer uns ist, zu manifestiren. Wenn man das, was ich sage, in einem allzu engen Sinne nehmen wollte, so könnte man folgern, es seien auf diesem Wege nur diejenigen Elemente der Sprache zu erklären, welche menschliche Selbstthätigkeit aussagen. Wenn wir dies gelten lassen, so giebt es zwei Wege das Beschränkte zu erweitern, was aber wieder mit zwei transcendenten Theorien zusammenhängt, deren Anwendung auf unser Gebiet zu demselben Resultat führt, daß der Gehalt des Denkens dabei verschieden ist. Ich will nur bei unserem vorigen Beispiel stehen bleiben. Die Begriffe Kraft, Causalität, Substanz sind aus unserem Selbstbewußtsein hergenommen und Manifestationen von diesem; wir sind uns unserer selbst als solcher bewußt in der unmittelbaren Ausübung unserer Selbstthätigkeit und in sofern sind sie angeborne Begriffe. Es ist aber bloße Uebertragung, wenn wir diese Begriffe auf das Gebiet der Bilder, die das Außeruns repräsentiren, anwenden, wobei es fraglich bleibt, ob diese Uebertragung eine Fiction ist oder ihr etwas wahres zum Grunde liegt. Das wäre die eine Ansicht, die andre aber ist die, es sei nur die tiefere Identität des Geistes als des sich bewußten mit dem Sein überhaupt, vermöge deren wir als die eigentliche ursprüngliche Wesenheit diese Begriffe auf das Sein übertragen und das ganze Gebiet der Wesen dieser unterordnen. Hier wird das als Wahrheit festgesezt, was dort zweifelhaft bleibt, und wir haben also den Gegensaz zwischen einer skeptischen und dogmatischen Ansicht. Darüber zu entscheiden ist hier nicht der Ort; die Frage hat ihren großen Werth in einem andern Gebiet, wo es auf den Begriff des Wesens ankommt, für uns ist beides einerlei. Wir werden zur Ausgleichung beider Ansichten nur dieses sagen können. Wenn wir uns denken, daß irgend ein einzelner Mensch sich der Uebertragung des uns von innen geworbenen auf das Sein außer uns entziehen könnte und es möglich wäre unter einer anderen Form überhaupt zu denken, so würde das auch für unser Gebiet eine wesentliche Differenz geben, aber dieser Fall kommt nicht vor.

Es ist nun nur noch eine allgemeine Betrachtung übrig um unser Bild von der Denkthätigkeit in Verbindung mit der Sprache zu vollenden. Wir geben also zu, es giebt allerdings Elemente in der Sprache, welche nichts anders sind als Uebertragung dessen, was im sinnlichen Bewußtsein als Bild gewesen, und dies

gilt nicht bloß vom objectiven Bewußtsein sondern auch vom re-
flectirten subjectiven Bewußtsein, es giebt aber auch andre Sprachelemente, welche nur in diesem Selbstbewußtsein entstehen. Wir
sezen damit zwei ganz differente Elemente des Denkens, die einen
sind das eigenthümliche, die anderen das aufgenommene. Diese
werden in die Form der Denkthätigkeit nur aufgenommen durch
Mittheilung, die ersten haben ihren Grund in diesem Act der
Selbstthätigkeit sie aufzunehmen ins Bewußtsein und so Bewußtsein zu werden, aber alle nicht mit der Tendenz sie mitzutheilen,
indem ja auch die aufgenommenen Elemente nur in die Sprache
aufgenommen werden um sie mit jenen andern Sprachelementen
in Verbindung zu sezen. So wie wir aber diese Differenz des
Ursprungs näher ins Auge fassen, so ist es auch natürlich, daß
dem zwei verschiedene Gebrauchsweisen der Sprache entsprechen;
die eine, in welcher jene aufgenommenen Elemente die Hauptsache
sind, hat die Tendenz auf die Mittheilung der Menschen unter
einander, um das Gebiet des sinnlichen Bewußtseins zu bezeichnen, die Sprache in dem Verkehr des gemeinen Lebens,
wo man über die Dinge und das Verhältniß der Dinge zu dem
Menschen sich mittheilen will um der Handlungen willen; die
andre Gebrauchsweise ist die, in welcher das Eigenthümliche der
Denkthätigkeit dominirt und deren Tendenz darauf hingeht, das
ganze Gebiet der Wahrnehmung auf das Wesen des Seins zu
reduciren, die Sprache zum Behufe der Wissenschaft.
Beides sondert sich nicht auf bestimmte Weise; das erste ist das
am frühsten hervortretende, aber nie ohne das lezte, denn wie
wollten die Menschen unter einander verkehren in der Sprache,
wenn sie sich nicht als handelnde sezten, dies ist aber das Fundament zu der andern Denkthätigkeit. Von selbst also sondert
sich beides nicht, es muß sich aber immer mehr sondern, wenn
die ganze Thätigkeit zu ihrer Vollendung kommen soll. Geschieht
die Trennung nicht, so finden wir, daß die Sprache des gemeinen Lebens Ursache ist von Verwirrungen in dem Gebiete der
Wissenschaft und die Anwendung der Sprache der Wissenschaft

Urfache zu Verwirrungen wird auf dem Gebiete des gemeinen Lebens. Aber dieses genaue Zusammengehen beider in dem ganzen Gebiet der sinnlichen Denkthätigkeit und diese immer bestimmter hervortretende Unterscheidung dessen, was seine Beziehung hat auf das Gebiet des Lebens und was seinen Werth hat für das Gebiet des Wissens ist die fortschreitende Entwicklung dieser Thätigkeit, so daß man die Vollendung als ein nur durch allmähliche Approximation zu erreichendes ansehen muß.

Die Gegensäze, die es auf diesem Gebiete geben kann und die jeder anders stellt, je nachdem er auf der einen oder andern Seite steht, nämlich die Gegensäze in Beziehung auf die Werthschäzung dessen, was das transcendente, metaphysische im Denken ist, hangen zusammen mit den beiden Hauptpunkten in der Sprache, erstens daß sie Uebertragung der Bilder zum Behuf der Mittheilung ist, und zweitens, daß sie diese eigenthümliche aus dem Selbstbewußtsein hervorgehende Function des Geistes zur Darstellung bringt. Das eigenthümliche des Denkens manifestirt sich in der Sprache an zwei Endpunkten, bei den combinatorischen Reihen und beim Aufsuchen des innern im äußern. Da nun das innere immer die Einheit ist gegen das äußere viele, so ist die Denkthätigkeit eine Verknüpfung zur Einheit. Gingen wir von hier noch einen Schritt weiter, so kämen wir wieder in das metaphysische. Auf der andern Seite, wenn die eigenthümliche Wahrheit dieses Denkens als Null gesezt wird, so muß alles Denken auf dem Complexus der Bilder und dem, was diesen zu Grunde liegt, beruhen, d. h. der unendlichen Theilbarkeit von Raum und Zeit, und das wäre das atomistische. Daß dies der größte Gegensaz auf diesem Gebiete ist, leuchtet ein, weil wir dies aber auf unserm Wege gefunden haben, so scheint es für die Richtigkeit unserer Darstellung zu bürgen. Man könnte hiegegen sagen, es höre die Einheit der Sprache auf, wenn wir sie aus zwei so ganz disparaten Elementen construiren wollten, hiemit hat es aber dieselbe Bewandtniß wie mit dem Zusammenhange zwischen dem objectiven und dem Selbstbewußtsein, die beide zu-

sammen das pspchische ausmachen. Wir finden dies auf eine be=
sondere Weise in der Geschichte aller Sprachen, die eine bedeu=
tende Entwikklung durchmachen, daß in dem Maaße, als sich
jenes höhere Element entwikkelt, sich auch das ganze System der
Bilder in der verschiedenen Abstufung des allgemeinen und be=
sondern ordnet. Wenn wir die Sprache betrachten im Zusam=
menhang mit dem sinnlichen Bewußtsein, so hat sie da ihre ganze
Richtung auf dasjenige, was sich in der Selbstthätigkeit auf die
äußere Seite des außer ihm gegebenen Seins und den Zusam=
menhang mit der eigenen Existenz bezieht, d. h. die Sprache ist so
lange in ihrer ganzen Formation nur eigennützig. Man braucht
nur solche Formeln zu nehmen, wie wenn die Vegetation ein=
getheilt wird in Kraut und Unkraut, so ist darin die eigennützige
Beziehung, und so sehen wir noch das ganze Aufnehmen des Seins
an einen Bewußtseinszustand angeknüpft, welcher sich dem thieri=
schen Instinkt nähert. Dasselbe werden wir finden, wenn wir
die Eintheilung in zahme und wilde Thiere betrachten, dasselbe,
wenn in der Bezeichnungsweise noch überall die Aussagen, die
einen subjectiven Bewußtseinsinhalt haben, dominiren und das
objective noch nicht heraustritt. So wie sich aber jenes höhere
Element entwikkelt, so verschwindet diese ganze Reihe von Bil=
dern; sie bleiben im gemeinen Leben, aber sie dominiren nicht
mehr in der Sprache. In diesem Uebergang sehen wir nicht
allein die Differenz in den beiden Zuständen, sondern auch die
wesentliche Zusammengehörigkeit beider Elemente; in der Un=
terordnung aber der äußern Elemente unter die Potenz dieses
höheren liegt die Richtung der Sprache auf das Wissen. Dar=
aus läßt sich leicht folgern, daß diejenigen, welche im Gebiete des
Wissens versiren, aber doch dies höhere Element leugnen, in einer
Täuschung befangen sind, und daß ihre Richtung eigentlich doch
auf die äußere Seite des Verkehrs mit andern Menschen geht.

Wir kommen nunmehr zu unserer dritten Frage, wie sich
diese Function in allen ihren Abstufungen zu den übri=
gen psychischen Thätigkeiten verhält, und da müssen wir

noch zu einigen Punkten zurückgehen, die wir bisher noch nicht hervortreten ließen. Es knüpft sich das, was ich sagen will, an das frühere an, daß die Sprache als solche und demnach auch das Denken, insofern es mit der Sprache zusammenhängt, eine nach außen gehende Thätigkeit ist und die Richtung auf die Mittheilung wesentlich in sich enthält, und daß andrerseits, wie sehr auch alles Denken in der Form der menschlichen Meditation ein rein innerer Proceß ist, dieser doch nicht getrennt werden kann von dem innern Sprechen, wenn nicht das Denken wieder seinen Charakter verlieren und etwa ein bloßes Brüten oder ein Spiel mit Bildern werden soll. Hier finden wir nun ein umgekehrtes Verhältniß zwischen dem innern und äußern Sprechen im Vergleich mit denselben Momenten im Gebiete des sinnlichen Bewußtseins; da war die von außen bestimmte Thätigkeit des Organs die primitive und stärkere, die von innen bestimmte Thätigkeit des Organs die schwächere und abgeleitete, indem sie sich immer auf jene bezieht und nicht die Lebendigkeit hat wie jene. Nun ist allerdings in dem Verhältniß des inneren und äußeren Sprechens die eine Differenz dieselbe, indem die Rede, welche wirklich nach außen geht die stärkere Thätigkeit ist, woher auch die Erscheinung kommt, daß wenn die Gedanken in einem ganz isolirten Subject eine gewisse Lebendigkeit gewinnen, unwillkürlich das innere Sprechen ein äußeres wird ohne Rüksicht auf die Mittheilung, obgleich es im Grunde genommen doch auch eine Mittheilung an sich selbst ist um die Gedanken sich stärker einzuprägen. Wenn wir nun fragen, wie sich diese ganze innere Operation verhält zu den beiden Brennpunkten der Sprache, so werden wir sagen, daß es bei weitem häufiger vorkommt in der Richtung der Sprache auf das Wissen als in der auf das geschäftliche, aber immer muß das innere Sprechen als das primitive angesehen werden und nicht als das abgeleitete. Ueberall jedoch, wo dieser Proceß ein rein innerer bleibt und das innere Sprechen nicht wirklich heraustritt, ist auch der Moment noch nicht abgeschlossen sondern wir sind noch im Denken begriffen. Das ist das Ver-

hältniß zwischen der Meditation und der Composition im weiteren Sinne, zwischen der Ueberlegung und dem Entschluß; wir
haben da ein inneres Zurükkhalten der Operation, die in und
durch uns selbst noch nicht zur Vollendung gebracht ist, und so
müssen wir beides als einen Act, von dem das eine der Anfang
das andre das Ende ist, ansehen. Betrachten wir die Sache so,
so gewinnen wir das Resultat, daß bei dem innern Sprechen,
wo dies am meisten vorkommt, in der Richtung auf das Wissen,
das Denken auch schon die Eigenschaft hat, daß es ein gemeinsames sein will, und daß, wenn dieses nicht zum Wesen unseres
geistigen Lebens gehörte, auch das Sprechen nicht in einem so
genauen Zusammenhang mit dem Denken stehen würde. Damit
aber sagen wir, daß es eine Function des Geistes ist, welche die
Identität des Selbstbewußtseins und des Gattungsbewußtseins in sich schließt. Wenn wir das andere Element der
Sprache betrachten, so werden in Beziehung auf das äußere Leben die einzelnen Menschen uns ebenso zu Gegenständen wie die
anderen Dinge, und es tritt zwischen den einzelnen Menschen
dasselbe Verhältniß ein wie zwischen dem Menschen und den Gegenständen außer ihm, daß sie ihm bald günstig bald zuwider
sind; zugleich aber zeigt sich, daß die Menschen sich über diesen
Gegensaz erheben, sobald die ganze Operation des Denkens jene
höhere Richtung auf das Wissen nimmt. Es giebt eine Stufe
der Entwikklung, wo die Menschen sich feindselig behandeln, dieser
Zustand wird aber nicht möglich sein, wo die Richtung auf das
Wissen in der Sprache sich bis zu einem gewissen Grade entwikkelt hat, denn das sezt das Gattungsbewußtsein voraus. Wo
wir dagegen einzelne Menschen sehen, die noch auf der Stufe
stehen, daß sie geneigt sind, feindselige Verhältnisse vorauszusezen,
da sind es diejenigen, bei welchen die äußere Beziehung der
Sprache vorherrscht.

Von diesem eigentlichen Entwikklungsknoten an werden wir
den ganzen Verlauf der Denkthätigkeit in ihren verschiedenen Beziehungen, wie er mit der Sprache wesentlich zusammenhängt,

11 *

leicht überfehen können. Wir wollen uns den Menschen vor=
stellen auf jener Stufe, wo er überwiegend in dem äußern Leben
verfirt, da werden wir doch zugeben müssen, daß das innere
Sprechen beständig alle jene Momente begleitet, sobald wir ihn
in Gemeinschaften denken, wo die Sprache im allgemeinen schon
diese Richtung genommen hat, wogegen, wenn wir solche Zustände
betrachten, wo dies noch nicht der Fall ist, wir finden werden,
daß in dem ganzen Verlauf des Bewußtseins die sinnlichen Bil=
der in der größten Schärfe ausgebildet sind und ihn beständig
begleiten, ohne aber noch die Form der Sprache anzunehmen.
Es giebt Völker, die auf dieser Stufe stehen, z. B. die norbame=
rikanischen Eingebornen, bei welchen sich die sinnliche Thätigkeit
der Organe in einer außerordentlichen Schärfe findet, aber eine
eigentliche Richtung auf das Erkennen ist ihren Sprachen nicht
eingeprägt. Es ist mehr eine Uebertragung der Bilder, zugleich
aber ist der Gebrauch der Sprache überhaupt weit geringer, sie
sind in hohem Grade schweigsam. Wo aber die Sprache im
Ganzen schon bis auf diesen Punkt entwikkelt ist, da finden wir
auch das innere Sprechen schon bei den am wenigsten gebildeten
Menschen, die Lebendigkeit der sinnlichen Bilder tritt offenbar zu=
rükk, und nicht selten auf eine nachtheilige Weise für die Schärfe der
sinnlichen Thätigkeiten selbst, aber diese wird wieder gewekkt, so=
bald die Richtung auf das Wissen sich zeigt, die eine genauere
Beobachtung der Gegenstände herbeiführt, wobei dann das inner=
liche Sprechen keinesweges wieder so zurükktritt wie bei dem ur=
sprünglichen Maximum der Sinnesthätigkeit sondern ein beglei=
tendes bleibt. Hier sehen wir wieder, wie, wenn wir uns die
ganze eigentliche Denkfunction vom Selbstbewußtsein ausgehend
vorstellen, sie auch das eigentliche Band des Selbstbewußtseins
wird. So wie das Kind durch das Ich=sagen zum vollen Selbst=
bewußtsein kommt, so ist auch das Selbstbewußtsein des Men=
schen durch das innere Sprechen bedingt, es ist die allgegenwärtige
Function, welche in dieser Form alle andern Zustände begleitet.
Hier bleibt die Sprache ein rein innerliches und doch ist sie nichts

anderes als die Richtung des Denkens auf die Mittheilung, weil sie die beständige Mittheilung des einen Moments an den andern ist, wodurch erst die sichere Continuität des Selbstbewußtseins zu Stande kommt.

Betrachten wir die Sprache in ihrem Nach-außen-gehen, so fängt sie immer an mit einer Uebertragung der Bilder in die Sprachelemente, so wie aber das Selbstbewußtsein sich entwikkelt, fängt auch das Denken an. Verfolgen wir nun die Denkthätigkeit in ihren Extremen, so finden wir deren zwei; wenn das eine ganz isolirt werden könnte, so wäre es ein unvollkommenes Bewußtsein, ein atomistisches und vereinzeltes, nehmen wir dagegen die andere Richtung in ihrer Vollkommenheit, so würden wir die Welt darin repräsentirt finden. Beiden liegt noch eine andre Differenz zum Grunde. Wie nämlich in der sinnlichen Thätigkeit die objective und die subjective Seite zwar unzertrennlich sind, aber die subjective eine gewisse Priorität behauptet, so zeigt sich in der Sprache ursprünglich auch ein Uebergewicht des subjectiven über das objective, wogegen in dem andern die Richtung auf das reine Sein die herrschende ist. Nimmt man beides zusammen, so sieht man ein, daß es wol Theorien geben konnte, welche eine doppelte Stufe des Bewußtseins annehmen, das gemeine und das höhere Bewußtsein. Diese Abstufung ist rein ethisch, sie geht darauf zurükk, daß die eine Richtung mehr die Persönlichkeit darstellt, die andere mehr die allgemeine Richtung auf das Sein. Aber wir werden keinen Grund haben, die Differenz bis auf diesen Punkt zu steigern, weil schon in den ersten Anfängen sich jenes gar nicht so isoliren läßt und also auch nicht als ein bleibendes eigenthümliches Lebenselement angesehen werden kann. Auch in dem, was man das gemeine Bewußtsein nennt, müssen wir dieselben Elemente anerkennen, und ist es auch nicht das combinatorische, so verwandelt es sich doch immer mehr in das objective, und auch ohne eine bestimmte Richtung auf das Wissen, sahen wir im gemeinen Bewußtsein die ursprüngliche Abstufung von Bildern verschwinden oder in eine untergeordnete Beziehung

treten. Wollte man den Unterschied auf eine solche Weise span-
nen, so käme man dahin, eine geistige Differenz in den Sub-
jecten selbst anzunehmen, wodurch die Identität der menschlichen
Gattung aufgehoben würde. Dies aber würde auf eine Frage
führen, die wir erst später zu behandeln haben werden, wenn wir
auf die psychischen Differenzen überhaupt kommen.

Es ist aber noch eine Seite der Sprache übrig, die einen
eigenthümlichen Charakter an sich trägt und in jener Reihe nicht
mit begriffen ist. Wenn wir auf das zurükgehen, was wir über
die ersten Elemente der Sprache gesagt haben, so fanden wir da
den Unterschied zwischen Laut und Ton. Nun ist der leztere
an und für sich etwas von der Sprache und der Denkthätigkeit
ganz getrenntes und nur eine Manifestation der subjectiven Seite
des Bewußtseins, wir finden aber hernach beides verbunden. Denken wir uns das singende Sprechen im gemeinen Leben, so erscheint das uns freilich als eine Angewöhnung im Organ ohne
Beziehung auf eine Differenz im Denken und Sprechen, nur daß
wir allerdings sagen können, daß in dem Maaße, als sich das
eigentlich combinatorische und das rein objective auf das Sein
der Dinge gerichtete entwikelt, jenes verschwindet und die reine
Rede heraustritt. Wir finden aber in verschiedenen Graden in
den Sprachen selbst den Gegensaz zwischen Poesie und Prosa
und die erstere ist in ihren Anfängen und in einigen Gattungen
überall mit dem Gesange verbunden. Hier tritt uns, so wie wir
uns die Poesie vergegenwärtigen, allerdings die Denkthätigkeit
hervor, aber sie erscheint uns als eine ganz freie ohne Zusammenhang mit dem von außen gegebenen. Hier fragt sich, inwiefern eine Differenz in der Sprache vorliegt, ist auch die Denkthätigkeit selbst eine andre? Wenn wir darauf zurükgehen, daß
das Denken nichts von außen gegebenes und wenn auch durch das
organische hervorgerufen, doch ein innerlich producirtes ist, so
werden wir auch das Denken als eine freie Thätigkeit sezen können; wenn es sich aber anschließt an das, was ursprünglich Wahrnehmung gewesen ist und dieses festhält, so ist es zwar seiner

Genesis nach auch noch frei, aber dem Inhalte nach ist es gebunden, denn es soll das Sein darstellen und mit der Wahrnehmung übereinstimmen und sich dadurch immer mehr bewähren. Betrachten wir dagegen das poetische Product, so finden wir auf der einen Seite diesen Zusammenhang gelöst, auf der andern ihn in eigenthümlicher Weise festgehalten. Denn wollte man sich eine Poesie denken, welche aus überwiegend combinatorischen und speculativen Sprachelementen bestände, also losgerissen von den sinnlichen Bildern, so wäre das ein Versuch etwas in eine dem Inhalte nicht angemessene Form zu bringen. Wir haben es hier mit einer rein in das subjective aufgenommenen Production zu thun, die an die Gesammtheit der Bilder gebunden ist aber ganz unabhängig von der Richtung auf das Wissen, und denken wir sie verbunden mit dem Gesange, so ist auch, was ursprünglich Gedanke ist, in das Gebiet des subjectiven hineingezogen. Hier entsteht uns in der Sprache selbst ein Gebiet, welches wir in seiner Vollendung der Wissenschaft gegenüberstellen und in den Begriff der Kunst aufnehmen, worunter aber auch sehr vieles andre in dieser Beziehung allerdings gleichartige aber mit der Denkthätigkeit und der Sprache nicht verbundene gehört. Es wird also für die Vollendung der Sprache und Denkthätigkeit zu fordern sein, daß sie in das Gebiet der Kunst eingeht. Wir können uns eher denken eine Sprache, in welcher der Gegensaz zwischen Prosa und Poesie in allem, was Composition ist, gar nicht herausträte, als daß ein Volk, welches sich zur vollkommenen Prosa in der Wissenschaft erhoben hätte, ohne Poesie wäre. Es hat auch solche Theorien gegeben, die ausgehend von solchen Erscheinungen wie daß in Griechenland die Philosophie ursprünglich ganz Poesie war, behauptet haben, die Poesie sei überhaupt nur für die Kindheit der Völker, sie sei eine untergeordnete Stufe der Denkthätigkeit, und eine weiter fortgeschrittene erlaube nicht mehr die Sprache zur Poesie zu gebrauchen, sondern sie müsse ganz in die objective Richtung auf das Sein und das Wissen aufgenommen werden. Aber dann bliebe nur übrig entweder das Gebiet der

Kunst ganz aufzuheben oder es so zu verstümmeln, daß man die Poesie davon trennte, und nur die übrigen Theile derselben beibehielte. In beidem liegt eine Verkennung des eigenthümlich menschlichen, weshalb sich denn auch solche Theorien nicht lange haben behaupten können, zumal da sie zu gleicher Zeit in Opposition zu allem höheren Wissen und zur Speculation treten. Indem wir also dies als eine Einseitigkeit ansehen können und das gänzliche Fehlen dieses Gliedes uns offenbar als eine Ausnahme von dem natürlichen Entwiklungsgange denken, so müssen wir eine zwiefache combinatorische Thätigkeit in Beziehung auf das Denken, wie es sich im Gefolge des sinnlichen Bewußtseins entwikkelt, annehmen; die eine, welche rein objectiv auf das Verhältniß der Intelligenz zu dem Sein an sich gerichtet ist, die andre, in welcher sich die Intelligenz als Einzelwesen auf eine eigenthümliche Weise productiv manifestirt. Dies aber können wir wegen seines Zusammenhanges mit anderen analogen Gebieten hier nur bemerklich machen.

Dies beides sind die höchsten Erscheinungen, in welchen die Denkthätigkeit als eins mit der Sprache selbständig hervortritt und die wir als verbunden mit dem innern Sprechen nun noch darstellen müssen. Auf der einen Seite scheint beides sehr weit aus einander zu liegen; das innere Sprechen ist das bloß reflectirende, reprobucirende, welches rein aus einzelnen menschlichen Zuständen ohne alle Rükksicht auf ihren Gehalt hervorgeht, dieses beides aber ist ursprüngliche Productivität, allerdings auch in einer gewissen Gebundenheit, aber so daß sich beides in beiden ganz entgegengesezt verhält. Die wissenschaftliche Production ist immer gebunden, nur in verschiebenem Grade, je nachdem sie empirisch oder speculativ ist, einmal die Sprachelemente, welche Bezeichnung der Gegenstände und ihrer Verbindungen sind, rein so zu lassen, wie sie die Wahrnehmung repräsentiren, und sodann, die combinatorischen Sprachelemente so zu gebrauchen, wie es in dem Gebiete der Sprache allgemein geltend ist. Denn wenn wir auch das zugeben müssen als eine sehr häufige Erfahrung, daß eine jede speculative Composition sich auch ihre eigne Sprache bildet, so kann dies doch nicht geschehen, ohne an eine schon vorhandene anzuknüpfen. Dies ist das gebundene für die wissenschaftliche Composition, aber sie erscheint doch immer als eine freie Productivität; denn bloßes Beschreiben kann wol eine auf das Wissen gerichtete Tendenz haben, aber indem sie nur auf das Wahrgenommene zurückgeht, ist sie nicht das selbständige Hervortreten der Denkthätigkeit. Die poetische Composition ist auch gebunden, aber nur an den sinnlichen Gehalt der Sprachelemente, welche die Gesammtheit der Bilder darstellen, sie kann sich jedoch von dem gegebenen so weit losmachen, daß sie auch disparate Theile von verschiedenem gegebenen mit einander combiniren kann. Es ist z. B. nicht mehr auszumachen, ob solche Compositionen wie die der Centauren früher in der bildenden Kunst oder in der Poesie gewesen sind, und wenn sie auch früher in jener waren, so mußte doch der Künstler zuerst eine innerliche Anschauung von ihnen gehabt haben. Hier haben wir also allerdings das Maximum von Selbständigkeit in der Production der Denkthätigkeit. Alles Denken, das in dem Gebiete der Wahrnehmung liegt, steht in dieser Beziehung in der Mitte zwischen beiden, es liegt ihm ein inneres Wahrnehmenwollen zum Grunde, aber die Denkthätigkeit geht von den sinnlichen Eindrükken aus. Ist dann die Entwikklung der Sprache und des Denkens bis auf einen gewissen Punkt gediehen, so knüpft sich gleich an das Wahrnehmen das innere Sprechen an und so ist dies ein Uebergang von der ursprünglichen Gebundenheit zu dem reflectirenden Denken. Bei der wissenschaftlichen Composition ist dagegen das innere Sprechen das erste, theils vor der eigentlichen Conception, wo das ganze in seinen wesentlichen Zügen innerlich gegeben ist, theils auch als anfangende Ausführung. Wenn wir nun dies zusammenstellen und es auf die einfachste Differenz zurückführen, so ist das, was wir als das reflectirte Denken bezeichnen, nichts anderes als das Wahrnehmenwollen auf sich selbst gerichtet und es bliebe nur dies beides übrig, die Denkthätigkeit, als das

Wahrnehmenwollen, sich an alle Thätigkeiten des Menschen anhängend, um das gegebene in gedachtes zu verwandeln, und dem gegenüber die Freiheit der Production, die freilich in jener auch schon ist, wenngleich nur als ein Minimum, weil nichts als ein combinirtes gegeben ist und das gegebene dadurch, daß es ein gedachtes wird, in die freie Thätigkeit des Menschen aufgenommen wird.

Wenn wir nun noch eine andre Beziehung hinzunehmen auf eine Function des geistigen Lebens, die wir noch nicht betrachtet haben, nämlich das Verhältniß des Denkens zur Willensbestimmung, so ist hier in demselben ursprünglich etwas gesezt, was erst werden soll. Während sonst das Denken einem anderen gegebenen nachgeht, ist hier ein Gebiet, wo es das schlechthin erste ist, sobald wir einen Willensact als etwas besonderes sezen abgesehen von seiner Veranlassung. Aber genau genommen ist es doch dasselbe, was wir eben erörtert haben, nur ohne die Gebundenheit. Denn die erste Conception ist doch auch ein Denken von dem, was erst werden soll, aber es soll nur werden als ein bestimmtes Denken, während hier das, was werden soll, nicht ein Denken selbst ist sondern eine andere Manifestation. Hierin ist nun das ganze Verhältniß der Denkthätigkeit zu allen andern Functionen erschöpft. Diejenigen, welche überwiegend empfänglich sind, sind uns repräsentirt durch die Sinnesthätigkeit, diejenigen, welche überwiegend selbstthätig sind, sind uns repräsentirt durch die Willensacte, an beide hängt sich das Denken, den einen nachfolgend den andern vorangehend und zwischen beiden liegt die freie Production.

Es ist nun noch die lezte Frage übrig in Beziehung auf die Differenz unter den Sprachen. Wie ist, da doch die Denkthätigkeit auf dem Gattungsbewußtsein ruht und dabei die Identität der Vernunft in allen vorausgesezt wird, die große Verschiedenheit und das Verhältniß der verschiedenen Sprachen, insofern dies zugleich die Denkthätigkeit selbst afficirt, zu begreifen? Wenn nämlich das Verhältniß ein solches wäre, daß die Spra-

chen nur ihrem Laute nach verschieden wären, das dabei gedachte
aber in allen dasselbe, so würde die Schwierigkeit nicht groß sein
und sie würde uns gar nicht betreffen, weil sie ganz in das Gebiet des physiologischen fallen würde. Natürlich könnte man dann
den Grund nur in der Organisation der Sprachwerkzeuge und
der ganzen organischen Constitution finden, und da wäre nur zu
fragen, was dann eine Grenzfrage für uns wäre, ob sich ein bestimmtes Verhältniß der ersten Sprachelemente, von der physiologischen Seite angesehen, zu dem logischen Gehalt ausmitteln
ließe? So nun steht die Frage aber ganz und gar nicht, sondern der logische Gehalt einer jeden Sprache in ihren verschiedenen Abstufungen ist ein anderer als der in den übrigen. Die
Differenz ist auf der einen Seite eine quantitative in Rüksicht auf den Reichthum der Sprachen. Bestände derselbe nur
in einer Menge von gleichgeltenden Wörtern für ein und denselben Gedanken, so wäre keine weitere Untersuchung nöthig, sondern man würde etwa sagen, daß die eine Sprache mehr Bedürfniß und Wohlgefallen an einer Menge von verschiedenen Lauten habe. Aber auch schon die quantitative Differenz findet in
ganz anderer Weise statt, indem die eine Sprache Unterschiede
hervorhebt, die in der andern nur latitiren. Die Differenz ist
jedoch auch eine qualitative. Es ist eine sehr unvollkommene
Ansicht von einer Sprache, wenn man die einzelnen Wörter nur
als ein nebeneinander gestelltes für sich betrachtet, vielmehr ist es
eine nahe liegende Aufgabe sie zu gruppiren und nach dem Verhältniß ihrer Zusammengehörigkeit zu ordnen. Wenn es in einer
Sprache eine große Masse von Formen giebt, dasselbe Stammwort
durch Anhängung von einzelnen an und für sich nicht selbstän-
digen Lauten, Beugungen u. s. w. zu modificiren, so entstehen daraus eine große Menge von Wörtern, die sich alle auf eine Wurzel
zurükführen lassen. Thut man dies in verschiedenen Sprachen,
so findet sich nicht nur eine Mannigfaltigkeit in der Art und
Weise, die Begriffe zu zersezen und zu verknüpfen, sondern es
zeigt sich auch, daß die Stammwörter selbst nicht in einander

aufgehen und ebenso die Beugungswörter, kurz man kann diese qualitative Differenz der Sprachen nicht anders bezeichnen, als daß sie alle gegen einander **irrational** sind. Keine kann durch die andre adäquat gemessen werden und zwar nicht allein so, daß für ein einzelnes Wort in der anderen Sprache nicht ein solches gefunden wird, welches ganz dasselbe bedeutet, sondern auch so, daß das ganze Verhältniß dieser Wörter auch zugleich logisch verschieden ist. Diese bei der Voraussezung der Identität der Denkthätigkeit in allen höchst auffallende Differenz kann nun offenbar nur auf zweierlei Principien zurükgeführt werden. Einmal werden wir sagen, es giebt Sprachen, welche sich zu einander verhalten wie verschiedene Entwikklungsstufen, so daß man sich denken kann, unbeschadet der Differenz der Laute, werde die Ungleichheit entweder ganz und gar oder zum großen Theil schwinden, wenn sie nach demselben Exponenten fortschreiten. Ließe sich das ganze hieraus erklären, so wäre es etwas sehr einfaches. Wir haben z. B. aufgestellt, es gebe Sprachelemente, welche rein auf das sinnliche Bewußtsein zurükgehn, aber auch andre, welche auf dem Eigenthümlichen der Denkthätigkeit und ihrer Richtung auf die Einheit und Verknüpfung beruhen. Wenn nun eine Sprache sich ganz in der ersten Weise entwikkelt hätte und das formelle und speculative Element in ihr gar nicht ausgebildet wäre, so würde sie im Vergleich mit einer andern, in der mehr ein Gleichgewicht zwischen beiden herrschte, sich in einem früheren Entwikklungszustande befinden. Allein das ist noch gar nicht der ganze Umfang der Sache, sondern nur das eine Princip, wir können vielmehr Sprachen vergleichen, welche eine ebenso starke Richtung auf das Wissen haben, aber das logische in den Sprachelementen ist doch in ihnen ein verschiedenes, und da ergiebt sich eine Art von Nothwendigkeit, indem wir die Identität der Denkthätigkeit voraussezen, doch eine ursprüngliche Verschiedenheit in der Art und Weise, wie sie sich ausbildet, anzunehmen. Es kommt hier zuerst darauf an das Factum gehörig festzustellen, und das können wir nicht anders, als wenn wir die Art und Weise betrachten,

wie die Sprachen in ihren Elementen dargestellt zu werden pfle=
gen, das lexicalische. Mag nun auch die gewöhnliche Behandlung
noch in einem gewissen Grade unvollkommen sein, so ist doch die
Methode nicht ganz zu verwerfen. Da findet sich nun dies, daß
nie ein Wort der einen Sprache durch eines in der andern über=
sezt werden kann, sondern es hat immer eine Mehrheit von Be=
deutungen. Giebt man dies zu, so zeigt sich, daß auch die Iden=
tität in der Gebrauchsweise der scheinbar adäquaten Wörter pro=
blematisch wird, denn alle Wörter hangen zusammen und es
entsteht die Aufgabe den Uebergang der einen Gebrauchsweise zur
andern aufzusuchen. Wenn nun gewisse Gebrauchsweisen zweier
corresponbirenden Wörter identisch zu sein scheinen, aber sie füh=
ren in der einen Sprache andre Gebrauchsweisen mit sich, die
in der andern Sprache nicht vorkommen, so sind sie auch nicht
ganz identisch, sondern sie tragen schon die Differenz in sich,
welche sich so durch die ganze Sprache hinzieht, daß es kaum ein=
zelne Elemente giebt, welche in irgend einer Beziehung an Cen=
tral= oder Grenzpunkten stehen, wo sich diese Irrationalität ver=
mindert. Wir wollen davon nur einige wenige Beispiele nehmen.
Das allerallgemeinste formale Sprachelement in der zusammen=
hängenden Rede ist dasjenige, wodurch man einzelne Säze als
Aggregat mit einander verbindet, aber wir werden nicht behaup=
ten, daß unser „und" dem et und καί entspreche, denn diese ha=
ben Gebrauchsweisen, die bei unserm „und" nicht vorkommen.
Nimmt man von einer ganz andern Seite her das Wort „Gott",
so ist es eben so wenig dasselbe wie das im lateinischen und
griechischen corresponbirende. Denn so wie wir uns desselben be=
bienen, ist der Pluralis davon völlig negirt und wir gebrauchen
ihn nur als Nachbildung anderer Vorstellungen. So finden wir
die Differenz überall und sie wird noch größer, wenn wir bei
scheinbar einfachen Ausdrükken auf das Ethmon zurükgehen.
Wenn wir z. B. unser „Stoff" mit dem griechischen ὕλη ver=
gleichen, so glauben wir, es sei ganz dasselbe, wenn wir aber be=
denken, daß dieses aus dem gemeinen Leben herrührt und von da

erst übertragen ist, während dies bei unserem Worte gar nicht der Fall ist, so sehen wir, daß wir beide nicht identificiren können.

Es fragt sich also, wie man beides vereinigen könne, die Annahme, daß die Sprache nicht anders zu erklären ist als durch die Identität der Denkthätigkeit, und die Verschiedenheit der Sprachen. Es ist offenbar, daß jeder, der spricht, verstanden werden will, und das sezt die Identität voraus, aber es ist auch ebenso offenbar, daß die verschiedenen Sprachen aus einer Differenz in der Denkthätigkeit entstanden sind. Wir wollen einmal einseitig von jedem der einzelnen Punkte allein ausgehen. Wir sezen die Differenz der Sprachen und zugleich die Anforderung verstanden zu werden voraus und wollen die leztere aus jener erklären, so werden wir sagen, es macht niemand die Anforderung verstanden zu werden anders als an die, welche mit ihm dieselbe Sprache reden. Da nun die Denkthätigkeit eine alle andern Functionen begleitende ist; so hält der Mensch auch nur die für seines Gleichen in allen Beziehungen, die sich der nämlichen Sprache bedienen. Andere, mit denen ich keine Lebensbeziehungen haben kann, muß ich aus meinem ganzen Lebensgebiet ausschließen, und so bildet sich die Tendenz sie abzuwehren, weil sonst Verwirrung entstehen würde. Daher finden wir es denn auch geschichtlich, aber nur bei einer sehr untergeordneten Lebensentwikklung, daß manche Völker alle diejenigen als Feinde betrachten, die nicht dieselbe Sprache reden. Dies führt uns auf ein anderes Factum, nämlich auf die Wandelbarkeit der Spracheinheit selbst, die genau zusammenhängt mit der Wandelbarkeit des gemeinsamen Lebens. So lange die Menschen nur in kleinen Gesellschaften neben einander leben, so sind gleich schon die Spracheinheiten verändert, sie können neben einander wohnend eine sehr verwandte Sprache haben und doch sich feindselig behandeln. Fließen dann mehrere Gemeinschaften zusammen, so fließen auch die differenten Sprachen zusammen, so lange aber jenes engere und zerstükkelte Zusammenleben statt findet, ist auch die kleinere

Spracheinheit das dominirende. Auf diesen Entwicklungspunkt führt uns jene Ansicht und sie scheint einem noch sehr wenig fortgeschrittenen Zustande angemessen. Nehmen wir aber das Factum hinzu, daß, wenn die Spracheinheiten zusammenfließen, doch das Princip dasselbe bleibt, so entsteht die Frage, was geschehen müsse, damit auch das Princip verschwinde? Offenbar, daß alle Sprachen zusammenfließen; diese Forderung ist schon öfter vorgekommen, aber wir sehen, wie diese Richtung die Einheit der Sprachen nur postulirt, weil sie von der Differenz der Sprachen in ihrem Denkgehalte ausgeht, und so müssen wir sie erkennen als eine solche, welche mit dieser einseitigen Ansicht zusammenhängt. Allerdings findet sich auch von diesem Punkt aus eine andere Auflösung, nämlich eine Richtung sich in die vorausgesezte Differenz selbst hineinzudenken und das ist eigentlich die auf die Gemeinschaft der Sprachen. Sie kann aber von dieser einseitigen Voraussezung aus nur auf eine zwiefache Weise entstehen. Wenn ein Volk an seinem eigenen Verkehr nicht genug hat und das Bedürfniß sich geltend macht ihn zu vergrößern, so folgt auch daraus die Nothwendigkeit sich mit anders sprechenden Völkern einzulassen und die Feindseligkeit aufzugeben. Das ist aber nur die geringere Seite, die größere geht hervor aus der Richtung des Wissens, die verschiedenen Sprachen verstehen zu wollen und zu sehen, wie weit es ein Mensch bringen kann seine Gedanken in einer andern Sprache auszudrükken. Dies wäre eine Ueberwindung der Differenz durch die Richtung auf die absolute Gemeinschaft, die wir nicht anders haben können, als von der andern Voraussezung aus.

Wenn wir nun die Verschiedenheit der Sprachen von dem andern Gesichtspunkt der Einheit des denkenden Princips aus betrachten, so ist zu erwarten, daß der Denkgehalt aller Sprachen derselbe sei. Wenn wir etwas auf die logischen Regeln achten, für welche man doch eine ganz allgemeine Geltung verlangt, so werden wir zugeben müssen, daß z. B. das Verhältniß des Subjects zum Prädicat überall dasselbe sei, ebenso das Verhältniß des allgemeinen zum besondern, und daß die verschiedenen Formen, unter welchen die Einheit des Sazes möglich ist und wie Säze auf einander bezogen werden können, ebenfalls gleich sind. Nun ist die ganze Richtung keinesweges auf das Gebiet des Verkehrs, sondern auf das Uebertragen der Ueberzeugung und die Mittheilung des bekannten, also das Wissen im eigentlichen Sinn gerichtet. Hier müßte also die Identität vorausgesezt werden, damit das Wissen mitgetheilt werde, und dennoch findet sich dies nicht. Es giebt schon Sprachen, in welchen überhaupt das Subjects- und Präbicatsverhältniß nicht durch so bestimmte Worte geschieden ist, wie bei uns im Nomen und Verbum. Ebenso hat jede Sprache ihre eigene Weise, das allgemeine und besondere zu gestalten, indem in der einen die Bezeichnung des untergeordneten und des höheren weiter geht als in der andern. Wir werden also eine Differenz des Denkens zugeben müssen und es fragt sich, was für einen Ausweg giebt es von diesem Standpunkt aus, um beides in Uebereinstimmung zu bringen? Gehen wir auf die organische Seite der Sprache zurükk, so giebt es ein Verhältniß der Sprachbildung selbst, welches sehr analog ist der Differenz der Organisation. So wie sich diese verschieden constituirt nach den verschiedenen Zonen und Localitäten, so giebt es auch solche Differenzen in der Sprachbildung, die ins große gehen, und solche die untergeordnet sind. Will man nun die Vorausseßung festhalten, so muß man darzustellen suchen, wie alle Differenzen der Denkthätigkeit abhangen von der organischen Differenz. Dies ist aber gar nicht zu bewerkstelligen; es müßte dann immer möglich sein die Sprache in zwei Theile zu zerfällen, einen welcher abhängig ist von der Identität des denkenden Princips und den andern, welcher abhängt von der organischen Differenz. Es brauchte nicht so zu sein, daß alle logische Differenz abgeleugnet wird und nur die der Laute übrig bliebe, aber die Uebertragungen aus einer Sprache in die andre müßten vollkommen in einander aufgehen. Dann müßte die Irrationalität der Sprachen aufgehoben werden können

unter der Bedingung, daß es Bezeichnungen gäbe für die organische Differenz selbst in ihrem Einfluß auf die Sprache. Indeffen diese Forderung kann schon deshalb nicht befriedigt werden, weil die Sache ganz einseitig betrachtet ist. Wir haben
gesehen, wie die Entstehung der Bilder das frühere ist und die
Entwikklung der Sprache das nachfolgende, so daß die ersten Anfänge der Sprache sich auf jene ersten gegebenen Bilder beziehen.
Nun war zum Grunde gelegt auf der einen Seite die Voraussezung der Identität des denkenden Princips, auf der andern
die der Identität der Welt. Es ist offenbar, daß je mehr sich
die Welt differenzirt, desto mehr differenziren sich die übrigen
Verhältnisse. Es liegt also darin, daß die Differenz der Sprachen nicht allein abhängt von der der Organisation sondern auch
von den Verhältnissen und Bedingungen, unter welche die Organisation gestellt ist. Die Welt wird erst eine gemeinsame durch
die Gemeinsamkeit der Erkenntniß, diese aber beruht wieder auf
der Mittheilung durch die Sprache. Die Sache stellt sich also
so: von der Voraussezung der Identität des denkenden Princips
aus ist das Ziel eine völlig gemeinsame Erkenntniß in Beziehung auf die Gesammtheit der Welt, und da diese nur
durch die Gemeinschaft der Sprachen erreicht werden kann, so
kommen wir hier auf denselben Punkt, wie von der vorigen Voraussezung aus. Ganz abgesehen von der Forderung einer allgemeinen Sprache, welche von jener Voraussezung aus eigentlich
niemals gemacht worden, mußten wir sagen, es liege in der Natur, daß Verbreitung der Identität eines gemeinsamen Lebens
und Verbreitung der Identität einer Sprache zusammengehören;
alle Differenzen in der Lebensthätigkeit seien gegründet in der
Differenz der Sprachen und eine Ausdehnung des gemeinsamen
Lebens über diese Grenzen sei bedingt durch die Gemeinschaft der
Sprache. Aber dies ist grade das untergeordnete, wo die Verschiedenheit der Sprachelemente wieder aufgehoben werden kann
durch die Vorführung der Gegenstände und damit die Verständigung beginnt; es ist das Gebiet, wo die Combinationen am leich-

testen zur Darstellung gebracht werden können durch symbolische Handlungen, so daß es daher auch Völker giebt, bei denen alle Verträge im Verkehr an gewisse symbolische Handlungen geknüpft sind. Von der andern entgegengesezten Seite entsteht uns die Aufgabe in Ermangelung einer solchen Reduction, eine Gemeinschaft zu finden, durch welche die Irrationalität, wenn auch nicht gänzlich aufgehoben, doch durch Approximation bis zu jedem beliebigen Punkt vermindert wird. Es ist nun offenbar, daß wo die Richtung auf das Erkennen das gemeinsame Leben bis auf einen gewissen Grad durchdrungen hat und eine Gemeinschaft zwischen verschieden sprechenden schon besteht, diese Aufgabe sich schon zu realisiren beginnt. Dieses Bestreben ist überall das Zeichen der Voraussezung der Identität des denkenden Princips ohnerachtet der Anerkennung der Differenzen des Denkens in den Sprachen; aber alle solche Versuche eines allgemeinen Bezeichnungssystems, sei es durch eine wirkliche allgemeine Sprache sei es durch sichtbare Zeichen, die sich immer wiederholt haben von dieser nämlichen Richtung aus, haben niemals einen Erfolg gehabt, und diese Erfolglosigkeit deutet darauf, daß wir uns bei der lezten Formel beruhigen müssen. Die Idee einer allgemeinen Sprache kann nur die Tendenz haben, daß sich alle Differenzen in den Sprachen auf die den Theilnehmern gleichmäßig verständlichen Zeichen zurückführen lassen, die Unmöglichkeit des Gelingens liegt aber darin, daß man sich nur an die ursprünglichen Bilder wenden kann und diese unübertragbar sind.

Wenn wir nun aber doch finden, daß beide Voraussezungen auf dasselbe Resultat führen und es keine reale Aufhebung der Differenzen giebt als durch eine Gemeinsamkeit der Sprachen, die aber nur durch Approximation zu erreichen ist, so ist das der eigentliche Punkt, von welchem sich das ganze übersehen läßt. Dies führt uns wieder ganz auf die einzelnen zurück, und hier haben wir ein Phänomen, welches ganz eigentlich in unser Gebiet gehört und den Schlüssel abgiebt zu der richtigen Ansicht. Wie verhält sich das Denken ein und desselben Men-

ſchen in verſchiedenen Sprachen? So wie wir uns den=
ken, es könne ein und daſſelbe Individuum ebenſo in einer an=
dern Sprache produciren wie in ſeiner Mutterſprache, ſo ſind in
dieſem die verſchiedenen Sprachen eins geworden und es iſt daſ=
ſelbe Denken, welches ſich in verſchiedenen Sprachen realiſirt.
Da wäre die Irrationalität der Sprachen aufgehoben und man
müßte von den Säzen, welche in verſchiedenen Sprachen daſſelbe
ausdrükken, ſagen, ſie wären zwar in ihren einzelnen Theilen
irrational, aber in ihrem combinatoriſchen Act wären ſie eins.
Wenn wir uns nun einen Menſchen vorſtellen, der auf gleich
urſprüngliche Weiſe in allen Sprachen denken könnte, ſo wäre da
die vollkommenſte Löſung aller Widerſprüche, es ſtellte ſich in der
Einheit des Denkens die Geſammtheit der Differenzen dar und
dieſe wären wieder in der Einheit aufgehoben. Wenn wir nun
weiter annehmen, dieſer Menſch wüßte alles und er könnte die
Geſammtheit ſeines Wiſſens niederlegen in allen Sprachen, ſo
wäre dies die vollkommenſte Löſung. Es fragt ſich alſo, ob das
möglich iſt? Hier kommen wir noch auf eine andre Art die
Sache zu betrachten. Es beſteht immer noch unter uns ein Ver=
kehr der Gedanken in nicht mehr lebenden Sprachen, die alſo in
Beziehung auf die Aufhebung der Irrationalität nicht mehr thätig
ſind. Denken wir uns die Aufgabe auf der einen Seite, es ſoll
einer die Geſammtheit ſeines Wiſſens in einer ſolchen Sprache
niederlegen und in einer andern, welche ebenſo, wie die ſeine,
ſchon in den Verkehr mit andern Sprachen aufgenommen iſt, ſo
wird die Sache im erſten Fall unendlich viel ſchwieriger ſein als
im lezten. Die erſte Sprache iſt nämlich eine abgebrochene, und
wenn einer nicht in ihr erfinden will, ſo iſt es auch nicht mög=
lich in ihr Gedanken darzuſtellen, welche von einem ganz andern
Geſichtspunkt ausgegangen ſind. Sobald dagegen mehrere Spra=
chen in Verkehr mit einander ſind, ſo ſind ſie auch in einer be=
ſtändigen Approximation begriffen; denken wir uns daher die
Sprachen fortbeſtehend und jede ihrer eignen Natur nach ſich
entwikkelnd, ſo wird auch der Verkehr des Wiſſens immer leben=

biger und jeder wird um so leichter seine Gedanken in einer andern Sprache wiedergeben, so daß in der Folge die Jrrationalität fortfällt. Freilich kann dies nicht geschehen innerhalb eines einzigen Sazes, sondern nur in der ganzen Gedankenreihe.

Das Resultat wäre also dieses: die Jdentität des denkenden Princips in allen Menschen und die Richtung auf die Jdentität eines gemeinsamen Erkennens ist ein Glaubensfaz d. h. eine wesentliche Ueberzeugung in allen Menschen, welche beständig das Princip ihrer Handlungen bestimmt, deren Wahrheit nur dadurch, daß sie dies ist, sich realisirt. Wenn wir nun die Abstufungen in den Persönlichkeiten recht festhalten und nicht nur den einzelnen Menschen als Person auf eigenthümliche Weise bestimmt denken sondern ebenso auch die Völker, so findet hier auch ein ganz ähnliches Verhältniß statt. Das individuelle in andern ist uns unter der Form des universellen unerreichbar, aber wir sind in einer beständigen Approximation dazu. Wenn sich nun jemand verschiedene Sprachen angeeignet hat, so ist dies grade ebenso, als wenn sich ein Mensch ganz in den andern hineinversezt, nur daß die Aufgabe eine viel größere ist. Die Jdee von einem Wissen, welches nicht in den Grenzen einer bestimmten Sprache eingeschlossen sondern ein gleiches für alle sein soll, beruht lediglich darauf, daß diese Approximation immer mehr realisirt wird. Bedenken wir nun, wie weit wir noch von diesem Ziel entfernt sind und wie wenig wir darin geleistet haben, die Denkungsweise verschiedener Völker in die unsrige aufzulösen, so sind wir auch noch sehr weit entfernt zu behaupten, daß die Darstellung in irgend einer Sprache so weit gediehen sei, daß andere Denkweisen darin aufgingen. Bei der Uebertragung einer Sprache in die andre treten nun die Differenzen in den Elementen am meisten hervor, so daß die natürliche Aufgabe entsteht, diese durch eine besondere Art der Combination auszugleichen und so den Gehalt ähnlich zu machen, was bis auf einen gewissen Grad sich lösen läßt. Aber die lezte Operation wird dann erst recht approximativ, wenn man in der andern Sprache zugleich denkt, so daß man also die Totalität des Denkens in einer Sprache sich zur Aufgabe machen müßte, um aus einer Sprache in die andre zu übersezen.

Wir haben nun die einzelnen Sprachelemente und ihre Combination betrachtet, und das allgemeinste Resultat, welches sich ergiebt, ist dieses. Die Identität des Wissens ist nur in denen, welche im Stande sind, den Totalproceß des Denkens in allen Sprachen, wie eben diese sind, zu vollenden, denn diese haben dann das Bewußtsein, daß sie ihrem Gesammtgehalt nach für alle dieselbe sind. Das wäre die Totalität des Denkens in der Richtung auf das Wissen, das vollkommenste Wissen ist aber nur das um die Welt. Dieses würde also an jedem Punkte dasselbe sein, und wenn wir annehmen, daß dieser Begriff in allen Sprachen durch ein einfaches Zeichen ausgedrükkt wäre, so würde es ein Sprachelement sein, welches in allen Sprachen dasselbe ausdrükkte. Es muß aber noch ein anderes Element geben, welches sich eben so verhält an dem entgegengesezten Ende. Wenn wir die ganze Function des Denkens in der Richtung auf das Wissen betrachten und nicht in ihrer beschränkten Beziehung auf die sinnlichen Bilder, so ist der Gegenstand dieser Differenz, mit der erst das Denken im eigentlichen Sinne beginnt, das Sein. Die Identität des Denkens im Gegensaz gegen das sinnliche Vorstellen ist nur vorhanden, inwiefern in allen die Differenz dieselbe ist d. h. inwiefern alle das Sein sezen, und wäre dies in allen Sprachen durch ein bestimmtes Zeichen ausgedrükkt, so wäre dies auch ein solches Element, das in allen Sprachen dasselbe sein muß, sobald sie so weit entwikkelt sind. Dabei müssen wir freilich von der geschichtlichen Entwikklung dieser Wörter abstrahiren; Welt und κόσμος sind geschichtlich sehr verschieden, aber wenn wir sie rein auf den Gegenstand beziehen, so wird jeder die Identität zugeben. Alle Sprachen sind dann nichts anderes als eine eigenthümliche Art diese beiden Elemente in einander aufzulösen, die Einheit, die in dem Sein liegt, und die Totalität, die in der Welt liegt, und die Vollendung des

Denkens ist die Vollendung dieser beiden Elemente in ihrer Be=
ziehung auf einander, das differente gehört allein dem geschicht=
lichen an. Die reine Gemeinschaft des Wissens, ohnerachtet der
Differenz der Sprachen, kann nur die Tendenz auf die Vernich=
tung dieser Differenzen haben, aber sie wird niemals verschwin=
den in der Einheit einer gemeinsamen Sprache, sondern nur dar=
auf gerichtet sein sich in einer fremden Sprache ebenso zu orien=
tiren wie in der eigenen. Bringen wir dies zurükk auf die
Differenz zwischen dem schlechthin allgemeinen Begriff der Intelli=
genz und dem besondern der Intelligenz der menschlichen Seele,
so werden wir sagen, daß das Denken nichts anderes ist, als die
Combination von jenem in dieser. Will man einen andern Weg
einschlagen und sich ein anderes Ziel sezen um die Thätigkeit des
Denkens psychologisch zu verstehen, so thut man etwas, wovon
ich keinen Begriff habe.

3. Das subjective Bewußtsein auf seinen höheren Stufen.

Nachdem wir dies ans Ziel gebracht haben, wollen wir auf
die andre Seite zurükkgehen. Wir haben nämlich das subjective
und objective der aufnehmenden Thätigkeit, so wie sich diese als
Sinnesthätigkeit manifestirt, neben einander gestellt als von einem
Indifferenzpunkt ausgehend bis zur Sonderung in das objective
und subjective Bewußtsein. Mit dem lezteren aber sind wir noch
nicht weiter gekommen als daß wir sagten, in jeder aufnehmen=
den Thätigkeit wären beide zugleich, aber es könne das eine oder
das andre überwiegend werden. Nun haben wir in Verbindung
mit der objectiven Seite des sinnlichen Bewußtseins die Denk=
function als eine höhere Potenz derselben hingestellt, und es fragt
sich ob es etwas ähnliches auch auf der subjectiven Seite giebt.
Das subjective Bewußtsein, wie wir es bisher entwikkelt haben,
war nur ein solches von relativ entgegengesezten Lebenszuständen,
welche durch das Verhältniß der Receptivität zu dem Außer=uns

bestimmt werden. Wir unterschieden den allgemeinen Sinn, der es mit der Totalwirkung des Außer-uns auf die Sinnesthätigkeit zu thun hat, und die speciellen Sinne, welche specielle Relationen der einzelnen gleichsam als Oeffnungen unseres Seins gegen das Außer-uns zu betrachtenden Organe, also Zustände unserer Sinne aussagen. Hier haben wir erst einen sehr engen Kreis. Wenn wir aber fragen, geht wol alles, was wir als Empfindung kennen, in die Resultate des allgemeinen und der besonderen Sinne auf, so scheint es doch etwas zu geben, was sich schwer darin auflösen ließe. Freilich dürfen wir uns nicht durch die Symmetrie mit den Operationen des Denkens bestechen lassen und meinen es müsse hier ebenso etwas geben, was sich als höhere Potenz zu dem subjectiven Bewußtsein verhält, wie das Denken zum objectiven, sondern wir müssen einfach fragen, was haben wir in unserer Empfindung, was nicht durch jene Sinnesthätigkeit bestimmt wird. Es giebt zunächst Empfindungen, welche rein leiblich sind, aber sie erscheinen nicht auf dieselbe Weise von außen bestimmt, sondern vielmehr als Aussagen über differente Zustände, welche sich hier von innen-heraus entwikkeln. Es giebt Ungleichheiten im Blutumlauf, die uns nicht erscheinen als von außen bestimmt, aber sie erzeugen differente Lebensgefühle, und daran reihen sich eine große Menge anderer. Das eigentlich materielle dabei liegt außer unserem Gebiet und gehört ins physiologische, insofern es aber Bewußtsein wird, gehört es unserem Gebiete an. Manche unterscheiden Empfindung und Gefühl so, daß sie jenes auf einen von außen, dieses auf einen von innen bestimmten Lebenszustand beziehen, aber es giebt auch noch einen andern Sprachgebrauch in Beziehung auf diese Elemente. Wenn wir auf den Zusammenhang sehen zwischen Receptivität und Spontaneität und alle diese Empfindungen und Gefühle auf die erste Seite stellen, dabei aber den Einfluß derselben ins Auge fassen, so glaube ich, wird ein jeder es als eine ziemlich allgemeine Erfahrung erkennen, daß für den ganzen Lebensverlauf die von außen her bestimmten Lebenszustände eine weit geringere Bedeutung haben als die von innen bestimmten; um so mehr sind dies Gegenstände, die wir zu beachten haben werden, aber wenn es sich darum handelte, als hätten wir hier sogleich eine höhere Entwикklung des subjectiven Bewußtseins, so wird niemand das sagen, sondern wenn wir auf den ersten Anfang des Lebens sehen, so erscheinen diese beiden Functionen als indifferent. Denken wir uns die Geburt als den Anfang des zusammenhangenden Lebensverlaufes, so ist das erste ein Bestimmtsein von außen, indem das ganze Außer-uns anfängt auf das Subject einzuwirken, aber es schließt sich auch eine gänzliche Veränderung des Lebenszustandes daran an. Hernach geht beides mehr auseinander; wenn wir zurükksehen auf den Gegensaz des allgemeinen und der besonderen Sinne, so haben die Aussagen des von innen bestimmten subjectiven Bewußtseins eine größere Analogie mit dem, was dem allgemeinen Sinn angehört, aber es kann auch eine Menge von Fällen geben, wo das physiologische eben so gut auf das eine wie auf das andre reducirt werden kann. Was sind also diese Formen des subjectiven Bewußtseins? Wenn wir dem Beispiel von der Circulation des Blutes nachgehen, so ist diese eine Lebensfunction, und es ist uns zugleich gegeben als der eigentliche Inhalt dieser Form des Bewußtseins das Verhältniß einzelner Lebensfunctionen zur Einheit des Lebensbewußtseins. Eine gehemmte Circulation giebt ein gehemmtes Lebensgefühl und eben so umgekehrt die accelerirte ein gehobenes, d. h. immer die einzelnen Zustände in die Einheit des Lebens aufgenommen. Damit stehen wir noch immer im leiblichen fest. Betrachten wir aber die Menschen im geselligen Zustande, wo das Leben durch eine große Mannigfaltigkeit von Relationen bestimmt ist, so ist offenbar, je größer diese ist, auch die Mannigfaltigkeit in den einzelnen Momenten des subjectiven Bewußtseins um so größer; wir bleiben aber ganz dabei stehen, daß alle diese Relationen auf das Einzelwesen bezogen werden, nur daß dieses sich seiner selbst als durch die Gesammtheit der Relationen bestimmt bewußt ist. Da gäbe es dann eine große Mannigfaltigkeit des subjectiven Bewußtseins, die nicht geringer wäre als die des objectiven, aber eine solche Differenz wie die, welche wir dort gefunden, hätten wir hier doch nicht. Aber wir haben auch noch nicht dieselbe Operation gemacht wie damals. Als wir uns vorstellten die ganze Entwikklung der chaotischen Bilder und die innerhalb dieser beginnende Entwikklung der Denkoperation, sagten wir gleich, daß diese sich nicht anders manifestiren könne als unter der Voraussezung der menschlichen Intelligenz außerhalb der Einzelwesen und der Forderung der Identität in der Mittheilung. Nun ist wol offenbar, daß das Gattungsbewußtsein ebenso seine subjective Seite hat und wenn wir dergleichen fänden, so wäre das dann die höhere Potenz des subjectiven Bewußtseins, gegenüber dem einzelnen.

Wenn wir davon ausgehen, daß wir den Menschen immer zugleich als Theil der Gattung auffassen, aber diese nur als die Aufeinanderfolge einer Mehrheit von Einzelwesen, so wäre da das einzelne nur einzeln und in Beziehung auf einzelnes gesezt und wir ständen noch ganz auf derselben Stufe wie vorher, aber wir haben darin einen Anknüpfungspunkt um das, was uns noch fehlt, zum Bewußtsein zu bringen. Ob nämlich eine Förderung oder Hemmung des Lebens entsteht durch das Verhältniß des einzelnen zu andern, ist an und für sich dasselbe, was den Empfindungszustand betrifft, denn in dieser Beziehung ist es gleich, ob ein Mensch oder ein Thier oder ein andrer Gegenstand der Natur jemanden feindselig behandelt. Sobald aber in dem anderen Einzelwesen die Identität der menschlichen Natur anerkannt und das Verhältniß zu ihm auf die Gattung bezogen wird, so entsteht hier dasselbe wie bei der Denkthätigkeit. Wir erklärten uns die Umwandlung der allgemeinen Bilder vermöge des innigen Zusammenhanges mit der Sprache in der Richtung auf die Mittheilung und das sezte die Identität des Bewußtseins voraus. Ebenso ist es hier; wenn der Lebenszustand eines einzelnen nicht bestimmt wird durch sein Verhältniß zu einem andern einzelnen, sondern zu ihm als derselben Gattung angehörig, so ist das ganz etwas anderes. Wollen wir den Unterschied auf eine allgemeine Formel bringen, dabei aber von dem geselligen Zustande ausgehen, so ist es die Differenz zwischen den selbstischen Empfindungen, welche durch den geselligen Zustand bedingt sind und den eigentlichen geselligen Empfindungen oder Zuständen des subjectiven Bewußtseins. Wollen wir uns diesen Unterschied an einem recht prägnanten und ganz allgemeinen Fall anschaulich machen, so ist es dasjenige Gebiet, das man häufig durch den Ausdruck gemischter Empfindungen bezeichnet. Das subjective Bewußtsein trägt, wie wir gesehen, wesentlich den Gegensaz des angenehmen und unangenehmen in sich, indem eine jede Empfindung, auf die Einheit des Lebens bezogen, entweder als eine Förderung oder Hemmung gesezt wird. Wenn ich nun vorher ausgesprochen, daß selbstische Empfindungen, die auf dem geselligen Zustande beruhen, nicht von anderer Natur seien als die durch ein anderes Außer-uns erregten, so haben wir dies auf die Art wie der Gegensaz sich manifestirt zu beziehen; er drükt sich hier auf dieselbe schlechthin einfache Weise aus und geht ebenso in das Begehren- oder Entfliehen-wollen aus, in dem das Festhalten oder Entfernen der wirkliche Ausgang der Empfindung selbst ist. Wenn wir aber die geselligen Empfindungen im eigentlichen Sinne betrachten, so ergiebt sich hier, wenn auch nicht die Nothwendigkeit, doch die Möglichkeit einer Dupliçität, welche auf jenem Gebiet, wo wir es mit den Einzelwesen als solchen zu thun haben, nicht statt findet. Man hat sich dies anschaulich gemacht an derjenigen Empfindung, welche man mit dem Ausdruck Mitleiden bezeichnet. Hier entsteht eine Theilnahme an der subjectiven Bestimmtheit eines Einzelwesens, ohne daß wir mit in dieselbe Lebenshemmung verflochten wären, rein dadurch, daß wir sein Selbstbewußtsein zu dem unsrigen machen, wobei das Gattungsbewußtsein vorwaltet. Wenn wir uns denken, daß derselbe einzelne, in welchem dieses vorgeht, vorher in einem rein auf sein Einzelwesen sich beziehenden Lebensverlauf begriffen gewesen wäre, so erhalten wir eine zwiefache Gestalt des darauf folgenden Moments; es ist eine Erweiterung des Selbstbewußtseins überhaupt und damit eine Erhöhung des Lebensgefühls, zugleich aber eine Lebenshemmung, also die beiden Seiten des Gegensazes in verschiedener Beziehung in demselben Moment eins, und dies ist es eigentlich, was man durch den Ausdruck gemischter Empfindungen bezeichnen will. Allerdings ist dieser Gegenstand nicht immer so behandelt worden, daß das eigentlich charakteristische darin hervorgehoben worden wäre, sondern man hat nur verschiedene Erscheinungen darin zusammengefaßt. Wenn wir einen Augenblick zurükgehen auf das Gebiet des Einzellebens an und für sich und betrachten die Aufeinanderfolge entgegengesezter Momente von Affectionen des Selbstbewußtseins, den Uebergang von Lust in Unlust oder von Unlust in Lust, so könnte man freilich sagen, daß derselbe durch Null hindurchgehen müsse, aber genau genommen ist dies in dem lebendigen nicht möglich, weil jedes doch eine Dauer hat und in dieser Dauer festgehalten wird. Denke ich mir zwei auf einander folgende Momente, beide von außen bestimmt, den einen, worin ich angenehm afficirt bin, den andern unangenehm, so wird der leztere nicht unmittelbar auf den anderen folgen, ohne daß jener noch fortdauert, weil sonst, wenn es ein reines Null gäbe, das Bewußtsein aufgehoben wäre. Da sind also angenehmes und unangenehmes zugleich, aber offenbar so, daß das eine von beiden abnehmen muß, weil sie einander widerstreben. Der Verlauf kann nun ein zwiefacher sein, der Eintritt der angenehmen Empfindung kann den Verlauf der unangenehmen hemmen oder umgekehrt, so daß das Resultat durch das quantitative Verhältniß beider bestimmt wird. Hier ist also keine Vermischung, sondern beides bleibt gesondert. Anders ist es, wenn wir uns in derselben Function einen solchen Wechsel denken, wo ein eigenthümlicher Zustand entgegengesezter Schwingungen entsteht, ähnlich denen der Luft, indem das angenehme und unangenehme in unendlich kleinen Zeittheilen abwechseln, bis zum Verschwinden. Es läßt sich hier allerdings noch eine andre Analogie nachweisen mit dem eben angeführten Beispiel, nämlich diefer Doppelzuſtand trägt allemal von Anfang an den Charakter ſeines Ausganges an ſich. Ganz anders verhält ſich die Sache dagegen auf dem Gebiet, welches wir jezt eigentlich im Auge haben. Wir ſezen in uns die Lebenserweiterung, indem wir aus einem Zuſtand bloß ſelbſtiſcher Beſtimmtheit des ſubjectiven Bewußtſeins in eine Beſtimmtheit deſſelben als Gattungsbewußtſein übergehen. Ich will hier nur beiläufig bemerken, daß ich dies nur geſezt habe, um die Sache mit einem Schlage zu erläutern, es iſt aber gar nicht nothwendig, daß wirklich ſolche ſelbſtiſche Beſtimmtheit vorangegangen iſt, ſondern es kann das ſelbſtiſche und das Gattungsbewußtſein in einander ſein, aber das leztere müſſen wir immer als das erhöhte Leben empfinden. Wenn wir nun ſagen, der natürliche Ausgang der Empfindung iſt immer der in die Bewegung des Begehrens, ſei es attractiv oder repulſiv, ſo kann das hier nur das Feſthalten=wollen des erhöhten Lebensgefühls ſein; iſt es alſo der gehemmte Lebenszuſtand eines andern, in welchem ich das erhöhte Lebensgefühl mit habe, indem ich ihn mir aneigne, ſo will ich das erhöhte Lebensgefühl ungeachtet der Lebenshemmung, die darin iſt, d. h. ich will keinesweges, daß der gehemmte Lebenszuſtand des andern fortdauere, weil ich dadurch ein erhöhtes Lebensgefühl habe, ſondern dies habe ich noch, wenn der gehemmte Lebenszuſtand in den geförderten übergeht, indem ich auch die Lebensförderung in mein Bewußtſein aufnehme. Das unterſcheidende iſt alſo nicht das Zuſammenſein der beiden Glieder des Gegenſazes, ſondern das Zuſammenſein der beiden verſchiedenen Potenzen des Selbſtbewußtſeins, und ſo haben wir denn in der That das Gegenſtück zu jenem auf dem Gebiete des objectiven Bewußtſeins. Sobald in der Reihe der bloß auf das Einzelweſen gerichteten Beſtimmtheiten des ſubjectiven Bewußtſeins das Gattungsbewußtſein eintritt, ſo iſt für das ſubjective daſſelbe geſchehen, wie auf der objectiven Seite, wenn die Denkthätigkeit eintritt.

Wenn wir auch hier wieder auf den erſten Anfang zurückgehen wollen, ſo werden wir den ſo nahe wie möglich mit dem

erften Anfang des Lebens felbft zufammentreffend finden, aber fo
daß das Zufammenfein der verfchiedenen Stufen und relativen
Entgegenfezungen derfelben als ein Minimum erfcheint. Wir fin=
den nämlich fehr bald nach den erften Anfängen des Lebens eine
Anerkennung des menfchlichen, ein Erregtwerden auf eine eigen=
thümliche Weife durch das menfchliche in der Form des fubjecti=
ven Bewußtfeins als eigenthümliche Lebensaffection. Hier können
wir unmöglich fagen, daß dies das Gattungsbewußtfein fei im
Gegenfaz zu dem einzelnen, denn diefes würde eine ganz andre
Entwifflungsftufe vorausfezen; es ift aber auch nicht zu verken=
nen, daß es ein erft allmählich fich gegen alles menfchliche öff=
nendes ift, urfprünglich bloß gegen das, was mit dem Einzel=
wefen am unmittelbarften zufammenhängt. Denken wir an den
embryonifchen Zuftand, fo ift da auch fchon ein eigenthümliches
Leben gefezt, aber nur als ein Theil an einem anderen und durch
diefes vermittelt. Diefer Zufammenhang wird durch die Geburt
aufgehoben; bleiben wir aber bei dem natürlichen Zuftand ftehen,
daß die Mutter das Kind nährt, fo fehen wir die Verbindung
noch weiter fortgefezt, und daran knüpft fich das erfte Anerken=
nen des menfchlichen, die erfte Spur der Entwifflung des Gat=
tungsbewußtfeins, welches aber von dem perfönlichen durchaus
nicht gefondert ift. Erft indem fich das Leben in Beziehung auf
die Bedürfniffe erweitert, erweitert fich auch die Anerkennung des
menfchlichen, aber die Begrenzung deffelben auf das, was zum
unmittelbaren Intereffe des Einzelwefens gehört, ift lange noch zu
erkennen, indem die Kinder fremde Gefichter von fich abwehren.
Dies ift derfelbe Zuftand, den wir hernach noch in der menfch=
lichen Gefellfchaft finden, die ebenfo noch in einem kindifchen Zu=
ftande geblieben, daß fie alles menfchliche, was nicht ihrem Ge=
fchlechte angehört, feindfelig abftößt. An diefe Erfcheinungen hat
fich von jeher eine Erklärungsweife geknüpft, welche das Gat=
tungsbewußtfein als höhere Potenz des Selbftbewußtfeins geleug=
net hat und behauptet, es fei nur ein erweitertes felbftifches Be=
wußtfein. Aber außerdem, daß fich eine Analogie diefer Anficht

zeigt mit der auf der objectiven Seite, welche die ganze höhere Denkthätigkeit nur als erweiterte Ausbildung des sinnlichen Bewußtseins faßt, werden wir auch deshalb wol nicht geneigt sein können diese Erklärung anzunehmen, weil sie nicht den Unterschied vor Augen stellt zwischen den selbstischen aber durch den geselligen Zustand veranlaßten und den eigentlich geselligen Empfindungen. Bei der selbstischen wird, wenn der einzelne sich in einer Lebenshemmung findet, die für den geselligen Zustand etwas zufälliges ist, eine Freude an dem geförderten Zustande des Gesammtlebens nicht aufkommen, während der andere beides zusammen hat, aber die persönliche Lebenshemmung dem Antheil an der Förderung des Gesammtlebens unterordnet. Diese Verschiedenheit ist aus jener Ansicht nicht zu erklären und wird als eine bloße Täuschung angesehen, aber dazu mußte man auch auf der objectiven Seite seine Zuflucht nehmen und das ist immer ein Verkennen des geistigen Lebens in seiner eigenthümlichen Natur. Daß es sich also in seinen Anfängen so zeigt, daß das selbstische und das Gattungsbewußtsein nicht getrennt sind und daß es Verhältnisse geben kann, wo die Entwikklung des Bewußtseins so langsam fortschreitet, daß sie auf dieser Stufe stehen bleiben, kann uns nicht nöthigen, dies für das einzig richtige zu halten, sondern sobald wir beides gesondert finden, werden wir dies auch für die höhere Entwikklung ansehen.

Wenn wir nun das eigenthümliche der geselligen Gefühle zugegeben haben und sogar, daß sie schon in der ersten Entwikklung anfangen, wenn auch so, daß sie kaum zu unterscheiden sind von den rein persönlichen, so werden wir die weitere Gestaltung unter der Form, wie der Gegensaz immer mehr heraustritt, ins Auge fassen müssen. Es tritt hier aber noch eine andre Differenz ein. Wir sagten, daß die Anerkennung des menschlichen in dem allerersten Verhältniß des Kindes zur Mutter begründet sei und daß dieses auf der vorangegangenen Identität des Lebens beruhe, woran sich die Ernährung durch die Mutter und das Bewußtsein der Abhängigkeit von ihr anknüpft; es fragt sich

nun, ob anzunehmen ift, daß alles gefellige Gefühl eine ähnliche
Wurzel in der Identität des Lebens habe. Wenn wir von die=
fem Punkte ausgehen, können wir große Fortſchritte in der Ent=
wifflung der gefelligen Gefühle machen, ohne diefen Boden zu
verlaſſen. Von der Familie kommen wir zur Verwandtſchaft als
einer Erweiterung derſelben, in den Völkern lebt das Gedächtniß
der gemeinſamen Abſtammung, die verſchiedenen Stämme wach=
ſen auf dieſelbe Weiſe zuſammen zu größeren Gemeinſchaften und
in der Analogie ihrer Sprache und Sitten erkennt man die Ver=
wandtſchaft. Hier tritt überall das geſellige in großem Maaß=
ſtabe hervor, aber nicht gelöſt von dem perſönlichen und ſelb=
ſtiſchen, ganz ähnlich dem, was wir auf der Seite des objectiven
Bewußtſeins fanden, wenn man darauf ausging, die Denkfunction
an die Totalität der allgemeinen Bilder anzuknüpfen und daraus
zu erklären. Das einzelne perſönliche und ſelbſtiſche entſpricht den
einzelnen Bildern, und ſo fragt ſich, ob wir hier, der Denkthä=
tigkeit entſprechend, ein ähnliches Fundament finden, wodurch die
Entwifflung des Bewußtſeins von dem perſönlichen gelöſt er=
ſcheint? Wenn wir bei der größten Erweiterung der Gemein=
ſchaft ſtehen bleiben, ſo iſt das auch ein Bild, das Schema der
Identität in Organismus, Sprache und Sitten, aber ſo daß auf
dieſe Identität das einzelne zurükkgeführt wird. Ich nenne aber
alles das einzeln, was einſeitig aus dem Zuſammenfaſſen von
einzelnen entſtanden iſt. Dabei können wir uns denken, wie das
menſchliche, das nicht gerade in dieſes Bild hineingehört, als ein
fremdes abgeſtoßen wird, und zwar in allen Abſtufungen des
pathematiſchen und der Leidenſchaftlichkeit. Dies iſt die natür=
liche Grenze auf dieſer Seite des ſubjectiven Bewußtſeins. Hier
liegt der Begriff des menſchlichen nicht zum Grunde, weil ſonſt
ein Abſtoßen deſſelben nicht möglich wäre. Denken wir aber
das ſubjective Bewußtſein durch denſelben Begriff beſtimmt, ſo
finden wir in der That und Wahrheit auch auf dieſer Seite das
Gattungsbewußtſein beſtimmend und den ganzen Complexus, den
wir vor Augen gehabt, dieſem untergeordnet. Ja mit dem Ein=

treten dieses Begriffs, wenn auch in einem unvollkommenen Zustand, sehen wir die ganze Operation der Bildung eines geselligen Zustandes sich ändern. Wir können dies an einem einzelnen Fall, der aber von einer sehr großen Ausdehnung ist und nur deshalb als einzeln angesehen werden kann, weil er auf einem Factum beruht, am besten zur Anschauung bringen. Diese Thatsache ist nämlich die Entwicklung des religiösen Verhältnisses. Es wird freilich nicht leicht deutlich zu machen sein, besonders wenn man auf den untergeordneten Stufen desselben stehen bleibt, daß hier ein Princip dominirt, das auf den Begriff zurükgeht. Ursprünglich nämlich erscheint uns auch dies, welches, sobald es nur zum klaren Bewußtsein kommt, auf ein Verhältniß geht, wo alle Unterschiede sich verlieren, mit dem Familienleben und also mit der Identität der einzelnen zusammenhangend. Wir finden hernach, wenn kleinere Völkerstämme zu einer größern Gemeinschaft zusammenwachsen, auch ein Zusammenwachsen aller religiösen Verhältnisse, woraus aber nichts weiter entsteht als die Anerkennung der Gemeinschaft. Sowie wir aber an solche geschichtliche Punkte kommen, wo sich Völker in Beziehung auf das religiöse Element theilen, so müssen wir offenbar voraussezen, daß das Princip selbst nicht an dem selbstischen hafte, sondern daß es zu einer Entwicklung gekommen, wo es sich ganz davon gelöst hat. In demselben Maaße finden wir dann auch, daß verschiedene Völker, ohne zu einer größeren Einheit zusammenzuwachsen, eine Gemeinschaft in Beziehung auf das religiöse constituiren zu derselben Zeit, wo andre Glieder derselben Einheit sich in Beziehung auf das religiöse trennen. Erscheint nun auch hier das Verhältniß ganz gesondert als ein rein geistiges, so läßt sich doch nicht behaupten, daß es der reine Begriff der Menschheit sei, sondern es ist nur die Negation der Abhängigkeit des Einzellebens von dem der Gesammtheit. Sobald wir aber die Tendenz zu einer Weltreligion finden und also alle Differenzen der weltlichen Gemeinschaft dieser untergeordnet, so haben wir darin die positive Seite. Ich habe diese ganze Entwicklung gegeben, ohne mich auf das Wesen derselben einzulassen, denn es kam uns nur darauf an, das gesellige in der Religion nachzuweisen. Ist das Bewußtsein der Identität des Verhältnisses unseres getheilten menschlichen Seins zu dem Sein schlechthin die Formel für das Geselligkeitsverhältniß, so ist das ganz jenem Begriff der Menschheit gleich, insofern er sich von dem Zusammenhange mit dem bildlichen auf der objectiven Seite vollkommen löst.

Wenn wir an diesen Punkt gekommen sind, wie dies unleugbar in den großen geschichtlichen Erscheinungen des Christenthums und der muhammedanischen Religion der Fall ist, wogegen die älteren Religionen sich nur im Zusammenhange mit dem Volksleben darstellen, so haben wir eine ganz vom organischen gelöste Entwikklung des geselligen. Nun fragt sich, ob wir dasselbe nicht auch unter andern Formen finden? Hier bietet sich uns zweierlei dar. Das eine ist die Tendenz auf ein allgemeines Verhältniß aller, ohne Unterschied der Abstammung und Zusammengehörigkeit, in Beziehung auf das Verhalten des Menschen zur irdischen Natur überhaupt. Denken wir, wie sich dies allmählich bildet auf einer solchen Entwikklungsstufe des Lebens, wo das Bedürfniß der Selbsterhaltung gar nicht eine Ueberschreitung der bis dahin bestandenen Grenzen postulirt, so führt das ebenfalls auf einen andern Ursprung zurükk und verhält sich ebenso wie das religiös=gesellige in der Analogie mit dem, was auf der objectiven nicht Bild sondern Begriff war. Es giebt aber hier noch ein drittes, welches freilich nicht so leicht anerkannt wird als von derselben Bedeutung, nämlich das Verhältniß der Wahlanziehung und Wahlverwandtschaft einzelner zu einander. Ich bediene mich dieses Ausdrukks im Gegensaz zu jenem, womit wir unsere Entwikklung angefangen, nämlich der Identität der Abstammung, des verwandtschaftlichen im eigentlichen Sinne. So wie wir innerhalb derselben Verwandtschaftsverhältnisse einen solchen Gegensaz rein persönlicher Wahlanziehung und willkürlicher Abstoßung finden, so deutet dies auf einen

andern Ursprung hin. Wenn sie sich sogar von allem Volkszu-
sammenhang frei macht, was freilich schwieriger ist und nur selten eintreten kann, wie wenn Geschlechtsliebe und Verbindungen
vorkommen zwischen Personen ganz verschiedener Abstammung, so
liegt darin eine Befreiung von allen Abstammungsverhältnissen
und eine Unterordnung des Einzellebens unter die Identität des
rein menschlichen. So ist dieses leztere dann den andern beiden
völlig gleich zu stellen unter der Voraussezung, daß das Abstoßen
nicht eine positive Antipathie ist, sondern nur ein Zurükktreten
einiger hinter andere.

Ich glaube, wir werden, um uns das ganze Bild zu vollenden, noch auf einen andern Punkt zurükkkommen müssen, den wir
schon berührt. Es giebt nämlich Zustände, wo das gesellige Bewußtsein in einem gewissen Grade entwikkelt ist, aber so untergeordnet, daß das fremde menschliche als feindlich abgestoßen
wird. Darin ist nun allerdings eine positive Antipathie, aber
doch eigentlich nur eine Negation. Es läßt sich nachweisen, aber
freilich nicht bis zu einer bestimmten Klarheit bringen, daß hiebei
doch schon auf eine dunkle Weise das Gattungsbewußtsein zum
Grunde liegt, weil das Verhältniß gegen das fremde menschliche
doch ein anderes ist als das zu ungezähmten Thieren. Wenn
sich nun das gesellige Verhältniß in größeren Kreisen bildet und
es besteht da eine solche positive Antipathie, so ist das der Na-
tionalhaß; das kann aber nur da sein, wo die höhere Potenz
des geselligen noch nicht entwikkelt ist. Wir finden dasselbe auf
dem religiösen Gebiet, denn da giebt es Ausrottungskriege, die
keinen andern Grund als diesen haben. Wo aber unbeschränkte
Wahlanziehung stattfindet, da ist das Princip bestimmt entwikkelt,
welches jenen Gegensaz aufhebt, und da kann auch die Wahlab-
stoßung nur eine relative sein und von allem pathematischen frei.
Das gesellige Gefühl ist also nur da in seiner Vollständigkeit,
wo der Unterschied zwischen dem eigenen und dem fremden menschlichen aufgehoben ist. Dies haben wir gefunden vorzüglich in
dem Gebiet des religiösen in den Religionen, die Weltreligio-

nen zu werden bestimmt sind, aber auch in dem unmittelbaren Verkehr des Lebens in der Form einer allgemeinen Gastfreiheit d. h. einer Bereitwilligkeit im allgemeinen gegen jedes menschliche Wesen, wie sie sich ausspricht bei solchen Völkern, wo das religiöse Gefühl noch eine Naturbegrenzung hat; ebenso liegt in der Freundschaft an und für sich betrachtet keine Beziehung auf ein untergeordnetes Medium, sondern das Einzelwesen wird unmittelbar betrachtet in seiner Idee der menschlichen Natur, wobei freilich Differenzen in anderer Beziehung, wie z. B. in der Sprache aufgehoben sein müssen.

Wenn wir nun diese ganze Entwicklung des subjectiven Bewußtseins von der ersten an die einzelne Sinnesthätigkeit gebundenen Aeußerung bis zu diesem Punkt, wo das Einzelwesen durch das zum Selbstbewußtsein gewordene Gattungsbewußtsein bewegt wird, betrachten, so könnten wir sagen, daß alle Thätigkeiten des subjectiven Bewußtseins in dieser Reihe liegen müßten, wenn es nicht noch etwas gäbe, was wir freilich schon eben berührt haben, nämlich das religiöse. Wir haben es bisher nur aus dem Gesichtspunkt des geselligen angesehen, worin liegt, daß das Gattungsbewußtsein in die Form des Selbstbewußtseins aufgenommen ist. Wenn wir aber die religiösen Zustände ihrem Wesen nach betrachten, so finden wir allerdings, daß sie auch Zustände des subjectiven Bewußtseins sind, und es ist dies ein neuer Zweig, den wir uns zu entwickeln haben. Es ist freilich nicht zu leugnen, daß der Saz, den ich hier aufstelle, nicht allgemein anerkannt ist; dies hat vorzüglich seinen Grund darin, daß die Entwicklung des Christenthums besonders im Abendlande eine große Masse des objectiven Bewußtseins zum Rükhalt hat, genauer genommen können wir dieses aber nur als ein Verständigungsmittel ansehen.

Ich muß auf ein paar Worte zurükgehen, die wir über die natürliche Verbindung der Receptivität und der Reaction in der Mittheilung gesagt haben. So wie das objective Bewußtsein darauf ausgeht Mittheilung zu werden, in dem Maaße als das

Gattungsbewußtsein sich entwikkelt, und sogleich die Tendenz hat
Sprache zu werden, so ist die ursprüngliche Reaction des Selbstbewußtseins in Ton und Geberde, wozu aber bald die Sprache
hinzukommt, indem die Aeußerungen durch Ton und Geberde zur
größeren Verständigung der Rede bedürfen. Die Aeußerungen
des physischen Schmerzes durch Ton und Geberde sind so allgemein, daß es weiter keiner Verständigung durch die Sprache bedarf, so wie wir aber das gesellige Bewußtsein in seiner ersten
Entwikklung denken, so sind hier die ursprünglichen Verhältnisse
schon in eine große Complication verflochten und der Zusammenhang der eignen Bewegungen mit dem Gesammtzustande des Subjects kann auf diese Weise nicht dargestellt werden. Da recurri-
ren wir also immer auf die Sprache und den Gedanken in der
Begleitung des Tons und der Geberde. Ich möchte hier etwas
entnehmen aus dem Gebiete der Kunst, das wir noch gar nicht
betrachtet haben. Wenn wir uns denken die poetische Entwikklung der Sprache, so haben wir schon gesagt, daß diese nicht dieselbe Beziehung auf das objective Bewußtsein und das Denken
habe als die Prosa, daß die gemessene Rede gleich in ein Verhältniß zum gemessenen Ton tritt, und daß nicht etwa deswegen
der Ton gemessen wird, weil die Rede gemessen ist, sondern die
Sprache nimmt diesen Charakter an, weil sie gebunden ist an
eine Aeußerung durch gemessenen Ton. Es ist freilich eine Streit-
frage ob der Gesang das begleitende ist und die Dichtung das
herrschende oder umgekehrt, das kann hier aber nicht weiter erörtert werden; nur das will ich bevorworten, daß es Gattungen
der Dichtkunst giebt, wo das musikalische überwiegend ist. Wenn
wir nun diejenigen Zustände betrachten, welche wir Frömmigkeit
nennen, in der allereinfachsten Form, so giebt sich die Andacht
ohne alle Sprache durch die ursprünglichen Aeußerungen des Tons
und der Geberde kund. Nun giebt es gar keine andre psychische
Function, welche sich auf diese Weise manifestirt, als die Erregtheit des Selbstbewußtseins, nur daß hier nicht von leiblicher sondern von geistiger die Rede sein kann. Alles andre erscheint als

das spätere und secundäre und tritt nur in dem Maaße hervor, als das ganze Verhältniß sich complicirt und entwikkelt. Da wird die Sprache mit angewendet, um über den Zusammenhang dieser Erregtheit des Selbstbewußtseins sich mit andern zu verständigen, woher denn der Schein kommt, daß wir es hier mit etwas anderem zu thun hätten. Wenn man nun eine andre Erklärung des religiösen annimmt, so schreibt man die Frömmigkeit ebenfalls dem objectiven Bewußtsein zu, und sezt die Erregung des Selbstbewußtseins darin nur als ein untergeordnetes. Das ursprüngliche sei, daß der Begriff der Gottheit sich zuerst entwikkelt und die Rükwirkung auf das subjective Bewußtsein sei das secundäre. Wenn wir aber die Thatsache im großen betrachten, so muß sich dies als falsch zeigen. Wir finden nämlich diese Zustände auf einer Stufe des Bewußtseins, wo von einem Gedanken der Gottheit gar nicht die Rede sein kann; ja je mehr sich dieser Zustand als Gedanke entwikkelt, desto mehr treten die inneren Erregungszustände zurük, was nicht dafür spricht, daß sie aus dem Gedanken entstanden sind. Als wir das höhere objective Bewußtsein im Denken entwikkelten, kamen wir auf zwei Momente, die uns als Grenzpunkte zwischen allen verschiedenen individualisirten Formen des Denkens erschienen, in denen sich aber auf gleiche Weise das in allem Denken gemeinsame ausspricht, das waren die Ideen der Welt und des Sein schlechthin. Diese beiden müßten es dann sein, oder noch etwas höheres, was aus diesen zusammen sich entwikkelt, was als die eigentliche Quelle für alle Zustände der Frömmigkeit anzusehen wäre. Nun wissen wir aber, wie spät sich der Begriff der Welt entwikkelt, wie wenige sich selbstthätig zu einem lebendigen Begriff von dem Sein schlechthin erheben, und sonach müßte die Erscheinung des religiösen sich nur auf der höchsten Entwikklungsstufe zeigen und ein ausschließliches Eigenthum derer sein, in denen das Denken eine solche selbstständige Kraft hat. Nun finden wir sie aber im Gegentheil überall und in noch so unentwikkelten Zuständen. Indem wir aber dies zugeben, erschweren wir uns allerdings die

Aufgabe, diesen Zweig des Selbstbewußtseins im Zusammenhange mit dem bisherigen zu entwikkeln. Wir sind dadurch gebunden z. B. nicht die ganze Entwikklung des geselligen vorauszusezen, und es fragt sich, was denn dies eigentlich für ein Zustand des Selbstbewußtseins ist und worin die eigenthümliche Art der Erregtheit besteht? Es ist offenbar, daß wir es hier mit dem Gattungsbewußtsein gar nicht zu thun haben, es ist nicht eine Beziehung innerhalb des menschlichen sondern eine Beziehung des menschlichen auf ein anderes. Wenn wir auch denken an solche Formen der Frömmigkeit, wo dies andere als ein menschliches Wesen dargestellt wird, z. B. im Polytheismus, so verschwindet der Charakter der Frömmigkeit doch sogleich, sobald dies als ein wirklich menschliches in das geschichtliche Bewußtsein eintritt. Es ist ganz etwas anderes, wenn menschliche Gestalten in poetischer Darstellung auf symbolische Weise angewandt werden, um diese inneren Zustände darzustellen, als wenn dieselben betrachtet werden sollen als geschichtliche Einzelwesen; denn dort erkennt man es sogleich, daß keine Beziehung auf ein bestimmt gegebenes menschliche da ist, hier aber entsteht das Bewußtsein der Gleichheit und das hebt die Frömmigkeit auf. Wir müssen uns also die Frage vorlegen, ob es noch andere Modifikationen des Selbstbewußtseins giebt, die in der bisher entwikkelten Reihe nicht liegen? Wenn wir zu dem allerursprünglichsten zurükkkehren, zu dem Lebensgefühl als Förderung und Hemmung, wie es durch Einwirkung auf den allgemeinen Sinn entsteht, so ist hier ausgedrükkt eine Beziehung des Einzelwesens auf das ganze uns zugewandte Außeruns, aber nichts anderes als das momentane Verhältniß von diesem zu dem Lebenszustande des einzelnen. Bleiben wir dabei stehen, daß es das Verhältniß der äußeren und inneren leiblichen Oberfläche in ihrer Thätigkeit zu der Atmosphäre ist, woraus sich diese Lebensgefühle entwikkeln, so ist dieses nur der Ort für alle Einwirkungen, die von außen her möglich sind; hier ist also allerdings die Beziehung des Einzelwesens als solchen auf die Natur in ihrer Ungetrenntheit d. h. in dem chaotischen Ineinander von Einheit und Vielheit, also immer schon eine unmittelbare Beziehung zwischen dem Einzelwesen und der Totalität des Außer-uns, nur die leztere, inwiefern sie in den zeitlichen Verlauf eingeht. Bleiben wir hiebei stehen, so kommen wir auf eine Form des Selbstbewußtseins, worin es in einer gewissen Verbindung mit dem objectiven Bewußtsein das wird, was wir Naturgefühl nennen. Dies finden wir in einigen mehr zurükktretend, in anderen hervortretend, je nachdem diese allgemeinen Lebenszustände einen größeren oder geringeren Antheil an der Entwikklung des Einzelwesens haben. In einem sehr mannigfaltigen Geschäftsleben und ebenso in einer überwiegend speculativen Thätigkeit des Bewußtseins geht das Naturgefühl allmählich verloren, das ist aber nur das Zurükktreten der Empfänglichkeit, der Mangel an Uebung, ja es ist nicht selten mit einer Abstumpfung des allgemeinen Sinnes verbunden, der auch durch Mangel an Uebung verloren geht. Aber wir haben hier nichts anderes als die Beziehung der Naturpotenz in ihrer ungetrennten Allgemeinheit auf das Einzelwesen. Gehen wir nun aber weiter, so finden wir andre Zustände, die auch Modificationen des Selbstbewußtseins sind, sich entwikkelnd ebenfalls in Beziehung auf das Außer-uns oder die Natur, aber so daß sie nicht das physische Leben betreffen sondern schon mehr auf der intelligenten Stufe stehen; das ist das, was wir das Wohlgefallen nennen, offenbar auch eine Befriedigung des Selbstbewußtseins im Zusammenhange mit einem andern. Wenn wir un san das, wovon wir ausgegangen sind, zunächst anschließen, so ist es das Wohlgefallen an der allgemeinen Schönheit des Außer-uns, aber in dieser Form ist das Wohlgefallen nicht mehr Ueberlegung und Gedanke, sondern die Wirkung von diesem im Selbstbewußtsein, die aber allemal jener objectiven Entwikklung im Gedanken verangeht. Der unmittelbare Eindrukk ist das primitive, dann erst fangen wir an uns davon Rechenschaft zu geben, ihn zu zerlegen und nach den Ursachen zu fragen. Das gelingt uns oft nicht, aber der

Eindruck bleibt doch derselbe, woraus schon die Unabhängigkeit des Eindrucks vom Raisonnement hervorgeht.

Es ist ein allgemeiner Typus, daß man diese Bestimmtheit des Selbstbewußtseins in zwei Theile zerlegt, das schöne und das erhabene. Das erste ist das Wohlgefallen an einem freien und ungetrübten Zustande der Billigung des erregenden in seinem ganzen Zusammenhange, wogegen das erhabene schon eine etwas andre Form hat, indem hier der Eindruck verbunden ist ich will nicht sagen mit einem Bewußtsein der Lebenshemmung, aber doch damit, daß wir dem Außer-uns, welches auf uns einwirkt, eine Macht über uns einräumen und uns ihm unterwerfen. Es ist aber die Schwierigkeit des Auseinanderhaltens beider Begriffe und die Unbestimmtheit, die noch in der Begrenzung des Sprachgebrauchs liegt, weswegen ich diese Differenz nur angeführt habe, ohne damit die Art sie einander gegenüberzustellen im voraus zu rechtfertigen.

Kehren wir nun wieder zu der Entwicklung des Gefühls am schönen im allgemeinen zurück, so ist der Zusammenhang zwischen dem Anfangs- und Endpunkt nicht so leicht aufzufassen. Wir müssen aber bedenken, daß wir dort einen unentwickelten Gegensaz haben, wo die Formel nicht angewandt werden kann. In dem Anfangspunkte ist das leibliche überwiegend, die Schönheit ist zwar auch ein Gegenstand, der auf die Sinne wirkt, aber der Empfindungszustand selbst ist nicht ein leiblicher, und so müssen wir, wenn ein Zusammenhang sein soll, auch in jenem Anfangspunkt ein geistiges Element voraussezen. Um dies zu zeigen müssen wir an einen Punkt anknüpfen, wo der Gegensaz schon mehr entwickelt ist; dies sind die Naturgefühle und es fragt sich, wie das geistige darin aufzufassen ist? So wie wir uns einen Punkt der Welt von solcher Art denken, daß das Außeruns frei auf uns wirken kann und die einzelnen Gegenstände bestimmt unterschieden werden, so können wir uns einen solchen Empfindungszustand entwickeln. Jedes solche Ganze der Wahrnehmung, mag es uns rein gegeben sein oder mögen wir es will-

kürlich begrenzen, ist ein Theil der gesammten Welt, und so wie
wir uns einen solchen gegenüberstellen, so wird ein objectives Bewußtsein vorausgesezt und es ist auch klar, daß alles, was wir
mit dem Ausdrukk „Sinn für die Natur u. s. w." bezeichnen,
auf die Gestalt gerichtet ist, aber keinesweges in ihrer mathematischen Beziehung. So wie wir aber von diesem abstrahiren, so
werden wir auf das Leben zurükkgetrieben; denn ein drittes giebt
es nicht, entweder werden die Gestalten bestimmt durch das mathematische und mechanische oder durch das Leben und in diesem
Falle sind sie nur gegeben als Resultate und zu gleicher Zeit als
Symbole des Lebens. Ich will hier gleich eine Erweiterung der
Betrachtung anknüpfen. Wir haben unsern ganzen Gegenstand
aufgefaßt als ein Bestimmtsein des Selbstbewußtseins durch das
Außer=uns, aber abstrahirt von dem Gattungsbewußtsein. Nun
ist aber die menschliche Gestalt auch ein Außer=uns und ein integrirender Theil desselben, es wird auch niemand behaupten, daß
das Wohlgefallen an der schönen menschlichen Gestalt seiner Art
nach ein andres wäre als das an der schönen Natur überhaupt,
aber wir betrachten es auch alsdann nicht unter dem Gesichtspunkt des Gattungsbewußtseins sondern als Manifestation des
Geistes in der Natur, indem wir die ganze plastische Kraft als
der geistigen inhärirend ansehen.

Wenn wir nun beides gleichsezen und nur im allgemeinen
die Gestalt in ihrem Bestimmtsein durch das Leben als den Gegenstand auffassen, der das Selbstbewußtsein bestimmt, sei es das
allgemeine Naturleben, wie es sich in der Gestaltung der Erdoberfläche selbst zeigt oder in der Vegetation, als einer Lebens-
stufe, die zwischen dem allgemeinen und individuellen noch schwankt,
oder das in den individuellen Formen des thierischen und menschlichen Seins, so fragt sich unter welchen Umständen der Gegenstand die Bestimmtheit des Selbstbewußtseins hervorbringt? Denn
wir werden doch nicht immer auf die gleiche Weise von dem
Außer=uns afficirt, sondern wir nehmen einen Gegensaz an zwischen dem schönen und häßlichen. Ehe wir aber die Frage be-

antworten, müssen wir noch erst einen andern Punkt ins reine bringen, daß nämlich das Wohlgefallen wirklich eine Bestimmtheit des Selbstbewußtseins ist und nicht dem objectiven Bewußtsein angehört. Dies ist nicht überall gleich leicht nachzuweisen. Man könnte glauben, es sei nur eine Erschleichung, daß ich das Gebiet angeknüpft an das physische Naturgefühl, wie es durch den allgemeinen Sinn bestimmt ist, denn das ist offenbar eine Aeußerung des Selbstbewußtseins. Das können wir aber von unserem Gebiete keinesweges auf dieselbe Weise behaupten, da die Gestalt als ein bestimmtes Object außer uns gegeben ist. Nur ist so viel gleich klar, daß das Wohlgefallen ganz etwas anderes ist als das Erkennen der Gestalt; denn wenn wir den Gegensaz zwischen dem schönen und häßlichen nehmen, so ist die Operation des Erkennens der Gestalt bei beiden dieselbe, und so müßte also auch das Wohlgefallen dasselbe sein, während es doch ein entgegengeseztes ist. Wenn das angenehme eine Lebensförderung ist, das unangenehme eine Lebenshemmung, so können wir das gar nicht auf das Erkennen anwenden, das schöne fördert nicht das Erkennen und das häßliche hemmt es nicht. Es liegt also wol ein objectives zum Grunde, aber es ist keinesweges das, was den Gegensaz bestimmt, sondern ein anderes. Daraus folgt aber noch nicht, daß es dem subjectiven Bewußtsein angehört. Wenn wir noch auf etwas anderes sehen, nämlich auf die Differenz, daß derselbe Gegenstand nicht auf alle denselben Eindruck macht, so könnte man darin schon ein sicheres Zeichen finden, daß das ganze der subjectiven Seite des Bewußtseins angehöre, aber es liegt doch darin mehr eine Indication als eine wirkliche Nachweisung, die mit Gewißheit verbunden wäre. Wenn wir die Sache noch von einer andern Seite betrachten und fragen, worin endet das, was wir als Wohlgefallen am schönen bezeichnet haben, so unterscheidet es sich von dem physischen Naturgefühl auf eine ganz bestimmte Weise dadurch, daß es nicht an und für sich in eine That ausgeht. Allerdings ist es wahr, daß wir uns von dem, was auf dieser Seite den negativen Eindruck macht, lieber entfernen und die Betrachtung dessen, was den positiven Eindruk des schönen giebt, gern fortsezen, aber das ist noch etwas anderes als die bestimmte Reaction bei jenem, es ist nur das Wollen oder Nicht-wollen der Affection selbst. Hier finden wir also auch eine Differenz, sie ist aber doch nicht so schlagend, daß daraus folgte, daß unser Gegenstand nicht der Seite des Selbstbewußtseins angehörte, sondern dem objectiven Bewußtsein. Wir haben also allerdings Indicationen nach der einen Seite hin, aber sie sind nicht so, daß wir gleich im Stande wären dieser Art von Lebensbewegungen einen bestimmten Ort anzuweisen, wodurch sie in das Gebiet des Selbstbewußtseins mit vollkommener Klarheit gesezt und von den andern Operationen geschieden würde. Darin liegt es aber auch, daß unser Gegenstand immer hat ein streitiger bleiben müssen, daß er fortwährend die Aufmerksamkeit gereizt hat und daß immer neue Theorien aufgestellt worden sind, ohne daß doch irgend eine allgemein befriedigt hätte.

Wenn wir nun zurükgehen auf das zum Grunde liegende objective und daran festhalten, daß der Zustand erregt wird durch die Mannigfaltigkeit der durch das Leben bestimmten Gestalten, so werden wir auf das Leben zurükgewiesen. Der Zustand, den wir in Betrachtung ziehen wollen, ist ein Afficirt-sein von dem Leben, nicht ein physisches, denn das Wohlgefallen hat nichts mit dem Afficirt-sein der Organe zu schaffen, sondern ein psychisches, und es kommt nur darauf an, näher zu bestimmen, woher diese entgegengesezte Art der Affection entsteht. Es wäre freilich vielleicht noch vorzüglicher, wenn wir die Aufgabe lösen könnten, ohne auf den Gegensaz des schönen und häßlichen einzugehen, aber es wird schwer sein ohne denselben zu einer gewissen Klarheit zu kommen. Wir haben vorher gesagt, daß alles, wodurch uns dieser Zustand entsteht, ein Theil der Welt sei, und wir haben es noch näher bestimmt, indem wir es auf das Leben im allgemeinsten Sinne, das Naturleben sowol wie das individuelle bezogen. Liegt nun die Affection etwa einerseits in dem Verhältniß des Theils zum ganzen und andrerseits, vom Leben aus betrachtet, in dem Verhältniß der einzelnen Manifestation der Kraft zu der Kraft selbst im allgemeinen? Das sind zwei verschiedene Gesichtspunkte, aber ich glaube, wir werden nicht gleich zwischen beiden auf eine allgemeine Weise entscheiden können; gehört der Gegenstand mehr dem allgemeinen Leben an, so ist er auch nicht zu subsumiren unter das Verhältniß der einzelnen Manifestation zur allgemeinen Kraft, da uns das allgemeine Leben nicht als eine allgemeine Kraft, sondern als eine Totalität von Kräften erscheint, und es tritt mehr der andre Gesichtspunkt ein, daß die Affection entstanden ist durch das Verhältniß des Theils zum Ganzen; gehört dagegen der Gegenstand dem individuellen Leben an, so liegt die plastische Kraft, wodurch sich die Einzelwesen erneuern, zum Grunde und auf diese haben wir die Affection zu beziehen. Wir werden also vorläufig beide Gesichtspunkte gelten lassen müssen nach der Verschiedenheit des Gegenstandes, und nun fragen, was ist es in beiden Beziehungen, wodurch jene Differenz entsteht?

Wenn wir unsere Voraussezung festhalten wollen, daß der Zustand dem subjectiven Bewußtsein angehört, so muß eine Beziehung jener Verhältnisse zum Subject stattfinden, denn sonst würden wir sie gleich in das Gebiet des objectiven Bewußtseins hineinstellen, da ja das Verhältniß des Theils zum Ganzen ein rein objectives ist. Wenn wir nun bei dem lezten anfangen, was dem individuellen Leben angehört, so finden wir das häßliche überall da, wo die einzelne Erscheinung nicht rein bestimmt ist durch die Kraft, welche sie eigentlich repräsentiren soll, sondern in dem Conflicte mit anderen Potenzen partiell unterlegen ist. Vollständig und absolut häßlich ist z. B. jede Mißgeburt, weil sich darin bestimmt die Corruption der plastischen Kraft manifestirt, und so ist überall das häßliche, wo es uns durch solche Abnormitäten erschwert ist die Idee des individuellen Lebens als die reine Manifestation der productiven Kraft aufzufassen. Wir finden zwar in dem Gebiete des individuellen Lebens in dem Verhältniß der einzelnen Erscheinung zu dem allgemeinen Schema, welches wir uns schon durch die ursprüngliche sinnliche Wahrneh-

mung gebildet haben, einen gewissen Spielraum und eine Freiheit
in der Bestimmung der quantitativen und qualitativen Verhältnisse der Gestalt, und was innerhalb von diesem liegt, ist das für
unsere Betrachtung gleichgültige; wo wir aber Ueberschreitungen
finden, da ist das häßliche, und der Empfindungszustand beruht
allgemein darauf, daß wir uns in dieser Operation gehemmt fühlen. Fragen wir nun, was das schöne ist, so werden wir uns,
unter der Voraussezung daß alles in dem freien Spielraum be-
findliche gleichgültig ist, nach einem positiven umsehen müssen,
das jenem entgegengesezt ist. Hier müssen wir auf den Proceß
des Entstehens der Bilder in der Abstufung des einzelnen zu
dem allgemeinen sehen. So haben wir ein allgemeines Bild der
menschlichen Gestalt; je mehr nun die Erscheinungen in dem Gebiete des freien Spielraums liegen, bleibt das allgemeine Bild
von allen diesen Differenzen afficirt und die Einheit ist eine unbestimmte; wenn es aber Gestalten giebt, in denen sich die Na-
turregel so manifestirt, daß sie uns den Inbegriff jener Differenzen darstellt und unser Bild ein bestimmtes wird, so daß sich
dadurch der Spielraum der Differenzen begrenzen läßt, so haben
wir etwas, was unsern Zustand fördert, weil das Urtheil ein
definitives Regulativ findet für die in dem freien Spielraum liegenden Erscheinungen. Hier haben wir den ganz allgemeinen
Typus des subjectiven Bewußtseins, die Förderung einer psychischen Operation. Diese Operation selbst gehört dem objectiven
Bewußtsein an, aber unser ganzes Verhältniß zu der Aufgabe
die menschliche Gestalt aufzufassen wird durch das, was wir als
das schöne bezeichnen, erleichtert und eben dies Bewußtsein von
einer dadurch begründeten Erleichterung der Auffassung der menschlichen Gestalt als Repräsentation der plastischen Kraft ist der
eigentliche Grund des Wohlgefallens.

Aber es fragt sich, ob wir uns dies verallgemeinern können
bis zu dem, wo uns mehr das Verhältniß des Theils zum Ganzen entgegentritt; geschieht dies nicht, so geht uns verloren, was
wir gefunden haben und wir haben nur eine partielle Lösung

und nicht eine allgemeine. Zuvor aber noch eine Bemerkung. Wir sind bei der Betrachtung des Gefühls für die schöne Natur auf das Wohlgefallen an der menschlichen Gestalt zurückgegangen und da bietet sich etwas dar, was uns noch weit weiter führen würde, nämlich das Wohlgefallen an Kunstwerken aller Art, also auch an Dichterwerken, die es nicht mehr mit menschlichen Gestalten als Theil der Natur sondern mit der freien Beweglichkeit menschlicher Handlungen zu thun haben. Es könnte daher scheinen, es gehöre zu unserer Aufgabe, dieses Gebiet näher zu untersuchen. Wir müssen uns aber erinnern, daß wir nicht im Stande sind die Aufgabe in solchem Umfange zu lösen. Das Wohlgefallen an der menschlichen Gestalt und an der Natur sind ursprünglich Zustände der Receptivität, wo der Gegenstand gegeben ist, wogegen auf dem Gebiete der Kunst derselbe erst durch freie Thätigkeit hervorgebracht wird, und da wir die Spontaneität noch nicht betrachtet haben, so können wir hier weiter nichts thun, als vorläufig die Aufgabe hinstellen, daß jene künstlerische Thätigkeit so erklärt werde, daß das Wohlgefallen an ihren Werken als ein Analogon zu dem erscheint, was durch die Natur gegeben ist. Wir können außerdem sagen, es sei an sich wahrscheinlich, daß das Wohlgefallen an dem schönen in der Natur den Reiz in sich trage zu künstlerischer Production des schönen.

Wir haben das Wohlgefallen an der Gestalt erklärt durch das Verhältniß derselben zu dem allgemeinen Bilde, welches sich als Norm für alle Differenzen gebildet hat durch wiederholte Beobachtung; dadurch bekommt das Schema selbst eine neue Dignität, die es abgesehen hievon nicht haben würde. Man sieht es zwar so an, als ob schon das allgemeine Schema an sich zugleich das Ideal wäre, indem alle Differenzen in dem Maaße, als sie Abweichungen sind von einer solchen Gestalt, welche das Schema unmittelbar vergegenwärtigt, als untergeordnete erscheinen, aber erst durch die Vergleichung des schönen mit dem gewöhnlichen entsteht das Ideal und kommt erst in einem solchen

Moment des Wohlgefallens zum Bewußtsein. Es fragt sich nun, wie wir dies übertragen können auf das Wohlgefallen an der schönen Natur? Wenn es hier auf die einzelnen Gegenstände ankäme, so könnte man es auf dieselbe Weise ansehen; aber es handelt sich hier um eine Mannigfaltigkeit, welche angeschaut wird, ohne eine bestimmte in sich abgeschlossene Einheit zu sein. Wenn nun daraus die Neigung entspränge, das Wohlgefallen an der schönen Natur mit dem organischen und leiblichen, woran wir es geknüpft haben, zu verwechseln, so würde dies doch falsch sein, denn wir können uns physisch nachtheilig afficirt denken und das Wohlgefallen an der schönen Natur bleibt doch. Da es nun hier kein Schema für die Schönheit der Natur giebt, so bleibt nur der andere Gesichtspunkt übrig nämlich das Verhältniß des einzelnen Theils zum Ganzen. Wenn wir dies auf die gesammte irdische Natur beziehen, so ist uns diese gar nicht in solcher Ausdehnung gegeben, daß wir Richter sein könnten über das Naturschöne in einer fremden Region der Erde. Finden wir die Natur in einer gemäßigten Zone der Idee des schönen näher als in tropischen oder polaren Ländern, so ist das richtig für uns, aber es ist zugleich das Resultat unserer Gewöhnung, erst wenn wir uns in ein fremdes Naturgebiet so eingelebt hätten, wie in das unsrige, könnten wir darüber ein Urtheil haben. Wir werden uns also gewiß unsere Operation erleichtern, wenn wir sie beschränken und sagen, es steht uns nicht die ganze Natur gegenüber, worauf wir einen Theil beziehen, sondern selbst nur ein Theil, das umfassend, was sich uns als ein bekanntes ausgebildet hat und worin die bekannten Elemente vorkommen. Hier ist also das erste wol dieses, daß das universelle Leben, die Vegetation mit eingeschlossen, sich in seiner Mannigfaltigkeit so manifestirt, daß wir in dem einzelnen mannigfaltigen wieder ein Bild der Totalität haben, und in dem Theil das Ganze sich vergegenwärtigt. Freilich werden wir nicht leicht in einem Naturbilde alles beisammen haben können, denn es liegt in der Construction der Erdoberfläche, daß es nur gewisse Punkte giebt, an welchen als

Wasserscheiden die höchsten Erhebungen und Vertiefungen dicht beisammen sind. Wir theilen uns also die Natur in eine Mannigfaltigkeit von Theilen, aber je mehr die Elemente auf einem Raum zusammen sind, desto mehr veranlaßt es Wohlgefallen. Wir haben es aber hier offenbar nicht mit dem rein objectiven zu thun, sondern die Beziehung der Natur auf den Menschen und des Menschen auf die Natur wird als ein wichtiges Element zu berükksichtigen sein. Was ist nun hier die Operation, in der wir begriffen sind, und die gehemmt oder gefördert wird durch das entgegengeseßte? Es ist eben wie dort nicht die Thätigkeit des Auffassens, denn aufgefaßt muß schon sein, ehe dieses beginnt. Bestände unsre ganze Thätigkeit im objectiven Bewußtsein nur im Auffassen des einzelnen, um die Aggregation der Vorstellungen und Bilder zu vermehren, so würden wir zum Wohlgefallen nicht kommen, sondern es ist wieder die Beziehung der Intelligenz auf die Gesammtheit des Seins, welche uns durch die Auffassung des einzelnen vermittelt wird. Je mehr nun eine einzelne Auffassung die Beziehung erleichtert, je mehr ein Naturbild für uns ein Symbol ist von dem Verhältniß der Intelligenz zu dem Sein außer uns, je mehr sodann die Mannigfaltigkeit der Naturgestaltung die Mannigfaltigkeit der Verhältnisse des Menschen zur Natur ausspricht, um desto mehr wird diese Operation gefördert sein. Wir werden von hier aus auch wieder dieselbe Differenz finden, die wir, als wir von der menschlichen Gestalt handelten, gefunden haben. Es wird auch eine Region des indifferenten geben, wo dieser Proceß sistirt ist, und auf der andern Seite den Gegensaz. Denken wir uns einen großen Naturraum, der durchaus einförmig ausgefüllt wäre, worin sich das Minimum von Naturmannigfaltigkeit gleich zeigte, und der zugleich auf wüste Weise ausgefüllt wäre, so giebt das einen dem häßlichen analogen Eindrukk, nur daß noch ein andres Element hinzukommt, nämlich das schauderhafte.

Betrachten wir auf diese Weise das ganze Gebiet und fragen, worauf das specifische des Wohlgefallens beruht, so ist es

allerdings das Afficirtsein durch einen Zustand des objectiven Be=
wußtseins aber nicht als bloße Auffassung, sondern insofern in
einem einzelnen das Ziel des Erkennen=wollens in irgend einer
Beziehung erreicht ist, so daß der ganze Proceß darin Ruhe und
Befriedigung findet. Es ist also unverkennbar hier, daß ich mich
so ausdrükke, ein speculativer Gehalt, aber rein dem subjectiven
Bewußtsein inhärirend und daher auch nicht als Gedanke und
Begriff ausgesprochen, sondern als Gefühl; es realisirt sich die=
ser Zustand auch nur an Gegenständen, welche auf gewisse
Weise das, was die Tendenz des Erkennenwollens ist, die Bezie=
hung auf die Totalität in einem einzelnen Fall zur Anschauung
bringen.

Von hier aus werden wir zu der anderen verwandten Form
des erhabenen übergehen können. Ich habe mich schon dar=
über erklärt, daß wir die Untersuchung gar nicht als Kritiker der
verschiedenen Theorien führen wollen, indem wir es nur mit der
einen Seite der Gefühlszustände zu thun haben. Es ist offen=
bar, daß dieser Zustand nicht eine solche Ruhe und Befriedigung
in sich schließt, sondern daß er mehr ein aufgeregter Zustand ist,
der in gewisser Weise zugleich sein Gegentheil, das deprimirende,
an sich trägt. Die Aufregung ist in dem Gegenstande, inwiefern
er den Reiz zur Betrachtung enthält, das deprimirende ist im
Bewußtsein des eigenen Zustandes, der von jenem abhängt. Aber
dieser Zustand des Erregt= und Deprimirt=seins geht nicht in
Ruhe über, weil eines das andre hervorruft. Da nun doch bei=
des im Gebiet der Auffassung liegt, so ist hier eine Insufficienz
des Auffassungsvermögens, wodurch es niedergedrükkt wird, eine
Ueberfüllung und Ueberschreitung des Maaßes in dem, was sich
der Betrachtung darstellt; aber keineswegs eine Ueberschreitung
des Maaßes in Beziehung auf die Mannigfaltigkeit, sondern nur
in der Intensität nicht in der Extension eine das Maaß über=
schreitende Kraft, die sich in dem Gegenstande ausspricht und die
wir beständig gereizt werden zu erschöpfen in der Auffassung,
ohne daß uns dies gelingt. Dies wechselnde Spiel ist das we=

sentliche bei dem erhabenen. Es fragt sich nun, ob hier auch eine solche Duplicität vorhanden ist, wie vorher in dem allgemeinen und individuellen Leben des Gegenstandes? In dem allgemeinen Naturleben findet sich das Object zu diesen Zuständen allerdings von selbst, zwar nicht überall und alltäglich, aber doch in ganzen Klassen von Naturverhältnissen, jedoch verschieden bei verschiedenen Zuständen des Auffassungsvermögens, weshalb denn auch der Anblick des gegebenen es nicht auf allen Stufen der Entwicklung in sich schließt. Wenn wir uns z. B. einen schroff ansteigenden Felsen von großer Masse denken, so giebt er freilich als solcher das Bild einer Unendlichkeit des Widerstandes für den Menschen, und von dieser Seite kann es jeder auffassen; aber ganz anders ist es bei dem, der irgend eine Vorstellung hat von dem Entstehen dieser Masse und dem Naturproceß, dessen Resultat sie ist, denn dieser sieht in ihr eine für ihn zu construirende Fülle von Naturkraft. Wenn wir auf das Gebiet des individuellen Lebens sehen, so können wir da in dem einzelnen einen solchen Eindruck nicht finden, denn das einzelne Leben trägt sein Maaß in sich selbst, und je mehr es das Wohlgefallen am schönen erregt, desto mehr ist das erhabene ausgeschlossen. Giebt es dennoch einzelnes, was diesen Eindruck hervorbringt, so muß noch etwas andres hinzukommen. Wir haben eine Analogie, nämlich das bewegliche und veränderliche in der menschlichen Natur wird modificirt durch die Thätigkeit des Menschen selbst; so wie wir darin finden eine unverkennbare Spur einer für uns als unerschöpflich sich darstellenden Fülle von Kraft, so haben wir auch den Eindruck des erhabenen. Gewöhnlich aber gesellt sich noch ein andres dazu. Es giebt antike Bilder des Zeus, die entschieden einen erhabenen Eindruck machen, aber es fragt sich doch, ob der Eindruck derselbe bliebe, wenn wir nicht die Bedeutung des Bildes kennten. Wenn wir uns dabei die Absicht des Künstlers denken, in die menschliche Gestalt seine Idee hineinzulegen und wir finden diese auf eine solche Weise erreicht, daß die Züge uns eine Unerschöpflichkeit von Kraft darstellen, so haben wir noch etwas andres als in dem erſten Falle. Faſſen wir nun alles zuſammen, ſo iſt das ſchöne dem erhabenen gewiſſer= maßen entgegengeſezt. In dem ſchönen findet die Richtung der Intelligenz auf das Erkennen=wollen ihre vollkommene Ruhe und Befriedigung in dem einzelnen, wogegen bei dem erhabenen immer die Erregung ſich erneuert und die Ruhe niemals eintritt, ſo daß es kein andres Ende dieſes Zuſtandes giebt, als daß wir es auf= geben uns reizen zu laſſen und uns alſo von dem Gegenſtande abwenden, oder daß wir zum Bewußtſein kommen es erſchöpft zu haben, wo dann der Eindruck verſchwindet. Wie kann nun aber ſo entgegengeſeztes verwandt ſein? Dieſe Frage führt uns zu dem Gegenſtande zurück, um deſſenwillen wir dieſe ganze Un= terſuchung angeſtellt haben.

Es wird leicht ſein ſich zu überzeugen, daß das religiöſe die größte Analogie hat mit dem Eindruck des erhabenen, mag daſſelbe von einem Naturgegenſtande ausgehen oder von einem geiſtigen. Was wir in der einfachſten und allgemeinſten Weiſe durch den Ausdruck Andacht bezeichnen, iſt ein eben ſolches ſich ſelbſt einem andern untergeben finden, ein in der Unerſchöpflich= keit des Gegenſtandes gleichſam untergehen und doch wieder von demſelben angezogen werden. Es iſt ein ſich verlieren in das unendliche, mit dem Bewußtſein verbunden, daß hier eine jede Reaction völlig unſtatthaft iſt. Wir finden auch in der frü= hen Entwicklung dieſes Gefühls, daß eine gewiſſe Anknüpfung ſtattfindet an das erhabene, indem vorzugsweiſe die Stätten zur Verehrung des höchſten Weſens gewählt wurden, wo die Umge= bung der Natur den Eindruck des erhabenen hervorbringen mußte. Wenn wir aber die Entwicklung des religiöſen auf einer höheren Stufe betrachten, ſo finden wir allerdings, daß es nur auf dem ganzen Fundament der geſelligen Gefühle zu dieſer Entwicklung gelangen kann. Ich habe zwar oben, wo ich den Gegenſtand zuerſt berührte, geſagt, wir könnten das religiöſe Gefühl nicht als eine Fortſezung des geſelligen, anſehen und davon iſt der Grund der, daß alsdann das Naturgefühl aus der gleichen Be=

14 *

ziehung auf das religiöse ausgeschlossen würde. Es ist aber nicht zu leugnen, daß das religiöse Gefühl, auf welcher Stufe der Entwikklung wir es auch finden mögen, den ganzen Complexus der vorhandenen Empfindungsweisen dominirt, es erweitert sich demnach, wo diese sich erweitern, und es bleibt auf einer untergeordneten Stufe, wo jene noch nicht entwikkelt sind. Auf der niedrigen Entwikklungsstufe, wo die Menschen noch in ganz kleinen Gesellschaften leben, ist die Unendlichkeit nur insofern darin gesezt, daß es immer über die andern hervorragt, ja wir werden noch hinzufügen können, daß überall, wo es eine Entwikklung des religiösen Gefühls und eine Verständigung darüber giebt, der entgegengesezte Zustand, wenn es nicht die Selbstthätigkeit dominirt, in dem Gemeingefühl als ein krankhafter empfunden wird. In dem religiösen Gefühl ist also ein Zusammenfassen des Naturgefühls und des geselligen Gefühls, aus denen es sich entwikkelt, und wenn wir die natürliche Richtung, die darin liegt, bezeichnen sollen, so ist es die auf die Aufhebung des Gegensazes zwischen dem Sein, wie es zugleich Bewußtsein ist, und dem Sein, wie es im Bewußtsein gegeben ist, aber eine Aufhebung rein auf der subjectiven Seite des Bewußtseins. Sobald wir uns das intelligente Subject in der Tendenz denken dies zu vollziehen, ohne daß wir ein denkendes Wollen voranschikken, rein aus der natürlichen Richtung heraus, so muß sich dasselbe ereignen, was wir als das eigenthümliche Wesen des erhabenen gefunden haben, die sich immer erneuernde Aufgabe und das Bewußtsein des Unvermögens, wobei aber allerdings die unwillkürliche Richtung darauf zu dem innern Bewußtsein der Wahrheit wird, die in unserem eigenen Sein liegt und die überall dieselbe ist mit der zum Bewußtsein gekommenen Nothwendigkeit, insofern sie eine rein innere und eins mit der Freiheit ist. Wir können nicht anders als darauf gerichtet sein; darin liegt die Aufhebung des Gegensazes und die Beziehung des eignen Seins auf diese Aufhebung ist das eigenthümliche Wesen des religiösen Gefühls, wie es sich in verschiedenem Umfange und in verschiedener Weise manifestirt. Denn die Verständigung bleibt immer an eine gewisse Symbolik gebunden, weil nichts im objectiven Bewußtsein gegeben sein kann, worin das religiöse Gefühl sich befriedigt fände.

Wenn wir die Sache so ansehen, so werden wir kein Bedenken tragen, dies als die höchste Entwikklung des Selbstbewußtseins anzuerkennen, in welcher sich die Richtung des Geistes als eines endlichen Seins auf die Aufhebung des Gegensazes manifestirt; aber indem diese Richtung alles endliche Sein dominirt, so bringt uns dies an die Grenze des endlichen Seins, indem diese Richtung des Selbstbewußtseins das unendliche postulirt. Von hier aus werden wir gleich noch ein anderes zugeben, wodurch sich uns das Bild dieses ganzen Zustandes erst vollenden wird, nämlich daß das religiöse Gefühl auch das ist, wozu es von jeder andern Gestaltung des Selbstbewußtseins aus einen unmittelbaren Uebergang giebt durch die reine Einkehr des Subjects in sich selbst. In ihm findet sich als etwas, dem es sich nicht entziehen kann, jene Richtung auf die Aufhebung des Gegensazes, in jeder andern Gestaltung des Selbstbewußtseins ist aber der Gegensaz, indem immer ein Aeußeres das veranlassende ist; das in sich selbst einkehren ist also nichts anderes als sich mit dem Gegensaz zugleich der Richtung auf die Aufhebung desselben bewußt werden. Hier findet sich nun unmittelbar ein correspondirender Punkt. Wie nämlich das eigentliche Denken anfängt mit dem Ich-sezen und sich vollendet in der Idee der Welt, die sich allmählich realisirt, und in dem Begriff des Seins schlechthin, welcher wieder, um mich so auszudrükken, als das Ich gesezt wird in allem was wir als Theil der Welt sezen, so findet sich auch auf der Seite des Selbstbewußtseins das Ich-sezen als die Continuität desselben, so daß in jeder Form von Zuständen das beharrliche mit dem Wechsel zugleich ist. Dies ist nun hier der Anknüpfungspunkt zu jenem correspondirenden Punkte. Wenn wir in jedem Moment des Selbstbewußtseins einen Uebergang finden zu dem Proceß des religiösen Gefühls, so müssen wir diesem eine eben solche unbedingte Continuität zuschreiben. Beides aber ist nur ein postulirtes. Denn die Continuität des Selbstbewußtseins als reines Um-sich-selbst-wissen ist, wenn wir es ganz empirisch betrachten, keinesweges gegeben, denn wir haben es ja nicht von Anfang an, auch nicht von jedem Tage zum andern, sondern wir müssen es täglich wieder reproduciren, und ebenso ist es mit der Continuität des religiösen Gefühls, aber nicht aus demselben Grunde, sondern deshalb, weil wir wegen des Wechsels nicht immer zu dem klaren Bewußtsein des Uebergangs kommen, wie-wol wir sagen müssen, daß wenn einmal in dem Selbstbewußtsein die Richtung auf die Aufhebung des Gegensazes gesezt ist, sie dies auch ein für allemal ist, so daß wir in jedem Augenblikk darauf zurükkkommen können.

Wenn wir nun von diesem Endpunkt aus den ganzen In-begriff des Selbstbewußtseins von den ersten Anfängen an über-blikken, so haben wir darin die vollständige Reihe der Entwikk-lung des Geistes in sich selbst. Zuerst erscheint uns die Recep-tivität unter der Form der Seele eines einzelnen Leibes rein an diesen gebunden und nur durch die organische Function erwekk-bar, aber so wie wir weiter gehen, ist jede neue Gestaltung des Selbstbewußtseins ein erweitertes Sich-selbst-finden des Geistes, bis wir auf den Punkt kommen, wo es sich selbst jenseit des endlichen findet in dem unendlichen. Ist diese Richtung des Selbstbewußtseins einmal erwacht, so erscheint nun auch alles andre ihr nicht nur untergeordnet sondern auch um so weiter davon entfernt, je mehr es in den Gegensaz verstrikkt ist, und am allerweitesten in jenen Anfängen, wo der Gegensaz selbst noch unentwikkelt ist.

In dem ganzen Verfahren in Beziehung auf diese Form der geistigen Thätigkeit (denn als Thätigkeit haben wir die Recepti-vität auch gesezt) haben wir wol nichts wesentliches übergan-gen. Denn indem wir das Selbstbewußtsein einerseits in Bezie-hung auf das objective Bewußtsein, andrerseits in Beziehung zu der andern Hauptreihe der Selbstthätigkeit betrachtet haben, ist es nicht möglich, daß uns ein wichtiger Punkt sollte entgangen fein. Der Hauptpunkt, den wir dazwischen zu stellen haben, ist allerdings die Erhebung des Selbstbewußtseins zum Gattungsbewußtsein, die wir uns aber auch vorgehalten haben. Nur eins habe ich außer Acht gelassen oder vielmehr absichtlich übergangen, weil ich es passend finde, es an einem andern Orte in Betrachtung zu ziehen. Dies sind nämlich alle diejenigen Zustände des Selbstbewußtseins, welche einen Conflict zwischen dem niederen rein persönlichen und dem Gemeinbewußtsein bezeichnen, Zustände, wo die Einheit mit sich selbst verloren gegangen ist oder wo das Fortschreiten in der Entwicklung des Selbstbewußtseins zu einem umfassenderen durch Reactionen unterbrochen ist. Hier liegt eine große Mannigfaltigkeit von Erscheinungen vor, die wir aber deshalb übergehen konnten, weil sie nicht reelle Entwicklungen sind, sondern wieder verschwinden sollen. Der andre Ort aber, wo wir diese in Betrachtung ziehen wollen, wird der sein, wo wir die Differenzen, die sich in dem Geist, wie er als Seele gegeben ist, manifestiren, zu betrachten haben. Da werden wir uns denken Einzelwesen, in denen die Entwicklung ungestört vor sich geht, und solche in denen sie beständig durch eine Reaction unterbrochen ist.

Gehen wir weiter in der Uebersicht, so ist noch ein Punkt, den wir immer im Auge behalten haben, nämlich daß es auf der einen Seite ein selbständig hervorgehender Zustand ist, auf der andern Seite aber die andern Thätigkeiten begleitet und daß von jedem aus sich das Selbstbewußtsein als das begleitende mit entwickelt. Hier giebt es allerdings auch solche Differenzen, die wir übergangen haben, einestheils quantitative in Beziehung auf die Leichtigkeit, wie sich das begleitende Selbstbewußtsein entwickelt, anderntheils qualitative in dem Verhältniß beider, wo eine Zusammenstimmung sein kann oder auch, ich will nur sagen, ein scheinbarer Widerspruch. Hier liegt eine Masse von Zuständen, die zu den Kämpfen gehören. In dem, worauf wir zuletzt gekommen, wo wir es bezogen auf das erste Sich=seiner=selbst=als=Seele=bewußt=sein, fanden wir die beiden Reihen verknüpft, ein bestimmt begleitendes aber auch ein in einzelnen Fällen bestimmt hervortretendes. Offenbar liegen hier ähnliche Differenzen in dem Maaße, wie sich das postulirte in dem einzelnen mehr oder weniger realisirt, wo Zustände, die dem Selbstwiderspruch nahe kommen, sich zeigen; aber diese werden auch in die Betrachtung der Differenzen überhaupt gehören.

II. Die ausströmenden oder spontanen Thätigkeiten.

Es war bisher nur unsre Absicht von solchen Thätigkeiten zu reden, in welchen die Receptivität das überwiegende ist. So= wie man aber von dem Punkte ausgeht, daß der Gegensaz zwi= schen dieser und der eigentlichen Selbstthätigkeit nur ein relativer ist, indem Empfänglichkeit nicht Passivität ist, so war schon ab= zusehen, daß immer zugleich schon die Rede würde sein müssen von dem, was Reaction ist. Nun aber haben wir in der That weit mehr gethan als dieses; wir sind von den Operationen, die sich an die organische Function knüpfen, ausgegangen und haben an diese auf der Seite des objectiven Bewußtseins die Denkthä= tigkeit angeschlossen, und als wir das thaten, stellten wir es pro= blematisch, ob dies nicht auch eine Art der Auffassung sei, aber wir kamen bald durch die Sache selbst dahin uns zu überzeugen, daß der Begriff keinesweges dasselbe sei wie die Bilder. Da hätten wir eigentlich abbrechen sollen, weil wenn die Denkthätig= keit etwas anderes ist, sie zur Selbstthätigkeit gehört; ja wir ha= ben hernach die Richtung der Selbstthätigkeit schon vorausgesezt in dem Punkt, den wir als Indifferenz sezten, nach der allge= meinen Formel, daß die psychische Thätigkeit überhaupt mit einem unentwikkelten Gegensaz beginne. Indem wir nun also die we= sentlichen Aeußerungen der Denkthätigkeit hieran knüpften, so ha= ben wir schon die Grenze überschritten und sind in das Gebiet des zweiten Theils übergegangen. In jenem Ausbruk lag schon die Anerkennung der Selbstthätigkeit in dem Einzelwesen, aber in der Form des noch nicht entwikkelten Bewußtseins, also ein Act der Willensthätigkeit, wobei indessen das vorbedachte gänzlich fehlt. Indem wir nun schon etwas von unserm zweiten Haupttheil vorweggenommen haben, aber nicht aus demselben Gesichtspunkt, so scheint es, als müßten wir dies noch einmal aufnehmen und von der Seite betrachten, wie sich die Selbstthätigkeit darin entwikkelt. Das giebt uns den besten Anschließungspunkt. Indem wir sagten, das eigentliche Ziel dieser Richtung sei das Erkennen, so haben wir allerdings dieses schon als ein gewolltes gesezt, und es kommt nur darauf an, die verschiedenen Stufen der Selbstthätigkeit, wie sie sich allmählich entwikkeln, zu bestimmen. Gehen wir also auf den ersten Anfang zurükk und sehen ihn als eine Aeußerung der Selbstthätigkeit an, so ist da der Gegensaz noch ganz unentwikkelt. Das Denken, insofern es etwas anderes ist als die bloße Uebertragung der Bilder in die Sprache, kann schon gar nicht mehr als eine solche Indifferenz betrachtet werden, und doch müssen wir gestehen, wenn wir die Function des Denkens als eine selbstthätige Function ansehen, so muß sie in ihrem ersten Anfange ein Minimum von Selbstthätigkeit im Gegensaz zu der aufnehmenden Thätigkeit gehabt haben. Wir haben das in eine Formel gebracht, indem wir sagten es sei gleichsam das Angefülltsein mit Bildern, welches die Mittheilung postulirt, wobei das Gattungsbewußtsein als das vermittelnde Princip dargestellt wurde. Wenn wir nun auf den ersten Anfang von diesem zurükkgehen, so entwikkelt es sich in den Neugebornen durch den Einfluß derer, welche sich ihnen zu erkennen geben wollen, und also ein Spiel von Wechselwirkung in den Lebensmanifestationen hervorbringen. Aber es läßt sich doch nicht erklären durch eine bloße Passivität, sondern ein Minimum von Selbstthätigkeit müssen wir auch dabei sezen. Man kann auch sagen, daß im Zusammenhange der früheren und späteren Geschlechter das Annehmen der Sprache eine Indifferenz von Spontaneität und Receptivität sei, indem sie einerseits das Denken

vorausfezt, anbrerseits als Sprechen eine ausströmende Thätigkeit ist; aber die Aneignung der Sprache ist boch nur die des
schon vorhandenen Bewußtseins, sowol der allgemeinen Bilder als
der Begriffe. Wenn wir uns nun auf den Punkt stellen, wo
schon ein freies Spiel der Denkthätigkeit stattfindet und das in
der Sprache niedergelegte Bewußtsein dem des Subjects schon
assimilirt ist, so ist alle Productivität in der Sprache nur als
Selbstthätigkeit zu beurtheilen. So bekommen wir in den Formen der Selbstthätigkeit eine große Mannigfaltigkeit, die wir
wieder als eine Reihe aufstellen können, worin allerbings die vom
Anfange weiter entfernten Punkte von dieser Seite immer schwerer
zu erklären sind. Die Aneignung der Sprache zeigt uns nämlich
noch einen starken Antheil von aufnehmender Thätigkeit, sie erscheint als ein Lernen, Uebertragen, eine Uebung und wenn auch
Selbstthätigkeit vorausgesezt werden muß, so ist der ursprüngliche
Impuls babei ein Aufnehmen=wollen, an der Leitung des schon
entwikkelten Bewußtseins das eigene zum Vorschein zu bringen,
und erst allmählich können wir denken, daß das Bewußtsein eintritt, dieses gemeinsame Gebiet des in der Sprache niedergeleg-
ten Denkens als ein eignes zu behandeln. Wenn nun einerseits
der einzelne im Besiz der Sprache ist, anbrerseits das Denken
vermittelst der Sprache rein als eine Productivität gefaßt wird,
so entsteht die Frage, was das eigentlich sei? Die Production
geschieht mittelst der Sprache in der Sprache, und bezieht man
das, was baburch geworden ist, rein auf diese, so erscheint es
als ein Minimum, ja in den meisten Fällen als Null. Halten
wir diesen Gesichtspunkt fest, so ist die eigentliche Thätigkeit der
Ausbrukk des persönlichen einzelnen Seins in irgend einer Beziehung durch Combination der Sprachelemente. Aber freilich
wenn wir auf die anbre Seite sehen, wie auch die Kenntniß der
Welt im ganzen und einzelnen durch Thätigkeiten gefördert wird, die
ohne die Sprache nicht zu Stande zu bringen sind, wenn sie gleich
ursprünglich auf Wahrnehmen zurükkgehen, so liegt barin etwas
anderes. Dieses ist eine rein objective Richtung, jenes scheint

eine überwiegend subjective zu sein. Wer Gegenstände beobachtet, wo das, was in der Sprache niedergelegt ist, nur als eine oberflächliche Notiz erscheint, entdekt neue Bewußtseinselemente und kann in die Nothwendigkeit kommen, in die Sprache selbst neue Elemente als Bezeichnungen für etwas neu aufgenommenes hineinzutragen oder neue Combinationen der schon vorhandenen Elemente zu machen. Hier sehen wir die Fortbildung der Sprache mit der Fortbildung des objectiven Bewußtseins zugleich, während wir in jenem nur Selbstdarstellungen des einzelnen in der Sprache sehen konnten. So wie wir nun dies beides nebeneinander stellen, so entsteht uns also eine zwiefache Thätigkeit in der Sprache, die wir allerdings schon bemerklich gemacht haben, aber nicht auf dieselbe Weise in ihrer Beziehung auf einander, sondern wir kamen auf sie von verschiedenen Punkten. Das eine, das Werden der Sprache mit der Weiterentwikklung des objectiven Bewußtseins ist die Wissenschaft, das andre, die Weiterbildung der Sprache durch ein freies Spiel gehört in das Gebiet der Kunst, und die Denkfunction in ihrer höchsten Entwikklung ist immer eins von beiden, das Wissenschaft-werden-wollen oder das Künstlerisch-produciren-wollen. Was wir bisher als die beiden Seiten der aufnehmenden Thätigkeit betrachtet haben, das objective und subjective Bewußtsein, erscheint hier als ein Gegenstand, auf welchen der Wille sich richtet, aber allerdings nicht auf gleiche Weise und in derselben Form; denn dadurch daß ich mich selbst in der Sprache offenbare, geschieht eigentlich nichts, aber jede Erweiterung des objectiven Bewußtseins oder Hinzufügung neuer Elemente ist eine wirkliche Production. Wenn wir nun aber das, was wir als künstlerische Thätigkeit bezeichnet haben, in seiner ganzen Entwikklung betrachten, so ist doch dadurch auch etwas geworden, nämlich der Kunstgehalt der Sprache, zusammenhangend mit dem, was in der Sprache unmittelbarer Ausdruck des subjectiven Bewußtseins ist und sie durch den Rhythmus mit der Geberde und durch die Modulation mit der gemessenen Rede verbindet, zugleich aber die Entwikklung einer Masse von Sprachelementen, die sich gleich in ihrer Tendenz auf das subjective Bewußtsein von dem objectiven Sprachgehalte unterscheiden.

Wenn wir nun aber hier auf den höchsten Punkt der Entwikklung der Selbstthätigkeit zurükkgehen, nämlich das bestimmt vorher gewußte Wollen, durch welches eine Reihe von Thätigkeiten vorgebildet wird, so ist dies im Gebiete der künstlerischen Behandlung der Sprache die Composition, in der Wissenschaft dagegen, sowie wir die Sache vorher gefaßt haben, ein Sich-heften-an-einen-Gegenstand, um das noch nicht gewußte zum Wissen zu bringen, also eine Reihe von Operationen, die bald Versuche bald Beobachtungen sein können. Immer ist das Wollen dabei das Entwikkeln eines objectiven Bewußtseins, welches 'entweder nach innen gerichtet genauer sein soll als das frühere, oder nach außen extensiv umfassender. Hier ist das Resultat selbst in dem gewußten Wollen nicht gesezt, ausgenommen in einer formellen Weise, in dem entgegengesezten Gebiet kann es in hohem Grade auf eine materielle Weise vorhanden sein und die Ausführung zur Conception sich nur verhalten wie das Heraustreten des Inhalts. Gegenüber diesem Gipfel der Selbstthätigkeit ist das rükkwärts liegende das, wo das vorher gewußte Wollen sich weniger manifestirt, und das Minimum, wenn wir Gedankenreihen in uns finden ohne vorhergewußtes Wollen. Dies ist jedoch noch nicht das Minimum, sondern noch weiter gehend haben wir Gedanken in uns, die gegen unsern Willen sind. Dies giebt drei Stufen, erstens wo das gewußte Wollen das Resultat bestimmt in sich schließt, sodann wo Denkthätigkeiten in uns sind ohne Wollen, und endlich Denkthätigkeiten gegen unsern Willen. Diese untergeordneten Formen haben wir alle in unserer Erfahrung; die lezteren werden freilich nur dann bemerkt, wenn der Wille auf die Denkfunction gerichtet ist, die Gedankenreihe aber durch ein andres Denken unterbrochen wird, das wir nicht wollen, wogegen alle Gedanken, welche in der Seele vorkommen, während der

Wille auf etwas anderes gerichtet ist, wenn sie nicht etwa bloß das die Thätigkeit begleitende Bewußtsein sondern etwas fremdartiges sind, demjenigen Denken angehören, das ohne unseren Willen ist. Hier sind zwei schwer zu begreifende Punkte, aber die Schwierigkeit liegt in ganz entgegengesezter Richtung. Einmal ist schwer zu begreifen, wie in dem Willen schon das Resultat auf irgend eine Weise gesezt sein kann und dieses doch erst durch die auf den Willen folgende Production wird, sodann ist schwer zu begreifen, wie es ein Denken ohne und wider unsern Willen geben kann, da doch das Denken eben so wie der Wille eine Erscheinung der Selbstthätigkeit ist. Betrachten wir die Sache rein aus dem Gesichtspunkt des Maximums und Minimums, so möchten wir etwa sagen, jenes ist das vollkommene, dieses das unvollkommene, und wo also Denkthätigkeiten ohne und gegen unsern Willen in uns sind, da müssen wir dies in das Gebiet der Differenzen verweisen; aber damit würden wir uns doch täuschen und uns ein Gebiet der Untersuchung verschließen, welches in unsere Entwikklung hineingehört.

Wenn wir bei dem Maximum der Selbstthätigkeit, dem gewußten Wollen, anfangen und sich daraus eine Reihe von Gedanken entwikkelt, so können wir uns gleich zwei entgegengesezte Formen vorstellen, einerseits ein Wollen, welches, auf das objective Bewußtsein gerichtet, eine Reihe von Versuchen und Beobachtungen oder eine Entwikklung von Gedanken daraus bezwekkt, andrerseits die Ausführung einer Reihe von Gedanken im Gebiete der Kunst, wo aber auch ein allgemeines Urbild vorangeht. In beiden Fällen hat die ganze Gedankenreihe ihren Grund in jenem Wollen, es ist der Impuls zu einer fortdauernd sich erneuernden Selbstthätigkeit, und dieser Impuls ist in dem Maaße kräftig, als die einzelnen Gedanken ihren Grund darin haben. Damit hängt gar nicht zusammen, daß alle in dieser Entwikklung entstehenden Gedanken in dem Resultat ihren Ort behalten, sondern es können auch solche entstehen, die wieder eliminirt werden, weil ein Irrthum oder eine Verwechselung stattfand. Er-

schöpft nun die Entwiklung des einzelnen den ursprünglichen Impuls, so findet dieser seine Befriedigung und der selbstthätige Act
ist in sich abgeschlossen und vollendet. Wenn sich nun an das
Ende desselben eine ganz neue mit der vorigen in keinem realen
Zusammenhang stehende Reihe anschließen soll, so fragt sich, wie
das gewußte Wollen, insofern es Gedanke und Zwekbegriff ist,
entsteht? Es ist offenbar, daß wir dies nicht wieder auf ein
solches gewußtes Wollen zurükführen können, denn das hätte
gar keinen realen Inhalt mehr. Wir werden also auf das Gebiet der Denkthätigkeiten zurükgewiesen, denen kein gewußtes
Wollen zum Grunde liegt, und indem wir alles ausgeschlossen haben, was auf der Receptivität beruht, so bleibt nur das
übrig, wo die Gedanken rein von innen heraus in freier
Weise entstehen, und so werden wir denn zugeben müssen,
daß alle Anfänge von Gedankenreihen, die selbst dem gewußten
Wollen angehören, doch aus dem Gebiet des nicht gewollten ent-
springen.

Nun ist dies eine allgemeine Erfahrung und jeder muß diese
freie Gedankenerzeugung in sich kennen, es kommt nur darauf an
das Verhältniß anschaulich zu machen in Beziehung auf das in
der Mitte liegende zwischen den beiden Endpunkten, die schwer
zu begreifen waren. Ich glaube wir werden das Verhältniß
gleich von vorn herein so erklären, daß aus der Masse der nicht
gewollten Gedanken, die wir als Gedankenspiel bezeichnen können, einzelne auftauchen, die sich zu einem bestimmten Willen bilden, und aus denen sich nachher ganze Reihen entwikeln, das
einzelne aber steht nicht in einem solchen Zusammenhange, sondern ist im eigentlichen Sinne eine Masse von Einzelheiten, und
darin besteht eben der charakteristische Unterschied von allen Gedankenreihen, denen ein gewußtes Wollen zum Grunde liegt.
Wenn wir nun diese freie Lebendigkeit der Denkthätigkeit in
ihrem ganzen Verlauf betrachten, so sollten wir sie uns eigentlich
als das constante denken, weil die Zwekbegriffe sich im einzelnen nur daraus entwikeln, nun aber finden wir dies nicht, son-

bern sie ist zuweilen zurückgedrängt bisweilen hervortretend. Wie hängt das nun zusammen? Man pflegt gewöhnlich das Minimum des Vorhandenseins freier Denkthätigkeit zu bezeichnen durch den Ausdruk „an nichts denken" oder durch den Ausdruk „dunkle Vorstellungen"; unter dem lezteren versteht man dann, daß sie zwar da sind aber ohne ein bestimmtes Bewußtsein, aber dann sind sie auch nicht mehr eigentliche Gedanken. Hier ist ein großer Unterschied zwischen den Formeln: „es war nichts in mir" und „es war nur etwas nicht ein gewußtes Wollen". Der andre Ausdruk „an nichts denken" hat einen positiven Schein in dem „an", aber dies wird grade aufgehoben durch die Negation „nichts", es ist aber doch nicht dasselbe, wenn ich sage „ich habe gar nicht gedacht". Darin liegt, daß die freie Gedankenerzeugung niemals ganz aufhören kann, sondern immer nur an die Grenze der Bewußtlosigkeit zurückgedrängt wird. Dies finden wir in zwei entgegengesezten Fällen. Wenn wir in einer andern Thätigkeit begriffen sind, die nicht ein Denken ist, so kann das bloße freie Spiel überwältigt werden von jener, aber dessen ungeachtet wird man schwerlich sagen, man habe gar nicht gedacht, sondern was immer da ist, ist das begleitende Selbstbewußtsein, aber nicht in der subjectiven Form, sondern in der der Reflexion, daß ich mich doch jezt als einen so oder so handelnden seze. Diese bloß begleitende Reflexion ist das Minimum, was in diesem Zustand stattfindet, und die freie Gedankenerzeugung kann dann nicht weiter. Nun aber giebt es noch andre Momente, wo das Denken auch zurückgedrängt ist bis zur Grenze der Bewußtlosigkeit, ohne daß eine solche Concentration auf etwas anderes stattfände; dies ist der Zustand der Abspannung, welcher gewöhnlich auf große Anstrengungen folgt, wobei aber der Maaßstab für die einzelnen ein sehr verschiedener ist. So findet es sich denn, daß einige nur eines sehr geringen Grades von Anstrengung fähig sind und also auch die Denkthätigkeit bei ihnen nur auf einen sehr geringen Theil der gesammten Lebenszeit beschränkt ist. So ist es in den untergeordneten Zuständen der Entwiklung, wo die

Kraft sich in mechanischen Anstrengungen erschöpft, und dann wieder Momente des leiblichen Genusses folgen, da bleibt die Denkthätigkeit zurükkgebrängt auf den Zustand des begleitenden Bewußtseins und wird nur dazu benuzt um die leiblichen Thätigkeiten zu vollziehen.

Wenn wir nun dies als die niedrigste Stufe der Selbstthätigkeit ansehen, was ist dann das Maximum davon? Ich will nur, ehe ich die Frage beantworte, darauf aufmerksam machen, daß es mir dabei gar nicht auf die Denkthätigkeit selbst ankommt, sondern daß diese nur ein Beispiel ist um daran eine Formel aufzustellen für das Maximum der Selbstthätigkeit. Wir könnten nun sagen, dieses sei vorhanden, wenn der ganze Verlauf in lauter solchen Reihen bestände, die auf ein gewußtes Wollen zurükkgehen; aber daraus würde folgen, daß jeder Anfang nur scheinbar ein solcher wäre, daß sich das gewußte Wollen aus dem lezten Gliede des vorigen entwikkelte und so also nicht eine Mannigfaltigkeit auf einander folgender Reihen sondern nur eine Reihe vorhanden wäre. Das könnte nur der Fall sein, wenn jemand sagte, ich will die Welt denken und zwar bis zu jedem beliebigen Grade der Vereinzelung, denn das wäre ein gewußtes Wollen, in Beziehung auf welches alles Denken sich als ein Glied der Entwikklung müßte ansehen lassen und dem dann alles andre so untergeordnet wäre, daß es zu einem neuen gewußten Wollen gar nicht kommen könnte. Dann wäre das Maximum nur in dem einzigen Moment, wo das gewußte Wollen entsteht, da alles andre nur die Fortdauer desselben ist, und eine freie Gedankenerzeugung könnte dabei gar nicht bestehen, weil sein ganzes Denken diesem einen auf die Totalität gerichteten untergeordnet ist. Ja noch mehr, auch die andre Form der Productivität des Denkens, die wir Kunst genannt haben, würde gar nicht in ihm sein, so lange die Kraft jenes einzigen auf das objective Bewußtsein gerichteten Impulses in ihm fortdauerte. Er würde endlich in einem beständigen Kampfe sein mit seiner Stellung in der Welt. Inwiefern nämlich die Denkthätigkeit von dem einen

Impuls ausgehen soll, müßte sie sich nothwendig systematisiren; die Art aber wie der Mensch im wirklichen Leben durch die Außenwelt afficirt wird und Theile derselben in sich aufnimmt, systematisirt sich nicht, und um nun in jener Entwikklung zu bleiben müßte er beständig da sein wollen, wo er nicht ist, und nur selten und zufällig würde sein Dasein, wo er ist, in diese Entwikklung eingehen. Soll das Weltbewußtsein successive von einem einzigen Impulse aus entstehen, so ist die erste Aufgabe, daß alle Theile der Welt zu jeder Zeit dem, der das einzelne lösen will, gleich gegenwärtig seien; der Unterschied zwischen der unmittelbaren Anschauung und der Ueberlieferung würde für ihn also Null, d. h. seine ganze aufnehmende Thätigkeit, die auf dem Wahrnehmen sich gründet, auch insofern sie dem gewußten Wollen untergeordnet ist, würde für ihn gar keinen Werth haben, sondern er würde, wenn er es braucht, alles lieber auf dem Wege der Ueberlieferung haben wollen, als durch unmittelbare Anschauung sich aneignen, was er grade noch nicht braucht. Wir werden fühlen, daß diese Auffassung von dem Maximum der Selbstthätigkeit eine vollkommene Unnatur ist, weil sie das unmittelbare Leben beständig zerstört, und die unmittelbare Wahrnehmung nicht hineingezogen werden kann in das Gebiet des gewußten Wollens. Daraus folgt, daß dieses immer nur auf einzelnes gerichtet sein kann, und daß die ganze Denkthätigkeit nicht darauf zurükgeführt werden darf.

Es ist nun noch ein Punkt übrig, nämlich daß Gedanken entstehen gegen den Willen des Denkenden. Ich sagte, wir könnten dies nur bestimmt behaupten, wenn der Wille auch auf das Denken gerichtet ist, die beabsichtigte Gedankenreihe aber von andern unterbrochen wird. Diese unterbrechenden Gedanken können nun wieder nur aus der freien innern Lebendigkeit herstammen. Wenn wir darauf zurükgehen, daß in dem Bewußtsein immer ein bleibendes ist, so ist diese innere Lebendigkeit nichts andres als das aufgeregte Zusammensein der früher schon entstandenen Vorstellungen. Hieraus ergiebt sich, daß in dem Maaße als dies stattfindet der innere Impuls des gewußten Wollens nicht hinreicht, den ganzen Lebensproceß zu beherrschen, sondern daß immer neben ihm etwas da ist, was die allgemeine innere Lebendigkeit repräsentirt. Allerdings werden wir sagen müssen, was indeß eigentlich nicht hieher gehört, sondern in das Gebiet der Differenzen, je mehr die einzelne Willensthätigkeit von andern Thätigkeiten unterbrochen wird, um so geringer ist in ihr die Kraft, die wir im engern Sinne Willen nennen, und jedes einzelne gewußte Wollen; denken wir sie im Maximum, so besteht sie darin, daß sich in der Bewirkung dessen, was in dem gewußten Wollen liegt, die ganze psychische Macht concentrirt.

Dieser Concentration gegenüber steht jene Abspannung, die wir schon kennen gelernt, und denken wir uns diese über alle psychischen Functionen sich erstreckend, so haben wir darin die reinen Endpunkte nnd zwischen ihnen die freie Lebendigkeit des geistigen Subjects mit den positiven Selbstbestimmungen unter der Form des gewußten Wollens. Wenn wir nun gesagt haben, in Beziehung auf irgend eine einzelne Function sei immer ein solches gewußtes Wollen das Maximum, durch welches sie sich im Verhältniß zu den übrigen Functionen hervorthun könne, so fragt sich noch immer, wie die beiden Formen der Selbstthätigkeit sich zu einander stellen und welche wir in geistiger Beziehung als die höchste sezen sollen? Wir haben schon gesehen, daß jeder solche Moment des gewußten Wollens nur als ein Resultat der freien Lebendigkeit angesehen werden kann. Auf diese Weise erscheint die Selbstbestimmung unter der Potenz der freien Lebendigkeit; je stärker diese ist, desto mehr werden kräftige Momente der Selbstthätigkeit daraus hervorgehen, während bei dem Minimum keine entstehen. Das ist die eine Seite; aber es giebt offenbar noch eine andre. Wenn wir uns denken in einer solchen Reihe begriffen, d. h. in dem Zeitraum, welcher verläuft zwischen einem Moment der Selbstbestimmung und der völligen Erfüllung, so ist in dieser, je stärker die Selbstbestimmung ist, um so mehr auch die freie Lebendigkeit dieser unterworfen; wird ber Verlauf geſtört durch unwillkürlich eintretende Functionen, ſo iſt bie Kraft der Selbſtbeſtimmung geringer. Hier alſo erſcheint bie ganze innere Lebenbigkeit unter ber Potenz von jener, ſie wirb nicht eher losgelaſſen, als bis bie ganze Reihe von Thä= tigkeit vollenbet iſt, bie in bem vorgebilbeten Wollen lag. Hier haben wir zwei entgegengeſezte Seiten, bie wir aber offenbar als in einem Wechſel begriffen benken müſſen, weil bie Momente der Selbſtbeſtimmung nur aus ber inneren Lebenbigkeit entſtehen kön= nen, unb wenn jene eingetreten iſt, bie leztere wieder nur erſchei= nen kann, wenn der Impuls befriebigt iſt. Daß in ber Art wie bieſer Wechſel ſich conſtituirt bas bebeutenbſte Moment für bie Differenzen ber einzelnen liege, werben wir ſchon im voraus ah= nen können, unb baher ſinb auch bie Differenzen in der Selbſt= thätigkeit bie größten unb bie der Empfänglichkeit immer nur un= tergeorbnet.

Aber wir müſſen nun gleich auf einen anbern Gegenſaz ach= ten. Wie wir nämlich bei einem jeben Act überwiegenber Re= ceptivität, wenn er zum Enbe gelangt, ſahen, baß er eine Ten= benz zur Mittheilung hat unb wir baburch zur Unterſcheibung bes Selbſtbewußtſeins unb bes Gattungsbewußtſeins geführt wurben, bie auf bie verſchiebenſte Weiſe aus einander unb zuſammentreten können, ſo baß balb bas eine balb bas anbre bominirt, ſo fragt ſich, wie es in bieſer Beziehung auf bem Ge= biet ber Selbſtthätigkeit ſteht? Dort fanben wir freilich, baß urſprünglich in ben Anfängen bes Lebens ber Gegenſaz noch un= entwikkelt iſt unb erſt allmählich immer mehr herausꞩtritt; wie verhält ſich bies nun hier bei ber Selbſtthätigkeit? Da kommen wir auf ganz verſchiebene Theorien mit ganz verſchiebenen Reſul= taten. Als bie eigentlich bilbenbe Kraft des Subjects, burch welche bas einzelne lebenbige Weſen hervorgebracht wirb, erſcheint einerſeits bas Einzelweſen, in welchem bas neue entſteht, aber inbem bieſes nicht geſchieht ohne bie von einem anbern Weſen herrührenbe Erregung, ſo hat bieſe Kraft auch anbrerſeits ihren Siz in ber Gattung als ber Lebenseinheit der menſchlichen Na=

tur. Wenn es sich dann als Einzelleben von dem Einzelwesen, in dem es gebildet war, trennt, so ist es ein Einzelwesen für sich, aber es haftet doch durch den Proceß der Ernährung an dem Leben, wodurch es gebildet ist, und erst wenn diese Abhängigkeit aufhört und es in eine bestimmte Beziehung zur Außenwelt tritt, ist es ein einzelnes. Nun aber hat es lange vorher Selbstthätigkeit ausgeübt. Die ersten Anfänge sind noch in der Indifferenz zwischen Selbstthätigkeit und Empfänglichkeit, wie bei der ersten Respiration, den ersten Bewegungen der Stimmwerkzeuge, der Glieder u. s. w. Es gehen aber die willkürlichen Bewegungen schon auf den Zustand innerhalb der Mutter zurük, und die Selbstthätigkeit darin ist ein Maaß für das Werden des Einzelwesens als solchen. Diese rein organischen Bewegungen liegen aber eigentlich außerhalb unseres Gebietes, von dem psychischen können wir uns nicht eher ein Bild machen, als bis das einzelne Leben da ist in der Gemeinschaft mit anderen, und indem die ersten psychischen Thätigkeiten sich auf die Gemeinschaft beziehen, so können wir sie uns gar nicht anders denken als unter der Form der Anerkennung der Identität des Lebens, in welcher wenn auch nur als Keim das Gattungsbewußtsein liegt, so daß dieses schon in den ersten psychischen Aeußerungen der Selbstthätigkeit mit gesezt ist. Nun aber ist offenbar die erste Aufgabe der Selbstthätigkeit im Zusammenhange mit der Empfänglichkeit die Fortsezung des einzelnen Lebens in dieser freien Beweglichkeit der einzelnen Functionen. Wenn wir nun dies, wiewol wir wissen, daß eigentlich nur ein Minimum von Bewußtsein darin ist, ansehen als ein Wollen, ein Seinwollen des Einzelwesens, so fragt sich haben wir dies auf das Einzelwesen als solches oder inwiefern es Product der Gattung ist zurükzuführen und zwar ausschließend auf eines oder auf beide? Wenn wir gesagt, das Leben des Einzelwesens ist nicht anders als durch die Gattung, so haben wir das Sein des Einzelwesens als ein Wollen der Gattung gesezt; die Gattung ist nur in der Gesammtheit der einzelnen mit und nach einander, jedes Werden eines Einzelwesens hat seinen Grund in diesem Nacheinander-sein, aber jeder Verlauf des Einzelwesens hat seinen Grund in dem Miteinander und indem die erste Aeußerung der psychischen Thätigkeit gleichsam das Wissen um das Miteinander ist und sich dies als Lebensbefriedigung ausspricht, so läßt sich das ganze Sein-wollen des Einzelwesens auf das Wollen der Gattung zurückführen und hat seinen Grund in dem Gattungsbewußtsein, das dem einzelnen einwohnt. Hier haben wir eine Lebensäußerung, welche gewöhnlich durch den Ausdruck Selbsterhaltungstrieb bezeichnet wird, die nichts andres ist als das Sein-wollen des Einzelwesens, die Continuität seiner Lebensäußerung mit dem Begriff des Wollens gedacht. Dies läßt sich auf zwiefache Weise ansehen, einmal als das Sich-selbst-sezen des frei gewordenen Einzelwesens, sodann aber auch als das Verhältniß des Gattungsbewußtseins zu dem Lebensverlauf des Einzelwesens. Wenn wir hier stehen bleiben und eine Vergleichung anstellen zwischen dem menschlichen und thierischen, so ist offenbar, daß wir in dem Gebiete des thierischen Lebens niemals auf Aeußerungen kommen, welche einen Conflict zwischen dem Sein-wollen des einzelnen und den Lebensäußerungen der Gattung manifestiren, ja wenn wir auch Beispiele finden, die wir so ansehen müßten, wenn sie auf dem menschlichen Gebiete vorkämen, z. B. wenn sie ihre eignen Jungen verzehren, so sehen wir es doch nicht so an, weil wir voraussezen, daß der Gegensaz nicht entwikkelt ist, da wenn ein solcher wirklich entwikkelt wäre, der Conflict, der sich in dem einen Gliede des Gegensazes zeigt, auch in dem andern vorhanden sein müßte, was doch niemals der Fall ist. In dem menschlichen Leben dagegen finden wir diesen Conflict beständig, wir müssen also den Gegensaz als entwikkelt ansehen, aber sobald wir auf das Verhältniß der Gattung zu dem einzelnen sehen, werden wir doch sagen müssen, daß der Conflict nicht der reine Ausdruck des menschlichen Seins ist, daß er zwar das Werden des Gegensazes bezeichnet, die eigentliche Vollendung des menschlichen Seins aber nur in dem Wieder-aufgehoben-sein beider unter der Form einer bewußten Uebereinstimmung liegt. Wir werden uns hier die beiden Punkte des noch latitirenden Gegensazes und des zum Bewußtsein gekommenen aber noch nicht zur vollkommenen Uebereinstimmung gebrachten Gegensazes a priori auf zweierlei Weise geworden vorstellen können, nämlich daß sich der Gegensaz unter der Form des Conflicts entwikkelt hat, aber auch möglicherweise so, daß er ohne Conflict heraustritt, indem beides sich gleichmäßig entwikkelt und das Verhältniß immer dasselbe bleibt, nur daß die beiden Glieder wachsen.

Nun aber fragt sich, wie dieser Gegensaz steht zu dem früheren des gewußten Wollens und der freien Lebendigkeit, ob das eine ausschließlich dem einen angehört, oder ob sich beide gleichmäßig zu beiden verhalten? Ehe wir diese Frage bestimmt beantworten, muß ich auf einiges zurükgehen, was schon früher vorgekommen ist. Schon in vielen Fällen haben wir im Gebiete des objectiven wie des subjectiven Bewußtseins den Uebergang von der Receptivität zur Spontaneität gemacht durch die Richtung auf die Mittheilung, welche die Mehrheit von Einzelwesen vorausfezt mit der Identität derselben unter dem Gattungsbegriff. Hier tritt nun ein zwiefaches Verhältniß des einzelnen zu der Mehrheit ein; einmal repräsentiren sie ihm die Gattung, indem sie ihm die Identität der menschlichen Natur zum Bewußtsein bringen, auf der andern Seite aber, indem allen dieselbe Natur außer ihnen gegeben ist und jeder als Einzelwesen zu derselben in einem bestimmten Verhältniß steht, können sie auch gegen einander treten, der einzelne gegen den einzelnen und die Mehrheit gegen die Mehrheit. Ursprünglich können wir uns dies nicht anders als durch das Verhältniß zu dem Außer-uns erklären, denn gäbe es nur das Nebeneinander der Individuen, in denen die menschliche Natur dieselbe ist, so würde jeder sich nur in seinem einzelnen Dasein bereichert finden durch das Aufnehmen der andern Persönlichkeit und in der Anerkennung der andern Persönlichkeit läge zugleich die Anerkennung seiner eigenen. Auf diese Weise ließe sich kein Conflict zwischen ihnen denken; so wie wir auf jenes Verhältniß zu dem Außer-uns sehen, so können wir einen solchen Conflict nicht leugnen, und er wird um so größer sein, je größer die Berührung ist. Daraus können wir aber nicht schließen, daß ein Conflict in anderer Beziehung und auf einem andern Wege sich nicht denken lasse. Er ergiebt sich gleich, so wie wir nur auf die Denkthätigkeit sehen, die sehr entwikkelt vor uns liegt. Sowie die eigenthümliche Gestaltung der Denkthätigkeit eingetreten ist und sich heraushebt aus dem ursprünglichen organischen Proceß des Nachbildens und Festhaltens der sinnlichen Eindrükke, so ist in der Richtung auf die Sprache schon die Tendenz zur Mittheilung und also auch das Bewußtsein von der Identität des Denkens in allen. Nun aber ist auch jeder als Denkender ein besonderer für sich, und darin liegt also auch die Möglichkeit, daß die Denkthätigkeit in mehreren eine verschiedene sein könne. Es wird dies allerdings sehr häufig der Fall sein, ohne daß ein Conflict daraus entsteht, aber nur in dem Maaße als das subjective Bewußtsein dominirt. Denn da waltet das Bewußtsein der Differenz ob, auf der objectiven aber das Bewußtsein der Identität in allen und da begnügt man sich nicht mit dem Resultat, es könne auch so gedacht und combinirt werden. Je mehr also der Gegensaz zwischen der objectiven und subjectiven Form des Bewußtseins entwikkelt ist, desto leichter wird auf der objectiven Seite der Conflict entstehen. Eigentlich haben beide dabei nur das Interesse die Identität des Denkens zum Bewußtsein zu bringen, hier tritt aber das persönliche Interesse des einzelnen hinzu, indem jeder sein Verfahren als das eigentliche Abbild des Typus darstellen will, und daraus geht der Conflict hervor. Würden beide Theile ihr Verfahren als problematisch sezen, und sich die Aufgabe stellen die Identität der Denkgeseze zu ermitteln, so würde kein Conflict sondern eine gemeinsame Thätigkeit entstehen. Hier sehen wir die Möglichkeit des Conflicts und so wie dieser gegeben ist, stellt sich auch sogleich die Aufgabe die Uebereinstimmung zwischen diesen beiden wesentlichen Elementen des menschlichen Seins wiederherzustellen.

Wenn wir nun jenes Verhältniß des einzelnen zur Außenwelt, woraus am leichtesten die Möglichkeit eines Conflicts entsteht, und das so eben gefundene neben einander stellen, so werden wir sagen, es giebt eine mehr reale und eine mehr ideale Weise, wie der Conflict zwischen dem persönlichen und dem Gattungsbewußtsein sich entwikkeln kann. Wenn wir jenes lezte als gegeben betrachten, wovon die Möglichkeit immer schon im voraus besteht, da beide Elemente im menschlichen Sein vorhanden sind, so finden wir auch hier vollkommen einen Entwikklungsproceß, indem in den ersten Anfängen das persönliche und das Gesammtbewußtsein nicht auseinander treten (ich sage mit Willen Gesammtbewußtsein und nicht Gattungsbewußtsein, weil wir nur von dem Gesichtspunkt der Mehrheit von Individuen ausgehen, welche die Gattung repräsentiren); sodann sondern sich beide mit der Möglichkeit eines Conflicts und zulezt vereinigen sie sich wieder, wobei der Conflict nicht mehr möglich ist. So wie wir das erste nur als den Anfangspunkt sezen können, indem sich das eigenthümlich menschliche darin nicht manifestirt, so werden wir das zweite als Durchgang anzusehen haben und das lezte als den Gipfel der geistigen Thätigkeit.

Wenn wir nun die zweite Frage vorläufig mit in Betrachtung ziehen, wie sich diese beiden Elemente in ihrem Auseinandertreten zu den beiden Formen der Selbstthätigkeit verhalten, so werden wir, wenn wir das Gattungsbewußtsein auf ein bestimmtes Gesammtbewußtsein reduciren, gleich die Möglichkeit gelten lassen, daß auch dieses sich in der Form der freien Beweglichkeit manifestire; sobald aber die Richtung auf das Aufheben des Conflicts entsteht und diese unter der Form der Selbstthätigkeit erfolgen soll, so ist hier die des gewußten Wollens nothwendig. Wenn wir uns den einzelnen unter einer Mehrheit von einzelnen denken, die ihm die Gattung repräsentiren, und sein Leben mit diesen zusammen als ein abgeschlossenes Ganze betrachten, so ist darin wesentlich die persönliche Differenz, so wie wir aber die Richtung annehmen, in dem Gesammtbewußtsein

das Gattungsbewußtsein zu entwikkeln und die Identität des wesentlich menschlichen an der Entwikklung des wesentlichen Daseins
der andern zum Bewußtsein zu bringen, so entsteht die Möglichkeit
ihre Lebensthätigkeit in sich aufzunehmen. Dies ist ein Proceß der
auffassenden Thätigkeit analog dem, wo wir dem Menschen die
Dinge gegenüberstellten, und sagten, der Act des Auffassens verschwinde nicht von selbst wieder sondern werde festgehalten, wobei nur ein Mehr oder Minder in dem Grade des Bewußtseins
stattfindet. Auf diese Weise kommen in jedem einzelnen von jener Richtung aus Bilder von menschlicher Thätigkeit hinein,
welche nicht die seinigen sind, und von denen er einiges als das
eigentlich menschliche anerkennt, anderes als das persönlich differente ansieht, aber diese Sonderung ist nur die Folge der Abstraction, in dem Acte des Aufnehmens ist beides ungesondert.
Bleiben nun diese Bilder einer fremden Thätigkeit mit einem verschiedenen Grade der Wirksamkeit, indem sie bald latitiren bald
wieder hervortreten, so üben sie auch eine Wirksamkeit in dem
einzelnen aus. Diese ist ein Element seiner Selbstthätigkeit, indem das Hervortreten der Bilder nach dem Latitiren davon abhängt und in jedem an andre Bedingungen geknüpft ist, die das
ihm eigenthümliche constituiren. Fragen wir nun, ob dem ein
gewußtes Wollen zum Grunde liegt, so ist das in einzelnen Fällen
möglich, aber nur selten, überwiegend gehört es in das Gebiet
der freien Beweglichkeit, aus welcher die Erinnerung der früher
entstandenen Bilder hervorgeht. Nun beruht dies aber doch ganz
und gar in der ursprünglichen Richtung auf das Gesammtbewußtsein und indem diese nichts anderes ist als die auf das Gattungsbewußtsein, so haben wir auch hier die Form der innern
Lebendigkeit. Das zweite aber, daß die Aufhebung des Conflicts
ein bewußtes Wollen bedingt, bedarf keiner weiteren Ausführung.
Wir unterscheiden beides in der Sprache auf das bestimmteste;
die Aufhebung des Conflicts kann erfolgen unter der Form der
freien Beweglichkeit, dann sagen wir, der Conflict hat sich gelöst, geschieht es aber durch ein gewußtes Wollen, so sagen wir,

ber hat den Conflict gelöst. In dem ersteren Falle sezen wir die Wirkung als nicht von dem einzelnen sondern von dem Gesammtleben ausgehend, denn „der Conflict hat sich gelöst" ist so viel als „das Gesammtleben hat ihn gelöst", in dem anderen Falle sezen wir in dem einzelnen den Entschluß ihn aufzuheben als ein gewußtes Wollen.

Es bleibt nun noch die andre Frage übrig, ob das persönliche Selbstbewußtsein in seinem relativen Gegensaze zu dem Gattungsbewußtsein als Impuls betrachtet auch die beiden Formen des gewußten Wollens und der freien Beweglichkeit an sich hat? Daß es das lezte hat, ist etwas sich von selbst verstehendes, denn die persönliche Differenz wird schon auf derjenigen Entwikklungsstufe des Lebens, wo ein gewußtes Wollen noch gar nicht vorkommt, das Werden der persönlichen Eigenthümlichkeit und die Stetigkeit dieser freien Lebendigkeit sind wesentlich ein und dasselbe. Es handelt sich also nur darum, ob das rein persönliche Bewußtsein auch unter der Form des bewußten Wollens ein Impuls werden könne, so daß die Selbstthätigkeit diese Form an sich trage. Dies ist aber eine Frage, welche immer sehr verschieden beantwortet worden ist, daher wir sehr vorsichtig zu Werke gehen müssen, damit wir nicht dies oder jenes, was von andern aufgestellt worden ist, ohne weiteres uns aneignen und so zu diesem oder jenem Resultat gelangen. Es fragt sich also, ob es möglich sei daß der einzelne durch gewußtes Wollen aus sich selbst etwas machen könne, was er durch die bloße freie Beweglichkeit nicht geworden wäre. Wir haben gesehen, daß diese Form der Selbstthätigkeit als gewußtes Wollen ein wesentliches die Natur des Menschen constituirendes Element ist, es ist auch klar, daß keinesweges alle Aeußerungen dieser Selbstthätigkeit ausschließlich dem Gattungsbewußtsein angehören; aber wenn die Frage so gestellt wird, ob der einzelne etwas dadurch werden könnte, was er sonst nicht würde, so hat das immer großen Widerspruch gefunden. Wir müssen also näher zusehen, was die Formel bedeutet. Dies führt uns auf den Gedanken der Möglichkeit einer Differenz in der

Entwikflung eines einzelnen von dem gegebenen Punkt aus. Wir sind immer davon ausgegangen, die persönliche Differenz als nothwendig für den Begriff der menschlichen Gattung anzusehen und sie gleich in dem ersten Keim der Lebensentwikflung als prädeterminirt zu denken. Ist nun die Selbstthätigkeit entwikelt, so fragt sich, kann der einzelne durch gewußtes Wollen der Entwikflung seiner Selbstthätigkeit eine beliebige Richtung geben? Wenn wir nun früher gesagt, daß das gewußte Wollen nur das Resultat der freien Beweglichkeit sei, so scheint damit die Frage schon beantwortet. Denn gesezt auch, der Mensch könnte durch gewußtes Wollen seiner persönlichen Entwikflung eine bestimmte Richtung geben, so ist dieses doch selbst wieder das Resultat der freien inneren Beweglichkeit. Dies scheint aber der Vorstellung, welche man sich gewöhnlich von der menschlichen Freiheit macht, nicht zu entsprechen, und doch wird Niemand diesen Begriff so weit treiben wollen um das entgegengesezte allgemein aufzustellen, es könne jeder seinen Entwikflungsgang einrichten wie er wolle, z. B. wenn er sich selbst es recht fest vornehme, so könne er ein Dichter werden. Dies läßt sich niemals realisiren, und jeder wird sagen, es sei eine unsinnige Behauptung. Aber die entgegengesezte Ansicht will man auch nicht allgemein gelten lassen; da kommt es dann auf die Bestimmung der Grenzen an, in denen beide berechtigt sind, wobei sich leicht zeigen wird, daß wir niemals auf Formeln kommen, die wirklich das aussagen, was postulirt wird. Niemand wird die Möglichkeit leugnen, daß jemand ein solches gewußtes Wollen formiren könne, aber wo dieses vorkommt unter den oben angeführten Umständen, macht man gleich den Schluß, daß es demselben an der richtigen Besinnung über sich selbst fehle, und daß also am wenigsten ein bedeutendes Resultat daraus zu erwarten sei; wer ein festes Wollen hat, dem räth man immer das zu wollen was das Gesammtbewußtsein von ihm aussagt. Handelt es sich bloß von dem, was einer in der Gesellschaft ausrichten will, so ist klar, daß der einzelne nicht Bestimmungsgrund sein kann, aber es ist ein bedeutender Unterschied zwischen dem, was der einzelne ausrichtet und ausrichten zu wollen beschließt, und dem, was er wird und werden zu wollen beschließt. Es ist also eigentlich das leztere, was wir uns genauer bestimmen müssen. Wenn wir nämlich von der persönlichen Differenz reden, wodurch sich ein einzelner von einem andern einzelnen unterscheidet, so sehen wir diese nicht an als eine selbst wieder wandelbare Größe, sondern als eine constante; niemand sagt, heute habe er diese persönliche Eigenthümlichkeit, vielleicht aber morgen, wenn er sich eine andre anschaffen wolle, eine andre. Gehen wir davon aus, so zeigt sich daß hier eine Einwirkung durch ein gewußtes Wollen nicht möglich ist. Dagegen tritt eine sehr allgemein geltende Instanz auf, aber nur aus Mißverstand. Wenn ich mir denken soll, ein Mensch hat seine eigne Persönlichkeit ergriffen in Bild und Gedanken, und will nun auf eine andre ausgehen, so heißt das nichts anderes, als daß er sich selbst nicht will und das ist nicht möglich; die Instanz die man dagegen aufstellt, ist aber die: wenn jemand sich ergreift als einen unsittlichen, so entsteht daraus nothwendig ein Sich-selbst-nicht-wollen und daraus ein Sich-anders-wollen als sittlichen. Das ist unbedenklich zuzugeben, aber nicht ebenso das, daß das Sich-anders-wollen durch ein gewußtes Wollen realisirt werde. Aber die Instanz ist gar nicht gültig, denn die persönliche Eigenthümlichkeit wird dadurch, daß der Mensch sittlich oder unsittlich wird, gar nicht eine andre. Denn das liegt auf einem ganz anderen Gebiete. Wenn wir von der persönlichen Differenz reden, so meinen wir damit, die Identität der menschlichen Natur in allen vorausgesezt, nichts anderes als das quantitative Verhältniß der verschiedenen Functionen, welche die Einheit des Einzelwesens ausmacht, und das Verhältniß dieser Functionen, welches ihnen in dem Außer-uns entspricht, und wenn wir uns die Möglichkeit denken die persönliche Eigenthümlichkeit in einer Formel auszudrükken, so würde es eine solche sein, die diese quantitativen Verhältnisse ausdrükkt. Nun aber ist die Vernunft als solche betrachtet keinesweges etwas quantitatives, sondern das unsittliche ist Mangel an Herrschaft der Vernunft und nicht etwa ein geringeres Quantum derselben. Sezen wir das eigenthümliche des Dichters in die Phantasie, so kann da der eine ein geringeres Quantum haben als der andre und das constituirt die Verschiedenheiten; aber wenn jemand sagen wollte, deshalb weil in einem die Vernunft in einem geringeren Quantum da ist, ist er unsittlich, so wird das niemand zugeben. Wenn wir also auch zugeben, daß ein einzelner durch gewußtes Wollen sittlicher geworden ist, so ist doch dadurch seine persönliche Eigenthümlichkeit nicht eine andre geworden, sondern nur die Vernunft als Willensbestimmung hat eine größere Gewalt erlangt. Wir werden demnach zugeben, daß die Instanz außerhalb dessen liegt, was wir jezt betrachten und dies um so mehr, als das gewußte Wollen, das dabei zum Grund liegt, keinesweges auf den einzelnen zurükzuführen ist, sondern auf das Wollen der Gesammtvernunft, indem es immer abhängt von der Vernünftigkeit des Gesammtlebens, dem der einzelne angehört. Wenn wir uns ein Gesammtleben auf einer geringeren Stufe der Sittlichkeit denken und nachher auf einer höheren, so muß freilich diese Richtung von einzelnen ausgegangen sein, aber wir dürfen sie doch nie ansehen als die Wirkung der einzelnen als solchen sondern als die der einzelnen, insofern das Gattungsbewußtsein in ihnen stärker war. Aber auch dies hat mit der persönlichen Eigenthümlichkeit der Gattung nichts zu thun, sondern diese bleibt dieselbe.

Nun fragt sich also, können wir behaupten, daß das gewußte Wollen auf das quantitative Verhältniß der Functionen einen Einfluß habe? Wenn wir an die Gewöhnung und Uebung denken, so können wir uns wol vorstellen, daß wenn ein Theil beharrlich in Thätigkeit gesezt wird und die andern vernachlässigt werden, das quantitative Verhältniß sich ändert, fragen wir aber, wie der einzelne dazu gekommen ist, so kommen wir wieder darauf, daß der Zustand, worin er anders werden wollte, nicht die richtige Darstellung seiner Persönlichkeit gewesen ist und also auf einem Irrthum beruht. Denn so wie wir das streng festhalten wollen, daß eine Aenberung der persönlichen Eigenthümlichkeit durch ein gewußtes Wollen hervorgebracht werden könne, so heißt das immer, daß der Mensch sich selbst nicht wolle, und dazu fehlt es an jedem denkbaren Motiv. Allerdings findet man häufig Menschen, die eigentlich immer sich selbst nicht wollen, denn sie suchen beständig umher und ergreifen immer etwas anderes, aber da gehört diese Unstetigkeit mit zu ihrer persönlichen Eigenthümlichkeit und kann nicht geändert sondern nur gebändigt werden. Kurz alles, was man dafür anführen mag, ist nur ein Schein.

Wir wollen den ganzen Gegenstand einmal in seiner Totalität betrachten. Die menschliche Gattung realisirt sich nur in der Unendlichkeit der persönlichen Differenzen; fassen wir die höchsten Differenzen zusammen, so sind das die Menschenracen, gehen wir weiter herab, so kommen wir innerhalb einer jeden auf verschiedene Völkerstämme, denen wir auch eine besondere Eigenthümlichkeit zuschreiben, und zulezt zu den menschlichen Einzelwesen. Wenn wir uns also die Aufgabe stellen die Aenberung der persönlichen Eigenthümlichkeit in der Totalität aufzufassen, so wäre das die Richtung in dem Einzelwesen die ganze menschliche Gattung darzustellen, dadurch daß er alle persönlichen Differenzen durchmacht. Daburch ginge aber das ganze Verhältniß des Einzelwesens zur Gattung verloren, denn er wäre für die Gattung gar nichts, da er die Gattung selbst sein wollte. Ein solches gewußtes Wollen kann also aus keinem der beiden Elemente der Selbstbestimmung hervorgehen, weder aus dem Bewußtsein der persönlichen Eigenthümlichkeit noch aus dem Gattungsbewußtsein.

Woher also entsteht der Schein, daß es so etwas wirklich gebe, denn ohne dies würde man schwerlich darauf gekommen sein die Frage überhaupt aufzuwerfen und in der Weise zu beantworten? Es ist offenbar, daß wenn die Entwicklung der persönlichen Eigenthümlichkeit unter der Form der freien Lebendigkeit ruhig und glücklich von statten geht, und aus dieser das gewußte Wollen in einzelnen Reihen heraustritt, niemals in dem

Menschen der Gedanke entstehen wird, sich selbst zu einem anderen
zu machen. Sobald aber die Entwikklung gehemmt ist, so könnte
wol daraus der Gedanke hervorgehen, die Richtung abzuändern,
und einen andern Weg einzuschlagen. Aber das ist nur negativ,
soll es positiv werden, so muß ein Reiz hinzukommen. Der
Schein entsteht also aus zwei Elementen, aus der Unzufriedenheit mit sich selbst, aber nicht mit seiner Eigenthümlichkeit
sondern mit der Entwikklung derselben, und sodann aus dem
Reize der Nachahmung; aber was ihn dazu reizt ist nicht
die Eigenthümlichkeit (denn der, dessen persönliche Eigenthümlichkeit in ihrer Entwikklung gehemmt ist, kann wol nicht
geschikkt dazu sein, eine andre persönliche Eigenthümlichkeit selbst
zu ergreifen), sondern die Hoffnung auf ein größeres Gelingen, und das gehört wieder nicht in das Gebiet der persönlichen Eigenthümlichkeit, sondern in das Ausrichten-wollen, wo das
gewußte Wollen seine Stelle findet.

Es ist also in jedem Menschen das, was zur geistigen Natur gehört, das Sein der menschlichen Natur in ihm; als persönliche Differenz bleibt nur das Verhältniß der Functionen
übrig, wozu aber auch die Richtung derselben gehört, die auch
nur ein Verhältniß ist. Es tritt nämlich ein zwiefaches auf, das
Verhältniß der verschiedenen Functionen zu einander und das
einer jeden zu dem Gesammtgebiet, welchem sie angehört und
worauf ihre Wirksamkeit sich erstrekkt. Wenn wir nun betrachten
das quantitative Verhältniß der verschiedenen geistigen Functionen
unter sich, so bezeichnen wir das hervorragende darin als Talent; wenn wir die Functionen betrachten in dem Verhältniß zu
dem Gebiet, dem sie angehören, so nennen wir das hervorragende
darin Neigung. Man kann freilich sagen, daß beides von einer
andern Seite betrachtet dasselbe sei. Je mehr in einer hervor-
ragenden Function die Ausführung sich auf ein enges Gebiet von
Gegenständen erstrekkt, um desto specieller ist das Talent, aber
auch um so mehr gebunden an die Neigung. Je mehr die hervorragende Function auf ein Ganzes gerichtet ist, um so uni-

verseller ist das Talent. Von dieser Seite angesehen kommen wir auf zwei Endpunkte, zwischen welchen alle Formeln in dieser Beziehung liegen. Der eine ist die durchaus specielle Richtung, wo alle geistigen Functionen zurücktreten hinter einer einzigen und diese sich wieder heftet an einen einzelnen bestimmten Gegenstand; die andre ist die durchaus universelle, wo eine Gleichmäßigkeit in der Entwikklung aller Functionen stattfindet und ebenso auch in der Richtung nach allen Seiten, so daß keine besondere Neigung unterschieden werden kann. Wären die menschlichen Kräfte in ihrer Wirksamkeit so unter die einzelnen vertheilt, daß jeder nur die allerspeciellste Beziehung hätte, so würde alles, was die menschliche Gesammtaufgabe bildet, in einer absoluten Vollkommenheit können dargestellt werden, während umgekehrt, wenn die Vertheilung so gedacht wird, daß jeder die vollkommenste Universalität besäße, nicht leicht eine solche Vollkommenheit zu erreichen sein würde, sondern alles in einer gewissen Mittelmäßigkeit bleiben müßte; aber freilich wenn wir uns in jedem das Maximum geistiger Kraft denken, so würde die Vollkommenheit wieder dieselbe sein. Was wird aber für den Menschen selbst das Resultat von beiden Extremen sein? Im ersten Falle würde das Band der Menschen unter einander ein Minimum sein, weil die Verständigung nur eine sehr geringe sein könnte, dafür aber würde in dem lezten Falle ein jeder dem andern wenig zu geben und von ihm zu empfangen haben, weil es keinen andern Unterschied gäbe als den der Stärke und Schwäche der geistigen Kräfte. Genau genommen sind die Endpunkte nirgends ganz vorhanden; wenn auch in einem Menschen das Uebergewicht einer einzelnen Function über alle andern sehr groß ist, so gehört es doch zur Vollständigkeit der menschlichen Natur, daß die andern insgesammt vorhanden sind, aber je mehr sie ein Minimum sind, desto mehr ist das Verständniß unter den einzelnen ein Minimum. Ebenso ist es unmöglich, daß in einem einzelnen eine vollkommene Gleichmäßigkeit sein sollte. Wenn wir auch von der Voraussezung ausgehen, die an und für sich sehr unwahrscheinlich ist, daß ursprünglich das Sein in allen daßelbe ist, so muß doch die Differenz der äußern Verhältnisse eine innere Veränderung hervorbringen. Zwischen diesen Endpunkten liegen alle Abstufungen, welche wir uns in den einzelnen denken können, je mehr sich die Allgewalt der einzelnen Richtung vermindert, um desto mehr treten die andern hervor, so daß die ganze Kraft in den Einzelwesen erschöpft wird, und dadurch haben wir den Uebergang zur absoluten Gleichmäßigkeit.

Wenn wir aber dieses annehmen und uns diese ganze Mannigfaltigkeit von Formen vorstellen, so entsteht eine neue Frage der vorigen gegenüber. Wir haben nämlich gesagt, es giebt keine Wirkung des gewußten Wollens auf die Eigenthümlichkeit des Einzelwesens, sondern alle Selbstthätigkeit unter dieser Form kann sich nur mit den in ihr angelegten Verhältnissen in Beziehung sezen, also diese entwikkeln. Nun sind wir hier natürlich auf den Unterschied der Quantität geführt worden, wenn wir das Einzelwesen in seiner Einheit betrachten, und da fragt sich also, giebt es durch die Selbstthätigkeit eine Vermehrung dieser Quantität, d. h. kann der Mensch die Gesammtheit seiner geistigen Kraft erhöhen, oder ist sie ursprünglich als ein Quantum gegeben, welches nicht überschritten werden kann? Wenn wir die Frage bejahen, so nehmen wir eine Selbststeigerung als möglich an und wir würden uns dann vorstellen, daß ein beliebiges Quantum solcher Steigerung eintreten könne; aber wir überzeugen uns leicht, wie wenig dies angenommen werden kann. Es ist allerdings leicht zu sagen, daß der einzelne einige Functionen durch beständige Uebung steigere, aber es ist auch ebenso offenbar, daß in demselben Maaße die andern Functionen sich nicht entwikkeln, weil ihnen nicht dieselbe Zeit zu Gute kommt, und so behalten wir dieselbe Quantität im Ganzen. Etwas anderes aber ist es, ob die Gesammtheit der Functionen als eins angesehen eine solche Steigerung zuläßt? Wir wollen es an einem Beispiel klar machen und auf die Denkthätigkeit zurükkgehen. Diese entwikkelt sich, wie wir gesehen, wenn der Complexus der Bilder bis zu einer gewiſſen Höhe geſtiegen iſt, vermöge der Richtung auf die Mittheilung. Beides aber iſt keinesweges urſprünglich daſſelbe. Das Minimum iſt dies, wenn der Menſch nichts anderes denkt als was unmittelbar in dem Complexus der Bilder gegeben iſt, denn da iſt ein Minimum von Production in der denkenden Function; als Maximum ſtellen wir uns vor eine fortdauernde freie Lebendigkeit der denkenden Function, vermöge deren ſie den ganzen Kreis der menſchlichen Thätigkeit durchläuft, ſei es mehr unter der Form des gewußten Wollens oder unter der der freien Beweglichkeit, beides als daſſelbe Quantum gedacht. Während wir hier die höchſte Lebendigkeit der Denkfunction anſchauen, haben wir in dem vorigen Fall die größte Trägheit derſelben. Wenn wir uns nun vorſtellen, daß ein einzelner ſich von dieſem Zuſtande der Trägheit zu dem Maximum der Lebendigkeit ſteigere, ſo iſt dies in abstracto möglich, ſobald wir aber fragen, wie es zu Stande kommen ſoll, ſo werden wir etwas hineinlegen müſſen, was wir geleugnet haben, denn es müßte ſchon eine Lebendigkeit vorausgeſezt werden, die doch nicht da iſt. Etwas anderes iſt es allerdings, wenn wir uns denken der Menſch werde von außen getrieben, denn da iſt nicht mehr eine Selbſtſteigerung. Dies alles gilt aber nicht nur von den einzelnen ſondern auch von dem Geſammtleben; auch in den Völkern finden wir dieſelben Differenzen der Einſeitigkeit und Univerſalität und dieſelben Differenzen der Geſammtkraft, und gehen wir von hier aus noch weiter, ſo erſcheint uns das ganze menſchliche Geſchlecht als eine ſolche Einheit und hier werden wir wol nicht zweifeln, daß es ein beſtimmtes Maaß von Kraft des geiſtigen Lebens darſtellt, über welches es durch Selbſtthätigkeit nicht hinaus kann, es hat aber ebenſo auch Differenzen in ſeiner Entwikklung, die wir ganz und gar auf die Selbſtthätigkeit in der Form der freien Beweglichkeit zurükkführen müſſen; denn für die Geſammtheit können wir nicht ein abſichtliches Wollen aufſtellen, das immer nur in den geringeren Maſſen ſein kann, weil dieſe allein zu einer bewußten Einheit kommen können.

Bis jezt haben wir es durchaus nur zu thun gehabt, wiewol nach sehr verschiedenen Seiten hin, mit den Formen und Graden der Spontaneität, es fragt sich aber, was denn nun das eigentlich materiale davon sei? Wenn wir hier wieder bei den ersten Lebensäußerungen anfangen und dann die Totalität der Aufgabe auffassen auf der andern Seite, so fängt alle Spontaneität an mit dem Sich-sezen-wollen des Einzelwesens und alle Aeußerungen desselben sind einerseits der Selbsterhaltungstrieb, andrerseits das Besizergreifen in der Welt als der Gesammtheit des Seins. In der Form des menschlichen Lebens als Gattung liegt aber immer nothwendig zugleich die Selbstmanifestation, ohne welche das Besizergreifen in der Welt nicht zu denken wäre, weil jeder Act den andern aufheben würde ohne die Manifestation. Auf diese einfachen Elemente läßt sich aber auch alles zurükführen und die Gesammtaufgabe stellt sich in ihnen dar, nur daß wir sie auf ihr Maximum bringen müssen. Aller geistige Umlauf, wie er durch die geistige Selbstmanifestation erzeugt wird, ist immer zugleich Selbsterhaltungstrieb und Besizergreifen und so ist jedes von beiden immer zugleich diese. So wie wir dies beides in einander denken und als von einander abhängig, so haben wir damit die ganze Aufgabe der menschlichen Selbstthätigkeit und in derselben eingeschlossen die ganze Aufgabe der Receptivität, die wir aber auch auf die Selbstthätigkeit zurükführen. Wenn wir die ersten Aeußerungen der Sinnesthätigkeit angesehen haben als in der Indifferenz von beiden, so haben wir darin schon die Elemente unserer ganzen Formel und wenn wir dann dazu nehmen was das Gattungsbewußtsein mit sich bringt, so ist das die Selbstmanifestation. Wenn wir nun das Resultat davon betrachten in der Gesammtheit und uns die ganze geistige Thätigkeit des Menschen in ihrer Vollendung denken, so muß sie die vollständige Selbstmanifestation des Geistes sein, und zugleich das vollständige Gebildet-sein der Welt für den Menschen und in diesen beiden zusammengenommen das vollkommene Sein und Wirkenwollen des Geistes. Hier erscheint

16 *

uns nun in der Einheit des Gesammtresultats eine Differenz der
Beziehungen und daraus entstehen wieder Differenzen in dem
Proceß, aber so daß wir sie nicht wohl verstehen können, außer
insofern wir sie von jedem Punkt aus auf einander beziehen. Das
Mittelglied ist das Besizergreifen in der Welt. Wir können dieses anfangen mit allen den Operationen, durch welche der einzelne sein Fortbestehen aus der Außenwelt nimmt; das erste Besizergreifen ist der Ernährungsproceß und es ist ein eigenthümlicher, sobald die Nahrung von der Mutter aufgehört hat. Aber
dies ist niemals etwas an und für sich, sondern es hat seinen
Zweck in jenen beiden andern; aller Zusammenhang mit den Dingen außer uns hat diese beiden Richtungen entweder auf die
Selbsterhaltung oder auf die Selbstmanifestation. Wenn ich nun
gesagt habe, alles zusammen genommen bilde die Aeußerungen
der Selbstthätigkeit, so muß man dies in seinem ganzen Umfange
nehmen. Insofern wir das Einzelwesen als ein lebendiges sezen,
so ist die Selbsterhaltung das in diesem Zustand bleiben wollen,
und dazu ist Besizergreifen nöthig, ebenso aber ist für die Selbsterhaltung die Manifestation nothwendig, denn es gäbe gar keine
Stetigkeit irgend eines Besizes, wenn nicht eine Manifestation da
wäre. So wie wir an einem Gegenstand erkennen, daß menschliche Hände daran gewesen, so sezen wir auch eine Beziehung zu
dem, der es in diesen Zustand versezt hat und erkennen diese an.
Ohne diese Anerkennung könnten wir keinen Unterschied machen
zwischen dem rohen Zustande und dem durch den Menschen mo-
dificirten. Also die Manifestation vermittelt den Besiz und der
Besiz das lebendige thätige Fortbestehen und das schließt alle
Aeußerungen der Selbstthätigkeit in sich; aber in diese Selbsterhaltung gehört die Selbstmanifestation auch, und so schließt sich
der Ring von selbst. Dessen ungeachtet ist klar, daß wir dies
immer wieder unterscheiden müssen und daß jedes sein besonderes
Gebiet hat.[1]

1. Selbstmanifestation.

Wir wollen bei dem anfangen, was zur Selbstmanifestation gehört. Diese haben wir abgeleitet aus dem Gattungsbewußtsein, weil der einzelne sich nur kundgiebt für andere, indem er sich ihnen gleich sezt. Demnach können wir sagen, daß es eine Thätigkeit ist, die von dem einzelnen ausgeht, insofern er andre einzelne als ihm gegenüberstehend annimmt. Fassen wir alles, was in dieses Gebiet gehört, zusammen, so erfüllt es den ganzen Raum dessen, was wir im engeren und weiteren Sinne Kunst nennen. Wir haben schon einmal diesen Gegenstand berührt, aber nur theilweise; denn da wir die Seite der Selbstthätigkeit, die doch das wesentliche daran ist, damals nicht betrachteten, so mußten wir ihn wieder fallen lassen. Wir kamen darauf von der subjectiven Seite des Wohlgefallens, worin uns eine ursprüngliche Manifestation des einzelnen erschien, indem das subjective Bewußtsein sich ursprünglich kund giebt durch Ton und Geberde, so wie das objective im Denken sich kund giebt durch die Sprache. Gehen wir von jenen Elementen rein aus, so ist darin freilich eine solche Unmittelbarkeit, daß wir sie nicht als kunstmäßig im eigentlichen Sinn ansehen können, wiewol die einzelnen Elemente dieselben sind, wie in dem Gebiete der Kunst, wo die menschliche Person der Gegenstand ist, der Mimik und dem Gesang. Es fragt sich nur, ob wir an diesen Anfängen vollkommen genug haben, um uns auf eine allgemeine Weise zu überzeugen, daß keine Kunst eine andre Tendenz hat als die Selbstmanifestation? Diesen ersten Anfängen gegenüber müssen wir einen andern Punkt aufstellen. Was wir nämlich als Kunst im eigentlichen Sinne betrachten, finden wir auf irgend eine Weise getrübt, wenn irgend ein bestimmter anderweitiger Zweck daraus ersichtlich ist. Wir theilen dann gleich und schreiben das, was zu diesem Zweck gehört, einem andern Gebiete zu und das kunstmäßige sezen wir wieder in die Selbstmanifestation. Denken wir uns z. B. ein Gedicht, so ist dies allerdings ein Kunstwerk, welches ganz fern ist von jenen Elementen, mit denen wir unsre Entwikklung angefangen haben; es ist eine Reihe und ein Complexus von Bildern, in der Sprache ausgedrükkt, wobei also der Gedanke auch thätig sein muß, so wie es aber den ausdrükklichen Zwekk hätte Kenntnisse mitzutheilen, so trennen wir den Inhalt von der Form und schreiben jenen einem andern Gebiete zu, und sobald die Form selbst nur gewählt wäre um eines anderen Zwekkes willen, z. B. um etwas leichter zu behalten, so geben wir alle Ansprüche auf, die wir an ein Kunstwerk machen würden. Dasselbe gilt, wenn ein praktischer Zwekk zum Grunde liegt, wie etwa bei einem Werkzeug von schöner Form, auch hier trennen wir beides, das Werkzeug selbst werden wir nicht als ein Kunstwerk im eigentlichen Sinne ansehen, aber die schöne Form beziehen wir auf die Kunst, indem der Künstler sich darin manifestirt hat, wobei es gleichgültig ist, ob sie dem Zwekk entspricht oder nicht. Wenn wir nun dieses nur als ein Schema ansehen, so werden wir es gleich verallgemeinern können und sagen, jeder Zwekk ist dem Kunstgebiet fremd; so bleibt uns nichts anderes übrig als die Analogie mit jenen ersten Elementen, und wir werden einen ganz unmerklichen aber stetigen Uebergang finden von ihnen zu allen Kunstwerken, die daraus zusammengesezt sind. Alle Historienmalerei ist von einer Seite angesehen nichts anderes als eine Darstellung des mimischen, wodurch es fixirt wird und ein historisches Bild nur eine Gruppe von mimischem Gehalt, welche den Eindrukk hervorbringen soll, als wenn die Gestalten selbst sich uns dargestellt hätten. Was aus dem Bilde unmittelbar begriffen wird, ist die Selbstmanifestation, alles andre muß erst aus etwas anderem hinzugenommen werden.

Wenn wir nun, ohne dies Gebiet zu verlassen, auf das andre, das Besizergreifen, übergehen, so gehört dazu grade das, was wir vom Kunstgebiet ausgeschlossen haben, alles was der Mensch thut, um die Dinge zu einem bestimmten Gebrauch und Zwekk geschikkt zu machen. Das können wir aber gleich mit jenem combiniren, denn es läßt immer Raum für jenes Gebiet

der Manifestation als Accesforium; z. B. jemand nimmt Besitz
von einem Stük Landes, so können wir uns denken, daß dieses
von einer ganz unregelmäßigen Form ist. Wenn er es nun in
dieser Form nimmt und dabei ausschließt, was er nicht gebraucht,
und das sich aneignet, was er gebraucht, so hat er rein nach sei=
nem Bedürfniß gehandelt, sobald er aber auf irgend eine Weise
seinen Besitz umgrenzt u. s. w., so hängt das nicht unmittelbar
mit seinem Bedürfniß zusammen, sondern ist schon eine Selbst=
manifestation, denn an der Form soll die menschliche Thätigkeit
erkannt werden. Hier sehen wir also die Richtung darauf, daß
beides zusammen sein soll, indem wir uns nicht begnügen mit
der Möglichkeit, alles was von dem Menschen gethan wird, auf
die menschliche Thätigkeit zurükzuführen, sondern noch eine andre
menschliche Thätigkeit, wenn auch nur als ein Accesforium be=
gehren, nämlich die Selbstmanifestation, die auf das Gattungs=
bewußtsein zurükgeht, in dem der einzelne andre vorausfezt, für
welche diese Thätigkeit sein soll. Wir werden freilich auch etwas
engeres annehmen können, indem wir sagen, er thut das für sich
selbst, aber betrachten wir das auf die nämliche Weise, so finden
wir dasselbe. Denn er thut das nicht für sich selbst zu seinem
unmittelbaren Bedürfniß sondern für sich selbst als einen betrach=
tenden, indem er sich selbst als einen andern sezt und nicht als
den, der in dieser Thätigkeit einen bestimmten Zwek will. Wenn
wir darauf zurükgehen, daß die besizergreifende Thätigkeit das
vermittelnde ist für die Selbsterhaltung, so finden wir auch da
die Verbindung mit der Selbstmanifestation. Das Zu=sich=neh=
men der Nahrung ist das unmittelbarste Bedürfniß; wenn wir
uns nun eine Familie denken, wo jeder allein seinen Trieb be=
friedigt und sich wol gar schämt, wenn es ein andrer bemerkt,
so sieht das sehr vornehm aus, aber es ist doch zugleich ein Man=
gel an Bildung, denn bei größerer wird es ein Act der Gesel=
ligkeit.

Es fragt sich nun, ob wirklich alle Aeußerungen der Spon=
taneität in diese drei Verzweigungen aufgehen? Ich habe frei=

lich nur gesagt alle Aeußerungen der Selbstthätigkeit, insofern sie von dem einzelnen ausgehen, aber wir haben schon in dem einen dieser Zweige, der Selbstmanifestation das Gattungsbewußtsein im Hinterhalte gefunden als das eigentlich bewegende. Denn fällt dies weg, so wäre kein Grund, daß der Mensch den Menschen anders behandeln sollte als alle anderen Dinge. Die Manifestation ist ein Sich = selbst = jedem = andern = zur = Anerkennung = darbieten, ein Eröffnen der Persönlichkeit vermittelst des Gattungsbewußtseins. Bei den andern Zweigen ist dies nicht der Fall, sie gehen nur vom Einzelwesen aus und beziehen sich rein auf dieses. Betrachten wir die Selbsterhaltung, so können wir uns denken, daß diese sogar die Tendenz, welche der Selbstmanifestation zum Grunde liegt, aufheben kann. Die Noth der Selbsterhaltung vermag den Menschen dazu zu bringen, daß er das, was von einem andern gebildet ist, nicht so behandelt und als solches anerkennt, sondern es zu seiner Selbsterhaltung sich aneignet, und da ist der Act der Selbstmanifestation, den der andre hineingelegt hat, ganz aufgehoben. Ja wir können uns denken, daß die Noth der Selbsterhaltung den Menschen dazu treibt, nicht einmal den Menschen selbst anzuerkennen sondern ihn wie ein Ding zu behandeln, was als Maximum gedacht die Menschenfresserei giebt, aber immer sehen wir dies als eine Perversität an, die sich nur auf den niedrigsten Stufen der Bildung findet. Aber es schließt auch hier das Gattungsbewußtsein nicht ganz aus, denn es wird doch immer nur die treffen, welche außerhalb eines gewissen gemeinschaftlichen Kreises stehen. Je mehr aber die Bildung zunimmt, desto mehr nimmt auch die Anerkennung der Selbstmanifestation in den einzelnen zu.

Wenn wir das Gebiet der Selbstthätigkeit, welches wir Kunst nannten, in der Weise wie ich es charakterisirt habe, als Selbstdarstellung ansehen, so müssen wir auch darauf Rükksicht nehmen, daß wir die Receptivität auf die Spontaneität zurükkgeführt haben. Betrachten wir das Verhältniß zwischen dem geistigen Subject und dem ihm gegebenen Sein in seiner Totalität, so finden wir auf dem Gebiete der Wahrnehmung ähnliches wie das was wir durch Talent und Neigung bezeichneten, und daß dies heraustrete gehört zur Selbstthätigkeit. So hat offenbar die bildende Kunst eine ausgezeichnete Richtung auf das Wahrnehmen der Gestalt, und jeder Künstler in dieser Beziehung muß ein solches Wahrnehmungstalent besizen; dasselbe gilt von der Malerei, der Darstellung der Gestalten unter der Potenz des Lichtes, denn wenn der Künstler einen bloßen Umriß ohne Beleuchtung und Schatten macht, so ist das nur eine Skizze und kein Gemälde. Sehen wir auf die Poesie, so ist diese freilich mehr zusammengesezter Natur, besonders bei einzelnen Arten, welche wesentlich den Gesang mit sich führen. Die Musik beruht am allerwenigsten auf einem Talent der Wahrnehmung, sie ist ursprünglich productiv schon in ihren einfachen Elementen, denn die künstlichen Töne sind eigentlich alle Erfindung des Menschen und bloße Erweiterungen seines ursprünglichen Organs, so wie die Naturtöne, der Gesang mit eingeschlossen, nur Analoga zur Gemessenheit des Tones sind. Hier ordnet sich also die Wahrnehmung der ursprünglichen Spontaneität unter, so daß sie nur eintritt unter der Form der Reflexion auf das selbst producirte, wogegen die Dichtkunst mit einer ursprünglichen Wahrnehmung zusammenhängt, nämlich der des menschlichen, womit sie es doch eigentlich zu thun hat. Aber es verbindet sich hier ein anderes rein productives Element in der Sprache, nämlich die Gemessenheit des Tons in der Sprache, von der man nicht behaupten kann, daß sie ursprünglich und wesentlich eine Beziehung auf den Gesang habe, da sie sich vollkommen gesondert von ihm in der poetischen Quantität und Intonation darstellt, wenngleich die große Analogie damit sich nicht verkennen läßt. Diese Productivität ist aber auch nichts anderes als Selbstmanifestation, sie macht den Uebergang von dem was Resultat des Wahrnehmens ist in die eigenthümliche Production der Zustände, welche der eigentlichen Conception des Kunstwerks vorangehen, indem die äußere Erfahrung von innen heraus ergänzt wird. Das ist aber grade der Zustand, welcher das musikalische in der Sprache bestimmt, und wenn wir das dichterische Talent im Maximum denken, so ist schon bei der Conception das metrische Element nicht von dem Material getrennt, weil eine nothwendige Beziehung besteht zwischen Inhalt und Form.

So wie wir diesen Hauptcyclus von Kunstgattungen betrachten, so sehen wir, wie die Selbstmanifestation auf beides zurükfgeht und die Art und Weise der Auffassung sich spiegelt in der Production, wenngleich dieses Verhältniß sich mannigfaltig abstuft. Wenn wir nun das Gebiet, welches auf der einen Seite die Sprache zur Basis hat und das, welches auf der Wahrnehmung gegründet ist, weiter verfolgen, so giebt es auch außer den substantiellen Erscheinungen der Kunst ein Anhaften derselben an andren Productionen. Denken wir uns einen Complexus von Gedanken, der Inhalt sei welcher er wolle, so wird doch immer nach Maaßgabe des Werthes, der darauf gelegt wird, kunstmäßiges darin sein, nämlich in dem rhythmischen und in der Gliederung der Gedankencomposition, und selbst im Gebiete des mechanischen haftet die Kunst den Dingen an, die ihrem eigentlichen Zwekke nach dem Kunstgebiet nicht angehören. Auf diese Weise erscheint uns in aller Selbstthätigkeit die Kunst zugleich. Ist in den beiden andern Hauptgliedern dem Besitzergreifen und dem Selbsterhaltungstriebe die Kunst gar nicht, so ist das der Zustand der Rohheit, weil darin das eigenthümlich menschliche, das in der Selbstmanifestation liegt, vermißt wird und das Gattungsbewußtsein, wodurch das Selbstbewußtsein auch erst ein persönliches wird, noch nicht hervortritt; das Maximum des geistigen Lebens dagegen besteht darin, daß bei jeder Selbstthätigkeit auch die Kunst als die wahre geistige Selbstmanifestation mit erscheint und postulirt wird.

Ehe wir weiter gehen, muß ich noch eins aufnehmen. Als wir nämlich bei der Betrachtung der receptiven Seite auf die Form des subjectiven Bewußtseins stießen, die wir als das Wohlgefallen besonders am schönen bezeichneten, sagte ich gleich, daß dies nicht könne auseinandergesezt werden, weil es mit der Richtung auf die Kunst zusammenhängt. Es ist nun hier der Ort auf das psychische Verhältniß der Kunst zu diesem aufmerksam zu machen. Wenn wir uns erinnern, was damals über das eigentliche Fundament des Wohlgefallens, das schöne, gesagt ist, so wird, je weniger dies in den Umgebungen des Menschen gegeben ist, um desto stärker die Richtung darauf sein müssen, wenn die productive Seite sich entwikkeln soll, insofern diese in einem großen Theil ihres Gebietes auf der Wahrnehmung beruht. Der Ausdrukk „schön“ selbst, der sonst eine weitere Bedeutung hat, ist ursprünglich dem Kunstgebiete eigen, das auf der Wahrnehmung der Gestalt beruht. Je mehr das schöne in den Umgebungen des Menschen vorliegt, desto leichter wird die Production gewekkt, je weniger es vorliegt, desto stärker muß das innere Element sein, um ohne Reiz von außen zur Thätigkeit gebracht zu werden. Hier erscheint also das geistige Leben unter der Potenz der Natur, denn es liegt in den Naturverhältnissen, daß die lebendigen Gestalten, eingeschlossen die Vegetation und diejenigen Naturformen, die den Eindrukk des erhabenen machen, auf ungleiche Weise vertheilt sind, und daß der Sinn für das Verhältniß des einzelnen zur Idee und die Fertigkeit das allgemeine Schema aus den einzelnen Exemplaren zu entwikkeln mehr in dieser als in jener Region gefunden wird. Gehen wir hievon aus und betrachten das Verhältniß der künstlerischen Production zu der Empfänglichkeit und dem Geschmakk, so ist es nur ein Mehr und Minder. Ist die Einwirkung von außen dieselbe, aber das Talent geringer, so wird daraus die Entwikklung des Wohlgefallens entstehen können aber nicht die Productivität, die unter denselben Bedingungen ein größeres Talent voraussezt, aber die Richtung darin ist durchaus dieselbe.

Es hängt aber damit allerdings noch etwas anderes zusammen, was jedoch erst auf einer höheren Entwikklungsstufe zum Bewußtsein kommen kann; wir finden nämlich in verschiedenen Nationen und Menschenracen einen ganz verschiedenen Typus in der Kunstentwicklung d. h. in Beziehung auf denselben Gegenstand eine andre Art das rein innere Bild von dem Wesen des Gegenstandes, das Schema desselben darzustellen. Hier giebt es zwei verschiedene Gesichtspunkte; auf der einen Seite müssen wir zugestehen, es ist etwas nationales und das drükt sich in dem Typus der Naturverhältnisse aus, unter denen die Entwicklung steht, so daß beides denselben Werth hat die Lebendigkeit des Darstellungstriebes und die Virtuosität in der Ausführung. Aber es giebt noch einen andern Gesichtspunkt, indem das Festhalten des einen Typus einen höhern Grad der Entwicklung beweist als das Festhalten des andern. Es fragt sich ob dieser lezte Gesichtspunkt eine Realität hat, oder ob er nicht derselbe ist wie der erste? Sollen wir uns ganz indifferent stellen und sagen, der Chinese hat ebensoviel Recht seine Normalgestalten für die höchste Entwicklung der Kunst zu halten, wie der Grieche, ja wir würden gewiß jenen Typus für richtiger halten, wenn unsere ganze Cultur so auf jener beruhte wie auf der griechischen? Betrachten wir die Sache ganz im allgemeinen, so ist doch offenbar, daß wenn die Kunst ein Ausdruk für das Grundverhältniß des Geistes zu dem ihm gegebenen Sein und die Art wie er es auffaßt und bildet sein soll, hier wie auf andern Gebieten das eine Volk einen höheren Grad der Vollkommenheit darstellt als das andere, und das Festhalten an dem niedrigeren Typus einen geringeren Grad des geistigen Eindringens in dieses Verhältniß repräsentirt.

Sehen wir hier noch einmal zurük auf die eine Seite der Auffassung, so fragt sich was dann die Formel ist, unter welcher das erste Element der Auffassung sich gestalten müßte? Denken wir uns eine Entwicklung bis zum Maximum daraus hervorgehend, wo alle menschlichen Gebiete der Kunst vertreten wären, so würden wir wol das richtige Urtheil darüber haben, welches von allen das vollkommenste ist, womit dann ebenso der Mangel an Befriedigung verknüpft wäre, sobald man dahin noch nicht gelangt ist. Wenn wir uns nun den Menschen unter den ungünstigsten

Naturverhältnissen denken, aber den innern Factor so, daß er die ganze Entwicklung durchmachen könnte, so würden wir uns ein Maximum von unbefriedigter Sehnsucht vorstellen müssen, die nur ein gänzliches Zurückhalten von der Production zur Folge haben könnte. In diesem Maximum ist es die Zerstörung der ganzen Entwicklung a priori. Aber eben deshalb werden wir sagen müssen, wo sich das Wohlgefallen am schönen gar nicht manifestirt, haben wir zu beidem ein gleiches Recht, und was das wahre sei, kann nur durch andre Vergleichungspunkte entschieden werden. Denn hier ist vielleicht das größte und vollkommenste angelegt, und deshalb nur kann das unvollkommnere nicht heraustreten; die Vergleichung, die dies uns klar machen müßte, würde die sein, ob die Negation sich unter der Form eines unbefriedigten Verlangens darstellt, denn dieses muß doch immer in Thätigkeit übergehen, wobei das erste wäre aus den ungünstigen Naturverhältnissen herauszukommen. Das offenbart sich in der menschlichen Geschichte im großen bei der Bewegung menschlicher Massen, die eines höheren Grades der Entwicklung fähig sind, nach solchen Naturverhältnissen hin, wo diese möglich wird. Wir finden aber auch unter den ungünstigsten Naturverhältnissen ein ruhiges Verharren in dem gegebenen. Dabei läßt sich freilich nicht behaupten, daß alle großen Bewegungen von Völkermassen nur entstanden sind aus dem Bewußtsein der Ungünstigkeit der Naturverhältnisse für das höchste Problem des geistigen Lebens, (denn das Einbringen des Geistes in das Sein und das Aufnehmen desselben ist das höchste Problem) aber als ein mitwirkendes Element können wir es doch sezen und es kann selbst ein Motiv des Gesammtlebens sein sich in solche Verhältnisse zu verfezen, in welchen beides mit einander wird und sich vollendet.

2. Besizergreifen.

Hieher gehören alle die Selbstthätigkeiten, welche der Mensch übt um sich die Dinge anzueignen und unter seine Herrschaft zu bringen. Diese Thätigkeit fängt allerdings auf eine solche Weise an, daß sie nicht zu unterscheiden ist von der Richtung auf den Selbsterhaltungstrieb. Die menschliche Organisation kann nicht bestehen ohne den Assimilationsproceß, der zunächst dem animalischen und vegetabilischen angehört, von denen das lezte am Boden haftet, das erste sich darauf bewegt. Es entwikkelt sich also daraus das Verhältniß des Menschen zum Boden, und das ist die einfachste Gestalt dieser Thätigkeit, indem er entweder den Boden bebaut, oder die Thätigkeit desselben unter seine Willkür bringt. Je mehr sich dies entwikkelt, desto mehr sondert es sich von dem eigentlichen Selbsterhaltungstrieb und erscheint als eine eigne Richtung der Selbstthätigkeit. Indessen in der Betrachtung dauert diese Indifferenz noch fort, aber es ist eine tiefe Wahrheit, die zuerst Plato ausgesprochen, daß in allem, was mechanisches Kunstwerk ist, die Richtung auf das Für-sich-selbsterwerben oder der Selbsterhaltungstrieb von der auf das Geschäft selbst unterschieden werden müsse. So lange nun jeder durch eigene Hände hervorbringt, was zum Verbrauche des Lebens gehört, ist es schwer beides zu scheiden, sobald aber eine Theilung der Arbeit unter mehrere eingetreten ist, so scheidet sich beides deutlich. Dächten wir uns nämlich, daß der eine Zustand sich auf einmal in den andern verwandelte, so kann der Entschluß zu einem Geschäft, den jeder zu fassen hätte, nicht durch die Selbsterhaltung bestimmt sein, sondern es tritt eine eigenthümliche Beziehung hinzu, wodurch der eine zu dieser der andre zu jener Arbeit hingetrieben wird. Hier kommen wir wieder auf einen Punkt, wo sich eine Mannigfaltigkeit von Differenzen zeigt, indem die Richtung auf eine bestimmte Thätigkeit innerhalb des Gesammtgeschäfts durch die verschiedensten Verhältnisse bedingt ist. Dies führt uns noch auf eine andre Bemerkung. Betrachten wir die Verschiedenheit des Exponenten, unter welchem die Völker die Mannigfaltigkeit der Arbeit vertheilen und die Thätigkeitszweige sich immer mehr sondern, und richten dabei unsre Aufmerksamkeit auf die Größe der individuellen Differenzen in dem pſychiſchen Conflict ſelbſt, ſo werden wir finden, daß beides zuſammenſtimmt. Je weniger der Geiſt ſich als Seele indivi- dualiſirt, deſto langſamer erfolgt die Theilung der Arbeit, je größer die individuelle Verſchiedenheit wird, deſto ſchneller erfolgt auch jene Entwikklung, ſo daß ſich beides gegenſeitig bedingt. Wenn wir alſo auf das Geſammtverhältniß des Geiſtes zu dem ihm gegebenen Sein ſehen, ſo wird es ſich in verſchiedenen Zei- ten und Räumen auf eine verſchiedene Weiſe geſtalten, aber offen- bar muß alles zum Vorſchein kommen und in die Wirklichkeit treten, was eine Art und Weiſe des Geiſtes ſich das äußerliche Sein anzueignen in irgend einem Sinne iſt, und ſo wird in der Geſammtheit die ganze Möglichkeit der Naturbeherrſchung durch dieſe Richtung des Geiſtes geſchichtlich werden. Allerdings wird hier wieder alles in den Calcül aufzunehmen ſein, was wir bis- her ſchon von menſchlicher Thätigkeit in Betrachtung gezogen ha- ben. Das Kennen alles deſſen, was zum äußern Sein gehört, iſt freilich die Bedingung zum Beherrſchen deſſelben, aber keines- weges ſo, daß das leztere erſt anfinge, wenn das Erkennen vollen- det iſt, ſondern mit der erſten inſtinktartigen Bewegung beginnt ſchon das Beherrſchen, und ſo geht beides miteinander und das eine wird ein Incitament für das andre. Nach jeder Erweite- rung der Erkenntniß entſteht nothwendig die Frage, was daraus für die Herrſchaft des Menſchen über die Natur folge, und um- gekehrt durch den beſtändigen Impuls zur Naturbeherrſchung be- kommt das Erkennen einen neuen Anſtoß.

Hier iſt aber nun zugleich der Ort uns klar zu machen, was für dieſes gegenſeitige Verhältniß der rein menſchliche Aus- drukk iſt, und wie wieder die Gegenſeitigkeit nach beiden Seiten in eine Einſeitigkeit ausſchlägt, durch welche jene aufgehoben und die natürliche Richtung verfehlt wird. Es iſt nämlich von dem Standpunkt aus, auf dem wir uns befinden, die Anſicht ſehr natürlich, alle Naturforſchung und Betrachtung ſei nur ein Mittel um die Herrſchaft des Menſchen über die Natur weiter zu ver- breiten und zu begründen, das aber wäre eine Einſeitigkeit und wenn sie überhand nähme und allgemein würde, so müßte dadurch der ursprüngliche Reiz an der erkennenden Function verloren gehen und sie ihre Selbständigkeit verlieren. Es würde nicht eher auf dem Gebiet des Erkennens der Natur etwas geschehen, als bis ein Bedürfniß entstände die Herrschaft über sie zu erweitern, das Bedürfniß aber geht zurück auf den Selbsterhaltungstrieb, und so sieht man, wie diese Einseitigkeit sich selbst straft, da dadurch jene Function ihren ursprünglichen Charakter gänzlich verliert. Auf der andern Seite ist es natürlich, daß je mehr sich ein solches Verhältniß wie dieses gestaltet, diejenigen, in denen das Erkennen dominirt, jene beiden Richtungen verwechseln, indem sie auch die Richtung auf die Naturbeherrschung als unter der Potenz der Selbsterhaltung betrachten, und darum alle Aufgaben, die auf das Beherrschen der Natur ausgehen, als ihrer unwürdig vernachlässigen. Die ungehinderte freie Entwikklung der Selbstthätigkeit in jedem Gesammtleben hängt also von dem Gleichgewicht unter diesen verschiedenen Richtungen ab, wobei natürlich an ein numerisches gar nicht zu denken ist, sondern jedes Gesammtleben muß in seinem Zugleichsein den Entwikklungsproceß abbilden. Ich meine das so, wir haben es als eine allgemeine Erfahrung zum Grunde gelegt, daß der Naturbeherrschungsproceß anfängt in der Indifferenz mit dem Selbsterhaltungstrieb; durch diesen Anfang muß jedes menschliche Leben hindurchgehen, und so ist es natürlich, daß in jedem Gesammtleben die große Masse auf diesem Punkt der Indifferenz stehen bleibt, und der größte Theil hinter dem Durchschnittsmaaß, das wir etwa in Beziehung auf den Entwikklungsexponenten annehmen könnten, zurükksteht. Wo aber eine solche Indifferenz vorwaltet, ist noch ein unvollkommener Zustand des Bewußtseins, erst mit der Entwikklung des Erkenntnißprocesses beginnt die Sonderung, erst mit der Reflexion, daß der einzelne an der Beherrschung der Natur nicht um seiner selbst willen Theil nimmt, sondern sich seines Antheils an derselben als einer Neigung und eines Talents bewußt wird, schwindet die Indifferenz und die Scheidung realisirt sich in einem complicirten Leben auf tausendfältige Weise überall da, wo die Entwikklung der Neigung und des Talents unabhängig von dem Selbsterhaltungstriebe sich hervorthut. Es ist aber immer auch die Entwikklung des Bewußtseins das sondernde Princip in seiner objectiven Form, indem nämlich der Zusammenhang zwischen dem Erkennen und Beherrschen der Natur im Bewußtsein fixirt und als Aufgabe und Regel aufgenommen wird ohne eine Beziehung auf den Selbsterhaltungstrieb.

Wie nun die Entwikklung von differenten Talenten und Neigungen in dieser Richtung auf die Außenwelt mit der Entwikklung der individuellen Differenzen zusammenhängt, kann auf diesem Punkt unmittelbar deutlich gemacht werden. Die Totalität der Beziehungen des Geistes in der Organisation als Seele zu dem gegebenen Sein kann sich nur entwikkeln, d. h. sich nach dieser Richtung klar werden und sich in den Einzelwesen in eine Mannigfaltigkeit zerspalten in dem Maaße, als ihm das Sein selbst klar geworden ist; andrerseits kann ihm das Sein selbst nur klar werden in dem Maaße, als sich die Richtung auf die einzelnen Verzweigungen desselben differenzirt, weil sie sonst gar nicht erschöpft werden kann, und so erscheinen also diese beiden Zweige in ihrer unmittelbaren Beziehung als der eigentliche Entwikklungsgrund der individuellen Differenzen, während der Selbsterhaltungstrieb einen solchen an und für sich gar nicht darbietet. Dies folgt nämlich aus dem obigen. Je mehr jene Thätigkeit der Naturbeherrschung in der Indifferenz mit dem Selbsterhaltungstriebe bleibt, um desto weniger entwikkelt sich nicht allein die individuelle Differenz, sondern auch die Differenz in der Naturbeherrschung. Es besteht auf dieser Stufe nur eine Differenz, nämlich nur insofern die dem Menschen gegebene Natur eine andre ist, so daß die Differenz nichts anderes ausdrükkt als die Zusammengehörigkeit eines psychischen Verhältnisses zu einer bestimmten Region der Natur. Das ist die allgemeine Formel für alle diejenigen Formen des Gesammtlebens, wo ein einfaches Geschäft für die ganze Masse dasselbe ist, welche nichts anderes ausdrükkt als den Ort, wo die größte Leichtigkeit in der Befriedigung des Selbsterhaltungstriebes gegeben ist. Wie der Waldbewohner nichts anderes thut als jagen und der Küstenbewohner nichts anderes als fischen, so wird dadurch nur das klimatische Verhältniß dargestellt. Es würde durchaus falsch sein, behaupten zu wollen, daß die Einzelwesen selbst unfähig wären, zusammengeseztere Thätigkeiten auszuüben. Wenn man einen solchen Unterschied macht, wie die Griechen zwischen Hellenen und Barbaren, worunter verstanden wurde der Mangel an Empfänglichkeit für geistige Ausbildung, so ist das Gattungsbewußtsein noch nicht zur völligen Entwikklung gekommen. Aber allerdings deutet das Verharren großer Massen in solchem Zustande auf einen langsamen Entwikklungsexponenten, wo wir dies aber finden, stellt sich das vollkommen entwikkelte Gattungsbewußtsein die Aufgabe durch die geistige Circulation, die von den weiter entwikkelten Massen ausgeht, die Entwikklung auch dort zu erwekken, wo sie noch nicht ist. Ich glaube, daß es keinen andern Ort giebt, wo wir diese allgemeine Betrachtung, die den höchsten Schlüssel enthält für die Anschauung des menschlichen Gattungslebens im großen und die eigentliche Formel für die geschichtliche Entwikklung hätten anstellen können als grade bei diesem Zweige der Selbstthätigkeit in der Richtung auf die Naturbeherrschung, denn in dieser zeigt sich am deutlichsten, wie weit die Entwikklung gediehen ist und das ganze Verhältniß wird am allerbestimmtesten klar. Wie wir von Anfang unterscheiden können zwischen menschlichen Massen, in welchen der Entwikklungsexponent gering ist und anderen, wo er stärker ist, so bleibt die Einseitigkeit oder die Indifferenz zwischen beiden Richtungen, so lange sie sich nicht berühren, fest bestehen. In denjenigen Massen, wo die Entwikklung größer ist, bildet sich von selbst jener ganze Proceß, die Indifferenz hört auf und es entsteht jenes gegenseitige Verhältniß zwischen dem Proceß der Naturbeherrschung und dem des Erkennens. Was nun aber weiter entstehen muß, ist, daß beide mit einander in Berührung kommen; dies geht zuweilen von den in die Indiffe-

renz versenkten Massen aus, weil sie durch das Bedürfniß getrieben werden, oder aber von jenen vermöge des gegenseitigen
Verhältnisses zwischen Naturbeherrschung und Erkennen, inwiefern
dieses nicht allein auf Naturentdeckung sondern auch auf Men-
schenentdeckung ausgeht. Dieser Proceß macht alle Stufen durch,
indem er zuerst instinktartig ist und dann sich allmählich zu der
klaren Aufgabe gestaltet, alles menschliche Leben in die Circulation des geistigen Lebens aufzunehmen. Aber es giebt nichts,
woran wir den Fortschritt dieser Entwicklung so deutlich sehen,
als in dem Naturbeherrschungsproceß, den wir im Stocken finden, wo er in der Indifferenz ist mit dem Selbsterhaltungstriebe.

Wir haben die Aeußerungen der Selbstthätigkeit in drei Formen getheilt, das Erkennen aber früher auch als eine Form der
Selbstthätigkeit aufgeführt, die wir schon einmal aber von Seiten
der Receptivität betrachtet haben; darüber also noch ein Wort.
Wir sind davon ausgegangen, daß wir zwar den Gegensaz zwischen Empfänglichkeit und Selbstthätigkeit aufstellten als das Leben wesentlich constituirend, sagten aber zugleich, daß jedes Leben
anfange mit dem unentwickelten Gegensaz und daß also die ersten
Anfänge der Receptivität als Aeußerungen der Selbstthätigkeit
angesehen werden könnten. Als wir hernach den Uebergang machten von der Production der Bilder zu der der Begriffe im eigentlichen Denken, so konnten wir das nur beziehen auf Selbstthätigkeit, gegründet auf einem ursprünglichen Verhältniß zwischen dem
Geist und dem gegebenen Sein, wobei wir voraussezten, daß beide
in einander aufgehen müssen. Wenn wir nun das ansehen als
das zum Grunde liegende, was sich aber nun erst in der Thätigkeit des Lebens selbst realisiren muß, so können wir wol alles,
was hierin liegt, zurückführen auf das Sein-wollen, d. h. auf
das sich selbst in dieser Activität erhalten-wollen. Wenn
wir den Begriff auf diese Erweiterung gebracht haben, so werden
wir auf dieselbe Weise zu Werke gehen können, wie wir es immer
gethan, nur daß sich hier das allgemeinste Verhältniß darstellt

zwischen dem Geist und der Außenwelt. Wir werden alsdann ebenso, wie wir das Einzelleben als das Seele-sein des Geistes betrachtet haben, dies auch zurükführen auf die ursprüngliche Form, in der jene Richtung sich realisiren kann und in welcher jene wesentlichen Hauptzweige der Selbstthätigkeit gegründet sind. Das Seele-sein ist nichts anderes als das Leib-haben und da dies ein Theil des Außer-uns ist, so ist das das ursprünglichste Besizergreifen. Indem das die einzige Form ist, unter welcher der Geist seine ursprüngliche Bestimmung erreichen kann, so liegt auch darin das in diesem Zustande Fortbestehen-wollen unter der Form der Seele, aber dieses schließt in sich, daß es der Geist ist, der fortbestehen will. Wenn aber erst vermöge dieser ursprünglichen Bestimmung des Geistes die Seele, und also auch das Einzelwesen wird, so ist das eine Beschränkung, die wieder aufgehoben werden muß, und das Wiederaufheben dieser Beschränkung, welche in der Vereinzelung liegt, ist die Mittheilung, in welcher der Geist als Gattungsbewußtsein sich seiner Identität bewußt ist. Auf diese Weise erscheint also das Erkennen als allen brei Formen angehörig, und es ist in Beziehung auf einzelne Thätigkeiten fast gleichgeltend, ob wir sie unter diesen oder jenen Hauptzweig subsumiren. Die Richtung auf das Erkennen ist immer Mittheilung vermöge der Identität, alle Differenzen, welche wir auf diesem Gebiet der Entwicklung des Bewußtseins unter der Form des Denkens und also auch des Erkennens finden, sind nur ein größeres oder geringeres Maaß von Kraft, durch welches das Einzelwesen das ist, was es ist und sein Sein in der zeitlichen Entwicklung realisirt. Wenn wir darauf sehen, daß diese Richtung zuerst überwiegend als ein Aufnehmen erscheint und daraus sich die Selbstthätigkeit des Denkens entwickelt, so werden wir sagen, jene ursprüngliche Form ist wesentlich ein Besizergreifen, indem der Geist sich das Sein aneignet, und dasselbe gilt hernach von der Entwicklung der Denkthätigkeit, die wir auch darauf zurükführen können; zugleich aber ist sie auch das Fortbestehen-wollen des Geistes selbst, sofern wir sie als Richtung der Selbstthätigkeit ansehen. Es sind also allerdings verschiedene Gesichtspunkte auf der einen Seite und verschiedene Functionen auf der andern, aber es ist natürlich, daß wir immer auf die Einheit dessen, was wir abgesondert haben, wieder zurükkommen.

3. Selbsterhaltungstrieb.

Wenn wir die Richtung auf die Selbsterhaltung in ihrem ganzen Umfange fassen wollen, so müssen wir sie zurükführen auf das Seele = sein = wollen des Geistes, obgleich es in der Erscheinung nicht als Wollen vorkommt, sondern immer schon in der zeitlichen Entwiklung des Bewußtseins gegeben ist. Wenn wir es aber in dieser Form betrachten, so liegt darin schon das Verhältniß des persönlichen zu dem Gattungsbewußtsein und also auch der Selbsterhaltungstrieb der Gattung. Betrachten wir das ganze in diesem Umfange, so werden wir alles vorige darunter subsumiren können; denn das einzelne kann nur fortdauern vermöge des beständigen Besizergreifens der Welt und der immerwährenden Mittheilung. Hieraus sehen wir zunächst, wie es offenbar eine beschränkte Ansicht wäre, wenn man den Selbsterhaltungstrieb nur auf die eine Seite bezöge, daß der Mensch bestrebt ist sich im Besiz der Außenwelt zu erhalten und sich anzueignen was zu seinem Fortbestehen gehört, da der Mensch nicht fortbesteht ohne die Selbstmittheilung. Nehmen wir aber beides zusammen, so bleibt wieder die Frage übrig, als was will das Einzelwesen Besiz ergreifen und als was sich kundgeben, und da kommen wir wieder zurük auf den Geist, und zwar in den beiden Richtungen auf das Erkennen und die Kunst. Nur in beiden zusammengenommen werden wir das eigentlich geistige des Fortbestehens finden und also auch sagen, der Selbsterhaltungstrieb bestehe in der Richtung auf die Beharrlichkeit dieser Formen der Selbstthätigkeit.

Hier entsteht uns nun ein Gegensaz, den wir vorher nicht

so allgemein ins Auge faffen konnten, den wir hier aber noth=
wendig aufstellen müssen, wenn wir zu einer Klarheit kommen
wollen, ohnerachtet er so erstaunlich viel gegen sich hat, daß man
glaubt ihn gleich wieder aufheben zu müssen. Das ist der Ge=
gensaz zwischen Zwekk und Mittel. Wenn wir rein auf diese
wesentlichen Functionen des Geistes sehen, so erscheint uns z. B.
alles Besizergreifen in der Außenwelt, diese große Masse menfch=
licher Thätigkeit nur als Mittel, es ist nur der Apparat auf der
einen Seite um das geistige Sein ungestört von den nachtheili=
gen Affectionen der Außenwelt zu erhalten, auf der andern Seite
um sich selbst auf die vollkommenste Weise kund zu geben, und
ebenso um das Sein als bewußtes in sich aufzunehmen. Wenn
wir nun in einer großen zusammengehörigen Masse menschlichen
Lebens einen hohen Grad von Thätigkeit in jener Richtung auf
das Besizergreifen finden, aber eine Dürftigkeit in dem Gebiet
der Kunst und des Erkennens, so erscheint uns das als ein Miß=
verhältniß, und wir begreifen es nur in diesem Gegensaz, indem
wir sagen, der Zwekk ist zurükkgebrängt und untergegangen unter
dem Mittel. Wenn wir ein Gegenstükk zu jenem Falle betrach=
ten, nämlich ein Gesammtleben in einer sehr dürftigen Natur, so
finden wir es natürlich, daß der Mensch alle seine Kräfte auf=
bietet um sich die Mittel zu seinem Fortbestehen herbeizuschaffen,
wobei nur eine dürftige Entwikklung des geistigen Lebens zu
Stande kommen kann. Hier können wir uns denken, daß sich
der Mensch gebrükkt fühlen müsse von diesem Bewußtsein, durch
so große Anstrengungen doch nur so wenig realisiren zu können,
während wir in dem andern Fall uns vorstellen werden, daß der
Mensch mit sich selbst in einem beständigen Widerspruch stehen
müsse, weil er sich in den Mitteln verliert, die doch die gewollten
nicht sind. Daß jenes nicht der Fall ist, sondern der Mensch in
einer dürftigen Natur sich bei den vorhandenen Mitteln beruhigt,
begreifen wir natürlich daraus, daß das Bewußtsein noch nicht
hinreichend entwikkelt ist. Es kommt auf dieser Stufe nicht zu
dem Wissen um den eigentlichen Beruf des Geistes, sondern er

ist in die Bedürfnisse des Organismus versenkt und so erklärt sich dies leicht, so lange solche Massen völlig abgeschlossen in sich verharren. Treten sie aber in Berührung mit höher entwikkelten, so entsteht ein Verlangen diesen Fortschritt ebenfalls zu machen und ein Mißbehagen an dem bisherigen Zustande. Es giebt also für eine solche Masse kein anderes Mittel um zu einer höheren geistigen Entwikklung zu gelangen als die Circulation mit höher entwikkelten Massen. Wie sollen wir aber das andre benken? Wenn wir Menschenmassen finden, die zu einer großen Entwikklung in der Herrschaft über die Natur gelangt sind, sich aber darin so versenken, daß von dem eigentlich geistigen Leben in der Kunst und im Erkennen wenig oder nichts zum Vorschein kommt, wie sollen wir uns erklären, daß der Geist bei einer solchen Masse von Thätigkeit doch so ganz in den Mitteln versenkt bleibt? Wir finden unmittelbar in dem, was wir zu Grunde gelegt haben, nur einen Punkt, das Verhältniß des persönlichen und des Gattungsbewußtseins. Inwiefern nämlich die Denkthätigkeit in ihrer Identität mit der Sprache nur mit der Entwikklung des Gattungsbewußtseins bestehen kann und das eine ein Maaß für das andre ist, so kann das Besitzergreifen sich sehr entwikkeln lediglich in Beziehung auf das persönliche Bewußtsein und dann ist es erklärlich, wie dabei die Richtung auf das Wissen und die Kunst zurükkbleibt. Wir finden also hier ebenso eine Langsamkeit in der Entwikklung wie dort, nur daß die Beziehung eine andre ist; dort hat sie ihren Grund in der Stellung des Geistes zu der umgebenden Natur, hier hat sie einen innern Grund in der geringern Dignität des Geistes, indem die Richtung so unverhältnißmäßig und einseitig auf die Natur geht und die auf das geistige Leben zurükkgedrängt ist, was daher stammt, daß das Gattungsbewußtsein nicht gleichmäßig entwikkelt ist. Aber hier werden wir eine solche Correction nicht finden, wie dort, von der wir wissen, daß sie aus dem geistigen Wesen im ganzen hervorgeht, indem die Circulation daraus entsteht, daß von dem vollkommneren Entwikklungszustande aus das menschliche aufgesucht wird, um den Geist zum Bewußtsein der Totalität seines Seins auf der Erde zu bringen. Dennoch werden wir auch hier ebenso ein analoges annehmen müssen. Denken wir den Geist überwiegend unter der Form des Gattungsbewußtseins, so muß er eine Richtung darauf haben, überall in den Persönlichkeiten das Gattungsbewußtsein zur Entwiklung zu bringen. Das ist die eigentlich sittliche Richtung, und wo dies fehlt ist die sittliche Richtung zurükgedrängt, und so entsteht also auch hier von dem Punkte aus, wo sie in höherem Grade entwikkelt ist, eine Circulation, wodurch jene Langsamkeit aufgehoben werden kann.

Dies schließt nun eine Betrachtung auf, die ich hier nur im allgemeinen angeben will. Wenn wir immer schon darauf geführt sind, die Differenzen in der geistigen Entwikklung anzuerkennen, und ein Minimum und Maximum, zwischen welchen die Differenzen schweben, diese aber auf keine andre Weise aufgehoben werden können als durch die Circulation, so werden wir es als etwas dem Geiste wesentliches sezen müssen, daß überall durch diese Circulation die Differenzen vermindert werden sollen, und wo wir dieselben noch sehr hervorragend finden, da müssen wir einen Mangel in dieser Hinsicht annehmen. Wo diese Richtung ist, da muß auch eine solche Circulation entstehen, daß die Differenzen, welche aus dem Verhältniß des Geistes zu einer dürftigen Natur hervorgehen, möglichst aufgehoben werden, damit der Geist auch in dieser nachtheiligen Lage an dem höheren Entwikklungsgrade Theil nehme. Aber dies kann nur durch Mittheilung geschehen von jener höheren sittlichen Richtung aus, die aber nichts anderes ist als das vollkommene Sich = selbst = verstehen in dem Selbsterhaltungstriebe des Geistes, weil dies nur in dem richtigen Verhältniß des persönlichen und Gattungsbewußtseins zum Vorschein kommt.

Die Art wie ich bisher den Begriff des Selbsterhaltungstriebes gefaßt und in seinen Hauptmomenten dargelegt habe, schließt in sich, daß hier nicht etwas einzelnes und besonderes ist, sondern daß wir alles in der Zusammengehörigkeit das geistige

Leben conſtituirende zuſammenfaſſen müſſen in Beziehung darauf, daß die Fortdauer deſſelben vom Subject ausgeht. Befaßt man nur das leibliche Beſtehen darunter, ſo giebt das eine Maſſe von Verwirrungen. Wenn man dies als einen Trieb anſieht, ſo kommt man dazu alles andre als Mittel anzuſehen. Dieſe Anſicht findet zwar Vorſchub in dem bürgerlichen Leben und in der Maxime derer die es leiten, indem ſie das was den Leib befriedigt als Reizmittel gebrauchen um die übrigen geiſtigen Functionen zu entwickeln und in lebhaftem Schwunge zu erhalten, es kann aber nur da geſchehen und Erfolg haben, wo es in dem Volke einen Kampf giebt gegen die Naturbedingungen oder ein ſolcher durch künſtliche Genüſſe hervorgerufen wird. Fragt man aber, worauf dies beruht, daß man ſich ſolcher Reizmittel bedient, ſo liegt es darin, daß der Exponent in der Entwicklung der höheren geiſtigen Functionen zu gering iſt und einer Verſtärkung bedarf. Von dieſer Seite giebt es andre Mittel, die jenen das Gleichgewicht halten, indem durch die größere Einwirkung der weiter geförderten auf die geringeren ein geiſtiges Reizmittel ausgeübt wird. So haben wir keine Urſache anzunehmen, daß jenes erſte Verfahren mehr in der Natur der Sache gegründet ſei als das andre.

Es entſteht ferner aus dieſer Behandlung des Gegenſtandes noch ein anderes Reſultat; es geſchieht nämlich gar zu leicht, daß man den phyſiſchen Selbſterhaltungstrieb als den Siz der Freiheit anſieht und alles andre weniger in dieſem begründet findet, ſondern das höhere von vorne herein weit mehr als einem Calculus unterworfen betrachtet, weil man glaubt ſie auf eine beſtimmte Art und Weiſe ſteigern zu können. Aber hiegegen finden wir eine entgegengeſezte Inſtanz in den Zuſtänden, die in der großen Maſſe unter den cultivirten Völkern vorkommen, nämlich auch eine Steigerung dieſes phyſiſchen Selbſterhaltungstriebes, die durch künſtliche Mittel urſprünglich erregt und erhalten wird. Wenn ſich das auch auf dieſe Weiſe erhaltungsfähig zeigt, ſo verſchwindet wenigſtens die Unterſcheidung, daß irgend eine

Function der Selbstthätigkeit durch den Zusammenhang des Ge=
sammtlebens könne erhöht werden und daß sie doch ebenso ur=
sprünglich sein könne wie eine andre, auf die man sie bezieht.

Wenn wir also diese Einseitigkeit ganz verlassen und sagen,
wir haben unter dieser Rubrik nichts anderes aufzustellen, als
nur die Lebenseinheit in allen verschiedenen Functionen, wie sie
in der freien Selbstthätigkeit des Subjects ihrer Fortdauer nach
begründet ist, so gehen wir also zurükk auf den Anfang der Exi=
stenz des Einzelwesens. Dieser ist nun natürlich als unabhängig
von jenem Triebe zu sezen, sobald aber das Dasein angefangen
hat, ist auch das Subject gleich unter diesem Gesichtspunkt des
Fortbestehen=wollens zu betrachten und die ganze Art, wie die
Lebensfunctionen sich entwikkeln, ist nur eine Aussage darüber,
als was das Einzelwesen fortbestehen will. Alles, was wir schon
bemerkt haben als Ungleichheit in der Richtung entweder gleich=
mäßig auf alle Functionen oder überwiegend auf die eine und
die andre ist durchaus nichts andres als ein Ausdrukk der Art,
wie das Einzelwesen fortbestehen will, und wenn wir uns den=
ken, wir könnten ein einzelnes Leben ganz verfolgen, so daß wir
von jedem Moment den äußern Coefficienten kennten, so werden
wir als den inneren nichts anderes herausbringen, und die all=
gemeine Formel für die Eigenthümlichkeit des Einzelwesens ist
dann das Verhältniß zwischen den verschiedenen Lebensfunctionen
in Beziehung auf die Gesammtheit der Gegenstände, wie es sich
in ihm gestaltet. Denken wir uns nun den Selbsterhaltungstrieb
in diesem Sinne beginnend mit dem Anfang des Daseins und
in seiner ganzen Entwikklung auf diese Formel zurükkkommend, so
muß diese Formel auch schon im Anfange gewesen sein, denn
sonst müßten wir annehmen daß sie sich rein aus dem Einzel=
wesen entwikkelte und zwar zu einer Zeit und auf einer Stufe
des Daseins, wo sie auf der einen Seite freie Selbstthätigkeit
sein müßte, auf der andern aber völlig bewußtlos und zufällig,
weil der Mensch gar nicht kennt worauf er sich richtet. Es
kommt alsdann auf die Frage an, die doch eigentlich durch den

Ausbruff Selbsterhaltungstrieb schon beantwortet ist, inwiefern
das zusammen bestehen könne, daß die Selbstthätigkeit eine freie
ist und doch die ganze Formel der Entwifflung schon in dem
Anfang des einzelnen Daseins angelegt ist. Das ist der alte
Streit über diese Sache, auf den wir hier ganz nothwendig zu-
rüffkommen. Fassen wir das Selbst in einem weiteren Sinne,
so liegt in dem Ausbruff allerdings gar keine Antwort auf diese
Frage, sondern sie bleibt hinausgesezt; aber es würde doch nur
ein Hin- und Herschieben der Frage sein, wogegen die Art der
Fassung, die ich von Anfang an bei dem Ausbruff vorausgesezt
habe, mit allem bisherigen so übereinstimmt, daß uns keine andre
natürlich sein kann als diese. Die Frage, inwiefern beides zusammen bestehen könne, würden wir vielleicht gar nicht aufgeworfen haben, und wir hätten in unserer Entwifflung ruhig fortgehen und die Selbsterhaltung so weiter verfolgen können, ohne
daß uns ein Bedenken darüber gekommen wäre; aber da wir
den Streit nun einmal finden, so weiß ich auch keine andre Art
als, da uns diese natürlich ist, zu fragen inwiefern die entgegengesezte Ansicht möglich sei. Hier giebt es nun freilich mancherlei
Arten die Frage zu stellen. Zuerst wollen wir annehmen, es
werde geleugnet, daß in den ersten Anfängen des Daseins schon
irgend ein Verhältniß der geistigen Functionen prädeterminirt sei,
sondern jeder Mensch könne, wenn er geboren ist, noch alles werden und wir fragen nun, wie das geschehen kann, daß er ebensogut das eine wie das andre werden soll, so ist zweierlei möglich, entweder das Bestimmtwerden steht unter der Potenz der
äußern Einwirkung, so daß ich sage, wenn ich denselben Menschen
unter verschiedene Einflüsse stelle, so wird er ein andrer. Wird
das im ganzen Umfange behauptet, so wird geleugnet daß die
Art und Weise der Entwifflung von der Selbstthätigkeit abhängt,
die Selbstthätigkeit erscheint vielmehr selbst als ein Product des
äußeren Factors d. h. ursprünglich als Null. Andrerseits wird
vorausgesezt, daß ursprünglich gar nichts bestimmtes in dem Menschen angelegt sei, aber die Entwifflung einer Bestimmtheit gehe

von seiner Selbstthätigkeit aus und sei etwas willkürliches, so
daß derselbe Mensch in denselben Umgebungen ebenso gut der
eine wie der andre werden könne. Das sind die beiden Fälle,
die stattfinden, wenn unsre Voraussezung aufgehoben wird, ich
behaupte aber, daß weder das eine noch das andre aufgestellt
werden kann. Ich will mit dem lezten anfangen. Wir wollen
zugeben, daß der einzelne sich seine Lebensrichtung auf eine rein
willkürliche Weise bestimmt, so sage ich zuerst, wenn das eine
wirkliche Willensbestimmung im engeren Sinne des Wortes sein
soll, so kann sie offenbar nur in eine solche Zeit fallen, wo der
Mensch nicht mehr der unbestimmte ist wie im Anfange, sondern
wo er schon etwas geworden ist. Wenn wir nun also sagen,
hier giebt es zweierlei, entweder seine Willensbestimmung ist nur
die Bestätigung dessen, was er schon geworden ist, und wir nehmen einen Zusammenhang an, so heben wir den Saz auf. Wir
müssen also vielmehr sagen, diese Willensbestimmung kann eine
Bestätigung sein, aber auch ebenso gut eine Aufhebung, und ob
sie das eine oder das andre ist, ist etwas rein willkürliches. Nun
ist freilich das willkürliche ein Ausdruck, der einem immer wieder
entwischt, denn er hat eigentlich die Tendenz etwas zu sagen,
was unbestimmt ist. Aber wir wollen einmal diese Gleichgültigkeit gegen die Aufhebung oder die Bestätigung dessen, was geworden ist, sezen, so ist es doch in Beziehung auf den Kraft-
aufwand der dazu gehört nicht gleichgültig, sondern die bestäti-
gende Willensbestimmung ist viel leichter als die aufhebende.
Wenn wir aber diese Gleichgültigkeit sezen wollen, müssen wir
sie auch in jedem Moment sezen; so gut er heute sie bestätigt
hat, so gut kann er sie morgen aufheben, d. h. in der ganzen
Continuität des Daseins betrachtet, erscheint uns das Einzelwesen
als etwas schlechthin zufälliges. Denn was für den einzelnen
reine Willkür ist, ist für alle andern zufällig, d. h. es ist durchaus kein Grund zu behaupten, daß der Mensch morgen noch derselbe sei wie heute, aber auch kein Grund es zu leugnen. Daß
nun eigentlich niemand von dieser Voraussezung aus handelt, ist

ganz klar, denn wir handeln immer so, daß wir glauben auf die Menschen in gewissem Sinne rechnen zu können, und so leugnen wir jene Voraussezung. Nun hat aber keiner einen andern Maaßstab für sich selbst als für andre, wenn also jeder von dieser Voraussezung der Consequenz aus handelt, so muß er sie auch bei sich selbst voraussezen, und kann nicht behaupten, daß es in jedem Augenblikk in seiner Willkür stehe sich zu diesem oder jenem zu machen. Wir wollen nun die zweite Voraussezung betrachten, die Bestimmtheit des Menschen unter den äußern Einflüssen, so daß man sagt, es ist völlig gleichgültig ob ich dieses oder jenes Subject auf diesen Punkt stelle, beide müssen dieselben werden. Das ist die Voraussezung der ursprünglichen Gleichheit aller, bezogen auf die Formel, daß die Bestimmtheit abhängt von den äußern Einflüssen. Dabei tritt die Spontaneität ganz hinter der Receptivität zurükk. Nun aber haben wir gesehen, daß beide sich gar nicht von einander trennen lassen; darin liegt, daß wenn ich mir zwei Subjecte beim ersten Anfang des Daseins völlig gleich denke, ich auch sagen muß, die Gleichheit ist nicht ein unbestimmtes etwas, daß in dem Subjecte alles menschliche möglich sei, sondern es ist die Auffassungsweise auch schon bestimmt, und wenn ich nun sage, diese ist auch eine Wirkung der äußern Einflüsse, so ist da eine vollständige Passivität in dem Menschen gesezt, d. h. das Leben ist dann ein bloßer Mechanismus. Wenn aber umgekehrt gesagt wird, die Auffassungsweise ist etwas im Subject und nicht ein reines Product der äußeren Einflüsse, so muß ich die Voraussezung wieder aufheben. Entweder also müssen wir einen völligen Mechanismus sezen oder die Voraussezung hebt sich selbst auf. Nun aber soll das doch zusammen bestehen mit dem Leben und so müßte das Leben selbst ein Mechanismus sein und zwar so, daß die innere Seite desselben bei allen dieselbe wäre. Wo fangen aber nun die Differenzen an? Offenbar schon im Organismus selbst; dieser hat auch schon seine Seite, wo er für das psychische Subject ein äußeres ist. Damit kommt heraus, daß es allerdings eine Freiheit giebt, daß diese aber den Organismus zu ihrem Sitz hat, während das pfychifche das mechanifche ift. Diefe Vorausfezung widerftreitet wieder fo ganz der Art, wie wir die Menfchen behandeln, daß man ebenfo fagen kann wie vorher, da keiner einen andern Menfchen fo behandelt, fo kann auch keiner das als den Ausdruck feines Selbftbewußtfeins auf= ftellen.

Nun aber läßt fich die Sache auch fo faffen, daß unfre Grundvorausfezung nicht aufgehoben wird. Es foll zugegeben werden, daß in jedem Menfchen von Anfang an etwas beftimm= tes angelegt ift, aber dies beftimmte wird in der weiteren Ent= wicklung des Lebens aufgehoben und die Freiheit befteht eben darin, daß es aufgehoben wird. Dies ift aber nur die eine Seite, denn das Aufgehobenfein kann auch die Wirkung der Welt fein, und das find die beiden correfpondirenden Formeln. Wenn wir nun von der Vorausfezung ausgehen, daß etwas beftimmtes in dem Menfchen angelegt ift und es zeigt fich nur fo viel Frei= heit, daß er das von der Natur angelegte durch feine Selbftbe= ftimmung wieder aufhebt, fo kommen wir wieder auf den Punkt, daß das ein gedachtes Wollen fein muß, welches nur in einen fpäteren Lebensmoment fallen kann. Mögen wir aber auch die= fen Punkt noch fo nahe an den Anfang des Lebens rükken, fo ift von diefer Zeit an das Bewußtfein ein beftändiges Nicht=wollen deffen, was man ift, und ein beftändiger Kampf, bis das von der Natur angelegte völlig aufgehoben ift. Man fängt alfo an mit einem urfprünglichen Widerfpruche des Willens gegen das gewordene und die eigentliche Freiheit wäre das Mißfallen an fich felbft, welches durch das ganze Leben hindurch gehen müßte. Dies Mißfallen dürfen wir aber keinesweges verwechfeln mit dem moralifchen, wovon wir fchon oben gefprochen haben, es wäre ein Mißfallen, das nur auf die Naturanlage ginge. Nun aber ift das ebenfalls in Widerftreit mit der Art, wie wir die Men= fchen beftändig behandeln, weil wir fie immer in der Zuftimmung deffen finden, was fie find, und es wird niemals in der Erfah= rung nachgewiefen werden können, daß einer nicht fein will, was er ist. Wo es sich findet, ist es immer nur eine momentane Täuschung und das kann also nicht Ausbruk des Selbstbewußtseins sein.

Wenn man die Entwikklung des einzelnen Lebens betrachtet, so giebt es darin allerdings häufig überraschende Wendepunkte, wo die Neigung plözlich wechselt und der Selbsterhaltungstrieb eine ganz andre Richtung nimmt, so daß dies unserer Annahme zu widersprechen scheint. Aber einmal kommen solche Beispiele nur in solchen Gesammtheiten vor, wo die Entwikklung selbst schon eine mannigfaltige und verwikkelte ist. Erwägt man dies, so hat jene Erscheinung gar nichts wunderbares. Wenn nämlich eine Richtung sehr begünstigt ist, und der innere Coefficient der Entwikklung eine zeitlang unterdrükkt von dem äußeren, so befreit er sich hernach wieder und die innerlich angelegte Richtung macht sich plözlich um so stärker geltend. Dies gehört so zu sagen zu der Elasticität des Selbsterhaltungstriebes, ohne welche die Constanz desselben bei den äußeren Einwirkungen sich gar nicht denken ließe.

Wenn wir nun aber den Selbsterhaltungstrieb in seiner Stärke betrachten, so finden wir da auch einen großen Spielraum und eine fast ungeheure Differenz und diese ist so complicirt, daß es schwer ist sie zu einer Uebersicht zu bringen und sich ein richtiges Bild davon zu verschaffen. Es giebt auf der einen Seite eine in der ganzen Erscheinung sich offenbarende Gleichgültigkeit gegen das Leben, auf der andern eine Anhänglichkeit daran, die außer allem Verhältniß steht zu dem, was sie bis auf einen gewissen Punkt reizen könnte, und die sich zeigt durch eine Todesfurcht bei Gelegenheiten, wo die Wahrscheinlichkeit des Lebensverlustes nur ein Minimum ist. Und doch bilden diese Anhänglichkeit und jene Gleichgültigkeit gar nicht einmal die Extreme, sondern wir haben auf der andern Seite einen eben solchen Raum zu durchlaufen, bis wir zu dem Punkt kommen eines freiwilligen Fahrenlassens des Lebens. Da erscheint der Selbsterhaltungstrieb als Null und nicht nur als Null, sondern als

Minus, als Uebergang zu dem Entgegengesezten. Allein auf allen diesen Punkten selbst ist die Differenz wieder so groß, daß sie sich gar nicht als Einheiten auffassen lassen, und dasselbe gilt offenbar auch von allem, was dazwischen liegt. Die richtige Ansicht ist dadurch vermittelt, daß wir auf das Verhältniß zwischen dem persönlichen Selbstbewußtsein und dem Gattungsbewußtsein sehen. Ich will nur zuerst den Punkt, den wir als Gleichgültigkeit gegen das Leben bezeichnet haben, in Betrachtung ziehen, und zwar eine Manifestation derselben. So findet Gleichgültigkeit statt, wenn eine Gefahr keinen Einfluß hat auf die Willensbestimmung. Sie kann einerseits begründet sein in einem bloßen Mangel an Beweglichkeit des Vorstellungsvermögens, so daß man, in einer gewissen Richtung begriffen, das zur Seite liegende gar nicht beachtet. Alsdann ist ein eigentliches Wissen um die Gefahr gar nicht vorhanden; fragen wir aber, woher dies kommt, so werden wir sagen, wenn wir einen andern daneben stellen, in dem der Selbsterhaltungstrieb stärker ist, so ist in diesem das Wissen vorhanden, und wenn es in jenem fehlt, so rührt es nur daher, weil der Trieb zu schwach ist. Es kann aber andrerseits auch sein, daß nicht die Schwäche des Selbsterhaltungstriebes der Grund der Gleichgültigkeit ist, sondern nur daß der Gegensaz zwischen den beiden Momenten desselben, dem was sich rein auf das Einzelwesen bezieht und dem was sich auf das ganze bezieht, noch nicht entwikkelt ist; dann ist es indifferent, wie dasselbe sich darstellt bald nur unter der Beziehung des Einzelwesens bald nur unter der Beziehung des Gesammtlebens und wo das lezte nicht afficirt ist, kann auch das erste nicht auftreten. Es giebt eine Menge von Entwikklungsstufen, allerdings nur niedere, wo man die Tapferkeit einzelner nicht höher anschlagen kann als so. Sie sind in einem Gesammtleben begriffen und sobald dieses in Gefahr kommt, so reagiren sie dagegen, da aber der Gegensaz nicht entwikkelt ist, so ist es leicht daß die Beziehung auf das Einzelwesen zurükktritt. Daher nimmt jenes so häufig das Ansehen des instinktartigen an, die eingeschlagene

Bahn zur Erreichung des Zwecks für das Gesammtleben ist mit einer leidenschaftlichen Aufregung verbunden und darin zeigt sich der Selbsterhaltungstrieb, aber nur in Beziehung auf das Gesammtleben. Ist der Gegensaz schon entwikkelt, so entsteht eine Ueberlegung und ein Kampf, und da wird die Tapferkeit eine bewußte Unterordnung des einzelnen unter das Gesammtleben. Auf jener Stufe ist diese nur instinktartig, daher auch häufig beides verwechselt wird. Denken wir uns denselben psychischen Zustand, aber den einzelnen in einer Richtung auf sich selbst begriffen, so entwikkelt sich dann das nicht, was eine Beziehung auf das Gesammtleben hätte. Daher ist es schon eine andre Stufe, wenn in einem solchen Falle auf die Gesammtheit Bezug genommen wird und etwa ein Ehrtrieb sich geltend macht, dadurch angeregt, daß das Gesammtgefühl sich beeinträchtigt findet, wenn der einzelne zuviel auf sein eignes Leben Rükksicht nimmt. Eine solche Berükksichtigung des Gesammtgefühls und des Gesammturtheils ist immer schon eine constante Unterordnung des persönlichen unter das Gesammtleben und also eine höhere Stufe.

Wenn wir nun weiter gehen und uns den entwikkelten Gegensaz denken und daraus einen Streit entstehend zwischen den verschiedenen Interessen des persönlichen und des Gesammtlebens, diesen aber mit Leichtigkeit entschieden, so gewinnt die Unterordnung des einzelnen schon eine ethischere Gestalt. Was wir also zunächst zum Gegenstande unserer Betrachtung machen müssen ist dieser Streit. Dieser findet sich nun überall, wo die Erhaltung und Förderung des Gesammtlebens Anstrengungen erfordert, welche mit Gefahren für das Einzelleben verbunden sind. Die Möglichkeit solcher finden wir überall in den allerfrieblichsten Verhältnissen und in den allereinfachsten Beschäftigungen. Wo diese fern liegen und dennoch ins Bewußtsein aufgenommen werden, finden wir eine vorherrschende Richtung auf das persönliche Einzelleben. Wenn die Aufmerksamkeit auf das geheftet bliebe, was zur Lösung der Aufgabe dient, so würde jene Combination in dem Maaße, als sie entfernt ist, gar nicht gemacht werden. Man muß hier immer ein negatives und ein positives als miteinander verbunden ansehen, eine Hemmung in dem Eifer für das, was geschehen soll, verursacht durch die Einwirkung des persönlichen. Je leichter sich jemand Gefahren einbildet oder jede Möglichkeit derselben ins Bewußtsein aufnimmt, selbst wenn er sich dadurch in seinen Handlungen nicht bestimmen läßt, sondern das Bewußtsein beherrscht, desto mehr findet schon ein Uebergewicht des persönlichen statt, je weniger aber es beherrscht wird und diese Herrschaft sich geltend machen kann, desto stärker tritt das persönliche hervor. Indem wir aber in der Entwikklung des Gegensazes das Uebergewicht des Gattungsbewußtseins über das persönliche für den natürlichen Zustand halten, so erkennen wir in jenem Falle einen Mangel und eine Verkehrtheit des psychischen Zustandes.

Nun aber wollen wir noch etwas höher hinaufgehen. Wenn wir uns denken die Richtung, in welcher sich der einzelne bewegen soll, angegeben von dem Gesammtgefühl und Gesammturtheil, also ihn schon von diesem stark genug afficirt, um das persönliche Moment unterzuordnen, so ist das die eine Seite, gehen wir aber noch weiter, so werden wir sagen müssen, daß die Richtung einer Gesammtheit doch wieder durch einzelne bestimmt wird und aus den einzelnen hervorgehen muß. Wenn nun ein solcher in dem Moment, wo er der Gesammtheit einen Impuls geben und wo das, was erst in ihm ist, sich von ihm aus verbreiten soll, in Gefahr geräth, so ist das ein ganz anderer Fall, wo das höhere Moment der Selbsterhaltung von weit größerer Kraft ist, weil hier der Impuls, der der Gesammtheit gegeben werden soll, erst in der Person allein liegt. Je größer nun die Gefahr ist, die der einzelne dabei leidet, um desto größer muß der Werth sein, den das Einzelwesen für die Gesammtheit gewinnt. Aber ebenso auf der andern Seite, wenn die Bedeutung des einzelnen für das Gesammtleben nur eine eingebildete ist, oder wenn einer, ohne daß eine wirkliche Gefahr für das Gesammtleben da ist, mit dem Preisgeben seiner persönlichen Existenz Ostentation treibt, so ist das das entgegengesezte Verhältniß, wo nur das persöuliche wirksam ist, indem der einzelne seine Befriedigung sucht in dem Urtheil der Gesammtheit. Da ist freilich immer ein krankhafter Zustand in der Gesammtheit mit beigemischt, wenn sie auf die Nichtigkeit des einzelnen Lebens den ganzen Werth legt, ohne daß ein Preis für die Gefahr da wäre. Der scheinbare Werth liegt darin, daß man denkt, wenn einer schon um nichts sein Leben in Gefahr bringt, um wie viel mehr wird er es thun, wenn es nöthig ist. Das aber ist ein falscher Schluß; denn wenn das Gesammtleben in keiner besondern Agitation ist, so erregt der einzelne die Aufmerksamkeit leicht und er erreicht seinen Zweck; ist aber eine große Gefahr für das Gesammtleben, so wird die Aufmerksamkeit nicht auf den einzelnen gerichtet, und da hört der Impuls auf und er wird sein Leben nicht daran wagen.

Alle diese Beispiele werden genügen, um zu zeigen, daß alles auf ein verschiedenes Verhältniß der beiden Seiten des Selbsterhaltungstriebes zurükfzuführen ist. Aber ganz anders erscheint es, wenn davon die Rede ist, dem Leben durch eine freie Handlung ein Ende zu machen. Es ist bekannt daß der Selbstmord immer noch ein Problem ist für unser Gebiet. Denn wenn auf dem Selbsterhaltungstrieb das Fortbestehen beruht und wir ihn also als einen constanten Grund ansehen müssen, so ist nicht zu begreifen, wie er fortfallen könnte. In allen vorigen Fällen handelte es sich nur um den Sieg der einen oder der andern Seite des Selbsterhaltungstriebes, hier aber muß er ganz aufgehoben und nicht bloß auf das Null der Gleichgültigkeit reducirt sein, sondern er muß wirklich in das Minus übergehen. Wir werden daher im voraus anerkennen, soweit es aus dem Zusammenhange der bisherigen Entwiklung folgt, daß diese Umkehrung des Selbsterhaltungstriebes in sein Gegentheil nicht als ein natürlicher Zustand angesehen werden kann. Es giebt allerdings einzelne Fälle, wo man die Handlung ganz aus dem Gesichtspunkte betrachten kann, den wir aufgestellt haben. Wie oft der einzelne sein Leben in Gefahr begeben muß zur Erreichung des Zweckes der Gesammtheit, so kann auch der Fall eintreten, daß der einzelne seinem Leben ein Ende machen muß, damit der Zweck der Gesammtheit erreicht werde. Es wird zwar immer schwer sein in einem einzelnen Falle nachzuweisen, daß das Ende des Lebens des einzelnen für die Erhaltung der Gesammtheit unbedingt nothwendig sei, aber darum handelt es sich hier nicht; tritt der Fall wirklich ein, so ist die Handlung auch ein Sieg des Selbsterhaltungstriebes, der auf die Gesammtheit geht, über den persönlichen. Nehmen wir aber dies hinweg, so daß keine Collision stattfindet zwischen den beiden Elementen der Selbsterhaltung, und es tritt doch eine Richtung auf die Beendigung des Lebens ein, so ist der Selbsterhaltungstrieb in ein Minus übergegangen, und das ist so schwer zu begreifen, daß es immer noch ein Problem ist und die Meinungen darüber verschieden sind sowol in ethischer als in psychologischer Hinsicht.

Nach dem vorigen würden wir einen wesentlichen Unterschied machen können zwischen den Fällen, wo der Selbstmord eintritt im Zusammenhange mit dem Selbsterhaltungstrieb insofern das Gattungsbewußtsein das Motiv ist, denn da ist der Selbsterhaltungstrieb selbst nicht aufgehoben sondern nur ein Moment desselben, und zwischen den andern, wo auf dem Gebiete des persönlichen der Selbsterhaltungstrieb wirklich aufgehoben ist. Wenn man in Beziehung auf die Fälle der lezteren Art die Behauptung aufstellt, daß solche Handlungen nur in einem Zustande krankhafter Zerrüttung vor sich gehen können, so wäre die ganze Sache nicht mehr räthselhaft. In dem ersteren Falle würden wir eine Grabation des ganz gewöhnlichen annehmen, daß der einzelne sich in Lebensgefahr begiebt für das Gesammtleben, das sich dann bis zur freiwilligen Verzichtleistung auf das Leben steigert, in dem andern Falle wäre es kein krankhafter Zustand. Aber diese Annahme einer krankhaften Zerrüttung will sich nicht überall rechtfertigen lassen, und die Art wie man dann seine Zuflucht

nimmt zu der Annahme eines momentanen schlechthin vorübergehenden Wahnsinns ist eine bloße Hypothese, die sich niemals erfahrungsmäßig nachweisen läßt.

Wir müssen hiemit eine Betrachtung verbinden, die auf den
ersten Anblick sehr entfernt scheint, aber doch in einem sehr genauen Zusammenhange steht. Wir finden nämlich fast überall
Vorstellungen entwikkelt von der Fortdauer des persönlichen
Einzelwesens nach dem Tode. Es fragt sich, wie wir diese
anzusehen haben in ihrer Allgemeinheit, und worin sie ihren
Grund haben? So wie wir die Sache in diesen Zusammenhang
stellen, so liegt die Antwort sehr nahe, daß sie ihren Ursprung
haben in dem Selbsterhaltungstriebe, wobei die Tendenz entsteht,
den Unterschied zwischen dem lezten Moment und den früheren
aufzuheben. Wenn wir die meisten dieser Vorstellungen, denen
nicht anderweitige religiöse zum Grunde liegen, ihrem Gehalt
nach betrachten, so finden wir größtentheils, daß das Ende des
Lebens mit dem Einschlafen und das Leben nach dem Tode mit
dem Traume in Analogie gebracht wird. Alle Vorstellungen von
der Fortdauer des Lebens nach dem Tode als ein Schattenleben
tragen deutlich diesen Charakter an sich, wogegen diejenigen, benen der Typus einer sittlichen Vervollkommnung zum Grunde
liegt, eine sittliche und religiöse Quelle haben. Wenn wir nun
diese lezten mit jenen ersten vergleichen, ohne auf den Unterschied
des Ursprungs zu achten, so nehmen wir keine andre Differenz
wahr, als die zwischen einer mehr sinnlichen und einer mehr geistigen Auffassung des Lebensgehaltes. Die sinnliche Auffassung
hängt zu sehr an dem Zusammenhang des menschlichen Daseins
mit der ihm gegebenen Welt, als daß eine Existenz, die aus diesem Zusammenhang herausgerissen ist, etwas mehr sein könnte
als eine verworrene Erinnerung in der Analogie mit dem Traum,
wogegen die geistigere Auffassung des menschlichen Lebens weit
unabhängiger ist von dem Zusammenhange mit dieser Welt, und
daraus sich auch leichter die Vorstellung eines weiteren geistigen
Fortschreitens entwikkelt. Wenn wir nun daran das Factum

knüpfen, daß solche Vorstellungen überwiegend von religiöser Ueberlieferung ausgehen und dies rein aus dem natürlichen und geschichtlichen Gesichtspunkt betrachten, so werden wir sagen, daß
die Gewalt religiöser Vorstellungen selbst sich mit einer mehr intellectuellen Auffassung des Lebensgehaltes verbunden zeigt. Ich
bemerke nur, daß es sich hier gar nicht um die Wahrheit dieser
Vorstellungen in der einen oder der andern Art handelt, sondern
wir betrachten sie hier nur als Thatsachen und zwar als solche,
die wir aus dem natürlichen Zusammenhange des Lebens zu verstehen suchen müssen. Diese Aufgabe kann auch durch keine andre
Voraussezung aufgehoben oder überwogen werden, sobald man
nämlich in dem Gebiete der religiösen Vorstellung zu diesem Punkte
gekommen ist, daß man die absolute Zustimmung nicht verbunden
denkt mit irgend einer religiösen Ueberzeugung. So nun angesehen hangen diese Vorstellungen mit der verschiedenen Auffassung
des Lebensgehaltes zusammen und wenn wir sie als Thatsache
construiren wollen, so sind sie Producte von einem Bestreben die
Existenz fortzusezen d. h. Producte des Selbsterhaltungstriebes.
Wenn dieser nicht einer solchen Ausdehnung über das wirklich
gegebene fähig wäre, so würden wir auch nicht begreifen, wie von
der Seite der religiösen Ueberlieferung solche Vorstellungen Ein-
gang finden sollten, noch wie sie, da sie keinen Anhaltspunkt in
dem gewöhnlichen Zusammenhange des Lebens haben, von vorn
herein könnten gebildet werden. Daraus werden wir schon unmittelbar den Schluß ziehen, daß wenn in einer Gesammtheit
solche Vorstellungen gar nicht in das Bewußtsein aufgenommen
sind, diese auf einer so niedrigen Entwicklungsstufe stehen muß,
daß sie solcher Combinationen dessen, was nicht unmittelbar vor
ihren Augen gegeben ist, sich auch auf andern Gebieten unfähig
zeigen wird.

Dagegen findet sich ein anderes Factum, welches ebenso wenig zu leugnen ist, daß bei einer fortschreitenden geistigen Entwicklung, in der sich diese Vorstellungen ausgebildet haben, hernach von der Seite der geistigen Ausbildung selbst sich ein Skep-

ticismus entwickelt, welcher dieselben als gehaltlos und nur in einem leeren Bestreben des Menschen nach der Fortsezung seiner Existenz begründet darstellt. Hier haben wir die beiden Endpunkte, dem Gehalte nach völlig gleich, aber der Genesis und der Form nach vollkommen entgegengesezt. Wenn wir den Raum zwischen beiden ausfüllen wollen, so werden wir sagen können, erhebt sich der Mensch über jene untergeordnete Stufe, wird das Vorstellungsvermögen freier und die Combination der Bilder mannigfaltiger, so entwickelt sich auch dies Gebiet von Vorstellungen eines künftigen Daseins, aber natürlich, wie jenes überwiegend in Bildern besteht, so ist auch der Gehalt dieser sinnlich, wie er dieser Stufe angemessen ist. Schreitet nun die Entwicklung fort und gewinnt einen geistigen Gehalt, macht sich der Gedanke als Regulator aller dieser Bilder geltend und tritt das Gattungsbewußtsein hervor, so wird auch die Selbsterhaltung mehr auf diese Seite gelenkt und es entwickelt sich zu gleicher Zeit jenes Gebiet von Fällen, wo das Gattungsbewußtsein auch nur in seiner beschränkten Form als Gesammtleben nicht selten die Forderung macht das Einzelleben in Gefahr zu sezen. In allen solchen Fällen tritt die Stärke des Gattungsbewußtseins um so mehr hervor, je weniger der persönliche Selbsterhaltungstrieb einen Rükhalt hat in dem Rechnen auf eine Zukunft, und es entsteht die Behauptung, daß der einzelne sein Leben müsse hingeben können für das Ganze ohne die Richtung auf ein künftiges Dasein. Hier zeigt sich ein ethischer Grund zu jenem Skepticismus, der sich geltend machen kann, ohne daß darin die geringste Beziehung auf die Wahrheit wäre, indem er nur will, daß das Verhältniß des einzelnen zur Gesammtheit in seiner ganzen Reinheit erscheine. Wir können also auch gar nicht sagen, daß deswegen, weil der ganze Fortschritt von jenem unentwikkelten, auf das zeitliche Einzelleben beschränkten Bewußtsein bis zu diesem Skepticismus als eine reine Entwiklung in Beziehung auf den geistigen Lebensgehalt erscheint, in dem Skepticismus auch mehr Wahrheit sein müsse, sondern es ist nur die ausgesprochene Richtung das geistige Element über das sinnliche zu stellen in allem was Willensbestimmung ist. Nun aber läßt sich die Reinheit der Willensbestimmung ganz unabhängig von diesem Skepticismus darstellen, denn man kann sagen, ich habe gar keinen Grund an der Wahrheit jener Vorstellung zu zweifeln, aber ich würde mich vollkommen ebenso bestimmen, wenn ich auch vollkommen überzeugt wäre von der Grundlosigkeit dieser Vorstellung. Das Resultat wird sein, daß dies ganze Gebiet von Vorstellungen in dem Selbsterhaltungstrieb seinen Grund hat, und daß es sich nicht würde geltend machen können, wenn nicht dieser in einem solchen geistigen Leben, wie das des Menschen ist, einen Blick über das unmittelbar gegebene hinaus gewönne. Aber eben dies ist keinesweges ein Grund dagegen, so wenig wie ein Grund dafür. Wenn man z. B. behaupten wollte, es wäre eine Unwahrheit in der Natur, wenn dem Menschen der Trieb sein Dasein fortzusezen eingepflanzt wäre und es doch keine Befriedigung desselben gäbe, so hätte diese Behauptung keinen hinreichenden Grund, sondern man könnte sagen, es spricht sich darin grade die Wesenheit der menschlichen Natur aus; aber ebenso, wenn man behaupten wollte, die Vorstellung wäre deshalb falsch, weil es dem Menschen möglich wäre auf der höchsten Stufe der geistigen Entwikklung sie nicht nur als Impuls zu entbehren sondern auch ganz in den Hintergrund zu stellen, so müßte man auch dies als den vollkommensten Ausdrukk der Wesenheit der menschlichen Natur ansehen und so wäre diese Behauptung ebenso ohne Grund. Wir werden also in Beziehung hierauf auf unserem Gebiete wol nichts anderes zu sagen haben, als es läßt sich einsehen, daß diese Vorstellungen Resultat des Selbsterhaltungstriebes sind und daß sie eine gewisse Entwikklungsstufe voraussezen, aber nur diejenige, auf welcher überhaupt erst ein freieres Leben anfängt, sie mobificiren sich, je nachdem das geistige Leben des Menschen fortschreitet, aber ob sie wahr sind oder nicht hängt mit unserer Untersuchung nicht zusammen sondern gehört in ein andres Gebiet, wenn es überhaupt eine Entscheidung barüber giebt.

Wenn wir sie nun so als mit dem Selbsterhaltungstrieb in Verbindung stehend betrachten, wie verhalten sie sich zu dem Gebiet, welches wir uns bis jezt entwikkelt haben? Hier tritt in Beziehung auf den Punkt, wo wir stehen geblieben sind, die Sache so vor Augen: es ist allerdings leichter zu begreifen wie der Mensch durch eine freie Handlung seinem Leben ein Ende machen kann, wenn er in biesen Vorstellungen eines zukünftigen Lebens versirt und also biese Handlung nicht als die Beendigung seines ganzen Daseins ansieht, und es würde problematisch biese Handlungen aus einem Zustande der Zerrüttung zu erklären. Nun ist allerdings wahr, baß biese Handlungen des Selbstmorbes auf der niebrigen Stufe der Entwikklung, wo der Mensch noch keiner solcher Vorstellungen über das künftige Leben fähig ist, nicht gefunden werden, aber keinesweges beshalb, weil ihm jene Vorstellungen nicht zu Hülfe kommen, sondern weil das Bewußtsein in seinen Gegensäzen zu wenig entwikkelt ist, als baß es etwas geben könnte, was dem Menschen das Leben unerträglich machte; benn je weniger er sich über ben Moment erhebt, besto weniger kann ihm etwas in der Gegenwart unerträglich sein, ba bies immer einen Vergleich vorausfezt. Wenn nun jenes, was als das natürliche erscheint, baß bie Vorstellung von einem künftigen Leben bie Hingabe des jezigen erleichtern könne, bemohnerachtet nicht eintritt, sondern umgekehrt biese ben Selbstmorb eher zurükkhält, so findet sich bas nur in bem Maaße als biese Vorstellungen mit religiöser Ueberlieferung zusammenhangen und ein nothwendiges Band angenommen wird zwischen ben freien Handlungen der Menschen und der weiteren Entwikklung seines Daseins. Hier erkennen wir bas Zurükkhalten des Selbstmorbes nicht in bem Vorhandensein jener Vorstellungen überhaupt sondern nur in der bestimmten Beschaffenheit berselben.

Nun aber können wir beibes einander gegenüberstellen als

Extreme des Selbsterhaltungstriebes überhaupt, daß nämlich der Mensch auf der einen Seite sich in die Zukunft hinein versezt mit seiner Vorstellung und im Gedanken schon das Leben über seine persönliche Existenz hinausführt, und auf der andern Seite, daß er im Stande ist ohne Beziehung auf diese seinem Einzelleben ein Ende zu machen durch eine freie Handlung. Beziehen wir beides auf den Selbsterhaltungstrieb, so erscheint es als die höchste Beweglichkeit desselben und in Beziehung darauf als Ausdruck der Freiheit, denn in ihr hat beides seinen Grund. Jene Vorstellungen sind Producte der menschlichen Selbstthätigkeit, welche die Schranken des natürlichen Daseins aufheben will und sie im Gedanken wirklich aufhebt, und es ist ebenso die Selbstthätigkeit, welche den natürlichen Lauf des Lebens unterbricht und demselben ein Ende macht im Widerspruch mit dem, was sich von selbst würde ergeben haben. Es dokumentirt also beides die Freiheit des Menschen in Beziehung auf die Schranken, in welche die Natur ihn einschließt. Abgesehen also von aller sittlichen Betrachtung beweist beides auf dieselbe Weise den höheren Grad der Freiheit des Menschen, aber immer werden wir sagen müssen, daß wir das eigentlich nur anerkennen können auf das bestimmteste in den Fällen der ersteren Art, und für die der andern Art werden wir noch eine andre Analogie auffinden müssen um den Bestimmungsgrund zu finden. Denn was ich jezt gesagt, betrifft nur die Möglichkeit der Handlung selbst, aber nun fragt sich, welches ist das Motiv, aus welchem sich eine solche die Natur und ihre Schranken aufhebende Handlung denken läßt, ohne daß wir eine geistige Zerrüttung annehmen?

Wir sind natürlich nur im Stande bis auf einen gewissen Punkt die Frage zu beantworten; denn da wir es hier nur mit den einzelnen Functionen des geistigen Lebens zu thun haben, so können wir an diesem Orte keine Begriffe über krankhafte Seelenzustände aufstellen, sondern dies wird erst an einem anderen möglich sein. Wenn man dergleichen annimmt, so kann es sein, daß sich das Uebel manifestirt durch das starke Hervortreten einer Function vor den übrigen; aber das ist dann nur ein Symptom nicht der Krankheitszustand selbst. Indem also hier von einem solchen allgemeinen Verhältniß die Rede ist und nicht von einer einzelnen Function, ist hier nicht der Ort davon zu sprechen. Nun haben wir eine Form des Selbstmordes schon beseitigt und es handelt sich nur noch um den rein auf der persönlichen Seite des Selbsterhaltungstriebes liegenden. Hier sind die Fälle von solcher Mannigfaltigkeit, daß es schwer ist, sie unter einen Gesichtspunkt zu bringen; aber es stechen doch zwei darunter besonders hervor. Einmal giebt es ein Versenktsein des ganzen Lebens in den Moment, was wir, im ganzen betrachtet, angesehen haben als einen sehr untergeordneten Entwicklungszustand, insofern sich das geistige Leben noch nicht so frei gemacht hat, um sich über den Eindruck des einzelnen Moments zu erheben. Wenn nun dem Selbstmord die Unzufriedenheit mit dem gegenwärtigen Zustande als einem unerträglichen zum Grunde liegt, so ist das ein solches in den Moment Versenktsein. Ohne ein solches bis zu einem gewissen Grade ließe sich gar kein Leben denken und wir haben es schon gefunden in einer Menge von Zuständen bei einer jeden Function. Aber man kann sich denken ein solches Versenktsein in den Moment, wo alles übrige zurückgedrängt und vergessen wird, und wenn dann das den Moment erfüllende Bewußtsein ein unerträgliches darstellt, so ist die Handlung eigentlich nichts anderes als die Beendigung dieses Zustandes. Sie wird zugleich Beendigung des Lebens, aber diese Rükksicht tritt vielleicht gar nicht ein. Nun müssen wir das allerdings auch als einen sehr unvollkommnen Zustand ansehen, aber er braucht gar nicht so zu sein, daß er das ganze Subject in seiner geschichtlichen Entwikklung betrifft, sondern er kann nur in diesem Moment so gesteigert sein. Auf den Inhalt kommt es hier gar nicht an, sondern nur darauf die Thatsache zu erklären, und das kann auf diesem Gebiete nicht anders geschehen, als daß wir sie in Ana-

logie bringen mit schon erklärten. Die zweite Analogie wäre
diese. Wir haben gesehen, wenn wir irgend eine Function betrachten in Beziehung auf die Totalität ihres Gegenstandes, so
finden wir, es gehört mit zur Differenz der Einzelwesen, daß
sich größtentheils in der ersten Periode der Entwicklung ein bestimmtes Verhältniß bildet zwischen dem Subject und einem Theil
dessen, was überhaupt in dem Umkreise der einzelnen Function
liegt; das ist das, was wir Neigung genannt haben. Ist nun eine
solche zu dem Maximum gediehen, in welchem sie sich alle andern untergeordnet hat, und es tritt eine Unmöglichkeit ein, dies
Verhältniß zu realisiren, so kann dies ein Bewußtsein von Unerträglichkeit des Daseins hervorbringen. Das ist ganz etwas
anderes als das vorige; denn es ist kein Versenktsein in die Gegenwart sondern in die Zukunft, vorausgesezt daß das Hinderniß
unüberwindlich ist. Hier haben wir alsdann vollkommen denselben Typus, die Unerträglichkeit des Zustandes. Sezen wir diese,
aber dabei doch die Fortdauer des Lebens, so muß etwas anderes
dasein, wodurch die Herrschaft der Neigung gebrochen wird, oder
es wird ein Mangel in der Ueberzeugung bestehen, daß der Zustand sich gleich bleiben werde. Denn sobald die Hoffnung dazwischen tritt, wird das Bild ein ganz anderes und das Dasein
kann sich noch daran halten. Allein daß solche nicht entsteht, beruht nicht auf dem Versenktsein in den Moment, sondern es
hängt lediglich davon ab, woran der Zustand haftet. Ist er ein
veränderlicher, so ist um so mehr die Hoffnung da, daß er vor-
übergehen werde; ist er constant, so ist die Unerträglichkeit um
so größer.

Da wir an den Selbsterhaltungstrieb alle wirkliche Lebensthätigkeit anknüpfen, so sind wir geneigt, wenn eine solche Einseitigkeit den Selbsterhaltungstrieb beherrscht, dies für einen krankhaften Zustand anzusehen, und wir werden also sagen müssen,
unsre Erklärung seze die Möglichkeit krankhafter Zustände des
geistigen Lebens voraus. Wenn nun das freilich von vielen be-

stritten wird, indem man behauptet daß alle Seelenstörungen vom
Organismus ausgehen, so giebt es auch die entgegengesezte Behauptung, daß alle krankhaften Affectionen des Organismus, die
nicht sporadisch sind, aus der Unzulänglichkeit des geistigen Lebens ihren Ursprung nehmen. So wie wir stehen, müssen wir
der einen Hypothese so viel Recht einräumen wie der andern,
denn was wir jezt für wahrscheinlich erklären müssen, ist grade
das gegenseitige. Uebrigens liegt schon in der ganzen Art und
Weise, wie wir die einzelnen Functionen betrachtet haben, die
Voraussezung der Möglichkeit krankhafter Zustände, ohne daß
wir dabei den Organismus zu Hülfe zu nehmen nöthig hätten.
Denn indem wir das ganze zwischen zwei Endpunkte gestellt haben und alles sich allmählich aus dem Zustande der Indifferenz
haben entwikkeln lassen, so haben wir darin allein schon die
Möglichkeit von krankhaften Zuständen. So wie wir eine Einheit und eine Mannigfaltigkeit in der Einheit haben, und das
ist hier der Fall, indem wir das Subject als Einheit und die
verschiedenen Functionen als das mannigfaltige sezen, so ist natürlich ein bestimmtes Verhältniß dieser unter sich und zu der
Einheit das, was die eigentliche Formel des Lebens ausmacht.
Die Wandelbarkeit dieses Verhältnisses haben wir angesehen als
den Grund der persönlichen Differenzen und haben gesagt, diese
sind eingeschlossen in die Wandelbarkeit der Functionen, so weit
diese noch zusammen besteht mit der Einheit des Lebens, die
eben darin liegt, daß jede einzelne auf die andern zurükkwirkt.
Hier haben wir also ein zwiefaches, was immer zusammen sein
muß, die freie Entwikklung der einzelnen Functionen unter sich
und das Verhältniß derselben zu den übrigen. Wir sehen aber
zugleich auch die Möglichkeit, daß beides nicht zusammen besteht,
daß die freie Entwikklung einer einzelnen Function die Entwikklung der Gesammtheit hemmen könne und umgekehrt. Beides
sind dann krankhafte Zustände. Aber eben deswegen, weil diese
so genau verwandt sind mit den Differenzen des einzelnen Le-

bens innerhalb der Gattung der menschlichen Natur überhaupt, daß wenn es nicht eine solche Mannigfaltigkeit gäbe, in welcher sich das eigenthümliche des geistigen Lebens der Menschen manifestirt, es unmöglich krankhafte Zustände geben könnte, so können wir auch nicht über die Frage krankhafter Gemüths= zustände reden, ehe wir nicht das Gebiet dieser Differenzen näher ins Auge gefaßt haben, und so muß uns dies ein na= türlicher Uebergang sein von dem elementarischen Theil zu dem andern.

B. Constructiver Theil.

Was wir zulezt betrachtet haben, der Selbsterhaltungstrieb ist schon die Beziehung der Selbstthätigkeit als Einheit betrachtet auf die Gesammtheit der übrigen Functionen; das liegt in der Formel, welche wir gleich von Anfang an aufgestellt haben, daß der Selbsterhaltungstrieb nichts anderes sei, als die lebendige Richtung des Subjects darauf, fortzubestehen als das, was es ist. Indem es wesentlich durch das Außer-uns afficirt ist, so ist es ein Zusammenfassen von den Eindrücken des Außer-uns in jedem Moment unter den eigenthümlichen Typus dieses bestimmten Einzelwesens, so daß wir sagen müssen, könnten wir die Natur eines einzelnen Menschen, wie er überwiegend receptiv ist, vollständig inne haben, so würden wir darin zugleich die Formel seines ganzen Daseins finden. Aber ebenso ist die Selbsterhaltung nichts anderes als die Entwifflung der Selbstthätigkeit unter derselben Formel, wol verstanden, daß die Eigenthümlichkeit des Einzelwesens auch erst eine allmählich hervortretende ist. Dies nun haben wir freilich aufgestellt. Aber eine sehr nahe liegende Frage haben wir damals übergangen, weil sie von diesem Punkt aus nicht beantwortet werden konnte. Nämlich wenn wir das Leben unter der Form der zeitlichen Entwifflung denken, aber zugleich auch unter der Form eines Herabsteigens nach dem Aufsteigen, wo der Gehalt der Lebensmomente in dem Verhältniß des einzelnen zur Gesammtheit und zur Außenwelt sich wieder verringert, so fragt sich, ob die persönliche Eigenthümlichkeit des Daseins, nachdem sie von einer solchen Indifferenz an, wo noch gar nichts zu unterscheiden ist, sich allmählich entwikkelt und erst auf dem Punkte der völligen Ausbildung in ihrer ganzen Vollkommenheit erscheint, nachher nun auch ebenso wieder zurükktritt und sich weniger in der Thätigkeit manifestirt als zur Zeit des Culminationspunktes. Diese Frage hätte uns nahe genug gelegen, aber wir konnten sie nicht beantworten. Wir haben überall bei der Betrachtung der einzelnen Functionen die persönlichen Differenzen vorausgesezt, und den Ort derselben in Beziehung auf die einzelnen Functionen bezeichnet, aber die eigentliche Einheit davon zu finden lag nicht in unserer Aufgabe. Ebenso haben wir alle einzelnen Functionen betrachtet in der Form der zeitlichen Entwikklung, aber auch die Lebenseinheit in dieser Form der zeitlichen Entwikklung zu betrachten hatten wir nicht eher Veranlassung als bei diesem lezten Punkte des Selbsterhaltungstriebes. Aber auch dieser war nur ein Uebergangspunkt, um die Frage in Beziehung auf die Lebenseinheit aufzuwerfen und zu beantworten. Wir haben also nun noch alle diese verschiedenen Differenzen ins Auge zu fassen.

Sie beruhen auf der Mannigfaltigkeit des Verhältnisses der verschiedenen geistigen Functionen zu der Einheit des geistigen Seins überhaupt und zugleich auf der Zeitlichkeit der Entwikklung, d. h. auf der zeitlichen Form des geistigen Seins in dem Zusammensein mit dem, was wir von Anfang an in unserer Betrachtung gesondert haben, indem wir nicht das ganze Leben untersuchten sondern das physiologische beiseite ließen und nur an das psychologische uns hielten. Hier entsteht nun die allgemeine Frage, die wir bei dem ganzen zweiten Theil unserer Darstellung vorzüglich im Auge haben müssen, inwiefern alles das, worin sich die zeitliche Entwikklung ausspricht, seinen Grund hat in der Leiblichkeit oder der Geistigkeit des Seins.

Ob wir im Stande sein werden darauf zu antworten, können wir im voraus gar nicht behaupten, wir haben es nur mit dem, was thatsächlich vor Augen liegt, zu thun und da fragen wir, läßt sich das begreifen, wenn wir die Zeitlichkeit des Seins ausschließend im organischen suchen oder wenn wir sie als die Bedingung des geistigen Seins für sich selbst betrachten?

Hier müssen wir im voraus wieder zu der Zusammengehörigkeit des leiblichen und geistigen zurükkehren, ohnerachtet wir das geistige nur insofern es an dem leiblichen haftet zu betrachten haben. Wir werden also die ganze Zeitlichkeit der Entwikklung und alle Differenzen in der Art und Weise der Bewegung des zeitlichen Seins von einem Moment zum andern in der Gesammtheit der Functionen, die wir betrachtet haben, erforschen müssen, um uns daraus das Gebiet der Differenzen in der Erscheinung des geistigen Lebens zu erklären. Hier müssen wir überall von dem Zusammensein des geistigen und leiblichen ausgehen, weil wir hernach doch in der Abstraction verstren werden, indem wir das geistige, wie es mit dem leiblichen zusammen ist, für sich betrachten. Wenn wir dabei nicht von dem Zusammensein mit dem leiblichen und der Bedingtheit durch dasselbe ausgingen, so würden wir von Anfang an uns in Abstractionen bewegen und diese könnten dann sehr leicht ganz leer sein. Das lezte Ziel dieser Betrachtung kann also für uns nur dieses sein, nun das Individuum als solches so viel wie möglich zu verstehen. Die einzelnen Functionen, die in allen dieselben sind, sind die Elemente des geistigen Lebens und damit haben wir es bis jezt zu thun gehabt, wir haben auch schon gesehen, wie jede sich in verschiedenem Grade entwikkelt, aber das sind auch nur die Elemente zur Anschauung des einzelnen Seins, es kommt nun darauf an das Zusammensein derselben aufzufassen. Wenn ich aber sage, wir wollen das Individuum verstehen, so ist das nicht eingeschränkt auf die einzelne Persönlichkeit im engsten Sinn, sondern die großen Massen sind ebenfalls solche Individuen, und weil sie ihren zeitlichen Verlauf haben, so repräsentiren die einzelnen zusammen genommen niemals das ganze sondern nur einen bestimmten Moment in der Entwikklung desselben, so daß wir sagen müssen, es läßt sich im voraus denken, daß dieselbe Persönlichkeit nicht so sein könnte in einem andern Punkt der Geschichte. Daher gehören beide Beziehungen wesentlich zusammen; man kann kein Volk und keinen Volkscharakter bestimmen, ohne die ganze Masse der Persönlichkeiten vor Augen zu haben, aber eben so wenig versteht man den einzelnen, wenn man ihn nicht bezieht auf sein Volk und auf die Entwikklung des ganzen, dem sein eigenthümliches Leben angehört.

I. Differenzen der Einzelwesen unter einander.

1. Geschlechtsdifferenz.

Wenn wir nun dazu übergehen, das Leben in seinen verschiedenen Gestalten vorzustellen, so ist die erste Differenz, die wir zu betrachten haben, die Geschlechtsdifferenz. Es ist ein zwiefacher Grund, warum diese Betrachtung an die Spitze gestellt wird. Einmal hängt dies ganz unmittelbar zusammen mit dem, was wir das Moment des Gattungsbewußtseins im Selbsterhaltungstrieb genannt haben, indem die Function des Geschlechtstriebes nichts anderes ist als das Erhaltenwollen der Gattung; sodann aber hängt sie am meisten zusammen mit der physiologischen Differenz und darum ist diese Stellung angemessen, weil ich überall gesagt, daß in dem ersten Anfang keine Trennung des geistigen und leiblichen sei. Es ist immer ein Streit gewesen, ob in Beziehung auf das psychische Gebiet eine Differenz des Geschlechts zuzugeben sei und ob sie sich nicht bloß beschränke auf die organische Differenz und auf die verschiedene Erziehung. Wenn es immer noch Vertheidiger der Ansicht gegeben hat, daß alle Differenzen zwischen den einzelnen nur in der äußern Relation beruhen, so ist es wol sehr natürlich, daß diese Ansicht sich am stärksten erhält in Beziehung auf diese einzelne Frage. Wenn man den ganzen Gegenstand in seinem natürlichen Verlauf betrachtet, so tritt allerdings die Geschlechtsdifferenz da weniger hervor, wo der geistige Entwiklungsexponent gering ist. Das ist aber so natürlich, daß es keinen Grund abgeben kann für jene Behauptung. Die Probe darauf ist wol nirgends im großen gemacht worden, denn es würde dazu gar nicht hinreichen, wenn man in der Erziehung von Anfang an die Differenz der Geschlechter vernachläſſigen wollte, sondern es gehörte auch noch dazu, daß man das Verhältniß ganz und gar umkehrte und das weibliche Geschlecht erzöge wie das männliche und das männliche wie das weibliche; wenn dann dieselbe Erscheinung hervorträte, dann könnte man erst sagen, daß durchaus keine Verschiedenheit da sei. Das leztere scheint völlig unmöglich, weil keine Gesammtheit, die auf einem höheren Standpunkt steht, ihr Fortbestehen auf einen solchen Versuch stellen wird. Aber schon in dieser einen Abneigung zeigt sich wenigstens ein sehr tiefes Gefühl davon, daß die Voraussezung einer psychischen Differenz in der Natur selbst liege. Es ist bekannt, daß ein Theil der Sokratischen Schulen, und wir haben alle Ursache zu glauben, daß das vom Sokrates selbst ausging, in der Theorie zuerst diesen Unterschied völlig geleugnet hat. Nun ist natürlich eine Erziehung, wie Plato sie in seiner Republik darstellt, niemals ausgeführt worden, auch ist die Schwangerschaft und die nachhérige Krankheit ein sehr großes Hinderniß für diese beständige Richtung auf die öffentliche Erziehung, welche den Weibern zugeschrieben wird. Etwas anderes ist es, wenn man die Ansicht von dem Staate hat, daß er nur ein nothwendiges Uebel sei und, daß sein höchstes Bestreben sein müsse sich selbst aufzulösen. Aber es ist merkwürdig, daß in solche Theorien gar nichts von diesem aufgenommen ist, sondern auch eine ursprüngliche Differenz gesezt wird. Die Sache steht aber ebenso zweifelhaft, wenn man die Differenz annimmt, denn nun fragt sich, wie soll man sie ansehen? Soll man sie so ansehen, daß zwar eine Differenz da ist, aber nicht eine qualitative sondern nur eine quantitative, so daß man sagte, das geistige Leben ent-

19 *

wikkelt sich nicht so schnell bei dem weiblichen Geschlecht? Ich glaube, man kann sich bis auf einen gewissen Grad überzeugen, daß wir nicht im Stande sind, hierüber eine ganz volle und klare Entscheidung zu geben. Denn sezt man eine Differenz voraus, so ist sie doch auf jeden Fall so, daß jedes Geschlecht für sich betrachtet seine besondere Individualität hat; diese ist dann durch allgemeine Begriffe und Vorstellungen und durch Combination derselben nie anders als durch Approximation zu erreichen, und eine eigentlich unmittelbare Anschauung fängt immer nur von der Oberfläche der Aeußerungen des geistigen Lebens an und kann niemals bis zu dem innersten zurükkgehen. Wir werden wissen, wie in der Sprache und vermittelst derselben es so schwer möglich ist auch nur im einzelnen den Hergang des geistigen Lebens genau festzuhalten und mitzutheilen, wie viel weniger wird es in diesem Fall möglich sein, wo, wenn man einmal eine Differenz annimmt, es doch an aller Analogie fehlt. Wollen wir eine Entscheidung darüber geben, so können wir das entweder so anfangen, daß wir die Sache im großen betrachten, und da haben wir es immer mit der Sitte, Erziehung und Lebensüberlieferung zu thun, so daß wir diese nicht bestimmt ausscheiden können, oder wir fangen umgekehrt bei dem allereinzelnsten im strengsten Sinne des Wortes an und vergleichen die Art wie der einzelne Lebensmoment zu Stande kommt, aber wie gesagt, dazu fehlt es uns größtentheils an Mitteln, weil wir selten bis zur ursprünglichen Einheit eines Moments durchbringen können. Es ist also allerdings sehr schwierig hierüber eine solche Entscheidung zu geben, es ist aber wol ziemlich dasselbe, wie mit jenem andern Punkt, ob überhaupt die einzelne Individualität etwas ursprünglich gegebenes ist, wir können die Frage wenigstens ganz auf diese reduciren. Wir hätten sie beantwortet, wenn wir sagten, es ist in jedem einzelnen etwas im Anfange seines Lebens angelegt, so daß er seinen eigentlichen Typus des Lebens hat, den er mitbringt, und wir könnten dann fragen, ist dieser durch die Geschlechtlichkeit bedingt oder nicht? Ebenso auf der andern Seite, wenn

man von der Voraussezung der ursprünglichen Gleichheit ausgeht, wird man fragen, ist die Einwirkung der organischen Differenz des Geschlechts auf das psychische so, daß sie durch andre
überwogen werden kann oder nicht d. h. daß sie aufgehoben werben kann, wenn man andre Verhältnisse ihr entgegenstellt? Auf
diese Weise kommt die Frage ganz auf jene zurück. Wenn wir
nun sicher gehen wollen, müssen wir beide Methoden mit einander combiniren, um so mehr als wir wissen, daß jede für sich
betrachtet nur ein sehr unzureichendes Resultat geben kann. Die
Frage, ob, wenn eine Differenz ist, diese eine quantitative oder
zugleich eine qualitative sei, ist dann noch eine besondere und von
eigenthümlicher Schwierigkeit, aber man kann diese von der ersten
Frage bis auf einen gewissen Grad lösen; denn wir können ja
wol, ganz abgesehen davon, ob die Differenz eine ursprüngliche
ist oder eine gewordene, untersuchen, ob, wenn man auf die Gesammtheit der Wirkung sieht, die Kraft des geistigen Lebens in
dem einen Geschlecht größer erscheint als in dem andern.

Wenn wir bei der lezten Frage anfangen, weil sie bis auf
einen gewissen Grad erledigt werden kann ohne die andre zu berühren, so erscheint, wenn man auf die einzelnen Lebensfunctionen
in der Gesammtheit ihrer Entwikklung sieht, wie die Sache uns
geschichtlich vorliegt, das männliche Geschlecht als das vorangehende und leitende, das weibliche als das nachfolgende.
Wir mögen sehen auf die Function der Denkthätigkeit oder die
Kunst, oder auf das, was wir daneben gestellt haben, die Herrschaft über die Natur, so werden wir überall den eigentlichen
Entwikklungspunkt von dem männlichen Geschlechte ausgehend finden. Aber freilich ist das noch nicht entscheidend, weil wir hierüber nicht anders als von dem Gesichtspunkt des bürgerlichen
Lebens aus urtheilen können; denn mit diesem geht erst die Entwikklung des geistigen Lebens an. Nun aber hat das männliche
Geschlecht die Leitung desselben, also müssen auch die Impulse,
die von der Gesammtheit ausgehen, in diesem ihren Grund haben. Die Frage ist also nur dann entscheidend, wenn man sagt,

es hat rein in den Thätigkeitsverhältnissen der Geschlechter seinen Grund, daß das männliche das bürgerliche Leben leitet. Hier sind aber zu sehr die organischen Differenzen im Spiel, als daß das nicht gesagt werden könnte. Das bürgerliche Leben beruht auf dem Naturbeherrschungsproceß und da kommt körperliche Kraft in Betracht. Die Thätigkeit des bürgerlichen Lebens hat keinen andern Wechsel als den von Schlaf und Wachen, das weibliche Geschlecht ist aber noch einem andern Wechsel unterworfen, so daß es immer von der physischen Seite her im Nachtheil steht. Hiebei ist aber noch ein anderes Element zu berücksichtigen, denn es entsteht die Frage, die wir aber hier nicht beantworten können, ob das größere Maaß von Kraft bei dem männlichen Geschlecht in der Geschlechtsdifferenz wirklich gegründet ist, und so fehlt uns immer etwas, um die Sache bestimmt zur Entscheidung zu bringen.

Wenn wir aber einmal die Sache umkehren und uns also vorstellen, daß die Leitung des bürgerlichen Lebens ebenso in der Gewalt des weiblichen Geschlechts wäre, wie sie jezt in der des männlichen ist, und daß alle Impulse zur Entwicklung des geistigen Lebens von ihm ausgingen, werden wir uns das denken können, ohne unser Bild von der ganzen menschlichen Natur zu verändern? Nun könnte man freilich sagen, daß das nur von der Gewohnheit herrühre und das Vorurtheil hierüber in nichts anderem seinen Grund habe als in dem ungewohnten, und hier um so eher als es die Gewohnheit des ganzen Lebens betrifft. Nun aber wollen wir eine andre Seite der Sache herausheben. Der lezte Punkt war doch nur das organische, daß die Weiber empfangen und gebären, und daß sie in dem dazwischen liegenden Zeitraum eines solchen Einflusses auf das Gesammtleben nicht fähig sind; wenn wir nun aber von der Gesammtheit ausgehen, was ist das, was sich im geistigen Leben hieran unmittelbar anknüpft? Die Einwirkung des weiblichen Geschlechts auf die Neugebornen, und das ist etwas so großes und immenses, daß dadurch alles wieder aufgehoben wird, was man als einen Vorzug des männlichen Geschlechtes ansehen könnte. Grade wenn man von der Voraussezung ausgeht, die angebornen Differenzen aufzuheben, muß man sagen, daß sie am meisten werden durch die ersten Eindrükke und daß, wenn das weibliche Geschlecht nicht die Leitung des bürgerlichen Lebens hat, ihm doch die Leitung des künftigen männlichen Geschlechts angehört. Aber auch wenn man von der Voraussezung der angebornen Differenzen ausgeht, wird man sagen müssen, daß die erste Entwikklung durch den Einfluß des weiblichen Geschlechts bedingt ist. Ich glaube, das wird ein jeder zugeben müssen, daß wenn in dem Lebenszeitraum, wo die Leitung des weiblichen Geschlechts durchaus dominirt und dominiren muß, nicht schon eine gewisse Gewalt des geistigen im Menschen über die niederen Functionen entwikkelt wird, dies in einer späteren Lebensperiode durch alle übrigen Einflüsse nicht leicht nachzuholen ist. Stellen wir nun so die Sachen nebeneinander und betrachten sie im großen und ganzen, so kann ich kein anderes Bild davon fassen, als daß sich in der That beide Geschlechter in Beziehung auf die Entwikklung des menschlichen Geschlechts vollkommen gleich stellen. Dadurch tritt aber die qualitative Differenz am stärksten hervor. Wenn wir den wesentlichen Beruf des weiblichen Geschlechts darin sezen, und wir stellen alles andre, was die spätere Entwikklung des männlichen Geschlechts im Grunde giebt, daneben, so liegt darin nicht ein solcher Einfluß auf das weibliche Geschlecht, daß dadurch sein Einfluß auf die künftige Generation geändert würde, sondern dieser bleibt ein vollkommen selbständiger. Wenn man also die Sache aus dem großen geschichtlichen Gesichtspunkt ansieht, so stellt sich beides durchaus gleich; alle Einwirkungen, welche die gesellige Entwikklung und das öffentliche Leben auf die weibliche Natur ausübt und ausüben kann, um den Einfluß auf die künftige Generation etwa zu modificiren, sind doch nur solche, daß der Erfolg ganz und gar von der Art abhängt, wie sie im weiblichen Gemüth selbst aufgenommen werden, so daß dieses seine Freiheit und Selbständigkeit auf dem ihm eigenthümlichen Gebiet festhält.

Dieser Einfluß auf die Gesammtheit des männlichen Geschlechts ist ein solcher, daß er sich gar nicht berechnen läßt, wiewol wir allerdings so viel sagen können, daß der weibliche Einfluß sich überwiegend in der regelmäßigen allmählichen Fortentwikklung manifestirt, alles aber, was in der Leitung des bürgerlichen Lebens und der geistigen Functionen als Entwikklungsknoten erscheint, das hat in dem anderen seinen Grund; wenn wir jedoch das ganze Leben in dem Ineinandergreifen beider bestehen lassen und das eine als die Wirkung des weiblichen, das andre als die des männlichen Geschlechts gelten lassen, so ist die Einwirkung auf das ganze menschliche Geschlecht vollkommen gleich.

Es ist allerdings die Regel, daß man sich nur an das allgemeine halten und nicht auf die Ausnahmen Rükksicht nehmen muß, indessen diese Regel hat selbst wieder ihre Ausnahmen, welche die Regel bestätigen. Wenn man z. B. irgend etwas als den überwiegenden Typus des weiblichen Geschlechts angeben wollte und sich allein auf einzelne Beispiele bezöge, so wäre das unrecht. Wenn man aber umgekehrt nachweisen will, daß etwas im weiblichen Geschlechte zurükkgedrängt sei und zeigt, daß das auch in den Ausnahmen der Fall ist, so bestätigt die Ausnahme die Regel. Wir können den Typus des weiblichen Geschlechts nicht genau bestimmen, weil wir den Einfluß der Erziehung und Sitte nicht wegschaffen oder berechnen können. Es ist also nur die Frage zu stellen, wie zeigt sich die Eigenthümlichkeit des weiblichen Geschlechts in Beziehung auf die psychischen Functionen. Wenn wir davon ausgehen, was als Beruf des weiblichen Geschlechts dargestellt ist, so liegt darin eine überwiegende Beschäftigung mit dem einzelnen und eine Abwendung von dem großen und allgemeinen, insofern man es von der Seite der Selbstthätigkeit betrachtet. Wollten wir freilich bei Völkern stehen bleiben, die sich auf der niedrigsten Entwikklungsstufe befinden, so würde diese Differenz nicht zum Vorschein kommen, so wie wir uns aber auf das Gebiet des mehr entwikkelten menschlichen Lebens stellen und auf den Beruf des weiblichen Geschlechts zurükgehen, so liegt dieser in der Concentration auf das einzelne in dem Kreise des Familienlebens. Es ist natürlich, daß derjenige Zeitraum des Lebens, in welchem die Geschlechtsfunctionen vor sich gehen, auch der ist, wo man die Differenz der Geschlechter vorzüglich suchen muß. Wenn wir also das weibliche Geschlecht in dem Zeitabschnitt betrachten, wo es im Empfangen, Gebären und Erziehen begriffen ist, so liegt darin seine eigenthümliche Thätigkeit; sobald die Jugend eines Hauses so weit entwikkelt ist, daß sie aus der weiblichen Erziehung in die allgemeine übergeht und nun kein weiterer Nachwuchs erfolgt, so ist der Berufskreis abgeschlossen. Nun würde also ein Zurükktreten in das gemeinsame Familienleben stattfinden. Wir finden aber doch überall als Regel die weibliche Thätigkeit das Hauswesen bestimmend und dieses bleibt das eigentliche Centrum derselben. So wie wir von diesem Gesichtspunkt ausgehen, so können wir den ganzen Gegenstand nur in solchen Verhältnissen recht ins Auge fassen, wo es einen bestimmten Gegensaz giebt zwischen dem öffentlichen und häuslichen Leben. Da finden wir auch eine verschiedene Beschäftigung der Geschlechter, in dem männlichen die Richtung auf das öffentliche, bei dem weiblichen die Richtung auf das häusliche Leben vorherrschend. Die Frauen gehen in das öffentliche Leben nur ein vermittelst der Art, wie der Hausvater davon afficirt wird, also doch durch das häusliche. Wie das in der Sitte auch modificirt sein mag, immer bleibt das weibliche Geschlecht in jener Periode von dem öffentlichen Leben abgezogen. Daraus muß offenbar schon eine Ungleichheit entstehen und das männliche Geschlecht einen unberechenbaren Vorsprung gewinnen. Es wird eine allgemeine Erfahrung sein, daß das weibliche Geschlecht in Beziehung auf die Kenntniß des öffentlichen hinter dem männlichen zurükbleiben muß. Gehen wir auf die spätere Zeit, wo die Frauen nicht mehr gebären, so ist der Culminationspunkt ihres Lebens vorüber, und da kann auch keine Aenderung mehr eintreten; denn es entwikkeln sich keine neuen Kräfte mehr in ihnen und es kann also auch nichts neues mehr hervortreten.

Wir müssen nun auf den entgegengesezten Punkt gehen und das ganze Verhältniß auf der Seite der Ausnahmen betrachten. Da erscheint zunächst als eine hie und da in das öffentliche Leben eingedrungene Ausnahme, daß Frauen die Leitung der öffentlichen Angelegenheiten haben können, überwiegend ist aber immer die entgegengesezte Ansicht, nämlich die Ausschließung derselben. Man muß auch sagen, daß wo es vorkommt, es eine Maxime ist, die keinen innern Grund hat, denn sonst müßte man ihnen auch einen förmlichen Antheil an allen Geschäften des öffentlichen Lebens geben, es ist aber nur bei der höchsten Stellung im Staate möglich. Nun tritt der Fall auch da, wo er stattfinden kann nur selten ein, und wenn einzelne Frauen ausgezeichnet gewesen sind, so brauchen wir daraus nicht zu schließen, daß die Frauen überhaupt ein vorzügliches Talent zum Regieren hätten. Auch kommt der Umstand hinzu, daß bei solchen alles mehr auffällt und bemerkt wird. So ist Elisabeth von England und Katharine von Rußland überall bekannt, aber von der verstorbenen Königin von Portugal spricht niemand. Diese Ausnahmen können also durchaus nicht in die Wageschale gelegt werden. Nun haben wir noch andre Formen des großen und öffentlichen Lebens im Gebiete der Wissenschaft und der Kunst, und auch da sind es nur Ausnahmen, wenn Frauen sich geltend machen; und wenn wir die Frauen betrachten, die sich am meisten ausgezeichnet haben, so sind sie doch den ausgezeichneten unter den Männern nicht gleichzustellen. Es hat noch keine Frau gegeben, die eine philosophische Schule gebildet oder ein neues Gebiet der Kunst zu Tage gefördert hätte. Ihre Thätigkeit ist hier weniger productiv als nachbildend. Das zeigt sich auch darin, daß man sie auszeichnet für Leistungen, für welche man Männer nicht auszeichnen würde.

Nun haben wir auch keinen Grund eine absolute quantitative Differenz in den geistigen Functionen bei beiden Geschlechtern anzunehmen, sondern wir müssen nur fragen, was ist das hervortretende bei dem weiblichen Geschlecht? Wenn es die Selbstthätigkeit nicht ist, wie steht es mit der Receptivität? Wenn es das objective Bewußtsein, das eigentliche Erkennen nicht ist, was in einem dominirenden Grade entwikkelt ist, wie steht es um die subjective Form der Thätigkeit? Hier kommen wir gleichfalls auf ein Resultat, wodurch die quantitative Ungleichheit auch wieder aufgehoben wird. Ich bin schon öfter darauf zurükkgegangen, daß das einzelne als solches niemals könne vollkommen durchbrungen und ausgesprochen werden in allgemeinen Vorstellungen, nun aber ist die Sprache immer nur für die allgemeinen Vorstellungen, und nicht für das einzelne. Das objective Bewußtsein ist aber immer nur mit der Sprache und durch sie, die ursprüngliche Auffassung des einzelnen ist also nur unter der Form des subjectiven Bewußtseins. So wie wir dies an die Eigenthümlichkeit des weiblichen Geschlechts halten, so müssen wir sagen, daß sie auf diesem Gebiet eine Virtuosität besizen, eine Stärke und Richtigkeit in der Auffassung des einzelnen durch das Gefühl, die sich besonders in der Menschenkenntniß manifestirt, die ein unleugbarer Vorzug der Frauen ist. Sie haben sie aber nur in der Auffassung der einzelnen; auf allgemeine Classification gehen sie nicht ein, aber den Menschen als einzelnen zu ergreifen, ein bestimmtes Urtheil über ihn zu fassen, was er in dieser Beziehung sein oder thun wird, darin haben sie etwas, was man nicht oft bei Männern antrifft. Sieht man aber auf das große, so wird man etwas ähnliches finden. Sind sie nämlich zurükktretend in Beziehung auf das Erkennen in der wissenschaftlichen Form, so sind sie hervorragend in dem Gebiet des religiösen, welches doch nichts anderes ist als das Gefühl für die Potenz, wo das Erkennen ist, und ihr ganzes Leben wird überwiegend durch diese große Bestimmtheit des Selbstbewußtseins geleitet. Das finden wir auch bestätigt, wenn wir auf die Weise sehen, wie sie thätig sind. Die Art, wie sie sich in die Kinder, die sie zu erziehen haben, hineinleben, geht rein auf in die Kenntniß des individuellen; aber diese besizen sie in einem solchen Maaße, daß wenn sie dieselbe auch nicht in Worten mittheilen können, sie doch von ihr immer in der Erziehung geleitet werden. Ebenso müssen wir auch sagen, wenn wir sie in ihrer ruhigen Wirksamkeit betrachten, wo alles leidenschaftliche entfernt ist, so wird ihr ganzes Wirken durch das religiöse geleitet. Das ist keineswegs jenes Geleitetwerden durch das einzelne als solches, sondern im religiösen ist das Selbstbewußtsein auf der höchsten Potenz und da ist eine freie Wirkung, die durch das Gattungsbewußtsein bestimmt wird, und so ist es also das allgemein menschliche, welches sie ergriffen haben, vermittelst dessen und auf welches sie wirken.

Ihre Wirksamkeit hat überwiegend das einzelne, was in ihrem Kreise liegt, zum Gegenstande. Gehen wir hievon aus, und betrachten den Zusammenhang des häuslichen Lebens in allen seinen wesentlichen Bestandtheilen mit dem öffentlichen, so verschwinden die quantitativen Unterschiede auch hier wieder, weil die Frauen von dieser häuslichen Stellung aus einen indirecten Einfluß auf das öffentliche Leben ausüben, welcher in seiner Ausdehnung nicht berechnet werden kann, weil er von Einwirkungen ausgeht, die sie auf einzelne ausüben, und der also sehr weit gehen kann, wenn diese selbst wieder einen bedeutenden Einfluß auf das öffentliche Leben haben. Es ist oft sehr anschaulich, wie die Frauen rein durch das gesellige Leben auf das ganze der allgemeinen Angelegenheiten einwirken und nur vermittelst des Gefühls und der ausschließlichen Richtung auf das individuelle.

Das bei dem weiblichen Geschlecht hervorragende müssen wir nun bei dem männlichen als einen Mangel denken und darin liegt eben die Bestimmtheit beider Geschlechter. Daß diese Differenz bestimmt besteht auch in der Zeit, wo die Persönlichkeit noch nicht bis zur Ausbildung der Geschlechtsfunctionen gediehen ist, und auch nachher, wo diese aufgehört haben, das müssen wir immer annehmen, daher solche Experimente, wie wenn man Knaben mit lauter Mädchen erziehen läßt und alles unterdrückt, was die Differenz der Geschlechter zum Bewußtsein bringen könnte, nichts dagegen beweisen würden, weil das nicht Ausnahmen sind, sonbern etwas gemachtes und widernatürliches. Doch werden wir nicht daraus schließen können, daß die psychischen Differenzen allein durch die physiologischen der Geschlechtsfunctionen bestimmt wären, sondern wir werden sagen müssen, die leibliche Geschlechtsdifferenz steht im Zusammenhang mit den allgemeinen leiblichen Differenzen.

2. Temperamente.

Wir haben noch eine andre Differenz zu betrachten, die ganz ähnlich ist, weil sie auch offenbar mit dem physiologischen zusammenhängt und es dabei ebenso streitig ist, wie sich das psychische und physiologische zu einander verhalten, das ist die Differenz der Temperamente. In dem Ausbruck liegt schon eine deutliche Hinweisung auf den eigentlichen Gehalt, wiewol wir es in solchen Dingen mit dem gewöhnlichen Bezeichnungssystem nicht so genau nehmen dürfen. Es liegt nämlich darin ursprünglich eine Beziehung auf das Zeitmaaß und dann auf Maaß überhaupt, was sich auch nur auf Zeit zurückführen läßt. Wenn man die Sache geschichtlich betrachtet, so ist es gewiß, daß die ersten Beobachtungen über diesen Gegenstand von Aerzten ausgegangen sind im physiologischen Interesse, weshalb auch die Bezeichnungen dem entsprechen; an deren Stelle haben freilich hernach andere psychische sezen wollen, allein indem sie den Zusammenhang auflösten, sind sie in ein andres Gebiet getrieben worden, und haben ethisches hineingebracht, was man ganz davon trennen muß. Wir können zwar die Beziehung auf das ethische nicht ganz leugnen, aber die Sache doch nur annehmen in Beziehung auf die Frage, ob eine Form der ethischen Entwikklung günstiger sei als die andre, oder ob gar die Reihe derselben als ethische Entwikklungsstufen zu betrachten sei. Das leztere wird nicht leicht jemand behaupten wollen, denn dann müßte man zugleich annehmen, daß der einzelne vermöge seiner ursprünglichen Art zu sein ohne sein Zuthun auf eine gewisse ethische Entwikklungsstufe erhoben oder auf derselben zurükgehalten sei. Denn was man so bezeichnet, ist in jedem ein unveränderliches, woraus schon deutlich hervorgeht, daß es mit dem ursprünglichen eigenthümlichen Sein zusammenhängt. Wir werden also diese Ansicht im voraus insoweit beseitigen, daß wir einer jeden der verschiedenen Arten dieser psychischen Mischungen eine gleiche moralische Geltung an und für sich zuschreiben, wobei freilich der Typus der ethischen Entwiklung in dem einen Fall ein andrer sein kann als in dem andern, aber keinesweges so, daß ein gewisses ethisches Maaß schon in dem Temperamente selbst gegeben wäre.

Ich will, ohne auf das spätere Rüksicht zu nehmen und ohne mich auf das geschichtliche einzulassen, bei der ursprünglichsten und am längsten gebräuchlich gewesenen Bezeichnung stehen bleiben, die in einer Vierheit besteht, dem cholerischen, phlegmatischen, sanguinischen und melancholischen. Durch jeden dieser Ausdrücke ist ein gewisser Typus bezeichnet in der Art und Weise und in der Succession der psychischen Thätigkeiten, allein was damit bezeichnet sei, ist die schwierige Frage. Man kommt mit ganz einfachen Beziehungen, die sich am leichtesten darbieten, nicht recht aus. Die Bewegungen führen auf physiologisches zurük, aber dabei zu gleicher Zeit auf ein bestimmtes physiologisches System, welches den Grund zu den Abweichungen und allen krankhaften Zuständen in den organischen Flüssigkeiten sieht. Wenn wir daran anknüpfen wollten, würden wir nicht nur überhaupt über unser Gebiet hinausgehen, sondern einer bestimmten Ansicht uns hingeben. Wir wollen also die Sache ganz so liegen lassen, wie ich sie eben angedeutet, und fragen, wenn wir auf die Art zurükgehen, wie wir das ganze geistige Leben construirt haben, welche Differenzen würden sich da ergeben in der zeitlichen Entwiklung der geistigen Lebens. Wir haben dazu in der vorigen Entwiklung folgende Data. Das geistige Leben ist von uns betrachtet worden in zwei Formen, der Receptivität und Spontaneität, und diese haben wir bezogen auf alle wesentlichen Functionen desselben; wir haben ferner gesagt, daß in einem jeden

Moment nothwendiger Weise, alle diese Functionen zusammen thätig wären, nur in verschiedenem Maaße. Wenn wir uns nun daraus den ganzen Verlauf des Einzellebens construiren, so haben wir auf der einen Seite folgendes: fassen wir es als eine Reihe von Momenten, so ist jeder ein Zusammensein aller Functionen, aber sie unterscheiden sich in der Art, wie die Thätigkeiten in der Einheit des Moments auf einander bezogen und durch einander bedingt sind. Unter Moment verstehen wir aber nicht eine Zeitgröße sondern eine Zeiteinheit, mag die Quantität derselben sein, welche sie wolle. In einem Zeitquantum findet eine bestimmte Art und Weise des wesentlichen Zusammenseins der Functionen statt, worauf hernach eine andre Art und Weise folgt, und durch die Reihe dieser discreten Größen, aus denen das Leben besteht, geht dann als gleich bleibendes das Ich-sezen hindurch. Eine andre Grundbetrachtung nämlich ist die, daß, wiewol auch in verschiedenem Maaße, in dem Einzelwesen zusammensein kann das Selbstbewußtsein auf diese Einzelheit bezogen und das Selbstbewußtsein auf die Gattung bezogen. Diese Betrachtung ist die, welche wesentlich die ethische Entwikklung bedingt, indem es das Verhältniß dieser beiden Elemente ist, was wir besonders bei der ethischen Beurtheilung ins Auge fassen müssen. Dies also werden wir hier ausschließen müssen, wenn die Differenz der Temperamente keine ethische Bestimmtheit ist. Es ist offenbar, wenn wir uns nicht in das einzelne zersplittern wollen und bei der Betrachtung im großen stehen bleiben, so führt uns unsre Construction auch auf eine Quadruplicität, aber wir können nicht behaupten, daß sie dieselbe sei. Wenn wir nämlich davon ausgehen, daß diese Differenz in jedem Einzelleben etwas unveränderliches sei, so ist dieses nicht der Fall, wenn wir uns die Momente sowol in Beziehung auf das Verhältniß der beiden Hauptzweige, der Receptivität und Spontaneität, als in Beziehung auf die Unterordnung derselben als wechselnd denken; sollen wir eine gleichbleibende Differenz der einzelnen Persönlichkeiten unter sich uns vorstellen, so müssen wir die Unterordnung der einen unter die andre als das herrschende ansehen. Gehen wir davon aus, so haben wir eine Duplicität; es mag unter den einzelnen eine große Menge geben, bei welchen grade dieser Wechsel vorherrscht, an diesen werden wir dann keine constante Verschiedenheit wahrnehmen, denken wir uns dagegen einerseits solche, in welchen die Spontaneität überwiegend bestimmt ist durch die Receptivität, so daß jene mehr nur als Reaction erscheint, und dann wieder andre, in denen die Receptivität vorherrschend bestimmt ist durch die Spontaneität, so daß alles Aufnehmen auf ein ursprüngliches Entgegengehen zurükkweist, so sind diese beiden auf eine constante Weise von einander unterschieden. Je mehr der Wechsel die durchgehende Regel unterbricht, desto schwerer wird die Differenz wahrzunehmen sein, je weniger jenes der Fall ist, um desto bestimmter wird diese erkannt werden.

Nehmen wir also diese Differenz vorläufig als eine solche an, so ist das die eine Seite, nun aber werden wir noch einen andern ähnlichen Gegensaz finden, wenn wir darauf sehen, wie das Leben aus einer Reihe von discreten Momenten besteht. Wir haben den Moment als Zeiteinheit und nicht als Zeitgröße bestimmt, aber das Leben ist der Naturbestimmung unterworfen, in welcher die Zeiteinheit als Größe besteht. Wir kommen hier schon auf den Verlauf des Lebens selbst; wenn wir uns dasselbe sich auf natürliche Weise entwikkelnd denken, so bietet sich uns ein Durchschnitt von Zeitlängen dar, die wir nach constanten Einheiten messen. So ist jeder Tag eine in sich abgeschlossene Einheit als Größe bestimmt und bildet für das psychische Leben eine Einheit. Wenn wir hier nun das Ganze nehmen, und den Moment als solchen in dem früher angedeuteten Sinne als die geworbene Bestimmtheit des Zusammenseins der Functionen fassen, die sich aber nachher wieder auflöst und zu einem anders bestimmten Moment wird, so haben wir eine Aufeinanderfolge in ein bestimmtes Zeitmaaß eingeschlossen, und diese Folge ist eine Bewegung der Lebenseinheit von einem Moment zum andern, bis die Zeitgröße erfüllt ist. Diese Bewegung steht unter dem fließenden Gegensaz von schnell und langsam, wobei wir immer ein Maaß im Auge haben, nach welchem das schneller ist, was über dasselbe hinausgeht, und langsamer, was hinter demselben zurükfbleibt. Wenn nun in einer Zeitgröße die Momente in großer Menge auf einander folgen, und deshalb auch kleiner sind als Quantum betrachtet, so ist das die eine Bestimmtheit; wenn im Gegentheil die Bewegung als eine langsame erscheint, aber deswegen jeder Moment einen größeren Inhalt hat, so ist das die entgegengesezte Bestimmtheit. Haben wir kein Maaß im Auge, so ist der relative Gegensaz ein unbestimmtes Mehr und Minder, aber so wie wir es unter dem Ausbruk schnell und langsam fassen, so sezt dies ein Maaß voraus, wenn wir uns auch nicht bewußt sind, welches es sei. Sind nun diese Bestimmtheiten constant durchgehend für das einzelne Leben, so giebt das eben solche Duplicität wie die vorige, sobald dagegen der Wechsel die constante Bestimmtheit vernichtet, indem z. B. die langsame Aufeinanderfolge größerer Momente durch eine Menge kleinerer unterbrochen wird, so wird es schwer die Differenz wahrzunehmen.

Combiniren wir nun diese Duplicität mit der vorigen, so haben wir eine Vierfältigkeit, eine Bestimmtheit der Receptivität durch die Spontaneität und eine Bestimmtheit der Spontaneität durch die Receptivität, einen Verlauf des Lebens in großen Momenten und einen Verlauf des Lebens in kleinen Momenten. Es fragt sich, wie verhalten sich diese zu einander? Wenn wir die eine auf die andre beziehen, so kann das Verhältniß dieses sein: wenn ich mir einen Lebenslauf denke in dem von dem ersten Anfange an die Spontaneität durch die Receptivität bestimmt ist, so ist der Unterschied zwischen beiden nicht aufgehoben, es ist auch kein so vollkommenes Ineinandersein, daß sich nicht die eine ohne die andre für sich betrachten ließe, und da erscheint also ein zwiefaches möglich: es kann in diesem Uebergewicht der Zeitverlauf, wie wir ihn auf die einzelnen Functionen beziehen, auf dieselbe

Weise bestimmt sein, es können aber auch die untergeordneten Functionen, auf die Zeit zurückgeführt, in entgegengesezter Weise bestimmt sein wie die dominirenden. Ebenso wenn wir die andre Duplicität obenan stellen, kann ein aus großen Momenten bestehender Lebensverlauf ein solcher sein, daß die Spontaneität oder daß die Receptivität überwiegt. Denn an sich ist keine wesentlich mehr oder weniger an die eine oder die andre Zeitform gebunden, sondern es giebt große Momente der Spontaneität und ebenso auch kleine und die Receptivität ist ebenso einer schnellen und langsamen Bewegung fähig. Wenn wir das zusammenfassen, so müssen wir die Möglichkeit einer solchen Quadruplicität eingestehen; sie ist vollkommen klar aus dem einen Gesichtspunkte, aber als abstracte Möglichkeit auch zuzugeben aus dem andern Gesichtspunkte und wir müssen nur nachher zusehen ob sie sich auch in concreto anschauen läßt.

Gehen wir nun auf das physiologische zurück, so besteht das Leben auch aus einer Reihe von Bewegungen und diese haben ebenso den zwiefachen Charakter, daß sie mehr die Spontaneität oder die Receptivität darstellen. Wenn wir uns dies an einzelnen Functionen deutlich machen wollen, so haben wir einmal den Gegensaz von willkürlichen und unwillkürlichen Bewegungen, dem der Einfluß des psychischen auf das physiologische zum Grunde liegt. Denn willkürliche sind solche, die durch das psychische bedingt werden und wo das leibliche sich receptiv verhält, wogegen die unwillkürlichen nicht durch das psychische bestimmt werden und auf dem Gebiet des leiblichen die Selbstthätigkeit darstellen. Wollten wir also, weil die aufgestellte Differenz auf der Form des Lebens selbst beruht, dies in dem leiblichen rein aufsuchen, so würden wir alsdann besser thun uns an die unwillkürlichen Bewegungen zu halten, weil da das psychische möglichst beseitigt erscheint. Betrachten wir hier den Blutumlauf, so haben wir eine Reihe von Bewegungen, die uns als cyclisch erscheinen, indem sie in sich selbst zurückgehen. Das Blut geht von dem Herzen aus und zu demselben wieder zurück, und da haben wir wie-

ber den Gegensaz von langsam und schnell als etwas in dem gesunden Zustande des einzelnen constantes, nur in verschiedenen
Lebensperioden einer Differenz unterworfen, die vom Anfang des
Lebens an sich allmählich entwikkelt. Sehen wir auf ein anderes
System von unwillkürlichen Bewegungen, so tritt uns die Respiration entgegen. In dieser veranschaulicht sich uns der Gegensaz
von Receptivität und Spontaneität, das Einathmen ist receptiv,
das Ausathmen spontan.   Wir haben also hier allerdings die
beiden Gegensäze auch, wiewol ich keinesweges behaupten will,
daß es diese beiden leiblichen Differenzen wären, auf welche man
die Construction der Temperamente gebaut hätte, sondern es
kam mir nur darauf an, den bestimmten Zusammenhang zwischen
dem psychischen und physiologischen nachzuweisen und denselben
Gegensaz auch an dem leiblichen Leben anschaulich zu machen.
Wir werden also nun fragen können, wie sich unsere Eintheilung
auf der einen Seite als ein constantes bei dem einen mehr bei
dem andern weniger hervortretendes nachweisen läßt, und auf der
andern ob sie sich auflösen läßt in die im Leben herrschende Theorie
von den Temperamenten.

Wenn wir nun die aufgestellten Differenzen so, wie sie sich
im Leben manifestiren, betrachten, so wird sich die Sache so
stellen: zwei von benen, die wir aufgestellt, werden sich überwiegend in den selbstthätigen Momenten zeigen und einander entgegengesezt sein in Bezug auf den Gehalt dessen, was den Moment
bildet, zwei überwiegend in der Receptivität ebenso entgegengesezt
durch die Schnelligkeit oder Langsamkeit des Ueberganges von
einem Moment zum andern oder der Abschließung der Momente;
die ersten werden sich um so deutlicher manifestiren, je mehr die
Receptivität der Spontaneität untergeordnet ist, die anderen um
so mehr, je stärker die Receptivität vor der Spontaneität hervortritt. Folgen nun in einem Leben die selbstthätigen Momente
mit einer gewissen Langsamkeit auf einander, ohne durch eine
große Lebhaftigkeit der Receptivität unterbrochen zu werden, so
wird das sehr nahe mit dem phlegmatischen Temperamente

zusammenfallen; folgen sie sehr rasch auf einander ohne von leb-
hafter Receptivität unterbrochen zu werden, so wird das sehr dem
cholerischen entsprechen. Freilich pflegen wir in das Bild etwas
einzumischen, wovon in unserer Erklärung nichts ist, indem wir
bei dem cholerischen an Zorn, bei dem phlegmatischen an Gleichgültigkeit denken, und deshalb müssen wir beides noch genauer
vergleichen. Fangen wir bei dem phlegmatischen an, so liegt
also darin, daß die Receptivität der Spontaneität untergeordnet
ist. Das kann allerdings in dem Leben selbst, wo den einen
vieles interessirt, was in der bestimmten Richtung der Spontaneität des andern nicht liegt, sehr leicht den Schein der Gleichgültigkeit geben, es ist aber nichts anderes als die Beschränkung
der Receptivität und ihre Abhängigkeit von der Spontaneität.
Daher ist es sehr unrecht, wenn man als den eigentlichen Typus
des phlegmatischen Temperaments eine solche Gleichgültigkeit aufstellt, wo doch nur ein zurückgedrängtes Interesse vorliegt. Ja
wir wollen noch weiter gehen. Wenn wir auf die Affectionen
der Receptivität sehen, so haben wir gefunden, wie dieselben einen
doppelten Ausgang nehmen können; an und für sich ist die Richtung auf die Mittheilung stärker, je stärker die Einwirkung ist,
und sodann ist auch ein Zusammenhang zwischen dem Afficirtwerden und der Selbstthätigkeit als Reaction. Die Mittheilung
liegt nur im Gebiet der Receptivität, sie ist zwar ein Act der
Selbstthätigkeit aber auf die Receptivität bezogen. Ist also die
Receptivität der Spontaneität untergeordnet, so liegt darin, daß
jeder Eindruck mehr in Beziehung auf die Spontaneität aufgefaßt wird als an und für sich, und dann ist auch die Richtung
auf die Mittheilung nicht vorherrschend und so wird der phlegmatische wenig Eindrücke von sich geben. Wenn man aber nun
auch häufig genug mit dieser Bezeichnung zugleich die Vorstellung
der Unthätigkeit verbindet, so ist das ganz falsch. Denn dem
phlegmatischen Temperament kommt gerade Ausdauer in der Thätigkeit zu, die Trägheit zeigt ein größeres oder geringeres Maaß
des psychischen Lebens überhaupt an und hat mit einer solchen

Differenz, wie wir sie hier betrachten, gar nichts zu thun. Das eigenthümliche des phlegmatischen Temperaments ist die Ausdauer in einer ruhigen Thätigkeit, die weniger von äußeren Beziehungen abhängig ist, sondern rein inneren Impulsen folgt. Was ich dabei das große des Moments genannt habe, ist dieses, daß die Entschlüsse solche sind, die eine große Reihe von Handlungen unter sich haben. Wenn wir damit das cholerische vergleichen und fangen bei diesem lezten Punkt an, so liegt darin auch das Uebergewicht der Spontaneität, aber sie äußert sich in kleinen Bewegungen, die nicht so im Großen zusammengefaßt sind, sondern vereinzelt für sich bleiben. Wenn ich nun vorher gesagt, wir dächten bei dem cholerischen an eine Neigung zum Zorn als etwas wesentliches, so scheint das ebenfalls gar nicht ein solcher Hauptpunkt zu sein, sondern wir müssen es auf etwas anderes reduciren. Was das cholerische mit dem phlegmatischen gemein hat ist dies, daß die Affection bei beiden nicht so in bloße Selbstdarstellung übergehen sondern gleich in die reale Selbstthätigkeit und Reaction. Nun sind die Affectionen unter dem Gegensaz des angenehmen und unangenehmen befaßt und reale Reactionen giebt es nur, wo das menschliche das afficirende ist. Wenn man daher glaubt, dem cholerischen Temperament sei es wesentlicher bei den realen Reactionen in das unangenehme überzugehen als in das angenehme, so ist das gewiß nicht der Fall, jenes ist nur auffallender und wird daher eher in dem Bilde festgehalten, das wir uns von dem cholerischen machen. Aber immer werden wir das Zurükktreten aller Reaction, die bloß mimisch und bloße Selbstdarstellung ist, gegenüber der realen Selbstthätigkeit und eben diese verbunden mit dem schnellen Wechsel als das eigenthümliche des cholerischen Temperaments ansehen.

Wenn wir nun zu den beiden andern übergehen, die überwiegend durch die Receptivität bestimmt sind, um auch sie erst bis auf diesen Punkt mit dem gewöhnlichen Charakter zu vergleichen, so ist das Bestimmtsein durch die Receptivität in kleinen Momenten das sanguinische und dasselbe in großen der Typus des melancholischen. Hier haben wir, was das lezte betrifft, wieder dies, daß wir etwas in das Bild aufnehmen, was in jenem nicht ausgebrückt ist, nämlich die vorherrschende Neigung zum Trübsinn, während wir bei dem Sanguiniker nicht die Neigung zu angenehmen Affectionen denken sondern die Leichtigkeit derselben überhaupt. Wir wollen aber zuerst das melancholische für sich betrachten. Wenn wir fragen, was eigentlich die Manifestation von dem sei, was wir das vorherrschend receptive in großen Momenten nennen, so ist es grade dasselbe, wie bei dem phlegmatischen, wo wir sagten, jede große Bewegung zerfalle in eine Menge von kleinen, aber diese bildeten ein ganzes, inwiefern sie durch eine Willensbestimmung hervorgebracht sind. Der Umfang dieses Momentes der Willensbestimmung ist das, was ich im Auge habe, wenn ich diesen Moment einen aber einen großen nenne. Eben so ist es hier in Beziehung auf die Receptivität. Der große Moment wird immer eine Reihe von kleinen sein, aber er soll bestimmt sein durch ein und dieselbe Affection. Wenn wir nun bedenken, daß die Affectionen unter dem Gegensaz des angenehmen und unangenehmen stehen, und es soll eine Reihe von Momenten eins sein, so muß das ein angenehmer oder unangenehmer sein und das Temperament in unserem Sinn wird sich darin manifestiren, daß eine ganze Reihe von Momenten denselben Typus hat. Das ist das, was wir mit dem Ausbruck Stimmung zu bezeichnen pflegen, wo das was uns afficirt nur in dem Maaße aufgenommen wird, als es in der Receptivität gegeben ist, wie wir in der heitern Stimmung nur das heitere aufnehmen, in einer gedrückten das, was denselben Typus hat. Das ist also der Charakter des melancholischen, daß er lange in einer Stimmung beharrt und daß jeder Eindruck leicht Stimmung wird. Dieses Beharren der Neigung auf dieselbe Art afficirt zu werden müssen wir uns denken unter der Form der Schwingung; sie wird allmählich abnehmen, aber je stärker das Temperament ist, desto länger wird sie dauern. Nun ist es eine Bemerkung, die man ziemlich allgemein zugiebt, daß melancholische Menschen fähig sind in einen hohen Grad von fröhlicher Stimmung, ja in einen Zustand von Ausgelassenheit zu gerathen, in welchem nichts aufgenommen wird, was nicht diesen Typus an sich trüge, und nachher, wenn dies vorüber ist, kann wieder die entgegengesezte eintreten. Es hat hier dieselbe Bewandtniß wie vorher; daß man ein Uebergewicht der trübsinnigen Stimmung denkt, rührt nur daher, weil wir auf diese mehr aufmerksam werden; in die heitere Stimmung gehen wir natürlich gleich ein, gegen die trübe sind wir im Gegensaz, es hängt aber nur vom Leben ab, ob mehr trübe oder mehr ausgelassene Stimmungen vorkommen. Ein anderes ist nun freilich die Frage, die ich nicht im Stande bin zu beantworten, ob etwa was die physiologische Seite betrifft, in dem leiblichen Zustande, der die Gewalt der Stimmung repräsentirt, etwas liegt, was die überwiegende Richtung auf das Auffassen des trüben bedingt, aber das wäre dann die physiologische Seite des Temperaments, während von psychologischer aus wir die Sache nicht anders fassen können als wir gethan.

Was nun zulezt das sanguinische betrifft, so hat es mit dem melancholischen gemein, daß, wie überhaupt die Receptivität vorherrscht, auch die bloße Selbstdarstellung vor der realen überwiegen muß. Das ist der wesentliche Typus im melancholischen aber auch im sanguinischen. Die Receptivität bewegt sich jedoch bei dem lezteren in kleinen Momenten. Sehen wir das rein als den Gegensaz des melancholischen an, so ist es ein Mangel an Stimmung, der Charakter der Veränderlichkeit, so daß der vorige Eindruck keine bedeutende Nachwirkung ausübt auf den folgenden. Nun sind wir aber freilich auch gewohnt, in dem sanguinischen ein Uebergewicht heiterer Auffassung und ein Zurükgedrängtsein trüber Stimmungen zu sehen, darin ist aber viel bloßer Schein. Indem die unangenehme Affection einen stärkern Eindruck macht, so fällt es uns dann auch eher auf, wenn diese leicht vorüber geht. Aber es ist auch hier wol möglich, daß auf der physiologischen Seite in dem Zustande, der diese Beweglichkeit reprä-

sentirt, etwas gegeben ist, vermöge dessen im leiblichen eine vor-
wiegende Richtung auf die Lebensförderung liegt.

Auf diese Weise stellen sich also diese Differenzen rein an
und für sich betrachtet; wir müssen nun zu dem zurükkehren,
was gleich im Anfange gesagt worden ist, daß wenn wir Receptivität und Spontaneität sondern und die eine vor der andern
vorherrschend finden, dies nie etwas absolutes sein kann. Wenn
wir davon die Anwendung machen, so werden wir sagen, das
phlegmatische Temperament bildet sich um so mehr aus, je weniger
die vorherrschende Richtung auf die Spontaneität durch die Receptivität unterbrochen wird. Nun kann diese aber niemals vollkommen Null sein, weil das Leben auf dem Zusammensein beider beruht, es ist also schon zu erwarten, daß auch bei diesem
Temperament mehr oder weniger Zeiten kommen werden, wo die
Receptivität sich geltend macht und diese müssen auch in ihrer
Bewegung bestimmt sein auf die eine oder die andre Weise; also
in jedem Leben, dem wir das phlegmatische zuschreiben, wird,
nur untergeordnet, eine Richtung entweder auf das sanguinische
oder das melancholische sein. Zeigt sich die Richtung auf die
Receptivität in kleinen Bewegungen, so ist das sanguinische, zeigt
sie sich in großen Bewegungen, so ist das melancholische vorhanden; da aber die Receptivität hier untergeordnet ist, kann auch
der Wechsel vorherrschend sein, dieser hat dann aber seinen
Grund nicht in dem Subject sondern in dem Außer=uns. Was
nun hier der Fall ist, wird sich auch bei den andern Temperamenten ebenso finden.

Wenn wir auf den relativen Gegensaz zwischen Receptivität
und Spontaneität zurükgehen, so liegt es in der Natur der
Sache, daß in demselben Maaße als sie entgegengesezt sind, sie
auf verschiedene Weise bestimmt sein können; daß dabei eine Einheit zum Grunde liegen muß, versteht sich von selbst, aber diese
gehört ganz dem einzelnen Individuum an, welches durch Formeln nicht mehr zu bezeichnen ist. Der Typus eines solchen
Temperaments wird also um so stärker hervortreten, je weniger

die entgegengesezte Seite auf die eine oder andre Weise sich geltend macht. Das lezte kann auf zwiefache Art geschehen, entweder so daß sie keinen eigenthümlichen Typus hat, dann aber
hat sie auch keinen Einfluß auf den Lebensverlauf und tritt nur
hervor durch einen äußeren Grund. Es ist offenbar, daß in
einem gewöhnlichen Lebensverlauf, wo der Wechsel in den Eindrükken, die eine Stimmung hervorbringen können, in der Natur
der Sache liegt, und also auch das Leben weniger den bestimmten Charakter der Förderung oder Hemmung an sich trägt, auch
um so weniger ein bestimmtes Merkmal des Temperamentes sich
zeigen wird. Anders ist es freilich, wenn etwas eintritt, was
einen allgemeinen Einfluß auf das Temperament hat, z. B. in
Zeiten allgemeiner Trübsal, wo es eine gemeinsame Stimmung
giebt, aber man kann sie doch nicht als eine innere Stimmung
ansehen, weil es nur die Gewalt der äußern Einwirkung ist, die
indem sie sich beständig wiederholt als constante Größe erscheint.
Sondern wir dagegen alles dies ab, so kann es Individuen geben, in denen das einfache Temperament das durchaus bestimmende ist, weil die entgegengesezte Seite ganz zurükgedrängt ist,
das ist aber dann schon ein Zustand entschiedener Einseitigkeit,
weil eine Aufhebung des Gleichgewichts von Receptivität und
Spontaneität zu Gunsten des einen von beiden darin liegt. Gehen wir nun von solchen Punkten als Extremen aus und denken
das zurükgedrängte als wachsend, so ist es ein bestimmbares;
wenn es nun nicht constant bestimmt ist, sondern bald auf die
eine bald auf die andre Weise, so ist auch das Wachsen mehr
von außen als von innen her zu erklären, weil das innere als
ursprüngliche Einheit nach einer bestimmten Stimmung streben
muß. Wenn wir also die einseitigen Temperamente vergleichen
mit solchen Individualitäten, wo die entgegengesezte Seite auf
irgend eine Weise bestimmt ist, so wird in den lezteren eine geringere Einseitigkeit sein. Dabei ist noch dies zu bemerken. Wenn
das zurüktretende so bestimmt ist, daß z. B. bei einem phlegmatischen das melancholische sich findet, so ist das eine größere Ein-

seitigkeit als wenn es sanguinisch erscheint, weil die Unfähigkeit zu kleinen Bestimmungen auf beiden Seiten hervortritt und alles nur in großen Bewegungen fortschreitet.

Ein andrer Punkt ist dieser: wenn wir darauf sehen, was ich gleich von Anfang an gesagt habe, daß das physische Einzelwesen doch nur in seiner Beziehung zu der größeren Persönlichkeit zu verstehen ist, der es angehört, so liegt darin die Voraussezung, daß es auch Nationaltemperamente giebt, auf die sich das übertragen läßt, was wir bis jezt ganz im allgemeinen gesagt haben. Aber es tritt allerdings eine Differenz andrer Art ein, nämlich in Beziehung auf das Verhältniß des einzelnen zur Gesammtheit. Wenn in einem Volk das Nationaltemperament so dominirt, daß in den einzelnen sich sehr wenig Differenzen vorfinden, so deutet das auf einen Zustand hin, wo das Einzelwesen wenig Freiheit hat und ganz von dem Nationaltypus beherrscht wird. Je mehr dagegen die Einzelwesen sich unterscheiden und es ein persönliches giebt neben dem nationalen, desto mehr individuelle Entwikklung ist in einer solchen Gesammtheit und um so mehr kann die Art, wie der einzelne sich entwikkelt, die Einseitigkeit im ganzen moderiren; es findet ein gewisses Gleichgewicht statt und die Entwikklung des geistigen Lebens im einzelnen und in der Gesammtheit ist um so größer. Denken wir uns nun die einzelnen auf solche Weise abweichend in ihrem Typus, daß jeder in sich abgeschlossen ist, so muß das Nationaltemperament verschwinden und wenig davon wahrzunehmen sein, dann ist aber auch offenbar die Gemeinsamkeit des Lebens geringer, und es erscheint diese mehr als eine willkürliche und durch äußere Gründe gegebene als von innen heraus bestimmte. Solche Gesammtheiten, in denen es an einer gemeinsamen Naturbestimmtheit fehlt, können daher auch nicht als rein natürliche angesehen werden und die Forschung wird darauf geleitet, die Zusammengehörigkeit solcher Massen als etwas zu betrachten, das des Naturfundamentes entbehrt. Wenn z. B. auf demselben Raum die Bevölkerungen durch allgemeine Bewegungen schnell gewechselt ha-

ben, so daß die Gesammtheit aus lauter Mischlingen besteht, so
werden wir es natürlich finden, daß sich da kein gemeinsames
Nationaltemperament entwikkelt sondern das persönliche rein dominirt. Wollen wir also das vollkommenste darstellen, so werden wir es in der Mitte finden in solchen Zuständen der Gesammtheit, wo ein gemeinsames Temperament in einer gewissen
Größe besteht, aber nicht so einseitig bestimmt, daß nicht die Individuen ihre Entwikklung für sich haben könnten, denn in einem
solchen Zusammensein beider, des persönlichen und des nationalen
Temperamentes, werden wir die vollkommene Naturentwikklung
des psychischen Lebens haben.

Wir wollen nun die Sache auch noch betrachten aus dem
Gesichtspunkt der Geschlechtsdifferenz. Hier ergiebt sich aus der
Art, wie wir dieselbe betrachtet haben, ganz von selbst, daß in
dem männlichen Geschlecht im ganzen ein Uebergewicht sein muß
der Temperamente, in denen die Spontaneität hervortritt, und
in dem weiblichen ein Uebergewicht derer, in denen die Spontaneität unter der Potenz der Receptivität steht. Wenn man aber
einem Manne zuschreibt, daß in seinem Wesen etwas weibisches
sei, so pflegt man dies eher auf den Charakter zu beziehen als auf
das Temperament. Was nun das erste betrifft, so ist das ein
Gegenstand, den wir noch vor uns haben, ich lasse es also hier
liegen, allein wir finden in dem Temperament selbst die Möglichkeit dazu; denn es ist wol nicht zu leugnen, je mehr die Spontaneität unter die Potenz der Receptivität gestellt ist, um desto
mehr sind wir auch geneigt einem Manne das weibische zuzuschreiben, aber natürlich nur in dem Verhältniß als zur Anschauung kommt, daß wo er zur freien Entwikklung der Selbstthätigkeit aufgefordert wäre, diese sich nicht einstellt. Ebenso wo
in einem Weibe die Spontaneität hervortritt, sezen wir auch die
Neigung voraus über die eigenthümliche Sphäre des Geschlechts
hinauszugehen. Wiederum werden wir sagen müssen, es ist ein
Zeichen von Freiheit im Geschlechtscharakter, wenn Abweichungen
nach diesen Grenzen vorkommen, und es gilt hier dasselbe, was

wir über das Verhältniß des perfönlichen Temperaments zu dem nationalen gesagt haben. Wir erkennen das Hervortreten des perfönlichen gegen das Geschlechtstemperament nur dann als ein natürliches Mißverhältniß, wenn das leztere ganz zurükfgebrängt ist, wir werden es vielmehr als das Zeichen einer freien Entwikflung des Lebens ansehen, wenn in den einzelnen besselben Ge= schlechts sich eine große Mannigfaltigkeit von Temperamenten zeigt. Führen wir das auf das vorige zurükf, so müssen wir auch eine Mannigfaltigkeit von Verhältnissen benken zwischen den Geschlechts= temperamenten und den nationalen, und die Erfahrung bestätigt bies vollkommen. Wo das nationale Temperament so herrscht, daß bie Individuen sich wenig unterscheiden, da ist der Unter= schied der Geschlechter in Beziehung auf das Maaß der Lebens= bewegungen das einzige, was noch hervortritt, aber es wird bann auch immer sehr bestimmte Bahnen geben, in welchen sich die Le= bensthätigkeiten des einen und des anderen Geschlechts entwikfeln. So ist das Dominiren des Geschlechtstemperamentes noch ein neues Gewicht auf der Seite des nationalen Temperaments, so daß das perfönliche noch mehr zurükfgebrängt wird. Wir wer= ben uns also wieder den Werth als einen sehr zusammengesezten benken müssen; in einer Masse ist die Entwikflung des psychischen Lebens um so größer, je mehr es innerhalb des Gesammttypus des Geschlechts und des nationalen einen gewissen freien Spiel= raum giebt für die Entwikflung der eigenthümlichen Tempera= mente in den einzelnen. Wo baher das allgemeine Gefühl sich so stellt, daß man in dem Geschlechte lieber nicht eine solche freie Entwikflung sehen will, woburch einzelne an den Grenzen erschei= nen, so deutet das auf ein Zurükfgeseztsein der Persönlichkeit überhaupt, je mehr biese sich geltend macht, um besto leichter läßt man sich biese freie Entwikflung bis an die Grenzen gefallen; wo aber biese nicht nur in einzelnen Ausnahmen, sonbern in großer Weise überschritten werden, da ist ein wesentliches Naturelement zurükfgebrängt und also wieder ein krankhafter Zustand der Ge= sammtheit.

Es ist nun allerdings noch eine Beziehung zu entwikkeln, aber auf etwas was noch vor uns liegt, nämlich das Verhältniß der Temperamente zu den verschiedenen Lebensaltern. Wir sind immer davon ausgegangen hier etwas ursprünglich gegebenes zu finden, also auch etwas, das sich selbst gleich bleibt in denjenigen Einheiten, die einmal gestaltet sind. Denken wir uns eine Nation in dem natürlichen Sinne des Worts und schreiben ihr ein bestimmtes Temperament zu, so meinen wir auch, daß es sich nicht ändert. Es könnte sich nur ändern, insofern es fremde Elemente in sich aufnimmt, daher das Bestreben der Völker sich vor fremden Elementen zu hüten aus dem Selbsterhaltungstrieb hervorgeht, aus dem es auch zu erklären ist, wenn in den Gesezgebungen roher Völker die Ehen mit ausländischen verboten werden. Grade dies aber, daß wir es in die Geseze aufgenommen finden, zeigt, daß es eine natürliche Richtung auf das entgegengesezte giebt, wo das persönliche sich geltend macht in dem Geschlechtsverhältniß. Wo dies vorhanden ist, wird sich das Einzelwesen mehr ausbilden ohne deshalb das nationale Temperament aufzuheben; entsteht ein Gleichgewicht oder werden gar die Mischlingsverhältnisse überwiegend, so kann das nationale Temperament geschwächt werden, aber niemals wird es in das entgegengesezte übergehen. Ist es mit einem Volke dahin gekommen, daß der nationale Typus aufgehört hat, dann ist es auch unter allen Nationalexistenzen so compromittirt, daß es sich gar nicht wird erhalten können; nur die einzelnen wollen fortbestehen, und da muß die Gesammtheit in dem ersten Conflict unterliegen. Ebenso wie wir hier in dem nationalen Temperament ein constantes annehmen, das in dem Werden der einzelnen gesezt ist, so werden wir auch nicht denken können, daß das Temperament eines einzelnen sollte in das entgegengesezte übergehen, und dessenungeachtet ist es nicht zu leugnen, daß es ein besonderes Verhältniß der verschiedenen Lebensalter zu diesen Temperamentsverschiedenheiten giebt. Ich kann das natürlich hier nicht in seinem ganzen Gehalt entwikkeln, sondern nur im voraus als ein gegebenes annehmen, das wir mit dem bereits festgestellten in Verbindung zu bringen haben. Hiebei giebt es nun zwei Gesichtspunkte, die Sache zu betrachten. Einmal nämlich kann sehr leicht auf einer Stufe des persönlichen Daseins, wo die beiden Hauptformen der psychischen Thätigkeiten noch nicht vollkommen entwickelt sind, das Temperament verkannt werden, weil diejenige Seite noch nicht zu ihrer rechten Erscheinung gekommen, die darauf angelegt ist das Maaß des Lebens zu bestimmen. In dem rein psychischen Gebiet entwickelt sich die Receptivität eher als die Spontaneität und es giebt auch hernach eine Zeit, wo die lezte wieder abnimmt; da kann leicht der falsche Schein einer Aenderung entstehen, die doch eigentlich nicht vorhanden ist. Aber in verschiedenen Lebensaltern läßt allerdings die Receptivität eine verschiedene Spannung zu, so daß man sagen kann, es giebt verschiedene Temperamentszustände, ohne daß doch eine eigentliche Aenderung des Temperaments selbst stattgefunden hätte.

Nach dem, was ich über die Temperamentsdifferenzen gesagt habe, wird wol kein anderes Resultat zu ziehen sein, als daß ein jedes gleich sehr ein Ausdruck sein kann für die intelligente Function, aber daß jedes, je mehr es zu dem Extrem der Einseitigkeit hinneigt, um so weniger dazu geeignet sei. Man kann überhaupt keine Beziehung aufstellen, in welcher ein Temperament vorzüglicher wäre als das andre, es müßte denn sein, daß der Ort, den ein einzelner in der Gesammtheit einnimmt, mit seiner Natur im Widerspruch stände. Das ist aber nichts anderes, als eine ungleiche Vertheilung der Kräfte, die in der Regel in der Gesammtheit ihren Grund hat. Wenn wir die Temperamente einfach betrachten und dann in ihren Extremen, so kann das phlegmatische allerdings dahin führen, daß sich alles auf einen einzigen großen Impuls reducirt und wenig Beweglichkeit da ist für das, was nicht in diesen Impuls aufgenommen ist. Unter allen Willensacten ist der, wie der einzelne sich seinen Beruf bestimmt, der größte, rebucirt sich nun darauf alles, so entsteht eine Indifferenz gegen alles, was außerhalb der Berufspflichten liegt. Etwas ähnliches findet statt, wenn wir dem gegenüber das melancholische denken, wo die Receptivität das hervorstechende ist, und wir also ebenfalls als Extrem eine Formel suchen müssen für eine einzelne Affection, die dem Leben die Stimmung giebt und auf die alles zurükgeführt werden kann. Hier werden wir, ohne auf das zu sehen, was ich früher erwähnt habe, daß man gewöhnlich eine große Neigung zum Trübsinn voraussezt, sagen müssen, es giebt ein Sich = selbst = im = Zusammenhang = mit = dem = Ganzen=finden und wir können in der Entwikklung einen Moment annehmen, wo der einzelne zum Bewußtsein seiner Stellung gegen das Ganze kommt und die Totalität des Lebenskreises in Beziehung auf seine Persönlichkeit sich fixirt; dann besteht das Extrem dieses Temperamentes darin, daß diese Stimmung das ganze Leben beherrscht und für alles andre die Empfänglichkeit verschwindet, mag nun jene Stimmung eine heitere oder trübe sein. Die beiden andern Temperamente tragen offenbar in ihren Extremen eine Zersplitterung des Daseins in sich, weil sie auf kleine Momente zurükgehen. Das sanguinische in seinem Extrem ist durchaus vom Moment abhängig und in diesem dominirt der Eindruk und das Bild, wogegen die Spontaneität nur unter der Form der Reaction hervortritt. Es ist offenbar, daß wenn wir dies im Maximum denken, eine Entwikklung der Denkthätigkeit im eigentlichen Sinne des Wortes damit nicht zusammen bestehen kann. Ich habe mich deßhalb schon so ausgedrükt, daß der Eindruk und das Bild dominire, und es findet sich auch bei dieser Bestimmtheit das Zurükgehaltensein der Denkthätigkeit auf der Stufe der Bilder. Der Zusammenhang ist dieser: sobald sich die Denkthätigkeit in ihrer eigenthümlichen Form entwikkelt, so ist jeder allgemeine Begriff und jede Formel eine große Einheit, die sich in einer Reihe von Momenten entwikkelt. Das steht nun im Gegensaz gegen die Naturbestimmtheit; wenn nämlich die allgemeinen Begriffe und Formeln ins Leben eingedrungen sind, so werden sie zwar aufgenommen aber nur als Einzelheiten des Moments und die Gewalt einer weiteren Entwikklung können sie nicht ausüben, daher man die Eigenthümlichkeit dieses Temperaments auch bezeichnet hat als das Unvermögen in der Unterscheidung des großen und unbedeutenden. Dasselbe gilt von dem cholerischen Temperament, nur nach der Seite der Spontaneität hin. Die Kraft erscheint in den einzelnen Momenten als sehr bedeutend, weil die Receptivität als Veranlassung zur Spontaneität hervortritt und im Vergleich mit dem, was den Anstoß giebt, die Thätigkeit als schnell und groß erscheint, aber es ist kein andrer Zusammenhang darin als die Einheit der Persönlichkeit, die ganze Reihe erscheint also auch nur als ein Product in der Mannigfaltigkeit der jedesmaligen Eindrükke des Moments. Daß man gewöhnlich glaubt, der Zorn sei das vorherrschende, kommt nur daher, weil die einzelne Persönlichkeit nothwendig immer sich in defensivem Zustande befindet, sie soll eigentlich im Zusammenhange mit einem größeren Ganzen diesem eingewachsen und unterworfen sein, aber das erfordert auch ein Handeln in großen Momenten und dazu ist dies Temperament nicht geeignet.

Auf diese Weise sehen wir in den Extremen eine wesentliche Beschränkung. Denken wir aber die psychischen Thätigkeiten in diese Mannigfaltigkeit von Formen getheilt und sehen auf die Gesammtwirkung, so ergänzt der eine den Mangel des andern und in einer großen Gesammtheit und in der Totalität der Gattung stellt sich dadurch das Gleichgewicht her. Für sie wird es dasselbe sein, ob die überwiegende Mehrzahl in der Einseitigkeit steht oder die einzelnen in dem Gleichgewicht, weil die Extreme sich selbst gegenseitig ergänzen. Aber allerdings hier drängt sich die Differenz auf, daß ein in der Einseitigkeit begriffener nicht so der Ausdruk der Gesammtheit ist, wogegen der, welcher davon befreit ist, den Eindruk darstellt den uns das Ganze macht. Hier kommen wir einer Aufgabe näher, der wir uns auf diesem Punkt nicht mehr entziehen können, nämlich einen Unterschied zu fixiren zwischen den Einzelwesen in ihrem Verhältniß zu der Totalität. Wir können hier, wo wir es rein mit der Betrachtung

ber geistigen Thätigkeiten als Natur zu thun haben, keine andre
Beziehung haben, in welcher wir eine solche Differenz fixiren
könnten als die, wie sich der einzelne sowol quantitativ als qualitativ gegen die Totalität verhält. Der stellt gewiß ein günstigeres Bild dar, welcher mehr die Totalität ausdrükt als der,
welcher es weniger thut, aber auch quantitativ, denn ein je größerer Theil der Gesammtthätigkeit die des einzelnen ist, desto
vollkommener ist er als Einzelwesen. Doch ehe wir zu dieser
Betrachtung specieller übergehen, müssen wir noch eine andre Bestimmtheit des Einzelwesens in nähere Erwägung ziehen.

3. Charakter.

Wir kommen hiemit zu dem, was man im Unterschiede von
Temperament mit dem Ausdrukk Charakter zu bezeichnen pflegt.
Es ist mit solchen Ausdrükken allemal etwas sehr bedenkliches,
sie haben ihren ersten Ort in der Sprache des gemeinen Lebens,
kommen dann in ein strengeres Raisonnement und zulezt in die
Wissenschaft, aber sehr häufig ohne daß das vage und unbestimmte des gemeinen Lebens ihnen genommen wird. So ist es
schon mit dem Ausdrukk Temperament, wo wir gleich einsehen
mußten, daß etwas pathologisches mit darunter verstanden wird,
wovon wir abstrahirten. Dadurch wurden wir gleich genöthigt
den Ausdrukk an die aufgestellten Hauptpunkte anzulehnen ohne
auf den Gebrauch des gemeinen Lebens Rükksicht zu nehmen. Mit
unserem Ausdrukk verhält es sich nun zwar nicht so, denn inwiefern wir einem Menschen Charakter zuschreiben, denkt jeder etwas
von der leiblichen Beschaffenheit unabhängiges und es wird dabei
immer ein gewisser Grad von Herrschaft der geistigen Functionen
über die leiblichen vorausgesezt, aber die Gebrauchsweise des Ausdrukks ist doch sehr verschieden. Die wesentlichste Differenz ist
die, daß einige ihn nur als einen einfachen gebrauchen wollen,
indem sie nur den Gegensaz machen zwischen Charakter haben
und nicht haben, ohne eine Mannigfaltigkeit in der Bestimmtheit

Schleierm. Psychologie.   21 desselben anzunehmen, während andre zwar den Gegensaz auch gelten lassen aber nur als den schärferen Ausdrukk für ein Mehr und Minder, indem sie meinen es könne keinen Menschen geben, der nicht etwas davon an sich trüge. Dagegen heben sie Differenzen in demselben heraus und sagen, es gäbe einen solchen und solchen Charakter, also etwas das wieder unter der Potenz der Individualität steht. Offenbar gehen beide von verschiedenen Gesichtspunkten aus und gebrauchen doch denselben Ausdrukk. Aus diesem Labyrinth können wir uns nur auf zwiefache Weise heraushelfen, entweder wir suchen hinter beide Gesichtspunkte zu kommen, oder wir fangen damit an uns zu fragen, wenn wir diesen Ausdrukk gar nicht kennten, würden wir glauben können mit unserer bisherigen Entwikklung die ganze Aufgabe gelöst zu haben oder fehlt uns dazu noch ein wesentliches Glied? Ich halte es für besser und mit unserem bisherigen Verfahren übereinstimmender, wenn wir das lezte thun; dabei bleibt es allerdings ungewiß, ob das, was wir etwa finden, das bezeichnete sei oder nicht, aber wenn wir dann nur alles zusammen haben, um die Differenzen in dem Werthe des einzelnen Seins auszumitteln, so werden wir ohne alle Sorge zu der Kritik der einzelnen Ausdrükke übergehen können.

Wir haben die Verschiedenheiten des Geschlechts und des Temperamentes reducirt auf das Verhältniß der beiden Hauptthätigkeiten in Beziehung auf die Entwikklungsweise des Lebens in der Zeit; dabei aber haben wir auf das Verhältniß zwischen dem persönlichen Selbstbewußtsein und dem Gattungsbewußtsein und seine verschiedenen Abstufungen keine Rükksicht genommen. Wenn wir nun sagen, es giebt eine quantitative Werthdifferenz des einzelnen in Beziehung auf die Gesammtheit und wir denken uns einen einzelnen, dessen Dasein ein größerer Theil von der Bewegung und Entwikklung des Ganzen ist, aber ohne daß das Gattungsbewußtsein bei ihm das wesentlich bestimmende gewesen ist, so ist dieser Werth gewiß groß aber bewußtlos. Aber selbst wenn wir ihn bewußtlos also instinktartig denken, so werden wir doch annehmen müssen, daß darin eine Richtung über die Persönlichkeit hinaus, eine die Persönlichkeit unterordnende, mit gesezt sei. Wir werden also hier auf das Verhältniß des Gattungsbewußtseins zu dem persönlichen zurükkgeführt. Es fragt sich, wie sich dieses in einer solchen Mannigfaltigkeit denken läßt, daß daraus eine solche Werthdifferenz entsteht? Es ist offenbar, wenn wir den einzelnen, selbst in Beziehung auf die beschränkte Gesammtheit der er zunächst angehört, immer nur durch das persönliche Bewußtsein bestimmt denken, so schreiben wir ihm einen Mangel an Freiheit oder Willenskraft zu. Nehmen wir indessen den Sprachgebrauch, wie er gegeben ist, so müssen wir gestehen, daß das nicht ausschließlich damit gemeint ist, wenn wir einem eine größere Willenskraft zuschreiben und ihn für freier halten als den andern, sondern, ganz abgesehen von der Beziehung auf die Gattung, nennen wir das Willenskraft, wenn der einzelne sich selbst als Einheit in der ganzen Entwikklung seiner Thätigkeit festhält und nicht rein vom Moment bald zu dieser bald zu der entgegengesezten hingezogen wird. Je mehr die verschiedenen Momente des Lebens in ein solches Verhältniß treten, daß der frühere durch den späteren verneint wird, desto weniger Freiheit und Willenskraft schreiben wir ihm zu, weil er im späteren nicht will, was er im früheren gewesen ist. Hier sehen wir nur darauf, daß im gegenwärtigen Moment der künftige auch schon hätte gegenwärtig sein sollen, wie im künftigen der vergangene; darin finden wir die Unabhängigkeit von der Gewalt des Moments, und erkennen in dieser Unterordnung des momentanen Eindrukks unter das Zusammensein und Zusammenschauen der Gegenwart und Zukunft einen gewissen Grad der Freiheit. Hier ist also nur die Beziehung auf die persönliche Einheit, die aber festgehalten wird und das Uebergewicht hat über das bloß momentane und vorübergehende; dabei wird die totale Richtung des einzelnen der Gesammtheit entgegengesezt sein können, in dieser persönlichen Abgeschlossenheit finden wir jedoch einen gewissen Grad der Freiheit. Allerdings aber werden wir sagen müssen, baß der einzelne eine größere Beziehung zur Totalität hat, wenn es nicht das persönliche Einzelwesen ist, welches so über den Moment dominirt, sondern in das Bewußtsein des Einzelwesens auch das der Gesammtheit aufgenommen ist. Wenn wir dies dann weiter fortgesezt denken und uns einen einzelnen vorstellen, welcher nicht nur sein Verhältniß zur Gesammtheit, sondern auch das Verhältniß des Momentes in der Entwikklung der Gesammtheit zur Totalität immer gegenwärtig hat, und in diesem Bewußtsein der Gesammtheit soll ebenso mitgesezt sein das Verhältniß derselben zur Totalität des menschlichen Geschlechts bezogen auf die Totalität der Entwikklung, so wäre dies das vollkommenste, was wir uns denken können in dem einzelnen Moment, weil darin die Gesammtheit der Intelligenz das bewegende und bestimmende wäre, und niemand wird wol leugnen können, daß dies das absolute der Freiheit und Willenskraft wäre, das Maximum schlechthin über welches hinaus sich nichts denken läßt. Hier haben wir also eine große Abstufung, je mehr neben dem unmittelbar gegebenen einzelnen auf diese Weise mitgesezt ist und je mehr jedes untergeordnete wieder das höhere mitgesezt hat, desto größer ist die Freiheit und die individuelle Kraft, und das gilt ebenso von der Receptivität wie von der Spontaneität. Eine andre Frage ist aber die, ob diese Abstufung überhaupt oder in gewissen Grenzen gefaßt und auf eine bestimmte Thätigkeit bezogen das ist, was man unter Charakter versteht, und ob es die eine oder die andre Gebrauchsweise ist oder auch beide zugleich, die wir auf dieses Gebiet beziehen können.

Wir werden zugeben müssen, daß in jedem Temperament eine Hinneigung ist zum Extrem und daß ein jedes eines Correctivs bedarf; wenn dieses sich nun findet in der entgegengesezten Bestimmtheit der untergeordneten Function, welche hemmend eingreift, so hat es sein Correctiv schon in sich selbst; dieses kann aber auch liegen in dem Verhältniß des Gattungsbewußtseins zu dem persönlichen und insofern dieses ein constantes ist, scheint es das zu sein, was die im Auge haben, welche den Begriff des

Charakters so einfach fassen, daß sie nur diesen oder seine Negation zulassen. Wenn man annimmt, daß ein einzelner durchaus nur von seinem Temperament bestimmt wird, so wird das ein jeder von jenem Gesichtspunkt als Charakterlosigkeit bezeichnen, weil das constante nur darin liegt, was die Natur im Zusammenhange mit dem physiologischen gegeben hat, wobei die Gewalt der Intelligenz als solcher null ist. So wie man aber diese auffaßt unter der Form der Macht über die Natur, welche bei der im Individuum gegebenen Natur anfangen muß sich zu beweisen, so wird darin allemal ein Correctiv für die Einseitigkeit der Temperamentsbestimmung liegen, weil ein andrer Gesichtspunkt für die Combination der Momente da ist. Es tritt aber hier unmittelbar noch ein andrer Punkt ein, der sich ebenso auf die andre Seite der Betrachtung zu beziehen scheint. Das Gattungsbewußtsein nämlich ist doch erst ein klar durchgebildetes, insofern die Totalität der Individuen in dem Begriff der Gattung mitgesezt ist; diese aber wäre in der Beziehung der unendlichen Vielheit auf die Einheit eine verworrene, wenn nicht die Abstufungen in der Richtung auf die Einheit mitgesezt wären, d. h. es muß das Gattungsbewußtsein sich ausprägen in dem Bewußtsein der bestimmten Gesammtheit, zu welcher der einzelne gehört, aber diese in der Zusammengehörigkeit mit allen andern gedacht. Dies sezt allerdings schon einen gewissen Grad von Entwikklung der geistigen Functionen voraus und scheint nicht als allgemeine Foderung aufgestellt werden zu können, aber es ist doch selbst wieder einer großen Mannigfaltigkeit der Entwikklung fähig von der Annäherung zum instinktartigen bis zu voller Klarheit. Es wird dann allerdings im ersten Falle die unmittelbar gegebene Beziehung auf die Gesammtheit das einzige sein was klar ins Bewußtsein aufgenommen wird, und das Verhältniß dieser zu den übrigen wird nur dann ins Bewußtsein kommen, wenn ein Contact oder gar ein Conflict mit ihnen gesezt ist. Wir werden also zunächst es zu thun haben mit dem Verhältniß der einzelnen zu der Gesammtheit, der er angehört.

Hier haben wir, als wir die Temperamentsverschiedenheiten behandelten, diese ebenfalls auf die natürlichen Gesammtheiten der volksthümlichen Differenzen bezogen und gesagt, es fänden sich dieselben in gleicher Weise nur im größeren Maaßstabe, und die Temperamentsverschiedenheiten der einzelnen könnten nur recht verstanden werden im Verhältniß zu den volksthümlichen. Wenn wir nun bei dem einzelnen nach seinem Charakter fragen, d. h. nach dem Correctiv für die Einseitigkeit des Temperaments, so tritt dieselbe Frage natürlich auch ein bei der Gesammtheit, ob sie eines solchen Correctivs bedarf und ob ein Volkscharakter ebenso zu fordern sei über das Volkstemperament, womit dann auch die Möglichkeit einer Differenz der Völker in Beziehung auf Charakter und Charakterlosigkeit gegeben wäre? Offenbar werden wir diese Frage bejahen müssen, aber auch in derselben Weise sagen, ein Volk habe Charakter, wenn es ein Correctiv für die Einseitigkeit seines Temperaments besizt, das nicht in diesem selbst liegt, sondern in einem constanten Impuls, wodurch alle Aeußerungen des Temperaments zusammengehalten werden. Dies können wir nur bezeichnen als eine leitende Idee, die einer solchen Gesammtheit einwohnt und wo diese vorhanden ist, da hat das Volk Charakter. Aber ich glaube, es wird nicht leicht jemand den Gegenstand ins Auge fassen um zu sehen, was man unter Nationalcharakter versteht, ohne daß er sich zugleich zu der andern Ansicht hinwendete, welche eine Mannigfaltigkeit in dem Charakter annimmt.

Betrachten wir nun die Abstufungen von dem Gattungsbewußtsein herab bis zum persönlichen Einzelwesen, so werden wir einen Wechsel finden zwischen dem, was wir als ein natürlich gegebenes, und dem, was wir als eine Manifestation der Freiheit ansehen, indem das, was uns aus dem einen Gesichtspunkt als das eine erscheint, aus dem andern das andre wird. Denken wir uns die Intelligenz in Verbindung mit der menschlichen Organisation für diese Erde als eins, so liegen in dieser Verbindung schon die Differenzen prädeterminirt, die sich in den verschiebenen großen Massen manifestiren. Wenn wir hingegen das eigenthümliche einer solchen großen Masse betrachten in seiner Wirksamkeit in den einzelnen, die dieser Masse angehören, so erscheint es uns da, weil es der Ausdruck ist von der Differenz zwischen dem in dem einzelnen und dem in der Masse als solcher gegebenen, als Freiheit des einzelnen; ebenso aber müssen wir sagen, der eigenthümliche Charakter der Masse, insofern er ein Ausdruck für die Beziehung des einzelnen zu der ganzen Einheit der menschlichen Natur ist, würde die Freiheit der Masse sein, und nur je mehr wir ins einzelne gehen, desto mehr tritt die Freiheit hervor. Wenn wir nun das Temperament mehr als ein Product der Natur ansehen, so meinen wir mit dem Charakter im Gegensaz zu dem natürlich gegebenen jedenfalls etwas, was wir auf die Seite der Freiheit stellen, dies thun wir insofern, als wir noch ein Losreißen von einer mehr vereinzelten Bestimmtheit und eine Beziehung auf eine größere sezen können. Sowie wir aber bei der auf diesem Gebiet absoluten Einheit stehen bleiben, so verschwindet uns da der Unterschied zwischen dem natürlich gegebenen und dem, was wir als Freiheit sezen könnten, ganz und gar, aber doch nur so, daß wir dasselbe unter dem einen oder dem andern Gesichtspunkt betrachten können, indem wir sagen: die Freiheit ist die Natur des Geistes. Ueberall also, wo wir dieses Losreißen von der natürlichen Bestimmtheit finden durch die Wirksamkeit eines auf das größere gehenden Impulses, werden wir Charakter sezen. Wenn wir nun fragen worin sich dieser sittliche Gehalt des Charakters manifestirt, so liegt er immer nur, wir mögen uns stellen wohin wir wollen, in der Beziehung des Einzelwesens zu der Gesammtheit, der es angehört. Wollen wir diese Formel auf eine reale Weise ausfüllen, so müssen wir sagen, eine jede solche Gesammtheit hat einen bestimmten Theil der Aufgabe des menschlichen Geistes überhaupt, welcher ihre eigenthümliche Existenz bezeichnet; dieser ist bestimmt in Beziehung auf die räumliche und zeitliche Gesammtheit und in Beziehung auf die Modificabilität der get=

ftigen Function in der menschlichen Natur überhaupt, und darin liegt die eigenthümliche Aufgabe des nationalen Daseins. Betrachten wir nun den einzelnen in solcher Gesammtheit, so hat er in dem Maaße Charakter, als er sich der Gesammtaufgabe bewußt und dieses Bewußtsein die leitende Idee in ihm ist. Denken wir uns nun einmal das einzelne Leben in einem entwikkelten Volke, (denn sonst tritt die Differenz des persönlichen und des nationalen Charakters ebenso wenig hervor, wie die des persönlichen und nationalen Temperaments) so wird die Lage eines einzelnen, wie sie sich bestimmt hat ehe sein Selbstbewußtsein zur Entwikklung gekommen, es möglicherweise begünstigen, daß er sich seinen Theil der Gesammtaufgabe aneignet, aber es kann auch sein, daß er mit manchen Schwierigkeiten dabei zu kämpfen hat. In dem lezten Fall zeigt sich der Charakter um so mehr, in dem ersten um so weniger, denn je mehr es jemandem erleichtert wird, desto weniger hat er Gelegenheit seinen Charakter zu manifestiren, je schwieriger es aber ist die leitende Idee festzuhalten und je constanter er doch verfolgt, was er als seinen Antheil an der Gesammtaufgabe erkannt hat, sei es unter der Form des objectiven oder des subjectiven Bewußtseins, um desto mehr Ursache haben wir ihm Charakter beizulegen. Nun wird es leicht sein, auch in dem anderen Fall, wo keine ungünstigen Verhältnisse sich zeigen, an der Art wie der einzelne seine Temperamentsbestimmtheit durch die leitende Idee beherrscht, zu sehen, ob es an Charakter fehlt; aber immer ist das Urtheil sehr dem Irrthum unterworfen, während es weit leichter ist wo der Streit zwischen der leitenden Idee und den äußern Verhältnissen mehr ins Auge fällt.

Wenn wir nun aber weiter gehen und das ins Auge fassen, was wir früher als Neigung bezeichnet haben, eine persönliche Bestimmtheit, die theils in der Natur gegeben theils durch die Entwikklung geworden ist, so werden wir mit in Anschlag zu bringen haben, wie sich ein solches Verhältniß zur Gesammtaufgabe stellt. Das kann aber nur geschehen auf einer gewissen Entwikklungsstufe, wo die Beweglichkeit in den einzelnen Functionen der leiblichen und psychischen Organisation nicht mehr so groß ist, daß ein leichter Wechsel in dieser Richtung stattfinden kann. Hier tritt eine Mannigfaltigkeit ein, die dann eine andre ist als die durch die Temperamente bestimmte, und dies scheint der Gesichtspunkt zu sein, von welchem diejenigen ausgehen, welche eine Mannigfaltigkeit des Charakters annehmen. Denn wenn wir beides zusammenfassen, die geworbene Neigung als eine bestimmt gegebene und die Temperamentsbestimmtheit, so ist in beiden zusammen eine unendliche Mannigfaltigkeit gesezt und der Charakter manifestirt sich darin, daß ein jeder, wie er sich geworden findet in dem Zeitpunkt der Entwikklung, wo die reife Lebensthätigkeit beginnt und er entlassen wird aus dem überwiegenden Zustande des Bestimmtwerdens, sein Verhältniß zur Gesammtheit und seinen Antheil an der Gesammtaufgabe bestimmt. Auf diese Weise werden wir wol beide Gesichtspunkte vereinigen können; es bleibt im allgemeinen die Hauptdifferenz, ob sich eine solche leitende Idee entwikkelt oder nicht, und also jemand Charakter hat oder nicht, aber in der Manifestation dieser Idee zeigt sich die Mannigfaltigkeit des Charakters, und wir werden grabezu sagen müssen, es hat jeder einzelne, in dem Maaß als er Charakter hat, auch seinen eigenen. Wir drükken dadurch zugleich die Festigkeit des Baues aus zwischen der leitenden Idee und allem was zur einzelnen Bestimmtheit des Menschen gehört, inwiefern sie bei ihm auf diesem Punkt ein schon gewordenes ist, und in diesem Festhalten und richtigen Gebrauch des schon gewordenen, um sich seinen eigenthümlichen Theil an der Gesammtaufgabe zu bestimmen und diesen gehörig auszufüllen, zeigt sich der persönliche und individuelle Charakter. Das Charakter-haben überhaupt ist eine höhere Stufe des Daseins, aber es bewährt sich nur in der Individualität des Charakters; denken wir diese verringert, so werden wir auch in der leitenden Idee ein Schwanken annehmen und der Charakter wird sich darin wenig offenbaren. Es ist also nur eine Abstraction von dem sich nothwendig entwikkelnden individuellen, die jener Bezeichnung zum Grunde liegt, wo der Charakter als etwas einfaches gesezt wird. Dies ist nun ganz dasselbe für den einzelnen und für eine jede wirklich natürliche Gesammtheit, die eine höhere zusammengesezte Persönlichkeit bildet, nur daß es uns allerdings leichter werden mußte, den Zusammenhang zwischen dem, was hier Stufe und was individuelle Verschiedenheit ist, zu erkennen, wenn wir zuerst auf das große sehen, es zeigt sich aber hernach im einzelnen ebenso. Offenbar ist in der Stufe eine große Mannigfaltigkeit, und wenn man die Charaktere klassificiren will, so ist das eigentlich ein Durchgangspunkt, der dazu dient um die Auffassung der individuellen Mannigfaltigkeit zu erleichtern. Auf diesem Punkt müssen wir stehen bleiben, denn das eigentlich individuelle aufzufassen ist nicht mehr unsere Sache, weil es den allgemeinen Formeln sich entzieht. Das Resultat der Betrachtung des individuellen hat auch immer seinen individuellen Factor in dem betrachtenden selbst, weshalb denn auch die größten Differenzen in dem Urtheile entstehen. Wir brauchen nur das Gebiet der Geschichte und des täglichen Lebens zu betrachten, um zu sehen, wie verschieden sich überall die Auffassung des individuellen gestaltet. Daher giebt es hier gar kein Regulativ. Es könnte sich nur um eine allgemeine Classification handeln, aber diese ist auch unthunlich, weil man nicht allgemeine Principien aufstellen kann, sondern nur solche, die auf partiellen Entwikklungszuständen beruhen.

4. Werthdifferenzen unter den einzelnen.

Wir wenden uns nun zu dem lezten, was wir als Differenz unter den einzelnen aufstellen können, nämlich den Abstufungen, die einen Vorzug auf der einen Seite und ein Zurükkbleiben auf der andern begründen. Wir haben durch die vorigen Betrachtungen zwei Ausgangspunkte. Wenn wir einem einzelnen Charakter beilegen, so bestimmen wir dadurch, wenn auch nur unter der Form des relativen Gegensazes, ein größeres Maaß des Antheils des innern Princips an allen äußeren Bewegungen, eines

Princip das in den geistigen Functionen selbst liegt und die Einheit derselben darstellt und regulirt; nennen wir dagegen einen einzelnen charakterlos, so sprechen wir ihm dies in einem gewissen Grade ab. Fragen wir dann nach dem Grunde aller Veränderungen in ihm und nach den Ursachen, weshalb sich in ihm dieses oder jenes grade ergiebt, so werden wir sie überwiegend in dem finden, was wir im Vergleich mit jenem das äußere nennen müssen. Denken wir uns den Menschen ganz in der Gewalt des Temperaments, so ist das zwar auch ein innerer Grund, erscheint uns aber im Vergleich mit jenem als ein äußerer, weil darin ein Einfluß des leiblichen auf das psychische unverkennbar ist. Aber es ist noch etwas andres in Betrachtung zu ziehen. Zu diesen äußeren Einflüssen gehören nämlich auch eine Menge von psychischen, die aus dem gemeinsamen Leben herkommen, und da müssen wir fragen, wie stehen dazu der, welcher Charakter hat, und der charakterlose. Wenn wir sagen wollten, wer Charakter hat, stehe über allen Einflüssen äußerer Einwirkung, so würde das etwas ganz anderes sein als Charakter; denn wenn das Darüberstehen ein gänzliches Losreißen bezeichnen sollte, so wäre das nicht unmittelbar ein Vorzug, sondern dann ist vielmehr ein größeres Quantum in demjenigen, der sich den Einflüssen und Impulsen des gemeinsamen Lebens hingiebt, da die Wirksamkeit von diesem ein Resultat hat, während sie bei jenem Null ist. Also müssen wir den Unterschied so fassen: bei dem einen ist das Verhältniß zu dem Gesammtleben, dem er angehört, mit in die bestimmende Einheit, die bei ihm hervortritt, aufgenommen, bei dem lezten aber kommen diese Einflüsse nur an ihn durch das Medium des Temperaments und der Stimmung, also nicht eigentlich als Einflüsse des Gesammtlebens, sondern wie sie sich in jenem brechen unter dem Miteinfluß des leiblichen. Hier zeigt sich eine große Differenz in Beziehung auf die Art, wie gemeinsame Bewegungen zu Stande kommen. Denken wir uns eine Gesammtheit ganz ohne allen Charakter, so wird, wenn diese Masse eine solche ist, wo das Nationaltemperament dominirt und

die einzelnen Differenzen untergeordnet sind, es doch eine gemeinsame Bewegung geben, sobald ein gemeinsamer Impuls vorhanden ist. Denken wir uns aber eine Masse, wo die individuellen
Differenzen stark hervortreten und das gemeinsame mehr zurück-
steht, aber zugleich ohne Charakter, so wird das eine Zerrüttung
des ganzen gemeinsamen Lebens zur Folge haben, denn das ist
der Zustand, wo sich die Selbstliebe geltend macht und das gemeinsame Bewußtsein vertilgt. Dies nur beiläufig. Kehren wir
zum einzelnen zurück, so finden wir, wo wir demselben Charakter
beilegen, ein bestimmtes Verhältniß zwischen dem einzelnen und
gemeinsamen Leben, wo dies nicht ist, da ist die Möglichkeit eines
solchen Zerfallens des gemeinsamen mitgesezt, aber nur die Möglichkeit, denn es kommt an auf den Grund, warum der einzelne
hervortritt, und auf die Beschaffenheit der äußeren Impulse. So
kann also, ohne daß die eigentliche Dignität der geistigen Lebenskraft
verschieden wäre, eine große Verschiedenheit stattfinden in Beziehung
auf die Gesammtentwikklung. Aber wir werden gleich zugeben, daß
wir in dieser Differenz keineswegs das ganze haben, sondern nur
einen Punkt, von dem aus wir nach oben hinauf und nach unten hin-
absteigen können. Wenden wir uns zuerst nach oben, so können constante Impulse auf das gemeinsame Leben nur von denen ausgehen, die Charakter haben, alle Einflüsse anderer werden nur scheinbar
auf ihre Rechnung gesezt werden können und die Motive werden
sich in eine größere oder geringere Mannigfaltigkeit zersplittern.
Aber hiebei ist eine große Differenz in den einzelnen selbst übrig
gelassen, die wir nur recht auffassen können, wenn wir auf das
Gesammtleben sehen. Hier müssen wir wieder den gewöhnlichen
Hauptunterschied festhalten und sagen, es giebt Völker, welche bis
jezt nur noch einen sehr geringen Entwikklungsexponenten haben,
in diesen kann also auch der Antheil der einzelnen an der Ge-
sammtbewegung nur ein geringer sein, und sind, wie dies gewöhnlich mit dieser Art zusammen hängt, die individuellen Differenzen gering, so ist auch die Differenz gering zwischen dem Einfluß, den der einzelne auf das ganze ausübt, und dem, den das

ganze auf ihn ausübt. Je mehr der einzelne ein aliquoter Theil des ganzen ist und jeder das ganze in sich trägt, ohne von den andern verschieden zu sein, um so weniger ist beides zu unterscheiden und ob man sagt, die Bewegung geht von der Gesammtheit aus oder von dem einzelnen, ist gleich. Eine solche Gesammtheit hat immer zugleich eine geringe Entwikklung. Denken wir uns nun von einem solchen Zustande aus eine gewisse Entwikklung entstehen, so muß diese entweder durch äußere Impulse hervorgebracht werden, oder durch Entwikklung von Ungleichheiten in der Masse selbst. Das erste läßt sich allerdings auch denken, aber nur wenn bedeutende Veränderungen in dem Gesammtzustande eintreten. Steht eine solche Masse isolirt und auf demselben Boden, so sieht man nicht, woher solche äußeren Einwirkungen kommen sollten; entweder also muß die Masse in Berührung mit andern treten, die eine größere Entwikklung haben, oder sie muß von ihrem Boden gelöst und auf einen andern versetzt werden. Wir finden das eine oder das andre allein, aber auch beides zusammen, wie in der Entwikklung unserer modernen Welt. Die Völker, die jetzt unseren Welttheil constituiren, waren in dem eben beschriebenen Zustande der Entwikklung, sie wurden dann in einen neuen Boden versetzt, wo sie mit andern Völkern in Berührung kamen, deren Entwikklung zwar eine große gewesen, aber nun schwach geworden war; durch den neuen Impuls kam nun eine neue Frische und Lebendigkeit in sie hinein und so entstand der Zustand unserer modernen Welt. Aber es ist dann auch natürlich und unvermeiblich, daß zugleich ein Princip der Ungleichheit sich entwikkelt, und so können wir uns auch denken, daß dies auf unmittelbare Weise geschieht, nur daß dies lezte wunderbarer erscheint als das erste.

Hier kommen wir auf einen Punkt, wo wir uns das Maximum des einzelnen denken können, nämlich so, daß der größere Entwikklungsexponent und das höhere Ziel des Lebens sich als ein anderer Typus in einem einzelnen entwikkelt und dieser einen dominirenden Einfluß auf die Masse ausübt. Solche Facta werben wir nothwendig annehmen müssen, wenn auch die Beweise an der Grenze der geschichtlichen Ueberlieferung liegen, weil sonst das, was geschehen ist, sich nicht erklären ließe. Das Factum, welches ich im Sinne habe, ist die Entwikklung der bürgerlichen Zustände. Wir können sie denken als etwas rein allmählich werdendes und in der Entwikklung eines Volkes durch einen allmählichen Uebergang eintretendes, ohne daß in den äußeren Verhältnissen eine bedeutende Differenz einträte. Es sind die Annäherungen an den bürgerlichen Zustand und dieser selbst schon da, aber es fehlt die lezte Hand daran, die äußere Form, die bloß das Aussprechen ist, was dann durch einen geringen Anstoß zu Stande kommen kann. Da werden wir aber auch keine Ursache haben ein Princip der Ungleichheit in der Entwikklung vorauszusezen, sondern die einzelnen werden in demselben Verhältniß bleiben, wie sie gewesen sind. Wenn wir aber nicht leugnen können, daß in vielen Massen der ursprüngliche Zustand des bürgerlichen Lebens sich unter der Form der Alleinherrschaft entwikkelt hat, so werden wir anerkennen müssen, daß das Bewußtsein eines solchen Zustandes sich in einzelnen entwikkelt hat, und diese dann einen bildenden Einfluß auf die ganze Masse gewannen. Wollen wir uns die Entstehung eines solchen einzelnen aus der Masse heraus erklären, so kommen wir freilich an die Grenze des geheimnißvollen, wo alles Angeben einer Ursache aufhört und wir unmittelbar zurükgeführt werden auf den Geist schlechthin. Liegen einmal in der Natur des Geistes alle Differenzen, so können wir auch denken, daß sie irgendwo zuerst zum Vorschein kommen, wo sie noch nicht gewesen. Jeder einzelne, der sich in gewissem Sinne ursprünglich von den andern unterscheidet, ist doch nicht zu begreifen aus dem, was in der Masse schon gegeben ist, sondern sie wird dadurch eine neue, was wir nur aus der das ursprüngliche Sein bildenden Kraft des Geistes im allgemeinen erklären können, und hier sind wir an der Grenze schlechthin. Reden wir nun von einem einzelnen als solchen, so ist der der größeste, der eine neue Lebensform in das Gesammtleben bringt, in welches er eintritt, und in dem sich aus der allgemeinen beseelenden geistigen Lebensquelle ein größeres Maaß von geistiger Kraft zusammendrängt, als früher in den einzelnen derselben Masse gewesen ist und sich aus dem Zusammenwirken der einzelnen als solcher begreifen läßt. Daher ist es natürlich, daß solche einzelne überall in einem gewissen Sinn als übermenschlich angesehen werden. Hier kommen wir also auf den Begriff des heroischen im engern Sinne des Worts, wie er in den hellenischen Sagen und Mythen vorkommt und auf eine Vermischung des menschlichen und übermenschlichen hinweist. Das eigentliche Fundament solcher Darstellungen und das, worin sie ihre Wahrheit haben, sind diese bildenden Einflüsse einzelner, aus welchen ein anderer Gesammtzustand entsteht, namentlich der Staatenbildner, welche die Massen zu einem wirklichen bürgerlichen Zustande coagulirt haben. Denn einen solchen Einfluß auf die Masse auszuüben und dadurch dieselbe unter sich zu bringen ist wirklich das größeste, was man sich denken kann. Ja wenn wir die Folgen davon, wie sie sich von diesem Punkt aus nothwendig ergeben, construiren, so wird es sich noch viel größer darstellen. Denken wir uns nämlich auf diese Weise den einzelnen als Urheber eines neuen Lebenstypus, so daß die Masse erst durch ihn zum Bewußtsein ihrer Zusammengehörigkeit gelangt, so bekommt also auch eigentlich erst durch ihn die Gesammtheit einen gemeinsamen Charakter, und dies können wir uns wieder nicht anders denken als verbunden mit einem neuen Entwikklungsimpuls; die nationale Eigenthümlichkeit wird natürlich das Abbild seiner persönlichen Eigenthümlichkeit und er drükkt ihr das Gepräge der seinigen auf. Denn in ihm ist der Impuls des Gesammtlebens als ein bestimmter entstanden und daraus das ganze geworden, das ganze ist also das Abbild des einzelnen, während vorher das ganze nicht anders bestand, als daß jeder einzelne das Abbild des einzelnen war.

Nun aber müssen wir uns diesen Einfluß doch nicht allzugroß denken. Er ist nicht allein selten, sondern auch niemals ein solcher, der sich gleichmäßig auf alle geistigen Functionen erstrekkt.

Der bürgerliche Zustand hat nur das Verhältniß des Menschen zur äußeren Natur und die Vereinigung der Kräfte zu ihrer Beherrschung zum Ziel und das ist das eigentliche nächste Gebiet des dominirenden Einflusses einzelner, wie es unter dem Ausdruck des heroischen begriffen wird. Wenn wir ferner von einem etwas anderen Gesichtspunkte ausgehen, so erscheint eine solche Gemeinschaft bildende Thätigkeit ganz dem Typus des künstlerischen entsprechend; es ist mehr oder weniger ein Urbild in demjenigen, von dem die Wirkung ausgeht, und die Thätigkeit des menschlichen Geschlechts, dem er angehört, ist das, worin er das Urbild ausführt. Es ist also ein Kunstwerk, wo sich eine Masse in der Form der lebendigen Empfänglichkeit verhält; wo diese nicht ist, würde das Kunstwerk nicht zu Stande kommen, möchte auch das Verhältniß dessen, in dem das Urbild ist, zu der Masse seinem geistigen Werthe nach dasselbe sein. Wenn wir nun in der Geschichte in ähnlichen Fällen Versuche finden, die nicht zu Stande kommen, weil es an der gehörigen Empfänglichkeit fehlt, so werden wir das an den Grenzen der Geschichte auch voraussezen und so erscheinen denn diejenigen, durch welche die Bildung wirklich zu Stande kommt, größer als sie eigentlich sind.

Ich habe zuerst vorzüglich auf diejenigen Rükficht genommen, durch welche in einem solchen Proceß die bürgerliche Gemeinschaft zu Stande gekommen ist. Es giebt aber noch eine andre Wirksamkeit, die zum Theil mit jener zusammen zum Theil getrennt von ihr vorkommt, so daß sie nur zufällig mit jener verbunden erscheint, nämlich die Bildung der Religionsgemeinschaften, die es gar nicht zu thun hat mit der Naturbeherrschung sondern nur mit der Steigerung des Selbstbewußtseins, aber allerdings in der lebendigen Beziehung auf das objective Bewußtsein einerseits und die Willensbestimmung andrerseits. Hier werden wir ganz dasselbe finden und ebenso auch zurükgehen können an die Grenze des geschichtlichen. Bisweilen ist das Religion-stiften mehr in Verbindung mit dem politischen, bisweilen mehr in Verbindung mit dem speculativen, bisweilen tritt es auch ganz einzeln hervor, aber häufig nicht ohne in Conflict mit dem einen oder dem andern zu gerathen. Hier findet sich nun ganz dasselbe, nur noch bestimmter, das Zurükkgehen auf einen einzelnen, welcher auf die Masse begeisternd wirkt, um sein eigenthümlich gesteigertes Selbstbewußtsein erregend auf dieselbe über- zutragen. Wir haben keine Ursache, das Verhältniß anders zu stellen als das andre, sondern es ist eben dasselbe heroische, indem es aus dem gleichzeitigen Leben und der Wechselwirkung der einzelnen nicht zu erklären ist.

Das giebt uns den Uebergang zu einem dritten Verhältniß. Wenn wir nämlich hier schon auf der einen Seite einen Zusam- menhang mit dem politischen auf der andern mit dem speculati- ven gefunden haben, und das Ganze in beiden Hauptformen doch als Kunstwerk denken, so führt uns das darauf, das, was dort neben und untergeordnete Function war, in eins zu schauen, und so werden wir sehen, daß die Entwikklung der Denkkraft in ihrem eigenthümlichen Charakter und ebenso auch von der Erregtheit des Selbstbewußtseins aus die Kunst im eigentlichen Sinn auf gleiche Weise fortschreitet, indem solche Formen des Denkens und solche Urbilder der künstlerischen Production ursprünglich von ein- zelnen ausgegangen sind. Hier ist freilich der Charakter der Wirkung ein andrer, aber die Differenz ist doch eigentlich eben dieselbe; hier finden wir nicht mehr auf dieselbe Art in der all- gemeinen Auffassungsweise wie in der mythischen Darstellung das Zurükkführen auf ein übernatürliches, aber die Sache ist doch ganz analog. Wenn wir auf dem Gebiete der Wissenschaft und der Kunst Thätigkeiten, die sich als herrschende Formen geltend machen, auf einen einzelnen zurükkführen und sie aus dem Ge- sammtleben nicht erklären können, so müssen wir sie aus dem Zu- sammenhange der einzelnen Seele mit dem Urquell des geistigen Lebens begreifen und kommen so also auf dieselbe Analogie zu- rükk. Weil wir es aber hier nicht mit dem Verhältniß des Men- schen zur Außenwelt zu thun haben, sondern mit einem mehr in sich abgeschlossenenen, wozu das religiöse auch gehört, so finden wir hier eine andre Bezeichnung, nämlich das, was wir dem heroischen gegenüber das geniale nennen. Es ist hier ebenso die Beziehung auf einen in das unbestimmte zurükkgehenden Ursprung, aber was darunter gedacht wird, ist allemal diese auf eine große Masse wirkende und sie sich assimilirende Kraft des einzelnen, nur daß wir sie auf diese Gebiete beschränken.

Wie wir nun auf der einen Seite gesehen, daß es im Umkreise des heroischen Annäherungen giebt, die von demselben Verhältniß des einzelnen zur Masse zeugen, aber in ihr noch nicht zum eigentlichen Leben kommen, so läßt sich auf der andern Seite, wenn das Leben einmal zur constanten Entwikflung gelangt und in gewissem Grade in die Masse eingedrungen ist, das Wiedererscheinen eines solchen Verhältnisses nicht denken ohne eine Zerstörung des ersten Zustandes, und was so ursprünglich als productiv erscheint, zeigt sich in der Folge an solchen Punkten als eine das menschliche Gesammtleben zerstörende Kraft, wenn eine frühere Entwikflung zum Ende gelangt ist. Es ist offenbar, daß die geistigen Functionen, diejenigen mit eingeschlossen, durch welche das herrschende Verhältniß des Menschen über die Außenwelt bestimmt und gesezmäßig wird, sich ganz anders gestalten müssen in isolirten Massen von einem langsamen Entwikflungsexponenten, und daß dieselbe Gestaltung nicht fortbestehen könne, wenn der isolirte Zustand aufhört und die Masse influenzirt wird durch andre, die einen schnellern Entwikflungsproceß haben. Hier sehen wir das naturgemäße in der Zerstörung früherer geselliger Zustände, wodurch die Nothwendigkeit des Hervortretens einzelner heroischer Naturen entsteht. Je mehr aber die Berührung aller menschlichen Massen allgemein geworden ist und in der Circulation sich ein Gleichgewicht zeigt, desto mehr verschwindet die Nothwendigkeit einer Zerstörung und Umbildung und um so mehr hört das Verhältniß auf ein naturgemäßes zu sein. Sehen wir aber auf das, was ich in Beziehung auf die Annäherung an dasselbe gesagt habe, so ist es möglich, daß das Verhältniß heroi-

scher Naturen zur Masse dasselbe bleibt, wiewol es nicht hervor=
treten kann. Wenn das aber nicht mehr angeht, so soll es auch
nicht mehr auf dieselbe Weise erscheinen und sich geltend machen,
sondern es sollen dann solche Naturen nur die höchste Spize bil=
den in Beziehung auf das, was in allen doch schon dasselbe ist.
Denken wir uns nun aber ein solches Verhältniß überwiegender
Kraft wirklich in einzelnen vorhanden, aber ohne daß es eine
Veranlassung hätte sich auf ähnliche Weise wie früher geltend zu
machen, so kann das in seinem Effekt sich spalten, indem es auf
der einen Seite sich zurükzieht auf die geöffnete Bahn, wo ge=
wissermaßen ein urbildliches und vorbildliches übrig bleibt, aber
ebenso lassen sich auf der andern Seite auch übergreifende Er=
scheinungen denken, welche Zerstörung bewirken vielleicht von dem
Bewußtsein durchdrungen, daß noch etwas der Vergänglich=
keit unterworfenes in den bestehenden Bildungen sei, aber ohne
daß die Nothwendigkeit zur Zerstörung gegeben wäre. Das ist
das unregelmäßige und gesezlose in der Aeußerung einzelner psy=
chischer Naturkräfte und also die Ausartung des Verhältnisses.
Denken wir uns aber dasselbe in seiner gesezmäßigen Entwikk=
lung bleibend so wie ich es vorher beschrieben habe sich zurükk=
ziehend auf die geöffnete Bahn, so wird auch das Verhältniß in
der Masse ein andres. Wenn wir sie uns denken bei den eigent=
lich heroischen Entwikklungspunkten in der Form der Receptivität,
so wird sie auf diesen Punkten in solchen ausgezeichneten Vor=
bildern denselben Typus sehen, den sie selbst schon kennt, also
sich im Zustande einer freien Nachbildung befinden, so daß sich
die Differenz auf beiden Seiten vermindert. Eben dieses ist die
Stufe, auf welcher überhaupt die Differenz auf dem Gebiete des
genialen stehen bleibt; weil es hier im Gebiete der Wissenschaft
und Kunst nicht auf das Bilden eines gemeinsamen Lebens an=
kommt, in welchem der einzelne nur ein integrirender Bestand=
theil ist, sondern darauf, daß sich derselbe Typus der Organi=
sation des Denkens oder der Kunstbildung in dem einzelnen er=
zeugt, so wird die geniale Natur nur wirksam, insofern die

22 *

Richtung auf die Productivität in dem einzelnen mit der lebendigen Empfänglichkeit zusammentrifft, die geniale Production aufzufassen und sich daran fortzuentwickeln. Wenn wir also beides, das heroische und geniale auf dieser Stufe der Differenz denken, so müssen wir sagen, daß diese sich in der regelmäßigen Entwicklung des Lebens verringert, die Massen immer mehr gehoben und die ausgezeichneten Naturen immer weniger verschieden werden. Stellen wir uns nun in einem solchen ruhigen Entwicklungsgang an das Ende, so ist es nur zu denken als eine Approximation an die Gleichheit und als ein zunehmendes Verschwinden der ausgezeichneten Naturen, während alle Zustände, wo die Differenz in der höchsten Spannung hervortritt, dem Anfange angehören, und nur da, wo wir uns eine Zerstörung der Gesammtheit denken, postuliren wir wieder, daß die Ungleichheit erscheint, aber auch hier in geringerem Maaße als bei dem geschichtlichen Anfangspunkt. Wir werden also in Beziehung auf die einzelne Seelenbildung in ihrer Gesezmäßigkeit uns das menschliche Geschlecht vorstellen müssen in abnehmender Ungleichheit, und je mehr diese den naturgemäßen Gang bildet, um desto schwieriger wird es das frühere Verhältniß sich nachzubilden und lebendig zu machen, um desto weniger wird es natürlich erscheinen, in Beziehung auf das einzelne, wie es geschichtlich wird, auf ein solches relativ übernatürliches zurückzugehen, weil es in dem wirklichen Leben nicht mehr hervortritt und nur diejenigen, welche entweder auf eine besondere Weise zur allgemeinen speculativen Einkehr in sich oder zur Lebendigkeit des Selbstbewußtseins geeignet sind, werden sich das, was lange vergangen ist, lebendig nachbilden können.

Wir waren ausgegangen von der zulezt aufgefundenen Differenz zwischen dem Charakter und der Charakterlosigkeit und waren, uns von da nach oben wendend, zu dem Auffassen solcher Thätigkeiten des Einzellebens gekommen, welche organisirend und bildend auf die ganze Masse einwirken. Wenn wir nun schon in der lezteren von diesem Punkte aus eine allmählige Annäherung fanden, einen Uebergang von der lebendigen Empfänglichkeit zur freien Nachbildung und am Ende in denen, die den Durchschnitt darstellen, ein Bewußtsein eigener Sufficienz, so werden wir die Nothwendigkeit fühlen von jenem Punkt herabzusteigen, um das Minimum zu finden von der Dignität des einzelnen in Beziehung auf den allgemeinen Begriff der Gattung. Wenn wir hier nun den Punkt nehmen, den wir als Charakterlosigkeit bezeichnet haben, so war das ein Bestimmtsein der geistigen Functionen durch dasjenige in ihnen, vermöge dessen sie mit dem leiblichen zusammenhangen; denn auf diese Weise hatte sich uns die Temperamentsdifferenz gleichmäßig leiblich und psychisch gezeigt. Ist nun das leibliche des menschlichen Seins in der organischen Gestaltung und in der Kraft des Seins zur organischen Gestaltung mitbegründet und können wir die ganze organische Welt nur als eine zusammenhangende Reihe ansehen, von der alles, was nicht das menschliche selbst ist, zur Außenwelt gehört, während wir das menschliche nur vermöge der Identität des geistigen in ein anderes Verhältniß zu uns stellen, so ist die leibliche Seite, vermöge der wir mit dem Außer-uns zusammengehören, für den einzelnen nichts anderes als das zunächst liegende Außer-uns. Daher rührt die schwankende Ansicht von dem eigenen leiblichen Sein, daß wir es bald zu dem Ich rechnen, bald als ein fremdes ansehen. Jenes Bestimmtsein der geistigen Functionen des Lebenszusammenhanges durch die leiblichen, die in dem charakterlosen überwiegt, ist daher als eine Abhängigkeit von außen aufzufassen und tritt als Unfreiheit in den Gegensaz zur Freiheit. Aber es muß hier allerdings eine Menge von Abstufungen geben, bis wir zu dem kommen, was wir als Minimum des geistigen Daseins anzusehen haben.

Wenn wir auf die beiden höchsten Punkte zurükkgehen, das heroische und geniale, so können wir fragen, ob nicht noch etwas höheres möglich sei, nämlich die Vereinigung beider auf einer Stufe. Aber die Geschichte bietet nichts dar, was man so ansehen könnte, und es läßt sich auch im voraus einsehen, daß hier

eine Einwirkung der einzelnen auf die große Masse nicht stattfinden könnte. Das Gleichgewicht scheint mehr auf der Seite der
Empfänglichkeit zu sein als auf der Seite der Productivität und
in der lezteren nur auf der Stufe, die nicht erfinderisch ist, sondern sich an das gegebene hält. Auf der andern Seite können
wir von jenem Punkt aus auf das reine Gegentheil sehen und
fragen, ob es einzelne Entwikklungen der menschlichen Natur giebt,
welche die Opposition bilden zu dem heroischen und genialen.
Wenn wir dächten, wiewol es sich nicht behaupten läßt, daß alle
Bildung von Staaten und religiösen Gemeinschaften von einem
einzelnen ausgegangen wäre, so würden wir sie alle in ihrer Fortentwikklung auf diesen ursprünglichen Impuls zurükkführen und
sagen, es sei überall Opposition gegen diesen, wo ein Streit des
einzelnen entsteht gegen den Ausdrukk des Gesammtbewußtseins.
Wir können auch eine Formel aufstellen, vermittelst deren sich
schon bestimmen läßt, ob etwas auf die eine oder die andere
Seite zu stehen kommt. Wenn wir uns nämlich denken, ohne
daß ein solcher Einfluß stattgehabt hätte, eine Richtung in der
Masse, welche a priori diesem Einfluß widersteht und also ver-
hindert, daß ein bildendes Einzelwesen auftreten kann, so ist es
das, was die Griechen durch den Ausdrukk βάρβαρος bezeichnen
wollten, indem sie die Gestaltungen außer ihrem Vaterlande nicht,
als Gestaltungen eines Gemeinlebens anerkannten, sondern überall,
wo Despotieen waren, diese unter der Form des häuslichen Lebens betrachteten, indem sich die Unterthanen wie Sklaven und
Hausgenossen zum Herrscher verhielten. Sie schrieben also andern Völkern eine Unfähigkeit zu, in sich den bürgerlichen Zustand zu entwikkeln. Hier wird gar keine reale Opposition gegen ein solches Einzelwesen gedacht, aber eine solche Richtung in
der Masse, daß ein solches Einzelwesen in ihr nicht entstehen
kann. Was ich vorher aufstellte, die persönliche Opposition gegen ein gebildetes Gemeinwesen, kann nur stattfinden unter der
Voraussezung, daß ein solches da ist, das eben gesagte kann nur
da sein, wo ein solches nicht vorhanden ist, es ist die Fortsezung

des Zustandes, der überall einmal gewesen sein muß. Denken wir uns nun eine solche Masse außer allem Zusammenhange mit Völkern im bürgerlichen Zustande, so wäre es unrecht einen Unterschied zu machen zwischen ihrem Zustande und dem ursprünglichen, kommen sie aber in Berührung mit andern, so gewinnt das Verharren in demselben das Ansehen der Opposition und es ist dasselbe Verhältniß wie bei dem einzelnen. Hier haben wir also das Bestreben sich einer höheren Entwikkung zu entziehen und also eine Richtung rein das persönliche Selbstbewußtsein haben zu wollen im Gegensaz zu einem Gesammtbewußtsein, nur daß bei dem einzelnen dieser Richtung ein bestimmtes Wollen zum Grunde liegt. Dies können wir nun freilich so streng nicht nehmen, wiewol es einzelne giebt, die das mit vollkommenem Bewußtsein in sich tragen, ja es hat Theorien gegeben, die ganz dasselbe verfolgten. Denn wenn jemand sagt, ich will das Gesammtleben, aber nur unter der Form, daß ich der Despot bin und alle andern Sklaven, so ist das ein bestimmtes Bewußtsein von Opposition und ebenso war es mit der Theorie der griechischen Sophisten von dem Rechte des stärkeren.

Betrachten wir das Verhältniß in dem einzelnen für sich allein, so können wir dies entweder nur begreifen als das abnorme Uebergewicht irgend eines selbstsüchtigen oder sinnlichen Triebes und also die Selbsterhaltung auf diesen reducirt, wobei es natürlich ist, daß dies nicht mit einer Richtung auf das Gesammtleben bestehen kann; das ist die Opposition aus wilder Leidenschaftlichkeit. Wenden wir das auf die Masse an, so läßt sich ebenso ein positiver Widerwille gegen die eigentliche Bildung des Gesammtlebens und ein einzelnes bildendes Princip denken, wo dieselbe eine Richtung auf eine solche Leidenschaftlichkeit in irgend einer Hinsicht hat. Ohne eine solche würden wir es doch nur denken können als Rohheit und Unempfänglichkeit für die Entwikkung des gemeinsamen, was mehr an das passive als an die positive Widersezlichkeit grenzt. Gehen wir auf das Gebiet des genialen, auf die bildende Entwikkung der erkennenben Thätigkeit und der Kunst, so werden wir hier die positive Opposition schwerlich unter derselben Form denken, wir müßten denn annehmen, es sei ein so bestimmter Alleinbesitz derjenigen Vorstellungen, die wir unter den Begriff der Bilder gebracht ha= ben, daß ein Widerwille vorhanden wäre, sie der eigentlichen er= kennenden Thätigkeit in der Form des Gedankens und des Be= griffs unterzuordnen. Hier haben wir freilich dasselbe, denn das Bild ist immer das einzelne, wenn es auch aus den Abstractionen zusammengesezt ist, und ein Festhalten daran ist eine Opposition gegen den Gedanken. Es ist nur hier schwer möglich, sich das als einen positiven Widerstand zu erklären und nicht vielmehr als Unfähigkeit und als Mangel an lebendiger Empfänglichkeit. Wenn wir nun das, was hier nur eine Differenz in den Elementen ist, auf die Combination anwenden, so ist das, wenn dieselbe ganz in dem Gebiet der Bilder versenkt bleibt, der Aberglaube als der positivste Widerstand gegen die eigentliche Entwikklung des Er= kennens, wobei ich jedoch bevorworte, daß im Streit der entge= gengesezten Theorien vieles Aberglaube genannt wird, was es keinesweges ist. Es läßt sich aber wol leicht auseinander sezen, daß wenn man den Aberglauben sich erklären will, er nur darin besteht, daß in der Combination das schlechthin einzelne als das allgemeine gesezt wird; denn überall, wo man solche gesezlichen Verbindungen aufstellt, leugnet man das Princip des allgemeinen Zusammenhanges und hält den einzelnen Fall für das schlechthin constituirende und darauf beruht aller Aberglaube. Nun ist aber das einzelne das Bild, also ist hier die Combination auf der Stufe der Bilder stehen geblieben. Wenn wir auf das Gebiet der Kunst gehen, so ist es gar nicht möglich, daß der Mensch bestehen könnte ohne alles das, was in dieses hineinfällt; denn er muß sich immer in ein Verhältniß zu den Dingen sezen, und diese mögen sein wie sie wollen, so wird darin ein relativer Ge= gensaz von Stoff und Form hervortreten und in Beziehung auf die lezte die Aufgabe entstehen sie in irgend einer Weise zu be= handeln, da niemand auf der Seite des Stoffs etwas thun könnte ohne zugleich für die Form etwas zu thun. Wir brauchen nur auf die nothwendigsten Bedürfnisse zu sehen, wie Kleider, Häuser u. s. w., so ist immer eine Form da, sie mag so abentheuerlich sein, wie sie wolle, und so ist auch eine fortbildende Richtung und also auch Kunst darin, wenn auch auf der niedrigsten Stufe. Hier also könnten wir uns einen positiven Widerstand im höchsten Sinne nur denken, wenn der Mensch sich lieber des materiellen enthielte, um nur nicht eine Form zu bilden. Es giebt Zustände, wo das Bewußtsein dieser Bedürfnisse fast ganz fehlt, aber das könnten wir nicht auf einen positiven Widerwillen gegen die Form zurükführen; diesen würden wir nur da finden, wo die absolute Willkür herrschte und sich gar kein constanter Typus entwikkelte, denn da wäre gar kein Sinn für die Kunst vorhanden. Man könnte freilich auch dies ansehen als ein fortschreitendes Suchen dessen, was als wohlgefällig festgehalten werden könnte, aber der fortwährende Wechsel darin zeugt doch von einem Minimum der formbildenden Richtung. Offenbar ist es hier am wenigsten möglich das negative wirklich zur Anschauung zu bringen, weil das ganze Leben eine fortwährende Formbildung ist. Schon in dem Organismus finden wir beides, die Assimilation und die Formbildung, und es ist also so tief in das Leben eingepflanzt, daß ein innerer Widerspruch da sein müßte, wenn es ganz fehlen sollte. Hier also wird das niedrigste nur erscheinen als ein Maximum von Unempfänglichkeit und als ein Minimum in dem Entwikklungsexponenten. Was sich hiebei als der stärkste Gegensaz zu dem genialen darstellt, ist das stupide, die absolute Unempfänglichkeit für den Reiz der Form und auf der andern Seite die absolute Unempfänglichkeit für die Macht des Gedankens. Zwischen diese beiden Endpunkte muß sich alles das stellen, was wir vorher aus dem einen Gegensaz entwikkelt haben; von dem heroischen und genialen aus auf beiden Seiten zunächst eine bewußte Theilnahme an dem Einfluß derselben auf die Masse, aber so daß die bewußte selbstthätige Productivität in dem aufgestellten Typus bleibt;

sodann die bloße Empfänglichkeit für die Impulse von dort her aber ohne selbstthätige Production. Aber wir werden dies auch nur als einen relativen Gegensaz auffassen, denn streng genommen ist das einzelne Leben nicht ohne Selbstthätigkeit und wenn es ins Gesammtleben aufgenommen ist, auch unter der Potenz des Gesammtlebens zu denken. Der Mangel der Selbstthätigkeit kann immer nur unter der Form des Widerstandes zur Anschauung kommen und hier geht also die negative Seite an.

Ich habe mit Fleiß beides vollständig parallel gehalten, obgleich im gewöhnlichen Urtheil ein großer Unterschied gemacht wird. In dem heroischen liegt das ganze Gebiet des Lebens, welches man das sittliche zu nennen pflegt, denn wir haben darin das bürgerliche auf der einen und das religiöse auf der andern Seite, und aus beiden besteht das sittliche. Das, wovon wir das Maximum als das geniale fixirt haben, wird gewöhnlich nicht als das sittliche Gebiet mitconstituirend betrachtet, denn man ist gewöhnt, es nicht als einen Mangel an Sittlichkeit anzusehen, wenn jemand unempfänglich ist für die Entwikklung des Gedankens und der Kunst. Aber das ist nur die Ansicht des gemeinen Lebens, nehmen wir es an und für sich, so müssen wir bei der Parallele bleiben, und beiden Seiten eine gleiche Bedeutung für die Werthdifferenz des Einzellebens zusprechen. Die Opposition gegen das geniale und seine Impulse ist eine ebenso positive wie die gegen das heroische. Wollen wir nun aus diesen Abstufungen uns ein Bild des menschlichen Geschlechts entwerfen, so werden wir das nicht können ohne jene Betrachtung zu Hülfe zu nehmen, die ich früher schon angestellt habe. Es liegt in der Natur der Sache, daß das heroische und geniale nur bei einem unentwikkelten Zustande der Masse hervortreten kann, der es den Impuls geben soll, da ist es also auch natürlich, daß dieser Spizen des menschlichen Geschlechts nur wenige sein können, weil zu jeder eine große Masse gehört. Der Werth der Massen kann nicht nach den Spizen bestimmt werden, sondern nach dem Ver-

hältniß, in welchem sie zu ihnen stehen. Da ist die größte Ent=
wikklung, wo die Differenz am schnellsten abnimmt, wo der Assi=
milationsproceß zwischen den einzelnen und der Masse am schnell=
sten vor sich geht. Das ist also die Annäherung an die Gleich=
heit, welche nothwendig daraus hervorgeht. Denken wir uns mit
einer solchen beschleunigten Entwikklung in eine ferne Zukunft,
so wird die Veranlassung nach dem Grunde der Differenz der
Einzelwesen zu fragen in demselben Maaße verschwinden, als die
Differenz selbst verschwindet. Wenn wir aber die Sache betrach=
ten, indem wir rükkwärts gehen zu den ersten Anfängen der Bil=
dung unter der Form der Ungleichmäßigkeit, so hat man da
auch nicht zu fragen nach dem Grunde der Differenz im einzel=
nen, sondern nach dem der Differenz überhaupt, da der einzelne
nur wird vermöge der Differenz im allgemeinen; da werden wir
sagen, wenn wir das Geschlecht als die höchste Einheit betrach=
ten, daß der Typus desselben sei von der Ungleichheit aus der
Gleichheit sich anzunähern. Denken wir uns eine gleichmäßige
Entwikklung also unter der Form der Demokratie, so werden
wir diese immer in demselben Grade als einen geringen Ent=
wikklungsproceß ansehen müssen, da sie nur in kleinen Massen
stattfindet; erst wenn sie sich coaguliren, tritt ein größerer Ent=
wikklungsexponent hinein. Wenn wir aber bei den einzelnen als
solchen stehen bleiben, werden wir auf das gemeinsame psychische
und physiologische geführt und zuletzt auf die Erzeugung und
da würde es sich darum handeln, weshalb aus einem Genera=
tionsact ein solcher einzelner wird und aus einem anderen ein
anderer, aber das ist eine Aufgabe, der wir gar nicht gewachsen
sind. Damit stehen wir an der geheimnißvollen Quelle der ge=
schichtlichen Entwikklung der Menschheit, aber wir vermögen nicht
in diese Geheimnisse einzudringen.

II. Zeitliche Differenzen der Einzelwesen.

Es ist nun noch eins zu betrachten übrig, die Verschieden=
heiten des Einzelwesens nach den Differenzen der Erscheinung in
der Zeit, wie sie sich in jedem einzelnen wiederholen. Hier ha=
ben wir zu unterscheiden einen beständig wiederkehrenden Wechsel
der Unterbrechung der Seelenthätigkeiten durch den Schlaf, und
dann die verschiedenen Perioden des Lebens, die sich als ein Zu=
nehmen des Einzellebens und ein Abnehmen bis zum Verschwin=
den charakterisiren.

1. Schlaf und Wachen.

Betrachten wir zuerst den Gegensaz von Schlaf und Wachen,
so hängt dieser auf das bestimmteste mit dem leiblichen und der
Naturseite des Menschen zusammen; es ist auch hier wieder,
wenn man auf das Verhältniß zur äußern Natur sieht, das
menschliche Leben wie jedes andre auf der Erde an den Wechsel
gebunden, aber doch nicht in demselben Grade. Was das thierische
Leben betrifft, so ist in überwiegendem Maaße das Wachen an
die Zeit des Lichts, der Schlaf an die Dunkelheit geknüpft, wenn
es auch ganze Klassen giebt, bei denen es sich umgekehrt ver=
hält; beim Menschen ist hierin eine größere Freiheit, er kann die
Naturgrenzen verändern, es ist auch eine größere Differenz zwi=
schen den einzelnen, aber im allgemeinen ist er doch auch der
großen Hauptregel unterworfen. Hier ist offenbar eine physiolo=
gische Seite der Sache, eine Differenz in den leiblichen Verrich=
tungen, auf die wir uns nicht einlassen können; das nächste leib=
liche, welches im Zusammenhange mit dem psychischen steht, ist
allerdings das Verhältniß der Sinne, welche ihr Vermögen bis
auf einen gewissen Grad verlieren und sich zum Theil unwill=
kürlich schließen. Wo dies nicht der Fall ist tritt eine zuneh=
mende Unthätigkeit ein, die Eindrücke verringern und schwächen

sich bis zum Einschlafen. Es fragt sich, wie weit ist alles in den psychischen Thätigkeiten von dem physiologischen abhängig oder sind sie an und für sich diesem unterworfen? Hier tritt eine große Erscheinung ein, die diese Frage complicirt und verwirrt, das ist der Traum. Es sind Erinnerungen an psychische Thätigkeiten im Schlaf, die man noch mehr oder weniger findet beim Erwachen. Man muß bei diesem Punkt beginnen, weil dies das einzig gewisse ist. Man kann in der Theorie unterscheiden den Traum und die Erinnerung daran, und dann sagen, jeder träumt und hat geträumt, wenn er sich dessen auch nicht erinnert. Aber das ist nur eine Hypothese, die erst begründet werden müßte, halten wir uns daher lediglich an die Erinnerung und an die Phänomene, die sich darin zeigen, und sehen, ob sich daraus etwas über die Abhängigkeit der psychischen Thätigkeiten von den leiblichen Zuständen abnehmen läßt oder nicht. Wir müssen hier wieder auf die beiden Hauptfunctionen aller Seelenthätigkeiten zurückgehen, die Eindrükke von außen, durch welche die Selbstthätigkeit bestimmt wird und die freien Thätigkeiten von innen her. Wenn wir die lezten betrachten bei der Annäherung an den Schlaf, so manifestiren sie sich sehr häufig als ein Kampf gegen denselben; es ist eine größere Anstrengung nöthig um zusammenhängende gewollte Seelenthätigkeiten auf dieselbe Weise ununterbrochen zu Stande zu bringen, als in der Zeit des reinen Wachens. Indem wir in einem solchen Zustande allerdings den Willen lebendig finden, so gewinnt es den Anschein, als ob die Freiheit der Seelenthätigkeiten ungefährdet bleibe und nur gehemmt werde durch den Widerstand der Organe die ihre Functionen nicht mehr verrichten. Hiebei ist eine Erscheinung nicht zu übersehen. Wir haben früher gefunden, daß es auch im wachen Zustande Vorstellungen giebt, die mit den eigentlich vom Willen ausgehenden nicht zusammenhangen, sondern, obwol sie ganz freie nicht von außen veranlaßte Bewegungen sind, ihren Grund in früheren Momenten haben; das ist diejenige Art von Vorstellungen, die in den gewollten Kreis einer Thätigkeit nicht gehören sondern angeregt werden durch andre Vorstellungen und Bilder. Es ist nun allemal bei einer solchen Annäherung an den Schlaf, in demselben Maaß als die gewollten Thätigkeiten mit Anstrengung gebildet werden, ein Hervortreten der nicht gewollten Vorstellungen zu bemerken. Dieses kann man ansehen als die erste Wurzel des Traums; denn wenn wir uns denken die eigentlich freie Production im Schlafe unterliegen, so können jene Thätigkeiten noch fortbestehen, die mit diesem Kampfe gar nichts zu thun hatten, und sie treten dann um so stärker hervor, weil die gewollte Thätigkeit schwächer wird. Wenn wir dieselben Zustände ohne alle Beziehung auf den Schlaf im Wachen finden, so daß die unwillkürlichen Vorstellungen gegen die gewollten stark hervortreten, so ist das die Zerstreuung, eine relative Unfähigkeit den Faden der Vorstellungen festzuhalten. Dieser Zustand der Zerstreuung ist in Beziehung auf die eigentliche Lebensaufgabe ein krankhafter, während er bei der Annäherung an den Schlaf ein natürlicher ist, der Vorläufer des Sieges des Schlafs über das Wachen.

Ich möchte hiebei einen Augenblick stehen bleiben um eine allgemeine Betrachtung anzuknüpfen. Wir haben nämlich noch gar nicht gehandelt von dem, was man im allgemeinen als Krankheitszustand in Beziehung auf die psychischen Functionen ansehen kann; denn alles, was wir theils in unserer lezten Betrachtung als Werthunterschied in den einzelnen Seelen dargestellt haben, theils was sich auf das Verhältniß des Gattungsbewußtseins und des einzelnen bezieht und die sittliche Qualität des Moments bildet, unterscheiden wir bestimmt von diesen Krankheitszuständen der Seele. Hier finden wir einen solchen und eine Analogie dazu, nur daß wir es hier nicht als Krankheitszustand betrachten können, in der Annäherung zum Schlaf. Es fragt sich, inwiefern das ein Punkt ist, von dem aus man mehrere oder alle solche Krankheitszustände erklären kann. Wenn der Gegensaz von Wachen und Schlaf überwiegend ein leibliches Element und eine Abhängigkeit von allgemeinen Naturerscheinungen und Wechseln in sich schließt, so würden wir sagen können, insofern wir von

den Seelenkrankheiten die Analoga in dieser Gattung fänden, daß
sie in einem solchen Versenktsein der psychischen Functionen in
die Abhängigkeit ihren Grund hätten. Schwerlich wird dies all=
gemein der Fall sein, und so wäre das eine Indication diese Krank=
heitszustände zu theilen und für die andern eine andre Genesis
aufzusuchen.

Wenn wir die Annäherung an den Schlaf in Beziehung auf
die Thätigkeit des Vorstellungsvermögens weiter verfolgen, so
sind offenbar diese unwillkürlichen die gewollte Thätigkeit unter=
brechenden Vorstellungen ohne Ausnahme solche, die in die Klasse
der Bilder gehören, und also mit äußeren Einwirkungen irgend
einer Art von einem früheren Moment oder Erinnerungen in
Verbindung stehen. Denken wir uns eine Thätigkeit der Denk=
function auf dieselbe Weise im Schlafe zwischeneintreten, wie das
auch im wachen Zustande geschieht, wenn wir von einem ange=
legten Gedankencomplexus abgelenkt werden zu einem nicht ge=
wollten verwandten, so werden wir das als eine Rückkehr zum
Wachen ansehen müssen. Die eigentliche Denkthätigkeit im Be=
griff und nicht in Bildern ist das charakteristische des wachen
Zustandes; die Ausführung von gewollten Thätigkeiten gehört in
diese Klasse, insofern sie auf Zweckbegriffen beruht und die Rich=
tung solche Thätigkeiten fortzusezen erfordert durchaus den wachen
Zustand und sie können daher in dem Maaße nicht mehr gelin=
gen als eine Annäherung an den Schlaf vorhanden ist; je mehr
aber der Schlaf dominirt, desto mehr werden alle Thätigkeiten
der innern Meditation unterbrochen und cessiren am Ende. Nun
ist aber die Production und Reproduction von Bildern ebenfalls
eine Seelenthätigkeit, und wir unterscheiden sie ganz bestimmt von
den materiellen Eindrükken und Bewegungen in den Organen.
Wir werden das Verhältniß nur so stellen dürfen: in der An=
näherung an den Schlaf ist ein Zurükktreten der Denkfunctionen
und dessen, was damit zusammenhängt und ein Hervortreten des
freien Spiels der Bilder; die zweite Stufe der Annäherung aber
ist die, daß auch die Bilder sich verdunkeln und also die Seelen=

thätigkeit in der Reproduction: sich schwächt, und wenn wir das verfolgen, so erscheint es als allmähliches Verschwinden des Bewußtseins. Was zuerst aufhört ist die Macht der Selbstthätigkeit in der Production des Denkens und der Willensthätigkeiten, was zulezt aufhört, ist das willkürliche Spiel der Vorstellungen und Bilder, es sinkt aber, je mehr der Schlaf eintritt, beides in die Bewußtlosigkeit zurükk. So werden wir sagen können in Beziehung auf die Selbstthätigkeit sei das Einschlafen der Nullpunkt.

Nun aber kommt uns der Traum, in Beziehung auf welchen wir nichts haben was hier in das Gebiet unserer Untersuchung gehörte, als die Erinnerung die er im wachen Zustande zurükkläßt, die man aber schnell firiren muß, weil sie sonst bald verloren geht. Wir haben früher gesehen, daß der Fall nicht selten ist, daß Sinneseindrükke entstehen, die in den Moment gar nicht aufgenommen werden, weil die Function nicht darauf gerichtet ist, hernach aber hervortreten, so daß man sieht, daß die Receptivität nicht gestört ist; aber das ist gewiß ein sehr seltener Fall, daß man sich später erst eines Traums erinnern sollte, dessen man sich nicht gleich beim Erwachen erinnert hätte. Nun ist das freilich eine hypothetische Annahme, daß man träumt ohne eine Erinnerung davon zu haben, aber wenn man sie annähme, so müßte eine Gradation stattfinden zwischen Traumbildern, die im Zustande des Erwachens hervortreten oder nicht, und da müßte man auch an die Möglichkeit denken, daß hernach von den nicht ins Bewußtsein getretenen eine Erinnerung angeregt werden könnte. Bleiben wir hiebei stehen, so müssen wir das Einschlafen auf zwei verschiedene Formeln zurükkführen; auf der einen Seite werden wir es als reinen Nullpunkt des Bewußtseins sezen, in welchem sowol die Receptivität als die Spontaneität verschwindet, sehen wir aber auf der andern Seite sich den Traum unmittelbar an das Einschlafen anschließen, so ist es eine Fortsezung jenes unwillkürlichen Spiels der Vorstellungen ohne durch einen solchen Nullpunkt hindurchzugehen.

Aber es giebt offenbar noch ein anderes Ende, von welchem aus wir den Traum betrachten können, nämlich in Beziehung auf das Erwachen. Denken wir uns das Einschlafen als den Nullpunkt des Bewußtseins und dabei einen traumlosen Schlaf als eine eigentliche Unterbrechung aller Seelenthätigkeit, während dann freilich die organischen Thätigkeiten, in dem Maaße als sie nicht mit den psychischen zusammenhängen, ununterbrochen fortgehen, so wird man das Erwachen anzusehen haben als den Wieder-anfang des Bewußtseins. Es fragt sich nur, wie es wieder an-fängt in Beziehung auf jene ursprüngliche Duplicität von Recep-tivität und Spontaneität? Wir finden hier, wenn wir auf die Erscheinung sehen, einen bedeutenden Unterschied; es giebt Men-schen, welche um zu erwachen eines äußeren Anstoßes bedürfen, und andere, welche mit großer Leichtigkeit erwachen, ja was noch mehr ist, es giebt eine Herrschaft des Willens über das Erwa-chen, wenn man eines Geschäfts wegen sich das Erwachen zu einer bestimmten ungewöhnlichen Zeit fest vornimmt, wo es Men-schen giebt, denen sonst das freiwillige Erwachen schwer wird, die aber bei solchen Gelegenheiten doch zur bestimmten Zeit er-wachen. Hier haben wir die Spontaneität als das erweckende, während bei den andern, die eines bestimmten Anstoßes bedürfen, es die Receptivität ist. Nun sieht man es als ein Maaß für die Tiefe des Schlafs an, wie stark die Eindrükke sein müssen um die Bewußtlosigkeit aufzuheben, und es giebt hier also in der Nullität des Bewußtseins selbst eine Differenz der Intensität. Sie erscheint stärker, wenn es starker äußerer Eindrükke bedarf um den Zustand des Wachens hervorzurufen, und im Gegentheil schwächer. Aber inwiefern das nun mit dem Zustand der See-lenfunctionen selbst zusammenhängt und ob nicht diese Differenz der Intensität dagegen spricht, daß hier eine eigentliche Nullität anzunehmen sei, das ist eine Frage, die uns die ganze Sache von psychischer Seite noch viel complicirter macht.

Wenn wir die beiden Acte des Einschlafens und Erwachens nebeneinander stellen, so müssen wir offenbar darin einen gegenseitigen Einfluß der psychischen und organischen Thätigkeit erkennen. Beide zusammen erscheinen unter einem allgemeinen irdischen Naturgesez, welches kein anderes ist als das der Oscillation, ein Steigen und Fallen der eigenthümlichen Existenz von einem Nullpunkt an und dann hinaufsteigend nicht in einer regelmäßigen Folge, da das Erwachen in der Regel schneller ist als das Einschlafen und bei demselben gleich das volle Bewußtsein eintritt. Aber im Verhältniß der Anstrengung zeigt sich nach Verlauf eines Tages die Nothwendigkeit, die Anstrengung zu vermehren, wenn dasselbe geleistet werden soll. Es giebt hier aber ein ähnliches Verhältniß dazwischen, wodurch sich der Tag noch mehr theilt, nämlich den Ernährungsproceß, wo das Bedürfniß eintritt die consumirten Kräfte zu stärken, und sobald dieses befriedigt ist und die Verdauung beginnt, so entsteht ein Uebergewicht der organischen Function und ein Zurükksinken der psychischen. Wenn wir aber auf das psychische in dem Zeitraum zwischen dem Einschlafen und Erwachen, also auf den Traum unsere Aufmerksamkeit richten, so haben wir ein Analogon schon in dem freien Spiel der Vorstellungen während des Wachens gefunden und der Traum erscheint insofern als ein Sich-beschränken der psychischen Function auf ein solches unwillkürliches Spiel von Bildern bei einer gänzlichen Unthätigkeit der eigentlichen Denkfunction. Diese Unthätigkeit ist freilich keinesweges absolut, wenn man bedenkt, wie im Traum auch mehr oder weniger zusammenhängende Gespräche vorkommen, in denen denn auch Gedanken sind, aber ich glaube nicht, daß man das als wesentliche Einwendung vorbringen kann, weil diese doch immer auf eine lose Weise an den Bildern als den Hauptgestalten des Traumes haften.

Wir müssen aber noch auf einen andern Punkt achten, wozu wir eine Veranlassung ebenfalls finden in einem früheren Theile unserer Entwikklung. Wir haben nämlich darauf aufmerksam gemacht, daß es eine Sinnesthätigkeit giebt, die nicht mit den äußeren Eindrükken zusammenhängt, sondern von innen her erregt wird und auch ein inneres bleibt, nämlich das innere Hören und Sehen. Wenn dies doch organische Functionen sind, so können wir es auch nur auf organische Bewegungen zurükführen, und wenn diese nicht von außen herkommen, so müssen sie mehr in dem innern Ende des Organs sein. Hier ist alles weitere ganz und gar physiologisch und würde nicht in unsere Betrachtung gehören, wenn es auch etwas bestimmtes darüber gäbe; es ist mir aber nicht bekannt, daß darüber schon Untersuchungen angestellt wären, obgleich es eine so klar vorliegende Aufgabe ist, daß man sie nicht abweisen kann. So etwas läßt sich nun auch im Traume denken im Zusammenhang mit jenen Bildern und Vorstellungen. Aber eben dies giebt uns Veranlassung, eine beschränkte Ansicht zurükzuweisen, als ob alle Bilder und Vorstellungen aus nahe liegenden Erinnerungen hervortreten müßten. So wie in der Nacht alle Bewegungen in der Natur stärker wahrnehmbar sind, weil die willkürlichen aufhören, und man gewisse Geräusche und Töne, die man am Tage gar nicht bemerkt, in einer großen Entfernung hört, ebenso geht es auch mit diesen innern Erregungen an den innern Enden der Organe, die am Tage gänzlich verschwinden können, weil beständig äußere Eindrükke sie zurükdrängen; ist aber die Außenwelt geschlossen, so bereitet der Zusammenhang mit den organischen Bewegungen z. B. des Blutumlaufs einen Einfluß auf die Sinnesorgane, so daß dadurch Eindrükke entstehen, die sogleich Bilder erregen. Es läßt sich im einzelnen nachweisen, wie durch irgend eine noch so kleine Unregelmäßigkeit im Blutumlauf Empfindungen entstehen, wie z. B. das Alpdrükken, und Traumzustände von seltsamer Gestalt hervorgebracht werden, was am Tage völlig verschwindet. Hier zeigt sich also wieder eine Unterordnung der psychischen Function unter die organische, und daraus läßt sich im allgemeinen der Zustand des Traums erklären, aber keinesweges die Frage entscheiden, ob der Traum im Schlafe ein permanenter Zustand ist oder ob es Schlaf ganz ohne Träume giebt oder ob der Traum nur an den Enden des Schlafes vorkommt, wie viele wollten. Ich glaube nicht, daß

23*

man irgend eine Urſache hat, ein gänzliches Aufhören der pſy= chiſchen Function für etwas unmögliches zu halten, denn man kann nicht ſagen, daß es für das Subject eine leere Zeit iſt, weil die Zeit für das Subject gar nicht iſt, ſondern nur wahrgenommen wird an den Veränderungen der Außenwelt. Das aber müſſen wir ganz unentſchieden laſſen.

Wenn wir nun aber geſagt haben, daß man an der Be= ſchaffenheit der Traumbilder abnehmen könne, daß die Willens= thätigkeit gänzlich zurückgedrängt ſei, ſo leidet das doch Ausnah= men. Einmal iſt bekannt das Reden im Schlaf, was doch ein Eintreten der Spontaneität iſt, wiewol man es gewiß nicht als eigentliche Willensthätigkeit anſehen darf, weil in Beziehung auf die Leichtigkeit der Erinnerung kein Unterſchied zu bemerken iſt, was doch der Fall ſein müßte. Da kein Denken ohne Worte iſt, ſo iſt es natürlich, daß kein inneres Sprechen ſtattfindet, und es iſt nur eine ſtärkere organiſche Erregung, wodurch das innere Sprechen zu einem äußeren wird. Wir finden dazu auch ein Analogon im wachen Zuſtande, wenn man z. B. Männer auf der Straße vor ſich hin ſprechen hört, ohne daß eine eigentliche Willens= function dabei iſt, indem nur das unwillkürliche innere Sprechen zu einem äußerlichen wird. Ein noch ſtärkeres Beiſpiel in dieſer Richtung iſt das Nachtwandeln, wo während des Schlafs ſehr zuſammengeſezte willkürliche Handlungen verrichtet werden. Aber auch dabei iſt an keine Willensthätigkeiten zu denken, denen aus= gebildete Gedanken zum Grunde lägen, ſondern es ſind organiſche Bewegungen, die irgendwie mit den Traumbildern zuſammenge= hören, obwol allerdings häufig Erſcheinungen des Nachtwandelns vorkommen, die ſich auf die Geſchäfte des Tages beziehen. Hier iſt immer auf die Traumbildung zurückzugehen, und der Zuſam= menhang mit dem Tage vermöge der Erinnerung kann auf un= endlich vielfache Weiſe gedacht werden. Der Unterſchied, daß es ſich hier rein um ein willkürliches Thun handelt, iſt nicht ſo be= deutend als man ſich denkt, denn auch das Sprechen iſt ja eine willkürliche Bewegung und das Aufnehmen der Eindrücke iſt ebenſo

etwas willkürliches, der Unterschied zwischen willkürlichem und un-
willkürlichem überhaupt eher ein Mehr und Minder als ein Gegensaz. Daß hiebei in den willkürlichen Bewegungen selten Miß-
griffe vorkommen, der Nachtwandler mit so großer Sicherheit
aus einem Raum in den andern geht, ist in der That nicht wunderbarer, als daß einer, der im Schlaf spricht, sich nicht öfter
verspricht als im wachen Zustande. Allerdings erscheint es auf
der einen Seite als eine verringerte Intensität des Schlafs, von
der andern kann man es umgekehrt als eine größere ansehen;
das erstere, weil solche psychischen Thätigkeiten vorkommen, die
verwandt sind mit den Sinnesthätigkeiten, das andre, weil die
Bewegungen, die der Schlafende vornimmt, stärker sind als
solche, die von außen kommend sonst einen Schlafenden aufwek-
ken. Wenn man auf das Verhältniß des organischen und psychischen sieht, wird man sich das wol so vertheilen können, daß
die stärkere Intensität des Schlafs auf der einen, die geringere
auf der andern Seite liegt.

Nun aber müssen wir noch einen andern sehr schwierigen
Gegenstand in Betrachtung ziehen, der freilich nicht unmittelbar
das Phänomen des Schlafs betrifft, aber doch durch dasselbe veranlaßt wird, nämlich die so weit verbreitete Meinung von der
prophetischen Kraft und der Bedeutsamkeit der Träume.
Wir müssen wenigstens damit anfangen, es nur als eine Meinung zu betrachten und nicht gleich als eine wirkliche Eigenschaft
des schlafenden Zustands, aber dessen ungeachtet können wir nicht
so ganz darüber weggehen. Es ist sehr leicht zu sagen, es sei
eine Meinung, die nur auf den untergeordneten Stufen der geistigen Entwikklung vorkomme, aber schwer es zu beweisen; denn
man findet sie bei Menschen, die keineswegs auf einer solchen
Stufe stehen. Außerdem steht ein anderes Factum daneben, das
gar nicht zu leugnen ist, nämlich die Aufmerksamkeit, die man
auf die Träume richtet, ohne welche jene Meinung gar nicht entstanden sein könnte, und das ist schon an sich ein merkwürdiges
Factum, da doch das Bewußtsein zwischen dem Einschlafen und

Erwachen Null ist. Wir haben hier das Analogon schon an dem oben gesagten, daß man zweifelt, ob es nicht weit mehr Träume giebt als Erinnerungen daran. Diese Ansicht ist nicht etwa bloß ein Resultat der Theorie, welche behauptet daß die Seelenthätigkeiten während des Lebens nicht abgebrochen werden könnten, sondern es liegt derselben das zum Grunde, daß die Erinnerung an die Träume nicht unwillkürlich ist, sondern mit einer darauf gerichteten Aufmerksamkeit zusammenhängt. Wäre diese Erinnerung ganz unwillkürlich, so könnte es niemandem einfallen zu sagen, man habe geschlafen ohne Traum. Diese Aufmerksamkeit ist eigentlich schon der Anfang von einem solchen Glauben an die Bedeutsamkeit der Träume, denn ich sehe das nicht als etwas specifisch sondern nur als ein dem Grade nach verschiedenes an, Interesse am Traum nehmen als einer psychischen Lebensfunction und ihm Bedeutsamkeit zuschreiben. Es ist ebenso auch nur dem Grade nach verschieden, ob man die Ursache des Traums in der Vergangenheit sucht oder ob man ihm eine Kraft für die Zukunft beilegt. Wenn man von dem einen nicht viel Aufhebens macht und es natürlich findet, so sehe ich nicht ein, warum man es von dem andern thut. Wenn wir uns auf den gewöhnlichen Standpunkt stellen, wo wir unser ganzes Leben als durch die Willensthätigkeit bestimmt betrachten, so wird jeder sagen, die Träume gehen mich gar nichts an, da sie nicht mit meinem Willen zusammenhangen, dann aber habe ich mich ebenso wenig um die Beschaffenheit der Traumbilder und ihre Ursachen zu kümmern als ihnen eine Bedeutung für die Zukunft zuzuschreiben. Aber es giebt auch für dieses Zurücksehen eine sehr alte moralische Ansicht der Sache. Es ist in der platonischen Republik eine merkwürdige Stelle, in welcher Plato sagt, es könne sich kein Mensch von dem freisprechen, was er an einem andern tadelt und was ein Gegenstand der allgemeinsten Mißbilligung sei, sondern diejenigen seien die besten, denen das, was andre wachend thun, nur im Traum einfalle. Er bringt also die Beschaffenheit der Traumbilder in das Gebiet des sittlichen hinein, und sobald wir das thun, müssen wir auf sie achten. Wir kommen hiebei auf die unwillkürlichen Vorstellungen im Wachen zurück, und können daran anknüpfend eine Steigerung machen: nächst dem, welchem solche Dinge nur im Traume begegnen, ist der der beste, dem die Dinge zwar einfallen im Wachen aber immer nur durchgehende und verschwindende Bilder bleiben, die auf die Willensthätigkeit keinen Einfluß ausüben. Es kommt oft vor, daß der Mensch träumt etwas zu thun, wozu er sich im wachen Zustande durchaus unfähig weiß, und daß er im Traum ein Bild von sich festhält, das er im Wachen schlechthin von sich weisen würde. Um dieses dem Gehalt nach zu verstehen, will ich die Frage aufwerfen, ob es wahrscheinlich sei, daß jemand von sich oder anderen Handlungen träumen sollte, die in dem Gesammtleben, dem er angehört, gar nicht vorkommen? Wir müssen dabei einen Unterschied machen zwischen solchen, die ganz in einem Gesammtleben stehen und denen die ein geschichtliches Leben führen, denn für die lezteren müßte man die Frage sehr erweitern. Ich glaube so gestellt wird jeder die Frage verneinen. Die Vorstellungen haben also keine Wahrheit für den einzelnen sondern nur für das Gesammtleben, es sind Bilder, die dem Träumenden aus diesem einfallen, und indem das Urtheil fehlt, trägt er sie auf sich selbst über. Hier werden wir also sagen müssen, daß in der Traumbildung sich ein offenbares Uebergewicht findet des allgemeinen Lebens und desjenigen in dem Sein was das allgemeine Leben repräsentirt über das persönliche, und zwar aus dem Grunde, weil die Willenskraft als der eigentliche Nerv des persönlichen zur Ruhe gelegt ist. Hieraus läßt sich alles erklären, was man sich selbst und andern im Traume zuschreibt als streitend mit der Persönlichkeit.

Das über das innere Sehen und Hören gesagte findet seine Bestätigung in den Erscheinungen, die in das Gebiet der Fieberphantasien der Kranken gehören und ihren psychischen Elementen nach ganz den Charakter des Traums an sich tragen; denn wenn auch die Sinne nicht geschlossen sind, so ist doch der ganze

Charakter traumartig, und wenn man hinzunimmt, wie diese Zustände unterbrochen werden von wachen, so erscheint dies dem Aufwachen nach einem schlafähnlichen Zustande analog. Hier werden die Vorstellungen hervorgebracht durch eine Beschleunigung der Blutbewegung und der Zusammenhang der Gefäße mit den innern Organen ist das ursprünglichste, auf das wir zurückgehen müssen. So haben wir also auch hier solche Elemente, die ganz denselben Charakter einer zur Ruhe gelegten Willensthätigkeit und eines gewissermaßen mechanischen Processes von Bildern und Vorstellungen durch innere Bewegungen darstellen. Wenn wir nun damit auch rein als Krankheitssymptome willkürliche Bewegungen verbunden sehen, die im Zusammenhange mit den Bildern stehen, so ist hier ebensowenig eine Willensthätigkeit, wie bei den Nachtwandlern.

In allem diesen finden wir aber noch durchaus keine Veranlassung, woraus wir uns die seit alten Zeiten so weit verbreitete Meinung über den prophetischen Charakter der Träume erklären könnten; vielmehr beruht sie auf einem Verkennen dieses Charakters. Es giebt allerdings Spuren, daß man, sowie man die zulezt erwähnten Zustände schon dem Wahnsinn zurechnet, indem man sie von den traumähnlichen trennt, überhaupt allen Wahnsinn für prophetisch gehalten hat, aber das muß man dann von dem prophetischen Charakter der Träume unterscheiden. Wir finden aber allerdings in der Analogie der Fieberphantasien mit den Träumen einen Uebergang von den Träumen zum Wahnsinn, denn die Fieberphantasien gehen zuweilen in einen permanenten Wahnsinn fort d. h. die Willensthätigkeit bleibt fortwährend gebunden. Wenn wir nun in den zulezt herausgehobenen Elementen anerkennen mußten, daß in den Traumbildern der persönliche Charakter fast ganz verschwinde und der Traum sich immer aus solchen Elementen zusammensezt, die dem Gesammtbewußtsein angehören, so erscheint von dieser Seite angesehen der Traum als Zurücktreten des einzelnen Lebens und als Hervortreten des allgemeinen psychischen Lebens. Wenn wir uns nämlich das Gesammtbewußtsein ganz wegdenken, so verschwindet auch der Grund,

warum die nun von außen empfangenen und nicht von innen pro-
ducirten Vorstellungen eine Macht und Wirksamkeit bekommen
sollten. Ist sie nun eine solche, daß sie dem persönlichen Com-
binationstypus, wenn er da wäre, widerstrebt, so sehen wir ein
Zurükktreten der Individualität und ein Hervortreten der Universalität.

Hier sind wir auf dem Punkt, wo wir noch eine andre Form
des Traums betrachten können und die uns vielleicht einen Schlüssel
darbietet für alles das, was uns noch dunkel ist. Es ist nämlich
eine schon sehr alte Erscheinung, die wir in den nicht empirischen
ärztlichen Schulen und Traditionen finden, wie sie an mehreren
Orten ausschließlich mit priesterlichen Verrichtungen zusammenhangen, daß häufig Notizen vorkommen von einem künstlich
hervorgebrachten Schlaf, nicht ohne von vornherein Beziehung zu nehmen auf den Traum. An vielen Orten waren die
Tempel ausschließliche Stätten für einen solchen künstlichen Schlaf,
und es waren also religiöse Einwirkungen nicht ausgeschlossen;
aber allerdings sezt dies krankhafte Zustände voraus, denn Kranke
wollte man durch einen solchen künstlichen Schlaf heilen. Hier
findet sich vorzüglich der bedeutsame Traum oft zurükkgehend auf
eigne Zustände, aber auch oft sich verbreitend über Gesammtan-
gelegenheiten, und nun sieht man, wie aus der Heiligkeit des
Ursprungs Vorstellungen entstehen konnten von der Bedeutsamkeit
solcher auf diese Weise hervorgebrachten Träume, die dann hernach leicht weiter übertragen wurden. Wenn der Wille aufgehoben ist, so erscheint der Mensch in allen seinen Veränderungen
als ein reines Naturwesen, und wie man überall die Natur unter
den göttlichen Willen subsumirt, so geschieht dies auch mit dem
Menschen in diesem Zustande. Der Wahnsinn ist auch eine Aufhebung des Willens und so konnte auch der Traum als ein nur
gehemmter Wahnsinn und der Wahnsinn als ein fortgesezter
Traum angesehen und als Manifestation des göttlichen Einflusses
betrachtet werden. Die Unsicherheit der ganzen Vorstellung hat
sich auch schon bei den Alten zu erkennen gegeben, wie beim Ho-

mer in der Classification der Träume, indem die einen als wirklliche Offenbarungen der Götter angesehen werden, die andern als solche, wo die Götter mit den Menschen ihr Spiel treiben wollen, jenes die bedeutsamen, dieses die leeren und nichtigen. In neuerer Zeit hat sich die Erscheinung wieder hervorgethan, und wir kennen sie unter dem Namen des magnetischen Schlafs oder des Somnambulismus. Es ist nicht zu leugnen, daß es eine Menge von Relationen über diese Zustände giebt, die sich durch einen gänzlichen Mangel an Kritik auszeichnen, und da von dieser Art die meisten sind, so verliert das ganze seine Glaubwürdigkeit und man kann nicht unterscheiden, was darin Selbsttäuschung oder Betrug ist. Aber keineswegs kann man die ganze Thatsache leugnen, sondern man muß sie als eine Modification des Traums betrachten. Denken wir uns überhaupt das persönliche Individuum in der Vorstellungsbildung zurücktretend, so zeigt sich schon von selbst die Möglichkeit des überwiegenden Einflusses einer anderen Persönlichkeit, so daß die Vorstellungsbildung mehr demjenigen angehört, der den Zustand hervorgebracht, als derjenigen Person, die sich darin befindet. Hier ist allerdings das Medium der Mittheilung völlig dunkel, aber es ist auf jeden Fall organisch und liegt insofern außer den Grenzen unserer Betrachtung. So wie wir aber von jenen unleugbaren Elementen aller Träume, dem Zurücktreten des persönlichen Charakters und der persönlichen Combinationsweise ausgehen, so werden sich Thatsachen dieser Art sehr leicht daraus erklären lassen. Nun aber werden wir abgesehen von diesen Zuständen noch ein anderes Element auffinden können. Wenn wir gesagt, bei dem Zurücktreten des individuellen erschienen die psychischen Functionen mehr unter der Potenz des allgemeinen Lebens, wie es sich in bestimmten Lebenskreisen entwickelt, so läßt sich auch leicht denken, daß das Interesse der einzelnen an dem Gesammtleben und die Richtung darauf, den Inhalt der Vorstellungen bestimmt. Daß nun alles, was sich von solchem Inhalte manifestirt und weder mit der Gegenwart noch mit der Vergangenheit übereinstimmt, an die Zukunft angeknüpft wird, liegt in der Natur der Sache; aber freilich werden wir gar nicht sagen können, daß dies Wahrheit sei, sondern die Beschaffenheit der Vorstellungen in dieser Beziehung ist eine zufällige.

Wir kommen nun auf einen Gegenstand, der allerdings seinen Ort hätte finden können in unserer bisherigen Entwicklung, wenn es möglich gewesen wäre im Zusammenhang mit den ordentlichen Functionen darüber etwas bestimmtes zu sagen. Es ist das, was man im allgemeinen als Ahnungsvermögen bezeichnet, worunter man nichts anderes versteht als Vorstellungen und Bilder von der Zukunft. Diese sind etwas mit der Willensfreiheit des Menschen nothwendig zusammenhangendes. Jeder Zweckbegriff einer Handlung und jede Conception eines Werkes ist an und für sich die Ahnung eines künftigen, aber nur dessen, was durch die That des Handelnden in der Zukunft hervortreten soll. Nun aber kann ein so vorgebildetes nur wirklich werden unter gewissen Bedingungen und unter der Voraussezung, daß der Zustand der Außenwelt derselbe bleibt oder bestimmte Veränderungen eintreten werden. Es giebt also gar keinen Zweckbegriff ohne Zusammenhang mit der Gesammtvorstellung des zukünftigen; denn daß ich mir denke, die Zustände werden noch dieselben sein, ist ebenso ein Ahnungsvermögen. Hier haben wir also etwas mit den wesentlichen Functionen des Menschen zusammenhangendes, aber nicht so, daß wir sagen müßten, alles Ahnen sei gebunden an Zweckbegriffe und Conception von Werken, sondern es giebt ebenso durchgehende Vorstellungen, die in die Reihe der eigentlich freien Thätigkeiten nicht gehören und doch das künftige zum Gegenstand haben. Nun werden wir allerdings sagen müssen, die Richtigkeit des Gesammtgefühls d. h. das unmittelbare Bewußtsein eines Gesammtzustandes unter der Form des Selbstbewußtseins wird das Maaß sein für die Quantität der Wahrheit, die in solchen Vorstellungen ist. Wahrheit ist allemal darin, aber das quantitative Verhältniß kann ein sehr verschiedenes sein, keinesweges als ob das, was ein größeres Quantum von Wahrheit in sich hat, einen andern Grund hätte, sondern dieser ist völlig derselbe und beruht auf dem Verhältniß, in welchem der einzelne zu dem Gattungsbewußtsein steht. Hier also haben wir das Wesen der Sache ergriffen; wir werden alles, was sich in solchen durchgehenden Vorstellungen und Aeußerungen des Ahnungsvermögens als Wahrheit zeigt, prophetisch nennen, aber auf bestimmte einzelne Momente bezogen wird es nur zufällig sein. Insofern nun der Traum aus solchen Elementen zusammengesezt ist und eine bestimmte Beziehung auf eine Region des Gesammtlebens hat, so wird es auch solche Ahnungen und prophetische Elemente darin geben, aber so daß man nicht darauf rechnen kann, sondern erst die Zukunft muß entscheiden, was wahr darin war und was nicht.

Wenn nun das im Traum überhaupt sein kann, so kann es allerdings auch im künstlichen Traum sein, und in diesem werden wir leicht eine besondere Region nachweisen, von der sich sagen läßt, daß wol das größte Quantum von Wahrheit darin sein mag. Wenn wir das andre Element hinzunehmen, wie die Vorstellungsbildung zusammenhängt mit Veränderungen der innern Organe, welche zurükwirken auf die Reproduction der Bilder, so muß, wenn die äußern Sinnesenden alle geschlossen sind, ein größeres Vermögen da sein, erregt zu werden durch die innern Eindrükke und also eine größere Wirksamkeit der innern physiologischen Zustände auf die Vorstellungen. Wenn wir nun noch hinzunehmen, daß in dem künstlich erregten Schlaf ein überwiegender Einfluß dessen, der den Schlaf hervorbringt, sein kann, und dieser ein überwiegendes Interesse hat an den physiologischen Zuständen, so läßt sich denken, daß diese überwiegend der Gegenstand der Traumbilder sein werden und hier ein größeres Quantum von Wahrheit möglich ist als in andern. Das ist wol der Zusammenhang, der sich von Anfang an manifestirt hat in der ärztlichen künstlichen Erzeugung des Schlafes bei den Incubationen in den Tempeln der Alten. Dasselbe findet sich auch in dem magnetischen Schlaf. Aber keinesweges ist hieraus zu schlie-

ßen, daß das ein erhöhter Seelenzuſtand ſein müſſe, ſondern es
bleibt ein herabgedrükkter, und ſelbſt wenn wir uns ein Maximum von Wahrheit in dieſen Traumbildungen denken, mögen es
ärztliche oder politiſche oder häusliche ſein, ſo iſt das Quantum
immer ein zufälliges, die Vorſtellungen haben keine andre Wahrheit als die des gewöhnlichen Traums und der Zuſtand bleibt
ein untergeordneter, weil die Willensthätigkeit aufgehoben iſt und
es einzig von äußern Relationen abhängt, was hervortreten ſoll.
Das Habituell-werden ſolcher Zuſtände iſt daher auch immer eine
habituelle Unterbrükkung des freien Einzelweſens und das läßt
ſich nur im krankhaften Zuſtande denken, weil im geſunden der
freie Wille ſich geltend machen muß und ſolchem Hervorbringen
eines künſtlichen Schlafs widerſtrebt. So wie man ſich dächte,
ein geſunder Menſch wollte ſich einem andern auf dieſe Weiſe
hingeben und den künſtlichen Schlaf in ſich erregen laſſen, um
ein ungewiſſes Quantum von Wahrheit hervorzubringen, ſo wäre
das eine gänzliche Verkehrtheit und ein wahrer Wahnſinn, weil
es das Aufgeben der Freiheit wäre um eines Schattenbildes willen. Aber das wirkliche Vorkommen in Krankheitszuſtänden und
die Möglichkeit, daß bald das eine bald das andre hervortreten
kann, und die ſchon bei allen Träumen ſich kundgebende Differenz von Wahrheit und Leerheit iſt unmöglich abzuleugnen, nur
daß die Wahrheit dabei das bloß zufällige iſt und daß es gar
nicht möglich iſt Geſeze darüber aufzuſtellen, weil die Möglichkeit
ſie anzuwenden fehlen würde. Darum iſt in dieſe Erſcheinungen, ſo gewiß als ſie dem Traume angehören, auch nicht mehr
Geſezmäßigkeit hineinzubringen, als überhaupt in dieſem Gebiete iſt.

2. Differenzen der Lebensalter.

Es iſt nun noch übrig die Verſchiedenheit der geiſtigen Functionen in den verſchiedenen Lebensaltern zu unterſuchen. Wir
können hier natürlich immer nur in den Grenzen bleiben, die

wir uns von Anfang an gestellt, die Seele, wie sie uns in den Thätigkeiten des Lebens gegeben ist, zum Gegenstande der Betrachtung zu machen; alle Fragen über die Präexistenz der Seele müssen wir als nicht hieher gehörig abweisen.

a. Das kindliche Lebensalter.

Wir können nur das Erzeugtwerden, worin Seele und Leib zugleich sind, als eigentlichen Anfangspunkt ansehen, aber wir sind weit entfernt eine Kenntniß von diesem Zustande zu haben. Es ist in der Zeit der Bildung der Einzelwesen in dem Mutterleibe nicht eher von ihnen etwas wahrzunehmen als bei dem Eintreten willkürlicher Bewegungen. Wollten wir hiebei einen psychischen Impuls zum Grunde legen, so würde das ein großes Uebergewicht der Spontaneität über die Receptivität in sich schließen. Die Sinne sind geschlossen und es wären also die Bewegungen, welche auf das psychische Organ wirken, durch den Ernährungsproceß der Mutter bedingt. Es ist also eher wahrscheinlich, daß diese Bewegungen organisch sind, ganz ähnlich denen im Schlaf, die gar nicht mit dem Traume in Zusammenhang stehen, z. B. wenn man seine Lage wechselt. Offenbar aber können wir nicht sagen, daß der Mensch überhaupt noch kein Subject psychischer Thätigkeiten sei, sondern wir müssen sie nur ganz latitirend unter den organischen denken. Mit der Geburt geht eine bedeutende Veränderung in dem organischen Zustande selbst vor, die Circulation ändert sich und die Respiration beginnt. Dazu gehört die Lösung des Kindes von der Mutter, wodurch es nun erst ein ganz abgeschlossenes Wesen bildet. Allerdings ist das nur der Fall im künstlichen Zustande, denn im natürlichen, wo das Kind von der Mutter genährt wird, bleibt immer noch ein Zusammenhang und dasselbe nimmt durch die Milch an den psychischen Zuständen der Mutter Theil. Von da an müssen wir denn auch den wirklichen Anfang psychischer Thätigkeiten annehmen. Das Auge ist das erste eigentliche Sinnesorgan, von dem

man bestimmt sagen kann, daß es sich öffnet und daß sich Veränderungen in Beziehung auf die Eindrükke desselben manifestiren.
Es öffnet und schließt sich das Auge, je nachdem der Lichtreiz
darauf einwirkt, und hier ist eine Grenze, wo man, was geschieht, ebenso leicht als organische oder als psychische Wirkung,
als Receptivität oder als Spontaneität erklären kann. Wenn
wir von dem organischen ausgehen, so werden wir es überwiegend als Receptivität, wenn wir es schon als eine Richtung auf
die Außenwelt betrachten, werden wir es überwiegend als Spontaneität ansehen. Sehr bald treten Erscheinungen ein, aus denen
man auf ein Erkennen des menschlichen schließt. Das ist zuerst
das eigenthümliche Verhältniß zwischen Mutter und Kind, welches so aufgefaßt werden kann, daß die Beweglichkeit der Gesichtszüge auf das Kind wirkt; es beantwortet das Lächeln der
Mutter mit seinem eigenen und es richtet seinen Blik auf die
Mutter, wenn diese das Kind fixirt. Aber es ist hier noch ein
so großer Antheil organischer Zustände, daß es schwer ist das
psychische auszumitteln. So wie auf der einen Seite die Eindrükke des Auges bestimmter werden, das Kind verschiedene Theile
des Raumes nach den Lichteindrükken unterscheidet und willkürliche Bewegungen entstehen, so ist offenbar schon eine psychische
Thätigkeit und ein Wechsel von Spontaneität und Receptivität
vorhanden. Auch das Selbstbewußtsein tritt auf eine bestimmte
Weise hervor, aber auch nur mit zweifelhafter Auslegung, sobald
ein bestimmter Gegensaz von mimischen Aeußerungen sich darstellt. Das Schreien der Kinder bei der Geburt ist ein organischer Proceß, der mit den großen Veränderungen in den Brust-
organen zusammenhängt, sobald sich aber der Gegensaz zwischen
Schreien und Lächeln entwikkelt, bezieht sich beides auf entgegengesezte Zustände und sezt ein allgemeines Gefühl von Mißbehagen beim Schreien und beim Lächeln ein Gefühl von Befriedigung voraus. Wenn man die Gleichheit der Temperatur,
in welcher das Kind im Mutterleibe sich befindet, beachtet und
sieht wie hernach dieselbe nicht mehr beizubehalten ist, so ist hier

ein Zustand des Mißbehagens natürlich, ohne daß eine Störung organischer Operationen da wäre. Um besto mehr hat man Ursache, das Selbstbewußtsein als afficirt zu betrachten und einen Wechsel der Zustände anzunehmen. So lange aber die Kinder sich nicht die Sprache aneignen, bleibt ihr Zustand etwas nicht genau zu erforschendes, weil man keine Versuche mit ihnen anstellen kann und die bloße Beobachtung zu keinem Resultat führt. Bei dem Aneignen der Sprache müssen wir nothwendig ein bestimmtes Hervortreten der Spontaneität annehmen. Es ist hier keine Nachahmung, die sich auf Zustände, die dem Kinde schon bekannt wären, bezöge, es ist rein das Erwecktwerden der Denktätigkeit durch die Mittheilung. Aber dabei ist eine so bestimmte Lücke, daß es kaum möglich ist, diesen Proceß auf einen allmählichen Uebergang zurückzuführen. Es ist zwar wahr, das Kind giebt von Anfang an Töne von sich, es entwickelt sich bald der Unterschied, auf den ich aufmerksam gemacht, das Lächeln geht auch bald in den Ton über, aber es ist immer nur die Beziehung des Tons auf das Selbstbewußtsein und nicht auf die Wahrnehmung. Aber allerdings, wenn die Kinder von den Gegenständen afficirt werden und hiebei das Angezogensein und das Abgestoßenwerden sich zeigt, so fangen auch mimische Aeußerungen an, die sich den Gegenständen zuwenden, aber hier haben wir nichts anderes zu suchen als das Totalbild in seinen Differenzen, ohne daß man jemals bestimmt behaupten könnte, daß die Identität des Gegenstandes dem Kinde schon einwohne. Wenn das Kind eine Hinneigung zu einem Gegenstande manifestirt hat und es wird ihm aus dem Auge gerückt und nachher wieder gezeigt, so läßt sich aus derselben Manifestation, die dabei wieder erfolgt, nicht schließen, daß das Kind die Identität des Gegenstandes erkennt. Der Gegensaz von subjectivem und objectivem Bewußtsein ist zu wenig entwickelt, als daß er eine Operation so oder so bezeichnen könnte. Noch viel weniger ist an eine Continuität des Bewußtseins zu denken, ja dieses erstreckt sich noch viel weiter als da, wo die Sprache anfängt angeeignet zu werden. Denn wenn wir bedenken, wie das anzusehen ist, daß die Kinder von sich selbst in der dritten Person reden, so müssen wir sagen, daß sie sich selbst Gegenstand geworden sind und daß sie sich über sich selbst wie über jeden andern Gegenstand äußern. Aber wenn ich sage, sie haben einen Gegenstand an ihrem Namen fixirt, so darf man das auch nicht so bestimmt nehmen, als ob beide Formen des Bewußtseins auseinander getreten sind, denn es bleibt zweifelhaft, ob sie die Identität des Gegenstandes oder die Identität des Eindrucks im Sinne haben. Wenn wir uns nun denken sollten, es wäre eine Continuität des Selbstbewußtseins da, so müßte dies einen so bestimmten Unterschied machen zwischen dem auf sich selbst und auf andre Gegenstände gerichteten Bewußtsein, daß die Identität der Aeußerungsweise verschwinden müßte. Indem das Kind von seinem momentanen Zustande wie von einem dritten redet, und allerdings das Selbstbewußtsein beschreibt, so ist die Reflexion die eigentliche Form des Zustandes, aber nur die Reflexion über den Moment, und man kann nicht voraussezen, daß die Continuität des Selbstbewußtseins da sei. Diese ist nicht eher, als bis das Kind die Bedeutung des Ich einsieht, und sobald es anfängt Ich zu sagen, muß man annehmen, daß der Gegensaz zu einer bestimmteren Entwikklung gekommen ist und damit scheint auch schon eine Continuität des Selbstbewußtseins, wenn auch nur eine dunkle zu beginnen. Ich möchte hier auf einen Unterschied aufmerksam machen, der in dieser Zeit stark hervorzutreten scheint, womit es aber doch eine ganz andre Bewandtniß hat. Wenn wir unsre Erinnerungen betrachten, so kann man dies gewiß als die äußerste Grenze bezeichnen, daß niemand sich solcher Zustände bewußt ist, die über das Ich-sezen hinausgehen. Aber keinesweges möchte ich behaupten, daß die Continuität des Selbstbewußtseins bestimmt von da anfange. Wir müssen gestehen, daß wir überhaupt keine Continuität des Selbstbewußtseins unmittelbar haben, und daß diese nur in dem Ich-sezen selbst ist, aber keinesweges haben wir ein stetiges Bewußtsein von Zuständen, sondern hier giebt es immer eine große

Menge von Momenten, die gänzlich überschüttet werden und niemand kann sagen, daß er in irgend einem Augenblick sein ganzes Leben in sich habe, sondern es bleiben eine große Menge verschwundener Momente, die er nicht wieder hervorzubringen vermag. Also könnten wir höchstens sagen, die Möglichkeit der Continuität ist gegeben, sobald das Ich im Bewußtsein hervortritt, d. h. von diesem Moment an sind nur diejenigen Hindernisse in der Stetigkeit des Selbstbewußtseins vorhanden, die auch durch das ganze Leben hindurch fortdauern, dagegen die eigenthümlichen Hindernisse der Continuität, die vor dem Ich-sagen bestanden, sind gehoben.

Wir müssen dies also in der Entwikklung des Selbstbewußtseins als eine Epoche sezen, aber indirect auch für das objective Bewußtsein, weil dadurch der Gegensaz zwischen dem Selbstbewußtsein und dem objectiven Bewußtsein bestimmter hervortritt. Eine schwierige Frage ist aber die, ist schon früher, wo das Aneignen der Sprache anfängt oder erst wo das Ich-sagen beginnt, die eigentliche Denkthätigkeit in ihrer Trennung von den Bildern in Wirksamkeit getreten? Das Auffassen von Bezeichnungen der Gegenstände involvirt noch nicht die Denkthätigkeit, die Namen sind nur Zeichen für die Bilder, und der Anfang ist nichts als eine Uebertragung der Bilder in die Sprache. Sehen wir auf die beiden Hauptelemente der Sprache, das nomen und verbum, so werden wir in dieser Beziehung einen andern Unterschied firiren können, nämlich das Conjugiren, wodurch allein eine Sazbildung entsteht. So lange das nicht hervortritt, ist gar keine Combination im Bewußtsein, es werden Zeichen für die Bilder der Thätigkeiten zusammengestellt, ohne daß ein Saz entsteht. Es fragt sich, ob wir die Sazbildung als Beweis für den Anfang der Denkthätigkeit aufstellen können? Ich glaube nicht, daß man das mit Bestimmtheit sagen kann, wenn man Denkthätigkeit im engern Sinne nimmt, und sie auf den Begriff im Unterschiede von den allgemeinen Bildern bezieht. Es ist hier nichts als das bestimmtere Bezeichnen von Zuständen der Gegenstände und ihrem

Verhältniß zum Moment. Es ist freilich immer schon ein Unterschied, wenn der Saz gebildet wird, und wenn auf eine bestimmte Weise durch die Sprache das Kind die Bezeichnung eines gegenwärtigen Eindrucks und die Erinnerung daran unterscheidet und ebenso die Bezeichnung eines Bildes, das noch erst in die Realität eintreten soll. Hier ist eine bestimmte Entwikklung des Bewußtseins, aber wir haben noch keinen Grund anzunehmen, daß die Denkthätigkeit aus dem Gebiet der Bilder herausgetreten sei. Auch wenn das Kind von dem redet, was es thun will, so ist das durchaus nur ein Bild des Zustandes oder Handelns, welches ihm vorschwebt und das es durch die Sprache mittheilt. Nur erst wenn eine Bezeichnung eintritt von dem, was nicht als Bild vorkommen kann, sondern was ein bestimmter Begriff ist, so müssen wir die Denkthätigkeit annehmen; das aber wird nur an den nicht sinnlichen Prädicaten sich bestimmen lassen und als solche kennen wir nichts anderes als die ersten ethischen Vorstellungen, die mit sinnlichen Bildern nichts zu schaffen haben. Sobald hier das Sollen von dem Werben und Wollen, das gute von dem angenehmen unterschieden wird, so ist die Denkthätigkeit im eigentlichen Sinn entwikkelt. Dies ist die erste Wurzel und von da geht sie über zu den Gegenständen und bezieht sich auf das Innere des Seins und die ihm zum Grunde liegenden Kräfte. Wenn umgekehrt das Bewußtsein unter der Potenz der Bilder mit den organischen Eindrükken anfing, und die Reflexion auf die eignen Zustände erst später hervortrat, so fängt die eigentliche Denkthätigkeit mit dem eignen Selbstbewußtsein an und geht erst von da in das allgemeine Gebiet der Außenwelt über.

Unleugbar ist diese erste Lebensperiode die allerreichste, wenn man auf die ganze Summe der Entwikklung sieht, was allerdings seinen Grund darin hat, daß die psychischen Thätigkeiten gleichsam mit einem Nullpunkt anfangen, und von hier aus der Entwikklungsexponent als ein sehr großer erscheint. Wenn wir die ganze Periode bis zur Pubertät als eine ansehen, so wird

24 *

sie selbst in verschiedene Abschnitte zerfallen. Gehen wir auf die Art, wie die Alten die Seele auffaßten zurük und betrachten sie aus dem Gesichtspunkt der Einheit des Lebens abstrahirend von dem Gegensaz der organischen und psychischen Functionen, so ist sie anfangs noch ganz in den Organismus versenkt, die plastischen Thätigkeiten der Ernährung und Ausbildung der Organe herrschen vor, und das starke Hervortreten des Schlafs deutet noch auf eine schwache Entwiklung des Bewußtseins. Diese erste Zeit schließt sich, wenn man bei dem natürlichen Gange stehen bleibt, da, wo das Kind als ein aufnehmendes zu einer gewissen Vollständigkeit gelangt ist, was die vollendete Zahnbildung anzeigt. Das ist die Zeit, wo die Gegensäze in dem Gebiet des psychischen anfangen sich zu entwikeln. Dies gilt nun auch von dem Gegensaz in den beiden Formen des Bewußtseins, aber auch von dem Gegensaz zwischen Receptivität und Spontaneität. Sobald die Sprachentwiklung bis zur sicheren Bezeichnung des Sein gekommen ist, muß man diesen Gegensaz bis auf einen gewissen Grad construirt denken; das Selbstbewußtsein unterscheidet sich bestimmt von dem gegenständlichen und mit ihm entwikelt sich die Verschiedenheit der Operationen der Spontaneität und Receptivität. Es ist indeß immer noch der Zusammenhang zwischen den organischen und psychischen Thätigkeiten überwiegend; das richtige Gleichgewicht, das freilich keinesweges eine numerische Gleichheit ist, zwischen den plastisch organischen Thätigkeiten und den erkennenden ist die eigentliche Gesundheit dieser Periode, so wie eines von beiden aus diesem bestimmten Verhältniß heraustritt, so ist die Entwiklung in Beziehung auf die innerste Lebenseinheit gefährdet. Hier sind besonders zwei Abweichungen, die man in der ersten Periode der Kindheit wahrnimmt, ein unverhältnißmäßiges Hervortreten der erkennenden Thätigkeit, die allemal mit einem schwächlichen Körper verbunden ist, auf der andern Seite ein krankhaftes Hervortreten der plastisch-organischen Thätigkeit, die mit einem Zurüktreten der erkennenden Thätigkeit verbunden ist, die nicht selten eine Art von Blödheit hervorbringt.

Die Abhängigkeit der pſychiſchen Thätigkeit von den organiſchen Veränderungen zeigt ſich auch darin, daß ſehr leicht die Entwikklung der pſychiſchen Thätigkeiten gehemmt wird und die Kinder auf einem beſtimmten Pnnkt ſtehen bleiben auf Veranlaſſung einzelner organiſcher Störungen. Nehmen wir dazu, daß nach allem was wir wiſſen (denn unſere Beobachtungen ſind darin nicht allgemein) die Sterblichkeit in dieſer Periode eine ſehr große iſt, ſo giebt uns das ein Bild von einer großen Maſſe angelegten Lebens, das aber nicht zur vollſtändigen Entwikklung gelangt; im ganzen erſcheint das als ein unverhältnißmäßiges Uebergewicht der Productivität des menſchlichen Geſchlechts über die äußeren Bedingungen des Daſeins.

In der zweiten Hälfte der Kindheit finden ſich die Gegenſäze der pſychiſchen Thätigleiten ſchon in voller Entwikklung, Schmerz und Luſt treten einander ſcharf entgegen, aber die ſubjective Form des Bewußtſeins übt noch ein Uebergewicht aus über die objective; obgleich das Denken ſchon hervorgetreten iſt, ſo ſind die Bilder doch noch das dominirende und erſt bei einer allmählich mehr auf die Form gerichteten Entwikklung kann man ſagen, daß das Denken im eigentlichen Sinn ſchon in dieſer Periode ſich zeigt. Der Endpunkt iſt das Eintreten der Geſchlechtsfunctionen, womit die zweite Periode, die Jugend beginnt.

b. Das jugendliche Alter.

Hier erwacht eine ganz neue organiſche Gewalt und das Verhältniß des einzelnen zur Gattung tritt mit in das organiſche Leben ein. Man findet häufig, vielleicht jedoch mit der Form der Kultur zuſammenhängend, daß dieſer Zeit vorangeht ein Iſoliren der beiden Geſchlechter in Beziehung auf den kindlichen geſelligen Verkehr; hier ſieht man, wie der eine Factor, das Bewußtſein der Geſchlechtsdifferenz, allerdings ſchon entwikkelt iſt, jedoch unter der Form eines unbeſtimmten Impulſes, der andere positive Factor aber der Geschlechtsfunction ist noch nicht eingetreten. Dies ist gewöhnlich die Zeit, wo die ganze Entwikklung eine Störung erfährt und eine rükkgängige Bewegung macht, was wol gewiß mit diesem innern Entwikklungsknoten des Lebens zusammenhängt. Man findet das sowol in Beziehung auf die Ausbildung der erkennenden als in Beziehung auf die Willensthätigkeit. Diese bildet sich im Kindesalter noch an der Willensthätigkeit der Eltern; die Abhängigkeit von der Mutter ist die Wurzel dieses Bewußtseins, und es tritt hernach, nachdem sich das physische Leben consolidirt hat, unter einer andern Form ein, indem das Kind alles empfangen muß, was es nicht selbst herbeischaffen kann. Alle psychische Thätigkeit entwikkelt sich unter der Form der Receptivität. Man kann zwar in gewisser Beziehung sagen, daß jeder Mensch sich seine Sprache erfinden würde, wenn sie nicht schon gegeben wäre, aber doch ist es nicht anders möglich, als daß das Kind die Sprache aufnimmt, von der es umgeben ist. Beides hängt auf natürliche Weise zusammen, so daß man ebenso gut sagen kann, die Entwikklung der Sprache ist der Grund der Abhängigkeit als umgekehrt sie erwacht nur unter der Beziehung der Abhängigkeit. An diesem Ende der Kindheit im weiteren Sinne des Worts findet man nun häufig ein Zurükktreten dieser Abhängigkeit und einen Widerstand dagegen, was zusammenhängt mit dem Werden der höheren Potenz des persönlichen Daseins bei der Entwikklung der Geschlechtsfunction und einer Veränderung des Verhältnisses des Subjects zu den schon entwikkelten. Aber es erscheint als eine rükkgängige Bewegung, als Mangel an Gehorsam, Neigung zur Selbständigkeit, die bloß negativ ist, und daraus geht eine geistige Trägheit, eine Neigung zur Zerstreuung hervor, warum wir auch eine bestimmte Abhängigkeit der psychischen Functionen von der organischen Entwikklung finden.

Sobald die Geschlechtsfunction vollendet ist, so ist die Selbständigkeit des Subjects in physischer Hinsicht vollkommen. Es muß also, nach dem, was wir über die Geschlechtsdifferenz früher gesagt haben, mit diesem Entwikklungsknoten zugleich die ganze psychische Differenz entwikkelt sein. Dies tritt in Beziehung auf die Gesammterscheinung nicht als Sprung hervor, sondern mit einem jeden bestimmten Entwikklungspunkt ist auch eine Annäherung zum vollkommenen Dasein dieser Differenz mitgesezt. In dem ganzen Leben offenbart sich dies schon in der zweiten Periode der Kindheit, wo zwar gezweifelt werden kann, ob dies etwas natürliches ist oder aus der Beziehung zu den Erwachsenen in der Erziehung hervorgegangen. Aber es würde doch nicht da sein, wenn nicht die Geschlechtsdifferenz im psychischen Gebiet auch vorhanden wäre. Wenn wir also hier das Einzelleben in seiner vollständigen Entwikklung betrachten, so ist dieses zugleich der Anfang aller leidenschaftlichen Zustände, die sich freilich auch schon in dem lezten Theile der Kindheit manifestiren, aber doch nur in vorübergehenden Momenten und ohne daß sie bestimmend auf die Totalität der Erscheinung einwirken. In der Entwikklung der Jugend aber ist dies der hervortretende Punkt. Es hängt zusammen mit dem vollkommenen Persönlichkeitsbewußtsein, welches sich nun geltend macht. Sowie in der Entwikklung der Geschlechtsfunctionen die Richtung auf die Bildung eines eigenen Kreises liegt, so ist es natürlich, daß sich eine Neigung zu Unabhängigkeit zeigt, die sich aber in den verschiedenen Geschlechtern verschieden manifestirt. In dem weiblichen erscheint sie überwiegend in dem Verhältniß der einzelnen zu einzelnen, bei dem männlichen bekommt sie eine zwiefache Richtung. Das Verhältniß des einzelnen zum einzelnen stellt sich dar als ein unabhängiges und das ist die Freiheitsliebe, aber es entsteht auch die Richtung auf das ganze und das ist das gesellige, was sich in dieser Periode entwikkelt. Gehen wir zurükk auf das, was wir über das Befaßtsein des einzelnen unter den Charakter der Volksthümlichkeit gesagt, so ist dies die vorherrschende Form, in welcher das Verhältniß des einzelnen zu dem Gesammtleben sich gestaltet. Indem aber das bildliche, durch das äußere sich aufdrängende immer noch das überwiegende ist, so kommt viel darauf an, wie das Gesammtleben gestaltet ist, unter dessen Potenz das Einzelleben steht. Am einfachsten erscheint das Verhältniß, wo politisches und organisches zusammenfallen und Volk und Staat dasselbe ist. Wo es nicht dasselbe ist, ist eine Duplicität der Beziehung, eine durch die Natur gegebene und eine durch die ganze Lebensgestaltung producirte, und durch beides entsteht eine Verworrenheit. Denken wir uns einen solchen unvollkommenen politischen Zustand, wo ein innerer Gegensaz besteht zwischen feindlich sich gegenüberstehenden Corporationen, oder, wie bei einzelnen noch nicht zusammengewachsenen Völkern, zwischen den provinziellen Eigenthümlichkeiten oder den Standesverschiedenheiten, so ist es natürlich, daß sich die gesellige Entwikklung in der Jugend zunächst an das kleinste anschließt und der leidenschaftliche Charakter sich darauf wirft. Das ist dem Uebergewicht des sinnlichen und der Einseitigkeit in der Auffassung der Spontaneität in Beziehung auf das Gesammtleben zuzuschreiben. Nur in außerordentlichen Fällen kann das entgegengesezte hervortreten und allemal nur da, wo solche außerordentlichen Verhältnisse auf dem Gebiet des Gesammtlebens zusammentreffen mit correspondirenden in der erkennenden Thätigkeit. Sonst wird es das gewöhnliche sein, daß die Jugend den kleineren Einheiten sich zugesellt und die inneren politischen Gegensäze dann auf das leidenschaftlichste gestaltet.

Es ist dieses zu gleicher Zeit die Periode, in welcher sich alle die verschiedenen Zweige der Receptivität und Spontaneität in dem Erkennen und Bilden entwikkeln. Es entsteht die Richtung auf die Kunst und Wissenschaft, in dem Maaße, als beide in die volksthümliche Masse eingedrungen sind. Denn immer wird die Art, wie sie sich der Jugend einbilden, als der Maaßstab angesehen werden müssen, wie weit diese Richtungen in der Masse heimisch sind. Hier entsteht natürlich entweder eine Neigung der Einzelwesen in eine Mannigfaltigkeit einzelner Richtungen zu zerfallen, oder eine Neigung zum Wechsel in größeren Zeiträumen, was beides auf der einen Seite von einer inneren Unbestimmtheit und Indifferenz ausgeht, die daher rührt, daß der Charakter noch nicht zum Bewußtsein gekommen und das Verhältniß des einzelnen zur Gesammtheit sich noch nicht gestaltet hat. Da zeigt sich also die Nothwendigkeit das in dieser Entwikklung begriffene Einzelwesen doch noch relativ in einem Zustande der Abhängigkeit zu erhalten, weil sonst die Richtung auf den Wechsel in der Mehrheit so dominiren würde, daß sich schwer eine feste Entwikklung der Persönlichkeit erwarten ließe. Es ist offenbar die natürliche Ordnung in dieser Beziehung, daß das Verhältniß des einzelnen zur Gesammtheit sich zuerst als Receptivität entwikkelt, ehe es sich als Spontaneität fixirt, aber es ist eine Unvollkommenheit im Gesammtleben, wenn dieses Verhältniß des einzelnen zur Gesammtheit sich nicht auch auf eine äußerliche Weise geltend macht. Wenn nämlich das Eintreten des einzelnen in das Gesammtleben ganz den Charakter eines unmerklichen Ueberganges hat, ohne an einen einzelnen Punkt fixirt zu werden, so muß es auch im Bewußtsein ein schwankendes bleiben, und es ist dann ebenso möglich, daß sich in dem einzelnen eine Richtung gegen die Gesammtheit entwikkelt, als daß es sich in dem Gesammtleben fixirt. Das hängt natürlich mit der Gestaltung des Gesammtlebens selbst zusammen; je mehr dieses den Typus eines Volkslebens an sich trägt, um so mehr wird das Verhältniß der einzelnen Generation sich ausdrükken und äußerlich fixiren, und je mehr die in das Gesammtleben eintretende Jugend ihre Stellung erkennt, um so gesunder kann die Entwikklung vor sich gehen, je weniger dieses der Fall ist, desto mehr entsteht bei der Leidenschaftlichkeit der Jugend ein Charakter der persönlichen Differenz, und das ist der Grund zu den antisocialen Verhältnissen, die überall hervortreten, wo es im Gesammtleben an Zusammenhang fehlt.

Wenn wir das Ende der zweiten Periode betrachten, so ist es glükklich wenn die Geschlechtsentwikklung in eine den eigenthümlichen und den äußeren Verhältnissen entsprechende Geschlechtsgemeinschaft ausgeht und der einzelne in Beziehung auf das Gesammtleben eine Bestimmung trifft, welche der reine Ausbrukk des Verhältnisses seiner Persönlichkeit zum ganzen ist. Diese Bestimmung für das häusliche Leben und der Beruf im öffentlichen ist hernach der Anfang des reifen Alters. Wenn wir nun von hier aus rükkwärts gehen, so werden wir Erscheinungen, die dieses vorbereiten, zu betrachten haben, Erscheinungen, die der zweiten Hälfte des jugendlichen Alters angehören, die mehr zum Ende hinneigt als zum Anfang. Was das erste betrifft, so müssen wir auf den Punkt zurükkgehen, wo das erwachte Geschlechtsverhältniß eine psychische Richtung nimmt, eine Richtung auf das Suchen und Vergleichen weiblicher Gemüther in Beziehung auf jenes glükkliche Ende. Eine ähnliche Erscheinung ist auf der andern Seite das Suchen des Berufs; beides aber kann sich von da frei entwikkeln, wo es eine Freiheit der einzelnen im Gesammtleben giebt. Denken wir uns eine überwiegende Kasteneinrichtung, so ist da der einzelne so sehr durch das ganze bestimmt, daß die Freiheit nicht zum Bewußtsein kommen kann; ebenso ist es in aristokratischen Staaten, wo die Freiheit der Wahl in einen Kreis gebannt ist, so daß, wenn er überschritten wird, dies als eine Opposition gegen das Gesammtleben angesehen wird. Da aber solche Einrichtungen nicht permanent bleiben können, so erscheinen die Ausnahmen, die zuerst als ein krankhaftes Ueberschreiten der Schranken betrachtet werden, in späterer Zeit als der Anfang einer neuen Periode, was sich darin zuerst zeigt, daß sie im öffentlichen Urtheil anders beurtheilt werden. Denken wir uns eine Gemeinschaft ganz frei von diesen Schranken, so finden wir die Jugend gegenübergestellt einer fast unendlichen Mannigfaltigkeit, die sie nicht zu übersehen vermag. Hier ist es natürlich, daß wenn es gar keine Mittelglieder giebt, der einzelne oft durch diese Mannigfaltigkeit erdrükkt wird. Dies ist auch der Grund zu der einen psychischen Krankheit, die der Jugend eigenthümlich ist, daß durch das abwechselnde Angezogen- und Abgestoßen-werden und durch den Mangel an In-sich-gehen und an Klarheit des Selbstbewußtseins ein festes Urtheil über seine Stellung im Gesammtleben dem einzelnen unmöglich wird, und wenn dann die Zeit, wo die Lebensbahn fixirt werden soll, vorübergeht, so ist ein völlig zerfahrenes Leben die Folge davon. Das ist das eine unglükliche Ende, das diese Lebensperiode nehmen kann. Nun ist es aber allerdings das natürliche, daß es hier Zwischenglieder giebt, die sich ganz von selbst einstellen. Sobald nämlich in dieser Periode das Bewußtsein des Gesammtlebens erwacht, so gestaltet sich ein bestimmtes Element des Selbstbewußtseins in Beziehung auf das Verhältniß des einzelnen zur Gesammtheit, das ist das Ehrgefühl. Darin liegt das Bestreben, das persönliche Gefühl in Uebereinstimmung zu sezen mit dem Gesammtgefühl. Wo dies aber nicht in das natürliche Verhältniß zu der älteren Generation hineintritt, sondern sich ein abgeschlossenes Gesammtleben unter der Jugend selbst bildet, so ist dieses Element verloren für die richtige Lebensbestimmung und wenn daraus eine Opposition der Jugend gegen das reifere Alter entspringt, so ist es nicht anders möglich, als daß eine große Masse von jugendlichen Seelen verloren geht.

Die andre, daß ich so sage, endemische Krankheit dieser Lebensperiode ist analog der, wovon ich bei der Krankheit geredet, nämlich das Versenktsein der Seele in das organische. Das hier dominirende organische ist die Geschlechtsfunction, die man von ihrer ganz eigenthümlichen Seite betrachten muß. Insofern die Kraft der Gattung sich in dem einzelnen entwikkelt hat, ist dies Bewußtsein einer neuen Kraft, welche die ganze Persönlichkeit durchbringt und afficirt, ein herrschendes Element. Hier besteht nun das Versenktsein der Seele in das organische eben darin, daß alles sich auf die Darstellung dieses Kraftgefühls richtet. Es ist aber immer schon etwas gefährliches, wenn das Selbstbewußtsein sich darin gefällt, den Grad von physischer Kraft, der sich in dem einzelnen entwikkelt, zu einer vergleichenden Darstellung zu bringen und einen Wetteifer in Beziehung auf diese organische Kraft hervorzurufen. Allerdings sind die verschiedenen Richtungen in Hinsicht auf das sittliche Gefühl weit von einander getrennt, aber wenn wir sie rein im Verhältniß zu der Gesammtheit der psychischen Thätigkeiten betrachten, so stehen sie auf einer und derselben Stufe. Nehmen wir die Geschlechtsfunction für sich, so ist das reine Versenktsein der Seele in sie die Wollust, das Dominiren des Geschlechtstriebes. Da ist wieder ein bedeutender physiologischer Zusammenhang, den man nicht übersehen darf; es giebt sehr begünstigende und wieder sehr gefährliche Einwirkungen, die ihrer Natur nach physisch sind und von dem Gesammtleben ausgehen. Wo die ganze Lebensweise den Trieb übermäßig reizt, wird die organische Kraft so groß, daß sie auch die bessern Seelen nicht selten in Gefahr bringt; es giebt aber auch eine andre Lebensweise, welche die Entwicklung des Triebes nicht beschleunigt, sondern die Jugendkraft in eine bestimmte Thätigkeit hinein bringt, wie denn namentlich die Gymnastik, wie sie aus dem Bewußtsein der körperlichen Jugendkraft hervorgeht, ein kräftiges Gegengewicht werden kann gegen das Uebergewicht des Geschlechtstriebes. Denken wir uns dagegen eine verweichlichte Jugend, die in Verbindung steht mit einem verweichlichten reiferen Alter, so ist in der ganzen Lebensweise ein reizendes Element, wodurch auf der einen Seite der Trieb gesteigert wird, auf der andern der ganze Proceß dieser Function eine krankhafte Beschleunigung erfährt und so hängt das ganze Verhältniß, daß die Jugend diese gefährliche Periode überwindet, sehr von dem Gesammtleben ab.

Aber es giebt in der Gymnastik auch einen höchst gefährlichen Mißbrauch, wenn die Virtuosität nicht sowol in der Spontaneität als in der Receptivität gesucht wird. Auch hier giebt es Abstufungen. Es ist eine sehr natürliche Aeußerung des Ehrgefühls, wenn die Jugend sich kräftig zeigt in der Art, wie sie sich äußeren Einflüssen aussezt, wo die Jugendkraft nun als Widerstand erscheint. Das ist eine ganz gesunde Aeußerung, wenn sie in Opposition tritt gegen ein verweichlichtes Leben und diese Widerstandsäußerung gegen die Temperatur u. s. w. gehört ganz nothwendig zur Selbständigkeit. Aber doch giebt es darin eine Ueberschreitung des Maaßes, wodurch sehr oft das körperliche Gleichgewicht gestört und der Grund zu Krankheiten gelegt wird. Noch viel gefährlicher ist eine diesem verwandte Richtung, die auf den Ernährungsproceß gerichtet ist, wenn eine Virtuosität darin gesezt wird, wie viel Widerstand geleistet werden könne gegen das Uebermaaß und gegen das reizende der Nahrung, denn was daraus entsteht ist eine gefährliche Fertigkeit in dem, was andern bedenklich ist, gleichgültig zu sein, also eine Abstumpfung des sittlichen Gefühls gegen das Uebermaaß, wozu dann noch dies kommt, daß nachher ein Werth auf diese Widerstandsfähigkeit gelegt wird und ein Versenktsein der Seele in das rein organische eintritt.

Ich muß noch eines Punktes erwähnen, ehe wir weiter gehen. Wenn wir von dem Hauptcharakter dieser Periode, nämlich dem Entwikklungsgang der Geschlechtsfunction und in Verbindung damit des vollständigen Fixirens der psychischen Geschlechtsdifferenz ausgehen, so ist dies die lezte Entwikklung, welche in dem Leben des Einzelwesens vorkommt, indem es das Gattungsleben ist, welches sich hier in der Persönlichkeit fixirt; also müssen wir auch sagen, daß sich da das Selbstbewußtsein in seiner Vollkommenheit entfaltet. Dies sollte nun zugleich die Grenze sein in Beziehung auf das ganze Leben zwischen dem Uebergewicht der Receptivität über die Spontaneität, welches durchaus in der Kindheit dominirt, und dem Uebergewicht der Spontaneität über die Receptivität, welches in dem reiferen Alter dominiren soll. Wir müssen dies aber nicht als eine Mitte ansehen, sondern während der ganzen Periode der Jugend ist die Receptivität immer noch hervortretend wegen des Zusammenhanges mit der Kindheit, und die Spontaneität ist erst das aus dem Maximum der Receptivität sich entwikkelnde, d. h. überwiegend Reaction. Hieraus entstehen zwei Betrachtungen. In der ganzen Periode der Kindheit bis zur Pubertät ist das, was wir das sanguinische Temperament genannt haben, das vorherrschende. Das persönliche Temperament ist in einem jeden von Anfang an angelegt, aber dieses sei welches es wolle, so tritt doch neben ihm immer das sanguische hervor, und aus diesem entwickelt sich dann das persönliche Temperament erst wirklich. Der Grund davon ist die rasche Circulation des Bluts und das ist auf die Receptivität übertragen der Typus dieses Temperaments. Wenden wir nun das an auf die Jugend und suchen nach einem vorherrschenden Temperament, so mag es vielleicht sehr paradox klingen, aber es ist doch wahr, wenn ich sage, daß es das melancholische sei. Ich habe mich darüber schon erklärt, daß es eine falsche einseitige Ansicht ist, wenn man das trübsinnige hineinbringt; das charakteristische vielmehr sind die Stimmungen, und ob es frohe oder trübe sind, ist zufällig. Daß aber die Jugend dem Einfluß der Stimmungen im Gegensaz zu den augenblicklichen Wahrnehmungen, wie sie in der Kindheit vorherrschen, unterworfen ist, ist ganz natürlich; daß dagegen die Spontaneität nicht überwiegen kann, liegt darin, daß sie erst in der Entwikklung begriffen ist und ihren eigentlichen Gegenstand noch nicht ergriffen hat. Aber daß die Entwikklung der Spontaneität als Reaction mehr von den herrschenden Stimmungen abhängt als von einzelnen Eindrükken, ist das eigentlich charakteristische der Jugend. Wo wir finden, daß die Jugend immer von momentanen Eindrükken abhängig ist, da ist schon der krankhafte Zustand, der die Jugend in der Analogie mit der Kindheit zurükkhält, die Zerstreuung.

Die zweite Betrachtung, die sich uns ergiebt, ist diese: wenn wir uns denken das vollständige Lebensbewußtsein und die sich entwikkelnde Spontaneität als Reaction, so ist das allererste, was aus einem erfüllten Selbstbewußtsein als Reaction entsteht, die Darstellung, und das wird also der Natur der Sache nach einen bedeutenden Raum einnehmen, während es nachher wieder zurükktreten muß. Die Richtung auf das Darstellen der Persönlichkeit, und zwar des körperlichen, ausgehend von dem Bewußtsein der Lebenskraft, ist etwas der Jugend ganz natürliches und wo das fehlt, ist es ein Zeichen, daß das Lebensbewußtsein nicht so stark ist, als es sein sollte, oder daß eine krankhafte Anticipation späterer Lebensfunctionen die Jugendkraft verschlungen

hat. Dies gestaltet sich in den beiden Geschlechtern auf eine verschiedene Weise; im weiblichen ist es die Darstellung des Eben-
maaßes, der Anmuth und Schönheit, bei dem männlichen mehr
die der Kraft und Beweglichkeit. Verwechselt sich der Typus in
den Geschlechtern, so ist das in Beziehung auf das männliche
Geschlecht das weibische, was nicht eine tüchtige Entwikklung der
Persönlichkeit ahnden läßt. Aber so wie diese leibliche Selbstdarstellung unter den Typus der Kunst fällt, so finden wir dasselbe, wenn wir auf die geistige Receptivität sehen. Es ist offenbar, daß nun auch die Lebensbilder, die Bilder aller menschlichen
Verhältnisse entwikkelt sein müssen, und es ist eine nothwendige
Bedingung, wenn hernach ein kräftiges Leben entstehen soll, daß
ein Fundament von Orientirung in den menschlichen Verhältnissen zum Grunde liegt. So finden wir die Darstellung noch
bestimmter auf dem Gebiet der Kunst, die sich nach der individuellen Stimmung mehr auf die plastische oder poetische Darstellung wirft. Wenn keines von beiden zur Entwikklung kommt,
so wird nur zu leicht dies damit zusammenhangen, daß die Selbstdarstellung vorherrscht oder schon zu viel Antheil an dem thätigen Leben der Jugend aufgedrungen ist; daher diese Richtung
sich mehr entwikkelt, wo die Jugend sich frei entwikkeln kann,
und sie nicht sogleich in die Nothwendigkeit des Lebens verstrikkt
wird. Nun aber ist es ebenso gefährlich, wenn diese Richtung
verkannt wird, wenn man anstatt sie als Jugendrichtung aufzufassen, sie als einen bestimmten Beruf ansieht, was nicht selten
geschieht und eine Gefahr bringt, der viele unterliegen. Es entwikkelt sich dann gar zu leicht eine Abneigung gegen den eigentlichen thätigen Lebensberuf, über den sie sich täuschen, und diese
Täuschung hat ihren Grund in der Eitelkeit, die immer auf die
Selbstdarstellung zurükkkommt, indem einer glaubt einmal in dem
Gebiet etwas tüchtiges zu leisten, was doch nur der Beruf weniger sein kann.

c. Das reifere Alter.

Es ist natürlich, daß diese Abtheilungen, indem sie nur auf ganz bestimmte Entwikklungspunkte gehen, wobei zum Theil das physiologische mit in Betrachtung gezogen werden muß, unmöglich bestimmte für alle Einzelwesen gleichzeitige Momente feststellen können, und daß ebensowenig das, was als der Epoche machende Charakter der Periode angesehen werden muß, sich darin sogleich in seiner vollen Wirksamkeit zeigt; es kommt vielmehr hier nur darauf an, sonderne und leitende Ideen aufzustellen, an welchen man das eigenthümliche einer jeden Periode fassen kann. Besonders gilt dies von der Periode des reiferen Alters, welche wir charakterisirt haben als die Feststellung des eigenen Lebens in dem Gesammtleben und der Geschlechtsgemeinschaft, als das Knüpfen des ehelichen Lebens und als die Bestimmung des Berufs. Beides trifft offenbar nicht leicht zusammen und häufig auch so früh ein, daß sich die Reife noch nicht entwikkelt haben kann. Ich will hier erst ein paar allgemeine Bemerkungen voranschikken, welche mehr ethisch zu sein scheinen als streng psychologisch.

Es giebt nämlich in der Entwikklung des Gesammtlebens, wie sie jezt in den europäischen Völkern besteht, in gewissen Klassen der Bevölkerung eine Möglichkeit, ohne einen bestimmten Antheil an dem Gesammtberuf der Beherrschung der Natur sich durch das ganze Leben hindurchzufinden. Wenn wir aber eine Neigung dazu annehmen wollen, so schließt diese einen wesentlichen Mangel in sich, nämlich daß das Gesammtbewußtsein in seinem relativen Gegensaz gegen das persönliche nicht recht herausgetreten ist. Wir müssen aber noch ein andres Factum hinzunehmen. Während jenes nur bei einzelnen stattfinden kann, giebt es in der Masse eine ganz ähnliche Erscheinung, nämlich daß die ganze Lebensthätigkeit wieder nur auf die Person und dann allenfalls auf das häusliche und Familienleben, nicht aber auf das Gesammtleben bezogen, und die bestimmte Thätigkeit in dem bürgerlichen Leben nicht als Beruf sondern nur als Erwerbszweig behandelt wird. Der Unterschied ist hier freilich nur ein innerer und in den meisten Fällen wird er in den Resultaten gar nicht wahrzunehmen sein, während er in dem andern Fall stark hervortritt, aber beides ist sich in Beziehung auf den Mangel völlig gleich, und steht auch in einem bestimmten Verhältniß zu einander. Denn wenn sich in den höheren Ständen die Neigung zeigt, ohne einen bestimmten Beruf ein bloß genießendes Leben zu führen, so entsteht in der Masse die Meinung, daß jene das Berufsleben für eine Last ansehen, und indem sie es dann auch so auffaßt, so regt sich das Bewußtsein, daß die Arbeit nur um des Wohllebens willen übernommen und als eine Sache der Noth betrachtet wird, der man sich gern entziehen möchte. So sehen wir hier wieder, wie das Zurückbleiben hinter der natürlichen Entwicklung als eine Gesammtthat erscheint, indem der Gesammtzustand in beiden Fällen offenbar einen Mangel an Gesammtbewußtsein in der Spontaneität ausdrückt.

Was den andern Punkt, von welchem wir hier ausgehen, betrifft, so finden wir ganz analoge Erscheinungen, aber es kommt noch etwas eigenthümliches hinzu. Wir finden nämlich schon bei den Alten als eine vorherrschende Meinung ausgesprochen, daß die Bildung eines bestimmten häuslichen Lebens ebenfalls als eine Last angesehen wird, die nur um des Gemeinwesens willen übernommen werde. Diese Auffassung beruht auf ähnlichen Motiven wie die vorige, nur daß die Abneigung wieder mehr als etwas den höheren Ständen eigenthümliches erscheint. Aber auch hier findet sich in der Masse ein ähnliches Verhältniß; wie nämlich dort der Beruf nur als Erwerbszweig betrachtet wird, so wird auch von vielen die Stiftung des ehelichen Lebens nur als ein Mittel auf den Beruf als Erwerbszweig bezogen. So werden wir also auch diese Abweichung von der natürlichen Entwicklung als einen Mangel im Gesammtzustand anzusehen haben; der eigentliche Ort muß liegen in dem Geschlechtsbewußtsein, entweder in einer mangelhaften oder in einer krankhaften Entwicklung desselben. Hier ist der Zusammenhang mit dem, was wir als wesentlichen

Krankheitszustand in der Jugend gefunden haben, unverkennbar. Das reine Geschlechtsverhältniß kann zu seiner Entwikklung nicht gelangen, wenn die Seele in der Jugend in dieser Hinsicht in das organische versenkt gewesen ist; das geistige geht dabei verloren und wenn sich auch zu der Geschlechtslust ein gewisses Bewußtsein der individuellen Verschiedenheit gesellt, so ist das doch nicht das eheliche Verhältniß. In allen Ausschweifungen des Geschlechtstriebes liegt der Grund zur Verkrüppelung der Richtung auf die Bildung des häuslichen Lebens durch ein Geschlechtsverhältniß.

Aber es giebt noch einen andern allgemeinern Grund, nämlich das Verhältniß der Entwikklung überhaupt in den beiden Geschlechtern. Ich konnte diesen Punkt nicht an einem andern Orte so fruchtbar berühren als hier, wo sich die Sache erst in ihrem ganzen Umfange übersehen läßt. Ich habe allerdings schon darauf aufmerksam gemacht, wie wir in der Entwikklung der beiden Geschlechter einen Gegensaz finden, der sich auch im bürgerlichen Leben und fast in allen andern Beziehungen geltend erweist, daß in gewissen Massen die Entwikklung überwiegend unter der Form der Gleichheit, in andern überwiegend unter der Form der Ungleichheit vor sich geht. Wenden wir das auf die Geschlechter an, so muß ein ganz anderes Verhältniß eintreten, wenn sie sich in der Entwikklung gleich bleiben, denn je stärker der Gegensaz in psychischer Hinsicht hervortritt, um besto verschiedener muß die Entwikklung sein, materiell betrachtet. In jeder Gesammtheit bildet sich ein gewisses Gefühl, was für eine Thätigkeit im gemeinen Leben und welcher Typus der Selbstdarstellung sich für das eine oder andre Geschlecht zieme, und daraus entsteht eine Geschlechtssitte. Aber wir finden diese sehr verschieden und wenn einer aus dem Gesammtleben in ein anderes tritt, so erscheint es als etwas frembartiges und abstoßendes, wenn in dem einen z. B. die Frauen sich etwas aneignen, was sie in dem andern nicht thun dürfen. Es ist nun, wo sich eine solche Ungleichheit entwikkelt, bei weitem das natürlichste, daß das weibliche Geschlecht in ein Verhältniß der Unterordnung tritt, welche in den Lebensordnungen, wo sich der Gesichtspunkt der Gleichheit gebildet hat, gar nicht stattfindet. Es giebt allerdings dazu noch ein umgekehrtes, was sich im einzelnen sowol als im großen findet, aber auf eine sehr ungleiche Weise beurtheilt wird, und was wir unter einen allgemeinen psychischen Gesichtspunkt zu bringen suchen müssen. Das ist das Uebergewicht des weiblichen Geschlechts in der Gesellschaft und eine bis auf einen gewissen Grad ausschließliche Beziehung der männlichen Thätigkeit gleichsam auf die öffentliche Meinung des weiblichen Geschlechts. Hier müssen wir noch einmal uns rükwärts auf die vorige Periode wenden. Wenn sich das Geschlechtsleben in der männlichen Jugend auf eine naturgemäße Weise entwikkelt, so kann es nicht anders sein, als daß es sich ursprünglich rein als Verhältniß des einen Geschlechts zu dem andern manifestirt und so in das Bewußtsein aufgenommen wird. Darin liegt allerdings schon die Richtung auf das Verhältniß mit einem Individuum des andern Geschlechts zu einem festen Leben; wenn wir dies aber als Endpunkt ansehen müssen und jenes als Anfang, so wird das eine aus dem andern durch eine allmähliche Entwikklung. Nun erscheint das weibliche Geschlecht nie auf dieselbe Weise als Gesammtheit wie das männliche, und das Verhältniß der einzelnen muß gleich sein zu allen, die mit ihnen in Berührung kommen. Hier ist der Punkt, wo sich der krankhafte Zustand zeigt, wenn hiemit auch gleich die Befriedigung des Geschlechtstriebes ins Bewußtsein aufgenommen wird, denn daraus entsteht die wollüstige Zerstreuung. Sezen wir dies aber erst an den Endpunkt, so kann diese erste Beziehung nichts anderes sein als eine Neigung zur Annäherung und ein Wohlgefallen an einzelnen, in denen sich das Geschlechtsverhältniß entwikkelt; indem dies immer bestimmter wird, so tritt zulezt ein einzelnes Verhältniß mit Ausschließung aller andern hervor. Der eigenthümliche Charakter der Jugend liegt also in diesem Uebergange von dem Anfang, wo das Geschlechtsbewußtsein entsteht, bis zu dem

Ende, wo das engere Band geknüpft wird, in welchem der Ge=
schlechtstrieb zur Befriedigung gelangt. Hier tritt von selbst ein,
daß die Beschäftigung mit dem andern Geschlecht einen nicht un=
bedeutenden Theil an der Lebensentwicklung hat. Wo nun diese
wollüstige Zerstreuung überwiegt, da wird das die leere und eitele
Galanterie, die ohne noch etwas geradezu unnatürliches zu
sein, eine eben solche Zerfahrenheit und Nichtigkeit des Lebens
hervorbringt. Wenn wir es aber in seinem richtigen Verhältniß
betrachten, so stellt sich der einzelne dem andern Geschlecht dar
als seinen Geschlechtscharakter manifestirend und also mit der
Richtung ihn bei dem anderen geltend zu machen. Das ist die
Galanterie im guten Sinne, das Bestreben den eignen Geschlechts=
charakter bei den Individuen des andern Geschlechts zur Geltung
zu bringen, was bei dem weiblichen Geschlecht die Koketterie
im guten Sinne ist, wiewol das Wort gewöhnlich nur im schlechten
Sinne gebraucht wird. Hier sehen wir, wie beides eine falsche
Richtung annehmen kann, zugleich aber auch wie in dieser Allge=
meinheit die Beziehung auf das andre Geschlecht vorzüglich her=
vortreten muß. Denn wenn wir das Verhältniß der Geschlechter
in der Ehe betrachten, wo beide eins geworden sind, so ist die
Geschlechtsbeziehung zu andern ausgeschlossen. Wenn wir aber
die Richtung auf die Bildung eines solchen Lebens als ein wich=
tiges Ziel für die Jugend denken, so liegt alsdann in dem Sich=
geltend=machen der Jugend auch dieses, daß sie dem weiblichen
Geschlecht zu erkennen geben will, wie groß der Einfluß desselben
vermittelst dieser Richtung auf die Entwicklung des einzelnen wie
des ganzen ist. Das hat sich allerdings in keiner Lebensform
stärker entwickelt als in dem, was wir in unserer Geschichte mit
dem Ausdruck des Ritterthums bezeichnen und was keine Ana=
logie in andern Volksthümlichkeiten hat. Es geht schon daraus
hervor, daß wir dieses ansehen müssen als den Charakter der
Jugendlichkeit in der Volksentwicklung, und daß es eben beswe=
gen nur eine vorübergehende Erscheinung sein kann, wogegen die
Unterordnung des weiblichen Geschlechts unter das männliche selbst

in der härtesten Form vorkommt, wo das Verhältniß an Knecht=
schaft grenzt oder was noch schlimmer ist, wo das männliche Ge=
schlecht im weiblichen nicht die geistige und sittliche Entwikklungs=
fähigkeit anerkennt und sie ihr auch nicht zumuthet, sondern nur
im physischen ihre Bestimmung sieht. Das leztere ist in vielen
orientalischen Völkern offenbar als zum Volkscharakter gehörig
anzusehen, das erstere findet sich da, wo auch in den bürgerlichen
Verhältnissen das Princip der Ungleichheit sehr dominirt. Das
sind aber diejenigen Völker, die einen langsamen Entwikklungs=
exponenten haben und damit hängt auch die Ungleichheit der Ge=
schlechter zusammen, die immer ihren Grund in der Ungleichheit
der körperlichen Kraft hat und in der Rükksicht auf das, was
damit ausgerichtet wird. Es liegt aber dabei ein Zurükktreten
des Gattungsbewußtseins zum Grunde und dies ist das Zeichen
eines geringen Entwikklungszustandes.

Ein zweites aber, was noch in Betrachtung zu ziehen ist in
Beziehung auf diesen Anfangspunkt ist die in so vielen Völkern
sich findende Vorstellung von einer überwiegenden Heiligkeit der
Entfernung von dem Geschlechtsverhältniß. Das ist
offenbar etwas naturwidriges. Denn da das Bestehen des mensch=
lichen Geschlechts auf der Geschlechtsgemeinschaft beruht, der ein=
zelne sich aber nothwendig in jedem natürlichen Zustande der
Gattung unterordnet, so erscheint es gegen die Natur, das, was
eigentlich als Gebot der Gattung betrachtet werden muß, als
Verringerung des persönlichen Werthes der einzelnen anzusehen.
Es ist aber ein naturwidriges nie allein, sondern man muß ein
anderes auffinden, worin es seine Haltung hat. Diese Stim=
mung ist überall, wo sie sich in der Masse entwikkelt, eine reli=
giöse und haftet an der Religion, aber wir können sie auch nie
anders anschauen, als daß es eine krankhafte Entwikklung des
religiösen sei, indem sich darin ein Gegensaz fixirt, den wir gleich
a priori als falsch ansehen müssen, zwischen dem Verhältniß des
einzelnen zum absoluten Sein und dem Verhältniß des einzelnen
zur Gattung; denn sonst wäre es unmöglich, daß die Realisation

des Verhältnisses des einzelnen zur Gattung angesehen werden könnte als eine Störung des Verhältnisses des einzelnen zum absoluten Sein. Hier ist also allerdings das naturwidrige in dem Mittelpunkt des ganzen geistigen Seins hervorgetreten. Es kann aber dies nur stattfinden bei einer naturwidrigen Entwikklung des Geschlechtsverhältnisses selbst und da hat es eine gewisse Beziehung, es erscheint jedoch als ein Mißverständniß, wenn es allgemeiner bezogen wird als auf die naturwidrige Entwikklung und auch da noch beibehalten wird, wo diese nicht mehr da ist. Wir finden dies in großen Massen, aber es ist gewiß, daß es hemmend und störend auf die Entwikklung in allen Zweigen einwirkt.

Wir stehen hier bei der Lebensperiode, welche die vollkommenste Entwikklung der psychischen Thätigkeit ist. Am natürlichsten werden wir wieder einen Anfangs- und Endpunkt aufstellen, und den Verlauf zwischen beiden uns anschaulich machen. Wenn das häusliche Leben und der Antheil am Gesammtleben bestimmt ist, so findet von diesem Punkt aus eine sehr große Entwikklung statt nach Maaßgabe des Zustandes der Gesammtheit und der Lage des einzelnen, aber wir halten doch die beiden Punkte fest, von welchen die Entwikklung bis zum Gipfel der Vollkommenheit des Lebens ausgehen muß. Man hat oft gesagt, daß die Kinder erst die Erziehung des Menschen vollenden, und das ist richtig betrachtet gewiß sehr wahr. Es liegt in der regelmäßigen häuslichen Ordnung ein starker Impuls zur innern Ordnung selbst und zur Unterordnung alles leidenschaftlichen unter die Forderungen eines regelmäßigen Lebens. In dem weiblichen Geschlecht entwikkelt sich durch das Zusammensein mit den Kindern das was ihm eigen ist, die Anschauung des individuellen, zur größten Vollkommenheit; sie wissen immer genau Rechenschaft zu geben von dem Zustande des kindlichen Gemüths. Das ist aber zugleich die Art, wie das weibliche Geschlecht sich selbst auffaßt; der Einfluß von dem was man Grundsäze nennt, ist bei weitem nicht so groß, als man sich gewöhnlich einbildet, und jedenfalls

geringer als bei den Männern, weil die Frauen weniger im bis-
curſiven Denken als in der Anſchauung der pſychiſchen That-
ſachen ſich bewegen. Der Mann hat im häuslichen Leben das
Geſez aufrecht zu erhalten, die Identität des einzelnen Lebens
mit dieſem iſt das conſtante Bewußtſein, durch welches das ganze
Daſein geleitet wird, und durch das Uebergewicht von dieſem
werden alle zerſtreuenden Elemente, die in dem jugendlichen Alter
vorkommen, unter dieſes conſtante Bewußtſein zuſammengefaßt
und geordnet. Das iſt das natürliche Hinaufſteigen zu dem höch=
ſten Punkt des einzelnen Lebens. Natürlich findet hier eine große
Differenz ſtatt, nach der Lage des einzelnen und dem Zuſtand
der Geſammtheit. Dieſe Differenzen ſind geringer in der Maſſe
als in derjenigen Stufe der Geſellſchaft, wo eine mannigfaltigere
Entwikklung beſteht, wo der Entwikklungsexponent größer und das
Verhältniß des einzelnen zu dem Zuſtande des ganzen mannigfaltiger iſt. Je weniger auf der niedrigen Entwikklungsſtufe beides auseinander tritt und der Gegenſaz des Einzellebens und des
Geſammtlebens entwikkelt iſt, deſto weniger kann man, weil auf
der bewußten Uebereinſtimmung der Werth des Einzellebens beruht, dieſen Werth beſtimmen. Die Uebereinſtimmung mit dem
allgemeinen Gange der Lebensentwikklung erſcheint hier ſehr oft
als eine rein mechaniſche, während ſie auf der höheren Stufe die
beſtimmteſte Aeußerung bewußter Freiheit iſt. Ebenſo erſcheinen
die Ausnahmen auf der niedern Stufe auch von mechaniſchen
Einflüſſen abhängig, mehr als Nachahmung von Beiſpielen oder
aus Reizen entſtanden, wogegen bei einem höheren Leben eben dieſe
Abnormitäten in dem männlichen Alter oft das größte Räthſel
für den Forſcher ſind.

Das giebt mir Veranlaſſung hier, wo wir das Leben in
ſeiner höchſten Entwikklung betrachten, etwas über den Zuſammenhang der einzelnen Lebensmomente in ihrer Mannigfaltigkeit
zu ſagen. Wenn wir alles, was bisher auseinander geſezt iſt,
zuſammenfaſſen, ſo muß das natürliche Reſultat der Darſtellung
ſein, daß wir alles einzelne, was in dem Leben vorkommen kann,

aus diesem Zusammenhange begreifen, aber etwas anderes ist es, wenn es darauf ankommt, den Zusammenhang des einzelnen, wie es auf einander folgt und die Zeit erfüllt, ebenso anzuschauen. Jene Aufgabe das einzelne zu begreifen in seiner Differenz von dem übrigen für sich betrachtet führt uns zurükk auf die aufgestellten wesentlichen Functionen und ihr Verhältniß im allgemeinen. Wenn wir aber das Leben in seinem Verlauf betrachten, und besonders hier, wo es im Maximum seiner Kraft steht, so ist die Aufgabe den Zusammenhang des einzelnen aufzufassen und unter allgemeine Formeln zu bringen eine solche, die gar nicht zu lösen ist. Jeder Tag bildet eigentlich für einen jeden ein solches Räthsel, indem bald die psychischen Thätigkeiten rascher, kräftiger, richtiger vor sich gehen, bald schlaffer erscheinen und mehr zurükkgedrängt und ihre Kraft durch den störenden Einfluß durchgehender Vorstellungen gehemmt wird, in manchen Fällen ein sinnlicher Reiz obsiegt, der in andern mit Leichtigkeit überwunden wird, und das zu begreifen und in Formeln zu bringen scheint unmöglich. Wenn man davon ausgeht, daß das psychische Vermögen ursprünglich in allen gleich ist, so entsteht die Aufgabe, alles auf ein Product zu reduciren, wozu man die verschiedenen Factoren suchen muß, aus denen es zusammengesezt ist. Denn wenn das psychische Vermögen in allen gleich ist, so muß die Verschiedenheit aus dem entstehen, was von außen aufgenommen wird in den verschiedensten Formen und im Zusammenhange mit dem innern und da kann man sich vorstellen, daß sich das alles auf einen Calculus müsse zurükkführen lassen. Das ist die Aufgabe, welche sich die mathematische Psychologie stellt. Sie hat außer diesem Anfangspunkt auch noch einen Haltungspunkt in den Resultaten. Denn wenn wir einzelne Momente vergleichen, so fassen wir sie zusammen in mathematische Ausdrükke, indem wir sagen hier ist ein größeres Quantum von diesem, dort ein größeres von jenem. So wie man nun diesen Endpunkt mit der ersten Voraussezung der Gleichheit zusammenstellt, so entsteht die Aufgabe, die Glieder zwischen dem Anfangspunkt, der in allen derselbe ist, und den hervortretenden Resultaten auf eine analoge Weise durch Größen darzustellen und dann wird immer wieder das, vermittelst dessen der eine Moment entstanden ist, ebenso von außen gekommen sein, wie die Entwikklung der allerersten Differenzen. Aber diese Voraussezung hat durchaus keine Haltung in dem, was uns unmittelbar gegeben ist; die Subsumtion des einzelnen unter den Volkscharakter schließt schon eine Differenz in sich zwischen diesem und einem andern, der einem andern Volkscharakter angehört. So kann es also eine ursprüngliche Gleichheit gar nicht geben, sondern wir werden auf den Zusammenhang einer jeden Generation mit den früheren zurükkgeführt und damit auf eine Quelle der Ungleichheit, die über den eigentlichen Anfang des Lebens selbst hinausgeht. Gehen wir von hier aus, so kann der Grund der Differenz zwischen einem Moment und dem andern niemals ein bloß äußerlicher sein, sondern das innere ist mit zu berükksichtigen. Wenn wir zwei Individuen in einem und demselben Moment denselben Einflüssen aussezen, so wird das Resultat in beiden verschieden sein, und der Grund der Verschiedenheit wird nicht etwa bloß darin liegen, daß dem einen schon anderes von außen eingebildet ist als dem andern, sondern daß ein jeder schon seine eigenthümliche Art hat, das ihm von außen gegebene in seine Lebenseinheit aufzunehmen und zu verarbeiten und daß diese Lebenseinheit selbst eine andre ist. Das Leben fängt an in einer Weise, daß es noch gar keine Continuität der Erinnerung darbietet und es ist selbst eine zum Theil von organischen Zuständen abhangende Differenz, daß der eine mit seiner Erinnerung in eine größere Vergangenheit zurükkgehen kann als der andre. Aber es ist doch offenbar, daß wo auch die Erinnerung schwächer ist, jeder, der sich an eine Reflexion über sich selbst gewöhnt, sich einer Identität bewußt sein wird zwischen dem späteren Alter und dem allerfrühsten in Beziehung auf die Art wie ein Moment aus dem andern sich bildet, wodurch die eigentliche Lebenseinheit sich constituirt. Aber dies ist eben das, was niemals auf eine Formel zurükkgeführt werden kann und also sich dem mathematischen Verfahren widersezt, und doch müßte es, wenn auch nicht als ganz unbekannt, doch als solches, welches noch unbekannte Elemente in sich trägt, in die Rechnung mit aufgenommen werden. Wenn wir nun aber bedenken, in was für eine Unendlichkeit sich dieses mathematische Verfahren verlieren muß, so liegt schon darin ein hinlänglicher Grund es bei Seite zu legen. Denn ein aus einer unendlichen Menge von Gliedern bestehendes Resultat ist so gut wie keines, weil es nicht übersehen werden kann, und wenn nun gar noch viele unbekannte Größen mit aufgenommen sind, die nicht in bekannte aufgelöst werden können, so giebt es vollends kein bestimmtes und also gar kein Resultat.

Dagegen giebt es andre Erscheinungen, nämlich die, daß bei einem genauen Zusammenhange des Einzellebens mit der Gesammtheit sehr leicht ist, von dem andern vorauszuwissen, wie sich bei ihm in einem gemeinschaftlichen Moment seine Lebenseinheit entwikkeln und welches das Resultat sein wird; aber dies erfolgt gar nicht auf dem Wege des Calcüls, sondern ist ein divinatorisches Verfahren, das zu dem räthselhaften gehört, wie der einzelne auf eine unmittelbare Weise das Leben des andern in sich aufnimmt. Wenn wir dies bis auf einen gewissen Grad verallgemeinern, so führt es uns auf einen Ausdrukk, der jenem der mathematischen Psychologie verwandt ist, nämlich daß auf gewisse Weise in einem Individuum alle anderen gegeben sind und daraus entwikkelt werden können. Man könnte freilich sagen, wenn in einem alle übrigen sind, so ist jeder in allen und alle in jedem, und da die Totalität dieselbe ist, so ist jeder derselbe; aber dies ist keineswegs so, da die Totalität nicht in allen auf dieselbe Weise ist, sondern in jedem nach Maaßgabe seines eigenthümlichen Verhältnisses, z. B. in Frankreich wird es jezt viele gegeben haben, die mit der größten Bestimmtheit haben voraussehen können, wie sich die gegenwärtige Krisis entwikkeln würde. Diese Sicherheit des Vorherbildens solcher Zustände im gemeinsamen Leben ist aber nichts anderes, als das Resultat der Verwandtschaft mit dem Gesammtleben, und es liegt darin zugleich eine Andeutung von der Art, wie ihnen das Gesammtleben eingebildet ist. Aber keinesweges würden dieselben im Stande sein, eben so sich vorzubilden, was unter ähnlichen Umständen in einem andern Volke geschehen würde. Allerdings aber in dem Zuge, der sich überall bei einem gewissen Entwikklungsgrade findet, in Berührung mit andern Volkscharakteren zu kommen, liegt auch die Richtung darauf, diese Form des Lebens in sich zu entwikkeln. Diese Vorausfezung ist sehr anwendbar im großen, sie führt uns aber auch in einem gewissen Maaße auf den einzelnen hin. Denn je mehr sich mir die Lebenseinheit eines andern nicht als Begriff sondern als lebendiges Mitgefühl einbildet, desto mehr bin ich im Stande sein Leben mir vorzubilden.

Nun wollen wir die Anwendung auf das Verhältniß des einzelnen zu sich selbst machen. Werden wir sagen, in demselben Maaß als jeder seine Lebenseinheit im reinen Selbstbewußtsein aufgefaßt hat, ist er im Stande sein eignes Leben vorzubilden? Hier kommen wir auf einen Punkt von großem Einfluß, nämlich alles Bilden von Zwekkbegriffen, was das Leben in dieser Periode des reifen Alters doch sein soll, ist nichts anderes als ein Vorbilden künftiger Momente. Dies geht immer von der Lebenseinheit aus und es giebt keine sichere Art sie zur Anschauung zu bringen, als wenn wir alle Zwekkbegriffe und Conceptionen von Handlungen mit ihren Resultaten in ihrer natürlichen Folge beisammen hätten. Nun finden wir von diesem Punkte aus eine doppelte Differenz; in dem einen ist das Bilden von Zwekkbegriffen eine wesentliche Operation, in dem andern fehlt sie so gut als ganz. Das ist die eine, die andre aber ist die: in dem einen ist ein constanter Zusammenhang zwischen dem Bilden der Zwekkbegriffe und den Resultaten, in dem andern ist das etwas unbestimmtes und veränderliches. Diese beiden Arten der Differenz sind die eigentlichen Formeln für die Verschiedenheiten des Lebens in der Periode des reiferen Alters; nur muß man Zwekkbegriff in dem weiteren Sinne von Bild nehmen.

Schon wenn wir auf die Geschlechtsdifferenz sehen, ist das eigentliche Begriffsbilden und das Vorbilden in Begriffen regelmäßiger
bei dem männlichen als beim weiblichen Geschlecht, und wo die
Entwiklungsstufe noch gering ist, bleibt alles im Bilde. Faßt
man es aber in diesem weiteren Sinne, so lassen sich alle Differenzen auf diese Formel zurükführen, wenn nur darin schon ein
andres mit eingeschlossen ist, nämlich der Umfang in Beziehung
auf die Gesammtheit der menschlichen Thätigkeiten, in welchen
sich die Zwekbegriffe des einzelnen bewegen. Wenn wir von der
festen Position des einzelnen im Gesammtleben ausgehen, die sich
im reifen Alter erst bilden kann, so giebt es da eine regelmäßige
Entfaltung seiner Kraft und Thätigkeit; aber hier sind die einzelnen sehr verschieden, indem der eine mit seiner Zwekbegriffs-
bildung aus dem bestimmten Kreise, worin er sich bewegt, nicht
heraustritt, der andre aber einer freien Entwiklung seiner Thätigkeit auch außerhalb dieser Grenzen sich hingiebt und also einen
Einfluß auf das ganze ausüben kann, der nicht lediglich von seinem bestimmten Punkte herrührt. Je mehr es in einem Gesammtleben Individuen der lezten Art giebt, desto größer und
freier ist die Entwiklung, je mehr die ersteren das Uebergewicht
haben, desto mehr bekommt das ganze des Gesammtlebens den
Anschein des mechanischen. Aber je mehr Zwekbegriffe in dem
Leben des einzelnen hervortreten, um so größer ist der Einfluß
der erkennenden Thätigkeit, weil jeder Zwekbegriff doch immer
das Resultat ist vom Auffassen des ganzen und von dem Selbstbewußtsein in Beziehung auf das ganze. Je weniger solche im
Leben vorkommen und den ganzen Gang desselben motiviren, um
desto mehr ist der einzelne zerstreuenden Impulsen unterworfen
und um so mehr wird der reine Gehalt des Lebens verringert,
indem es nicht fehlen kann, daß der eine den andern wieder aufhebt. War der Charakter der Jugend der, daß sie sich allen
Impulsen öffnet, weil darin noch die Receptivität vorherrschend
war, so wird dies in der ersten Periode des männlichen Alters
auch noch häufig vorkommen können, aber es wird unterworfen

durch den constanten Einfluß dieser festen Punkte, des ehelichen Bandes und des Berufs, in welchen der einzelne sein Selbstbewußtsein constant wiederfindet. Das Sich-orientiren in beiden ist das Princip zur Unterwerfung aller zerstreuenden Motive. Eben darin stellt sich das Verhältniß der Zwekbegriffe als lebendiger Impulse zu den Resultaten dar; so wie jenes die Stärke der Denkthätigkeit bezeugt, so dieses die Stärke der Willenskraft, welche darin liegt, daß der Impuls derselbe bleibt, wenn auch die Wirksamkeit unterbrochen wird, bis das Resultat erreicht ist. Wenn man berechnen will, wie dieser einzelne zu einer größeren Willenskraft und einer größeren Lebendigkeit der Denkthätigkeit kommt, indem man es auf äußere Impulse zurükführt, so wird man immer irren; sagt man aber, es ist ein Verhältniß zwischen der Entwikklung des einzelnen und der Gesammtheit und beide sind gegenseitig durch einander bedingt, so hat man etwas ganz richtiges und lebendiges im Sinn, aber es ist von der Art, daß es sich dem Calculus im einzelnen entzieht, so daß das mathematische Bestreben dabei nur etwas untergeordnetes sein kann, wenn man sich die Wahrheit der Sache nicht ganz aus den Augen rükken will.

Wenn wir dasselbe, was wir jezt über die Periode des reiferen Alters im einzelnen gesagt haben, auf die Masse anwenden, so finden wir ähnliches auch in den Völkern, und inwiefern es solche giebt, die nur noch in der Vergangenheit fortleben, so liegt darin um so mehr die Veranlassung, diese Vergleichung fortzusezen. Betrachten wir dann diese wieder in ihrem Verkehr mit andern Völkern und in dem Wogen des geschäftlichen Lebens, so kommen wir von dem einzelnen immer mehr ab auf das allgemeine, und wenn wir dabei sehen, wie schwer solche großen Erscheinungen zu begreifen sind, von denen wir nicht ausmachen können, ob sie von einzelnen ausgegangen oder auf allgemeine Impulse zurükzuführen sind, so erhalten wir Geseze des allgemeinen Lebens, unter welchen die einzelnen stehen, Geseze alles irdischen Lebens in seiner Oscillation und dem beständigen Auf-

und Abwogen, und indem diese auch dem einzelnen einwohnen müssen, so legt dies noch ein neues Moment in die Wagschaale, daß das einzelne Leben dem Calculus nicht zu unterwerfen ist. Aber wie es Zeiten giebt wo sich das psychische Leben mehr entfaltet und andre wo es mehr zurükbleibt, so ist die Art, wie sich das allgemeine Leben in dem einzelnen gestaltet, eben weil es in das einzelne Leben eingebildet ist, eine freie, nur daß sich diese Freiheit nicht in der Gestalt des vorbedachten Wollens sondern in der der unmittelbaren Bewegung darstellt, worin beide Functionen durchaus eins sind. Immer werden wir hier auch wieder die Duplicität finden, daß bisweilen die Veränderung mehr den Einfluß des persönlichen Bewußtseins auf das Gesammtbewußtsein bald mehr den Einfluß von diesem auf jenes repräsentirt. Dies führt uns auf eine allgemeine Differenz; wenn sich nämlich hier der Ort des einzelnen in der Gesammtheit, der er angehört, feststellt, so steht entweder der einzelne überwiegend unter der Potenz des ganzen, oder der einzelne übt eben deswegen, weil ihm das Gesammtleben eingebildet ist, selbst Impulse auf das Gesammtleben aus. Nicht selten findet aber auch hier ein Wechsel statt, und zwar auf beiden Seiten, indem in dem einzelnen, der bisher ganz dem allgemeinen Typus gefolgt ist, dem Anschein nach plözlich eine Entwikklung vor sich geht, mit welcher er auf das ganze einwirkt, in Wahrheit muß aber doch immer innerlich ein Zusammenhang mit früheren Momenten sein.

Dies führt uns auf das, was in dieser Beziehung als krankhaft und als ein Zeichen des Uebergewichts selbstischer und sinnlicher Impulse anzusehen ist. Wenn sich in einem ungleichen Verhältniß zu dem eigentlich geistigen Vermögen eine Neigung zu Einflüssen auf das ganze entwikkelt, so ist das die Herrschsucht; denn die Bezeichnung paßt nur, wenn die Richtung in Widerspruch steht mit der eigentlichen Kraft des geistigen Vermögens. Wenn dagegen diese wirklich vorhanden ist und sich auf eine mit dem ausgesprochenen Charakter des Gesammtlebens übereinstimmende Weise entwikkeln kann, so wird niemand es als

Herrschsucht ansehen, wenn einer die Stelle einzunehmen sucht, die ihm zukommt. Ebenso giebt es auch auf der andern Seite eine Neigung sich von dem Gesammtleben mit dieser Kraft zurükzuziehen und sich selbst an eine untergeordnete Stelle zu sezen, was immer ein Mangel an Entschlossenheit ist und von einem überwiegenden Einfluß der die innere Kraft zurükdrängenden Bilder herrührt, so daß es mehr oder minder als Feigherzigkeit bezeichnet werden muß. Beides sind die entgegengesezten Abwege in Beziehung auf das Verhältniß des einzelnen zu dem Gesammtleben in dieser Periode.

Indem wir nun aber hier das ganze Leben uns in seiner vollkommenen Entwikklung denken, so ist das auch der Fall mit der Differenz des einzelnen Lebens, die wir ursprünglich ins Auge gefaßt haben, nämlich den Temperamenten. Wenn wir sagten in der Kindheit überwiege das sanguinische, in der Jugend das melancholische, so gewinnt es den Anschein, da die andern nur noch übrig sind und in diesen die Spontaneität überwiegt, als ob in dem reifen Alter das cholerische in dem späteren Alter das phlegmatische mehr hervortrete; aber das beruht auf der falschen Ansicht, daß man den Unterschied sezt in die Stärke und Schwäche, wenn wir ihn dagegen so fixiren, wie wir es gethan, so verschwindet dieser Schein und wir werden sagen, es ist hier ein Gleichgewicht zwischen beiden. Vergleichen wir aber das mit dem, was ich vorher gesagt, so kommt ein ganz wunderliches Resultat heraus. Der überwiegende Einfluß des einzelnen auf das Gesammtleben kann nur in großen Bewegungen vor sich gehen, weil er seiner Natur nach in eine Reihe von Momenten zerfallen muß, und umgekehrt das Sich-dominiren-lassen durch die von dem ganzen ausgehenden Impulse scheint nur geringe Bewegungen zuzulassen, weil es äußere Veranlassungen sein müssen, welche die Wirksamkeit der Impulse hervorrufen. So gewinnt es den Anschein, als müßte der phlegmatische den stärksten Einfluß auf das Gesammtleben ausüben und der cholerische sich am meisten von den Impulsen des ganzen leiten lassen, und doch denken wir uns diesen lezten in Opposition gegen alle Einflüsse von außen und mit dem phlegmatischen verbinden wir die Vorstellung von einer gewissen Gleichgültigkeit gegen das Resultat. Genauer betrachtet aber müssen wir sagen, was in dem überwiegenden Charakter des cholerischen Temperaments als das Bestreben erscheint einen Einfluß auf das ganze auszuüben, ist gewöhnlich die krankhafte Abweichung der Herrschsucht und diese ist grade sehr häufig mit diesem Temperament verbunden. Aber eben weil der wesentliche Charakter dieses Temperaments die schnelle Aufeinanderfolge kleiner Bewegungen ist, so ist in dem Temperamente selbst eine gewisse Unfähigkeit zu Impulsen auf das ganze. Auf der andern Seite ist das, was im phlegmatischen Temperament als Gleichgültigkeit gegen das Resultat erscheint, eigentlich nur eine solche gegen die einzelnen Elemente, die sich in den kleinen Momenten manifestiren, und diese scheinbare Gleichgültigkeit kann verbunden sein mit dem Ausharren in dem Wechsel der kleinen Bewegungen, das sich in den großen und durch die großen entfaltet.

Auf der andern Seite, wenn wir das männliche Alter rein in Beziehung auf das persönliche Selbstbewußtsein betrachten, so ist es zugleich die vollkommene Ausbildung des in der Persönlichkeit angelegten Temperaments, und es ist die wesentliche Aufgabe mit der zugleich in dieser Periode am stärksten entwickelten Kraft des Charakters das Temperament unter die Potenz dessen zu bringen, was die Identität des persönlichen und Gattungsbewußtseins fordert, oder es ist die Aufgabe das Temperament in seiner vollen Entwicklung als Darstellung der Eigenthümlichkeit des Einzelwesens in dem Verhältniß der verschiedenen Functionen zum Organ des Charakters auszubilden. Wenn das nicht in der ersten Hälfte dieser Periode erreicht wird, daß der Charakter die Herrschaft über das Temperament gewinnt, so ist um desto mehr Gefahr, daß es nun in das Extrem übergehe, in welchem es den Charakter d. h. die Willenskraft in ihrer individuellen Bildung ganz und gar zerstört. Eine solche Zerstörung der Willenskraft durch die Gewalt des Temperaments ist die

Aufhebung der geistigen Lebenseinheit, die Verrükkung, die aber verschiedene Formen hat nach der Verschiedenheit des Temperaments. Sie ist Tiefsinn oder Befangensein unter fixe Ideen, wenn sie die zerstörende Gewalt des melancholischen Temperaments ist, wo die Herrschaft der Stimmungen sich gleichsam für permanent erklärt. Die Verrükkung wird Wuth, wenn sie das Extrem des cholerischen Temperaments ist, sie wird eigentlicher Wahnsinn d. h. ein beständiges Abspringen der Vorstellungen und ein absolutes Uebergewicht des Sich-von-innen-bildens, so daß die Anregungen, die auf die innern Enden der Organe erfolgen ganz über die äußern dominiren, wenn es das Ueberschlagen des sanguinischen Temperaments ist, sie wird Blödsinn, bei dem Uebergewicht des phlegmatischen. Ist nämlich das Wollen zurükkgedrängt und sind die großen Bewegungen in denen es allein bestehen könnte, aufgehoben, so trifft eine völlige Gleichgültigkeit gegen alle Eindrükke ein, und diese Unfähigkeit der Combination rührt daher, weil die einzelne Combination ganz und gar unter der Potenz der großen Impulse stand, diese aber nun aufgehoben sind, und somit jene ganz die Haltung verliert.

Es ist die allgemeine Erfahrung, daß sich diese verschiedenen Formen der Verrükkung überwiegend im reiferen Alter zeigen und wenn sie früher eintreten, gewöhnlich physisch sind, während leicht einzusehen ist, daß sie überwiegend psychisch sein müssen, wenn sie da eintreten, wo das psychische am meisten entwikkelt ist und das Uebergewicht über das organische haben soll. Die Frage, ob es eine solche Verrükkung giebt ohne alle organische Bedingung, oder auf der andern Seite, ob aller Wahnsinn doch psychisch ist und die psychischen Verhältnisse die Krankheit hervorgebracht haben, kann hier nicht entschieden werden. Auf unserem Gebiet können wir nicht anders als die beiden Möglichkeiten zugeben; wir werden niemals den Einfluß des organischen auf das psychische und umgekehrt leugnen, und so muß auch jede Corruption von gewisser Stärke in dem einen eine Corruption in dem andern zu Wege bringen können. Aber wenn wir betrachten, was wir von diesem Punkte aus für Analogien durch= führen können durch das ganze Leben, ohne daß von irgend einer organischen Abweichung die Rede ist, so müssen wir sagen, daß alle Formen der Verrükkungen Steigerungen psychischer Zustände sind. Ich will nur ein paar Beispiele anführen. Es ist offen= bar, daß der Zustand der Zerstreuung eine Annäherung an den eigentlichen Wahnsinn, und daß die Unfähigkeit sich von gewissen Affectionen besonders der Furcht oder Hoffnung loszumachen, an denen wir oft Menschen erkranken sehen, zu deren habitueller Weise zu sein es gar nicht gehört, eine Annäherung an den Zu= stand der fixen Ideen ist. Wenn wir die Gestaltung betrachten, welche gewisse Leidenschaften, besonders die selbstischen haben und welche aus dem Versenktsein der Seele in das Geschäftsleben ent= stehen, so können wir die Analogie mit der Wuth unmöglich ver= kennen. Ebenso wie es Zustände der Abgespanntheit giebt, welche bei einzelnen ohne vorherige übermäßige Anstrengung erfolgen und welche nichts anders sind als eine unter die allgemeinen Geseze zurükkgebrängte psychische Elasticität, so werden wir darin Annä= herungen an den Blödsinn erkennen. So müssen wir also jedem zugestehen, daß auch im gesundesten Leben Elemente vorkommen, die dem Wahnsinn nahe stehen, und bei denen es uns gar nicht in den Sinn kommen kann, zu sagen, daß sie aus organischen Einwirkungen entstanden sind, und es hat also sehr den Anschein, als ob die organischen Zustände des Wahnsinns mehr als Folgen wie als Ursachen desselben anzusehen sind. — Wenn wir das vergleichen mit dem, was bei der Jugend gesagt ist, so ist das vollkommene Ausbrechen oder Habituell=werden dieser Arten von Wahnsinn als das unglükkliche Ende des reiferen Alters zu be= trachten, es schließt sich aber auf eine natürliche Weise an das an, was wir über den unglükklichen Ausgang des jugendlichen Alters gesagt haben.

d. Das höhere Lebensalter.

Was nun das höhere Lebensalter betrifft, so ist der Anfang desselben das Aufhören der Geschlechtsfunctionen. Dieses tritt allerdings bei dem weiblichen Geschlecht, wenn man das Leben numerisch betrachtet, ebenso wie die Pubertät, bei weitem früher ein als bei dem männlichen, und diese Differenz ist viel größer als irgend eine andere in Beziehung auf die Entwikklung, wogegen man nicht sagen kann, daß das Lebensende überhaupt ebenso bedeutend verschieden wäre, im Gegentheil hat das weibliche Geschlecht im ganzen ein längeres Alter als das männliche. Dies scheint mit der überwiegenden Bestimmung des weiblichen Geschlechts für das häusliche Leben und mit der des männlichen für das öffentliche Leben zusammenzuhangen. Denn träte bei dem lezteren die Pubertät ebenso früh ein und wäre der Einfluß der Erziehung auf die männliche Jugend schon so bald aufgehoben, so würde auch die Wirksamkeit derselben auf die Gesammtheit früher beginnen als es für die Stetigkeit der Bewegungen des Gesammtlebens wünschenswerth wäre. — Es giebt in dieser Periode ebenso organische Veränderungen, welche die psychischen bedingen; es fangen allmählich, nachdem die Geschlechtsfunctionen aufgehört haben, die Sinne an schwächer zu werden, es vermindert sich der Einfluß der äußeren Eindrükke und der der innern nimmt zu, aber nicht so, daß ebenso starke von innen kommen, da die Organe wie die ganze Organisation überhaupt an Beweglichkeit abnehmen. Die Thätigkeit kann sich daher nur auf die Erinnerung werfen, die von früheren Eindrükken herrührt. Daher erklärt sich denn auch das überwiegende Leben des Alters in der Vergangenheit, wodurch das Interesse an der Gegenwart zurükkgedrängt wird, das an der Stärke der Sinneseindrükke haftet. Es ist aber offenbar, daß das nur in dem Maaße der Fall sein wird, als der ganze Verkehr des einzelnen mit der Außenwelt mehr von organischen Verhältnissen abhängt; auf alles was von der Denkthätigkeit ausgeht und was vorher gedachtes Wollen

26 *

ift, hat das eintretende Alter einen weit geringeren Einfluß. Daher erscheint in weit größerem Maaßstabe als dies bei den andern Lebensaltern der Fall ist die Verschiedenheit zwischen den geistiger erregten Theilen der Gesellschaft und denen, welche mehr mechanischen Thätigkeiten zugewandt sind. Bei den lezteren haben wir nur selten den erfreulichen Anblick, daß sich die körperliche Kraft bis zulezt erhalten hat, bei jenen dagegen bemerkt man häufig eine fortwährende Stärke der geistigen Operationen und einen lebendigeren Antheil an Wissenschaft, Kunst, Religion und politischer Thätigkeit als man nach dem Verhältniß der Organe erwarten sollte. Hier zeigt sich also recht die Gewalt, welche die psychischen Functionen auf das organische ausüben, und wir bekommen zwei ganz entgegengesezte Eindrükke von dem Alter. Wo wir eine fortdauernde Stärke und Lebendigkeit der geistigen Operationen finden, da erscheint das geistige Wesen frei von dem Zusammenhange mit dem körperlichen, wo wir hingegen alle psychischen Thätigkeiten zurükkgedrängt und geschwächt sehen, eben deswegen weil das rein psychische sich nicht stark genug entwikkelt hatte, da erhalten wir den Eindrukk, als ob das psychische ganz abhängig wäre von dem organischen.

So führt uns das Ende des Lebens auf jene Duplicität der Ansicht, ob das Einzelwesen so, wie es organisch entsteht und vergeht, auch den psychischen Thätigkeiten nach ganz und gar vergänglich ist, und die Fortdauer und Ewigkeit des Geistes nur in der Allgemeinheit besteht, oder ob das psychische Einzelwesen ein besonderes Subject ist, welches sich von dem Latitiren in den organischen Operationen allmählich bis zu einer Gewalt über das organische entwikkelt und, sobald es der Befreiung von demselben nahe kommt, in seiner ganzen Unabhängigkeit erscheint als ein solches, das keinen Grund zur Vergänglichkeit in sich trägt. Hier wo wir es mit der Entwikklung der psychischen Thätigkeiten im Zusammenhange mit den organischen zu thun haben, können die Gründe zur Entscheidung für die eine oder die andre Ansicht nicht liegen; wir können sie nur finden entweder in der Speculation ober in ber anbern Form, wie bas abfolute Sein fich bem einzelnen einbilbet, bem religiöfen, unb überall nur in ber Art wie ber Zufammenhang zwifchen beiden aufgefaßt wirb.

Wenn wir nun fagen müffen, baß bas hohe Alter nur einen gemeinfamen Enbpunkt hat, nämlich ben Tob, fo läßt fich eine zwiefache Euthanafie benken, bie eine in ber Stärke bes Glaubens an ben Sieg bes Geiftes über bas organifche, bie anbre in ber vollftänbigen Ergebung in bas Verfchwinben bes einzelnen, was aber auch nichts anberes ift, als bie Stärke bes Glaubens an bie Ewigkeit bes Geiftes. Das unglückliche Enbe bes Alters ift bie Scheu unb Furcht vor bem unvermeiblichen Tobe. Wie biefe zufammenhängt mit bem unrichtigen Verhältniß zwifchen bem perfönlichen unb bem Gefammtbewußtfein unb bem Uebergewicht bes erfteren über bas leztere, was wir von Anfang an als ben krankhaften Zuftanb bes Einzelwefens bargeftellt haben, geht von felbft hervor. Alles, was bas richtige Verhältniß zwifchen biefen beiben wefentlichen Beftanbtheilen unferes Selbftbewußtfeins bewahren unb bie Unterorbnung bes perfönlichen unter bas große unb ganze beförbern kann, ift bie richtige Vorbereitung auf bas glückliche Enbe bes Lebens. Je mehr freilich bas ganze, woran fich ber einzelne hält, nur felbft wieber ein Fragment ift, um fo weniger kann man fagen, baß bie Richtung auf bas glückliche Enbe eine Vollkommenheit fei, je mehr wir uns aber von bem partiellen wegwenben unb bas ganze im Auge haben, unb je mehr fich bas Gattungsbewußtfein in uns ausbilbet, befto kräftiger ift bas, was ben Sieg über bas felbftifche verleiht. Aber es ift boch bas Enbe nur bann recht vollkommen, wenn wir uns auch über biefes erheben unb unmittelbar bas abfolute Sein ergreifen, benn bas ift allein bas, was am ficherften vor bem unglücklichen Ausgange biefer Periobe, wie jeber anbern, bewahrt.

Beilage A.

Zur Psychologie angefangen den 16. April 1818.

———

1. Wir müssen den Ort unserer Lehre aufsuchen im Wissen. Dazu fehlt uns vieles. — In naher Verbindung stehen Physik und Ethik. Physik sezt Seelenkenntniß voraus, weil alles durch ihre Operationen kommt; aber ihr höchstes Werk ist Seele zu begreifen. Also Cirkel. Ethik sezt Seelenkenntniß voraus, denn sie arbeitet an der Seele; aber sie sagt, die Seele sei erst so recht, wie sie sie gemacht habe. Also Cirkel. Das physische und ethische verbunden giebt die höchste Seelenkunde nach allem Wissen. Hier nur die vorbereitende.

2. Von welcher Art ist diese Kenntniß, empirisch oder a priori*)? Wir haben a priori nichts als das Ich. Viele haben geglaubt, dieses nun durch Anwendung der dialektischen Trennungsgeseze zu einem mannigfaltigen der Erkenntniß spalten zu können; allein das Ich ist kein Begriff, in dem etwas zu theilen wäre, sondern ein ungetheiltes Gefühl. Also ist die Psychologie a priori eine Täuschung. Andre haben eine bloß empirische gemacht, allein sie täuschen sich auch, wenn sie nicht

———

*) Randbemerkung. Das vor aller Wissenschaft hergehende, also immer vorausgesezte Wissen des Menschen um sich selbst ist das empirische, das nie vollendete ist das spekulative. Aber das empirische ist nur in seinem Minimum vorauszusezen, es wächst immer mehr zu. Die Fortschreitung ist also die innigere Hineinbildung des wachsenden empirischen in das spekulative.

glauben Verfahrungsprincipien anzuwenden, die sie vorher haben. Also muß man beides verbinden. Dies rechtfertigt sich auch aus dem allgemeinen Zustand. In der Mitte ist empirisches und a priori geschieden, die Vollendung können wir uns nur als innige Durchdringung denken. Also kein Wunder, daß im Anfang auch nicht geschieden ist, aber auf eine verworrene Weise.

Die Psychologie fängt also an mit Darlegung der verschiedenen Thätigkeiten der Seele aus der Beobachtung unter Anwendung der als gegeben angenommenen dialektischen Regeln. Wenn sie aber den künftigen Zustand vorbereiten soll: so muß sie auf den sich dazu eignenden Punkten die Verbindung mit spekulativen Blikken versuchen. Wenig Vorgänger sind erst da, und nur die ersten Schritte können gethan werden.

Woher aber bekommen wir unsern Gegenstand? Die Seele ist uns nur mit dem Leibe gegeben. Auch das lezte der Naturkunde wäre Anthropologie nicht Psychologie. Es ist nicht das rechte, Anthropologie zu theilen in Psychologie und Physiologie, sondern Anthropologie muß das geistige und körperliche in jedem Moment zusammenfassen. Warum wollen wir also diese Trennung, und die Psychologie isoliren? Es kann keinen vernünftigen Grund geben, als um das geistige Princip, welches durch das ganze Leben hindurch geht, auf einer bestimmten Stufe, der einzigen, die uns wirklich gegeben ist, anzuschauen und davon auf das allgemeine auszugehen. Die spekulativen Blikke sind also der eigentliche Hauptzwekk der Psychologie. Die Psychologie ist also auf der einen Seite ein Bruch (nicht ein organischer Theil) der Anthropologie, auf der andern ein Glied in der ganzen Reihe der Pneumatologie.

3. Bei der schwierigen Aufgabe Leib und Seele gegeneinander abzugrenzen käme eine gute Erklärung der Seele wol zu statten. Die fehlt bis jezt und kann überhaupt erst das Resultat der Psychologie sein. Beispiele 1) beharrliches im Bewußtsein. Man kann die Beharrlichkeit der Seele nicht nachweisen, Lükke im Schlaf ja sogar im Wachen, wo Vorstellungen ohne Zusammenhang auf einander folgen. Auch erschöpft das Bewußtsein nicht die Seelenthätigkeiten. Das Combiniren selbst ist nicht Bewußtsein und das unmittelbare Wollen auch nicht, 2) Einheit des Subjects der inneren Veränderungen. Aber Einheit hat der Leib eben so gut oder die Seele eben so wenig, die Mannigfaltigkeit der Vermögen auf eine zureichende innere Einheit zu reduciren ist noch nicht gelungen, also kann auch das nicht zum Grunde gelegt werden. Eben so wenig hält der Unterschied

innerer Veränderungen Stich; denn im Leibe giebt es auch ein inneres und in der Seele auch ein äußeres.

Sehr bequem können in dieser Noth Ansichten kommen, welche den Gegensaz ganz aufheben. Das thut der Materialismus, welcher sagt, alles ist Leib, und der Spiritualismus, welcher sagt, alles ist Seele. Allein nicht nur ist jener nothwendig atomistisch und dieser nothwendig idealistisch (doketisch) und nicht nur muß doch, wenn man sie polemisch gegen einander stellt, die entgegengesezte als ein möglicher Gedanke zugegeben werden, sondern auch, wenn man sich selbst des Zusammenstellens enthalten und sich einer von beiden blindlings hingeben wollte, bleibt, da sich doch die Thätigkeiten der geringen Zusammenfügungen im Menschen auch finden, die Frage dieselbe — wie denn überhaupt die Frage nach dem Substrat uns noch sehr fern abliegt.

Müssen wir nun den Gegensaz fassen, so kommen wir zunächst zu der Bemerkung, daß die Alten ihn anders gefaßt haben als wir. Wir hängen am Bewußtsein, sie an der Lebenskraft. Sie nehmen das Θρεπτικόν mit. Man kann es nicht für einen Wortstreit annehmen, denn sie unterscheiden auch σῶμα und ψυχή und geben die ernährende Thätigkeit dieser. Will man dem ausweichen, so muß man entweder den Appetit auch dem Leibe zuschreiben wie den Hunger, und dann müßte die Seele ein ganzes Gebiet abtreten, oder man muß Hunger und Appetit unter ganz verschiedene Klassen bringen, da doch beides die Menschen größtentheils nicht einmal unterscheiden.

Das erste, wonach wir zu streben haben, ist, die Schwierigkeit auf einen allgemeinen Grund zu bringen. Wenn man Seele einmal besonders sezt, so bekommt der Leib, da das Gesammtleben nicht begriffen werden kann als nur im Gegensaz gegen die Welt, eine doppelte Stellung, einmal als Organ der Seele auf die Welt, dann aber als Organ der Welt auf die Seele. Insofern also dies verschiedene Systeme sind, wird einmal mehr der Seele angeeignet vom Leibe, ein andermal mehr der Welt.

4. Wenn nun die Grenzen nicht allgemein im voraus zu fassen sind, so müssen sie erst durch unsre und die physiologischen Untersuchungen gefunden werden, und daraus entsteht uns die Maxime vorläufig unsre Beobachtungen da anzustellen, wo wir das streitige Gebiet weniger berühren, und erst wenn wir so Raum gewonnen, allmählich zu sehn, wie weit wir auch nach der Grenze hin kommen können.

Diese Maxime ist auß einander zu sezen, um so zugleich von diesem Gesichtspunkt aus einen Umriß zu bekommen. — Es ist schon gesagt, daß vom einfachen Ich ausgehend man nichts zu theilen hat, wenn man es nicht anderwärts her nimmt. Wir gehen also vom Leben aus. Dies ist als einzelnes im Gegensaz gegen alles andre, und als lebendiges hat es den Grund seines Verhaltens im Gegensaz in sich, und der ist das Bestreben sich darin zu erhalten. Leben ist also ein Zustand von Wechselwirkung, aber ohne reine Passivität, sondern die Spontaneität muß Gegenwirkung oder wenigstens Hemmung erfahren, und die Receptivität (NB. diese Wörter habe ich aber in dieser Stunde noch nicht gebraucht) muß sich selbst als Gegenwirkung manifestiren. Je mehr man nun auf den Gegensaz zwischen Leib und Seele hält, um desto mehr unterscheidet man Lebensthätigkeiten der Seele, wobei sie mit dem Leibe und durch ihn wirkt, und solche, welche sie durch sich selbst verrichtet ohne den Leib. Die einen sind die mehr äußeren, von der Außenwelt ausgehenden oder sich auf sie beziehenden, die andern die mehr inneren. Allein als qualitativ, so daß der Leib bei den lezten ganz ausgeschlossen wäre, kann man den Unterschied nicht annehmen. Im Wahrnehmen und Handeln sind wir uns zwar des Gebrauchs bestimmter Theile des Leibes bewußt, im innern Sinnen und Denken nicht. Aber erstlich ist dies doch auch Combination von Bildern und Worten. Die einzige Operation, die dieses ganz ausschließt, ist die Aufgabe das höchste Wesen zu denken und darum wird diese auch als That nie gelöset. Mit den Bildern und Worten ist also doch ein Zusammenhang mit den leiblichen Thätigkeiten, wodurch jene ursprünglich entstanden, gesezt (welche Behauptung ganz unabhängig ist von der Frage, ob die Ideen von den einzelnen Vorstellungen abhängen oder nicht). Dann empfinden wir auch körperliche Folgen nach solchen Zuständen, welche auf eine begleitende Thätigkeit des Körpers hinweisen nach aller Analogie. Also werden wir nur sagen müssen, daß wir weder den Ort des leiblichen wissen, noch auch, ob es am Anfang oder Ende steht oder vielleicht nur am Anfang und Ende der unendlich kleinen Momente und also den ganzen Verlauf der Handlung begleitet. Die andre Klasse hingegen hat offenbar, die eine ein physiologisches Ende bei psychischem Anfang, die andre ein psychisches Ende bei leiblichem Anfang. Ton und Bild an einen bestimmten Ort zurükwerfen ist gewiß Sache der Seele, aber es liegt darin zugleich die Anerkennung, daß die Affection des Organs durch die Luft- und Lichterschütterungen angefangen habe. Die Füße vorwärts sezen ist gewiß die Sache des Leibes, aber die Seele hat angefangen und ohne deren Wollen wäre die Bewegung nicht erfolgt. Der Sinn der Maxime nun ist, daß wir vorläufig bei dieser

Klaſſe nicht anfangen wollen die zuſammenſtoßenden Enden zu ſondern, bei jener aber, wo wir von ſelbſt freien und ſichern Spielraum
haben, wollen wir nie glauben die Thatſache recht gefaßt zu haben, wenn
wir nicht einen freien Raum laſſen für die leibliche Mitwirkung.

5. Eine zweite Maxime ergiebt ſich von einem andern ſchon be-
rührten Punkte aus. Wenn die Sonderung des pſychiſchen keinen andern Zweck haben kann als das geiſtige Princip in ſeiner ganzen Entwikklung kennen zu lernen, ſo müßte uns um dieſe zu erreichen eigentlich
eine Stufe unterhalb des Menſchen und eine oberhalb gegeben ſein.
Es iſt uns aber nur die erſte wirklich gegeben in der thieriſchen Welt,
von der andern nur Fantaſien. Zwar hat es eine Anſicht gegeben,
welche auch das erſte leugnen und die thieriſchen Veränderungen alle
aus dem Mechanismus erklären will. Allein ſie kann dies nicht ohne
die ganze lebendige Idee der Natur aufzuheben. Sezt man nun in
den Thieren Leben, ſo iſt zweierlei möglich, entweder das, was in dem
Menſchen dem Thiere analoges iſt, rein identiſch zu ſezen, ſo daß das
eigenthümliche des Menſchen, man nenne es nun Vernunft oder wie
ſonſt, ein rein hinzukommendes ſei, oder das analoge nur als analog
aber eben wegen des hinzukommenden höheren doch als ein anderes
und von dieſem durchdrungen. Zwiſchen beiden können wir nur entſcheiden entweder aus einem gegebenen Bewußtſein oder aus einem Intereſſe alſo nur hier aus dem wiſſenſchaftlichen. Unſer Bewußtſein
giebt uns nichts, weil wir unſere Vorſtellungen über das thieriſche
nicht verificiren können. Daß das Thier definitiv ſo ſehe und ſo höre
wie wir, können wir weder behaupten noch leugnen, daß es die erſten
organiſchen Eindrükke ſo empfange und den erſten Impuls auf die
Organe ſo gebe wie wir, das können wir weder leugnen noch behaupten. Das wiſſenſchaftliche Intereſſe aber ſpricht ganz gegen die erſte
Anſicht. Man pflegt ſich zwar häufig in der Wiſſenſchaft ihr gemäß
auszudrükken z. E. wenn man vegetative Functionen im Menſchen ſezt.
Allein dies iſt doch bei den wenigſten genau zu nehmen, ſondern ſie
wollen nur die Analogie bezeichnen. Die verworfene Anſicht aber involvirt zweierlei Behauptungen, einmal daß die Gattungen nichts ſtreng
geſchiedenes ſind, wenn wir ganz daſſelbe wieder finden in den höheren,
und das müßte bis auf das anorganiſche durchgehen; dann auch, daß
in dem Menſchen ſelbſt keine wahre Einheit iſt. Denn was von ſei-
nem eigenthümlichen Princip gar nicht afficirt wird, kann man ihm
eben ſo gut abſprechen als beilegen. Dahin deutet freilich der Ausdruck „mein Leib“, allein er iſt nie gleichbedeutend mit dem „mein

Hut", sondern nur mit dem „meine Seele", dem dein entgegengesezt. Das Interesse unserer Aufgabe treibt uns also zu der Ansicht, daß alles im Menschen menschlich sei, und also daß wir die Differenz zwischen Mensch und Thier auf allen Punkten, also als eine unendliche sezen müssen, und menschliches und thierisches nur in ihrer Differenz vollkommen verstehen können. — Das über dem Menschen liegende anlangend, so sind uns nur Fantasien gegeben. Nämlich es ist hier nicht davon die Rede, daß wir Gott über dem Menschen sezen, sondern daß wir uns genöthigt fühlen, etwas endliches über dem Menschen zu sezen. Diese Fantasien kehren so sehr auf allen Kulturstufen und unter allen Völkern wieder, daß wir sie als eine natürliche Ausgeburt des Menschen ansehen müssen, und daß auch die am wenigsten spekulative Psychologie sich auf sie einlassen muß. In diesem liegt nun freilich zunächst nur das negative, daß wir den Menschen nicht als das höchste sezen können, die angeborne Demuth spiegelt sich darin, aber diese ist einerlei mit dem höchsten, dem Streben des Menschen über sich hinaus. Wir haben also auf der einen Seite die Differenz vom thierischen festzuhalten, auf der andern den Grund von diesem Streben aufzusuchen — wenn nicht beides wieder dasselbe ist.

6. Nämlich wenn das thierische rein für sich wäre, so wäre die Seele in ihrem Gebiet von demselben ganz unabhängig, d. h. wo sie sich des Leibes bedient, kann immer das Resultat unvollständig werden, allein dies wäre nur dieselbe Hemmung, die auch durch äußeres Hinderniß erfolgen kann. Hat sie aber auch an dem thierischen einen Antheil, wodurch es ein menschliches wird, so muß sie, als eine sich selbst gleiche endliche Größe betrachtet eben so viel verlieren für ihre eigenthümliche Thätigkeit, als sie in jenes sich versenkt. Sezen wir nun eben so wie im Menschen das animalische, so im Thier das vegetabilische und in der Pflanze das unorganische, und fassen dies alles im Menschen zusammen, so müssen wir sagen, wenn auch nur die niebrigste von diesen Stufen seinem leiblichen Dasein fehlte, so würde die Seele freier sein in ihrem Gebiet. Mit jener Voraussezung also (Voraussezungen aber sind beides nur, weil uns nichts davon unmittelbar gegeben ist, sondern wir nur durch die Wirkung der Vorstellung auf unser Gefühl bestimmt sind) daß die Seele Antheil habe an den niederen Functionen entsteht auch die andre, daß es eine höhere Entwicklung des geistigen Princips geben könne. Diese bildet sich zwiefach aus, als Vorstellung von höheren Wesen als der Mensch und als Vorstellung von einem höheren Zustande des Menschen als der uns

gegebene irdifche. Keines von beiden können wir als Bereicherung unferer Kenntniß in die Bildung einer Pfychologie aufnehmen, alfo auch von der Unfterblichkeit nichts auf unferem Gebiete wiffen oder über fie entfcheiden. Was aber für uns daraus folgt, ift diefes. Wenn die Hemmung der Seele durch die niederen Lebensfunctionen immer diefelbe wäre, fo würde fie als Null wirken; jedes Verlangen erklärt fich aus einem mehr und minder, und beide Vorausfezungen entftehen der Seele nur dadurch, daß fie fich in einem auf und abfteigenden fchwankenden Zuftande befindet. Es wird uns alfo die Aufgabe, diefen aufzufaffen als Annäherung zum freien Leben, Emporfteigen zum Licht, und als größeres Gebundenfein, Verfenktfein in die Schwere, und dies Maximum und Minimum müffen wir in allen Thätigkeiten auffaffen, fonft haben wir fie nicht verftanden. Dies ift aber nicht zu verwechfeln mit dem Unterfchiede zwifchen den Thätigkeiten, wobei fich die Seele mehr und denen, wozu fie fich weniger des Leibes bedient, fondern diefe lezten haben eben fo gut ihr Maximum wie jene ihr Minimum.

Dies führt uns als ein einzelner Fall auf die allgemeine Differenz von gut und fchlecht. Sollen wir beobachten, fo müffen wir wiffen, ob diefe ftattfindet; fonft kommen wir einfeitig auf das eine oder andre und conftruiren einen zu engen Begriff. Was haben wir hierüber nach der Analogie feftzufezen? Diefe Differenz verfchwindet auf den Endpunkten. Wo die eigene Thätigkeit Null ift, exiftirt fie nicht z. E. in einem derben Geftein weniger als in einer Kryftallifation. (In jenem bleibt faft nur das mehr oder minder leiden von außen, die Verwitterung zu unterfcheiden.) Wo die höchfte eigne Thätigkeit in ihrem ganzen Umfang vollkommen ausgebildet ift, z. E. jedes Exemplar den Begriff der Gattung rein ausdrückt, da verfchwindet es wieder. Alfo ift im Gebiet der Seele der größte Raum für diefen Gegenfaz. Und zwar ift er nicht etwa gleich mit dem bloß ethifchen zwifchen gut und böfe, fondern diefer tritt nur als ein einzelner Fall ein. Diefen fließenden Gegenfaz haben wir alfo ebenfalls bei allen Seelenthätigkeiten zur Anfchauung zu bringen.

7. Aber auch hier dürfen wir im voraus nichts über den Grund diefer Differenz feftfezen. Es tritt hier die fchwierige Frage von der Freiheit ein, ein Ausdruck, deffen ich mich wegen feiner ungeheuren Vieldeutigkeit lieber enthalte. Der fließende Gegenfaz ift aber nicht nur fo, daß in derfelben Seele einige Thätigkeiten als gut erfcheinen und andere als fchlecht, fondern auch fo, daß man wenigftens a parte potiori einige Seelen als gute bezeichnen muß und andre als fchlechte.

Und dieses führt nun überhaupt auf die vorläufige Betrachtung der psychischen Ungleichheit in ihren verschiedenen Abstufungen. Zuerst die persönliche, keiner ist wie der andere. Neigung die Differenzen auf eine gemeinschaftliche Formel zurückzuführen neigt sich zu der Annahme diese Ungleichheit als eine ursprüngliche d. h. angeborne anzusehen. Die Unmöglichkeit, sie wirklich auf einen Begriff zurückzubringen, beweiset nichts dagegen; denn vom einzelnen läßt sich nie ein Begriff wirklich vollziehen, sondern nur ein Bild. Die Neigung jede einzelne Differenz auf eine Unendlichkeit von kleinen Ursachen zurückzuführen geht darauf aus die ursprüngliche Gleichheit anzunehmen und alle Differenzen aus äußeren Einwirkungen zu erklären. Die Beharrlichkeit in den Differenzen beweiset nichts dagegen, denn auch die Neigungen können aus Einwirkungen entstanden sein. — Die zweite Ungleichheit ist die des Geschlechtes. Daß diese sich nicht auf die eine Function allein erstreckt ist offenbar. Weibliche Seelen nehmen wir an wie männliche und die Ausnahmen erscheinen uns nicht nur als Abnormitäten sondern im tiefsten Grunde nur als Schein. Auch hier ein Gegensaz der Ansicht, aber ein solcher, außerhalb dessen wir uns gänzlich halten müssen. Daß die psychische Differenz nur aus Gewohnheit und Erziehung entstehe und daß die physische Seite*) . . . .

Die dritte Differenz ist die der Völker. Sie tritt uns nur recht ins Auge, wenn wir in eine gewisse Ferne treten. Nehmen wir einen Menschen einzeln, so werden wir zu sehr von der persönlichen Eigenthümlichkeit angezogen. Jene bemerken wir nur, wenn wir die Masse vor uns stellen. Diese Differenz ist praktisch angesehen wichtiger als die persönliche, weil alles große nur durch sie geschieht, was oft ganz mit Unrecht nur den ausgezeichneten einzelnen beigelegt wird. Sie ist auch an sich wichtiger, denn die nationale Eigenthümlichkeit ist nicht nur die Beschränkung sondern wirklich die productive Kraft der persönlichen. Aber sie ist immer nur als Nebensache behandelt worden und also noch sehr zurück. Meinung daß die physische Seite völlig von den Einwirkungen des Klima abhänge. Aber sie bleibt bei un-

---

*) Vorlesung v. 1818. Es ist auch hier der Fall einer entgegengesezten Ansicht, so daß die eine Meinung die ist, die Verschiedenheiten in den Seelenthätigkeiten jedes Geschlechts seien nur in den leiblichen Verschiedenheiten begründet, die andre Meinung aber, die Geschlechtsverschiedenheit habe in der Seele eben so gut ihren Siz, wie im Leibe. Wir müssen auch hier beide Meinungen als gleich ursprünglich und wesentlich zusammen gehörig sezen.

vermischten Ehen auch in einem andern Klima. Meinung daß die psychische Seite ganz von Regierungsformen 2c. abhänge, aber woher gestalten sich die Institute verschieden als aus einem gemeinsamen inneren Grunde. Die Ansicht, welche die Differenz für zufällig erklärt, will die Einheit der Gattung desto fester halten.

8. Wenn die Nationaleigenthümlichkeiten als ursprünglich gesezt werden, müssen es noch mehr die Racencharaktere und dann erscheinen die Racen als Arten. Den Nachtheil, der daraus folgte, sehe ich nicht ein, da weder die Liebe der Menschen zu einander noch ihre Verständigung unter einander von einem solchen Begriff abhängt, und da doch kein näheres Verhältniß einer Art zu irgend anderen Wesen sich vor ihr Verhältniß zu den übrigen stellen könnte, und Liebe und Verständigung immer zugenommen haben. Die Besorgniß entsteht aber eigentlich wol daraus, daß die Einheit der Abstammung bei ursprünglichen Racencharakteren aufgegeben werden muß. Allein wir verhalten uns zur Einheit oder Mehrheit der Stammeltern gleichgültig. Für uns ist nur überhaupt jeder erste Mensch etwas unbrauchbares und es kann keinen größeren Mißgriff geben, als die Entwiklung des Bewußtseins an dem Bilde des ersten Menschen anzustellen. Denn alles, was zeitlich betrachtet werden muß, kann nur zusammen mit seinem Entstehen recht verstanden werden und dieses Entstehen fällt beim ersten Menschen ganz aus der Analogie mit uns heraus, daher immer nur zweierlei übrig bleibt, einmal alles als übernatürlich d. h. vom unendlich großen gewirkt, theils aus Null, aus dem unendlich kleinen sich selbst entwikkelnd anzusehen, welches beides nicht begriffen werden kann. Daher ist der erste Mensch nothwendig mythisch, nur aufzufassen in einer Reihe von Bildern, welche, wenn man sie in Begriffe auflösen will, Widersprüche hervorbringen. Das speculative Interesse wäre daher die Unbegreiflichkeiten nicht zu vervielfältigen.

Die nächste Ungleichheit und die lezte ist nun die sich durch alle durchziehende der Temperamente. Sie ist in beiden Geschlechtern und in allen Völkern. Sie ist nicht nur eine Klassification der persönlichen Eigenthümlichkeiten, denn diese hat einen größern Umfang, so daß das Temperament nur ein Theil von ihr ist. Das Temperament muß man eigentlich aus zwei Momenten abnehmen können, an der Kenntniß der persönlichen Eigenthümlichkeiten bauen wir beständig und bringen sie nicht eher zu Stande bis wir das ganze zeitliche Leben des Menschen beisammen haben. Die Temperamente sind auch in beiden Geschlechtern und es ist nur ein Vorurtheil, daß einige überwiegend männlich wären und andre überwiegend weiblich. Ebenso in allen Völkern. Allerdings schreiben wir jedem Volk, wie einen Nationalcharakter, so auch ein Nationaltemperament zu, dies will aber nichts weiter sagen als daß eines in ihm das Uebergewicht hat, die andern nicht so klar heraustreten.

Müssen wir aber auf alle Ungleichheiten sehen, so dürfen wir auch die Ungleichheit der Ungleichheiten nicht übersehen, daß nämlich der Gegensaz in jeder bald gesteigert ist bald abgestumpft, Völker und Zeiten, in denen die persönliche Eigenthümlichkeit mehr oder weniger gesteigert ist, in denen mit der ganzen Lebensfülle auch die Temperamente stärker oder schwächer heraustreten, ebenso die Geschlechter. Denn wenngleich Sybariten und Amazonen nur Dichtungen sind, so sind sie doch nothwendige und es steckt etwas dahinter. Das gleiche gilt von den Nationaldifferenzen in den verschiedenen Racen.

9. Nachdem wir nun den Umfang unserer Untersuchungen kennen gelernt, müssen wir, wenn uns dann nichts gegeben ist als das einfache kahle Ich, uns nach einem Gegensaz umsehen, von dem eine Spaltung des Ich oder eine getheilte Zusammenfassung des aus der Erfahrung bekannten mannigfaltigen folge. Dieses scheint schon der Anfang der Untersuchung selbst zu sein, und doch ist noch kein Plan derselben vorgelegt worden. Allein der erste Keim des materiellen und des formellen kann nur derselbe sein.

Da im Ich nichts zu spalten ist, müssen wir uns nach einem andern Begriff umsehen und das wird wol der des Lebens sein. Dies ist kein zufällig Herausgreifen, sondern er ist das, vermöge dessen das Ich eine Einheit ist im Wechsel der Erscheinungen. Leben verstehen wir nur im Gegensaz mit dem Tode und schreiben Leben demjenigen zu, was im Gegensaz mit dem übrigen den Grund zu seinen Veränderungen zum Theil in sich selbst hat, todt aber nennen wir dasjenige, welches den Grund seiner Veränderungen ganz außer sich hat. Das Leben nur zum Theil. Jede Veränderung hat zugleich einen äußeren Factor, hätte nicht etwas so eingewirkt, so wäre sie anders geworden. Aber eben so hat auch jede Veränderung des lebendigen einen inneren. Hätte das einwirkende mich nicht so gefunden, so wäre auch die Veränderung eine andre. Eine Thätigkeit ohne äußeren Factor wäre eine solche, die keinen Widerstand fände, also eine unendliche, welche außerhalb unseres Gebiets liegt, die wir nicht anschauen und in der wir auch keinen Abschnitt machen können um einen Wechsel von Zuständen zu sezen. Das todte hat seinen Grund nicht nur theilweise außer sich

sondern ganz. Denn wenn es gleich auch in seiner Vielheit verschieden
ist und dieselbe Einwirkung in dem einen nicht die gleiche Veränderung
hervorbringt wie in dem andern, so ist doch dieser Unterschied theils
mehr ein negativer, indem er gewisse Modificationen der Veränderung
ganz ausschließt, theils ruht er nicht in einer inneren Differenz einer
wechselnden Thätigkeit, sondern in einer festen Beschaffenheit, welche
aber selbst das Monument einer erstorbenen That ist und auf ein frü-
heres Leben zurüktweiset. Dieser Unterschied bleibt derselbe, man mag
den Gegensaz zwischen Leben und Tod als einen absoluten oder nur
als relativen ansehen. Das Leben kann also nur gedacht werden im
Verhältniß der Wechselwirkung und gegenseitigen Bestimmung. Inwiefern nun es gesezt wird, wird also alles andre ihm entgegengesezt
und erscheint in Bezug auf jenes im Verhältniß wie Ich zu Nicht-ich
als eine unbestimmte Mannigfaltigkeit. Nur muß man nicht wähnen
oder wollen, daß diese Bestimmung eine Erkenntniß dieses entgegengesezten ausdrükke (vielmehr diese muß ganz anderswoher genommen werden) sondern nur die Relation zu dem gesezten Leben. — So wie wir
nun in dem Leben überhaupt, wie es uns gegeben ist, schon das menschliche und thierische unterscheiden, also eine Mehrheit sezen, so ist uns
das menschliche selbst und also auch die geistige Seite des menschlichen
gegeben als Einheit und als Vielheit, und es kommt darauf an, von
welchem wir ausgehen wollen. Von der Beantwortung dieser Frage
aber hängt die ganze Einrichtung ab. Wir können von der mensch=
lichen Natur oder Gattung als Einheit ausgehen und zum einzelnen
als ihren Fractionen oder Producten herabsteigen, oder auch vom einzelnen ausgehen und zur Einheit allmählich hinaufsteigen. Das leztere
indeß scheint, wenn wir den Weg der Beobachtung nicht verlassen wollen, das vorzüglichere zu sein, und danach muß sich unser Plan bestimmen.

10. Da wir nun vom einzelnen anfangend fortschreiten und nach
dem obigen ohne wiederholte Betrachtungen nicht auskommen, so theilen
wir unsere Untersuchungen in einen elementarischen Theil und einen
constructiven. Im ersten suchen wir den Gegensaz in Bezug auf die
geistigen Verrichtungen weiter zu entwikkeln, so daß wir alle einzelnen
Thätigkeiten, welche uns in irgend einem einzelnen Leben vorkommen
mögen, darunter subsumiren können. Indem wir nun hier das einzelne Leben betrachten, so ist jedem alles übrige entgegengesezt, also
auch menschliches. Wir werden die Verhältnisse der einzelnen Seele
zu anderem menschlichen wol scheiden von denen zum todten, aber sie

werden doch immer unter der Form des Gegensazes aufgestellt werden, also einseitig und unvollständig, und um uns besser recht bewußt zu werden, werden wir uns die Fragen, welche die andre Seite betreffen, skeptisch vorlegen als etwas, worüber wir so nicht entscheiden können. Ebenso werden wir aus den Relationen zum außermenschlichen kein System von diesem aufstellen können, sondern die Zustände mit ihren Abstufungen von Sicherheit und Klarheit nur auf die Seele beziehen und die Frage über das Verhältniß derselben zu den Beschaffenheiten der Dinge nur skeptisch behandeln können. Allein auf diese Weise erhalten wir nur Formeln, durch welche die Thätigkeiten streng geschieden sind. In allem mannigfaltigen ist aber eben so wesentlich allmählicher Uebergang als strenge Scheidung. Wir werden uns also jene Formeln beleben müssen, indem wir die Seele betrachten theils in der intensiven Unendlichkeit des einzelnen Momentes, wo also der Gegensaz vermittelt wird, indem das zugleich seiende sich nicht widersprechen kann, theils in der Continuität des Seins, indem entgegengeseztes nicht aus einander entstehen kann. Dann werden wir das Ich in die Differenzen hinein führen, welche sich auf das einzelne Leben beziehen, und zwar zuerst in die Temperamentsdifferenz, welche wir nur verstanden haben, wenn wir sie auf den entwikkelten Gegensaz einerseits zurükkgeführt und andrerseits in der Art und Weise der Coexistenz und Succession angeschaut haben. Hierauf betrachten wir die Geschlechtsdifferenz, und, nachdem wir diese ebenso durchgeführt, das davon abhängige System der Fortpflanzung des Ich in seinem Entstehen und Vergehen für die Erscheinung, und hiemit ist das elementarische, durchaus gemeinsame der Zustände geschlossen. — Der constructive Theil beginnt mit dem Versuch die persönliche Eigenthümlichkeit und Individualität erst an sich zur Anschauung zu bringen und dann in ihrer Beziehung auf die Volksthümlichkeit, von welcher aber auf diese Weise nur eine unvollkommene und einseitige Vorstellung entstehen kann. Von hieraus aber wird dann zweitens versucht die Volksthümlichkeit an und für sich selbst und alsdann in ihrer Beziehung auf die Production der einzelnen Individualitäten anzuschauen. Endlich kann der Versuch gemacht werden noch die Volksthümlichkeit und die Racencharaktere als einen Cyklus aufzufassen, in welchem sich dann die lebendige Einheit der Gattung ausspricht. So ist denn die Seele in ihrer kosmischen Bedeutung erfaßt, alles menschlich lebendige ist eins und nur das untergeordnete lebende und todte steht gegenüber, und man kann versuchen zu begreifen, wie sich die Seele im allgemeinen zu der Erde verhält. Die Aufgaben werden immer größer, je mehr man sich vom einzelnen entfernt, aber die Erkenntniß auch bleicher, indem dieselbe Masse von Licht sich über einen größern Raum vertheilt und das meiste wird hypothetischer erscheinen und fantastischer. Bei dieser Ansicht verschwindet nun die Dignität der Persönlichkeit, welche vorher so hervortrat, die Vergleichung beider entgegengesezten Schäzungen ruft die vorher vermiedenen Begriffe der Freiheit und der Unsterblichkeit wieder hervor und der Versuch uns in diesen zu orientiren wird das lezte und höchste.

11. Das Fachwerk auszufinden muß auf den Gegensaz zurückgegangen werden, der die allgemeine Formel des erscheinenden Lebens ausspricht, das einzelne im Zusammensein mit anderem, sofern es den Grund seines Verhaltens bei diesem fortwährend in sich trägt. Es erleidet also nichts ohne Gegenwirkung; aber es muß auch auf ursprüngliche Weise einwirken, und beides muß sich unterscheiden lassen. Wir dürfen seine Gegenwirkungen und seine Einwirkungen nicht unmittelbar auf einander zurückführen. Sehen wir die Einwirkungen nur an als abhängig von den Gegenwirkungen, so wird das Leben ganz passiv und am Ende tritt die mechanische Erklärung des Lebens [ein?] wonach alles darin von den äußeren Dingen abhängt. Sieht man die Gegenwirkungen an als bloße Einwirkungen des lebenden selbst, so wird das Dasein der Dinge im Zusammensein mit dem Leben ganz passiv, sie erscheinen als ein bloßes Nicht-ich. Man kann aber, wenn die Einheit des Lebens nicht aufgegeben werden soll, beide nicht als unabhängige Reihen neben einander stellen, sondern nur in gegenseitiger Abhängigkeit, wonach doch beides wieder eines sein muß und nur einen fließenden Gegensaz des Mehr und Minder oder einen Zustand der Oscillation bildet. Das erscheinende Leben ist also eine schwankende Thätigkeit, deren Maximum ist die Ausströmung, welche Gegenwirkung erwartet von den Dingen, das Minimum aber die Thätigkeit, welche auf Einwirkung der Dinge ausgeht, sie sucht und hervorlokt. — Das Zusammensein des lebenden mit der Totalität offenbart sich also unter zwei Formen. Die Thätigkeit, worin das lebende Einwirkung sucht und daher nur Gegenwirkung leistet, endet in eine der Natur des lebenden angemessene Veränderung, worin sich aber die Einwirkung der Dinge spiegelt; diese sind darin überwiegend wirksam gewesen und solche Zustände sind daher das Sein der Dinge in dem lebenden. Die Thätigkeit, worin das lebende ursprünglich ausströmt und welche nur durch Gegenwirkung der Dinge gehemmt und fixirt wird, endet in eine der Natur der Dinge angemessene Veränderung, welche aber die ausströ-

menbe Einwirkung des lebenden abspiegelt, und solche Zustände sind
daher das Sein des lebenden in den Dingen. In beidem aber giebt
es noch eine nicht zu übersehende Duplicität. Nämlich in den ersten
Zuständen kann doch die Einwirkung der Dinge zurüktreten und nur
die Veränderung des lebenden hervor, oder auch umgekehrt die Abspie-
gelung der Natur der Dinge hervor und die Veränderung des lebenden zurük. Ebenso in den lezten kann bald die Veränderung der Dinge
im Resultat als unmerklich zurüktreten und nur die Ausströmung des
lebenden hervor, bald auch die Veränderung der Dinge hervortreten und
die Ausströmung des lebenden in dieser ersterben.

Dies ist der aus dem Gegensaz sich entwikkelnde Schematismus,
der soweit auf alles lebende anwendbar ist nach dem Maaß seines Lebens und noch nichts dem Menschen eigenthümliches enthält, viel weniger noch das psychische ausgesondert. Dies muß nun geschehen, indem
wir es ausfüllen durch das in unserm gemeinsamen Bewußtsein vor-
kommende. Vollständig aber scheint zu diesem Behuf der Schematismus zu sein.

Diese Ausfüllung nun geschieht gewöhnlich durch eine Theorie verschiedener sogenannter Seelenvermögen, welche wir aber lieber vermeiden
und uns hier nur darauf einlassen wollen die einzelnen Thätigkeiten in
ihrer Differenz aufzusuchen. Den Vermögen wird immer mehr oder
weniger eine relative Selbständigkeit beigelegt; mit dieser nun treten sie
gegen einander in Conflict und es fehlt an dem Regulator dieses Conflicts, der entweder außer der Seele liegen oder wieder ein besonderes
Vermögen sein muß. Beides giebt zu Verwirrung Anlaß, und die
Psychologie erscheint bei dieser Behandlungsweise mehr oder weniger
als ein interessanter Roman. Was in der Ansicht von verschiedenen
Vermögen wahr ist wird sich bei uns auch finden. Es ist nämlich
theils dieses, daß wenn man die analogen Thätigkeiten aus allen Momenten zusammensucht sie ein ganzes unter sich ausmachen, theils daß
eben in den einzelnen Momenten jede durch die andre begrenzt ist und
also auch für sich als ein bestimmtes Quantum erscheint. Dies wird
bei uns auch zur Betrachtung kommen, wenn wir die Seele in der
Totalität des Moments und in der Continuität der Succession betrachten und wir können es jezt vollkommen entbehren.

Spätere Randbemerkung zu Stunde 11: Anfang der Ausfüllung des elementaren mit den aufnehmenden Thätigkeiten, weil
durch diese mehr das einzelne aus dem ganzen constituirt wird. Nach
der Maxime anzufangen mit dem, wo leibliches am leichtesten zu scheiden

27 *

ift, ergreifen wir bie Sinnesthätigkeiten. Wir unterſcheiden ben organiſchen Eindruk vom Bewußtſein, weil im Zuſtand ber Zerſtreuung unb Vertiefung jener ſein kann ohne dieſes. Abgrenzung gegen bas thieriſche, vorläufig nur die Vorausſetzung (weil ſonſt keine Einheit in ber menſchlichen Natur ſein kann) baß menſchliches auch in bas analoge bes animaliſchen einbringt. Die genauere hängt zuſammen mit dem Hinſehen auf das geiſtigere unb leiblichere. Das geiſtigere ſind bie Verſtandesthätigkeiten, bie immer auf jene ſich gründen. Wir ſetzen dabei ein leibliches voraus, theils aus allgemeiner Analogie, theils weil wir leibliche Wirkungen der Geiſtesthätigkeiten fühlen, aber wir erkennen bas leibliche nicht.

12. Wir fragen alſo die gemeinſame Erfahrung, woburch iſt bies allgemeine Fachwerk bes Lebens in bem menſchlichen Leben ausgefüllt unb was bavon gehört in bas Gebiet ber Seele?

Zuerſt aufnehmenbe Thätigkeiten ſind alle, bie burch die Sinne geſchehen. Ein Aufnehmenwollen, ein bie Einwirkung ſuchen unb ſich ihr hingeben liegt offenbar zum Grunde. Denn es kann nichts aufgenommen werben, wenn dieſes Wollen ins unenblich kleine geſpalten iſt, wie im Zuſtanbe ber Zerſtreuung ober wenn bie Seele, einſeitig einem beſtimmten Verhältniß hingegeben, ſich von allem anbern zurückzieht in ber Vertiefung. Aber bie Seele verhält ſich babei nur gegenwirkenb unb in jebem Sinneneindruk iſt etwas von ber Natur ber Dinge abgebildet; ſie bilden baher bas Sein ber Dinge in uns. Urſprünglich freilich nur ihre zeitlichen Veränderungen ſind in ben Einbrükken abgebildet, allein hieran ſchließen ſich alle ſogenannten höheren Verſtandesthätigkeiten, welche aus Combinationen jener Eindrükke Kenntniſſe von ber Natur ber Dinge conſtituiren. Von ber Befugniß hiezu metaphyſiſch zu reben gehört gar nicht hieher, allein bas Factum betrachtet, müſſen wir dieſe Thätigkeiten nur anſehen als eine Fortſetzung von jenen. Denn ſie beruhen ganz auf ihnen, ihrem Inhalt nach brükken ſie auch bie Dinge aus, ohne boch baß eine neue Einwirkung ber Dinge hinzukäme, alſo kann man ſie nur als geſteigerte Thätigkeit ber Seele im Aufnehmen betrachten.

Zur ausſtrömenben Thätigkeit gehört alles von bem Menſchen ausgehenbe Bilden unb Beherrſchen, alle Veränderungen, welche wir in ben Dingen bewirken. Dieſe ſind von ben Dingen abhängig, ſofern ſie gegenwirken mit ſtärkerer ober ſchwächerer Empfänglichkeit, aber ſie brükken ganz bie Natur ber Seele aus, wo wir ſie in ben Dingen finben, ba erkennen wir ben Menſchen. Das kleinſte unb vergänglichſte ſind die bloßen Aeußerungen innerer Zustände in Bewegung und Geberde, in diesen liegt eine auf ein Empfangen menschlicher Sinne berechnete Einwirkung, welche, wenn sie empfangen wird, ebenfalls in dem Empfangenden das Sein des Einwirkenden, wie es eben bestimmt ist, ausdrückt. Das Maximum sind die großen Denkmäler des menschlichen Daseins, die durch den Menschen fortgesetzte und vollendete Erdbildung. Die Seele ist hier ursprünglich ausströmend, aber der Bestimmtheit ihrer Einwirkung liegt ein mehr oder minder hervortretendes Urbild zum Grunde, welches dem Inhalt nach ganz gleich ist mit den Bildern und Gedanken, welche durch die Betrachtung der Dinge entstehen, und nur durch die verschiedene Entstehungsart und Beziehung, indem das eine Anfang ist, das andere hingegen Ende, können beide unterschieden werden, so daß beide Reihen einander berühren.

In dem aufgezeigten liegt die geistige Vollendung beider Reihen, wo liegt der am meisten leibliche Anfang? Die Luft ist das allgemeine Chaos, die Auflösung aller Elemente, wenn man auf den Inhalt, und das ewige Fluctuiren, wenn man auf die Form sieht. Die Respiration ist das Sein der Luft in uns, die eine Grundlage des Lebens ohne alles eigene geistige Resultat. — Durch alles Bilden werden die Dinge in das Gebiet des Menschen hineingezogen, er kann aber nicht leben ohne sie auf animalische Weise auf das allerinnigste in sein Gebiet hineinzuziehen im Assimilationsproceß, die andre Grundlage des Lebens ohne alles eigne geistige Resultat, aber offenbar auf der Seite der ursprünglichen Thätigkeit liegend. Das physische Leben ist also ebenfalls aus beiden zusammengesetzt.

Wir haben noch einen untergeordneten Gegensaz aufgefunden, weil nämlich jedes Glied aus zwei Factoren besteht, deren jeder auf beinahe Null gebracht werden kann. Ein Gesichtseindruck z. E. wird in der Regel Wahrnehmung, je vollkommner diese ist, um desto mehr geht die ganze Seele in dem Ausdruk der Beschaffenheit des Dinges auf; die reinste Anschauung ist das vollkommenste sich selbst vergessen. Ist der Eindruk zu stark und blendet, so geht die Wahrnehmung ganz verloren, es bleibt nur der Zustand der Seele, das Gefühl übrig, und das reinste Gefühl ist das vollkommenste Vergessen des einwirkenden Gegenstandes. Ebenso in der ausströmenden Thätigkeit. Wenn die Veränderung in den Dingen dem inneren Urbild vollkommen entspricht, so verschwindet es auch vollkommen in seinem Abbilde und kein Bewußtsein desselben bleibt übrig; entspricht es nur unvollkommen, so wird das Urbild immer wieder aufs neue producirt. Diese Unvollkommenheit kann man sich nun zunehmend denken, so daß an dem angestrebten Gegenstande gar nichts hervorgebracht wird, dann bleibt nur das Bild als ein thätiges Ausströmen übrig und dies ist der Zustand der Begierde, die sich zum Werk verhält wie Gefühl zur Wahrnehmung. Aber Begierde und Gefühl stehen einander auch so nahe, daß sie nur durch ihre Entstehungsart können bestimmt unterschieden werden.

Nehmen wir nun dieses zum vorigen hinzu, so müssen wir sagen, daß alle Seelenthätigkeiten, von denen jezt die Rede sein kann, unter diesen Formen müssen begriffen sein.

13. Wir fangen an mit denen Thätigkeiten, wobei die Seele, Einwirkung suchend, sich hernach nur gegenwirkend verhält. Die höhere Stufe derselben enthält die Resultate, welche angesehen werden als solche, wozu sich die Seele nicht des Leibes bedient hat, allein wir können diese — das reine Denken — nicht isoliren und wir fangen also an bei derjenigen Stufe, wo der Leib thätig ist. Die physiologischen Anfänge machen wir zwar nicht zum Gegenstande unserer Betrachtung, abstrahiren aber auch nicht ganz von ihnen.

Das System der organischen Veranstaltungen, durch welche Einwirkungen aufgenommen werden, heißt die Sinne. Am leichtesten empfiehlt sich zur Uebersicht die Eintheilung in specielle Sinne und einen allgemeinen. Die ersten sind an bestimmte Organe gewiesen, die fünf, der lezte an die ganze der Außenwelt zugekehrte Oberfläche des Körpers, der Hautsinn. Die ersten empfangen einzelne sich besonders herausbildende Einwirkungen, der lezte ist nur der Atmosphäre, dem chaotischen Ineinandersein aller Thätigkeitselemente zugewendet und empfängt nur unbestimmbare Einwirkungen aus dieser. Der Gegensaz ist freilich nur ein fließender, denn der Tastsinn ist auch nicht mehr einem bestimmten Organ ausschließend zugewiesen, wir können, wenn auch nicht eben so gut, doch auch mit der übrigen Haut tasten als mit den Fingerspizen und auch die Eindrükke des Tastsinnes sind nicht so bestimmt, nicht so in Reihen gebracht wie die der andern. Ja schon das Gehör hat außer dem Ton das Geräusch, welches unbestimmbar ist, aber nur als ein Gewirr von Tönen angesehen werden kann. Die Sinne kommen hienach so zu stehen. Gesicht am entschiedensten speciell, im gesunden Zustande durch kein anderes Organ zu ersezen, nur die Modificationen des Lichts wahrnehmend, welche in bestimmte Farbenskalen gehen. Das Gehör, eben so bestimmt an das Ohr gebunden, das ganze Tonsystem wahrnehmend. Dann Geruch, Geschmakk, Getast und Hautsinn. Die speciellen Sinne erscheinen gewöhnlich ganz fragmentarisch und zufällig, und man hat wol den Gedanken geäußert, ob nicht unsere ganze Weltvorstellung eine andre sein würde, wenn wir ein paar Sinne mehr hätten, ein Gedanke, welcher voraussezt, es gäbe Einwirkungen von den Dingen aus, denen in uns keine Empfänglichkeit entspräche. Allein, wenn man bedenkt, daß wir unmittelbar durch die Sinne nicht die Natur der Dinge vernehmen sondern nur Thätigkeiten, so sind wir nicht an die unendliche Mannigfaltigkeit der Dinge gewiesen sondern nur an die verschiedenen Arten der Thätigkeit und von da ergiebt sich eher die Möglichkeit die Sinne als einen geschlossenen Complexus zu erklären. Der Hautsinn wird von den Regungen des allgemeinen Lebens in der Atmosphäre afficirt. Der Tastsinn hängt mit der magnetischen Thätigkeit zusammen im weitern Sinn, in welchem er das Princip der Cohäsionsverhältnisse ist, denn alles, was der Tastsinn wahrnimmt, geht darauf hinaus. Geschmak und Geruch hangen jener mit dem chemischen Proceß, dieser mit der elektrischen Thätigkeit zusammen. Dies scheint am wenigsten klar, allein man muß die Einwendung nicht davon hernehmen, daß wir elektrische Schläge fühlen, denn diese sind Explosionen den Blendungen gleich, die auch das eigentliche Organ schließen. Es ist aber nicht zu leugnen, daß die riechbaren Ausflüsse Hydrogenisationen sind und diese besonders mit dem elektrischen, sowie die schmekbaren Oxydationen sind und diese besonders mit dem chemischen Proceß zusammenhangen. Uebrigens sind auch Geruch und Geschmack eben so verwandt, eben so sich gegenseitig erregend, wie Elektricität und Chemismus. Läßt sich nun diese Ansicht, die so sehr viel für sich hat, bisher aber von den Physiologen nur nebenbei ist vorgetragen worden, begründen, so erscheint das specielle Sinnensystem als ein abgeschlossener Complexus, indem andre Thätigkeitsformen in den Dingen uns nicht bekannt sind. Es ergiebt sich aber, wenn wir die speciellen und den allgemeinen Sinn zusammennehmen, noch eine andre Differenz, die ebenfalls einen fließenden Gegensaz bildet, nämlich daß einige Organe mehr der Wahrnehmung andre mehr dem Gefühl angehören. Als Endpunkte stehen auch hier auseinander Gesicht und Hautsinn. Denn Gesichtseindrükke enden nur in Gefühl bei einem offenbaren Mißverhältniß zum Organ, bei Blendung durch allzu starke Lichtmasse oder bei Augenschwindel durch allzu schnelle Bewegung der Lichtstrahlen; die Eindrükke des Hautsinnes werden im gesunden Zustande unmittelbar nie Wahrnehmungen, sondern immer nur Gefühl. Gehör steht zwar dem Gesicht am nächsten, jeder einzelne Eindrukk wird in der Regel auch Wahrnehmung, zurükkgeworfen auf den Gegenstand, welcher tönt, aber eine größere Folge von Eindrükken lenkt uns von der Wahrnehmung zum Gefühl über, am meisten zwar wenn die Eindrükke rein musikalisch sind, doch auch sonst. Geruch und Geschmak sind gleichsam neutral, die Einwirkungen werden nicht auf den Gegenstand zurükgeworfen, sondern in den Organen empfunden, also als Gefühl. Im Tastsinn ist das Zurükwerfen nicht möglich, weil er alle Entfernung aufhebt, aber doch bildet sich als Wahrnehmung aus, was nicht Verlezung wird, aber alle äußeren Verlezungen gehen dafür durch den Tastsinn. Diese sind Gefühle, aber weit bestimmtere und mehr lokale als die durch den Hautsinn. Aus diesen Zusammenstellungen hat man eine Skala der Sinne nach ihrer Vorzüglichkeit entworfen, worin einiges wahr ist, manches aber auch ganz falsch.

14. Man hält durchaus Gesicht und Gehör für höhere und edlere Sinne, weil das Gesicht uns allein über die Erde hinaus führt und das Gehör uns allein die Gedanken der Menschen offenbart. Allein das Gesicht verkündet uns nicht, daß die Sterne weit jenseit der Atmosphäre liegen, sondern heftet sie an diese an, und die Offenbarung der menschlichen Gedanken beruht doch auf dem Sprachvermögen, nicht auf dem Gehör. Dann wieder sieht man Geruch und Geschmack entschieden als niedere Sinne an. Daß es weichlich ist sich den Eindrükken dieser Sinne hinzugeben, sofern sie Lust und Unlust erregen, ist gewiß; aber diese Hingebung liegt nicht im Sinn, und eine ethische Beurtheilung gehört nicht hieher. Sofern aber diese Sinne sich überwiegend zum Gefühl neigen, kann man sie durchaus nicht niedriger stellen, weil das Gefühl eben so unentbehrlich ist und eben so sehr unser Wesen ausdrükt, denn es giebt ohne den Wechsel beider *) keine Begrenzung der Momente und ohne Gefühl auch keinen Uebergang vom Anschauen zum Handeln. Will man sie aber zurükstellen in Bezug auf das, was sie als Wahrnehmung leisten, so ist allerdings wahr, daß sie uns die Gegenstände nur darstellen, sofern sie im Vergehen sind. Allein das heißt auch nichts anderes, als daß sie mehr dem allgemeinen Leben zugewendet sind und weniger dem speciell gesonderten Dasein. Man kann deshalb freilich sagen, daß diese Sinne minder fruchtbar sind, aber das gilt nur vom gegenwärtigen Zustand und man sollte sie also nicht zurüksezen sondern zu vervollkommnen suchen, wie sie denn in der Naturforschung und besonders in der Chemie vortreffliche

---

*) Nämlich des Gefühls und der Wahrnehmung. Vorlesung von 1818.

Dienste noch leisten können. Keineswegs aber sollen wir es als einen Vorzug des Menschen ansehen, daß die Sinne, welche bei den Thieren hervortreten, bei uns zurükweichen. Denn ein Zurüktreten irgend einer Kraft kann nie ein Vorzug sein, sondern nur ein Mangel.

Dies führt — was auch sonst zunächst in dem Gang der Untersuchung liegt — auf den Unterschied zwischen dem menschlichen und thierischen in diesen den physiologischen Antheil in sich tragenden Stufen der aufnehmenden Thätigkeit. Ich finde ihn in zweierlei. Einmal darin, daß ihr Sinn im ganzen weit weniger geöffnet ist als der unsrige. Die meisten Dinge sind ihnen gleichgültig, und wenngleich die erste organische Wirkung erfolgt, so reagiren sie gar nicht dagegen und es wird also nichts bestimmtes daraus. Wir haben gar nicht Ursach anzunehmen, daß sie das wirklich sehen und hören, was ihnen vollkommen gleichgültig ist, sondern wir tragen nur allzu leicht auf sie das unsrige über. Ihre Welt ist beschränkt, weil ihr Sinn nicht weiter geht als ihr Instinkt. Die leztere Annahme stimmt auch allein mit dem aufgestellten Princip, daß die aufnehmende und die ausströmende Thätigkeit Eines ist. Des Menschen Sinn ist allgemein, der Gegenstand desselben die Totalität, weil sein Trieb allgemein ist, des Thieres Sinn ist beschränkt, weil sein Trieb beschränkt ist und umgekehrt. Die zweite Differenz ist, daß Wahrnehmung und Gefühl sich beim Thiere nicht so bestimmt scheiden. Niemand schreibt dem Thiere ein Ich=sezen zu, und doch schreiben wir ihm oft bestimmte Vorstellungen der Dinge zu. Eines ist aber wesentlich durch das andere bedingt. Ohne die verschiedenen Momente ebenso auf das Ich zu beziehen können auch die verschiedenen Wahrnehmungen nicht ebenso auf den Gegenstand bezogen werden. Wir können allerdings nie zu bestimmten und sicheren Vorstellungen über den Seelenzustand der Thiere kommen, und das ist auch, da wir nicht auf sie zu wirken haben, gleichgültig. Zu beobachten ist es nur wegen der Rükwirkung auf unsere Vorstellungen von unseren eigenen Zuständen. Wenn nun sowol die Welt auch dem Menschen sich erst allmählich öffnet und er auch nur allmählich Ich und Dinge scheidet, so müssen wir doch annehmen, daß auch die unvollkommensten menschlichen Sinnesthätigkeiten schon die Fähigkeit dieser Erweiterung in sich schließen und also niemals den thierischen gleich sind. Aus dem wirklich thierischen könnte nie das menschliche werden.

15. Eben so schwierig ist die Frage, wo denn das psychische anfängt, weil es keinen Theil der Thätigkeit giebt, der nicht mittelst des

Organs erfolgte. Am meisten verleitet hier das Auge; wir halten das Bild, welches wir im Auge sehen, für das lezte organische und also das Wahrnehmen des Bildes für das eigenthümliche der Seele. Allein erstlich wissen wir nicht, ob wir nicht das Bild erst hineinsehen und ob es wol sonst da wäre, und dann ist auch mit gleichem Recht eine Unendlichkeit in einander geschobener Bilder da, welche doch von der Seele nicht wahrgenommen werden. Ueberhaupt aber erklärt der Gedanke, Wahrnehmen des Bildes, gar nichts, da wir ja nicht das Bild im Auge sehen sondern das Bild außer uns. Dazu kommt noch, daß es offenbar ein Sehen giebt ohne Bild im Auge, nämlich das Sehen der Einbildungskraft und ebenso ein Hören der Einbildungskraft ohne Erschütterung des Ohres durch äußere Luft. Beides würde gar nicht hieher gehören, indem es eher der andern Reihe zuzuschreiben ist, wenn nicht auch hier die Mitwirkung des Organs zu spüren wäre. Diese merken wir beim Ohr weniger, weil wir es nicht verschließen können und das innere Hören ist auch leichter zu erklären, weil es desto besser wird, wenn wir dabei die Thätigkeit der Stimmwerkzeuge angeben; beim inneren Sehen aber, welches desto besser geräth, wenn wir das Auge verschließen, fühlen wir eine Anstrengung des Auges, die eine ganz andere Empfindung ist, als welche aus dem unthätigen Schließen des Auges entsteht. Die Bilder und Töne selbst sind nur bleicher, theils weil sie außer Zusammenhang mit anderem Gesehenen und Gehörten stehen, theils weil die gewöhnliche Erregung des Organs fehlt. Hier also tritt die Function des Bewußtseins ein, ehe und ohne daß die organische auf die gewöhnliche Weise vollendet ist. Also wir können die Thätigkeit nicht in ihrem ganzen Verlauf verfolgen, sondern nur die beiden Enden, von denen das eine ohne Zweifel organisch, das andre ohne Zweifel psychisch ist. Das lezte wissen wir daher, weil die Zurükwerfung des Bildes und Tons in eine gewisse Entfernung gar nicht eine Sache des Sinnes selbst ist, sondern nur der Uebung und der Combination, die uns aber so früh entsteht, daß wir uns ihrer nicht mehr bewußt sind. Gesehen wird alles ursprünglich auf einer erleuchteten Fläche, Halbkugel, und ebenso gehört von einer tönenden Halbkugel, und die Gegenstände innerhalb dieser verschieden zu stellen lernen wir erst, wenn wir den Raum durch Entfernung messen, und ihnen einen körperlichen Raum beilegen lernen wir erst durch den Tastsinn.

Daß so das ganze Geschäft nie durch einen Sinn allein vollendet wird, hat die Meinung veranlaßt, als sei von diesen fünf Sinnen jeder einzelne nur eine Fraction und als gäbe es eigentlich nur einen Sinn. Allein hiebei geht der eigentliche Begriff verloren, weil es für die fünf zusammen keine gemeinschaftliche Einheit des Organs giebt als das ganze Gehirn, welches zugleich Organ aller spontanen Thätigkeit ist. Wenn man den Sinnen auf der einen Seite zu wenig zuschreibt und sie für zufällig hält, so thut man auf der andern zu viel und will sie für einen halten. Bleibt man dabei stehen, daß jeder einer eignen Naturthätigkeit zugewendet ist, so begreift man, daß sie ein System sind und begnügt sich damit, daß sie getrennt bleiben. Ihr Zweck ist gar nicht, die Gegenstände zu zeigen, diese bilden das Verhältniß des speciellen Lebens zum allgemeineren, und wir gelangen zu ihnen nur durch diejenigen Thätigkeiten, welche wir dem Verstande zuschreiben. Den Sinnen kommt nichts zu als uns die verschiedenen Naturthätigkeiten zu zeigen. In dem Uebergang aber hievon zu dem Geschäft der Erkenntniß der Gegenstände giebt es eine verschiedene Verwandtschaft, nach welcher die Sinne sich unter einander erregen, und ein verschiedenes Verhältniß, in welchem die einen leitende sind und die andern folgende, und hierin zeigt sich ein constanter Unterschied des Menschen von den Thieren. Bei den Thieren ist der Geruch der herrschende Leitsinn, bei den Menschen kann er es nie werden, beides wegen seiner Indifferenz zwischen Wahrnehmung und Gefühl, sondern bei dem Menschen ist zuerst das Auge leitend und der Tastsinn folgt, dann wird auch das Gehör leitend und das Auge folgt, der Tastsinn folgt am allgemeinsten und ruft sich nur Geruch und Geschmack zur Hülfe, welche nie leitend werden.

Nach dieser Ansicht nun ist auch die Frage zu beantworten, inwiefern die Sinne irren. Die allgemeine Bejahung und die allgemeine Verneinung müssen beide falsch sein. Der Irrthum ist immer nur an der Wahrheit und es wäre schlimm, wenn die Sinne allein die Wahrheit haben und der Verstand den Irrthum allein erzeugen müßte, sondern es wird mit den Sinnen sein wie überall, wo wenig Wahrheit, da kann auch wenig Irrthum sein, wo aber viel, da auch viel, und diesen Unterschied muß man beachten.

16. Wenn man die Sinne von allem Irrthum befreien will, so ist die Absicht wol die, die Natur zu rechtfertigen, daß ihre ursprünglichen Einrichtungen mit der Aufgabe des Menschen übereinstimmen, und daß der Mensch sich die Lösung derselben nur durch die Fehler, welche er selbst in seiner freien Thätigkeit begeht, erschwere. Wahr aber ist die Behauptung nur von der Sinnesthätigkeit, welche Gefühl

wird; denn diese sagt nichts als den eignen Zustand aus. Das kann man aber von den wahrnehmenden Thätigkeiten nicht sagen, aber auch nicht, daß aller Irrthum erst vom Verstande ausgehe. Denn das Zurückwerfen des Bildes vom Auge in den äußern Raum, in welchem immer schon die meisten Fehler gemacht werden, ist doch die Thätigkeit des Sinnes selbst, wenngleich mehr seiner psychischen Seite als seiner organischen. In dem anfänglichen Sehen und Hören der Kinder ist wenig Wahrheit, aber auch wenig Irrthum; je mehr sie combiniren, um desto mehr wächst beides. Die Irrthümer aber, welche aus Schwachheit der Sinne entstehen, das differente Verhältniß solcher Eindrücke, deren Gegenstände noch im klaren Sinnenkreise liegen, und solcher, die außerhalb, zu ihren Gegenständen, diese kommen doch offenbar auf Rechnung des Sinnes. Der Verstand kann hernach diese Irrthümer verificiren, wenigstens durch Zurückhaltung des Urtheils vermeiden, aber daraus folgt nicht, daß der Sinn sie nicht begeht. Andre Irrthümer gehen aus von der Vermischung des innern Sehens und Hörens mit dem äußern in einem Zustande des Verlangens und sind eine offenbare Verfälschung der Sinnesthätigkeit, wenngleich sie durch eine andre Seelenthätigkeit entstanden ist. — Aus jenen Irrthümern, welche aus der Schwachheit des Sinnes entstehen und sich bei Abnormitäten des Sinnes noch besonders gestalten, ist man auf den skeptischen Gedanken gekommen, ob überhaupt wol die Eindrücke dieselben wären, und nicht, wo Farben und Töne mit denselben Namen belegt wären, wir sie doch vielleicht ganz anders sehen und hören. Aber es ist hier kein Grund die allgemeine Analogie in Zweifel zu ziehen. Es giebt allerdings wol Differenzen, aber sie sind entweder Krankheiten oder Nationalitäten. So würde es wol unmöglich sein das Farbenschema der Alten auf das unsrige zu reduciren, und vielleicht möchte es sich mit den Geschmäcken eben so finden. Dies hat vielleicht seinen Grund nur darin, daß beim Sehen z. E. außer der Farbe noch der Glanz zu betrachten ist und das Organ so gebaut sein kann den lezteren Factor stärker hervorzuheben als den ersteren.

Dies alles würde nun dahin führen die hinzukommenden Seelenthätigkeiten, die Begriffsbildung rc. hier anzuknüpfen, wenn es nicht besser schiene, auch die andre Seite des Sinnes, die Gefühl werden will, erst eben so weit zu bringen. Diese haben wir zunächst in dem allgemeinen oder Hautsinn. Er ist der Respiration als der niedrigsten physischen Grundlage dieser Seite offenbar verwandt, und man kann eben so gut sagen, die Respiration sei ein central gewordener Hautsinn, als der Hautsinn sei eine peripherisch gewordene Respiration, wenngleich die Lunge keine Haut ist und die Haut weder pulsirt noch vielleicht materiell aufnimmt sondern nur dynamisch afficirt wird. Denn der Hauptpunkt ist nur das unmittelbare und ausschließende Verkehr mit der Atmosphäre. Was von der Atmosphäre auf die Haut wirkt, das können wir in den alten elementarischen Gegensäzen auffassen, die wahrscheinlich von hier genommen sind, warm und kalt, feucht und trocken. Wie dieses wirkt, das gehört zur physiologischen Seite und kann hier nicht nachgewiesen werden. Unmittelbar aber wird empfunden durch diese Einwirkungen eine Förderung oder Hemmung der Lebensprocesse mit einem erheiternden oder deprimirenden Gefühl. Es werden jedoch dieselben Einwirkungen, wenn sie eine Zeitlang unverändert fortgedauert haben, gleichgültig, indem sich ein Gleichgewicht zwischen außen und innen und ein gewohnter Zustand herstellt. Dies gilt allgemein von aller Lust und aller Unlust, und sind dieses die Grundformen aller Gefühle.

17. Wenn nun das Wesen des angenehmen und unangenehmen im erhebenden und deprimirenden besteht und das durch den Hautsinn erregte Gefühl ein allgemeines ist, so muß es auch auf alle Functionen ursprünglich gleichmäßig gehen und nur in jedem einzelnen ein anderes werden, je nachdem in jedem die Functionen in einem andern Verhältniß stehen. Es geht also auch auf die andre Seite derselben Function und zeigt sich als eine größere Leichtigkeit oder Schwierigkeit des Wahrnehmens. Dieser Einfluß des Gefühls auf die thätigen Functionen ist das, was wir Stimmung nennen. Man hält es gewöhnlich, weil der Mensch in sich abgeschlossen und selbständig sein soll, für Zeichen einer schlechten Seele, wenn im Leben viel Stimmungen vorkommen. Aber mit Unrecht, denn er soll auch das Sein in sich abspiegeln und also auch die Relationen anderes Seins und vorzüglich des allgemeinen Lebens mit dem seinigen. Inwiefern also die wahrnehmende Thätigkeit aufnehmend ist, müssen sich die Stimmungen in ihr spiegeln. Die Schlechtigkeit kann nur darin bestehen, wenn weniger Reaction dagegen stattfindet, überhaupt wenn weniger Thätigkeit gesezt ist. Denn darin freilich besteht das vollkommnere Heraustreten des einzelnen Lebens. Dies bestätigt sich durch die Vergleichung mit den Thieren. Die Thiere haben gar keine Stimmung, weder ihr Instinktgebiet wird erweitert noch die Welt ihres äußeren Sinnes. Freilich schließt sich ihnen diese bei ungünstigen Einwirkungen der Atmosphäre ganz zu z. E. im Winterschlaf, allein dies ist durch kein Gefühl vermittelt,

es ist unmittelbar das Sein der allgemeinen Lebenspotenzen in ihnen, und zeigt eben, daß sie nicht in einem so starken Gegensaz dagegen hervorgetreten sind. Bei ihnen finden sich Hemmungen der bewegenden und wahrnehmenden Kräfte nur durch bestimmte specielle Einwirkungen und zwar, die der Gattung feindselig sind, wie in der Nähe von Raubthieren, wo man gar nicht ein Resultat aus der Wahrnehmung annehmen darf, sondern ein reines Gefühl. Hier waltet nur der Gegensaz zwischen einem speciellen Leben und dem andern. Die Gefühle durch den allgemeinen Sinn sind bei uns chronisch (wogegen die durch die speciellen acut sind). Man kann dieses bis soweit erweitern, daß man die geringen Fähigkeiten der Polarnationen als chronische Uebel ansieht, die allmählich erblich geworden sind. Diese Ansicht ist nicht schlechthin falsch, aber auf jeden Fall nur einseitig. Man kann nach derselben voraussezen, jeder Lappländer wurde eben so empfänglich geboren als wir, aber er verfiel von Jugend an durch die ungünstigen Umgebungen in diese chronische Krankheit.

Die speciellen Sinne haben wir nun getheilt in solche, die ursprünglich dem Gefühl wenig darbieten und in solche, welche indifferent sind gegen Wahrnehmung und Gefühl. Zu den ersten gehören Gesicht und Getast, aber auf entgegengesezte Weise, indem die Gesichtseindrükke aus objectiven Gründen Gefühl werden, die Getasteindrükke nur aus subjectiven. Gesichtseindruck wird Gefühl bei Blendung; die Wirkung auf jeden unendlich kleinen Theil des Organs ist zu stark, als daß sie könnte in eine wirksame Einheit zusammengefaßt werden. Dieses unendlich viele im endlich kleinen macht also die Wahrnehmung cessiren und bleibt nur für das Gefühl übrig als Bewußtsein der Unfähigkeit des Organs. Wenn wir hievon zurükkgehen, müssen wir aber auf einen Punkt kommen, wo auch für das Gesicht Wahrnehmung und Gefühl zusammen sind. Bei einem hohen Grade von Erleuchtung sehen wir sehr scharf, darum tritt manches, was sich sonst verbirgt, mit vors Gesicht, die Wahrnehmung ist erhöht. Damit verbindet sich das Gefühl einer erhöhten Lebensthätigkeit, so wie ein solcher Grad der Dunkelheit, wobei wir das Wahrnehmenwollen nicht aufgeben können und doch auch nichts zu Stande bringen, das Gefühl einer verminderten Lebensthätigkeit hervorbringt. Jenes Gefühl von Fülle schwebt aber zwischen angenehm und unangenehm, indem eben das stärkere Heraustreten zu immer weiterer Theilung der Wahrnehmung auffordert und uns also ebenfalls der Unmöglichkeit der Lösung entgegenführt. Allein diese Punkte sind nur sehr beschränkt und darin sowie darin, daß das

Gefühl immer von dem Wahrnehmenwollen und können ausgeht, zeigt sich der angegebene Charakter des Gesichts sehr deutlich. — Die Eindrücke des Tastsinns werden durch die Beschaffenheit der Einwirkung in keinem Falle in allen Gefühl. Aber wol haben viele Menschen bestimmte Eindrücke, die bei ihnen Gefühl werden, und zwar unangenehme sowol als angenehme. Mancher kann keinen Sammet anfassen (das angenehme im Betasten menschlicher Oberfläche habe ich nicht angeführt, weil es wahrscheinlich auch nicht hieher gehört). Alles scheint nur Gefühl zu werden durch Idiosynkrasie. Das Gefühl ist dann schnell vorübergehend aber heftig. — Geschmack und Geruch sind in der Indifferenz und zwar so, daß Wahrnehmung und Gefühl einander nicht ausschließen sondern in einander sind. Es giebt streng genommen keinen Geschmackseindruck, der nicht angenehm oder unangenehm wäre. Aber das Gefühl entsteht durch die Seite, wo dieser Sinn mit dem Getast zusammenhängt; denn es ist auch nichts objectives darin sondern lauter Idiosynkrasie, der eine liebt sauer der andre süß. Die häufige Neigung zu den Geschmackseindrükken, da doch die damit verbundene Wahrnehmung selten von Werth ist, erklärt sich am leichtesten daher, weil es das sinnlichste Mittel ist sich seiner persönlichen Eigenthümlichkeit bewußt zu werden. Die Thiere haben daher auch wenig oder gar kein Geschmacksgefühl. Sie unterscheiden die Speise durch den Geruch und werden auch angelokt durch den Geruch. Darum probiren die Kinder alles.

18. Demnach ist im Geschmack der Anfang des revolutionären in den acuten Gefühlen. Im unangenehmen bildet der Ekel eine physiologische Revolution, im angenehmen die Lüsternheit eine psychische. Die Seele kann ganz in dieser Begierde aufgehn. Der Grund liegt in dem fast gänzlichen Mangel der inneren Production. Man hat nur die Erinnerung des angenehmen im allgemeinen nicht die specielle, und bei der großen Flüchtigkeit, mit der gewiß jener Mangel zusammenhängt, will man also immer die Fortsezung. Uebrigens hängt die Lüsternheit weder mit der Wahrnehmungsseite zusammen, denn je mehr man kostend zerlegt, um desto weniger entsteht Ekel oder Lüsternheit, noch auch mit dem Naturbedürfniß, denn sie entsteht ohne dasselbe und dauert auch nach dessen Befriedigung fort. — Weit stärker ist das revolutionäre im Geruch. Nämlich anhaltende starke Gerüche besonders gewisser Art bringen einen Zustand hervor nach vielen Erfahrungen (die sich nur bei den großen Anomalien des Organs nicht willkürlich wiederholen lassen) in denen der Mensch aller optischen und akustischen

Täuschungen weit fähiger ist als sonst. — Daß starke angenehme Gerüche dazu gehören bleibt freilich eine lose Bestimmung, wie wir uns überhaupt in die physiologische Seite nicht einlassen können, da die meisten grade dieser narkotischen Gerüche, wie Moschus, nur gemäßigte unangenehme sind. — Die genaue Verwandtschaft des Geruchs mit dem Hautsinn ist nicht zu verfehlen, da er eben so genau mit der Respiration zusammenhängt, indem nur bei Gelegenheit des Athmens gerochen wird. Beides ist jedoch im Maaß von einander unabhängig. Denn wenn wir stark riechen wollen, so athmen wir nicht in demselben Verhältniß stark; das Athmen des riechbaren nimmt seinen Weg nach dem Gehirn. Und hieran knüpft sich die einzige freilich nur hypothetische Erklärung, die ich von der Wirkungsart des Geruchs zu geben weiß, daß nämlich die Einwirkung sich den innern Organenden der andern speciellen Sinne mittheilt und zum innern Sehen und Hören aufregt, welches dann mit dem äußern sich mischend die Täuschungen begünstigt. Es liegt hierin allerdings eine größere Hinneigung des Sinns zum Gefühl als zum Wahrnehmen, die auch daraus hervorgeht, daß die Wahrnehmungen des Geruchs sich nicht in Begriffe zusammenfassen lassen; diese Thätigkeit wird also nicht bis an ihr natürliches Ende verfolgt, und deshalb bringt um so leichter die andre vor. Die Gefühlsseite ist hier das specifisch menschliche, denn bei den Thieren geht der Geruch am meisten ins objective aus. — Es giebt also eine Skala in dem Einfluß des Gefühls auf die Wahrnehmung, vom Hautsinn, der die Function erleichtert oder erschwert, durch den Geschmack, der sie sistirt, zum Geruch, der sie umkehrt. — Uebrig ist noch das Gehör, welches auf eine zwiefache Weise in Gefühl ausschlägt. Einmal bei einzelnen Tönen, theils durch Stärke und Schwäche nach der Analogie mit dem Gesicht, theils qualitativ bei Ton und Geräusch durch Idiosynkrasie nach Analogie mit dem Getast, dann aber in Zusammensezungen und einem währenden Wechsel von Eindrükken auf revolutionäre Art nach Analogie mit Geruch bis zur Erregung der stärksten Gemüthsbewegungen und Leidenschaften. Man hat dies einerseits aus dem arithmetischen zu erklären versucht, indem man die Seele die Schwingungen und die Differenz ihrer Verhältnisse zählend denkt. Allein das qualitative sowol als die Stärke und Schwäche wirkt ohne alles Zeitmaaß, und da in der Zusammenstellung auch die reine Melodie ohne Harmonie wirkt, in ihr aber der Gegensaz von consonirend und dissonirend gar nicht heraustritt, so muß man zu einer andern Erklärung seine Zuflucht nehmen. Diese hat man nun ganz auf der geistigen

Seite gesucht, indem man den Ton als Aeußerung und also das dadurch erregte Gefühl als Mitgefühl ansieht. Allein theils kommt man
selten darauf, daß der Anordnende sich in dem bestimmten Zustand be-
funden, sondern nur daß er einen bestimmten hat hervorbringen wollen,
theils finden die Wirkungen auch, wenngleich in geringerem Grade,
statt bei Tönen, wo auf keine Person zurükzugreifen ist und wo die
poetische Personification etwas weit späteres ist, ja auch, nur in geringerem Grade, beim leblosen Geräusch.

19. Daß die geistige Erklärung nicht hinreicht, sieht man daraus,
daß musikalische Wirkungen auch bei Thieren vorkommen. Man muß
also einen physiologischen Anfang suchen. Wenn man nun den Gegensaz betrachtet zwischen den Geruchswirkungen und den Gehörswir-
kungen, daß jene nur auf die Sinne gehen, keine Gemüthsbewegungen
erregen, diese hingegen grade in solchen Erregungen sich zeigen, auf die
Sinne unmittelbar weniger wirkend, und beobachtet, wie die Wirkung
auf das Herz besonders wahrzunehmen ist, so kommt man leicht auf
den Gedanken, daß für diese ganze Einwirkung der Rhythmus die
Hauptsache ist und der Wechsel der Höhe und Tiefe nur Nebensache.
Aber auch die Höhe und Tiefe wirkt als Wechsel in der Spannung des
medii, welche gewiß noch etwas anderes ist als die Schnelligkeit der
Schwingungen. Der von außen eindringende Rhythmus wirkt also
auf den innern. Daher auch die Wirkung am ungehemmtesten ist,
wenn das Gemüth ruhig also zu jeder Schwankung geneigt ist, jede schon
vorhandene Stimmung aber (außer gegen das völlig gleichartige) eine
Opposition bildet. Hierdurch erklärt sich auch die allgemeine Regung
des Tanzenwollens nach der Musik. Da nun aber in jedem Fall kein
Organ einen so großen Reichthum differenter Eindrükke über das gewöhnliche empfangen kann als das Ohr, so erregt immer diese Fülle
das Bewußtsein der Kraft und auch die wehmüthigen Eindrükke sind
nie unangenehm, sondern nur die Armuth, z. E. die Eintönigkeit.

Nachdem wir nun das Gebiet der Sinne soweit nach beiden Seiten durchmessen haben, ist uns im Vergleich mit dem, was wir in der
aufnehmenden Thätigkeit des Menschen als Resultat finden*), erst ein
sehr kleines Resultat gegeben, und alles andre muß also in der Fortsezung dieser Thätigkeit liegen. In dem bisherigen sind uns zwar
allerlei Uebergänge gegeben, theils zum Nacheinander in der Seele mit

---

*) Was wir in unserem Bewußtsein als das ganze Resultat der aufneh-
menden Thätigkeit tragen. Vorlesungen von 1818.

Schleierm. Psychologie.   28

seinen Verschiedenheiten, wozu die Stimmungen führen, theils zur ausströmenden Thätigkeit, wohin die Gemüthsbewegungen führen, theils
zu der Aufgabe dem Sinn auch das menschliche darzureichen. Allein
dem angegebenen Gange nach wollen wir erst die aufnehmende Thätigkeit zu ihrem Ziel bringen. Bisher haben wir es nur mit den einzelnen Eindrükken zu thun gehabt, nun fragt sich zunächst, wie bildet sich
aus den gleichartigen Eindrükken d. h. aus dem Gebiet eines jeden
Sinnes ein ganzes; und zwar haben wir es zunächst nur mit der Wahrnehmungsseite der speciellen Sinne zu thun.

Festhalten der Sinneseindrükke oder sinnliches Gebächtniß.

Hiebei kann man nun von zwei ganz entgegengesezten Voraussezungen ausgehen, es bilde sich durch Verknüpfung und es bilde sich
durch Sonderung, die jede für sich einseitig und ungenügend sind. Man
sagt nämlich, das Wiedererkennen desselben Gegenstandes und das Zusammenfassen mehrerer unter denselben Begriff entstehe, da jeder Eindrukk unmittelbar wieder verschwinde, durch Wiedererwekkung des ähnlichen und also Verknüpfung beider. Aber warum soll die Seele, ehe
sie die Gleichheit erkannt hat, grade diesen und keinen andern Eindrukk
wiederholen? Man sezt also voraus, was eben erklärt werden soll,
daß die Gleichheit schon anderwärtsher erkannt ist. Um nun dies zu
vermeiden schiebt man den Grund auf die Dinge und sagt, in der Einwirkung auf das Organ liege die Kraft den ähnlichen Eindrukk hervorzurufen. Dies mechanisch genommen führt auf die materiellen Ideen
und diese Voraussezung widerspricht sich. Denn zwischen beiden liegen
andre Eindrükke, die nur in dem Maaß klar sein konnten, als die Bewegung rein war d. h. die Spuren des vorigen verwischt waren; sollen
also die Spuren bleiben, so müssen die zwischen liegenden Eindrükke
trüb gewesen sein. Je trüber sie aber sind, desto weniger können sie
selbst Spuren zurükklassen. Jeder aber ist selbst ein zwischen liegender,
also müssen alle Eindrükke trübe sein, damit die andern zurükkgerufen
werden können, und selbst hell, die andern aber trübe, damit sie selbst
zurükkgerufen werden können. Nimmt man es dynamisch, so kann man
am Ende auf nichts kommen, als daß der schon dagewesene Eindrukk
leichter wieder gemacht wird und also dieser Leichtigkeit wegen als ein
bekannter erschiene. Aber da es ein leichteres und schwereres Auffassen
auch des ganz unbekannten giebt, so ist kein Mittel gegeben, das leichte

neue von dem schwereren alten zu unterscheiden. Auch fragt sich immer, welches Element, des sichtbaren z. E. Gestalt oder Farbe, beim Zurükkrufen dominiren soll, warum einem nicht beim grünen alles grüne einfällt, ehe auf die Gestalt genau geachtet wird, und umgekehrt? Bedenkt man nun, wie auf diese Weise auch der erste Eindruk schon eine Combination, als solche aber ein vielfältiges ist, dessen Zusammenfassen erst erklärt werden muß, so kommt man auf die Voraussezung, daß alle weiter fortgesezte Thätigkeit aus dem Sondern entsteht. Das ursprünglich wahrgenommene z. E. ist die bunte sichtbare Halbkugel und hörbare Halbkugel; eine Unendlichkeit wird zugleich gesehen und zugleich gehört und aus dieser nach einem der Seele einwohnenden Gesez gesondert, jedesmal ursprünglich, aber einmal wie das andre, und das Erkennen desselben Gegenstandes komme erst allmählich durch die Gleichheit in den vielfältigen Beziehungen heraus. Allein hier wird auch das zu erklärende vorausgesezt. Denn wenn die Seele vor der Abschließung bestimmter Eindrükke schon im Besiz von Beziehungspunkten ist, nach denen sie sondert, so hat sie schon vor aller Sonderung gesondert.

Beide Voraussezungen gehen offenbar zurük auf zwei auch entgegengesezte metaphysische, auf die Entstehung der Begriffe aus Abstraction und auf das Angeborensein der Begriffe, und wir würden also nur vergebens auf diese zurükgehen und müssen also einen andern Weg einschlagen.

20. Zu bemerken, daß bis jezt, da von der Sprache noch gar nichts vorgekommen, auch nicht von dem Festhalten des gedachten, durch die Sprache bezeichneten, sondern nur der primitiven Sinneseindrükke die Rede ist. Da es nun mit den beiden Voraussezungen nicht recht geht, so muß man versuchen die ganze Frage umzukehren, nicht das Behalten als dasjenige anzusehen, was erklärt werden müsse, sondern das Vergessen. Dies ist dem natürlichen Gefühl ganz angemessen, denn wir bewundern nicht, wenn wir etwas behalten haben, als sei darin besondere Kunst oder Glükk, sondern wir wundern uns verdrüßlich, wenn wir etwas vergessen haben. Auch ist leicht zu sehen, daß die Sache nur so gestellt werden kann. Denn wenn man vom momentanen Verschwinden der Wahrnehmung ausgeht, so sezt man bei der Frage eine Einheit schon voraus, zu welcher man unter dieser Voraussezung gar nicht hat kommen können. Die ursprüngliche Wahrnehmung Eines ganzen Gegenstandes ist auch ein successiver Act, man nimmt nicht alle Theile zugleich wahr; ist also die Wahrnehmung gleich verschwunden, so hat man auch die ursprüngliche Wahrnehmung nur durch

ein Zurückrufen. Also muß die partielle Wahrnehmung nicht ver=
schwunden sein. Dasselbe z. E. wenn man das Anschwellen des Tons
wahrnimmt, denn das schwächere ist nicht mehr da, wenn das stärkere
kommt. Ja dasselbe gilt von der Wahrnehmung jeder Veränderung
an einem Gegenstande; denn wenn ein sich bewegender Gegenstand am
zweiten Orte wahrgenommen wird, so ist die Wahrnehmung desselben
am ersten Orte nicht mehr, und ohne ursprüngliche Dauer kann nur
wahrgenommen werden, daß er am ersten Orte verschwunden ist und
daß ein ähnlicher am zweiten Orte zum Vorschein gekommen, und man
könnte nie zu einer Vorstellung der Identität kommen. Ferner wenn
wir bedenken, daß im Maximum der Wahrnehmung die Seele ganz
im Wahrnehmen aufgeht und wir sezen die Wahrnehmung als ver=
schwindend, so könnte die Seele auch sich selbst nicht als ein Continuum
sezen, sondern dies Sezen beruht nur auf der Dauer und Beharrlich=
keit beider Thätigkeiten, aber ebenso nothwendig der Wahrnehmung als
der Ausströmung. Und wenn die Wahrnehmung nur aus unendlich
kleinen discreten Größen besteht, so läßt sich auch gar nicht einsehen,
woher der Seele die Zeit kommen und wie sie sich in die Zeit sezen
könnte. So gewiß wir also die Seele sezen, so sezen wir auch als das
ursprüngliche ihr Dasein constituirende nicht das Verschwinden sondern
die Dauer ihrer Thätigkeiten. Ist uns nun dies so natürlich erschie=
nen, so fragen wir billig, wie kommt man denn zu der entgegengesezten
Ansicht, bei welcher allein ein Erinnerungsvermögen und ein Gedächt=
niß (als Kasten zu der Wachstafel und dem Taubenschlage) als etwas
besonderes stattfinden kann? Mir scheint dies seinen Grund zu haben
darin, daß man theils das psychische vom physiologischen zu sehr trennt,
theils beides zu sehr identificirt. Wenn man die Seele von dem Or=
gan trennt und gleichsam hinter dasselbe stellt um die Bewegungen des=
selben wahrzunehmen (wozu am meisten das Bild im Auge verleitet),
so kann sie freilich nichts wahrnehmen, wenn nichts bewegt wird, und
wenn man das psychische Ende von dem physiologischen gar nicht ab=
sondert, so kann man sich dann einbilden, das psychische könne auch
nicht länger dauern als das physiologische. Allein alle relative Unter=
scheidung beruht darauf, daß das nicht getrennt gesezte doch anders
gemessen werde, und wozu wäre die im Bewußtsein liegende Unter=
scheidung, wenn nicht eben um kund zu thun, daß das psychische Ende
ein anderes Maaß hat. Also kann aus dem vergänglichen physiologi=
schen ein bleibendes psychisches werden. Wenn also die ursprüngliche
Ansicht die sein muß, die Wahrnehmung, einmal gesezt, bleibt, so kann

zuerst noch die Einwendung gemacht werden, es wäre doch ein Unterschied zwischen dem Bleiben der Wahrnehmung bei dem Bleiben des Gegenstandes und bei der Entfernung des Gegenstandes, und dies lezte Bleiben bedürfe einer besondern Erklärung. Ich antworte theils, der Gegenstand bleibe nicht ohne sich zu verändern und die Wahrnehmung werde dann doch als unverändert behalten, sei also doch die Wahrnehmung eines abwesenden Gegenstandes, theils die Abwesenheit des Gegenstandes mache keinen größeren Unterschied als die Abwendung der Aufmerksamkeit von dem anwesenden Gegenstande. — Hierauf entsteht nun die Frage, was ist demnach das Verschwinden der Wahrnehmung? Vorausgesezt, das Sein einer jeden Wahrnehmung, in welcher Mannigfaltigkeit und Einheit ist, sei schon an sich ein Verwachsen der Vergangenheit in die Gegenwart, so ist auch jedes Festhalten ebenso. Aber nicht jeder Theil jeder Vergangenheit hängt gleich stark mit jeder Gegenwart zusammen, also ist einiges Vergangene stärker in der Gegenwart und einiges schwächer. Indem aber die aufnehmende und die ausströmende Thätigkeit nur für die Betrachtung gesondert werden, so muß auch (da es hier lediglich auf das Selbstsezen der Seele ankommt) der Zusammenhang eben so gut in der That seinen Siz haben können; und um beides recht zusammenzufassen, wird die rechte Formel sein, daß die ganze Vergangenheit in der Gegenwart ist nach Maaßgabe des Interesse *), welches die Seele in diesem Augenblick daran nehmen kann. Hiernach würde es also ein absolutes Vergessen nicht geben sondern immer nur ein Minimum des Behaltens. Und jenes ist auch gar nicht nachzuweisen, denn darin würde von unserer Voraussezung (aus?) liegen die Unmöglichkeit der Reproduction. Nur insofern die Continuität der Seele abgebrochen wäre, könnte ein absolutes Vergessen stattfinden. Indem wir nun aber das psychische nie völlig vom organischen trennen dürfen, müssen wir für dieses Behalten allerdings auch ein organisches Substrat haben, und da ist mit Bezug auf das über das innere Sehen und Hören schon gesagte nur übrig zu sagen, die organische Seite des Festhaltens sei das innere Sehen und Hören selbst, nämlich das Hervorrufen im Bewußtsein falle mit diesem zusammen. Wie die Seele will den Fuß sezen, so will sie auch die innern Organenden in Bewegung sezen, so wenig sie zu jenem eine materielle Spur der früheren Bewegungen braucht, so wenig auch zu diesem **). Vorher

---

*) Randbemerkung: daher man so leicht das unwichtige vergißt.

**) Man faßt das schwer wiederholbare an etwas auch mit der Gegenwart zusammenhangenden.

aber hat die Seele die Wahrnehmung nur im bewußtlosen Zustande d. h. potentia oder ἐνεργείᾳ aber als absolutes Minimum.

21. Für dieses Haben hat /der Ausdruck/ bewußtlose Vorstellung einen Sinn, insofern man annimmt, daß noch ein Minimum übrig sei. Aber man kann auch sagen, wie, nachdem einmal Hand und Fuß mit Wissen und Willen bewegt worden sind *), der Seele auch ohne daß eine materielle Spur oder ein Minimum der Bewegung übrig bliebe, die Fertigkeit geworden ist, die Bewegung eben so und keine andre wieder hervorzubringen, so sei auch nachdem einmal abhängig von der äußern Erschütterung des Organs das innere Organ die Bewegung hervorgebracht, der Seele die Fertigkeit geworden durch den Willen dieselbe Bewegung und keine andre hervorzubringen. Wenn das ursprüngliche Vorhandensein noch hervortritt ohne **) Absicht, also auch noch nicht die Continuität abgebrochen ist, so sei das das freiwillige Spiel des Gedächtnisses, welches aber auch unter der Regel des Interesse steht; wenn die Bewegung nun erzeugt wird, sei das die absichtliche Erinnerung, die aber ebenfalls nur nach jener Regel entsteht und daher oft bei einer bloß äußeren Aufforderung mißlingt. So wie auch, wenn die Continuität ganz verloren gegangen ist, das Wiedererscheinen desselben Gegenstandes nur eine zweifelhafte Wiedererkennung gebe, und wenn ein anderes Interesse herrscht, welches andre Wahrnehmungen nachbilden will, leicht die eben schon angemerkte Verwechselung entsteht.

Wenn also unter der Voraussezung des momentanen Verschwindens auch das Auffassen eines Gegenstandes nicht ohne Wiederaufnahme des verschwundenen gedacht werden kann, und wir nun gesehen haben, Festhalten und Erwerben der Gegenstände sei dasselbe, so müssen wir also zurückgehen und fragen, wie werden denn die Gegenstände erworben? Wenn wir als das ursprünglich z. E. dem Auge gegebene die chaotische Halbkugelfläche betrachten, so ist das Auffassen der Gegenstände ein Aussondern und Bestimmen. Dieses kann auch nur von der ursprünglichen Thätigkeit der Seele ausgehen, und also auch, da die organische Affection gleichzeitig gegeben ist, aus ihr aber die Wahrnehmung nur successive hervorgehen kann, allein dem Gesez des Interesse folgen. Sezen wir nun in der Seele ohne alle Hypothese bloß

---

*) Analogie mit den selbstthätigen Bewegungen.
**) Das „ohne" ist deutlich durchstrichen, vielleicht hat Schl. das ganze „ohne Absicht" auslassen wollen.

das Wahrnehmenwollen voraus, so hat die Seele in den ersten Momenten kein andres Interesse als das an dem Zustande des Organs. In diesem sind aber nur verschiedene Grade gesezt. Die Seele also wendet sich, wie es auch bei Kindern geschieht, der erleuchteten Stelle zu, die es ertragen kann. Wenn diese nun aber auch eine Masse ist und kein Punkt, so ist immer nur ein Theil eines ganzen gesezt und nichts für sich bestehendes, sondern diejenige Beschaffenheit der Wahrnehmung, welche das Substrat des Gedankens sein kann, wird erst durch das Zusammentreten mehrerer Sinne hervorgebracht. Aber auch die abgeschlossene des Sinnes selbst kann sich erst erzeugen, wenn der Gegenstand sein Verhältniß zu dem übrigen sichtbaren ändert entweder durch seine oder durch meine Bewegung — daher auch die Kinder nächst dem hellen auf das bewegliche sehen. — Wenn man nun auch sagte, in der erleuchtetsten Masse ist doch wieder ein Punkt der erleuchtetste und die Seele werfe sich also demselben Gesez gemäß zunächst auf diesen, wie kommt sie weiter? So erhält man dasselbe Resultat und auch durch Ausbreitung der Wahrnehmung von diesem Punkt aus kann eine abgeschlossene Vorstellung nur entstehen, wenn durch die Bewegung abgeschnitten wird.

Wenn nun aber das Festhalten wie das Erwerben der Gegenstände, nur vom Interesse abhängend, eines ist, so müßte folgen, daß in Absicht auf das Behalten alle Seelen einander gleich wären und es so etwas wie ein gutes und schlechtes Gedächtniß gar nicht gebe, oder daß sie wenigstens nur verschieden wären nach Maaßgabe ihrer allgemeinen Stärke oder Schwäche. Nun ist zwar in der Behauptung, daß Interesse an den Gegenständen (Verstand) und Gedächtniß im Gegensaze wären, viel Vorurtheil, allein sie in grades Verhältniß zu sezen ist doch auch völlig paradox, da man oft Menschen von der entschiedensten Combinationsgabe über ihr Gedächtniß klagen hört und das vortrefflichste Gedächtniß bei denen findet, welche nicht recht wissen, was sie mit den Vorstellungen, die sich angehäuft haben, anfangen sollen und ihr Gedächtniß scheinen immer für andre zu haben.

22. Da wir die Sache hier nur in Bezug auf die gleichartigen Sinneseindrükke zu betrachten haben, so ergiebt sich außer dem Interesse noch ein andres Maaß des Festhaltens, nämlich die Tüchtigkeit der äußern Einwirkungen, von welcher die Thätigkeit der innern Seite des Organs abhängt, also im ganzen die Virtuosität des Sinnes selbst. Schwachsichtige haben natürlich kein Gedächtniß für Gesichtseindrükke 2c. Das zweite Moment ist dann das Interesse, dieses aber geht natürlich

durch alle Sinne durch und hat seinen Siz im Charakter, und weil es schwer aufzufinden ist, so sucht man lieber ein negatives und kommt so zu jenen einseitigen Urtheilen, denen sich immer das entgegengesezte gegenüberstellen läßt. Die Sinnesskala kann für ein partielles Gedächtniß eine desto größere Skala geben, je mehr das andre zurücktritt, und dann sagt man, das beste Gedächtniß hat, wer wenig selbstthätig combinirt. Aber mit Unrecht, denn die Wahrnehmung bleibt der einzige unmittelbare Stoff aller Combination, und wer also viel combiniren will, muß auf demselben Gebiet auch die Wahrnehmungen festhalten. So der Naturforscher die Gestalten der natürlichen Dinge, der Feldherr die Namen und Relationen der einzelnen ꝛc. Aber je zerfahrener und zufälliger die Combinationen eines Menschen sind, desto weniger ist von dieser Seite aus etwas für die Festhaltung gesezt und dann dominirt die andre Skala. Hält man also diese beiden Momente nur gehörig zusammen, und wendet sie richtig an, so müssen alle Erscheinungen daraus können erklärt werden, ohne daß man ein besonderes Gedächtniß anzunehmen braucht.

Combination der Sinneswahrnehmungen.

Auf diese Weise also werden durch jeden einzelnen Sinn Gegenstände fixirt und nach diesem Gesez festgehalten. Die Fülle der Wahrnehmung aber, welche dem Denken zum Grunde liegt, entsteht erst durch Verbindung der Sinneseindrükke, welche sich auf denselben Gegenstand beziehen. Auch diese Verknüpfung erfolgt nach demselben Gesez, je mehr der Gegenstand das Interesse auf sich gezogen hat, um desto mehr durch absichtliche Richtung aller Sinne auf ihn d. h. durch Beobachtung, je gleichgültiger aber er ist, um desto mehr nur zufällig. Die Beobachtung aber tritt schon ganz früh ein, um so mehr als durch das Gesicht allein der Gegenstand doch niemals umschrieben wird. Daß wir durch das Gesicht auch den körperlichen Umfang mit einer gewissen Sicherheit abschäzen lernen (das perspectivische Sehen) ist nicht eine Entwikklung des Gesichtsinnes durch sich allein, sondern es beruht auf einer Reihe von Bemerkungen über das Zusammentreffen des Gesichts und Getastes, so wie wir hernach auch anderes ursprünglich dem Getast angehörige z. E. Weichheit und Härte lernen durch das Gesicht abschäzen. Die ursprüngliche Combination also, durch welche uns erst das körperliche wird, ist die des Gesichts und Getasts d. h. desjenigen Sinnes, der das weiteste Feld hat, mit dem, der das engste hat. Eine Verknüpfung, zu welcher wir die Bewegungsorgane (Hände zuerst um die Gegenstände zu uns her zu bewegen, Füße hernach um uns zu ihnen hin zu bewegen) gebrauchen, und in welcher sich ebenfalls der zwiefache Ursprung, Aussondern aus dem ganzen durch Gesicht (denn in diesem sind wir uns doch des successiven Wahrnehmens der einzelnen Theile des Gegenstandes nicht bewußt) und Zusammenfassen durch Uebergehen von einem Theil zum andern abspiegelt; denn dies ist die bestimmte und einzige Methode des Getasts, in welchem wir nie ein ganzes auf einmal haben. — Auf die Combination dieser Sinne folgt dann die des Gesichts und Gehörs, welche auf eine besondere Art sich dem lebendigen zuwendet, denn nur das lebendige und was mit ihm zusammenhängt tönt, die Natur eigentlich rauscht nur.

Voran schikte ich hier die freilich schon auf das Denken mittelst der Sprache sich beziehende Bemerkung, wie viel zufälliges ist in unseren Subjectsbestimmungen und Präbicatsbeilegungen. Nämlich dasjenige, wodurch der Gegenstand zuerst ist fixirt worden, fassen wir nun in Eins zusammen als Ding und das später wahrgenommene legen wir ihm erst bei. Sehr gut aber kann jenes nur etwas zufälliges gewesen sein, und dieses etwas wesentliches. Allerdings wird sich hievon viel durch Austauschung und durch fortgesetzte Beobachtung ausgleichen, aber da doch alle unmittelbar austauschenden auf derselben Stufe stehen, wird die Ausgleichung immer nur sehr bedingt sein, und die Geschichte unserer Naturkunde und Geschichtskunde zeigt, wie erst durch das Hinzutreten der speculativen Thätigkeit, die eben deshalb anfangs immer einen harten Kampf verursacht, das Scheiden des wesentlichen vom zufälligen tiefer begründet wird, und erst die völlige Durchdringung beider das vollendete Erkennen hervorbringen kann.

Denken und Sprechen.

Durch diese Combination der Sinneseindrükke nun entsteht eine solche Fülle, daß die Seele dadurch theils verwirrt theils übersättigt wird, so daß sie sich derselben wieder entledigen muß, und dies geschieht durch die bezeichnende Thätigkeit oder die Sprache. Nämlich die unmittelbaren Sinneseindrükke sind immer ein schlechthin besonderes, die Sprache aber immer ein Schwanken zwischen dem besondern und allgemeinen, und auf der einen Seite ein Ordnenwollen gegen die Verwirrung, auf der andern ein Vergessenwollen gegen die Ueberladung. — Jede ursprüngliche Wahrnehmung ist ein absolut momentanes, durch die Combination der Sinneseindrücke wird allerdings dieses aufgehoben und ein beharrliches gesetzt, aber es besteht nun die Totalität der Eindrücke aus beharrlichem, zu dem nichts hinzukommt, aus Wechsel am beharrlichen, aus momentanem, das noch auf kein beharrliches zurückgeführt ist und dies muß aus einander gehalten werden. Dann aber auch, eben wie wir denselben Punkt als Subject festhalten und vorhandene Wahrnehmungen auf ihn beziehen, so beziehen wir auch dieselben Wahrnehmungen auf verschiedene Punkte, die Aehnlichkeit wird erkannt und, je größer diese ist, um desto unnützer wird es die einzelnen Eindrücke alle festzuhalten. Der Name aber als solcher haftet immer nur an den gemeinsamen Umrissen des ähnlichen und läßt das untergeordnete differente weg, wir entledigen uns also an ihn und an das allgemeine innere Bild, welches mit ihm zusammenhängt, einer Menge einzelner Eindrücke.

Was wir aber hier über die Sprache zu sagen haben, muß ebenfalls ganz in den Grenzen der Beobachtung stehen bleiben, also nichts von der Entstehung der Sprache in dem ersten Menschen, sondern nur wie sie jezt entsteht und was sie eigentlich abgesehen von aller Entstehung bedeutet und wie sie sich zu den beiden Grundthätigkeiten verhält — denn sie gehört selbst der ausströmenden an, bezieht sich aber auf die aufnehmende. — Auch die physiologische Seite, welche ohnedies noch so weit zurück ist, daß man kaum sagen kann, die Probleme seien richtig aufgegeben.

Wesen der menschlichen Sprache.

23. Wenn wir nun das Sprechen näher betrachten, so liegt uns zunächst, das rein menschliche in seinem Unterschiede vom thierischen aufzufassen, da alles lebendige von einem gewissen Entwicklungspunkt an nach Maaßgabe seiner Entwicklung tönt*). Ist der Ton nun immer derselbe, so schließen wir daraus auch auf ein unvollkommenes Leben. Je mannigfaltiger die Differenzen sind im Verhältniß zum Umfang der Stimme, um desto gebildeter das Leben. Der erste auffal-

---

*) Spätere Randbemerkung. Da in Ermangelung der Sprache auch die Bewegung Bezeichnung wird, so muß man in der Identität von beiden den Krim suchen. Identisch sind beide aber als Ausdruck des Gefühls.

lende Unterschied ist, daß alles menschliche Sprechen immer Mittheilung ist. Denn wenn auch ein Mensch nur zu sich selbst redet, so ist es doch Mittheilung von einem Augenblikk an den andern; die Thiere aber tönen ohne Rükksicht auf andre zu nehmen ins Blaue hinein. Allein dieser Unterschied geht nicht durch, denn wir finden Verständigung durch die Töne auch bei den Thieren, und wenn auch am häufigsten bei den Hausthieren, so können wir es doch auch bei den andern verfolgen, wenigstens auf ihre eigentlich geselligen Verhältnisse zwischen Eltern und Jungen im Nest und zwischen Männchen und Weibchen in der Begattungszeit. — Eine bestimmtere Grenze bildet die Articulation, Begriff, den ich hier nur fixiren will durch den Gegensaz zwischen Selbstlautern und Mitlautern. Dieser Gegensaz ist zwar auch nur fließend, denn es giebt in den menschlichen Sprachen Mitteltöne, die nur in einzelnen Fällen an einer bestimmten Stelle bestimmt das eine oder das andre werden, und grade an diese müssen wir alle Nachahmung thierischer Töne anknüpfen, aber doch charakteristisch für die Sprache, und wir fühlen, daß ohne diese Entwikklung kein Tonsystem Sprache werden kann. Indeß da das ganze Resultat davon doch nichts ist als daß erst ein unendlicher Reichthum der Bezeichnung daraus entsteht und die Thiere doch auch eine Mannigfaltigkeit von Bezeichnungen haben, so ist auch dies nur ein Mehr und Minder und also nicht das gesuchte. — Wir gehen also weiter und finden in dem ganzen menschlichen Tonsystem den höheren Gegensaz von Sprache und Gesang, der sich in dem thierischen nicht findet. Zwar giebt es thierische Töne, die mehr Sprache sind, und andre, die mehr Gesang, allein nicht in derselben Gattung. Jene Differenz aber bezieht sich offenbar auf die zwischen Gefühl und Wahrnehmung. Denn der natürliche Ausdrukk des Gefühls ist der Gesang, und alle Töne, die sich dem Gesang nähern und von der Sprache entfernen, wie Lachen, Weinen, Seufzen, Aufschreien, Jauchzen u. s. w. sind unmittelbar Ausdrukk des Gefühls, die Sprache aber ist unmittelbar Ausdrukk der Wahrnehmung. Der Mangel dieses Gegensazes in den thierischen Tonsystemen ist also die ursprüngliche Differenz und hängt damit zusammen, daß im thierischen Leben Gefühl und Wahrnehmung nicht bestimmt aus einander treten. Wenn man sagt, daß Gefühl auch durch Sprache mitgetheilt wird, so ist das wahr, aber nur insofern es sich durch ein inneres Gedankenspiel kund giebt, welches auf der mit dem Namen Einbildungskraft bezeichneten Thätigkeit beruht, oder insofern über das Gefühl selbst Wahrnehmungen gemacht worden sind (reflectirt worden ist) woraus aber nur die Beschreibung des Zustandes entstehen kann. Aber die Aeußerung und Mittheilung desselben durch jenes Gedankenspiel bildet nun in der Sprache selbst den Gegensaz zwischen Prosa und Poesie, von dem man sagen kann, daß in der Poesie Tonmaaß und Zeitmaaß hervor in der Prosa aber beides zurücktritt ins unbestimmte, durch welche Annäherung an den Gesang sich die Beziehung auf das Gefühl deutlich genug ausspricht. Dieses nun stimmt auch zusammen theils mit der elementarischen Betrachtung selbst der Sprache da jedes Wort eine Sinneswahrnehmung bedeutet, theils auch mit der Geschichte in jedem einzelnen Menschen; jeder lacht ꝛc. ehe noch die Sinnesorgane deutlich genug gebildet sind um vollkommene Wahrnehmungen aufzufassen. Nur will es nicht ganz stimmen mit unserer früheren Behauptung, daß das Bedürfniß, das Gefühl des Ueberfülltseins, also ein Gefühl die Sprache heraustreibe. Beides aber läßt sich sehr wol vereinigen. Auch das Gefühl hat zwei Aeußerungsarten, Geberde und Ton, so wie es auch zwei ursprüngliche Bezeichnungsarten giebt durch Ton und durch Bewegung der Finger, welches leztere sich auch sehr weit ausbilden ließe. Daß nun dieses verschwindet oder wenigstens ganz untergeordnet bleibt, jenes aber sich ausbildet, erklärt sich theils daraus, weil die Organe, womit das eine müßte hervorgebracht werden, noch andre Bestimmungen haben, der Mensch aber bestimmt ist zugleich bezeichnen und handeln zu können, theils daraus, weil eben jenes mitwirkende und antreibende Gefühl zu denen gehört, welche mehr auf den Ton treiben als auf die Bewegung. Dies erklärt freilich nicht, bringt aber doch den einzelnen Fall unter eine bestimmte allgemeinere Analogie. Die tiefere Erklärung liegt in der Aufgabe, die aber rein physiologisch ist, den Zusammenhang aufzufinden zwischen den innern Enden der Sinnesorgane, durch welche unsere Wahrnehmungen vorzüglich bedingt sind d. h. Gesicht, Getast und Gehör, mit dem eigenthümlichen aber sich erst von einem gewissen Zeitpunkt an ausbildenden System der Sprachorgane.

Entstehung der Sprache.

Wegen jener Verbindung nun und weil wegen dieser späteren Entwicklung die Aeußerungen des Gefühls durch den Ton eher da sind als die Sprache, hat man versucht die Sprache ganz aus jenen frühen Aeußerungen abzuleiten, was aber etwas ganz einseitiges und dürftiges wird.

24. Denn wenn man die Sprache betrachtet, so gehen nur die Interjectionen vom Gefühl aus, die in der Sprache selbst völlig isolirt stehen und an die Hauptstämme der Nenn= und Zeitwörter nichts abgeben sondern eher noch von ihnen empfangen. Darum hat man eine andre Erklärung versucht aus der Nachahmung der Naturtöne. Dergleichen mimische Onomatopöien finden sich freilich, aber grade die Thiernamen, welche die meiste Veranlassung dazu geben, sind am wenigsten so gebildet, und dann findet man auch die Nachahmungen in verschiedenen Sprachen sehr verschieden, woraus folgt, entweder daß der gehörte Ton anders ist gehört worden oder daß der producirte Ton anders gehört wird, oder daß die eine Nachbildung zwar als genau, die andre als ungenau gewußt wird, aber organische Hindernisse sind sie zu produciren. Das erste ist das unwahrscheinlichste, das zweite führt schon auf einen specifischen Zusammenhang des innern Sprechens mit dem innern Hören und das dritte auf das individuelle in der Bildung der Sprachorgane. Will man also die Forschung über das differente Werden der verschiedenen Sprachen und über die Entwikklung jeder Sprache von ihren Anfängen an gründlich treiben, so müßte man grade damit anfangen das eigenthümliche jeder Sprache in den Elementen, die sie eigen hat und die ihr fehlen, die häufig und die selten vorkommen, die zusammenfließen und die sich abstoßen, auch die für einander vicariren und das verschiedene Verhältniß der Mitlauter und Selbstlauter zu einander erforschen und mit Rükksicht darauf ihre Stammsilben und Wurzelwörter betrachten und vergleichen. Dann könnte man der Aufgabe über die ursprüngliche Bedeutsamkeit einzelner Silben und Silbentheile näher treten und so in das innere von dieser Seite eindringen. Doch dies liegt ganz an den Grenzen unserer Untersuchung.

Fortpflanzung der Sprache.

Näher liegt uns die Frage, wie sich die Sprache, wenn sie einmal in einem bestimmten Typus gegeben ist, fortpflanzt. Hier muß ich protestiren gegen die gemeine viel zu einseitige Vorstellung, daß den Kindern die Sprache eingeflößt wird, daß sie sie bloß durch Nachahmung erlernen. Wir bemerken vielmehr in den Kindern eine ursprüngliche Productivität in dieser Hinsicht, und zwar eine zwiefache; die eine ist ein zwekkloses freies Spiel aus dem Reiz der in der Entwikklung befindlichen Sprachorgane entstehend und weder auf Gefühl noch auf

Wahrnehmung sich bestimmt beziehend, sie versuchen was sich mit den Organen machen läßt; die andre geschieht nicht wie jene im Zustand der Ruhe sondern im Zustand der Erregung aus dem Bedürfniß des Festhaltens und ist ein wirkliches Bezeichnenwollen, wie man aus dem Zusammentreffen mit der Geberde und mit einer bestimmten Richtung des Auges und Ohres deutlich sieht. Hierdurch also würden sich die Kinder eine eigne Sprache bilden, wenn sie nicht von der bereits vorhandenen sie umgebenden Sprache überwältigt würden. Dieses Ueberwältigtwerden geht aus dem natürlichen Verhältniß des einzelnen zur Gesammtheit hervor und ist etwas ganz andres als bloße Nachahmung. Auch erhalten sich bei vielen Kindern selbst gebildete Wörter bis ziemlich tief in das Leben hinein. Wenn man diese Productivität für die Sprache nicht gefunden hat bei den problematischen Beispielen von wilden Kindern, so beweiset dies gar nichts. Es war eine verwerfliche Maxime einer gewissen Zeit das unnatürliche auftreten zu lassen gegen das natürliche. Ein solches Kind kann sich nie in dem Zustand von Behaglichkeit finden, in dem ein anderes seine freien Uebungen vornimmt, und haben diese gefehlt, so ist es dann ohne Rath für den Augenblick des Bedürfnisses. Wenn eine Sprache bloß durch Nachahmung erlernt wird, so folgt daraus auch sogleich, daß alles eigenthümliche was hineinkommt fehlerhaft ist, und das ist der Charakter einer todten Sprache, wogegen das Wesen einer lebendigen Sprache in der beständigen Einbildung des eigenthümlichen (welches nach Maaßgabe seines Umfangs bleibend wird oder verschwindet) in das gemeinsame besteht, dies eigenthümliche aber kann nur als ursprüngliche Production verstanden werden. — Mit der Frage über die Fortpflanzung hängt zusammen die recht im Mittelpunkt unserer Untersuchung liegende über das Verhältniß zwischen Denken und Sprechen. Denn man kann die ganze Frage auch auf die natürliche Entwicklungsgeschichte des einzelnen zurückführen und fragen, spricht das Kind eher oder denkt es eher?

Priorität zwischen Denken und Sprechen.

Unserem Gange nach haben wir gesagt, die Entwicklung des Denkens aus dem Wahrnehmen sei bedingt durch die Dazwischenkunft der Sprache, und so scheint Sprache früher zu sein. Gewöhnlich aber denkt man sich das Sprechen erst als eine Folge des Denkens, welches freilich großentheils daher kommt, weil man an das innere Sprechen, welches mit dem Denken durchaus identisch ist, nicht denkt. Wenn wir die Sache genau nehmen wollen, müssen wir Wahrnehmen und Denken aneinander rükken und fragen, worin der Unterschied zwischen beiden besteht. Das Denken ist im Begreifen und Urtheilen und dieses ist seinem Wesen nach auch im Wahrnehmen. Denn wenn das Beharrliche im Wechsel und in der Abweichung wahrgenommen wird, so ist das Wesen beider da; aber wir nennen es nicht Denken, wenn nur das Bild, die Art der Dinge zu sein, in der Seele ist, wenn auch dann Ton und Betastung hinzukommen. Verlöschen aber diese differenten Arten zu sein in einer gemeinsamen, dann ist auch die Form des Denkens da *). Diese für alle Sinneseindrükke gemeinsame Form ist nicht die nachbildende innere Sinnesthätigkeit; denn auch das Zusammensein äußerer und innerer Sinneseindrükke als solcher ist kein eigentliches Denken, sondern diese Form ist nur die Sprache. Nun kann aber der Uebergang aus der einen in die andre nicht stattfinden, ohne daß die eine verlischt oder wenigstens ohne daß beide Acte, wenn sie auch gleichzeitig bleiben, sich völlig trennen. Also kann man sagen, das Losreißenwollen vom Sinneseindrukke ist das Denkenwollen, und dies ist eher aber auch unbestimmter als das Sprechenwollen; aber wirklich gedacht wird nur in der Identität mit dem Sprechen. Betrachten wir dagegen die physiologische Seite, so erscheint das Sprechenwollen als unabhängig vom Denken rein für sich als ein erstes; das Denken ist von dieser Seite erst in der gerundeten Combination des Sprechens und also später, aber ein sich wirklich bestimmt sonderndes und gestaltendes Sprechen ist ohne Denken auch nicht anzunehmen.

25. Alles bisherige zusammengenommen fragt sich, was haben wir nun als Inhalt der Sprache? Nichts anderes als den Schaz von Namen, in welchen die Subjecte gesezt sind, Aussagen, in welchen die Prädicate gesezt sind, und Beiwörter, welche nichts anderes sind als abbrevirte Urtheile, endlich den ganzen Schaz von einzelnen Urtheilen, die hieraus zusammengesezt werden. Betrachten wir nun nur die Sprachelemente, so fehlen uns die Präpositionen und Conjunctionen. Die ersten sind den Adjectiven gleichzusezen, sie sind immer abbrevirte Aus=

---

*) Spätere Randbemerkung. Die Sinnesthätigkeit darf aber nie Null werden, weil das Schema, indem die zufälligen Beschaffenheiten ihrer Grenze nach mit heraus kommen, hernach wieder angefüllt wird; dies ist wenn alles Bild verlöscht ist, nicht mehr möglich, daher ist Wort ohne Bild nur todte Formel.

sagen um die Verhältnisse einzelner Subjecte zu bezeichnen, sofern sie
für sich gesetzt sind. Aber die Conjunctionen bezeichnen Zusammenhang, den wir unter dem allgemeinen Schema der Causalität befassen
wollen. Es fragt sich, ob dieser Theil des Denkens auch aus dem
Wahrnehmen abzuleiten ist, da diese Verknüpfung offenbar etwas ganz
andres ist als die bisher abgehandelte der Inhärenz. Eben so ist wol
mit den Begriffen zugleich auch eine Unterordnung derselben gesezt;
denn sowie man über die Operation des Verlöschens einzelner Bilder
im allgemeinen nachdenkt, so muß man den Unterschied finden in dem
Maaß des Verlöschens; aber alle die Reihen stehen eigentlich einzeln
da. Man kann zwar sagen, wenn nur zwei Sprossen dieser Leiter gegeben sind, so steigt man vermöge derselben Operation zu der höchsten,
nämlich dem Begriff des D i n g e s hinauf, durch welchen nun alle verknüpft sind, weil alle unter ihm stehen. Allein der Begriff des Dinges, der nur die höchste Abstraction enthält, ist nur das Zeichen für
das bleichste Bild, in welchem das Minimum der Wahrnehmung, das
bloße einzelne Fürsichgeseztsein gezeichnet ist, und er kann nicht den
Zusammenhang enthalten. Dies erhellt auch daraus, daß man in ihm
keinen Grund findet zu einer in sich geschlossenen Klassification, durch
welche die verschiedenen Leitern im Zusammenhang unter sich erschienen.
Sondern ebensowol die Totalität der Zusammengehörigkeit der Gegenstände als die Totalität des Zusammenhanges der einzelnen Thatsachen
ist nur gesezt in dem lebendigen Begriff der Welt und die Frage wendet sich nun so, ob wir zu diesem und was von ihm ausgesagt werden
kann auch durch das an das Wahrnehmen sich anschließende Denken
gelangen? Denn auch diese kann nicht als schon beantwortet durch das
vorige angesehen werden, weil nämlich jeder Gegenstand in der Totalität seiner Relationen und Veränderungen auch eine Welt ist, indem
ja in dem bisher erörterten Denken auch die einzelnen Gegenstände so
nicht gegeben sind, sondern nur als ein Aggregat von ganz vereinzelten
Urtheilen, vielmehr ist eben diese Ansicht nur mit jener zugleich noch
zu erklären. — Alles auf den Begriff der Welt im weitesten Umfange
sich beziehende Denken, worunter aller Zusammenhang unter dem besonders gedachten als solcher mit gehört, ist also ein vorläufig besonders zu betrachtender, der speculative Theil des Denkens, wozu auch in
unserer Hinsicht wenigstens der über die Welt hinausgehende Begriff
der Gottheit mit gehört. Es fragt sich nun, ob dieser auch als aus
der Wahrnehmung entstanden oder anderweitig her erklärt werden muß?
Die Ansichten darüber sind getheilt und eine Entscheidung darüber

fällen, das hieße über unser Ziel hinaus gehen und eine ganze Philosophie aufstellen, deren Anknüpfungspunkt von der Psychologie aus allerdings hier zunächst liegt. Wir wollen aber von unserem Wege nicht abweichen und müssen uns also darauf beschränken nur zu fragen, was bei beiden Voraussetzungen für die Betrachtung der Seele herauskommt. Zuerst müssen wir sagen, wenn das speculative Denken aus dem empirischen entstanden ist und doch für etwas anderes ausgegeben wird, so bringt man eine Fiction hinein, und dadurch muß auch alles Wahrnehmen derer, welche diese Fiction machen, verdächtig werden, denn sie können dahin eben so gut willkürliches hineingebracht haben. Eben so auch, wenn es verschieden ist und wird doch für identisch ausgegeben, also mit dem empirischen in Verbindung gebracht was nicht damit in Verbindung gebracht werden kann, so wird auch das ursprüngliche empirische Denken derer, die so handeln, verdächtig. Und diese Besorgniß, daß ein großer Theil der als empirisch mitgetheilten Erkenntniß in jedem Fall ebenfalls verdächtig wird, ist die Ursache von dem allgemeinen Interesse der Frage. Die Sache anlangend aber gehen von dieser Voraussetzung aus wieder zwei Wege. Wenn das speculative Denken nicht in der Wahrnehmung mit enthalten und durch sie gegeben ist, so muß es durch eine ursprüngliche Thätigkeit der Seele hervorgebracht werden. Da wir nun eine solche als Wahrnehmenwollen auch bei dem Wahrnehmen zum Grunde legen mußten, so können diese beiden entweder verschieden sein oder einerlei. Sind sie einerlei, so ist auch das Wahrnehmenwollen schon ein Welt in sich abbilden wollen; sind sie verschieden, so müßte man sagen, nachdem das Wahrnehmenwollen eine gehörige Fülle von Gedanken herbeigebracht, entwickele sich erst das Speculirenwollen als ein anderes. Das lezte aber scheint inconsequent zu sein, weil man als That der Seele das Uebergehen aus der einen Function in die andre nicht begreifen kann, indem es ja immer noch wahrzunehmen giebt und dieses doch ganz aufhören müßte, wenn man anfangen wollte zu speculiren, und umgekehrt. Auch erscheint in der natürlichen Entwicklung das Denken ganz als ein Continuum und niemand findet einen solchen plözlichen Uebergang wie aus einer Function in eine andre. Diejenigen also, welche das speculative Denken nicht durch die Einwirkung der Dinge entstehen lassen, müssen doch sagen, daß die ursprüngliche Thätigkeit der Seele in der auffassenden Thätigkeit nur eine sei, daß sie vom ersten Wahrnehmen an die Welt suche und die Begriffe des Zusammenhanges eben aus dieser innern Nothwendigkeit producire.

26. Nun müssen wir auch die zweite Vorausſezung betrachten. Wenn das ſpeculative Denken ebenſo durch die Einwirkung der Dinge bedingt ſein ſoll wie das ſinnliche Wahrnehmen, ſo iſt hier an ſich die-ſelbe Duplicität denkbar wie dort. Es kann dieſelbe Einwirkung ſein, und dies kann man darauf ſtüzen, daß doch jede Wahrnehmung ſchon weſentlich Verknüpfung iſt und als ſolche den Keim in ſich trägt, aus welchem ſich alles was zur Conſtruction der Idee der Welt gehört all-mählich entwikkelt. Man könnte aber auch ſagen wollen, es ſei eine andere ſecundäre Einwirkung der Dinge. Allein dieſe Form hält näher betrachtet nicht Stich. Denn da keine von beiden jemals Null iſt, ſo läge dann nur in einer Wahl der Seele der Grund, weshalb jedesmal die eine und nicht die andre Vorſtellung würde. Alſo dann würde ſchon im voraus wenigſtens ein Intereſſe am Zuſammenhang in der Seele geſezt, alſo auch eine einwohnende Richtung darauf und die Vor-ausſezung ginge in die andre über. Iſt nun alſo die Einwirkung die-ſelbige und wird alſo dieſe Thätigkeit ebenſo als auffaſſend angeſehen, ſo liegt doch auch eine urſprüngliche Thätigkeit der Seele zum Grunde, nur daß geſagt wird, in dieſer ſei vor dem Beſtimmtſein durch die Einwirkung der Dinge nichts beſtimmt. Daß ſich aber in derſelben aus dieſem wenigſtens ein Intereſſe am Zuſammenhang entwikkelt, muß ſchon um beswillen zugeſtanden werden, weil ſo oft Ausſagen über einen Zuſammenhang gemacht werden, welche falſch ſind, d. h. mit der Ent-wikklung der Dinge nicht übereinſtimmend, welche alſo auch in ihrer Einwirkung nicht können gegründet ſein. Daher bleibt nun für unſer Gebiet der Unterſchied zwiſchen beiden Vorausſezungen nur ein Mehr und Minder, indem die eine die urſprüngliche Thätigkeit der Seele po-ſitiver ſezt, die andre aber negativer. Und dieſen Unterſchied müſſen wir für einen im Charakter gegründeten anſehen, ſo daß naturgemäß ein Menſch mehr zu der einen, der andere mehr zu der anderen getrie-ben wird.

Wie aber ſteht es nun mit dem andern Gipfel des ſpeculativen Denkens, mit der Idee der Gottheit? Hier tritt nur allen Unterſu-chungen gleich dieſes in den Weg, daß ſie auf ſo vielfältige Art gefaßt erſcheint, daß zwiſchen dieſen zu entſcheiden die ganze Philoſophie vor-ausſezt, und daß zugleich man, wenn über nichts anderes, doch darüber einig iſt, daß alle einzelnen Ausſagen über die Gottheit, welche man könnte zuſammenſtellen wollen, als inadäquat müſſen anerkannt wer-den, indem die Idee alles mannigfaltige verſchmäht. Das nächſte für uns alſo wäre zu fragen, ob auch hiebei von denſelben beiden Vorausfezungen kann ausgegangen werden und was dabei für die Natur der Seele heraus kommt. Deutlich genug geht aus der Geschichte hervor, daß diejenigen, welche den Grund des speculativen Denkens in einer der Seele einwohnenden Richtung suchen, leicht haben diese Richtung auch auf die Idee der Gottheit zu erstrecken, und indem sie auch diese mit den früheren für dieselbe annehmen, einen Zusammenhang zwischen den Ideen der Welt und der Gottheit als nothwendig zu postuliren. Und ebenso ist bekannt, daß unter denen, welche alles Erkennen von der Einwirkung der Dinge ableiten, sich immer diejenigen befinden, welche die Realität der Idee der Gottheit leugnen. Hier wäre nun abermals für uns die nächste Frage, ob ein nothwendiger Zusammenhang zwischen den beiden Ideen Gott und Welt stattfände, allein auch dieser führt uns nothwendig in die Philosophie hinein, und da die beiden entgegengesezten Behauptungen doch wirklich vorkommen, so müssen wir uns zunächst auf die Frage beschränken, beide ohne Rükficht auf ihre Wahrheit zu betrachten und zu fragen, wie sind denn in der der Art nach selbigen Seele beide Behauptungen möglich, daß die Idee der Gottheit gesezt wird und daß sie geleugnet wird.

27. Am leichtesten kommen wir zu Stande, wenn wir fragen, wie jede Parthei sich das Gegentheil erklärt. Die Atheisten also erklären den Monotheismus aus Polytheismus und diesen aus poetischen Personificationen, welche nichts anderes sind als ein Bestreben das Leben in die Natur hineinzutragen. Die Theisten erklären sich den Atheismus nur als Mißverstand, als gegen eine bestimmte Form gerichtet nicht gegen die Idee überhaupt oder als Maximum der ihnen entgegengesezten Ansicht. Wenn nämlich die Welt schon nur gesezt wird um des einzelnen willen, also bleich ist, weil die Seele immer wieder zum einzelnen zurükgetrieben wird, so muß die Idee der Gottheit noch bleicher werden bis zum Verschwinden, und wenn die Seele auch im Wahrnehmen fast schon nur receptiv gesezt, also alles Werden des Geistes aus dem Einwirken des todten erklärt wird, so ist es dann leicht das todte für sich zu sezen ohne lebendigen Grund. Dieses nun führt auf dasselbe, daß die Richtung in der Seele, welche die Idee der Gottheit producirt, ein Suchen des Lebens ist, welches mit der Entwicklung der Wahrnehmung und des Denkens parallel laufend nicht eher Ruhe findet als in der Einheit eines unendlichen alles producirenden Lebens.

Nehmen wir nun zusammen, was wir gefunden seitdem wir zuerst das Denken sich entwickeln ließen, so liegt auf der Seite des Erkennens hier alle Erfahrung und alle Wissenschaft. Denn durch die bloße

Wahrnehmung wird nichts erfahren, sondern Erfahrung ist erst, wenn
die Wiederholung der Eindrücke als Nothwendigkeit gesezt wird, und
dies geschieht erst im Denken. Zur Erfahrung verhält sich die Wissenschaft nur wie das gebildete zum chaotischen. Beide aber sind ganz in
der Idee der Welt eingeschlossen, und man kann sagen, alles Sammeln von Erfahrung und alles Austauschen von Erfahrung und Wissenschaft ist nur das Bestreben die Idee der Welt hervorzubringen.
Diese ist also praktisch d. h. als Richtung ursprünglich gegeben und ist
die auch schon dem einfachen Wahrnehmen zum Grunde liegende Thätigkeit. Durch die Idee der Gottheit aber kommt zu unserem Erkennen nichts hinzu was nicht schon in der Idee der Welt läge, indem
nichts einzelnes und auch kein einzelner Zusammenhang unmittelbar
sondern nur mittelst der Idee der Welt auf Gott kann bezogen werden. Dagegen wird sich zeigen, daß die Idee der Gottheit eben so sehr
auf der Seite des Gefühls steht, wie die Idee der Welt auf der Seite
der Wahrnehmung. — Sehen wir nämlich auf das Gefühl, so hatten
wir vorher nur das Bewußtsein von durch die äußern Naturpotenzen
gehobenen oder gehemmten Lebensäußerungen. Liegt nun dem Fühlen
eben so gut ein Fühlenwollen zum Grunde, wie dem Wahrnehmen ein
Wahrnehmenwollen, so ist also jenes auch ein Suchen des Lebens. Wir
hatten damals alles vom menschlichen außer uns ausgehende Gefühl
ausgeschlossen, weil dieses gar nicht vom Wahrnehmen der Identität
der Gestalt ausgeht. Denn wieviel eher wird ein Kind von Liebe und
Abneigung bewegt, als es sein Bild im Spiegel erkennt, worin es die
Gestalt rein isolirt hat, sondern es liegt zum Grunde die Wahrnehmung von der Identität der Thätigkeit, und diese ruht auf der Bezeichnung, also auf der Sprache; wenn gleich jene Gefühle ebenfalls der
wirklichen Entwicklung der Sprache vorangehen, so sind sie doch mit
dem Bezeichnenwollen, mit dem Instinkt von dem eignen Zusammenhang des inneren und äußeren verbunden, also auch Leben suchend nur
in weiterem Kreise. Und so finden wir auch hier zwei entgegengesezte
Unterordnungen; das Mitgefühl dem eignen unterordnen, die selbstsüchtige Richtung erschwert die Bildung der Idee der Gottheit, so daß sie
überflüssig und unbequem erscheinen kann.

28. Nachdem wir nun diese Grundzüge aufgestellt, so ist das gefundene auf beiden Seiten, der objectiven und der subjectiven, noch
näher nachzuweisen und zu erörtern. — Auf der objectiven zuerst
könnte man anfechten, daß Erfahrung und Wissenschaft als identisch gesezt werden, da doch viele diese Thätigkeit als zwei verschiedene Poten-

zen des Bewußtseins sezen und man also wenigstens glauben möchte, die Wahrheit müsse zwischen jenem Maximum und diesem Minimum des Unterschiedes liegen. Allein zwischen diesen beiden hält nichts Stich, sondern geht immer auf eines von beiden Extremen zurükk. Es ist aber in jeder Erfahrungskenntniß eine Identität des heraufsteigenden und herabsteigenden-Verfahrens wie in der Wissenschaft. Der Unterschied ist nur der, theils daß in der Erfahrung alles auf subjective Art genetisch gesezt ist, jede Einsicht hängt an dem Orte auf dem sie im subjectiven Bewußtsein entstanden ist, in der Wissenschaft aber geordnet wird nach dem formellen Element, theils, was mit dem vorigen zusammenhängt, daß, so lange wir nur eine Erfahrung wollen, wir nicht eine Entwikklung des formellen Elements wollen, in der Wissenschaft aber diese Entwikklung vor sich geht, indem das Erfahren selbst zum Gegenstand der Betrachtung gemacht wird, und wir bemerken durch welche innere Richtung wir die Wahrnehmung abschließen. Und dieses Wollen der Nothwendigkeit ist in der Wissenschaft zum Bewußtsein erhoben, und darum ist in ihr das durchgebildete, in der Erfahrung das unvollständige. Diese Entwikklung des formellen Elements ist aber für sich nichts als ebenfalls das Festhalten des Bildes der eignen Thätigkeit, derselben nämlich, welche auch schon dem Wahrnehmenwollen zum Grunde liegt. Wenn man nun die Wissenschaft selbst eintheilt in a priori und a posteriori, so ist auch das nur ein relativer Unterschied. Denn die Construction des besondern aus dem allgemeinen ruht ebenso auf dem Zusammenschauen des allgemeinen aus dem besondern, wie diesem schon, indem es angestrebt wird, jenes zum Grunde liegt.

Was weiter die subjective, die Gefühlsseite betrifft, so haben wir vorher nur die physische Einwirkung betrachtet. Ueber alle menschliche aber finden wir den Streit, daß einige sie ganz auf die Person beziehen, andre das gesellige als etwas ganz eigenthümliches sezen. Im ersten Falle wäre keine specifische Einwirkung des menschlichen als solchen, sondern alles wirkte nur inwiefern es den persönlichen Lebensproceß d. h. theils die Ausströmung, theils das Erkennen und das vorher betrachtete Fühlen mehrte oder minderte. Hier finden wir eine auffallende Aehnlichkeit zwischen der Ansicht, welche alle Combination nur um des einzelnen willen sucht — denn auch dies müßte dann seinen lezten Zwekk in der Lebensförderung haben, — und der welche alles einzelne Wahrnehmen nur auf die Combination und somit auf die Weltauffassung bezieht. Ebenso hier eine ähnliche entgegengesezte Unterordnung, welche ähnliche entgegengesezte Resultate giebt. Denn wer das einzelne Leben isoliren will, kann keine Einheit des Lebens in der Totalität suchen.

29. Bei der ersten Ansicht kann es keine unbedingte und keine beharrliche Anziehung zu dem menschlichen außer uns geben, sondern jeder kann erst, nachdem er sich erprobt, der Gegenstand eines beharrlichen Gefühls werden, und auf diese Weise die ganze auf die Zuneigung gebaute sittliche Welt zu erklären ist fast unmöglich. Die sicherste Handhabe für die andre Ansicht hat man außerdem in den vermischten Gefühlen, welche auf dem geselligen Gebiet so häufig sind. In dem physischen Gefühl finden wir überall den strengen Gegensaz des angenehmen und unangenehmen, so daß eins das andre ausschließt und nur auf einander folgen kann. Zwar ist ein Nebeneinandersein einer angenehmen und unangenehmen Empfindung durch zwei verschiedene Sinne möglich, aber diese bleiben auch von einander getrennt und stumpfen, wenn sie das Gleichgewicht halten, einander nur allmählich so ab, daß mehr die Wahrnehmungsseite hervortritt. Ja man könnte sagen, auch auf einander folgende entgegengesezte Empfindungen hätten nicht immer einen Uebergang durch Null, sondern oft überraschten sie einander, und dann müßten sie doch ein Zugleichsein haben, aber das ist doch nur ein solches, wobei die schwache im Verschwinden begriffen ist, kein Ineinandersein. Dies finden wir in den geselligen Empfindungen dominirend und es ist nur dadurch zu erklären, daß man das Leben des andern selbst in die Identität mit dem seinigen aufnimmt. Dieses Aufnehmen ist dann selbst eine Lebenserhöhung und daraus entsteht ein von dem Zustande, der mit aufgenommen wird, und von der Einwirkung dieses vorübergehenden Zustandes auf das persönliche Dasein unabhängiges Grundgefühl, vermittelst dessen jede menschliche Erscheinung angenehm empfunden wird, worauf hernach die hemmende Einwirkung sich aufsezt, auf denselben Gegenstand mit jener zurükkbezogen, Eines mit ihr ist, und also das angenehme und unangenehme in Eins gebildet wird. Dies ist freilich nur insoweit richtig, als man auch eine Duplicität des angenehmen zugeben muß, wenn sich auf das Grundgefühl ein specielles angenehmes aufsezt; aber diese ist auch leicht nachzuweisen. Dagegen reicht die selbstsüchtige Ansicht zur Erklärung nicht hin. Denn alle mitleidigen Gefühle enden nicht in ein Bestreben sich zu zerstreuen oder den Gegenstand zu entfernen, noch in ein Bestreben sich selbst sicher zu stellen, wie geschehen müßte, wenn das Mitleid nur als Besorgniß ähnlicher Zustände oder als Erinnerung selbst erlebter erklärt würde, sondern in ein auf den Gegenstand gerichtetes Bestreben

von ihm den unangenehmen Zustand zu entfernen, wodurch weder ähnlichem vorgebeugt noch die Erinnerung, wenn sie einmal entstanden ist, getilgt werden kann. Daß nun auch von unserer Erklärung aus vielerlei Abstufungen und Arten stattfinden, wird demnächst zu erörtern sein.

30. ˙ Das gesellige Gefühl nach seinem Umfang betrachtend beruht es auf dem Auseinandertreten des persönlichen und des gemeinsamen. Und hier findet zuerst eine Abstufung statt.˙ Mehr am thierischen liegt das Nichtunterscheiden von beidem in der rohen Menschheit, wo die gesellige Cohäsion eine ziemlich thierische Gestalt hat. Das gesellige Gefühl kann dann so genau an der unmittelbar gegebenen Masse haften, daß alles zu dieser nicht gehörige menschliche als feindselig betrachtet wird, und dies kann bis zur Menschenfresserei gehen. Aber solche Beschränkung ist nur in einem sehr isolirten Zustande möglich, ohnstreitig der niedrigste Zustand des sittlichen Gefühls. Dann kommt das bestimmte Auseinandertreten, wo aber oscillirend auch Hervortreten des persönlichen über das gesellige möglich ist. Endlich die vollkommene Einigung in der höchsten Besonnenheit, wo kein Streit mehr möglich ist, weil die Person nur als ein Siz des gemeinsamen Bewußtseins gefühlt wird. In der Mitte ist der Siz aller Leidenschaften und Kämpfe. — Alles specifische, wie das elterliche, geschlechtliche und vaterländische Verhältniß übergehen wir hier und halten uns nur ans elementarische. Um nun die verschiedenen Aeußerungen zu übersehen theilen wir die Relationen zwischen zwei einzelnen in gleiche und ungleiche. Die Gleichheit besteht darin, wenn beiden dasselbe Verhältniß zugesprochen wird zu dem entstehenden Subject des höhern Bewußtseins. Dies ist aber nie allgemein und absolut, sondern ursprünglich nur in Bezug auf die sich eben bildende Erregung zu verstehen. Die Ungleichheit ist also doppelt, der fühlende entweder untergeordnet oder überragend. Das erste in der Gleichheit ist Theilnahme als Mitleid und Mitfreude, zu welcher aber auch gehört Freude an der Theilnahme des andern und Neigung sie zu befriedigen, Anziehung.˙ Dies kann zufällig und fragmentarisch bleiben, es kann auch ausschlagen theils in das Gefühl der Unentbehrlichkeit, = Freundschaft, theils in Antipathie. Das erste, wenn einer als bleibende Veranlassung erhebender Erregungen gesezt wird, das lezte, wenn er als fremdartig und nicht aufzunehmend, als unsere eigenen Beziehungen zu dem erhöhten Bewußtsein verwirrend erscheint. Die persönlichen Antipathien entwickeln sich erst in Zuständen, wo die Persönlichkeit individueller ausgebildet wird. Die

Freundschaften können mehr weichlicher oder mehr heroischer Natur sein (welches erst bei den Temperamenten zur Anschauung kommen kann). Immer aber sezen sie eine starke Regsamkeit voraus, so wie die Antipathieen eine beschränkte Empfänglichkeit.

In der Ungleichheit ist nun das Gefühl des untergeordneten Ehrfurcht, das Gefühl des überragenden ist Herablassung und Begeistung *) (Gefühl daß eine Kraft von einem geht) die Ungleichheit sei nun die physische oder die intellectuelle oder die sociale. In der Ehrfurcht ist kein Veränbern des Verhältnisses angestrebt, gewissermaßen aber doch immer in der Begeistung. Denn wenn man herunter halten will, ist der Zustand unrein. So potenzirt sich also die Ungleichheit durch sich selbst.

31. Das meiste angeführte scheint mehr Verhältniß also Handeln als Gefühl zu sein. Beides ist auch freilich schwer zu trennen, weil Gefühl in Handeln und Reaction ausgeht. Deshalb vorzüglich festzuhalten, wie die Freundschaft hier z. E. nur entstanden als aus der Wiederholung einzelner Annäherungsmomente behandelt ward, also nur als festgehaltenes Gefühl, von dem Handeln aber in der Freundschaft nicht ist geredet worden, und strenger läßt sich die Trennung nicht halten. Dasselbe gilt von den ungleichen Verhältnissen, wo immer, wenn man von dem specifischen absieht, das beharrliche sich erst aus dem momentanen und somit auch die Handlungsweise erst aus dem Gefühl entwickelt. — Eben dies nun auch von dem Ehrgefühl zu bemerken. Es hat eine Seite, von der es mit dem specifischen zusammenhängt, weil unser Verlangen nach Billigung niemals allgemein ist, wir betrachten es aber hier so, wie das bestimmte selbst erst aus dem momentanen und zerstreuten entsteht. Wenn sich der Unterschied entwickelt zwischen Sympathie und Antipathie, entwickelt bestimmt sich auch immer mehr der Kreis, in Bezug auf den wir Ehrgefühl haben. Nämlich die uns widerwärtig sind, das sind solche zwischen denen und uns ein gemeinsames Bewußtsein nicht auf die Art entstehen kann, daß einer das Dasein des andern richtig darin aufnähme. (Legt man das specifische zum Grunde, so soll freilich einem schlechthin durch die Natur gegebenen gemeinsamen die persönliche Antipathie immer untergeordnet

*) Vorlesung b. 1818. Das Gefühl des vollkommneren gegen unvollkommnere, dafür haben wir weniger einen bestimmten Ausbruck, es ist die herabsteigende Liebe, leitendes Princip für den andern zu werben, aber zugleich auch ein Bestreben die Ungleichheit aufzuheben.

werben.) Hieraus ergiebt sich schon, worin das Ehrgefühl besteht. Nicht eigentlich in dem Bestreben unser eignes Urtheil von uns durch das Urtheil andrer zu bestätigen, das ist viel zu künstlich und zu reflectirt, sondern es ist das Gefühl von der Art, wie andre unser Dasein in das gemeinsame Bewußtsein aufnehmen. Es hat eine mehr negative Seite, wenn wir eine Handlung vorgebildet haben, auch die Affection des gemeinsamen Bewußtseins darüber vorzubilden, welches dann hemmend oder fördernd auf die vorgebildete Handlung wirkt, und eine mehr positive, indem es die durch das gemeinsame Bewußtsein aufgegebenen Forderungen vorbildet, wodurch es Vorbildung eigner Handlungen veranlaßt. Zu bemerken aber ist über dieses und alles bisher aufgezeigte gesellige, daß es mit dem eigentlich sittlichen nicht zu verwechseln ist. Denn auf der einen Seite ist alles dieses nicht das sittliche, auf der andern ist das sittliche nur ein einzelnes hierunter mit begriffenes. Denn die einzelne Erscheinung des menschlichen bringt kein absolut allgemeines gemeinsames Bewußtsein hervor, sondern nur in Bezug auf das Verhältniß, unter dem der einzelne mir erscheint, wie denn alles, was von Sympathie, Antipathie, Freundschaft u. s. w. gesagt ist, auch auf das geht was in einzelnen Gebieten entsteht, und so ist es auch mit der Ehre.

In dem Auseinandertreten des persönlichen und gemeinsamen ist nun die Möglichkeit des Streits zwischen beiden gesezt und die Entwicklung der leidenschaftlichen geselligen Zustände. Wir müssen uns zu dem Ende die Grundansicht noch einmal vorhalten. Das Grundgefühl der menschlichen Erscheinung ist angenehm, aber nach dem allgemeinen Gesez stumpft sich dieses in dem constanten Zusammensein ab, und desto leichter kann dann das persönliche hervortreten. An dieses Grundgefühl knüpft sich dann das Mitempfinden des Zustandes des andern an. Dies kann mit dem persönlichen Gefühl contrastiren. Diese beiden lassen sich nicht zusammenschmelzen, sondern eines muß das andre überwiegen. Aber die Theilnahme ist gegenseitig. Wenn nun das Ueberwiegen nach gleichem Maaß geschieht, so daß jedes persönliche in seiner Beziehung auf ein gleichmäßig gebildetes Gemeinbewußtsein geschäzt wird, so entsteht kein Conflict. Fehlt das gemeinsame Maaß, so entsteht ein Conflict, der weichlich ist, sentimental, wenn jeder sein persönliches gegen das andere zurükstellen will, hart, wenn jeder seines gegen das andre durchsezen will. Treffen die entgegengesezten Maximen zusammen, so entsteht ein abhängiges Verhältniß.

32. Man kann demgemäß dreierlei Abstufungen unterscheiden in den

geselligen Empfindungen, welche auf einem Streit beruhen. Die eine ist die rein persönliche. Als Schema davon aufgestellt Neid und Schadenfreude. Wenn A im leidenden Zustande den B zur Theilnahme auffordert, dieser aber selbst im behaglichen Zustande sie verweigert, so wird dies constant werdend im B den Neid erregen, in C aber, der sich auf einer höhern Entwikklungsstufe befindet, das bloße Urtheil einer Unfähigkeit des B und das Bestreben ihn des erhöhten Bewußtseins fähig zu machen. Kommt nun B auch in einen leidenden Zustand, so wird in C zwar das Mitleid entstehen, in A aber die Schadenfreude. Gegen D, der das Mitleid nicht verweigert hat, wird weder Neid noch Schadenfreude entstehen als auf eine unnatürliche d. h. aus einem fremden Incidenzpunkt zu erklärende Art. Die zweite Stufe ist die, wo das erhöhte Bewußtsein zwar entsteht, aber dem persönlichen untergeordnet wird. Schema davon Zorn. Wenn A eine Handlung oder eine persönliche Dignität darbietet, welche von B nicht anerkannt wird, so wird, je thätiger diese Nichtanerkennung ist, in A der Zorn gegen B entstehen, welcher sich immer auf ein gefordertes gemeinsames Bewußtsein bezieht, in C aber wird nur Unwille entstehen. Die dritte Stufe ist die, wo das persönliche überall dem gemeinsamen untergeordnet wird. Schema Unwille und Bewunderung. Wenn B gegen D auf eine seiner Stellung ungemäße Weise verfährt, so wird in C derselbe Unwille erregt, als wenn das nämliche gegen A geschieht und kein Zorn. Ebenso wird die Bewunderung in einem noch persönlichen immer nicht frei sein von Neid. In diesen drei Stufen haben wir die Entwikklung des erhöhten Subjects und sehen, wie es sich erst allmählich gegen das niedere feststellt. Zugleich sehen wir hier den Ursprung der beiden entgegengesezten Ansichten, daß das gesellige erkünstelt und daß es ursprünglich sei. Jene beruht darauf, daß die völlige Entwikklung des geselligen Verfahrens später ist und sezt daher, daß ein gänzlicher Mangel desselben das erste sei. Die andre beruht darauf, daß das gesellige der ursprüngliche Zustand sei, aber daß es sich später im Bewußtsein entwikkle und sezt deshalb auch die oben geforderte Einheit, daß schon das ursprüngliche rein der Natur zugewendete Fühlenwollen dieselbe Richtung der Seele sei wie hernach das Mitfühlenwollen und daß auch schon in seinen ersten Anfängen der Mensch sich nicht als ausschließendes Subject seiner Zustände sondern als Bruchstükk des Subjects seines erhöhten Bewußtseins ansehe. Wenn wir nun erst in der lezten Stufe die Vollendung sehen und diese durch die Mannigfaltigkeit der geselligen Relationen bedingt ist und dadurch, daß

jeber feiner Stelle gemäß und nicht anders in das gemeinsame Bewußtsein von jedem aufgenommen sei, diese Thätigkeit aber mit jener ersten
dieselbe ist, so müssen wir gestehen, daß die Seele schon im ersten Anfang ihres Fühlenwollens auf die Construction eines unpersönlichen
Selbstbewußtseins gerichtet ist, eben wie schon in dem ersten Wahrnehmen auf die Realisirung der Idee der Welt.

Ehe wir aber von hier weiter gehen, ist noch etwas zu berükksichtigen, nämlich die körperlichen Eindrükke, welche das Erscheinen der
Menschen hervorbringt und welche durch einzelne persönliche Sympa-
thieen und Antipathieen auch noch auf das Maaß in der höchsten Stufe
einen Einfluß ausüben. Man sucht diese Eindrükke des Wohlgefallens
und des Mißfallens gewöhnlich ganz geistig zu erklären aus Aehnlichkeiten und aus allgemeinen physiognomischen Bildern; allein das geht
nur in den Fällen, wo wir uns entweder bestimmter Aehnlichkeiten,
welche mit dem Eindrukk zusammenfallen, bewußt werden, und dies
sind so sehr die wenigsten, daß wir uns oft bei einem Menschen, der
uns widerlich auffällt, der Aehnlichkeit mit einem lieben Menschen können bewußt werden; — oder, wo wir wenigstens wissen, der Eindrukk
gehe von der Physiognomie oder sonst etwas bestimmten öfter gemessenen aus, allein das ist eben so selten. Das ganze kann nur als Aufgabe aufgestellt werden, worauf es aber am meisten anzukommen scheint,
ist dieses. Wir haben das Gefühl als der Atmosphäre zugewendet mit
der Respiration verglichen, nur daß diese bestimmt pulsirt. Allein die
Haut ist auch im Einziehen und Ausströmen und muß also auch ihren
Puls haben, die Atmosphäre ist auch in lebendiger Bewegung und pulsirt, und ihr Zusammentreffen mit jenem Pulsiren muß auch auf sie
rükkwirken und so in der Nähe der Menschen etwas hervorbringen dem
ähnlich, was man die sensible Atmosphäre des Menschen genannt hat.
Die Eindrükke können nun beruhen auf einer Zusammenstimmung oder
einem Mißverhältniß dieser Pulsationen an der Grenze beider Atmo-
sphären. Indessen muß man noch eines hinzunehmen und das ist die
Wirkung, welche das Auge eines ändern fühlbar hervorbringt. Beides
nun hängt mit dem psychischen des einwirkenden genau zusammen und
wirkt also auch unmittelbar psychisch. Das wirkende ist physisch angesehen ein solches Minimum, daß es noch gar nicht zur Messung gekommen, aber es hat einen stärkeren und bestimmten psychischen Gehalt. So läßt sich auch begreifen, wie mancher Mensch sehr bestimmte
Eindrükke häufig hervorbringt, höchst selten aber deren selbst empfängt, weil
nämlich beim Uebergewicht des Ausströmens seine Receptivität geringer

ist. Doch ist dies keinesweges nothwendig; daß aber die Eindrükke entgegengesezt wären, ist ein sehr seltener und immer unnatürlicher Fall.

33. Wenn sich nun das erhöhte Bewußtsein so weit gesteigert hat, daß das Leben der menschlichen Gattung in das Selbstbewußtsein aufgenommen und alles persönliche so wie alle kleineren Sphären in dies~ begriffen und ihr untergeordnet sind, so bleibt immer noch übrig, daß diesem höchst entwikkelten Selbstbewußtsein entgegengesezt ist die äußere Natur. Die Einwirkungen dieser werden nun auch in jenes zusammengesezte Selbstbewußtsein aufgenommen, aber es muß sich nun nach der Analogie der bisherigen Entwikklung ein Bestreben entwikkeln auch zwischen sich und der Natur ein gemeinsames Bewußtsein zu stiften, und dieses nun wird das Bewußtsein der absoluten Einheit alles Lebens d. h. der Gottheit, und die Beziehungen aller Lebenszustände auf dieses sind dann die religiösen Gefühle. Dies ist ganz analog dem auf der objectiven Seite sich entwikkelnden Bewußtsein der Welt. Auch müssen wir ebenso sagen, schon das Menschheit-suchen, welches im geselligen Empfindenwollen liegt, ist ein Gottheit-suchen, ja auch schon das organische Empfindenwollen, es ist alles dieselbe Richtung der Seele, die nur allmählich aus dem bewußtloseren in das bewußtere übergeht. Auch finden wir hier denselben Streit, daß einige das religiöse Gefühl für ursprünglich und natürlich, andre für künstlich und durch Täuschung oder Betrug erzeugt ansehen. Aber der lezten Ansicht kann man sich wol nicht hingeben, wenn man bedenkt, theils wie der Irrthum nirgend anders sein kann als in der Wahrheit und wie vergeblich man die Aufgabe stellen würde die Wahrheit aufzufinden, an welcher dieser Irrthum sein könnte, der seinem Inhalt nach über alle andre Wahrheit hinausgeht, theils wie dem Betrug nicht nur immer eine Absicht zum Grunde liegt, sondern auch eine solche Erklärung nachweisen muß, daß die Absicht sich nicht auf einem leichteren und sichereren Wege erreichen ließ. Wenn nun dies nicht sein kann, so ist das religiöse Gefühl die lezte Entwikklung und Vollendung über das gesellige hinaus.

34. Diese Stellung des religiösen Gefühls bestätigt sich von allen Seiten. 1) betrachten wir die Entwikklung des geselligen in ihren drei Abstufungen, so finden wir demgemäß drei Abstufungen im religiösen Gebiet. Pgrallel der fast thierischen Geselligkeit ist der Fetischismus, verworrene Verwechselung des einzelnen mit der absoluten Einheit. Parallel dem Streit finden wir den Polytheismus, das höchste selbst,

ben noch nicht in einander aufgegangenen Relationen gemäß gespalten, und die reine Idee der Gottheit entwikkelt sich erst mit dem Streben nach einer völligen innern Harmonie zugleich. 2) Daß schon das Wesen des Menschen-suchens ein Gottheit-suchen ist, zeigt sich in der allgemeinen Ansicht, pietas geht auf Gottheit und auf Vaterland und Eltern, und der Frömmigkeit am meisten zuwider ist ὕβρις d. h. Erhebung des einzelnen sei es über die Macht der Natur oder sei es über eine bestimmte Sphäre erhöhten Bewußtseins. 3) Unserer Ansicht nach muß das Gottheit-wollen und das allen Gegensaz von Lust und Unlust aufheben wollen Eines sein und das zeigt sich auch. Indem das gesellige Bewußtsein entsteht, wird in diesem alle bloß persönliche Lust und Unlust aufgehoben, aber es entsteht eine höhere Persönlichkeit und es ist also auch dem Gegensaz von Lust und Unlust unterworfen. Das religiöse Grundgefühl aber ist durchaus Anbetung d. h. das Verschwinden aller Lust und Unlust in der Unterwerfung unter die absolute Lebenseinheit. Nun finden wir zwar das religiöse Gefühl auch sich in Lust und Unlust spalten, aber nie ursprünglich sondern nur sofern eine Reflexion entsteht über Annäherung oder Entfernung von dem gänzlichen Uebergehen aller Gefühle in das religiöse. Und dies ist nothwendig, weil wir Menschen ganz und gar aus dem Gebiet des Gegensazes nicht kommen, er ist aber hier völlig untergeordnet (das Gebiet dieses untergeordneten Gegensazes aber constituirt sich sehr anders, je nachdem das religiöse Gefühl sich mehr oder weniger teleologisch ausbildet). — Die Frage könnte noch aufgeworfen werden, ob diese Parallele, Welt zu Gott wie objectives Bewußtsein zu subjectivem Bewußtsein das ganze Verhältniß beider Ideen erschöpfe und keine Subordination zwischen ihnen sei. Diese Frage aber kann hier nur als transcendent abgewiesen werden. Wir müßten die ganze Dialektik mit in unsere Untersuchung ziehen, wenn wir entscheiden wollten, ob die Idee der Welt und die einzelnen Subsumtionen unter dieselbe wirklich vollzogen werden können ohne die absolute Einheit vorauszusezen. Nur bleibt dieses immer der Anknüpfungspunkt, daß wenn sich die Idee der Gottheit aus der Idee der Welt auf dem Gebiet des objectiven Denkens entwikkelt, dieses gar nicht die religiöse Genesis ist, sondern daß hier das Gefühl das primitive ist und der Gedanke erst aus der Reflexion entsteht, so wie auch das Gefühl, welches die Idee der Welt begleitet nicht das religiöse ist, sondern ein andres. — Der lezte Punkt der Parallele ist aber der, daß das für sich besonders heraustretende religiöse Gefühl ganz gegenübersteht dem für sich besonders heraustretenden speculativen Verfahren, wovon auch keiner ganz entblößt, welches aber auf verschiedener Entwicklungsstufe und in verschiedenen Naturen in einem verschiedenen Maaß vorhanden ist.

Noch aber ist übrig das Gefühl aufzusuchen, welches die Manifestationen der Weltidee im Erkennen begleitet. Es ist das sogenannte ästhetische Gefühl, welches man gewöhnlich unter den beiden Ausdrükken des schönen und erhabenen zu befassen pflegt. Daß es dies wirklich ist, wird sich an einigen Beispielen zeigen und dann leichter das ganze Gebiet vorzeichnen und charakterisiren lassen. Das Geschmaksgefühl an der schönen Natur hat mit dem organischen aus der Atmosphäre entspringenden nichts zu schaffen. Das eine kann angenehm und das andre unangenehm sein in demselben Moment und sie thun dann einander Abbruch aber ohne sich zu verschmelzen. Ebenso das Gefühl an einer schönen Gestalt ist ganz auf dieselbe Weise unterschieden von dem sympathetischen und zwar offenbar so, daß in allen Fällen das ästhetische durch das Erkennen durchgegangen ist. Hiegegen kann die bekannte Instanz, daß die Kritik den Kunstgenuß stört, nichts austragen, denn dies ist ein Erkennen, in welchem die Einheit des Gegenstandes aufgelöst wird, und so lange dies geschieht kann der Genuß nicht stattfinden. Es fragt sich nur, was für ein Erkennen ist das zum Grunde liegende?

35. Zuerst müssen wir von der hiesigen Behandlung das Gefühl, welches die Kunst hervorbringt, ausschließen, damit wir nicht die ganze Aesthetik herein bekommen. Die Kunst ist eine menschliche Production, Ausströmung von Gedanken, Bildern, Tönen, und es muß also von ihr bei der ausströmenden Thätigkeit die Rede sein. — Wenn wir nun an unsern Faden anknüpfen voraussezend alles Gefühl des anmuthigen, schönen und erhabenen sei eine Aufnahme des Erkennens ins Gefühl und allem Erkennenwollen liege das Bestreben die Idee der Welt zu realisiren zum Grunde, so tritt die Bemerkung entgegen, daß während des Gefühls das Erkennenwollen aufhöre. Darin scheint zu liegen, daß das Ziel des Erkennenwollens auf eine freilich nur relative Weise aber doch anders als bei andern Gegenständen erreicht sei, d. h. alles anmuthige, schöne und erhabene muß in einem eminenten Sinne Bild der Welt sein, und das ist das gemeinsame dieser Empfindung. Zwei Momente aber sind hier die Hauptsache, das Aufgehobensein der Gegensäze in einem bestimmten Spiel lebendiger Kräfte und die unendliche Fülle in diesem Spiel. Was einen Gegensaz in sich enthält und uns zur Auflösung desselben aus sich herausführt, das

ist insofern nicht schön. Was wir in dem Bilde, das uns entsteht, erschöpft fühlen, das ist nicht erhaben. Der schönen Gestalt steht entgegen die häßliche und die gleichgültige. Jene zeigt die bildende Kraft der Natur entweder sich selbst widersprechend oder im Streit mit äußeren Potenzen. Die gleichgültige ist nichts in sich abgeschlossenes, denn sie erinnert an tausend ähnliche. Ebenso mit schönen Handlungen, es muß die ganze Seele darin sein, das Zusammenwirken aller Kräfte sich darin offenbaren und die Uebereinstimmung mit der Natur. Die sittlichste Handlung, die dies nicht hat, wird uns nicht als schön auffallen. Aber nur im Leben finden wir das schöne. Auch die Natur ist nur schön als lebend, nicht in der Erstarrung. Ein schönes Stück Natur ist nur ein solches, in welchem sich alle Erdelemente vereinigen, je vollständiger dies geschieht, in desto größerem Styl ist sie schön als Erdbild. Ebenso auch ist das erhabene nur im Leben und im Spiel der Kräfte. Es ist nur Täuschung, daß man eine einförmige große Ebene auch nur im ersten Augenblick erhaben finde, ebenso wenig wie einen isolirten kahlen Felsen (außer insofern man das vergangene Leben der Bildungsepoche hineinträgt) der bloßen Größe wegen; der trübe Wolkenhimmel und der heiße Mittagshimmel sind nicht erhaben, ohnerachtet sie eben so groß sind als der Sternenhimmel. Nichts mathematisches ist als solches erhaben. Wenn uns aber im Spiel der Kräfte das relativ für unser Fassungsvermögen unendliche entgegentritt, dann fühlen wir das erhabene. Wir haben dann das Bild der Welt von dieser Seite auf eine positive Weise und sehen nicht warum wir einzelnes zu einzelnem hinzufügen sollen, um uns dem unendlichen zu nähern.

36. Die Unterscheidung des schönen und erhabenen wird noch dadurch bestätigt, daß das schöne weit mehr im individuellen seinen Siz hat, eine schöne Gestalt ist in einem weit bestimmteren Sinne schön als eine schöne Gegend, das erhabene weit mehr in den allgemeinen Potenzen. Sturm, Gewitter sind erhaben wegen unbestimmbarer Fülle der Kraft. Wenn man berechnen könnte die elektrische Intension des Gewitters und die Zeit seiner Entladung nebst dem Umkreis seiner Wirksamkeit, so würde bei dieser Berechnung der Eindruck des erhabenen cessiren. Auf dem ethischen Gebiet kann eine Seele schön sein; aber kein Mensch ist im ganzen seines Daseins betrachtet erhaben, sondern das erhabene kann nur in einzelnen Handlungen sein, in denen sich Erregungen allgemeiner sittlicher Potenzen kundgeben, und es entsteht um so stärker, je mehr die Persönlichkeit zurücktritt, daher alle reinen Aufopferungen bei großen Veranlassungen erhaben sind.

Mit diesem Gefühl nun ist die aufnehmende Thätigkeit beschlossen und wir nehmen ehe wir weiter gehen noch eine allgemeine Uebersicht von dem bisher geleisteten. Alles ist fragmentarisch, weil wir durch Abstraction eine Thätigkeit isolirt haben, die in der Wirklichkeit nur mit den andern zusammen ist. Durch solches Isoliren bekommt man nie etwas ganzes in sich abgeschlossenes sondern nur für sehr vieles die homogenen Elemente. Daher ist uns nichts so deutlich geworden als der Anfang, inwiefern wir, nachdem wir das Leben angesehen als einen Zustand des Erregtwerdens, wobei uns der Unterschied zwischen Leben und Tod verschwand, indem nichts so absolut todt ist, daß es nicht fähig sein sollte erregt zu werden, hernach darauf zurükkamen, daß wir ein Erregtwerden-wollen voraussezten. Ebenso das Ende, nachdem wir inne geworden, daß die höchste Entwikklung des Gefühls auch die ganze Entwikklung der ausströmenden Thätigkeit voraussezt. Denn das Bestreben den Gegensaz mit der Natur durch die That aufzuheben muß immer eher gesezt werden, als das religiöse Gefühl, welches das beständige Supplement desselben ist. Alles erhöhte Selbstbewußtsein sezt Bildung eines gemeinsamen Lebens voraus und so enthält auch die Idee der Welt nothwendig das Bewußtsein aller Thätigkeiten des Menschen darin. Daher bekam auch die Entwikklung einen Schein von Unstätigkeit, weil wir bei beiden Formen, Gefühl und Anschauung, auf einen Punkt kamen, den wir nur verstehen konnten, wenn wir eine bestimmte ausströmende Thätigkeit voraussezten, die wir hier nicht entwikkeln konnten, nämlich für das Denken die Sprache, für das gesellige Bewußtsein die Aeußerungen des Gefühls in Ton und Geberde, weil die Annahme eines menschlichen außer uns auf der Wiedererkennung der menschlichen Thätigkeiten ruht. Was aber die beiden Grundformen Gefühl und Anschauung betrifft, so haben wir gesehen, wie in dem ganzen Umfang einer jeden die Thätigkeit dieselbe ist und nur sich weiter entfaltet. Der Anfang alles menschlichen aber beruhte auf dem bestimmten Auseinandertreten beider, so daß das unvollkommenste Auseinandertreten die höchste Verworrenheit ist. Aber die Vollendung alles menschlichen beruht auf dem vollkommenen Ineinandersein beider. Denn die Idee Gottheit entsteht im allgemeinen nur aus der Reflexion über das Gefühl, und das religiöse Gefühl ist selbst nur vollkommen in der Identität der Empfindung und der Reflexion, und das ästhetische Gefühl beruht auf der Idee der Welt, aber diese ist selbst nur vollkommen in der Identität des Erkennens mit dem Empfinden. Und dies Zusammensein von Auseinandertreten und sich Ineinanderbilden ist auch in jedem Moment, und Sonderung eines Momentes vom andern ist nur in diesem Wechsel. Ein Erkenntnißmoment ist nur geschlossen in dem Gefühl der Befriedigung, es sei nun das ästhetische oder das speculative, und ein Gefühl ist nur geschlossen im Zurükkwerfen auf den Gegenstand, also wenn ein Erkennen daraus geworden. Die Seele ist also Welt-suchend und Ich-sezend, nur daß im Welt-suchen-wollen Aufnehmen und Festhalten Eines ist, im Ich-sezen-wollen aber Aufnehmen und Fahrenlassen Eines ist, denn alle Gefühle verschwinden, wie das Gleichgewicht wieder eintritt. Das Ich wird auf gleiche Weise im Wechsel der Gefühle und im Festhalten der Erkenntnisse, und die Welt wird für uns ebenso in beidem.

37. Von der Reflexion über das Erkennen*) ist noch übrig geblieben der Zustand der Ueberzeugung nebst ihrem Gegentheil und des Zweifels. Offenbar keine Eigenschaft des Erkennens selbst, weder von der Lebhaftigkeit des Erkennens abhängig, noch von der Uebereinstimmung mit den Dingen, und andres giebt es in der Erkenntniß nicht zu unterscheiden, sondern Gefühl von der Art, wie in einer Vorstellung dem Ziel des Erkennens näher gekommen ist oder nicht und also abhängig von dem Entwurf des Fortschreitens, den man sich gemacht. Wenn durch eine Vorstellung hier Erkenntniß wieder aufgehoben worden, so wird sie verworfen; wenn die neue Vorstellung nach dem gemachten Schema mit der früheren zusammenhängt, hat man Ueberzeugung, wenn man zwischen beiden schwankt, hat man Zweifel. (Nach dem Zweifel kann das Verwerfen Lust machen, wenn dadurch Uebereinstimmung zwischen dem einzelnen und der Methode wiederhergestellt wird, und Ueberzeugung Unlust machen, wenn man einen Theil seines Schema — denn vom ganzen kann niemals die Rede sein — aufgeben und einen neuen bauen muß.) Mehr auf dem wissenschaftlichen Gebiet zu Hause als auf dem Erfahrungsgebiet, weil nämlich auf dem lezten alles Gewißheit hat, so lange man nicht etwas wissenschaftliches mit hineinfließen läßt. Denn die Erfahrung ist immer eigentlich nur die, daß man so vorgestellt hat.

Dieses nun ist der unmittelbarste Anknüpfungspunkt für den Uebergang zur ausströmenden Thätigkeit, denn es ist darin Gefühl und Trieb nicht mehr zu unterscheiden, indem die Ueberzeugung immer an sich schon Grund des Fortfahrens im Erkennen ist und umgekehrt. Wenn nun die Ueberzeugung eigentlich nur an der Uebertragung auf das wis-

---

*) Randbemerkung. Hier nur noch von der Gefühlsseite zu betrachten.

senschaftliche Gebiet hängt, und einige auf diesem so gut als gar nicht verkehren, andre überwiegend, so ist also als die erste freie Thätigkeit, die sich aus dem Erkennenwollen weiter entwickelt, die theoretische Richtung, denn diese ist an sich in der aufnehmenden Thätigkeit nicht enthalten. In denen aber diese ein Minimum ist steht ihr als Maximum gegenüber die Anwendung alles Erkennens auf die bildende Thätigkeit des Menschen, wodurch er der Welt sein Dasein einprägen will. Diese Seite ist wieder in jenen ein Minimum, beides aber nicht aus Unfähigkeit, welches nur die einseitige Ansicht ist, die jeder von dem andern hat. Wir haben also zunächst in zwei Richtungen unsern Gegenstand zu betrachten.

Ausströmende Thätigkeit. Ideale Richtung. Uebersicht.

38. Alles hieher gehörige zerfällt in drei große Massen 1) Wissenschaft, denn oben konnten wir sie nur betrachten in ihrer Beziehung auf das Erfahrungsgebiet, nur inwiefern die aufnehmende Thätigkeit nicht ohne auch auf sie zu sehen ganz verstanden werden konnte. Daß sie aber wesentlich hieher gehört, sehen wir daraus, theils daß die Durchbildung und Anordnung, welche die Wissenschaft vom Erfahrungsgebiete unterscheidet, nicht in der aufnehmenden Thätigkeit liegt und auch nicht, wie das ursprüngliche Festhalten in dem ursprünglichen Aufnehmenwollen, theils auch daraus daß die Wissenschaft ganz an der Sprache hängt, das innere Sprechen nur der Schatten des äußern ist und die äußere Sprache eine Thätigkeit nach außen ist. Auch geht alle Wissenschaft auf Mittheilung und würde ohne diese schwerlich da sein. 2) Kunst kann auch scheinen theils zur aufnehmender Thätigkeit zu gehören wegen ihres offenbaren Zusammenhanges mit dem ästhetischen Gefühl, allein sie hängt zu sichtlich an den Aeußerungen des Gefühls, welche ausströmende Thätigkeiten sind. Auf der andern Seite kann sie scheinen der realen Seite anzugehören, allein dies ist nur das äußere, welches größtentheils mechanisch allein ohne das innere bestehen kann. 3) Das schwer zu bezeichnende chaotische Spiel, welches man gewöhnlich besonders der Fantasie zuzuschreiben pflegt, wohin alle Einfälle, alle begleitenden Vorstellungen u. s. w. gehören.

Offenbar muß man nicht das gestaltete aus dem ungeordneten zu verstehen suchen, sondern umgekehrt. Man hat viel Versuche gemacht, das lezte Gebiet für sich allein zu verstehn und die so genannten Geseze der Ideenverbindung in dem freien Spiel zu entdecken, sie sind aber alle mißlungen und mußten mißlingen. Erklärung an ein paar Beispielen der Aehnlichkeit und Ergänzung *). Nach jedem dieser Geseze müßte mir jedesmal mein ganzes voriges Bewußtsein einfallen und das eigentliche Gesez der Auswahl fehlt. Und wenn beide Geseze wahr sind, fehlt noch die Erklärung, warum ich nach dem einem combinire und nicht nach dem andern.

39. Wissenschaft pflegt man von Kunst zu unterscheiden, wie Vernunftproduction von Production durch Fantasie, allein das hält in psychologischer Hinsicht nicht Stich. Denn wenn auch die Wissenschaft im Gebiet der objectiven Nothwendigkeit versirt, so entstehen doch ihre Elemente in der Seele (und davon ist hier eben die Rede) nicht durch diese Nothwendigkeit. Die Entstehung der bereichernden Gedanken hat größtentheils auch die Form der Einfälle und ist von der Art, wie die chaotische Masse entsteht, gar nicht zu unterscheiden. Wir halten nur den für wissenschaftlich besser, der mehr solcher Einfälle hat, in denen die wissenschaftliche Nothwendigkeit liegt. Wer wissenschaftliche Gedanken auf einem andern Wege empfängt, der hat sie nur gelernt; denn selbst die geometrischen Säze sind auf diese Art entdekt worden. Ebenso auf der andern Seite, wenn man auf das lezte, nämlich auf wissenschaftliche Werke sieht, so sind diese zwar der Ausdrukk und die Darlegung jener objectiven Nothwendigkeit, aber immer auf eine eigenthümliche Art. Sie entstehen im Gemüth und bilden sich allmählich aus (nachdem die Elemente längst gegeben sind) eben wie andre Kunstwerke und wem ein wissenschaftliches Werk anders entstanden ist, der hat es nur nachgeahmt. — Die bereichernden Elemente sind alle Versuche oder Beobachtung, wie beides einander nur relativ entgegengesezt ist; und zu diesen kommt man ursprünglich nicht durch Calculus. Das Beobachtenwollen ist etwas anderes als das ursprüngliche Auffassenwollen und ist in seiner innern Mannigfaltigkeit auch wieder freies Spiel. Wollen wir nun weiter gehen und fragen, wie kommt denn der eine grade zu diesen, der andre zu jenen Versuchen und Beob-

---

*) Vorlesung. Das eine ist das Gesez der Aehnlichkeit, indem, wenn mir ein Gegenstand oder eine Vorstellung entgegentritt, ich anderes ähnliches damit in Verbindung seze und beides combinire; das andre das Gesez der Partialität d. i. wenn ich z. B. einen Menschen wieder sehe, den ich früher gesehen, so fallen mir die begleitenden Umstände, unter denen ich ihn sah, bei, so daß durch diesen Theil des früheren Eindrukks mir ein größeres und weiteres entsteht.

achtungen, so denken wir ihn hiebei schon in einem bestimmten wissenschaftlichen Gebiet, und müßten doch erst fragen, wie ist er in dieses
gekommen? Vielleicht daß die Antwort auf diese große Frage auch
die Beantwortung der kleineren in sich schließt. Man antwortet: durch
Neigung. Was ist aber der Sinn dieses Ausdrucks? Ein Verneinen erkennbarer Nothwendigkeit und ein Verneinen äußerer Bestimmung. Von äußeren Bestimmungen kann man sich bloß die unter-
geordnetsten wissenschaftlichen Thätigkeiten entstanden denken. Ein
Sammler z. E. hat vielleicht keinen innern Grund lieber Schmetter-
linge zu sammeln als Steine; auf so oberflächliche Art kann er mit
beiden Wissenschaften gleich verwandt sein. Eine gewisse Verwandtschaft aber ist es, die das positive zu jenen Verneinungen bildet. Wir
finden sie zuerst auf der organischen Seite. Ein stammelnder Philo-
log (?), ein harthöriger Musiker (wenn ihn die Musik von der rhythmischen Seite fassen will, schrumpft doch die Neigung zum bloßen
Wunsch zusammen), ein blödsichtiger Maler sind widernatürliche Erscheinungen.

40. Die Meinung ist aber nicht, daß die Seele durch die Beschaffenheit der Organe bestimmt werde, sondern man kann ebensogut
umgekehrt sagen, die Seele bildet sich die Organe. Es ist aber nur
beides zusammen das richtige. Wenn man alle Thätigkeit der Seele
nur als Rückwirkung auf die Einwirkungen ansieht, so wird alles
äußerlich gedacht und der Mensch ist bloß passiver Sammelpunkt.
Nimmt man aber eine eigne Thätigkeit an, so muß man sie auch in
den Anfang des Lebens sezen. Also mit der Seele selbst ist auch Neigung, Talent und Wille gesezt, welches alles eines und dasselbe ist.
In Anwendung nun auf unser Gebiet ist diese Neigung zuerst das
Geseztsein eines Maaßes des Interesse an den Gebieten des Denkens.
Wie sich die innere Erregbarkeit der Organe zur äußern und wie sich
die Spontaneität eines Menschen zu seiner Receptivität verhält, so ist
sein speculatives Talent gemessen. Man kann nicht sagen, daß in
dieser Prädestination der Wille aufgehoben werde, denn sie ist selbst
das Entstehen des Willens, und der Wille kann nur entstehen und
man kann ihn sich nicht nach Belieben machen, weil es sonst ein Wollen-
wollen geben müßte. Der Wille im Denken ist allerdings eine bestimmte Art zu calculiren, die Welt zu berechnen, aber er wird selbst
nicht durch Calculiren gesezt, sondern entsteht lebendig. Dann ist zweitens die Neigung eine bestimmte Combinationsweise. Diese erscheint
uns als Methode, aber es ist damit wie mit dem ähnlichen in den

Kunstwerken desselben Meisters, es ist die Form der Fantasie selbst, welche sich so offenbart. Man muß also bei Erklärung der wissenschaftlichen Combinationsweise nicht vom universellen ausgehen, nicht auf allgemeine Formeln zurükgehen, sondern man muß sie nur als Gegenstand der Beobachtung ansehen, um daraus den eigenthümlichen Charakter des Menschen kennen zu lernen. Jede Seele ist der Art nach der Ort für alle möglichen Gedanken und Combinationen, jede aber für sich betrachtet hat eine bestimmte und eben damit auch beschränkte Production. Mit jeder Seele ist für sie eine eigenthümliche Welt gesezt, das Leben ist die allmähliche Entdekkung dieser eigenthümlichen Welt und die Seele schreitet von jedem Punkte aus so fort, daß sie das meiste von dieser eigenthümlichen Welt ergreift, was sie nach Maaßgabe ihres Zustandes und ihrer Umgebung ergreifen kann.

41. Die nun am schnellsten ihre Welt ergreift ist die beste in diesem Stükk, die am langsamsten ist die schlechteste, und deren eigenthümliche Welt also gering, wie denn dieser Unterschied entwikkelter und zurükgedrängter Eigenthümlichkeit nicht zu verkennen ist. — Man kann einwenden 1) ob denn, wenn alle Gedankenproduction der Fantasie zukommt, das was wir Verstand nennen nichts ist? Antwort, es giebt außer der synthetischen Thätigkeit im Denken eine analytische, die aber nur das schon gedachte betrachtet und zerlegt und also offenbar jener untergeordnet ist, 2) wenn die Production eigenthümlich ist, woher denn doch das gemeinsame? Dieses würden wir, wenn es uns auch nicht ursprünglich entgegenträte, doch finden in dem Bestreben die einzelnen Eigenthümlichkeiten zu verstehen, welches nur durch Zusammenstellung geschehen kann. In dieser würde sich die Aehnlichkeit zeigen. Sie tritt uns aber auch ursprünglich entgegen in der Sprache, aber nicht auf eine Art, welche unsre Ansicht störte. Denn die Sprache ist nur eine größere eigenthümliche Einheit, ein System eigenthümlicher Combinationen. Denn jedes Wort stellt einen allgemeinen Begriff dar, der also durch Zusammenfassen entstanden ist, und kein Wort einer Sprache entspricht genau einem in der andern, also ist jede solche Zusammenfassung eigenthümlich. Die einzelnen Eigenthümlichkeiten sind aber Modificationen der gemeinsamen. Wir sehen hier also nur, daß die Seelen bildende Weltthätigkeit nicht bunt durch einander sondern nach Gesezen verfährt. Doch dies ist ein Uebergangspunkt für das specifische, welches wir doch nicht von einem einzelnen Punkt aus ergreifen können.

Das zweite Gebiet ist die Kunst. Ganz für sich zu betrachten.

Schließt sich zunächst den natürlichen Aeußerungen des Gefühls an. Hauptschemata Ton und Geberde, welche ausgehen in Musik und Mimik. Beide Künste finden sich wenn auch unvollkommen auf allen Bildungsstufen. Kunst nennen wir aber die Aeußerung erst, wenn zwischen das Gefühl und die Aeußerung ein Vorgebildetsein derselben im Bewußtsein eintritt. Dieses findet in den ursprünglichen Aeußerungen zumal in den leidenschaftlichen Zuständen nicht statt. Das Vorbild ist ein Werk der Besonnenheit, diese kann während des leidenschaftlichen Zustandes nur diesem vermindernd entgegentreten; ehe sie selbst etwas bilden kann, muß jener erst durch den Nullpunkt gegangen sein. Während des leidenschaftlichen Zustandes findet nur noch eine praktische Rükwirkung statt, durch Abwehren oder Festhalten, und das sich Aeußern=wollen ist nur eine Nebensache. Ist die Leidenschaft erloschen oder befriedigt, dann kann das Aeußern=wollen die Hauptsache werden, und die Kunst tritt hervor. Nun aber giebt es noch ein großes Kunstgebiet, die bildende Kunst, die wir nicht ebenso auf die ursprünglichen Aeußerungen zurükführen können, und es fragt sich deshalb, ob wir dieses sondern müssen oder ob sich auch psychologisch das ganze als eines ansehen läßt?

42. Die bildende Kunst ist nicht auf Gemüthsbewegung zurükzuführen *), allein jene Künste stellen auch nicht die Bewegungen in sich dar, sondern sie gehen erst aus der beruhigten Bewegung hervor. Das Aeußern=wollen ist auch bei ihnen ursprünglich als Richtung und Trieb sich selbst und seine Zustände der Welt einzubilden und nimmt nur die Gemüthsbewegungen zur Veranlassung, wodurch es zur That bestimmt wird. Solcher starken Veranlassungen bedarf es am Anfang. Daher auch Musik und Mimik in den einfachen Zuständen immer entwikkelter also eher vorhanden sind als bildende Kunst. Bei der bildenden Kunst also liegt dasselbe Wollen zum Grunde, die Production eines Urbildes geht auch aus dem freien Spiel hervor, nur je größer die Kunstthätigkeit ist, um desto mehr muß dieses bis zur Begeisterung erhöht sein. In diesem freien Spiel aber hat die Seele die ganze Vergangenheit in sich und sucht darin nach Maaßgabe ihrer Sinneskraft, was sich ihr als aufgelöster Gegensaz darstellt, worin sich das unmittelbare Zusammenstimmen der verschiedenen Kräfte zeigt. Daß nun einer dies oder jenes Kunstgebiet ergreift rührt von seinem Interesse

---

*) Randbemerkung. Wol aber auf das die Thätigkeiten des objectiven Bewußtseins begleitende Schönheitsgefühl.

her und von seinem Sinn; denn jede Kunst entspricht einem eignen
Sinn, die Malerei dem Gesicht, die Plastik dem Getast, das Gesicht
ist dabei nur vicarirender Sinn. Ob sich aber einem kunstthätigen in
einem Augenblick des freien Spiels etwas darstellt, was zur Kunst-
handlung wird, das hängt davon ab, ob ihm nach Maaßgabe seiner
Anregung etwas vorkommen kann, was in irgend einer besonderen Hinsicht ein abgeschlossenes Weltbild sein kann. Nun ist aber noch die
Frage von der Poesie übrig.

43. Die Poesie scheint mit Gedanken zu verkehren; allein sie
will nie weder die Wissenschaft noch die Erfahrung bereichern. Die
Gedanken sind auch nur Beschreibung von Bildern, wie die Wechselbeziehung zwischen Poesie und Malerei, oder Beschreibung von Gefühlen, wie die Wechselwirkung zwischen Poesie und Musik genugsam
beweiset. Die Poesie ist eben so wenig als die bildende Kunst auf
einzelne Momente zurückzuführen, sondern auf den Zustand der Ruhe,
dem die ganze Vergangenheit gegenwärtig ist. Wo nun die speculative
Seite oder die innere Anregung der Organe dominirt, da wird leichter
die Neigung zur Poesie entstehen, so wie wo der Sinn mehr für die
menschliche Gesellschaft geöffnet ist als für die Natur. Die Malerei
und Bildnerei behandeln auch den Menschen mehr als Naturprodukt.

44. Ehe wir nun zu dem chaotischen Gebiet übergehen, ist noch
zu bemerken, daß es auch eine eigentliche Kunstthätigkeit durch Gedanken giebt, nämlich die wissenschaftliche Composition. Diese entsteht auch nicht eher als von einem Punkt der Befriedigung aus; denn
so lange man noch nicht auf einen Auflösungspunkt der Gegensäze gekommen ist, bleibt man im Forschen von einem zum andern getrieben und
ist auch sich selbst nicht völlig klar. Sobald eine Befriedigung eingetreten, entsteht auch das Bedürfniß der Mittheilung und diese ist völlig
kunstmäßig. 2) Daß, wenn man auf alles bisherige zurücksieht, man
sagen muß, es könne ein Punkt kommen, wo die Seele sich selbst in
ihrer Eigenthümlichkeit in der besondern Art, wie die Idee der Welt
in ihr gesetzt ist, so klar ist, daß alle Lebenstheile in ihr mit Bewußtsein in ein bestimmtes Verhältniß treten und diese Idee sich völlig verhält wie die Grundidee eines Kunstwerkes, wovon alles hernach erlebte
die Entwicklung und Ausführung ist. In diesem Sinn dann kann
man sagen, daß das ganze Leben ein Kunstwerk ist. Allein dies ist
nur eine Idee, der sich nur die lebendigsten und besonnensten einigermaßen annähern.

Nun können wir die Frage nach dem chaotischen Gebiet des

freien Spiels beantworten. Wenn wir davon ausgehen, daß die Seele jedesmal das ergreift und zu dem übergeht, wodurch sie sich am meisten ihrer Welt bemächtigen kann, so entsteht daraus das wechselsweise Heraustreten jener verschiedenen Gebiete und auch des uns noch fehlenden Gebietes der realen Thätigkeit. Aber zwischen dem Ende des einen und dem Anfang des andern großen Momentes müßte nothwendig ein Nullpunkt liegen. Der kann indeß nicht eintreten, sondern in demselben Maaß als die Fähigkeit in der einen Hervortretung thätig zu sein abnimmt, nähern sich der Seele nach ihrem eigenthümlichen Maaß alle andern Gebiete, und daraus entsteht die chaotische Masse, und erst aus dieser kann sich hernach eine neue anhaltende Thätigkeit entwickeln. Wir finden aber das chaotische Spiel nicht nur im Wechsel der Anstrengung theils einsam theils in der freien Mittheilung, sondern auch die Anstrengung begleitend. Weil nämlich die Seele in keinem Moment in einer einseitigen Thätigkeit allein aufgehen kann, so muß ihr noch die Nothwendigkeit bleiben, wenigstens ein Schattenbild der übrigen gleichzeitig zu haben. Ebenso auch, wenn die Außenwelt der aufnehmenden Thätigkeit nicht genug giebt, wird dies durch innere ersezt, die immer auch nur als jene begleitend kann angesehen werden. Es sind also auch hier keine andern Geseze als die der eigenthümlichen Natur, welche man aber durch die Betrachtung dieses Spiels kann kennen lernen.

Ausströmende Thätigkeit. Reale Richtung.

45. Zu der andern Seite der ausströmenden Thätigkeit gab es schon Anknüpfungspunkte, indem schon Sprechen und Bilden eine solche ist. Aber da war das innere ideale die Hauptsache und das Streben nach außen nur untergeordnet. Hier kommt es bei weiterer Entwicklung auch zum Vorbilden, denn nur das erste instinktartige entbehrt dessen ganz; aber das Vorbilden bleibt immer untergeordnet als Mittel. Das erste und am meisten animalische geht aus vom Bedürfniß und erscheint nur als Rückwirkung, aber es knüpft sich daran eine unendliche Fortschreitung, welche nicht auf das bloße Bedürfniß kann zurückgeführt werden. Die beiden ursprünglichen Hauptschemata sind Nahrung und Schuz, sie weisen hin auf die früher schon bemerkte doppelte Stellung der Seele zum Leibe, inwiefern sie auf der einen Seite durch ihn afficirt wird, auf der andern in ihm die Anfangs- und Endpunkte aller Thätigkeit zwischen der Seele und der Welt liegen.

Diese doppelte Position auf die Einheit des Seins zurückbezogen erscheint auch einmal als Versenkung in die organische Existenz und dann
wieder als Vergeistigen derselben, und so läßt sich beides als Oscillation ansehen. Die Nahrungsbedürftigkeit kann so hoch steigen, daß
alle intellectuellen Thätigkeiten cessiren bis sie gestillt ist, und die Thätigkeit durch den Leib nach außen so hoch, daß der Leib darüber vernachlässigt und von seinen Bedürfnissen keine Notiz genommen wird.
Aus beiden muß sich wieder Gleichgewicht bilden. Im Schutzsuchen
manifestirt sich schon eine ursprüngliche Thätigkeit, weil man sonst nur
würde zu entkommen suchen, und ein Ersaz physiologischen Mangels
durch psychische Thätigkeit. Das Wesen dieser Thätigkeit aber besteht
offenbar darin, daß der Mensch alle Dinge in der Welt dem Leibe, sofern
er Endpunkt der Thätigkeit ist, gleichstellen will. Nur aus diesem Streben ist die fortgehende Erweiterung des Processes zu erklären. Dies
ist die positive Seite der Freiheit auf diesem Gebiet (die negative ist
die größere Angemessenheit der Natur, Naturbegeisterung) das Wollen
der Naturbeherrschung.

46. Die Aufgabe ist so gestellt unendlich und wächst immerfort
durch Anwendung des Erfahrungs- und Wissensgebietes. Auch kann man
das ganze Kunstgebiet von Seiten der Ausführung mit darunter bringen. So ist die Aufgabe keiner Ausdehnung über ihr primitives Geseztsein fähig. Allein ihre Ausführung gestaltet sich anders durch die
äußere Erscheinung des menschlichen. Denken wir uns einen isolirten
Menschen, so werden wir sagen müssen, wo er an Dingen die regelmäßige Gestaltung findet, die er selbst, durch die Analogie mit seinem
durch die Schwerpunktslinie gleich getheilten Leibe getrieben, seinen Ge-
bilden giebt, da wird er auch gleich im Suchen und Voraussezen des
menschlichen begriffen sein, welches freilich auf die einwohnende Ahnung
desselben schließen läßt. Erscheint aber das menschliche Wesen so wird
er dann auch gleich nicht nur ten Leib als bereits organisirt außer
seinem Streben sezen, sondern es wird sich auch in dieser Beziehung
das gemeinsame erhöhte Bewußtsein bilden, kraft dessen alles von dem
andern gebildete als eine Befriedigung des eignen Triebes gesezt wird.
Dies ist die Neigung zur Vereinigung, die aber freilich nicht gleichmäßig verbreitet ist, sondern nur nach dem Maaß als die Differenz
von der Identität überwogen wird. Nach Maaßgabe der Differenz
aber kann freilich die Anerkennung nicht verschwinden, allein sie besteht
mit einem Triebe zur Absonderung zugleich. Daher Widerstand, wenn
dennoch die Grenze überschritten wird. Entgegengesezte Ansicht derer,

welche den Widerstand als das allgemeine natürliche und die Vereinigung nur als ein erkünsteltes, als spätere Folge des oft wiederholten Widerstandes ansehen im Zusammenhang mit der negativen Ansicht des Selbsterhaltungstriebes und der positiven des Naturbeherrschungstriebes.

47. In dem ganzen großen Umfang dieses Gebietes ist nun eine natürliche Ungleichheit im Verhältniß der einzelnen zu dem sich erzeugenden höheren Bewußtsein. In einigen überwiegt die Receptivität, so daß sie nur Nachbildner sind. Andere produciren neues, aber nur als für sich und überlassen der Freiheit der andern, was sie davon annehmen wollen; dies sind die Erfinder. Andre treten auf mit dem Anspruch, daß sich das Schema einer gemeinsamen Thätigkeit in ihnen construirt habe, und das sind die Gesezgeber, die bürgerlichen sowol als andre. Hier finden wir also das erhöhte Bewußtsein auch als ein solches, welches nicht erst auf eine äußere Anregung zu Stande kommt, sondern welches sich ursprünglich erzeugt, ebenso wie das persönliche Bewußtsein in seinen verschiedenen Functionen.

Dies führt auf eine verwandte Betrachtung. Nämlich unter den Nachbildnern selbst finden wir eine größere und geringere Leichtigkeit des Aneignens, und dieses ist in Bezug auf den früheren Zustand ein Annehmen des neuen und also ein Gegensaz von Anhänglichkeit an das alte und Liebe zum neuen. Dem ursprünglichen Charakter nach ist die Liebe zum neuen in der Genußsucht gegründet, was alt wird, wird gleichgültig, die abstumpfende Kraft der Gewohnheit. Die Anhänglichkeit an das alte ist auf die Thätigkeit gegründet und sieht die Gegenstände als Organe an, die erleichternde Kraft der Gewöhnung. Die Anhänglichkeit an das alte ist also an sich offenbar das thätigere Princip, es erscheint aber als widerstrebend, wenn sich eine neue Execution darbietet, und dann kann scheinen die Liebe zum neuen besser zu sein. Aber jenes scheinbare Widerstreben weiset auf nichts andres als darauf, daß Vorbereitungen vor einer neuen Evolution nöthig sind. Und dieses scheinbar bessere bleibt das schlechtere, weil es am objectiven der Evolution sein Maaß nicht findet. Alle Gräuel der französischen Revolution sind aus demselben Grunde entstanden mit dem ewigen Wechsel der Moden, nur ist die Schnelligkeit in dem Wechsel bis zum zerstörenden Schwindel gekommen. Wäre aber die Liebe zum neuen nicht gewesen, so wäre man auf den langsamen Weg der Vorbereitung gekommen. Das erste Uebel lag darin, daß was Gesezgebung hätte sein sollen, mit der Persönlichkeit einer Privaterfindung auftrat.

48—51. Vergleichung unserer Behandlung des elementarischen mit der gewöhnlichen Eintheilung in Erkenntniß und Begehrungsvermögen und beider in höheres und niederes. Erweis der Nichtigkeit dieser Theilung aus dem Schwanken zwischen Duplicität und Triplicität. (Gefühl zwischen Erkennen und Begehren; schönes zwischen angenehmem und gutem, θυμός zwischen Sinnlichkeit und praktischer Vernunft), aus dem doppelten Werth von Sinnlichkeit und Vernunft und aus dem cyclischen *).

Differenz der Seelen.

Temperamente.

52. Die allgemeine Classification führt zunächst auf die Quadruplicität der Temperamente, aus griechischen Philosophemen ins gemeine Leben und aus diesem wieder auf verschiedene Weise in unsre Philosophie aufgenommen. Dabei aber die verschiedensten Ansichten, einige, es gäbe nur einfache Temperamente, andre in jeder Seele müsse etwas von jedem sein, was offenbar auf verschiedene Begriffe zurückweist. Daher ist es nicht genug eine Ansicht aufstellen, sondern man muß sie entweder durch Kritik der andern oder durch Zusammenhang mit einer Grundanschauung rechtfertigen. Das lezte offenbar das am meisten fördernde.

Unsere Grundansicht von zwei Formen der Seelenthätigkeiten hat eine Beziehung zu jener Quadruplicität; denn ob ein Mensch cholerisch

---

*) Die Ausführung in der Vorlesung richtet sich gegen die Annahme von Vermögen, durch welche die Seele gespalten wird und die Einheit verloren geht, während überall das Ineinander und Zusammensein der Thätigkeiten nachgewiesen wird. Diese Spaltung ist bei der Duplicität am größten und das drängt zur Triplicität, wo immer ein Mittelglied eingeschoben wird um den Uebergang begreiflich zu machen. Aus demselben Grunde unterscheidet man auch innerhalb der Vernunft theoretische und praktische und mit gleichem Recht könne man auch in der Sinnlichkeit theoretische und praktische sondern, wodurch die ganze Unterscheidung cyclisch werde und aufgehoben. Sagt man in Sinnlichkeit und Vernunft ist Identität von Erkennen und Begehren gesezt, aber auf verschiedene Weise, so wird auch hierdurch die strenge Trennung zerstört.

ober phlegmatisch ist, sieht man mehr seiner ausströmenden Thätigkeit an, obsanguinisch oder melancholisch mehr seiner aufnehmenden. Hievon ausgegangen müssen wir sagen: soll es nur einfache Temperamente geben, so muß in bem einen die Receptivität ganz durch die Spontaneität in dem andern die Spontaneität ganz durch die Receptivität bestimmt sein, und die Menschen müssen zuerst getheilt werden in solche, bei denen die Spontaneität bestimmt, diese wären bann nur entweder cholerisch oder phlegmatisch, und in solche, bei denen die Receptivität bestimmt, und diese wären dann entweder sanguinisch oder melancholisch. Daß aber in jeder Seele etwas von allen Temperamenten sein müsse, könnten wir nicht sagen, sondern wenn wir in jedem Receptivität und Spontaneität als unabhängig sezen, müssen wir sagen, jedes Temperament der einen Klasse könne verbunden sein mit jedem der andern, nicht aber mit seinem coordinirten, weil keine Form auf zwei entgegengesezte Arten bestimmt sein kann. Welches von diesen beiden nun wahrscheinlicher, das kann nur beurtheilt werden, wenn wir untersucht haben, worin denn der Gegensaz zwischen den coordinirten Temperamenten bestehe.

53. Indeß wenn durch die Thätigkeit das Gefühl ganz zurückgedrängt ist, kann ein Mensch ausschließend cholerisch oder phlegmatisch sein und umgekehrt. Allein dies sind Extreme, welche an den Verlust des Gleichgewichts der Seele grenzen. Und eben so kann auch das eigentlich ausgeschlossene Temperament in einem Menschen sein auf eine Zeit lang, wenn er nicht durch sich sondern durch andre in Bewegung gesezt wird. Allein dies sind nicht seine Zustände sondern die Grenzen der Selbständigkeit seines eigenthümlichen Wesens. Für unsre Hypothese läßt sich anführen, daß wenn man auch cholerisch und phlegmatisch auf das Gefühl beziehen will, es doch mehr auf die Reaction geht. Ebenso wenn sanguinisch und melancholisch auf das Handeln scheint bezogen zu werden, wird es nur auf die Hemmungen des Handelns durch das Gefühl bezogen.

Den Gegensaz selbst wollen wir gleich im einzelnen betrachten. Hauptpunkte sind sanguinisch — Bedürfniß des Wechsels und Hingebung an die Gegenstände, melancholisch — Verharren in Einheit der Stimmung und Färbung der Gegenstände nach der Stimmung. Dies geht auf im Gegensaz größerer und kleinerer Gefühlseinheiten. Man könnte hiegegen einwenden, das Temperament müßte bann in der Mitte verschwinden, allein es giebt nur ein mehr oder minder Hervortreten desselben und zwar am meisten da, wo die Thätigkeit über das Gefühl hervorragt. In einer gewissen Stärke wird es nur sein mit Hinneigung zum einen oder andern. (Ein Verschwinden der Temperamente giebt es theils im ungebildeten Zustande, wo das persönliche hinter dem nationalen verschwindet, und in der Mäßigung, die aber doch immer die Spuren beibehält.) — Man könnte auch einwenden, dem sanguinischen müßte alles im unendlich kleinen zerfließen und dem melancholischen die Stimmung sich bis zum Wahnsinn steigern. Dazu ist auch die Neigung da, aber sie wird gedämpft durch die Beziehung auf die Thätigkeit und daher erhält sich das Schwanken in einem sichern Maaß.

54. Bei Betrachtung des cholerischen und phlegmatischen kommt man auf ein analoges Resultat. Im cholerischen ist das Interesse am einzelnen, also an der kleinen Einheit vorherrschend, im phlegmatischen das Interesse an der großen. Daher der Glaube an Schicksal und Vorsehung, die Unterordnung des einzelnen als eingreifenden Wesens, die Neigung nur zu handeln, wo sich der Pflichtbegriff aufdrängt, d. h. wo die Handlung entweder an einen früher gefaßten allgemeinen Entschluß sich nothwendig anknüpft oder im erhöhten Bewußtsein gegründet ist. Der cholerische handelt überall mehr aus der freien individuellen Conception, ist daher auch der Begeisterung weit mehr fähig. Aber leicht haben auch alle seine großen praktischen Construktionen einen egoistischen Anstrich, wenn es auch das erhöhte Bewußtsein ist, was aus ihnen handelt. Das Extrem des phlegmatischen kann bis zum Quietismus gehen, und wenn das erhöhte Bewußtsein, welches den Pflichtbegriff aufschließt, nicht erwacht, zur Faulheit unter dem Vorwand, es müsse sich alles von selbst machen; das cholerische zum feindseligen Zerstören des schon gemachten um eines rein persönlichen Zwecks willen, also zur Ungerechtigkeit. Gegen diese Extreme ist nun das Gegengewicht im Gefühl, aber desto besser, wenn das Gefühl auf die entgegengesezte Weise bestimmt ist. Ueberwiegt in einem Menschen die Thätigkeit und ist sie cholerisch bestimmt, so wird er vom cholerischen Extrem leichter befreit bleiben, wenn er melancholisch ist, denn er wird dann weniger geneigt sein, seine Thätigkeit ins unendlich kleine zu zersplittern. Je mehr Gleichgewicht in beiden Seiten ist, um desto weniger wird die entgegengesezte Bestimmtheit hervortreten können.

55. Vergleichung mit der Carus'schen Theorie. Die Beziehung allein auf den Sinn mit Ausschließung des Triebes scheint gegen die Erfahrung, welche die Differenz im Triebe auch dem Temperament beilegt, und wäre nur zu rechtfertigen, wenn auch aller Trieb nur negativ als Rückwirkung gesezt wäre. Im Sinne nun sind nur die bei-

ben Elemente Auffaffen und Rükwirkung zu unterfcheiden und nur
unter der Vorausfezung, daß die Rükwirkung in der urfprünglichen
Thätigkeit (d. h. im Triebe) gegründet ift, können zwifchen beiden mannigfaltige Verhältniffe ftattfinden. Aber auch nur Ungleichheiten der
Stärke und Schwäche. Alfo zuerft offenbar kann er nur einfache Temperamente fezen, aber da diefe nur den Sinn theilen, braucht er einen
andern Theilungsgrund für die andre Seite des Naturells, wogegen
bei uns die Temperamentsverfchiedenheit fich in aller Eigenthümlichkeit
zeigt. Aus diefen conftruirt er Schwäche an beiden Seiten und Stärke
an beiden Seiten auf den Enden als cholerifch und phlegmatifch, Stärke
und Schwäche zwiefach getheilt in der Mitte. Hieraus nun geht weiter bei C. eine Ungleichheit der Temperamente hervor. Das phlegma-
tifche muß das fchlechtefte fein, wenn er dies auch verbergen will; denn
auch das beft adminiftrirte kann nicht fo weit kommen wie ein gleich
gut adminiftrirtes cholerifches, denn es ift als geringere Lebenskraft
gefezt. Weil nun Stärke und Schwäche nur ein fließender Gegenfaz
ift, fo erfcheinen auch die Temperamente in einander übergehend; fanguinifch als kindlich, cholerifch, melancholifch, phlegmatifch als alternd,
fo daß ein ftark-fchwaches dem ftarken und das andre ftark-fchwache
dem fchwachen vorangeht. Dies nun ift ganz gegen die Erfahrung,
cholerifch hält bis ins höchfte Alter nur gemildert vor, und melancholifch erblikt man fchon an Kindern. Der Schein aber erklärt fich daher, daß z. E. die Kinder noch mehr auffaffen als handeln und fehr
dem Reiz unterworfen find. Demohnerachtet aber werden fich die cholerifchen und melancholifchen fehr leicht von den eigentlich fanguinifchen
unterfcheiden. (Hier kommen wir alfo auf unfre zurük.) Das phleg-
matifche des Alters erklärt fich eben fo aus Abftumpfung für den Reiz
des einzelnen, aber demohnerachtet wird man den fanguinifchen und
cholerifchen von dem eigentlich phlegmatifchen unterfcheiden können.
Wenn ich nun noch hinzunehme die hohe Bedeutung unferes Theilungs-
grundes, fo kann mir über den Vorzug meiner Anficht kein Zweifel
bleiben.

56. Haben alle Temperamente gleichen Werth, aber doch jedes
feine gefährlichen Extreme und feine wohlthätige Mitte, fo fragt fich, ift
jeder auch an feine Stelle in diefer Linie gebannt oder giebt es eine
Bewegung vom Extreme zur Mitte und umgekehrt? Das ethifche Intereffe fcheint das lezte zu fordern. Aber auf dem pfychologifchen
Standpunkt können wir nicht zugeben, daß es etwas außer feiner Natur gäbe, womit der Menfch auf feine Natur handeln könne; am we-

nigſten wir, die wir auch die urſprüngliche Thätigkeit unter das Temperament geſtellt haben. Die Erfahrung ſcheint vielfältig die Bewegung zu beſtätigen, aber wir können ſie in nichts gegründet finden als
in der Entwicklung des erhöhten Selbſtbewußtſeins und in der damit
zuſammenhängenden Hemmung der Momente bis zur Durchdringung
von demſelben.

Charakter.

Dies führt zugleich auf die Frage, was man unter Charakter
zu verſtehen habe, inſofern viele hierunter die bleibende Correction des
Temperaments verſtehen. Auch hier ſehr entgegengeſezte Anſichten.
Einige geben nur Einheit des Charakters zu, andre Mehrheit, einige
Zuſammenhang mit dem Temperament, andre gänzliche Abſonderung;
unvermeidlich, wenn Worte aus dem gemeinen Leben wiſſenſchaftlich
gemacht werden ſollen. Offenbar liegt darin Conſtanz und nicht bloßes
Getriebenſein durch das Temperament; er zeigt ſich in den verwickelten
Lebensverhältniſſen. Daher ſchließe ich, es ſei die conſtante Weiſe, wie
ſich in der Entwicklung des erhöhten Bewußtſeins das Verhältniß dieſes
zu dem perſönlichen Bewußtſein geſtaltet. Iſt gar kein conſtantes, ſondern Abhängigkeit von veränderlichen Impulſen, ſo iſt Charakterloſig-
keit. Iſt ein conſtantes, aber das erhöhte poſitiv zurückgedrängt, ſo
iſt ein ſchlechter, umgekehrt ein guter Charakter. Beide aber können
verſchieden ſein, weil Temperament und Neigung den Einfluß nach verſchiedenen Seiten hin verſchieden beſtimmen und weil auch die Thätigkeit des erhöhten Bewußtſeins dem Temperament, wenngleich nicht in
ſo hohem Grade unterworfen iſt.

57. Vergleichung dieſer Anſicht mit der Kantiſchen. Kant's Unterſchied von Sinnesart und Denkungsart nicht richtig. Denn auch
einen Charakter kann man mit Maximen haben, und dann iſt er Denkungsart, und auch den Charakter ohne Maximen, (zumal alles auf
Wahrheit und Treue hinausläuft, was ins Gefühl fällt) und dann
wäre er Sinnesart. Daß er alſo auch Conſtanz zum Grunde legt
und auch Bezug auf gemeinſames Bewußtſein nimmt iſt klar. Seine
Unterſcheidung aber und Ueberordnung iſt unrichtig und nur daher entſtanden, weil er immer über den allgemeinen Formeln die unmittelbare
Anſchauung verliert. Denn die Maximen, welche die praktiſche Vernunft vorſchreiben kann, füllen das Leben nicht aus, ja ſie laſſen auch
in ihrem Gebiet noch Modificationen zu, die nach den Eigenthümlich-

leiten sich verschieden gestalten können. Die allgemeinen Formeln haben aber hier gar nicht den Werth, den er ihnen beilegt. Sie werden nicht rein gefunden und bestimmen so den Willen, sondern sie entstehen erst durch die Reflexion über die Bestimmung des Willens, begleiten den Willen, und wenn sie irgendwo voranzugehen scheinen, so ist es nur, weil eben durch das Gefühl eine Hemmung des gewöhnlichen Processes eintritt.

Geschlecht.

58. Wenn man betrachtet, wie sich beide Geschlechter in der aufnehmenden Thätigkeit unterscheiden, so bleiben die Weiber in der Speculation zurück (oft schon ganz verkehrte Art unter Begriffe zu subsumiren), aber gehen in Religiosität voraus. Eben so in der Naturbeherrschung geht ihre Thätigkeit nur ins kleine. Man kann sagen, es tritt bei ihnen die Seite zurück, welche die einwohnende Idee der Welt realisiren will, und die hervor, welche das Ich sezt. Denn das Gefühl dominirt überall.

59. Auch mit der Kunst so. Ihre Virtuosität ist nur in der Technik, Erfindung ist gering in Malerei und Musik. Ihre Poesie ist auch mehr ein Wiederheraustreten der Bilder, welche ihr Leben ausgefüllt haben, daher voll Portraits und Anspielungen auf wahre Begebenheiten, zusammenhängend mit ihrer schnellen und genauen Menschenkenntniß, die auch gar nichts ist durch den Begriff sondern alles nur durch das Gefühl *). Sonst ihr Kunstsinn in den Lebenserscheinungen, wo er nur bezweckt, daß alles mit dem Ton ihres Gefühls stimmen soll. Aber auch muß bei den Weibern das Gefühlstemperament hervortreten und das Thätigkeitstemperament zurück. Eine überwiegend cholerische oder phlegmatische Frau ist auf eine unangenehme Art männlich, so wie ein sanguinischer oder melancholischer Mann weibisch ist. Ebenso macht man weniger Anspruch auf Charakter an eine Frau, das erhöhte Bewußtsein aber soll sich bei ihr im Gefühl und dessen unmittelbaren Aeußerungen offenbaren und das geschieht in der Sitte. Denkt man

---

*) Vorlesung von 1818. Daher vorzüglich dem Roman zugewandt. Dagegen im Drama, wo es auf eine schärfere Einheit ankommt, wo die Persönlichkeiten nur etwas untergeordnetes sind und die Begebenheiten als ein Zusammenwirken ethischer Kräfte erscheinen, stehen sie zurück, weil sie nur das individuelle auffassen nicht das allgemeine.

sich Männer fühlend unter sich, so ist die beste Sitte die möglichste Freiheit; denkt man sich Weiber handelnd außer dem häuslichen Kreise, den der Mann beschirmend rein hält, so verzeiht man auch leichter, wenn sie vom Augenblick fortgerissen werden.

Es ist daher kein Geschlecht besser oder schlechter als das andre. Aber die größere Contraction der Weiber macht, daß sie sich mehr isoliren und jede hat ihren Werth einzeln für sich. Die Männer sind zur Gemeinschaft geboren, haben ihre Haltung durch einander und jeder zeigt am meisten, was der einzelne kann, im Zusammensein mit andern. Wenn wir jezt, nachdem durch Sokrates und Christus die Gleichheit zur Anerkennung gekommen war, wieder anfangen die Weiber geringer zu achten, so kommt das daher, weil wir in großem Bedürfniß nach öffentlichem Leben das häusliche zurückstellen, aber davor ist zu warnen.

Stufenfolge der Vortrefflichkeit.

60. Nun ist zu fragen nach dem fließenden Gegensaz des besten und schlechtesten. Dabei nicht zu übergehen das Zusammensein des einzelnen mit mehreren. Die beste Seele offenbar, die den entschiedensten entwickelnden Einfluß auf viele ausübt, die schlechteste nicht die nur aufnehmende, sondern die nicht einmal aufnehmende und festhaltende. Jenes beste theilt sich in das geniale und heroische. Das eine auf der idealen Seite, das andre auf der realen. Alles heroische politisch oder religiös, aber lezteres auch nur, wo es auf Stiften der Gemeinschaft ankommt. Auf das reale bei Wissenschaft und Kunst wird beim Genie wenig gesehen, auf das ideale der Naturbeherrschung auch wenig beim heroischen. Heroisches Zeitalter das der politischen Bildung. Völlig vorbei, wenn eine Gleichheit eingetreten ist, die kein solches Heraustreten möglich macht und wenn der gesellige Zustand entweder völlig consolidirt oder völlig verfallen ist.

61. Hauptmerkmal also Productivität, welche die andern mit ergreift und geschieden durch den Gegensaz des idealen und realen. Das Ergreifen scheint freilich von Umständen abzuhangen, sie können nicht mehr ergriffen werden, wenn sie schon da sind. Daher im Genie das Merkmal hereingebracht, daß es ohne Schule müsse an seinen Punkt gekommen sein. Allein dies läßt sich niemals trennen. Das wahre ist, daß wer nicht ergreift auch nicht das Bewußtsein von überströmender Lebensfülle haben kann, welches mit zum Zustande des Genie und

Heros gehört. Daher müssen beide, wenn man stetige Fortschreitung mit endlichem Ziel denkt, allmählich aufhören. Dann sind aber auch die niedrigsten Punkte nicht so weit zurück und also die Summe der Kräfte gleich. — Vereinzeln kann man den Heros nur politisch, religiös, sittlich, das Genie wissenschaftlich, künstlerisch. Mechanisch gar nicht; dies ist der allgemeine Grenzpunkt. Je mehr das besondere wissenschaftliche und künstlerische am Organ hängt, desto weniger läßt sich Genie darauf beziehen. Die Kunstgebiete sind aber strenger geschieden. Darum kann man sagen poetisches Genie, musikalisches Genie (nur nicht Genie auf der Flöte), aber nicht ethisches Genie, physikalisches, chemisches Genie, sondern hier nur Talent, welches dem Genie seine Richtung anweiset.

62. Man könnte fragen, ob nicht noch vortrefflicher wäre die Verbindung des genialen und heroischen? Allein die giebt es nicht; auch Christus war nicht genialisch. Das genialische darf zwar nicht mit dem barbarischen und das heroische nicht mit dem brutalen verbunden sein, aber immer mit einer untergeordneten Stufe. Alle Virtuosität ist ihrer Natur nach einseitig. Man könnte aber die Frage so stellen, ob nicht die harmonische Ausbildung nach beiden Seiten ein eben so große Trefflichkeit wäre als die einseitige Virtuosität? Das Sein der Gattung wird zwar allerdings in ihr am besten repräsentirt, aber die lebendige Kraft nicht. Schon die zweite Stufe von dieser, die Originalität wird einseitig sein und die harmonische Ausbildung nur die dritte Stufe einnehmen, wo bei allseitiger Empfänglichkeit die Productivität nur tadellos und ausgezeichnet ist, ohne ein neues Feld zu eröffnen. Auf diese dritte Stufe folgt nun die Empfänglichkeit mit zurücktretender Productivität, und bei dieser macht man den bestimmten Anspruch, daß sie sich nach beiden Seiten bewähren soll. Endlich folgt nun abnehmend die zurücktretende Empfänglichkeit, welche sich durch Widerstand gegen die Einwirkungen des genialen und heroischen zu erkennen giebt. Doch muß man hier unterscheiden den Widerstand, der sich an der Grenze zweier Perioden entwickelt und bestehen kann mit ungestörter Aufnahme der Einwirkungen, die zur alten Zeit gehören. Solche Menschen repräsentiren durch die scharfe Grenze das ruckweise Vorrücken der Entwicklung, so wie die leicht übergehenden mehr den stetigen Gang repräsentiren. Zuletzt kommt auf der idealen Seite die Stumpfsinnigkeit, die an Blödsinn grenzt, und auf der realen die positive Leidenschaftlichkeit, die Wildheit, die an Wuth grenzt. Die Grenzlinie ist hier schwer zu finden und läßt sich nicht immer gleich

ziehen. Dieselbe Rohheit verzeiht man in einem ungebildeten Gemein-
stande und hält sie für einen natürlichen Zustand, die man in einem
gebildeten für krankhafte Anlage erklärt.

63. Die krankhafte Anlage lassen wir jezt noch und fragen, da
nun jeder einzelne in dieser Stufenleiter einen bestimmten Plaz einnimmt, worin ist der Unterschied zwischen dem einen und andern gegründet? Bei angeborner Gleichheit nur in den äußern Umständen
können wir nicht zugeben, aber allen Einfluß der äußern Umstände
auch nicht leugnen. Denn da unter den früh sterbenden gewiß auch
ausgezeichnete sind und die äußern Umstände also diese an der Entwikklung hindern, so müssen sie auch leben bleibende hindern können,
da alle mögliche Hinderniß doch nur darin besteht, daß Raum und
Zeit abgeschnitten wird. In dem äußern Einfluß aber ist ein Gesez
nicht leicht aufzufinden. Die angeborne Ungleichheit läßt sich eines
Theils auf äußern Einfluß zurükkführen, indem äußere Umstände auch
schon vor der Geburt einwirken. Wenn man aber auch beim ersten
Moment stehen bleibt, so ist wieder, insofern man die Erzeugung als
eine That zweier einzelnen ansieht, alles Zufall. Bei ursprünglicher
Gleichheit aber alles auf die eigene Fortentwikklung schieben, heißt
nichts; denn in derselben kann doch nur die ursprünglich angelegte Kraft
thätig sein und ihre Unthätigkeit müßte auch in einer ursprünglichen
Unerregbarkeit gegründet sein. Es ist also nur übrig in der ursprünglichen Ungleichheit eine höhere Bedeutung zu suchen. Wir müssen aber
die Erzeugung als eine That der Gattung ansehen und dieser also eine
ungleiche oscillirende Thätigkeit zuschreiben. Dies fordert zu beständig
ins Große gehenden Beobachtungen auf über das Verhältniß der auf
beiden Seiten ausgezeichneten zu den gewöhnlichen und über das Verhalten verschiedener Zeiten und Räume in dieser Hinsicht. Allein ein
Gesez des Verlaufes aufzufinden dürfen wir schwerlich hoffen. Dann
aber müssen wir die äußern Einwirkungen eben so betrachten und sagen, sie sind theils psychologisch und dann im großen angesehen auch
wieder in den großen Massenverhältnissen gegründet, ruhige Zeiten
und bewegte, freundliches Zusammenwirken und feindliches Auseinandertreten u. s. w., theils physische und dann im großen angesehen auch
bestimmt durch das Verhältniß des Gattungslebens zu den übrigen Naturkräften.

64. Dieses war hier vorzüglich zum Trost gesagt (genauer aufgenommen kann es erst später werden) um das Gefühl über diese Ungleichheit zu berichtigen. Denn wenn wir Zufall in höhere Nothwen-

digkeit verwandeln und unter dieser alle gleich stehen und jeder sein Leben mehr im gemeinsamen findet als im abgeschlossenen Dasein, so gleicht sich alles wieder aus auf eine höhere Weise, als wenn man nur bedenkt, daß das ganze lebendige Spiel aller Kräfte auf dieser Ungleichheit beruht, und daß also jeder auch auf seiner untergeordneten Stelle mehr ist als wenn die Ungleichheit nicht wäre.

Jezt ist nun noch übrig die Differenz eines jeden einzelnen mit sich selbst, die auf dem Gesezten in die Zeit beruht, zu betrachten und dabei an die Erzeugung anzuknüpfen.

Die Erzeugung müssen wir als ein Zugleichwerden von Leib und Seele betrachten. Wenn auch der Gedanke der Präexistenz der Seele Wahrheit hat, so muß man sich doch, weil er der Trägheit zu viel Vorschub thut, vor seinem Einfluß auf die Erklärungen hüten. Dieser Einfluß ist noch dazu unbegründet, weil was ganz aus dem Bewußtsein verloren ist, auch nicht als ein vorher gewesenes auf das Bewußtsein wirken kann, sondern nur so wie eine ursprüngliche Anlage auch wirken müßte*). Aber in dem Zugleichwerden können wir nicht den Eltern einen gleichen Einfluß auf die geistige wie auf die leibliche Seite einräumen. Denn auch im organischen waltet zwar zuerst die ganz gemeinsame und identische plastische Kraft der Gattung überall vor und dann der nationale Typus (wovon nachher), aber nächstdem tritt doch auch der Familientypus, wiewol in sehr verschiedenen Graden (so daß man danach die Familien eintheilen kann in typische und vagirende) vor theils in den allgemeinen Formen der Constitution, theils in einzelnen Zügen. Allein im psychischen tritt er weit mehr zurükk; nur specielle Talente und Neigungen wiederholen sich und erben an, Charakter und intellectuelle Dignität gar nicht, und selbst in der künstlerischen Wiederholung ist oft das spätere Geschlecht nur Organ des früheren. — Wie nun die Seele auch in dieser Hinsicht freier eintritt, so nimmt sie auch weniger Antheil an der Lebensgemeinschaft der organischen Seite mit der Mutter. Dies zusammengenommen scheint es natürlich die Gegenwirkung des leiblichen und geistigen im Fötus nicht schlechthin gleich zu sezen, sondern der Seele eine überwiegende Thätigkeit zuzuschreiben, einen Einfluß auf die Plastik des Leibes. — Hieraus ist nun im allgemeinen der Charakter der Kindheit zu zeichnen. Die aufneh-

---

*) Randbemerkung. Wegen der großen Empfänglichkeit in der ersten Periode kann man die ursprüngliche Anlage nicht mit dem ersten Moment als völlig abgeschlossen betrachten.

mende Thätigkeit nach außen gekehrt. Faffen und Sondern von Bildern und Geftaltung von Begriffen. Die bildende Thätigkeit nach innen auf den Leib. Die Grenze ift die völlige Entwikklung des Geschlechtsfyftems, womit diefe Thätigkeit aufhört und nun das quantitative davon dem Leibe felbft überlaffen bleibt.

65. Der Zuftand der Seele ift überwiegendes Verfenktfein in den Organismus, wobei die Tendenz auf das Bewußtfein ganz zurükktritt. Daher der viele Schlaf. Abwechfelnd damit Aufblikken in die Welt mit Erkennenwollen. Doch ift der Weg, den diefes Beftreben durchläuft, die fchnellfte Entwikklung, gegen welche alles nachherige Kleinigkeit ift. Ueber den Anfang derfelben die Streitigkeit, ob die Seele als tabula rasa auf die Welt komme oder mit angebornen Ideen. Richtig angefehen ftimmt beides. Die Seele ift leer an wirklichem Bewußtfein, aber fie ift ein Bewußtfein erzeugendes Princip und hat dazu ihre urfprünglichen Typen. Sollen die angebornen Ideen wirkliches Bewußtfein fein, fo find fie fantaftifches Erzeugniß der Vorftellung von Präexiftenz. Soll die tabula rasa auch den Typus leugnen, fo wird die Seele rein pafftv und der Materialismus ift gefezt. Ueber die richtige Anficht von angebornen Ideen kann man nur immer fo viel hinausgehen, daß man fagt, das Bewußtfein läßt fich in keinem Moment des wirklichen Lebens als Null fezen, und das heißt nur, die intellectuelle Seite und die organifche des wirklichen Dafeins beginnen zugleich, oder vielmehr in der plaftifchen Thätigkeit der Seele ift auch ein Bewußtfein eingefchloffen. Ueber den angegebenen Sinn der tabula rasa kann man nur noch fo weit hinausgehen, daß man fagt, die Seele bedarf zu jedem wirklichen Bewußtfein Organe und alfo kann es nicht eher beginnen als bis Organe vorhanden find. Diefer Gegenfaz ift nothwendig. Das Entftehen des Lebens felbft auf eine caufale Weife zu begreifen kann und darf nie möglich fein, denn es muß als productiver Act der Gattung und nicht als Wirkung einzelner erfcheinen. — Die plaftifche Thätigkeit ift am meiften überwiegend und die erkennende zurükkgedrängt, fo lange der Affimilationsproceß noch nicht durch das Zahnen felbftändig geworden ift. Dann geht die Richtung auf die Sprache an und die erkennende Thätigkeit nimmt ihren Hauptfchwung. Das Gefühl bleibt in der ganzen Periode zurükkgedrängt, Schmerz und Luft tritt einander nicht fcharf gegenüber, daher beides in einem Saft, welches man fälfchlich für fanguinifch nimmt. Die Liebe ift auch noch faft ganz in animalifcher Analogie auf dem getheilten Leben mit der Mutter beruhend, daher wenn das Selbftgefühl in der Pubertät vollen-

bet ift, biefe Liebe verfchwindet und ehe die eigentlich geiftige fich erzeugt, eine Zwifchenzeit eintritt, welche lieblos erfcheint.

Das Gleichgewicht der plaftifchen und erkennenden Thätigkeit ift
die pfychifche Gefundheit des Kindes. Ihr ftehen zwei Krankheiten gegenüber, die Gefräßigkeit, welche dumm macht und die Altklugheit,
welche fchwächlich macht. Beide pflegen auch rein phyfiologifch erklärt
zu werden und die Verwechfelung beider Seiten ift in diefem Alter auch
am verzeihlichften.

Die Jugend beginnt mit der phyfifchen Entwikklung des Ge-
fchlechtsfyftems, alfo mit der völligen Selbftändigkeit des Einzelwefens, in welchem nun nach der Einfeitigkeit des Gefchlechtes auch fchon
die Kraft der Gattung dem einzelnen eingebildet ift. Darum erwacht
nun defto ftärker das Selbftbewußtfein und die Jugend ift die Zeit
der völligen Entwikklung deffelben. Luft und Schmerz treten beftimm-
ter gegen einander, Lebensfreude und abwehrende Leidenfchaften bilden
fich. Mit dem Gemeingefühl entfteht Liebe und Ehre als das Verhältniß des einzelnen zum einzelnen bezeichnend und dann das unbe-
ftimmte Gemeingefühl, welches überall Freude mittheilen und Schmerz
abwehren will. Daher das Ritterthum, welches auch am meiften
herrfchte, als die Nationalverhältniffe noch nicht ausgebildet waren,
einen völlig jugendlichen Charakter hat. Das volksthümliche entfteht
nur allmählich und zulegt nach (?) Maaßgabe es fich in der Maffe
entwikkelt findet und im Leben heraustritt.

66. Die erkennende Seite fcheint zwar auch erft zur Vollkommenheit zu kommen, weil wahres Wiffen erft möglich wird; allein auch
das rührt eigentlich daher, weil das erwachte Selbftbewußtfein in feinen verfchiedenen Geftalten zum Gegenftand des Wiffens gemacht wird.
Erwacht aber die Speculation in diefer Periode nicht, fo erwacht fie
fchwerlich.

Uebergang vom Gefühl zum plaftifchen ift immer der Kunftfinn,
der auch erwacht als natürliche Aeußerung des überftrömenden Gefühls. Daher fo leicht fälfchlich für Lebensberuf genommen wird, was
nur Charakter diefer Periode ift. Aus diefer Täufchung kommen die
Weiber eher zurükk als die Männer.

Was noch fehlt erkennt man am beften, wenn man fragt, wo foll
denn die Jugend enden? Antwort: in der Ehe und in der bürgerlichen Feftftellung, welches beides zufammen treffen foll. Die Jugend
ift alfo die Zeit, wo noch keine Herzens- und Berufswahl gemacht ift.
Daher was den Gefchlechtstrieb betrifft, das Uebergehen deffelben in

die Seele, Erwachen seiner intellectuellen Seite und damit verbunden versuchende Annäherung an das weibliche Geschlecht. Von plastischer Seite zunächst im Zusammenhange mit dem bisherigen die Richtung auf die schöne Darstellung des Leibes. Neigung zum Schmuck. Dann Zeit der versuchenden Entwicklung aller Neigungen und Talente sich anschließend an das dominirende Verhältniß des einzelnen zur unbestimmten Vielheit. Reiselust. Bei den Weibern in Romanen, die die Mannigfaltigkeit der häuslichen Welt enthüllen. Je mehr sich die Neigungen fixiren, desto mehr Annäherung an Ernst und an Festwerden.

Die beiden Krankheiten der Jugend sind Wollust und Zerstreuung. Die erste Aufhebung des Gleichgewichts durch das Versenken der Seele in die dominirende organische Seite macht das reine Resultat der rechten Liebe unmöglich. Die andre ist das Uebermaaß des umherschweifenden Versuchens, welches die Unstetigkeit habituell werden läßt und wodurch das Festwerden im bestimmten Beruf unmöglich wird.

67—71. **Das männliche Alter.** Anfangend mit dem psychisch werden des Geschlechtssystemes und, zusammenhängend damit, mit dem völligen Bestimmtsein des Selbstbewußtseins. Ehe und Beruf. Endend mit dem Verschwinden der Zeugungskraft als Anfang des hohen Alters. Größte Productivität und Charakterstärke; später kommt beides nicht mehr — Gesezmäßigkeit und Virtuosität.

Der Anfang des hohen Alters bereitet sich vor und daraus entsteht in der zweiten Hälfte Gefühl der Nothwendigkeit den Organismus zu schonen. Daher Krankheiten und zwar zwiefach die intellectuelle und die organische sowol sthenisch als asthenisch, a) Trunk und Gourmandise, b) hypochondrische Pedanterei, c) Herrschsucht oder Ehrgeiz, d) Feigheit und Kriecherei. — Die intellectuellen treten nicht ein, wenn sich das einzelne Bewußtsein gegen das gemeinsame richtig stellt, die organischen nicht, wenn das gehörige Gleichgewicht zwischen beiden Functionen bleibt und die Seele sich nicht zu tief in den Organismus versenkt.

Im reifen Alter kommt auch sonst ausschließend der Wahnsinn, sofern er wahrhaft psychisch ist, zum Vorschein. Die vier Formen desselben nach den Temperamenten, phlegmatisch Blödsinn, sanguinisch Wahnsinn, melancholisch Tiefsinn, cholerisch Wuth. Auch ebenso mit einander zu copuliren wie die Temperamente. Nicht aus dem Uebermaaß der Temperamente entstanden, aber wol durch dasselbe erleichtert. Erst möglich, wenn das positive im Temperament d. h. der Wille wegfällt. Abhängig davon, daß er nur entsteht, wenn die Fixirung der

Anfangspunkte gestört wird. Daher die allgemeine Meinung, daß aller Wahnsinn aus Liebe oder Ehrgeiz entstehe. Zusammenhangend damit, daß er oft im hohen Alter wieder aufhört, wenn nicht durch die Unregelmäßigkeit oder den Mangel der geistigen Einwirkung der Organismus eher aufgerieben wird.

Der psychische Wahnsinn ist daher immer gemeine Schuld, theils sollten die Veranlassungen nicht entstehen, theils sollte zusammentretende Kraft den Willen suppliren. Die Möglichkeit hievon geht besonders aus den lichten Intervallen hervor, die nicht nur im Tiefsinn und der Wuth sondern auch in den andern Formen stattfinden.

72—75. **Das hohe Alter.** Streit ob es Vollendung sei oder Abnahme, zusammenhängend mit den Vorstellungen von der Fortdauer. Beides. Abnimmt die organische Seite, also alles Aufnehmen und Ausführen, auch das Gefühl selbst des sittlichen nach der Seite der Aeußerung hin. Dagegen vollendet ist und bleibt Charakter, Ansicht, die ganze Form, in welcher sich die inwohnende Idee und das inwohnende Selbstbewußtsein ausgebildet haben. Wir können also eben so gut sagen, die Seele verschwinde, weil wir sie nur als thätige Kraft kennen, als sie bleibe und sei nun geschickt mit größerer Kraft in einen neuen Zustand überzugehn.

Beilage B.

Vorlesung im Sommer 1830.

---

1. Zwei Präliminarfragen über Gegenstand und über Art und Weise der Erkenntniß. Schon schlimm, daß man sie trennen muß ohne zu wissen, wiefern jede durch die andere bedingt ist.

Die Frage über den Gegenstand wird erleichtert, wenn er sich äußerlich aufzeigen läßt. Dann giebt es gleichwerthige Vorstellungen, die keiner Erklärung bedürfen. Die Seele aber läßt sich nicht aufzeigen. Dagegen haben wir ein innerliches auch allen gleichwerthiges, nämlich Ich. (NB. der Ausdruck das Ich involvirt schon nähere Bestimmungen, über die man vielleicht nicht einig sein könnte.) Wo das ist, da sezen wir auch Seele. Aber wir können nicht behaupten, daß nicht Seele weiter gehe als Ich. Wie verhält sich also Seele zu Ich? Dies führt uns auf Mensch. Aber dann müßte zuvörderst bestimmt sein, ob wir nur von menschlicher Seele reden wollen. Nehmen wir nun an, daß Seele weiter geht als Mensch und fragen nach einer allgemeinen Erklärung, so ist eine solche allemal ein Zusammenfassen mit anderem und Entgegensezen in verschiedener Abstufung. Man kann damit anfangen so zusammenzufassen, daß nur nichts entgegengesezt wird. Desto mehr Stufen giebt es. Man kann aber auch zu weit gehen im Trennen, wenn man z. B. die Seele so bestimmen wollte, daß die wahnsinnige Seele ausgeschlossen würde.

Bleiben wir nun vorläufig bei dem menschlichen stehen oder gehen davon aus, so können wir nicht Ich als Mensch und Seele denken ohne auch Leib zu denken. Was kommt nun im Menschen dem Leibe zu entweder ausschließend oder überwiegend und was eben so der Seele? Daß die Bestimmung nicht gleichmäßig gemacht wird geht schon daraus hervor, daß die Griechen die ϑρεπτικὴ δύναμις mit zur Seele rechnen. Die Griechen müssen also auch den Pflanzen Leib und Seele zuschreiben. Wir thun es nicht.

Wir finden das Verhältniß ausgedrückt durch den Saz, der Mensch bestehe aus Leib und Seele. Es fragt sich, ob dieser Saz aus dem gemeinen Leben ist oder aus der wissenschaftlichen Untersuchung. Im lezten Fall würden wir uns an etwas binden, was offenbar weder allgemein noch ursprünglich ist. Anaxagoras hat (nach Aristot. de anim. I, 2) an vielen Stellen gesagt, νοῦς sei τὸ αἴτιον τοῦ καλῶς τε καὶ ὀρϑῶς dann aber auch wieder, daß er in allen Thieren wäre. „Alle bestimmten die Seele durch dreierlei, durch Bewegung, Wahrnehmung und das Unkörperliche." Lezteres offenbar weil nichts wahrnehmbares verloren geht, wenn der Tod eintritt.

2. Bei unserem Gegenstand ist höchst schwierig zu unterscheiden, ob ein Saz in der Speculation oder im Leben seinen Ursprung habe. Von denen wenigstens, die an der Spize wissenschaftlicher Untersuchungen stehen, ist fast zu präsumiren (vermöge der obigen Behauptung), daß sie aus dem Leben her sind. Hier ist nun vermöge des allgemeinern Interesse auch die größte Mannigfaltigkeit zu erwarten und in den Schulen wieder der verschiedenste Gebrauch der so entstandenen Formeln, also alles voll Verwirrung und Vieldeutigkeit.

Kommen wir nun auf die Formel, der Mensch besteht aus Leib und Seele, zurück, so führt das „besteht aus" auf Zusammensezung, und man denkt sich, daß, abgesehen von dieser, beide Glieder auch für sich zu denken und zu sezen sind. Allein wir können unter keiner Gestalt weder bildlich noch formularisch Seele fassen ohne Leib. Leib nun nennen wir gar nicht mehr so, wenn getrennt von der Seele. Das „besteht aus" muß also hier anders gefaßt werden und wir sind vorläufig angewiesen von Seele nur auszusagen, was in der Ungetrenntheit vom Leibe (als Ich) zu sagen ist. Von jener Voraussezung aus sind Fragen entstanden, wo und wie die Seele sei nach dem Tode, item, wann und wie sie zu dem Leibe gekommen, und vielerlei Antworten auf diese Fragen, die wir aber alle nur als Fantasien d. h. als willkürliche Annahmen ansehen können.

Indem wir aber auf das Ich zurükgehen, welches die Identität von Seele und Leib ist (weil man eben so gut sagt: meine Seele als mein Leib), so sezen wir zugleich, daß wir nicht weiter als menschliche Seele gehen wollen, weil wir nicht weiter vom Ich wissen. Auch dies indeß wird nicht in aller Strenge zu halten sein. Die Ausdrükke, menschliche Seele, vernünftige Seele (denn wir nennen auch die thörichte und wahnsinnige Seele vernünftig) deuten auf die Annahme außermenschlicher unvernünftiger Seelen d. h. der thierischen. Wir werden uns schwerlich ganz enthalten können diese mit anzuziehen, aber nur als hypothetische Vergleichungspunkte, keinesweges um etwas über sie selbst festzustellen.

3. Die erste vorläufige Maxime hat keinesweges die Tendenz den Gegensaz aufzuheben, sondern nur innerhalb desselben stehen zu bleiben. Aufgehoben kann er nur werden durch metaphysische Annahmen. Dies geschieht auf zwiefache entgegengesezte Arten, im Materialismus, der alles für Zustände der Materie, und im Spiritualismus (Monadologie), der alles für Zustände des Geistes erklärt. Um zwischen beiden zu wählen oder eine zwischen beiden liegende dritte Annahme aufzustellen, müßten wir entweder anderweitig über vieles entschieden haben, was eine Verständigung voraussezte, oder wir sezen Resultate aus der Untersuchung voraus, die wir erst anstellen wollen.

Geht man aber über die Identität beider im Ich so hinaus, daß man Seele und Leib als Duplicität einander gegenüberstellt, so wird dann auch das Spalten immer wieder fortgesezt. Entweder der Mensch besteht aus Leib, Seele und Geist, oder die Seele besteht aus Sinnlichkeit und Vernunft. Dies geht auf viele Fäden zurük, die wir schon angeknüpft haben. Es ist theils Sonderung des zwischen Leib und Seele streitigen Gebietes = Seele im engern Sinn, und des entschieden seelischen = Geist, theils Subsumtion des Gegensazes zwischen menschlich und thierisch unter ein gemeinschaftliches, Sinnlichkeit das gemeinschaftliche, Vernunft das eigenthümliche, wozu sich kein Analogon bei den Thieren findet. Noch schwieriger sich darin zu orientiren ist das Spalten in die verschiedenen Vermögen, welches man nicht nur im ganzen Leben sondern auch in wissenschaftlichen Untersuchungen findet. Das Ich ist dann gar nicht mehr das ursprüngliche, das vorangehende, sondern das immer nur werdende Resultat aus dem Conflict dieses mannigfaltigen. Dieser Conflict involvirt einen Gegensaz zwischen stark und schwach, woraus eine Tendenz zu mathematischer Behandlung des Gegenstandes entstehen muß, für die es aber an dem Maaß fehlt

und auch an der ursprünglichen Gleichung, weil man sonst müßte entschieden haben, ob diese Differenzen in jedem einzelnen constant sind
oder ob sie erst von außen entstehen. Daher müssen wir nun bei unsern beiden Maximen stehen bleiben.

Es ist nur die Frage, ob wir nicht durch unsre Maximen schon
unserer andern Präliminarfrage etwas vorweggenommen haben, nämlich
von welcher Art die Erkenntniß sei, welche wir suchen. Die Frage
kann überhaupt nicht so verstanden werden, als ob es dem Inhalt nach
zweierlei Erkenntniß von demselben Gegenstand geben könne — Ausführung hievon — aber eine Verschiedenheit in der Art zur Erkenntniß
zu gelangen sezt die Frage allerdings voraus. Diese Frage scheint
unsere Untersuchung aber schon als beendet vorauszusezen, da das Erkennen etwas in der Seele ist. Allein wir abstrahiren jezt von dem
einzelnen Hergang im Leben, indem wir uns das Erkennen objecti-
viren und können also Beschaffenheiten desselben vorausfezen ohne Seelenlehre.

4. Anerkannt ist immer noch, wenn auch nicht so hoch gestellt,
ein Unterschied zwischen a priori und a posteriori, empirisch und speculativ. Die Meinung war nun nicht, daß durch unsere Maxime das
empirische ausgeschlossen sei, sondern im Gegentheil, daß es schiene als
wären wir an das empirische allein gewiesen, weil das Ich ein uns
immer schon gegebenes ist. Man muß aber genauer betrachtet sagen,
daß, insofern gegeben, wir einen Unterschied zwischen äußerlich und innerlich gegeben hier nicht anerkennen. Denn wir wollen ein Wissen
immer als ein gemeinschaftliches, also sezen wir auch das Ich des andern dem unsern völlig gleich, und dieses ist uns so, wie das unsrige
ihnen, äußerlich gegeben. Aber auch unseres ist uns äußerlich auf objective Weise insofern gegeben, als wir den ersten Moment nicht recon-
struiren, sondern aus Erzählung haben können und als wir das Ich,
abgesehen von allen Modificationen, immer nur in der Reflexion haben. Die Beschränkung auf das empirische tritt aber dennoch nicht
ein, weil das Ich-sezen doch eine Thätigkeit ist und zwar die allem
Wissen ohne Unterschied zum Grunde liegende, weil alles nur am und
im Ich ist. Es ist also gleichsam die Indifferenz zwischen beiden, weil
alles beides sich daraus entwikkelt. Hieraus nun scheint zu folgen, es
müsse nothwendig zweierlei Seelenlehren geben, wenn jener Unterschied
überhaupt begründet ist, weil wir uns von diesem Indifferenzpunkt
gleich leicht nach beiden Seiten bewegen können. Wir nehmen dies an
und versuchen es zuerst mit dem empirischen. Um aber durch Beob-

achtung Säze zu gewinnen, müssen wir Momente sondern. Wie entsteht aber das biscrete in dem Continuum der Zeit? (Die Frage ist weit allgemeiner auch für den Raum, aber sie gehört auch *) hieher.) Demnächst aber bedarf es der Bezeichnung durch die Sprache und wie entsteht die Sicherheit, daß dasselbe gedacht wird. Dies ist die skeptische Ansicht der Sache. Zunächst zu fragen, wie es mit dem a priori steht.

5. Um aus dem Ich ein mannigfaltiges der Erkenntniß zu entwikkeln ohne einen andern Anfangspunkt zu haben, müssen wir in demselben ein mannigfaltiges finden, ohnerachtet wir von der Mannigfaltigkeit eines gegebenen Inhaltes abstrahirt haben. Könnten wir so theilen, A ist theils B theils C, oder sowol B als C, so ließe sich hieraus ein Complexus von Säzen entwikkeln und desto größer, wenn die erste Theilung wieder eine andre erzeugte. Dieser Prozeß ist was man gewöhnlich Analyse nennt, allein der Name sezt voraus, daß das gegebene als ein mannigfaltiges und verbundenes ist gegeben gewesen, welches sich nun als ein mannigfaltiges darstellt. Auf jeden Fall ist das Verfahren weiter nichts als Entwikklung. Ein solches kommt uns allerdings entgegen, wenn wir sagen, das Ich-sezen ist zwar einfach an sich, aber es ist nicht ohne ein Du, oder von der Formel Selbstbewußtsein aus, Bewußtsein ist nicht Selbstbewußtsein ohne Bewußtsein eines andern. Dann gäbe es immer mit dem Ich-sezen ein Du-sagen, und wir könnten sehen, was sich hieraus weiter entwikkelt. Zuvor aber müssen wir bedenken, daß wir nicht dabei stehen bleiben dürfen, dies in der Sprache zu finden. Denn wäre es nur in unserer und nicht in anderen, so wäre es auch nur ein besonderes und keine Sicherheit, ob durch das andere erzeugt oder durch das andere aufgehoben, d. h. keine Sicherheit, ob Erkenntniß oder Irrthum. Gesezt aber auch, wir hätten dies mit der Ueberzeugung, daß es sich in aller noch unbekannten Erfahrung eben so finden werde, wir hätten es also vor der Erfahrung und diese Ueberzeugung wäre nicht nur ein Schluß von vielen auf alle, sondern wir wüßten auch, daß wir mit einem Minimum von Erfahrung dasselbe gesagt hätten, so kommt dann hinzu, daß wir nicht wissen, ob sich nicht noch andre eben solche Anfangspunkte finden, die uns nur jezt nicht einfallen. Giebt es nun solche, so wäre unser Wissen auch nicht eher wirklich ein solches, als bis es sich mit jenem durchbrungen hätte. Hieraus nun geht hervor, daß wir auf

---

*) Es ist offenbar „nicht“ zu lesen. S. die Vorlesung S. 16.

dieſer Seite eben ſo auf einen Skepticismus kommen wie dort. Das empiriſche giebt den materiellen Skepticismus, ob das auch iſt, was wir als ſeiend ſezen, das a priori giebt den formellen, ob das auch wahr iſt, was wir wiſſen.

Die Frage aber, ob es noch andre Anfangspunkte giebt, würden wir doch verneinen müſſen, wenn wir in dem Suchen des a priori für unſern Gegenſtand immer blieben und uns nun die Geſammtheit der Erfahrung gegeben wäre, denn alsdann müßten auch dieſe Anfänge darin vorgekommen ſein und wir könnten ſie nicht verfehlt (haben?). Dies heißt, das a priori wird erſt eigentlich Wiſſen mit der Vollendung der Erfahrung und die Erfahrung wird nur ein feſtes vom Anfang des a priori an. (Lezteres iſt nicht vorgekommen, es folgt aber ſehr leicht aus der Behandlung des empiriſchen in voriger Stunde.) Das heißt alſo, daß alle Annäherung zum Wiſſen nur wird in der Durchdringung des a priori und des a posteriori. Sonach werden wir doch wieder auf das in der Beobachtung gegebene zurückgeführt als auf das mit dem aprioriſchen zu durchdringende, um ſo die Quelle des Skepticismus auszutrocknen.

Dies führt uns nun wieder auf die Beſtimmung unſeres Subjectes zurück, wie es ſich zu dem Ich und dem in ihm ermittelten Gegenſaz verhält. Alſo auch auf die ſchon bemerkte Ungleichheit in der Trennung. Hiebei kommt nichts darauf an, daß man nicht mehr ſo trennt, ſondern nur auf die verſchiedenen möglichen Principien der Trennung, zwiſchen welchen wir doch entſcheiden müſſen. Es fragt ſich, ob (nicht), wenn wir vom Seelenleben Ernährung ausſchließen, wir nicht auch noch vieles andre ausſchließen müßten, und auf der andern Seite wenn die Griechen Ernährung hineinſezen, ſie nicht auch noch vieles andre hineinſezen müßten.

6. In dieſer Unſicherheit verwickelt kommen wir natürlich auf die Frage, warum überhaupt eine ſolche Theilung gemacht werden ſoll und man nicht lieber beim Menſchen als Einheit von Leib und Seele ſtehen bleibt, d. h. warum man nicht Anthropologie ganz und ungeſpalten vorträgt. Man könnte ſagen, bloß weil dies zu viel wäre, aber das führt doch immer darauf zurück, daß wir vieles mitnehmen müßten, woran wir kein Intereſſe haben. Denken wir uns die Theilung ſei gemacht, ſo hätten wir dann ſtatt der Anthropologie die Phyſiologie d. h. die Kenntniſſe der Thätigkeiten des Leibes in der Identität mit der Seele, und die Pſychologie als Kenntniß der Seele in ihrer Identität mit dem Leibe. Die menſchliche Phyſiologie iſt ein

Theil der allgemeinen, das dritte zu Pflanzenphysiologie und thierischer, beide wieder in mannigfaltigen Abstufungen. Und diese zusammen bilden die Kenntniß von dem irdischen Organismus. Fragt sich nun, ob die menschliche Seelenlehre eben so ein Theil eines ganzen ist und welches? Die Pflanzen fallen hier schon weg, weil wir ihnen keine Seele geben, die animalische würde doch fast ganz wieder auf den Organismus und die Verhältnisse der verschiedenen organischen Functionen zurückgehen. Man müßte also an dem andern Ende ansezen können, aber was wir über den Menschen als Seele denken, ist alles problematisch. Dann aber müßten Seelenthätigkeiten sein, welche ohne deren Identität mit diesem Leibe gedacht werden können und an denen müßte das Interesse des Isolirens liegen. Dies führt auf zwei Ausdrücke, auf Geist neben Seele und auf Thätigkeiten, welche die Seele ohne den Leib durch sich selbst verrichtet. Das Interesse an diesen allein kann Ursache des Isolirens sein, weil wir hiezu die Kenntniß des Leibes nicht brauchen. Dahin gehören nun die Ideen und das sittliche, denn die Handlungen werden zwar durch den Leib verrichtet und die Gegenstände durch den Leib wahrgenommen, aber der Willensact, der Entschluß nicht, und der Begriff auch nicht.

7. Die Voraussezung, aus welcher die Physiologie entsteht, sezt zugleich dem organischen das anorganische, oder positiv ausgedrückt das mechanische und Massendasein, entgegen. Jenes ist Sezen eines individuellen und Aufhebung des universellen sowol chemischen als mechanischen Prozesses, und dieses umgekehrt Gewalt des lezten und Aufhebung des ersten, so daß auch in dem anorganischen Gebiet jedes nur auf zufällige und unbestimmte Weise eines nie ein ganzes ist sondern immer wieder vieles werden kann. Beides wird aber wieder gleichgesezt und zusammengefaßt als das materielle Sein und an dieser Zusammenfassung hängt der Begriff der Materie oder des Stoffes. Die Wahrheit der Vorstellung ist hier nicht auseinanderzusezen. Materie schlechthin ist uns nicht gegeben, sondern immer nur modificirte Materie, aber in ihrer Modification ist uns auch jede eine gewordene. Wenn wir nun hier die psychologischen Elemente übersehen, so liegt darin schon die Voraussezung, daß sie mit der Materie nicht zusammenhängen.

8. Auf der geistigen Seite haben wir zwar keine Reihe, aber die allgemeine Erfahrung, daß geistige Thätigkeiten auch außer der menschlichen Seele gedacht werden, und von dieser aus die Aufforderung hier auch ein gemeinsames zu sezen der Materie gegenüber, welches wir

durch den Ausdruck Geist bezeichnen. Dies nun ist das positive zu der Vorstellung von der Immaterialität der Seele. Von diesem Gedanken Geist aus ist nun die Seele nur Erscheinung des Geistes, Art und Weise desselben zu sein in der Verbindung mit dieser Organisation. Das Interesse der Ideen läßt uns nun in dem Geist das eigentliche Wesen sehen. Von hieraus entsteht dann leicht der Spiritualismus theils unter der Form alles sei Geist, wenn auch nur schlafender, theils unter der, das nichtgeistige sei auch eigentlich nicht. Diesen nun brauchen wir nicht zu prüfen, weil wir hier auf das nichtgeistige nicht kommen. Aber geschichtlich ist zu merken, daß wo es an dem ethischen und speculativen Interesse fehlt, der Materialismus entsteht, der Spiritualismus aber überall dies Interesse begünstigt. Indem wir nun den Geist als das eigentliche Ich sezen, so sezen wir ihn auch als das die Organisation bewegende. Nur scheint freilich, als ob wir innerhalb dieser ihm auch nichts entziehen könnten und als ob, wenn der die Organisation bewegende Geist Seele ist, die Seelenlehre auch alle organischen Facta aufnehme, und also doch wieder die ganze Anthropologie hineinziehe.

9. Müßte es nun hiebei sein Bewenden haben, so hätten wir zwar den Grund der vorhabenden Trennung besser eingesehen, aber die Theilung selbst nicht in Bezug auf den Inhalt sondern nur auf die Behandlung vollzogen. Um nun zu versuchen, ob wir nicht auf *etwas bestimmtes* kommen können, müssen wir auf ältere Bestimmungen zurückgehen. Aristoteles sagt, alle bestimmten die Seele durch Bewegung, Bewußtsein und ἀσώματον, womit er nur meinen kann, daß sie nicht organisch zusammengesezt sei. Denn er zählt doch die mit auf, die sie für Luft oder Feuer halten. Alles was Bewußtsein allein ist gehört gewiß der Seele, so auch Bewußtsein und Bewegung als eins, sofern die Bewegung vom Bewußtsein ausgeht, wogegen der eigentliche Verlauf der Bewegung in sich rein physiologisch zu betrachten ist, weil nämlich dieser innere Verlauf ohne Bewußtsein ist. Hängt das Bewußtsein von der Bewegung ab, oder ist die Bewegung ganz bewußtlos, so würde sie der Physiologie anheim fallen. Allein auch die Organe, deren Bewegungen die Empfindung und die Wahrnehmung hervorbringen, stehen unter einem Einfluß des Geistes, denn wenn dieser eine andre Richtung hat, so kommen jene nicht ins Bewußtsein und außerdem bemerken wir einen großen Unterschied in den Thätigkeiten selbst, wenn das Wahrnehmen von einem bestimmten Willen geleitet und begleitet wird, also ist auch hier eine psychologische Seite. Das-

selbe gilt auch von den rein animalischen. Denn auch auf diese üben die geistigen Zustände einen Einfluß aus, der eben deßhalb weil die Bewegung an und für sich bewußtlos ist physiologisch als krankhaft aufgefaßt wird.

10. Es gehen uns hieraus Grenzen hervor für unsere Untersuchung. Voraus sezen wir auf der physiologischen Seite den Organismus ganz so wie er im Gegensaz gegen den individuellen Prozeß besteht, auf der andern Seite den Geist an und für sich und sein Verhalten zur Materie. Wir gehen nicht bis zu den Resultaten, welche sich auf den Gegensaz zwischen organischem und mechanischem beziehen, auch nicht auf der andern Seite zu denen, welche von der Form des einzelnen Lebens abstrahirend den Geist in der Totalität seiner Wirksamkeit darstellen d. h. die ethischen, sondern in diesen Grenzen bleibt unsere Untersuchung stehen.

Wir haben nun eben so weit die Folgen zu entwikkeln aus der Einheit von Leib und Seele im Begriff des Lebens. Das Leben ist physiologisch das Fortbestehen des Gegensazes gegen den universellen Prozeß. Als solches bildet es eine Kurve steigend und fallend. Die organischen Kräfte entwikkeln sich zu einem Maximum des Widerstandes und sinken dann wieder. Tod ist Untergang des individuellen Prozesses im universellen. Auf der Seite der Erscheinung des Geistes im Bewußtsein ist es eben so. Die Continuität des Ich-sezens beginnt erst später, die Vollständigkeit des Selbstbewußtseins in Verbindung mit dem objectiven Bewußtsein entwikkelt bildet die $\dot{\alpha}\varkappa\mu\dot{\eta}$, hernach wird die Stetigkeit loser, wie man daraus sieht, daß die spätern Momente nicht so festgehalten werden als die früheren. Alles dieses aber können wir nur behaupten von dem durch die Erzeugung entstehenden Leben. Denn von dem Anfang und der Entwikklung eines problematisch ersten Menschen, bis die Erzeugung mit ihm anfängt, ist keine Vorstellung zu machen.

11. Um nun die Frage auch für die geistigen Thätigkeiten zu beantworten müssen wir noch einmal auf die physiologische Seite zurükkehren. Das Leben als zum Theil den Grund der Veränderung in sich tragend sezt schon voraus zum Theil Außer-ihm und dies sezt voraus Einwirkung von außen. Zu diesen verhält sich aber das Leben nicht mechanisch sondern mitwirkend. Die Mitwirkung ist eine geringere Lebensäußerung, die ursprüngliche Selbstthätigkeit eine größere. Beide sind aber in Bezug auf das Verhältniß zwischen Ich und Außer-ich entgegengesezt, weil der eine Moment beim Außer-ich an-

fängt, der andre dabei endet. Der Gipfel des Lebens ist zugleich das Maximum von beiden. Die geistigen Thätigkeiten seien nun zunächst das Erscheinen der Ideen im Bewußtsein. Auch dieses können wir beim ersten Menschen gar nicht vorstellen, sondern nur im Zusammensein mit schon entwikkeltem Bewußtsein. Der Prozeß beginnt aber offenbar mit der Aneignung der Sprache, also auch ein physiologischer Anknüpfungspunct. Sie ist aber bedingt durch das Gattungsbewußtsein. Die Gesammtheit der einzelnen ist die Gattung sofern die Natur in allen dieselbe ist und als dieselbe sich immer wieder erneuert. Schon die Richtung des Bewußtseins im Zusammensein nur mit Menschen schließt dieses in sich. Die Entwikklung beginnt nur mit der Aneignung der Sprache. Gegen das Ende des Verlaufs findet sich oft das Band zwischen Vorstellung und Wort geschwächt, der Erzeugungsprozeß in der Sprache hört auf. Der Gipfel also ist die vollkommene Thätigkeit und Gegenwärtigkeit der Sprache. Auch hier hat der Verlauf dieselbe Form. Das Erscheinen der Ideen im Bewußtsein des einzelnen hört auf mit dem Tode.

12. Die Thätigkeit im Darstellen der das Wesen des Geistes constituirenden Ideen fängt eigentlich schon an mit der Bildung des Leibes selbst, in welchem ja der erscheinende Geist erkannt wird. Man könnte dies als unabhängig von der Seele ansehen, wenn bloß von der Bildung im Mutterleibe die Rede wäre. Allein so lange die Seele selbst wächst, entwikkelt sich auch der physiognomische und pathognomische Ausdruck abhängig von den der Seele zukommenden Thätigkeiten. Diese Einwirkung ist aber freilich eine ganz bewußtlose und darum auch als ein Minimum. Das Maximum dagegen ist die Kunst, ausgeschlossen den mechanischen Gebrauch, den Gebrauch nach der geistigen Seite hin aber möglichst erweitert.

An jenes schließt sich zunächst an was als Erweiterung der Organisation die nächste Umgebung derselben bildet und woran man auch den eigenthümlichen Geist des einzelnen gewöhnlich erkennt. Dann die momentanen Aeußerungen, welche von der einen Seite unwillkürlich sind, auf der andern doch immer eine Beziehung auf andere, für die man sich äußert, voraussezen, dann nun die eigentlich bleibenden Werke aller Art. Auch hier giebt es aber nach dem Maximum eine Verringerung. Die Stärke des Heraustretenwollens nimmt ab, wie die Stärke der Eindrükke abnimmt, die geistige Productivität nimmt ab, wie der Umlauf des Bewußtseins langsamer wird, und im Tode ist

Minimum und Maximum zugleich Null. Die Form ist also auch hier dieselbe.

Wie wir aber nun diese Form als dieselbe gefunden haben in so vieler Beziehung, so führt dieses auf die Frage, ob nun alle Seelen in dieser Beziehung gleich sind, die jeder verneinen muß und die sich auch schon a priori verneint. Wir finden zuerst die Ungleichheit in der Differenz von Anfangspunkt und Maximum, die Ungleichheit in der Zeit, in welcher das Maximum erreicht wird und in der es dauert. Ferner Ungleichheit in der Freiheit vom Einfluß des Leibes und in der Macht, welche die Seele gegen den Leib ausübt. Aber wir finden die Ungleichheiten nicht nur einzeln, sondern auch massenweise in der Organisation sich verbindend und durch Zusammenhang mit klimatischen Differenzen an den allgemeinen Differenzen der Erde theilnehmend.

13. Die einzelne Differenz aber entsteht nur und die allgemeine reproducirt sich nur vermittelst der Erzeugung, welche selbst auf der Geschlechtsdifferenz beruht. Diese geht daher eigentlich allen anderen voran, aber ob sie über das organische hinaus in das psychische, das ist theils geleugnet theils behauptet worden.

Unser bisheriges Verfahren von den beiden Punkten aus, den Gegensaz von Leib und Seele vorläufig festzustellen und die Einheit beider in dem des Lebens zur Anschauung zu bringen, hat uns so weit gebracht, im allgemeinen die Grenze unserer Untersuchungen und auch schon das mannigfaltige des Inhaltes anschaulich zu machen. Fragt sich, ob sich daraus schon die Methode unseres Verfahrens bestimmen läßt. Die verschiedenen einzelnen Thätigkeiten in ihrer organischen Bedingtheit und geistigen Tendenz auseinander zu legen ist freilich eins. Aber in diese theilt sich nun der einzelne Verlauf jedes Lebens, so daß wir sagen müssen, wenn eine oder mehrere von ihnen in einem ganzen Leben gar nicht vorkämen, so wäre entweder das Subject keine menschliche Seele, oder wir hätten etwas nicht wesentliches mit aufgenommen. Die Theilung aber, bei welcher wir auch den zeitlichen Verlauf zerfällen in eine Reihe von Momenten, sezt außer den Thätigkeiten auch Uebergang aus einer in die andere voraus. Um aber über diesen etwas zu sagen müssen wir erst die Theilung selbst näher bestimmen. Wir können uns vorstellen einerlei Thätigkeit einen Moment erfüllend und dann einen anderen von anderer Thätigkeit erfüllten folgend. Dann aber tritt zwischen beide ein Nullpunct und die Einheit des Daseins hört auf. Dem wird nicht abgeholfen, wenn man sich das Uebergehen als eine eigne Thätigkeit denkt, sondern nur wenn man den Anfang der neuen schon in das Ende der alten aufnimmt. Aber es reicht nicht hin, wenn dies nur zwischen zweien stattfindet, denn zwischen einer solchen Wechselreihe und einer anderen von anderem Doppelgehalt wäre dann wieder ein leeres.

Denkt man sich das Uebergehen ganz durch äußere Einwirkungen bestimmt und zugleich das Wachsen der einzelnen Functionen durch das Verhältniß bestimmt, nach welchem die Momente sich theilen, so wird das ganze Resultat des Lebens abhängig von äußeren Einwirkungen; indem nun alle Thätigkeiten als quanta erscheinen, so wird der ganze Lebensgehalt dem Calculus unterworfen, vorausgesetzt daß die äußeren Einwirkungen auch qualitativ und quantitativ gegeben wären, ganz unerkennbar aber genetisch, weil jene nicht gegeben werden können. Dies ist das Streben nach mathematischer Psychologie. Gegenüber steht die Annahme, das Uebergehen sei allein von innen heraus bestimmt ohne vorangehenden und ohne sich daraus erzeugenden Bestimmungsgrund, d. h. durch vollkommene Willkür und dies ist die Theorie der absoluten Freiheit. Beides bringt keine Erkenntniß zu Stande und hebt die Bestimmungen, von denen wir ausgegangen sind, auf *).

14. Wir müssen also von der Ansicht ausgehen, daß in jedem Moment alle Thätigkeiten sind und jede Thätigkeit durch alle Momente durchgeht. Dann bleibt nur zu erklären, wie der Wechsel des Hervorund Zurücktretens sich stellt und entsteht. Im allgemeinen werden wir dies auch vorstellen können durch bestimmte Endpunkte und die Ausfüllung des Zwischenraumes. Die Endpunkte sind Hervortreten einer einzelnen Function als Maximum, während alle anderen ein Minimum sind, und Zurücktreten der Differenz als Minimum, so daß alle im Maximum des Gleichgewichtes sind. Alle Zwischenpunkte sind als Annäherung zu einem von beiden dieser Extreme zu betrachten. Stellt man sich die der ersten Art zusammen, so bilden sie die Reihe, welche die Entwicklung der Virtuosität darstellt, wogegen die andre die, welche die Harmonie darstellt. Die Construction des Wechsels mit seinem Ergebniß ist nun ein großer Theil der Eigenthümlichkeit des Seins. Dasselbe gilt nun aber auch von der Charakteristik der Massen, der Racen und Volksstämme. Diese ist wiederum aufzufassen mehr empirisch, wenn man sich mit dem Aggregat begnügt, oder mehr speculativ, wenn man sie als Cyclus zu construiren sucht. Wollte man nun von

---

*) Hier ist mir manches sehr bestimmt auseinandergesetzte entgangen.

diefer Totalbeziehung des Geiftes auf die Erde noch weiter gehen und sowol die einzelnen Functionen als die Geftaltungsweife der Lebens- weisheit auch fo anfehen, wie fie analog auf andern Weltförpern außer- halb der menfchlichen Seele fein fönnte, oder auch nur beftimmen was unter dem unfrigen allgemein gültig fei für allen erfcheinenden Geift, fo würden wir weit über unfer Gebiet hinausgehen und rein fpeculativ werden.

Nachdem wir uns fo unfere Grenze zwifchen dem phyfiologifchen und dem fpeculativen feftgeftellt haben, können wir überfehen, daß wir unferer Aufgabe nicht genügen würden, wenn wir nur die einzelnen Functionen vollftändig aufführten und in ihrer Zufammengehörigfeit zu verftehen fuchten, fondern wir müffen dem elementarifchen Theile einen conftructiven folgen laffen, der die Individualitäten zur Anfchauung bringt, die einzelnen und die zufammengefezten.

Erfter elementarifcher Theil.

Einleitung.

Die gewöhnliche Behandlung, die einzelnen Thätigfeiten als Ver- mögen zu fubftantiiren, bringen Redeformeln hervor, welche faft alle Uebergänge als einen Conflict verfchiedener Perfonen darftellen, fo daß das Ich gleichfam erft jeden Augenblick aus diefem Conflict entfteht. Die verleitenden und nur eine leere Abftraction darftellenden Formeln wollen wir vermeiden und die Thätigfeiten nur an und für fich als folche betrachten.

15. Nothwendig aber ift eine Methode, um uns ficher zu ftellen, daß wir weder auslaffen noch für fich fezen, was nur an einem ande- ren ift. Hierzu muß uns das bisher verhandelte führen. Wir dürfen aber nicht darauf ausgehen die pfychifchen Thätigfeiten etwa fo wie fie dem Geift angehören d. h. auf fpeculative Weife zu theilen, weil wir uns dann auf ein fremdes Gebiet begeben, noch auch von den organi- fchen ausgehen, aus demfelben Grunde. Es bleibt uns alfo nur un- fere Vorftellung vom lebendigen Einzelwefen übrig. In dem „den Grund u. f. w. zum Theil in fich haben" liegt fchon, daß es ihn zum Theil außer fich hat. Aber wir dürfen auch nicht fo theilen, je nach- dem dasjenige, worin es ihn außer fich hat, dies oder jenes ift. Denn wir haben nicht denfelben Grund in dem Außeruns Einzelheiten

zu fixiren, da in der Vorstellung des universellen Prozesses alles nur Durchgangspunkt ist. Da aber diese Sonderung durch unsere psychischen Thätigkeiten erfolgt, so muß uns die Frage anderwärts kommen, jetzt dürfen wir den Grund nur in der Gesammtheit suchen. Diese Theilung giebt uns aber zunächst nur ein Mehr und Minder, die sich aber nur in Gegensatz verwandeln lassen durch bestimmte Unterordnung. Diese liegt im Verhältniß von Action und Reaction. Wenn der Grund ganz im Außer-uns wäre, so gehörte das Resultat dem universellen Prozeß an, das Leben wäre also für den Moment aufgehoben und müßte sich erst wiederherstellen. Da wir es aber als ein Continuum ursprünglich erkannt und die Trennung der Momente nur dem untergeordnet haben, so müssen wir beides zusammenfassen. Die Einwirkung wird nur Ein Moment mit der Gegenwirkung zusammen, welche das Ergebniß nach der Weise des individuellen Prozesses gestaltet. Eben so wenn alle Thätigkeit nur von dem lebenden Einzelwesen ausginge, so würde sie den universellen Prozeß zerstören, indem sie Leben und geistige Wirkungen hervorbrächte. Die Thätigkeit muß also im Außer-uns gebrochen werden d. h. diese *) leistet Gegenwirkung und gestaltet das Ergebniß nach der Art und Weise des universellen Prozesses. Dieses sind des Lebendigen Werke oder ausströmende Thätigkeiten, welche durch die Gegenwirkung des Außer-uns fixirt werden, und zusammengenommen die Selbstthätigkeit des Einzelwesens bilden. Jenes sind des Lebendigen aufnehmende Thätigkeiten, welche zusammengenommen seine Empfänglichkeit constituiren. Betrachten wir aber diesen theilenden Gegensatz wieder unter der Form des zeitlichen Verlaufs, so muß er auch ein von Null bis Maximum steigender sein. Das Leben wird also anfangen mit einer Indifferenz von Empfänglichkeit und Selbstthätigkeit und das stärkste Auseinandertreten wird den Gipfel bezeichnen.

16. Wenn wir dieses zusammennehmen und noch darauf achten, daß zur Form der zeitlichen Entwicklung auch gehört das Vorangehn des überwiegend organischen und das Nachfolgen des überwiegend geistigen, so erhalten wir folgendes Totalbild. Das Leben besteht in einer von stumpfer Indifferenz zwischen aufnehmen und ausströmen beginnenden zur stärksten Entgegensetzung zwischen beiden sich entwickelnden schwankenden Thätigkeit nach beiden Seiten hin, deren Vollendung ist im zu-

---

*) ? dieses.

sammengehörigen Sein des Menschen in den Dingen und Sein der Dinge im Menschen.

Ehe wir aber weiter gehen, um innerhalb unseres Gegensazes einen neuen zu finden, müssen wir fragen, ob dieser das Leben vollständig umfaßt, oder ob es auch Thätigkeiten giebt, welche einen rein innern Verlauf haben. Wir finden für diese sogleich eine Analogie, wenn wir Uns und Außer-uns als eins zusammenfassen, weil dann jene Thätigkeiten ein rein innerer Verlauf werden; eben so könnte es auch einen geben innerhalb uns zwischen Seele und Leib. Also beginnend mit leiblicher Erregung und endend in rein geistiger Thätigkeit. Denken wir aber Geist und Materie im allgemeinen Verhältniß, so ist das Werden der Organisation schon Thätigkeit des Geistes um Seele zu werden, in der Materie also immer schon eine Relation zum Außer-uns, also auch jede leibliche Erregung von dieser Relation abhängig. Eben so ist enden in rein geistiger Thätigkeit, wenn in Willensbestimmung, wieder ein Enden nach außen, wenn im Denken und nicht im bloßen brütenden Ich=sagen sondern im Denken von etwas, ebenfalls ein Enden in der Relation zum Außer-uns vermöge des Inhalts, aber auch schon vermöge der Sprache, weil Sprache nicht ein innerliches bleiben will, sondern das Gattungsbewußtsein und die Tendenz auf Mittheilung in sich hat, und so kann es ein Gebiet von Thätigkeiten geben, welche ihren Verlauf nur innerhalb der menschlichen Gattung haben, aber nicht im Einzelwesen. (NB. In Bezug auf die Bedeutung des Ausdrucks Moment ist dies noch näher zu erklären.) Es giebt also streng genommen keinen bloß innerlichen Verlauf, keine rein immanenten Thätigkeiten, die wirklich etwas abschlössen. Aber wol bezeichnet das einen sehr bedeutenden Unterschied. Je näher die Enden von und nach außen zusammentreten, um desto mehr erscheint das Ich nur als Durchgangspunkt, um desto mehr noch Analogie des universellen Prozesses, und entgegengesezt.

In unserm Hauptgegensaz finden wir noch einen untergeordneten angedeutet. Nämlich die aufnehmenden sind doch zusammengesezt aus Einwirkung und Gestaltung. Das Ergebniß kann nun das Sein der Dinge in uns darstellen bald mehr unter der Form des einwirkenden = objectives Bewußtsein, bald mehr des wiegewordenen = Selbstbewußtsein.

17. Eben so auf der andern Seite das Ergebniß bald mehr durch gestaltende Wirksamkeit bald mehr durch darstellendes Aeußerlichwerden unser Sein in den Dingen. In diesen vier Fächern (Wahrnehmung,

Empfindung, Darstellung und Werkbildung) muß die Gesammtheit unsrer Untersuchungsgegenstände befaßt sein, wenn es keine immanenten Thätigkeiten giebt. Diese erscheinen am meisten in der Betrachtung, aber der Moment ist dann auch nicht vollendet, sondern nur abgebrochen und es knüpft sich daran ein anderes bis es nach außen endet. Ja selbst wenn man fallen läßt, so war der Moment entweder ein Theil eines anderen, in welchen das Resultat hineingeht, oder er war eben deshalb verfehlt, weil er kein Ende nach außen gewann.

Beginnt aber das Leben mit der Indifferenz von Receptivität und Spontaneität aber bei organischen Bewegungen, aus denen sich die intellectuellen erst entwickeln, so werden wir bei den aufnehmenden beginnen, werden sie aber zugleich als Selbstthätigkeit zu betrachten haben.

Sinnesthätigkeiten.

18. Die organische Vermittlung aller aufnehmenden Thätigkeiten sind die Sinne, deren physiologische Seite wir aus der gemeinen Erfahrung voraussezen. Das Außer-uns umgiebt unsere Oberfläche, diese ist theils durchgängig nicht passiv sondern empfänglich, theils an gewissen Punkten auf besondere Weise empfänglich. Jenes ist der allgemeine Sinn, Hautsinn; dieses sind die speciellen Sinne, fünf an der Zahl. Der Hautsinn, für den die Temperatureinwirkungen der klassische Punkt sind, ist zunächst den atmosphärischen Zuständen geöffnet und sagt das Verhältniß derselben zum individuellen Leben aus. Er giebt keine einzelnen Wahrnehmungen außer insofern einzelne Punkte durch eigenthümliche Prozesse bestimmt sind. Daß wir uns nicht auf seine Aussagen verlassen, wenn es darauf ankommt die Differenzen zu messen, beweist nur, daß wir bei den Einwirkungen auf die Sinne nicht passiv sind. Die gewöhnliche Entgegensezung höherer und niederer Sinne ist kaum haltbar. Die sentimentale, scheinbar ethische Auffassung, daß das Gesicht allein uns über die Erde hinausführe und das Gehör allein menschliche Gedanken offenbare ist nichtig. Denn das Gesicht heftet die Sterne an den Himmel und den Himmel an den Horizont und die Offenbarung geht nur von der Sprache aus. Das Gesicht allein giebt uns auch keine Gegenstände, sondern nur Lichterscheinungsdifferenzen auf Einer Fläche. Das Gehör ist nicht nur für den Ton sondern für Schall und Geräusch und ebenfalls der gesammten schwingenden Luft zugewendet. Geruch und Geschmack haben es mit chemischem und elektrischem Prozeß zu thun und Tastsinn mit den Co-

häsions oder magnetischen Verhältnissen. Alle also mit allgemeinen Differenzen des universellen Prozesses und stehen mithin ziemlich gleich. Der angenommene Unterschied kann also nur darauf gehen, daß von den sich daran knüpfenden psychischen Thätigkeiten mehr und weniger Entwikklungen ausgehen.

19. Ein andrer, nicht zu verwerfender Unterschied, ist der zwischen leitenden Sinnen und solchen die es nicht sind oder weniger sind. Dieser beruht darauf, daß der Gegensaz von Empfindung und Wahrnehmung nur durch Combination klar wird — die ursprünglichste und gewöhnlichste ist Gesicht und Tastsinn — der zweite Sinn folgt dann dem ersten. Der Hautsinn bleibt im Selbstbewußtsein entschieden und giebt keine Leitung zur Wahrnehmung hin, wodurch er sich am bestimmtesten unterscheidet. Gesicht und Gehör sind die am meisten leitenden. Geruch und Geschmak fordern am meisten anderes, um zur Wahrnehmung zu werden.

Dies führt auf die ursprüngliche Indifferenz zwischen Receptivität und Spontaneität. Die hinzukommende Spontaneität (das Greifen nach dem Gesehenen) um die Combination zu bewirken ist nicht ursprünglich. Aber da ein Hinwenden des Willens zu andern Gegenständen die weitere Entwikklung der Sinnesthätigkeit hemmt, so daß wir hören ohne zu hören u. s. w., so können wir auch schon das Geöffnetsein des Sinnes als ein Wollen ansehen. Es ist das allgemeiner sich in Berührung mit der Außenwelt sezen wollen, von welchem hernach auch alle Combinationen der Sinnesthätigkeiten ausgehen. Wogegen auf der andern Seite auch das Oeffnen des Auges, wiewol schon willkürliche Bewegung, doch zugleich als Wirkung des Lichtreizes angesehen werden kann. Jenes ist die mehr psychologische, dies die mehr physiologische Ansicht. In dieser Indifferenz von Empfänglichkeit und Selbstthätigkeit ist nun auch schon die Identität von physiologischem und psychologischem, aber doch nur auf der Stufe des Lebens überhaupt. Wollen wir aber auch den Anfang des eigentlich menschlichen suchen, so werden wir uns einer Vergleichung mit dem thierischen nicht enthalten können, nicht um das menschliche als etwas irgendwo hinzukommendes aufzufinden, sondern nur um den Punkt zu finden, wo es aufhört sich zu verstekken.

Das erste ist nun hier das eigennüzige d. h. nur auf den Erhaltungstrieb berechnete Verschlossensein des Sinnes bei den Thieren, wodurch ihnen das meiste gleichgültig ist.

20. Unser Geöffnetsein gegen das gesammte ohne Beziehung

auf den Trieb in den beiden Momenten der untergeordneten Selbstthätigkeit hat sich gegenüber, daß bei den Thieren das scheinbar allgemeine Geöffnetsein entweder in eine auf den Trieb bezügliche Thätigkeit endet oder spurlos verschwindet. In dem eigenthümlich menschlichen latitirt also auf negative Weise wenigstens diese Freiheit schon
in den ersten Momenten sogar der Empfänglichkeit und die Bestimmung der Gesammtheit des Seins zum Bewußtsein zu erheben läßt
sich ahnden, indem der zweite Moment schon (nur unter der Form der
Bewußtlosigkeit und das ist die noch vorwaltende Analogie mit dem
thierischen) die Ahnbung des getheilten Seins und des vereinzelten Daseins enthält.

Der zweite Vergleichungspunkt ist die Unvollkommenheit des Gegensazes von subjectivem und objectivem. Nichts kann reine Wahrnehmung werden, weil es durch die Beziehung auf den Trieb bedingt
ist, und nichts kann Selbstbewußtsein werden, weil es sich vom einwirkenden Object nicht losreißen kann. In der gegenüberstehenden
menschlichen Tendenz zur Klarheit des Gegensazes spiegelt sich also ab
einerseits die Reinheit des Ich-sezens, andrerseits die Freiheit des Geistes als sich gegenseitig bedingend. Hierin ist nun auch jene ursprüngliche Eintheilung der Sinne gegründet und wir haben nun zu fragen,
wie sie sich zu jenem Gegensaze verhalten. Der allgemeine Sinn
(Hautsinn) ist ein beständiges Geöffnetsein gegen die Atmosphäre, aber
ein bestimmtes Selbstbewußtsein entsteht daraus nur an den Extremen
der Temperatur und der barometrischen Verhältnisse, an welchen die andren Lebensverrichtungen merklich gefördert oder gehemmt erscheinen. Auch
dies beweist die Freiheit vom Triebe. Die wechselnden Lebensverhältnisse werden nur ins Selbstbewußtsein aufgenommen, wenn ihr Einfluß
auf die geistigen Thätigkeiten sich merklich macht. Indem nun aber
der Gegensaz zwischen diesem und den speciellen auch nur relativ ist,
so fragt sich, ob und wie auch dieser kann in Wahrnehmung umschlagen.

21. Der Anfang wird gleich gemacht, wenn man aussagt, das
Außer ist erwärmend, allein dies ist nur die Aussage über die innere
Veränderung, der, daß diese nicht innerlich bewirkt sei, bestimmte
Wahrnehmung ist. Die Wahrnehmung ist erst eine volle mit ihrem
Maaß und hiezwischen fallen alle Naturbeobachtungen auf diesem Ge-
biet. — Vom Umschlagen der Gesichtseindrükke in Empfindungen gilt
dasselbe, daß das Element ursprünglich ist und immer mitgesezt aber

nur an bedeutenden Punkten hervortritt. Eben so vom Gehör*). Wenn nun das Gefühl niemals trügt, weil da Sein und Bewußtsein dasselbe ist, so entsteht von hier aus die Frage, ob die Sinne auf der objectiven Seite trügen und wo der Anfang davon ist. Wenn wir einen Schein für eine Gestalt halten, so trügt nicht der Sinn, sondern das combinirende Urtheil. Nur in Fällen, wo wir ein innerlich bewirktes für ein von außen bewirktes und umgekehrt hielten, wäre der Betrug in der Sinnesthätigkeit selbst.

22. Voran eine Uebersicht von dem nächsten Punkt, bei dem wir ankommen wollen. Nämlich die Totalität der subjectiven und objectiven Eindrücke, aber abgesehen von allem, was höheren intellectuellen Thätigkeiten angehört. Verhält es sich nun überall, wie wir am allgemeinen Sinn gesehen haben, daß der Cyclus eines Sinnes sich am entgegengesezten Ende nur vollendet nachdem höhere eingetreten sind, so folgt daraus, daß die eigenthümlich menschliche Sinnesthätigkeit kein für sich abgeschlossenes Ganze bildet, ja daß nicht nur intellectuelle aufnehmende, sondern auch selbstthätige dazwischen liegen. Ferner würde auch folgen, daß das Minimum des objectiven vom subjectiven so gut als nicht differirt, daß aber in der weiteren Entwicklung der Irrthum seinen Ort findet an der Wahrheit überall wo ein zwiefaches gegeben ist. Gehör und Gesicht sind objectiv, weil das subjective als Bewußtsein des Organs nur an einzelnen Stellen heraustritt. Sie haben aber außerdem einen subjectiven Gegensaz, der die Wahrnehmung begleitet, angenehme und unangenehme Farben, Töne und Zusammenstellungen beider, den wir hier nur als begleitend geltend machen, ohne auf die Gründe einzugehen. Geruch und Geschmack, höchst verwandt, entwickeln das objective Minimum gleich mit dem subjectiven, aber die vollendete Objectivität sezt alle naturwissenschaftlichen Thätigkeiten voraus. Der Gegensaz des angenehmen und unangenehmen in Elementen und Zusammenstellungen ist bei ihnen constant, aber minder gemeinsam.

23. Die Idiosynkrasien dieser beiden Sinne hängen damit zusammen, daß sie bei den Thieren die am gleichmäßigsten bestimmten sind, weil die Leitung des Triebes davon ausgeht, und sie sprechen den Gegensaz hiegegen aus, indem auch in ihnen keine Beziehung auf den Trieb ist und zugleich auch die höhere Individualität, indem sie persönliche Eigenthümlichkeiten der Organe nachweisen. Auf der andern

*) Randbemerkung. NB. Etwas ganz andrer Art ist hier und beim Gehör das Mißfallen an Farben, Tönen und deren Folge und Verhältnissen, wovon noch nicht die Rede gewesen.

Seite vermehren diese die Veranlassungen zum Skepticismus um so mehr als es auch Idiosynkrasien der Wahrnehmung giebt im Gebiet des Gesichts. Subsumiren nun einige dieselben Eindrükke unter einen anderen allgemeinen Begriff, so entsteht die Frage, ob nicht auch bei gleicher Bezeichnung diese Eindrükke verschieden sind.

Dies führt uns auf den Irrthum in der Sinnesthätigkeit zurükk. Auch die einfache Aussage, daß die Affection von außen herrührt, kann schon falsch sein und der Irrthum kann entstehen, so oft eine Duplicität der Beziehung möglich ist. Bei Unachtsamkeit kann man eine innerlich bewirkte Erwärmung für eine äußerlich begründete halten. Aber bei Gesicht und Gehör ist dies wegen der ekstatischen Zustände eine Quelle großer Streitigkeiten. Entweder was nur innerlich war, wird für äußerlich gehalten aus Verlangen nach dem Wunderbaren, oder was äußerlich war, wird für bloß innerlich ausgegeben aus beschränkter Weltvorstellung. Der Streit hätte aber keinen Sinn, wenn es nicht ein unstreitig rein innerliches Sehen und Hören gäbe, nachbildend sowol als vorbildend. Allerdings, aber größtentheils als ein gewolltes. Will nun der Skepticismus die Ausmittelung des Unterschiedes als etwas gleichgültiges darstellen, weil es nur darauf ankomme, daß die Empfindungen und Wahrnehmungen angenehm seien, so fragt sich, ob dieses das natürliche ist und die Richtung auf die Wahrheit irgend woher etwas erkünsteltes, oder ob wir etwas nachweisen können als ursprünglich, woran sich diese Richtung auf die Wahrheit knüpft.

24. Recapitulation wie wir hier mit der Aufgabe, über den Werth der skeptischen Hypothese zu entscheiden, an die Grenze unseres Gebietes gekommen sind, indem die Frage, ob das Interesse an der Wahrheit etwas erkünsteltes ist oder natürlich, schon an das transcendentale streift. Da wir die Erfahrung nie so vervollständigen können, daß gesagt werden kann, alle stehen auf der Seite des einen, und der andre steht allein, so werden wir sie müssen unentschieden lassen, wenn nicht irgendwo ein Punkt sich finden läßt, der uns eine Gewißheit aus unserem Gebiete her giebt. Zunächst müssen wir uns die beiden Punkte, an welchen die skeptische Ansicht ihre Haltung findet, ihrem ganzen Umfange nach klar machen. Erstlich die Differenzen zwischen den Sinnenverhältnissen des einen und andern, dann die Unsicherheit über das von außen und das von innen erzeugte. Jene Differenzen, sowol die Idiosynkrasien der Empfindung als die Subsumtionsweisen der Wahrnehmung sind nicht nur zwischen den einzel-

nen sondern sie gehen in die Sprachbildung und die nationalen Constitutionen ein. Grönländern und Eskimos ist allgemein angenehm in Geruch und Geschmakk, was uns allgemein zuwider ist. · Das Farbenlexicon war für alle Griechen anders als das unsrige u. s. w. Hier also große Differenzen anerkannt, aber doch subsumirt unter die Identität der Sinnesthätigkeiten selbst. Wir räumen alle ein, und auch der stärkste Skepticismus hat nichts dagegen eingewendet, daß das Sehen und Schmekken der anderen dasselbe sei mit unserem Sehen und Schmekken. Diese Einräumung ist nichts anderes als die Stärke des Gattungsbewußtseins. Diese ist wiederum einerlei mit der nicht immer zur Wirksamkeit kommenden aber immer als Impuls vorhandenen Tendenz uns über das differente zu verständigen. Dieses aus dem bloß subjectiven Heraustreten und ein allgemein menschliches zur Erscheinung bringen wollen ist wiederum nichts anderes als das Wissenwollen, sofern nämlich die Bilder als Repräsentation des Außer-uns angesehen werden. Da aber hier ganz unentschieden bleiben muß, ob der Grund der Differenz mehr ein organischer ist oder ein logischer, weil wir nämlich auch von den Eindrükken nicht anders als in allgemeinen Ausdrükken reden können und also logische Thätigkeit wenn auch nur zusammenfassende immer schon vorausgesezt wird, so erhellt schon hieraus, daß die Hauptfrage aus einer isolirten Betrachtung der Sinnesthätigkeiten nicht entschieden werden. (kann?)

25. Zweitens die Unentschiedenheit zwischen von außen bewirktem und innerlich erzeugtem. — Großer Reichthum des innerlich erzeugten in verschiedenen Abstufungen, die Gaukelei aus gespannter Aufmerksamkeit entstanden, das erinnernde Wiederholen des selbsterlebten, das innere Gestalten des von anderen vernommenen, und das vorbildende Gestalten von Grundzügen der Darstellung, außerdem aber noch der Traum und der Wahnsinn, welche genetisch hier nicht entwikkelt werden können. Alle Gaukelei ist das, was wir zu eliminiren suchen, sobald wir Zeugnisse haben, denen wir uns unterwerfen, und hierin ist auch Gattungsbewußtsein und Richtung auf das Erkennen vorherrschend, die Selbstthätigkeit hierin ist also eine unwillkürliche nicht gewollte. Das Nachbilden hat ebenfalls die Richtung vom Gattungsbewußtsein aus, ruhend nämlich auf der Voraussezung von Identität der Functionen, auf das Erkennen, die Gesammtheit der Bilder soll gemeinsam werden, sofern sich darin die gemeinsame Welt spiegelt. Das vorbildende hat die Richtung auch vom Gattungsbewußtsein ausgehend auf die Mittheilung des eigenthümlichen Lebens, welches sich in diesem inneren Pro-

buciren manifestirt, welche Mittheilung wir die Kunst nennen. Der Musiker hört, der Maler sieht vorher innerlich, der Dichter auch, alle stellen dar, damit ihr Inneres auch anderen von außen her ein inneres werde. Wenn die Wahrnehmung ins Bewußtsein nimmt, wie die Idee, der geistige Lebensgehalt sich in den Dingen spiegeln, so giebt die Kunst ins Bewußtsein, wie sich das geistige Einzelleben in der Insichbildung spiegelt. Gattungsbewußtsein und Richtung auf Wahrheit sind hier auch, nur ist die Wahrheit hier die des Einzellebens, aber sofern es der Träger des gemeinen menschlichen ist. In dieser Anerkennung so wie in der Auflösung der Gaukelei und in dem Verschwinden der sie begünstigenden gemeinsamen Zustände ergiebt sich die Nichtigkeit der skeptischen Annahme.

26. Nehmen wir nun das bisherige zusammen, so besteht unser Resultat aus folgendem. 1) Am meisten zu isoliren und am reinsten im Gebiet der Empfänglichkeit bleibend ist die Thätigkeit des Hautsinnes. Nur indirect entsteht durch Selbstthätigkeit der Gegensatz von Abhärtung und Verweichlichung, der aber auch weniger unmittelbar das organische Resultat selbst betrifft, als nur den Einfluß desselben auf den gesammten Lebensverlauf. 2) Das subjective Element in allen speciellen Sinnen, die Gesammtheit angenehmer und unangenehmer Sensationen, ist das am meisten dem physiologischen zugewendete, aber freier als das animalische, indem bei steigender Entwicklung alles im Außer-uns einen solchen Gehalt darbieten soll. Denken wir uns das Seelenleben ganz in diese Function versenkt, so ist dies der Zustand des Sinnenrausches. Die identischen Sensationen stumpfen sich ab und müssen zu stärkeren Reizen gesteigert werden. Auf den Reiz folgt Erschlaffung und das Leben besteht in diesem Wechsel. Die objective Seite ist dann nur in dem Dienst von dieser, alle Wahrnehmungen werden nur auf die Sensationen bezogen. Es ist aber auch umgekehrt möglich, daß bei derselben Entwicklung (ja die Aufgabe alles bestimmt zu empfinden wird durch diese Combination nur gesteigert) die Sensationen nur auf die objective Seite bezogen werden, also nicht um ihrer selbst willen gesucht, so daß alle Sensationen nur Elemente zur Beobachtung und zum Versuch werden. Daju aber muß die Seele am wenigsten in die Sensation versenkt sein, aber die Sensation bleibt auch so am reinsten und gleichmäßigsten. 3) Der analoge Gegensatz im Kunstgebiet. Das Wohlgefallen rührt hier nicht aus dem organischen Eindruck allein her, wenn gleich niemand die malerische Darstellung an lauter widrige Farben oder die gemessene Harmonie an lauter

qualitativ unangenehme Klänge binden wird. Wir finden uns hier an der Grenze unserer Untersuchung gegen die Aesthetik und können nur voraussezen, daß hier auch intellectuelle Elemente im Spiel sind und warten ob wir von einem andern Orte aus die Sache genetisch begreifen. 4) Das objective Element kann zu seiner ganzen Entwikklung nicht gelangen ohne das logische hinzuzunehmen. Die einzelnen Wahrnehmungen bleiben, auch wenn sie extensiv und intensiv gemessen werden könnten, doch nur chaotische Aggregate von Einzelheiten ohne bestimmte Einheit und bestimmte Vielheit, wenn nicht die Subsumtion unter das allgemeine erfolgt. Nimmt dieses überhand, so wird freilich die bloße Wahrnehmung nur das Alphabet, bleibt aber doch die Bürgschaft für die Realität auch des vollkommen beschaulichen Lebens.

Die Selbstthätigkeit im Denken.

27. Noch haben wir aber nichts entwikkelt, was mit der Sprache also auch mit dem Denken zusammenhängt, sondern nur das ganze Gebiet der Bilder, soweit es ohne jenes vorgestellt werden kann. Nehmen wir nun in dieser Hinsicht einen Moment eines entwikkelten Lebens vor uns und vergleichen ihn mit dem ursprünglich gegebenen, so finden wir gesonderte Bilder als feste Einheiten, auf welche fortbezogen wird, und Bilder aus verschiedenen Zeiten. Wenn nun auch durch Zusammenfassen verschiedenartiger Eindrükke, welche uns aus derselben Richtung kommen, die Gegenstände fixirt werden, so bleibt doch noch zu erklären die Dauer des Bildes nach aufgehörter Einwirkung, das Wiedererkennen eines Gegenstandes zu verschiedenen Zeiten und das Zurükkrufen. Das erste und lezte hängt insofern zusammen, als während der Dauer kein Zurükkrufen vorkommt, das zweite hängt ab vom ersten oder lezten. Die erste Hauptfrage ist also die nach der Dauer. Der ewige Fluß ist vorauszusezen, ohne daß man deßhalb das beharrliche zu leugnen braucht. Ist die Wirkung nur einen Augenblick dieselbe, wie ist die dauernde Selbigkeit des bewirkten zu erklären? Hier liegen uns zwei Voraussezungen ganz gleich nahe. Entweder das bewirkte ist ein fortdauerndes, wenn auch die Einwirkung nur momentan war, oder es ist so vergänglich, wie die Einwirkung selbst. Unsere Praxis neigt sich zu der ersten, denn wir wundern uns nicht leicht über das Behalten, aber in der Regel über das Vergessen. Eben deßhalb aber müssen wir zuerst fragen, läßt sich die Dauer erklären bei verschwindendem Eindrukk? Hypothese aus zurükkbleibenden Spuren ent-

weber Eindrükke oder Bewegungen. Aber dann müßten die Bilder auch immer gegenwärtig sein. Erklärung der Wiedererkennung desselben Eindrukks aus größerer Leichtigkeit, aber dann müßte man immerfort, was doch nur selten geschieht, leichtere neue für schon da gewesene halten. Wenn man annimmt, das bewirkte könne beständig sein, wenn auch die Einwirkung nur vorübergehend sei und das Wie vielleicht nur aus dem intellectuellen Element zu begreifen, so hat man die Aufgabe das Vergessen zu erklären.

28. Erklärung des Vergessens im wesentlichen aus 20. des alten Heftes. Ist das Bewußtsein als dauernd angenommen, so erklärt sich das Vergessen aber nur als ein Minimum des Behaltens oder der Reproducibilität nach der Analogie mit dem unaufmerksamen Wahrnehmen aus Mangel an Interesse. Das Minimum, welches bleibt, gleicht dann dem Bewußtsein, welches wir oft hintennach von dem ohne Bewußtsein wahrgenommenen erhalten, voraussezend aber, ein Minimum von Bewußtsein sei doch auch hier gewesen, indem sonst das Band zwischen der organischen und der psychischen Seite der Function zerissen gewesen wäre. In dieser Dauer des Bewußtseins haben wir also die Vergangenheit in der Gegenwart und ohne dieses Haben wir auch keine Continuität des Ich zu denken. Wie nun die Aufmerksamkeit als Impuls nichts anderes ist als das Wahrnehmenwollen, dieses aber in andern Momenten als das zurükrufende innere Sehen und Hören erscheint, so werden wir sagen können, eben dieses sei nun das beim Wahrnehmenwollen zur äußern Affection hinzukommende. Ganz läßt sich indeß das Verhältniß zwischen Vergessen und Behalten nicht aus dem Maaß des Interesses erklären, weil man oft vergißt, was man gern behalten möchte. Aber dies erklärt sich doch hinreichend aus der Differenz zwischen einem momentanen und einem habituellen Interesse. Ein zweites Element ist aber allerdings die Differenz in der Schärfe der Sinne, die nur durch entgegengeseztes Uebergewicht des Interesse aufgewogen werden kann. Am bestimmtesten aber tritt gegen unsere Ansicht auf die Virtuosität des Gedächtnisses ohne Interesse. Diese ist nur aus dem Sammelgeist, dem Interesse am einzelnen gewöhnlich nur der abstracten Formen zu erklären. Daher ist nun das Gedächtniß nichts besonderes für sich, sondern nur das an der Dauer jedes gewordenen Bewußtseins haftende Sein der Vergangenheit in der Gegenwart, ohne welches viele Wahrnehmungen (z. B. anschwellender Ton) gar nicht zu Stande kommen könnten. Wie nun diese Ansicht sich bewährt, das muß sich zeigen, wenn wir den ganzen Uebergang

betrachtet von dem erſten Anfang der chaotiſchen Einheit bis zum vollkommnen Zuſtand.

29. Von dem chaotiſchen Anfang an entwiffelt ſich allmählich, indem die Operation Einheiten zu fixiren den Hauptentwiffungsknoten bildet, die allen gemeine Mannigfaltigkeit der Bilder, aus welchen zuſammen das Weltbild beſteht. Hiebei ſind offenbar die leitenden Punkte die Einerleiheit des Afficirtſeins und die Identität des uns noch unbekannten intellectuellen Elements. Die Differenz aber, daß mancher einige Theile zurüffſtellt, entſteht nur aus dem Intereſſe, welches ſich individualiſirt. Eben daſſelbe muß man ſagen, wenn man fragt: Was haben wir von dem erſten Wahrnehmungszuſtand behalten und was vergeſſen? Der geiſtige Impuls iſt anzuſehen als ein ſich zum beſtimmten Bewußtſein erheben wollen. Dieſer iſt ſchon im Wahrnehmentwollen auf der ſelbſtthätigen Seite des Oeffnens der Sinne. Natürlich alſo, daß alles unbeſtimmte, ſobald das beſtimmte entwiffelt iſt, ſich aus dem Bewußtſein verliert. Dies iſt das allgemeine Intereſſe, daher wir uns die frühern Bewußtſeinszuſtände nur auf eine künſtliche Weiſe, indem wir Analogien folgen, zurüffrufen können. Mit dieſen hängt denn auch das ſpecielle Intereſſe zuſammen.

Form des Bewußtſeins als Denken und Sprache.

30. Die Gewißheit, daß niemand zu dieſer Vollſtändigkeit gelangt, ehe Denken und Sprache ihren Einfluß geäußert, führt uns nun zunächſt auf dieſen Gegenſtand. Die Hauptpunkte der Unterſuchung ſind folgende: 1) Iſt hier auch auf ein Unentwiffeltſein der Gegenſäze als auf ein erſtes zurüffzugehen? 2) Iſt in Beziehung auf den Gegenſaz des leiblichen und geiſtigen die Sprache überhaupt das leibliche und das Denken überhaupt das geiſtige, oder hat auch die Sprache ihren geiſtigen und auch das Denken ſeinen leiblichen Gehalt, oder die Sprache zwar auch einen geiſtigen, das Denken aber keinen leiblichen? 3) Wie verhält ſich dieſe Function zu allen anderen in den mancherlei Abſtufungen vom allgemein begleitenden bis zu dem ausſchließlich als höchſtes hervortretenden? 4) Die Mannigfaltigkeit der Sprachen in Beziehung auf das Factum daß keine genau in der andern aufgeht einerſeits und auf die Identität der Vernunft andrerſeits zu begreifen.

31. Die erſte Frage. Indem ſie auf das anfängliche zurüffſieht, können wir doch keine Hypotheſe von einem übernatürlichen Urſprung der Sprache aufnehmen. Denn haben die erſten Menſchen ſie nicht

aus sich entwickeln können, so hat die Fähigkeit des Denkens und Sprechens nicht ursprünglich in ihnen gelegen und die menschliche Seele war erst durch jene Mittheilung in ihren dermaligen Zustand gekommen, so daß wir doch bei der Art wie sie sich jetzt bildet stehen bleiben müßten. — Die Frage bringt uns zunächst aber wieder auf die Vergleichung mit dem thierischen zurück. Hier vermissen wir ganz den Gegensaz von Selbstlautern und Mitlautern. Die thierischen Töne sind nur schwebende Analoga, die sich bald mehr diesen bald mehr jenen nähern gewöhnlich an den Enden mehr consonantisch in der Mitte mehr vokalisch. Eben so den Gegensaz zwischen Rede und Gesang als Gegensaz gemessener und chaotischer Schwingung. Dieser tritt in Conflict mit dem vorigen. Beim Gesang tritt die Articulation etwas zurück, so wie bei der Rede das rhythmische zurücktritt. Die Rede knüpft sich unmittelbar an das bisher behandelte objective Bewußtsein, was beim Gesang nicht der Fall ist. Der Mangel an Articulation so wie an Rhythmus bei den Thieren hängt also zusammen mit dem Nichtauseinandertreten des objectiven und subjectiven Bewußtseins. Um aber nun zu wissen, wie sich beides verhält, müssen wir von der Sprache wieder zurückgehen zu den primitiven menschlichen Lauten.

32. Lachen und Weinen vor der Sprache. Lezteres ursprünglich nur organischer Reiz, ersteres mit Anerkennung des menschlichen verbunden, beides abgewendet von der Articulation zugewendet dem Gesang, wie denn auch beide die beiden musikalischen Hauptdifferenzen des heitren und wehmüthigen repräsentiren, welche auch erkennbar bleiben beim Gesang ohne daß er die Sprache zu Hülfe nimmt. Die den gemessenen Ton oft unwillkürlich begleitende Geberde ist ihm gleichartig und bildet mit ihm ein ganzes. Der Gesang nimmt die Sprache nur auf eine untergeordnete Weise zu Hülfe um den subjectiven Bewußtseinszustand auch durch das Gedankenspiel zu erläutern, welches an die Poesie annähert, die uns aber jezt zu weit aus dem Wege liegt. Richtung auf Mittheilung wächst mit der Entwicklung des Systems. Wo diese ganz fehlt ist auch nur organischer Reiz. Die allmähliche Entwicklung der Gegensäze ist also auch hier nicht zu leugnen, aber sie ist auch ursprünglich angelegt und auch hiedurch die objective Seite schon ursprünglich von der subjectiven geschieden. Wie der Gesang nur seine ganze Ausdehnung erreicht, wenn er die Sprache zu Hülfe nimmt, so auch die Rede nur wenn Rhythmus und Betonung.

Zweite Frage. Ob das Verhältniß zwischen Denken und Sprechen ganz einfach ist wie inneres und äußeres oder zusammengesezt, das können wir erst ausmitteln, wenn wir noch einmal auf das Verhältniß zwischen dem sinnlich objectiven Bewußtsein und dem Denken zurükkgehen. Haben wir erst Bilder von einzelnen Gegenständen, so ist es nur in derselben Richtung fortschreitend, wenn wir die einzelnen Exemplare als solche vergessen und nur das allgemeine Bild der Art und so auch das Gattungsbild = Schema festhalten. Diesen ganzen Reichthum von allen Abstufungen können wir im Bewußtsein haben ohne Sprache oder eigentliches Denken. Sehen wir nun dies als die Hauptsache bei der Sprache an, so entsteht die Vermuthung sie sei entstanden durch das sich mittheilen wollen, welches nur sehr schwierig mittelst Darstellung der Bilder könnte vollbracht werden.

33. Die Sprache als organisches Product hat also einen gemeinsamen Siz zwar mit Gesang u. s. w., aber es ist beides zusammen betrachtet eine Differentiirung derselben ausströmenden Thätigkeit, welche Manifestation sein will. Aus dem subjectiven Gebiet gehen zwar Elemente in die Sprache über, Interjectionen, die sich aber auch von allen andern als inflexibel unterscheiden. Sie sind dort nur Nachbildungen der Naturlaute, aber jeder Versuch mißlingt, die Sprache selbst im ganzen so zu erklären. Die Hauptfrage ist nun die: reiht sich das Denken so an das sinnliche Bewußtsein an, daß die Worte nur Uebertragungen der allgemeinen Bilder sind zum Behuf der Mittheilung, oder ist es eine andere Seelenthätigkeit, die mit dem inneren Sprechen zugleich aus einem bloß innerlichen Impuls ausgeht. Nomen und Verbum sind freilich nur Uebersezungen der allgemeinen Bilder ins Hörbare. Sie könnten eben so gut in demonstrative Bewegungen übersezt sein, und daß der Prozeß bei den lezten (mit Taubstummen) doch auch seinen Gang geht, zeigt, daß das Bild dabei noch dominirt; aber das Wesen des Denkens ist auch nicht in den Elementen, sondern in der Combination derselben im Saz. Die Ansicht das Denken aus dem bildlichen Bewußtsein zu erklären ist dieselbe mit der Erklärung der Sprache aus der Nachahmung der Naturlaute. Die Ansicht die Sprache aus göttlicher Mittheilung zu erklären, ist dieselbe mit der Erklärung des Denkens als einer von dem bildlichen Bewußtsein verschiedenen Seelenthätigkeit. Die unmittelbare Verknüpfung aber von Subject und Prädicat ist nicht aus dem bildlichen Bewußtsein zu erklären.

34. Wären diese beiden Elemente das Wesen des Denkens, dann könnte man es als Umgestaltung der Wahrnehmung ansehen zum Behuf der Mittheilung. Nun aber ist außer der Flexibilität der Wörter

33 *

zum Behuf der Sazbildung und allen formellen Sprachelementen auch noch die ganze Masse von Substantiven und Verben, welche nicht aus den Bildern abstammen können, so wie alle combinatorischen Sprach= elemente. In diesem zusammenhangenden Bewußtsein also ist das eigen= thümliche Wesen des Denkens. Die Bilder sind dessen unfähig und geben immer nur ein nebeneinandergestelltes. Diese Richtung auf die Vereinigung des Bewußtseins ist also die auf das Wissen. Dieselbe geistige, welche auch schon im Wahrnehmenwollen ist, die aber in der Sprache eine neue Stufe ersteigt. Indem aber doch das von den Bil= bern ausgehende Element nicht abzuleugnen ist, so repräsentirt dieses die untergeordnete Richtung der Sprache auf das Verkehr, wo die Mit= theilung vorzüglich das Sprechen motivirt, die aber natürlich auch das andere Element an sich zieht und ohne dasselbe ebenfalls nicht bestehen könnte.

35. Die Kinder eignen sich zunächst nur die Namen der Sche= mata an und sprechen eben so von sich wie von einem Gegenstande. Mit dem Ich=sagen geht erst die rechte Sazbildung an, woraus hervor= geht, wie genau dieses eigenthümliche Wesen des Denkens mit dem Selbstbewußtsein zusammenhängt. Daß es wesentlich Sprache ist deutet allerdings auch auf Mittheilung und darauf, daß das Selbstbewußtsein im Denken wesentlich auch Gattungsbewußtsein ist. Darum will alles wissenwerdenwollendes Denken auch ein gemeinsames werden. Wie nun das Ich=sagen das Innere ist zu der Mannigfaltigkeit der Affectionen, so geht auch das Wissen auf das Innere des Sein aus. Daher wer= ben auch die Bilder, wenn diese Richtung sich entwikkelt, andere, nicht das Verhältniß der Dinge zum Einzelwesen oder zum Menschen aus= sagend, sondern die Verhältnisse der Dinge untereinander. Sprachen, in welchen noch die eigennüzigen Bilder vorherrschen, sind auch solche, in denen sich das Wissen noch nicht entwikkelt. — In der eigentlichen Denkthätigkeit findet sich am meisten auch das bloß innere Sprechen durch lange Reihen fortgesezt, die aber schon um deswillen immer den Stempel der Unvollendung tragen und erst beim äußern Heraustreten für abgeschlossen erklärt werden. Zugleich aber erscheint auch das in= nere Sprechen als alle Lebensmomente beständig begleitend und die Stetigkeit des Selbstbewußtseins hieran haftend. Wir stehen hier zu= gleich wieder an der Grenze des metaphysischen. 's giebt eine entge= gengesezte Schäzung beider Momente. Das intellectuelle wird für Täu= schung erklärt. Damit hängt zusammen das Bestreben alle Sprachele= mente aus sinnlichen Eindrükken abzuleiten. Das empirische wird vom

Denken ausgeschlossen und dies hängt zusammen mit dem alle individuellen Bezeichnungen in die allgemeinen auflösen zu wollen. Die
Denkthätigkeit erscheint in ihrer Entwicklung als die Stärke der sinnlichen Organe vermindernd, weil das Bewußtsein sich mehr an die Namen heftet, aber wenn das Wissen die Richtung auf die Natur nimmt,
reproducirt sich diese Stärke aus einem höheren Impulse und bekommt
dann auch den höheren Character der Beobachtung und der Divination.

36. Vergleicht man die Sprache, sofern sie die Bilder umbildet
isolirt betrachtet, mit der Sprache, sofern sie vom Selbstbewußtsein
ausgehend combiniren und das innere darstellen will isolirt betrachtet,
so kann man sich erklären die, wenn sie vollkommen durchgeführt wird,
entweder die Einheit der menschlichen Natur oder die Einheit des einzelnen Lebens aufhebende Theorie von einer zwiefachen Potenz des Bewußtseins. Aber sie ist deshalb unrichtig, weil jenes Isoliren nicht
stattfindet und auch das gemeinsame Verkehr hat das innerliche und
combinatorische Element in sich. — Neben dem wissenschaftlichen finden
wir nun aber auch noch das poetische zu gewissen Zeiten und in gewissen Formen dem Gesang sich verbindende, überall sich unterscheidend
als freie Composition wesentlich aus dem die Bilder repräsentirenden
Sprachgebiete. Von einigen freilich wird dieses ganz verworfen, weil
anfangs auch alle Composition poetisirt und Prosa nur fürs gemeine
Leben ist. Aber darauf ist um so weniger zu geben, als dies dieselben
sind, die auch das speculative Element im Wissen verwerfen. Wir
können aber dies Gebiet hier nur anführen, da es unter den allgemeinen Begriff der Kunst gehört. Beide sind auf verschiedene Weise gebunden und frei, und die ganze Function stellt sich so: das bloß begleitende innere Sprechen ist nur das Wahrnehmenwollen auf die eignen Zustände gerichtet und sofern ganz gebunden und wesentlich das
zweite. In der Composition und der Willensbestimmung ist das innere
Sprechen das erste, also die Selbstthätigkeit überwiegend. Das denkende Auffassen und Mittheilen steht in der Mitte zwischen beiden.

37. Die Differenz der Sprachen ist nicht bloß organisch
auch nicht bloß eine Differenz des Reichthums, sondern sie sind gegeneinander irrational. Dies giebt einen scheinbaren Widerspruch. Die
Sprache geht, weil sie Mittheilung ist, von der Voraussezung der Identität des denkenden Princips in allen aus, es manifestirt sich in derselben aber eine durchgängige Differenz des Denkens. Um nun diesen
Widerspruch zu lösen, wollen wir versuchen die Erklärung von jeder
Seite aus für sich. Von der einen Seite aus würde also zu sagen sein,

es sei natürlich, daß der Mensch nur die Identität voraussetze bei dem Stammes- und Sprachgenossen, von andern wegen Unvernehmlichkeit Störung besorge und sie feindselig behandle. Dies erweitert sich hernach wenn Verein und Sprache zusammenwachsen, bleibt aber wesentlich dasselbe. Lösungen bieten sich aus der allgemeinen Sprache, die aber nie von dieser Ansicht aus ist versucht worden, und Sprachgemeinschaft auf das Verkehr bezogen. Aber diese lezte läßt immer die Differenz des Denkens übrig und die erste ist auch von der andern Seite aus doch niemals zu Stande gekommen, so daß von dieser Seite nicht gelingen will, beides mit einander zu verbinden.

38. Von der Einheit des Denkens aus müßte man voraussetzen, daß die Differenz nur auf die Naturdifferenzen zurükgehe, nämlich theils auf die organische theils auf die in der äußeren Welt gegebenen. Die von hier aus in Anregung gekommene Idee sei es nun einer allgemeinen Sprache oder einer Pasigraphie stellt sich die Aufgabe die Sprachelemente zu zerlegen in das an und für sich identische oder in das durch Reduction zu identificirende differente. Allein die Reduction gelingt nicht und die Aussonderung auch nicht, da die Differenz auch in die am meisten innerlichen und combinatorischen Elemente eingeht. Doch kann eine allen gemeinsame Wissenschaft nur gefunden werden auf diesem Wege. Als Durchgangspunkt stellt sich aber auch hier von selbst die möglichste Gemeinschaft aller Sprachen. Ein Saz kann nur wiedergegeben werden durch Combination im einzelnen verschiedener Elemente. Aber die Uebertragung einer Schrift, welche auf diese Weise aus der Uebertragung einzelner Säze zusammengestellt wäre, wird nie eine so genaue Auflösung sein, als wenn sie eben so aus einer Combination im einzelnen verschiedener Säze besteht. Und dies wendet sich von selbst auf die Gesammtheit der Sprachen an. Das Denken jeder Person ist ein individuelles.

39. Wäre nun die Identität des Wissens nur in denen mit der Totalität des individualisirten Wissens zugleich, welche selbst alles wissend es in allen Sprachen in der eigenthümlichen Weise jeder aussprechen könnten, d. h. sie ist in der Zusammengehörigkeit und Auflösbarkeit alles aus differenten Elementen bestehenden individualisirten Wissens. Die Totalität alles Wissens ist aber nichts als die Analyse des Begriffes Welt, dieser also überall identisch, und wo er durch ein einfaches Zeichen ausgedrükt ist, muß dieses auch identisch sein, wobei freilich auch immer noch von der geschichtlichen Art der Entwicklung des Begriffs (anders in Welt und anders in κόσμος) abstrahirt wer-

ben muß. Dem gegenüber stellt sich ein ähnliches Element, das Sein an sich; und diese beiden am meisten überall identischen Angelpunkte sind es, zwischen denen alle Differenzen sich entwickeln von dem einen identischen ausgehend und zu dem andern hin.

Das subjective Bewußtsein auf seinen höheren Stufen.

Das subjective Bewußtsein hatten wir nur bis zur sinnlichen Thätigkeit entwickelt. Der Gegensaz angenehm und unangenehm wär hier von außen bestimmt. Er ist aber auch von innen bestimmbar durch veränderte Circulations- und Assimilationsverhältnisse rein leiblich. Diese Erweiterung aber schließt keine Erhöhung ein. Der Analogie nach könnte diese nur da statt haben, wo der Gegensaz nicht auf das persönliche Selbstbewußtsein sondern auf das gattungliche bezogen würde. Im geselligen Zustande entwickeln sich eine Menge von Verhältnissen, welche das Selbstbewußtsein bestimmen, aber wenn gleich geistiger ist dieses doch auch keine Erhöhung.

40. Daß aber von den selbstischen auf gesellige Verhältnisse sich gründenden Empfindungen die eigentlich geselligen sehr verschieden sind, das sieht man am deutlichsten aus den vermischten Empfindungen, wo das selbstische und das gesellige auf den entgegengesezten Seiten des Gegensazes stehen können *). Hier ist wie beim Denken das Gattungsbewußtsein die Hauptsache und dieses wird an und für sich als erweitertes und erhöhtes Leben aufgenommen; es beruht auf der Anerkennung des menschlichen als uns gleich. Diese Anerkennung beginnt freilich sehr zeitig und lange vor der Aneignung der Sprache (die aber auch ohne jenes nicht möglich wäre), dafür aber auch mit einer Indifferenz zwischen geselligem und selbstischem in der noch fortwährenden Lebensgemeinschaftlichkeit zwischen Vater und Mutter, aus welcher sich erst das übrige allmählich entwickelt.

41. Die weitere Entwicklung von hier aus durch Familie, Stamm und Volk hat immer noch den Zusammenhang mit dem selbstischen, aber wir finden auf der andern Seite in großen geschichtlichen Erscheinungen, daß dieser Zusammenhang sich trennt um eines anderen willen, z. B. des religiösen, indem Ein Volk in verschiedene religiöse Gemein-

---

*) Anmerkung: Das Zusammensein des angenehmen und unangenehmen auf dem sinnlichen Gebiet ist etwas ganz anderes, doch so daß das ungleiche hier auch in verschiedenen Functionen sein muß.

schaften zerfällt und verschiedene Völker sich zu Einer religiösen Gemeinschaft vereinigen*). Hier ist eine Identität gesezt für alles menschliche Sein (zumal wenn eine Religion die entschiedene Tendenz hat
Weltreligion zu sein) in dem Verhältniß zu dem absoluten Sein. Hernach finden wir ein Ueberschreiten in dem Gebiet des Verkehrs über
die Grenzen des Volkslebens, worin also die Abstoßung des fremden
untergeht und die sich ohne Beziehung auf eigennüziges Geschäft zur
Gastfreiheit veredelt, endlich auch Wahlanziehung außerhalb der verwandtschaftlichen und Volkskreise bis zum Conubium unter verschiedenen
Racen. Hier wirkt überall das Gattungsbewußtsein zur Unterbrükkung
der geselligen Beschränktheit eben so auf der subjectiven Seite wie auf
der objectiven nur nicht unter der Form des Begriffs. Die persönliche
Wahlanziehung ist freilich auch nur ein Interesse des Einzellebens und
nicht immer überwiegend des geistigen, aber das Verhältniß geht doch
unmittelbar durch jenes höchste Bewußtsein durch.

42. Wir würden diese Entwikkung des Bewußtseins für vollständig ansehen können, wenn nicht der eigenthümliche Inhalt des religiösen Elements uns schon vorgekommen wäre. Nun wird zwar häufig
geleugnet, daß das nicht hieher gehöre, indem einige denselben zum objectiven Bewußtsein, andre ganz zu den Willensbestimmungen rechnen.
Offenbar aber äußert sich Andacht ursprünglich durch Ton und Geberde, die Rede tritt erst später ein und findet sich Andacht schon in
solchen Klassen und Zuständen, wo an eine Entwikkung des Gedankens
Gottheit nicht zu denken ist. Der Grund liegt darin, daß zumal im
Christenthum und am meisten in dem unsrigen eine große Masse von
Gedanken in der religiösen Mittheilung umlaufen, wobei man sich nicht
erinnert, daß diese anderwärts auch zu den natürlichen Aeußerungen
als Ergänzung hinzukommt. Ist nun offenbar, daß in den frommen
Bewußtseinszuständen nicht eine gesellige Beziehung sondern eine auf
außerhalb menschlichem zum Grunde liegt, so ist dieses nicht eine Fortsezung der bisherigen Reihe, sondern wir müssen eher voraussezen, sie
hänge mit einer andern zusammen, welche schon Beziehung auf nicht-
menschliches enthielt. Dies sind nun die Naturgefühle, welche mit den
Bestimmtheiten des allgemeinen Sinnes anfangen. Aber sie erhalten
einen höheren intelligenten Charakter allerdings mit dem objectiven Bewußtsein verbunden, aber doch nicht aus demselben entspringend in dem

---

*) Anmerkung: Es kommt hier nicht auf das Wesen des religiösen
Elementes selbst, sondern nur auf das Geselligkeitsverhältniß an.

Wohlgefallen an der Natur. Der primitive Eindruk ist hier immer das ursprüngliche; wir fangen dann an über den Zusammenhang zu reflectiren, aber wie dieses überhaupt selten ein bestimmtes Resultat giebt, so wird auch in keinem Fall der Eindruk dadurch abgeändert und ist also auch nicht dadurch bestimmt worden. Wird nun die Empfänglichkeit für diese Eindrükke durch einseitige praktische Richtung oder ausschließendes abstraktes Denken abgestumpft, so sieht man um so bestimmter, daß sie dem Selbstbewußtsein angehören.

43. Das Wohlgefallen am schönen ist offenbar dasselbe auch an der menschlichen Gestalt, aber nicht zusammenhängend mit Gattungsbewußtsein, sondern gleichartig dem Naturgefühl, sofern die Gestalt ein Theil der irdischen Natur ist. Der Eindruk bezieht sich auf die Form, sezt also objective Auffassung voraus, aber was an dem Eindruk Lebenshemmung (im häßlichen) oder Förderung ist, geht nicht auf den Zustand, in dem sich diese Function befindet, das häßliche wird nicht schön, wenn es auch auf das genaueste aufgefaßt ist. Also ist ein anderes aufzusuchen. Der Gegenstand steht vor uns als Theil der Welt aber auch als einzelnes zum Schema. Keins ist auszuschließen. Das eine ist anwendbarer bei dem, was dem allgemeinen Leben angehört, das andre mehr bei dem individuellen. Hier ist nun häßlich die Erscheinung, welche in dem Schema nicht aufgeht, wo also die bildende Kraft durch fremde Potenzen gehemmt erscheint. Jedes Lebensgebiet macht Anspruch auf einen freien Spielraum von Differenzen, die aber noch mit Leichtigkeit das Schema zurükrufen und was in diesem Gebiet liegt ist das gleichgültige. Das schöne also ist das, wodurch das Schema selbst in seiner Reinheit vergegenwärtigt wird und woraus sich die Differenzen erklären.

44. Als gleichartig ließe sich hier anschließen das Wohlgefallen am ethisch schönen, welches sich noch auf dieselbe Art erklären läßt, aber dann auch am kunstschönen. Allein bei diesem ist das Kunstwerk wesentlich das frühere, also das Wohlgefallen, wiewol gleichartig dem unsrigen, doch nur aus der Production zu verstehen. Die Naturschönheit muß soviel möglich ein Bild der Welt sein in ihrer Beziehung auf den Menschen. Also Mannigfaltigkeit und Fülle, Natur- und Culturbeziehung. Das meiste ist indifferent, das positiv belebende ist das schöne. Wir haben aber das Maaß nur für unsern klimatischen Typus. — Das erhabene ist mehr auf der Naturseite als auf der menschlichen. Der Eindruk ist der einer unerschöpflichen Kraftfülle, von der wir uns niedergedrükt fühlen, aber zu der wir auch immer wieder zurük müssen. Einzelne

menschliche Gestalt macht diesen Eindruck nicht, wenn nicht eine auf das unendliche berechnete Absicht mit darin liegt (wie Olympischer Jupiter). Die Quantität thut nichts, nur daß in dem kleinen die unendliche Kraft nicht zur Anschauung kommt.

45. Das religiöse Gefühl hat am meisten Aehnlichkeit mit dem letzten. Auch wurden die Tempel in der Nähe erhabener Naturscenen gebaut. Aber wie kommen wir zu der Voraussezung? Wir müssen eine unmittelbare Richtung auf das unendliche annehmen. Der Gegensaz zwischen dem bewußten Sein als Gattung und dem dem Bewußtsein gegebenen Sein muß im Selbstbewußtsein aufgehoben werden, also es muß dabei afficirt sein von einem anderen. Also offenbar von einem, worauf es nicht reagiren kann = absolutes Abhängigkeitsgefühl. Die Bezeichnung des Etwas worauf dieses geht wird immer eine symbolische sein. Das Gefühl findet sich auf allen Stufen der Entwicklung, und erweitert sich mit dieser. Es giebt von jedem Punkt aus einen Uebergang zu demselben, wie auf jedem der aufzuhebende Gegensaz sich findet. Es wird daher ebenso als ein constantes postulirt, wie das Selbstbewußtsein als Ich.

Alles was auf der Gefühlsseite übergangen zu sein scheint, kommt zur Sprache, wenn von den psychischen Differenzen die Rede sein wird.

Uebergang zur Spontaneität.

46. Wie dieselbe schon in der Denkfunction aufgenommen worden, wie diese endet in Wissenschaft und Kunst, in welchen beiden das Maximum von Selbstthätigkeit ist; wie aber die erste die wissend gewollte Erweiterung des objectiven Bewußtseins ist, die andere nur die Kundgebung des individuellen Seins in wissend gewollten Gedankenreihen. Von hier aus zurückgehend finden wir Gedankenzustände, die nicht wissend gewollt und auch nicht durch eine gewollte Oeffnung des Sinnes bewirkt sind. Ja sogar solche, die gegen unsern Willen in uns sind, was freilich nur bestimmt wahrgenommen werden kann, wenn der Wille auf Denken gerichtet ist und andre Denkthätigkeiten vorkommen, welche jenen Willen unterbrechen. Beide Endpunkte sind schwer verständlich.

47. Wenn wir uns die gesammte Denkthätigkeit eines einzelnen auf dem Maximum vorstellen wollen, so dürften es auch nicht aneinanderstoßende Reihen (sein?), welche jede von einem gewußten Denken

wollen ausgehn. Denn das Denkenwollen selbst geht nicht wieder auf ein gewußtes Denkenwollen selbst zurück, entsteht mithin ohne Wollen, und steht nicht auf dem Maximum. Also dürfte es nur Eine Reihe sein, der Zweck müßte dann sein die Idee Welt zu entwickeln. Die ganze Entwicklung müßte sich systematisiren, die Lage des Denkenden in der Außenwelt dürfte eben deshalb nicht von Einfluß sein und die Kunstseite ganz leer bleiben. Dies wäre vollkommne Unnatur. Zu diesem fingirten bildete dann den strengsten Gegensaz die Masse der freien Gedankenerzeugung als Spiel von Einzelheiten, die sich aus der jeden Moment neuen inneren Lebendigkeit erzeugen. Aus dieser aber bilden sich die Zweckbegriffe als einzelne Momente heraus. Eben so aber auch die Kunstconceptionen. — Wenn auch jene innere Lebendigkeit zurücktritt, erscheint als Minimum das an Nichts denken, womit man doch etwas anderes sagen will als Nicht denken, es ist das Zurücktreten des Denkens zur bloß begleitenden Reflexion, wie es auch bei angestrengten Thätigkeiten anderer Art das einzige bleibt, so auch hier ein Sichselbstvorstellen im Zustand der Abspannung.

48. Die gegen den Willen vorhandenen Vorstellungen rühren auch aus der freien Beweglichkeit her und bezeichnen nur, daß der Willensimpuls nicht stark genug ist, diese ganz zu beherrschen. Also ist Maximum dieser in seiner größtmöglichen Kraft, Minimum die freie Beweglichkeit bis zur allgemeinen Abspannung aller Functionen niedergedrückt. Beide Formen aber verhalten sich so, daß das gewußte Wollen, sofern es nur aus der freien Beweglichkeit hervorgeht, unter der Potenz von dieser steht. Denn je mehr diese abgespannt ist, um desto weniger Willensbestimmungen kann es geben. Da aber die freie Beweglichkeit sich nur wiederherstellt, wenn jene Concentration nachläßt, so steht sie auch wieder unter der Potenz von jener. Beide also einander gleich und das ganze selbstthätige Leben ein Wechsel zwischen beiden. Eine zweite Differenz ist diese. Wie auf der Seite der Receptivität sich bald das Gattungsbewußtsein entwickelt, so ist auch die Selbstthätigkeit bald persönlich bald das im einzelnen wirkende Gattungsleben. So wird der einzelne nur durch dieses. Die willkürlichen Bewegungen des Neugebornen sind Indifferenz von Reaction und Spontaneität. Wenn diese sich auflöst, entsteht mehr oder weniger Conflict zwischen Persönlichkeit und Gattung, bis beide wieder zur Zusammenstimmung gelangen. Es fragt sich nun, wie dieser Gegensaz zu dem vorigen steht.

49. Um die Frage, wie sich die Richtung auf die Persönlichkeit

unb die Richtung auf die Gattung zu den beiden Formen der Selbstthätigkeit, dem gewußten Wollen und der freien Lebendigkeit, verhalten,
müssen wir darauf zurükgehen, daß das Gattungsbewußtsein anfängt
mit der Anerkennung andrer als Menschen, und das sich ihnen mittheilen wollen ist das die Gattung wollen. Also auch das sie in sich aufnehmen, d. h. die Empfänglichkeit für die in der Gesammtheit umlau-
fenden Vorstellungen in sich aufzunehmen, als auch in einzelnen Momenten hervortretend, ist dem Gattungwollen angehörig, offenbar
aber unter der Form der freien Beweglichkeit. Wogegen wenn wir
uns einen Conflict denken, so ist das den Conflict aufheben wollen ein
gegen die widerstrebende Persönlichkeit gerichtetes Gattungwollen, aber
offenbar in der Form des gewußten Wollens. Also hier beide. Wie
ist es auf der Seite des persönlichen?

50. Das Werden der Persönlichkeit ist nur das Resultat von dem
Spiel der innern freien Lebendigkeit, so wie sich dieses selbst durch die
zum Grund liegende Eigenthümlichkeit bestimmt. Daß die Fortent-
wiklung der Persönlichkeit auch wird durch die Thätigkeiten, welche
vom bewußten Wollen ausgehen, liegt darin, weil auch diese mit der
Persönlichkeit verrichtet werden. Die Frage ist nur, ob es ein bewußtes Wollen gebe, welches auf Bestimmung der Persönlichkeit ausgeht.
Dies leugne ich, und zwar nicht nur den Erfolg, sondern auch die
Richtung. Denn es müßte einer sich selbst anders wollen, d. h. sich
selbst nicht wollen. Unstatthafterweise führt man hiebei das sich sittlich bessern wollen an. Dies ist aber keine andre Bestimmung der
Persönlichkeit, denn eben die Persönlichkeit, das gegebene Verhältniß
der Functionen wird sittlicher d. h. vernünftiger. Denn die Vernunft,
die gar kein Quantum ist, geht nicht in die Formel der Persönlichkeit
ein, so daß diese eine andere würde, wenn die Vernunft an Einfluß
zu oder abnimmt. Es läßt sich auch nicht einsehen, womit eine Veränderung der Persönlichkeit sollte bewirkt werden. Denn alles was in
das Gebiet der Uebung und der Vernachlässigung fällt, geht ebenfalls
aus der Persönlichkeit hervor. Der Schein eines solchen Wollens entsteht nur aus dem eignen Nichtgelingen und dem Reiz der Nachahmung. Der lezte aber geht nie auf das Sein sondern nur auf das
Haben oder Thun.

51. Alle Selbstthätigkeit des Einzelwesens ist immer nur Entwiklung der Persönlichkeit aber nicht Hinausgehen aus derselben, da
selbst die bestimmten Entschlüsse, welche das Uebungsquantum einzelner
Functionen bestimmen, nur in der Persönlichkeit gegründet sind. —

Nächstdem ist auch noch ins Auge zu fassen das Verhältniß einer Thätigkeit zur Totalität ihres Gegenstandes. Die Richtung auf einen vorgezogenen Theil nennen wir Neigung, so wie das Hervorragen einer Thätigkeit über die übrigen wir Talent nennen. In dieser Beziehung sind zwei Endpunkte zu beobachten, das Maximum der Einseitigkeit und das Maximum der Gleichmäßigkeit. Denken wir uns ein Gesammtleben ganz nach der ersten Art construirt, so wird es reich sein an aller Virtuosität, aber die Gemeinschaft wird nur durch ein schwaches Band zusammengehalten, weil sie einander wenig ähnlich mithin wenig verständlich sind. Ganz nach der andern wird umgekehrt die Virtuosität fehlen. Zwischen diesen Endpunkten liegen aber alle Differenzen.

Den Inhalt anbetreffend so sind alle Aeußerungen der Selbstthätigkeit theils Selbsterhaltungstrieb, theils Selbstmanifestation, theils Besitzergreifung der Dinge. Allein alles dieses ist nicht von einander zu trennen und jedes immer zugleich das andere.

52. Die Selbstmanifestation ist Kunst. Die ursprüngliche Aeußerung enthält die Elemente dazu, die zusammengesezten Werke sind nur Gruppirungen von jenen. Selbst in der Dichtkunst dominirt in den Gedankenreihen das bildliche und die freie Zusammenstellung ist nur Darlegung der eigenthümlichen Weltansicht und Verknüpfungsweise. Sobald die Zusammenstellung einen bestimmten Zweck hat z. B. Belehrung, so sehen wir sie nicht als Kunst an und wenn auch die Form hier hinein verwikkelt wird (versus memoriales), so machen wir auch an diese keine Kunstansprüche. So ist auch Kunsttendenz an allem was Besitzergreifung ist, aber als etwas besonderes, indem wir uns durch das für den Zweck zufällige in der Gestaltung manifestiren. Indem nun Manifestation Mittheilung sein will und andere voraussezt, so geht sie freilich vom Gattungsbewußtsein aus, aber es ist doch in der Form der Persönlichkeit. Sehr oft wird durch die Kunstleistung vorzüglich dargestellt die eigenthümliche Richtung der Receptivität. Das Besitzergreifen ist an und für sich nicht um sein selbst willen, sondern für die Selbsterhaltung im weiteren Sinn und zu dieser gehört denn auch die Manifestation, weil sie ein wesentliches Lebenselement ist, so daß sich der Ring vollkommen schließt.

53. Um die Kunst ganz als Selbstmanifestation zu verstehen müssen wir auch der Receptivitätsweise eine Manifestation zugestehen. Virtuosität des Auffassens und Nachbildens der Gestalten = Plastik, der Gestalten unter der Potenz des Lichts = Malerei, der menschlichen Handlungsweisen = Poesie. Ursprünglich productiv ist Musik (auch

Mimik), weil alle gemessenen Töne nur menschliches Werk sind. Eben
so ursprünglich ist der metrische Theil der Poesie, aber auf das innigste
mit dem materiellen Theil der Conception verbunden. Die Kunst bringt
auf diesem Wege auch in das theoretische und praktische Gebiet der
Sprachmittheilung ein, so wie die bildende Kunst in alle Besitzergrei-
fungsacte. — Das Wohlgefallen an der Kunst verhält sich zu der Productivität in der Kunst nur wie mehr und minder. Die Kunstentwicklung ist ungleich, je nachdem die gesellige und Naturumgebung das
schöne (eine vollkommene Durchdringung von Schema und Individualität) oder das erhabene in die Anschauung bringt. Dasselbe Talent,
das unter günstigen Umgebungen zur Production geweckt wird, bleibt
unter ungünstigen auf der Stufe der Empfänglichkeit.

54. Besitzergreifende Thätigkeit. Zu dieser gehört alles,
was Naturbeherrschung ist. Diese fängt allerdings an in der Indifferenz mit dem Selbsterhaltungstriebe. Aber Plato hat recht, daß man
überall den Erwerb vom Geschäft trennen muß. Jene Indifferenz ist
überall, wo alle alles allein verrichten. Damit verträgt sich die dem
thierischen analoge Verschlossenheit des Sinnes. Die Indifferenz hört
erst auf mit der Theilung der Arbeit und verkündigt sich dann durch
Beharrlichkeit bei einer gewissen Art von Einwirkung auf die Natur
auch wenn das Resultat für den Selbsterhaltungstrieb eher ungünstig
ist. Von diesem Zeitpunkt an erwecken sich Erkenntnißtrieb und Be-
herrschungstrieb gegenseitig. Im großen betrachtet giebt es immer Gesammtheiten, die noch jenen Kindheitszustand repräsentiren. Aus diesem gehen manche Völker heraus, indem sie durch ihre Vermehrung ge-
drängt werden ihre Wohnsitze zu verlassen und kommen dann zu Völkern,
welche schon in der Theilung leben. Unter andern erwacht in einzelnen von Seiten des Erkenntnißtriebes die Wanderungslust und die
Uebertragung des besseren geht allmählich vor sich. Indem nun aber
jeder nicht für sich allein bildet, sondern für die Gesammtheit und die
Idee nach welcher gebildet wird nur die der Gesammtheit ist, so ist
auch hier die überhandnehmende Herrschaft des Gattungsbewußtseins
unverkennbar.

55. Selbsterhaltungstrieb. Muß in seinem ganzen Umfange
gefaßt werden. Das Seelewerden ist zwar kein Wollen für unser Gebiet, es kann auch nur eine speculative Fiction sein, wenn man es als
einen Trieb des Geistes an sich oder als Gattung betrachtet ansieht.
Aber der Selbsterhaltungstrieb ist nun doch nur dies Seelebleiben-
wollen, worunter also sowol die Richtung auf das Wissen als die auf

die Kunst enthalten ist. Der Besizergreifungstrieb erscheint dabei zunächst nur als Mittel, allein dies ist ein Gegensaz, den wir immer wieder aufheben müssen. In günstiger Natur erscheint dieser als Maximum, während daß die beiden anderen ganz zurükkgedrängt sind, so wie in ungünstiger diese nicht hervortreten, weil jener keine Resultate liefert. Im lezten Fall findet Beruhigung statt, weil das Bewußtsein der Aufgabe sich nicht hat entwikkeln können, und die Correction liegt in dem anderwärts rege gewordenen Triebe das menschliche aufzusuchen. Dann entsteht Verlangen nach dem besseren. Im ersten Fall sollte der Widerspruch empfunden werden, der im Befangenbleiben in den Mitteln liegt; es geschieht nicht, weil Kunst und Wissenschaft sich nur mit dem Gattungsbewußtsein entwikkeln, wenn diese Entwikklung zurükkbleibt. Dies ist die eigentlich sittliche Richtung.

56. Wenn wir den Selbsterhaltungstrieb so fassen, so ist er nicht etwas einzelnes, sondern die Lebenseinheit in ihrem Verhältniß zur Gesammtheit der Functionen, das Fortfahrenwollen zu sein was man ist. Will man die physische Lebenserhaltung besonders hervorheben, so begünstigt man nur zu leicht die Ansicht, daß alles andere nur um dieser willen gewollt werde, und dadurch wird die Wahrheit des Bewußtseins verfälscht. Sezen wir nun aber dies allgemein, so scheint zu folgen, will jeder als der fortbestehen der er ist, so wird vorausgesezt daß jeder schon vor aller Selbstthätigkeit ein bestimmter ist, und dies scheint zwei Ansichten gegen sich zu haben, eine gewisse Vorstellung von Freiheit auf der einen Seite, und eine Vorstellung von ursprünglicher Gleichheit auf der andern. Von der lezten aus wird behauptet, theils jeder werde was er ist durch eigne Willkühr theils durch die äußern Einwirkungen. Das leztere verwandelt das Leben ganz in Mechanismus, das erste hebt alle Zuversicht auf, indem dieselbe Willkühr auch das durch die Willkühr gewordene vernichten kann. Wird hingegen angenommen, daß etwas bestimmtes ursprünglich angelegt sei, so müßte dann die Freiheit darin bestehen, dieses angelegte wieder aufzuheben, und auch diese Aufhebung könnte jeder folgende Act der Willkühr wieder aufheben. Eben so müßte die Gewalt äußerer Einwirkungen troz des angelegten aus jedem jedes machen können.

57. und 58. Der Selbsterhaltungstrieb als Quantum betrachtet bietet dar die größte Mannigfaltigkeit der Erscheinungen. — Die feigherzige Anhänglichkeit, welche das Leben um jeden Preis und unter jeder Gestalt will, die Unterordnung des Einzellebens unter das Gesammtleben, das Beendigen des Lebens durch eine freiwillige Hand-

lung. Schon jenes Unterordnen ist auf niedriger Stufe der Bildung nur ein scheinbares, wo nämlich die Differenz zwischen beiden noch gar nicht herausgetreten ist, stumfsinnige instinktartige Dranwagung für das ganze. Nur auf hoher Bildungsstufe giebt es wahre Tapferkeit, dann aber müssen wir auch die zwiefache Richtung des Triebes unterscheiden und nicht der Trieb wird überwunden, sondern nur eine Richtung desselben durch die andere. Hiebei ist nun zugleich Betrachtung anzustellen über die Vorstellungen von Unsterblichkeit. In diesem Zusammenhange, wenn man von denen, die sich auf besondere religiöse Ueberlieferung gründen, abstrahirt, erkennt man gleich ihren Ursprung im Selbsterhaltungstrieb. Sie fehlen nur in dem rohen Zustande, in welchem noch kein freies Spiel mit Bildern stattfindet; sie entwikkeln sich dann auf der sinnlichen Stufe als Schattenleben analog dem Traum, wie der Tod dem Schlaf. Wo das intelligente dominirt entwikkeln sie sich unter der Form von sittlicher Fortschreitung. Aber auf derselben Stufe entsteht auch eine Polemik gegen sie, welche sichtlich mit der Dranwagung der persönlichen Existenz zusammenhängt, um nämlich diese ganz als Aufopferung ohne Rükkhalt zur Darstellung zu bringen. Daß indeß dieser Skepticismus sich am Ende der Entwikklungsreihe findet, beweist nichts gegen die Wahrheit der bezweifelten Vorstellungen, auch das nicht, daß wir ihren natürlichen Ursprung in Selbsterhaltungstrieb sezen, denn dieser kann ja auch durch sie gerade die Wahrheit unseres Seins ausbrükken. Wenn man indeß erwarten sollte, daß dieser Glaube den Selbstmord befördern werde, da der Tod ja unter dieser Voraussezung nur ein Durchgangsmoment wie jeder andere wäre, und es findet sich das Gegentheil, so ist dies vorzüglich in dem religiösen Ursprung zu suchen. Finden wir nun im Dranwagen sowol als wenn der Fall denkbar ist im Selbstmord aus intellectuellem Gesichtspunkt kein Ertödten des Selbsterhaltungstriebes, so bleibt uns nur noch die Frage, wie der Selbstmord aus sinnlichen Motiven zu erklären ist.

59. Der Annahme, daß diese noch übrige Art Seelenzerrüttung sei, steht die andere entgegen, daß es solche gar nicht gebe, sondern dies immer Erscheinungen körperlicher Ursachen wären. Wir können uns hierauf nicht einlassen, indem die Frage von Seelenkrankheiten in den zweiten Theil gehört. Aber wir können uns die Thatsachen erklären aus zwei schon aufgestellten Momenten. Einmal kann ein Versunkensein in den Moment die ganze Zukunft vergessen machen. Es soll ein unerträglicher Moment beendigt werden und man beendigt das Leben. Zweitens ....

Zweiter, conſtructiver Theil.

Zu dieſem bildet der Selbſterhaltungstrieb den Uebergang, weil er ſchon eigentlich auf die Geſammtheit der Functionen geht und das Einzelweſen conſtituirt. Wir haben nun das Leben zu begreifen als Wechſel von Zuſtänden und die Perſönlichkeiten als den Inbegriff der Möglichkeit der menſchlichen Gattung. Aber man verſteht die einzelnen Perſönlichkeiten nur in ihren großen und unter den großen wieder unterſcheiden ſich ſolche von ſtarkem und von ſchwachem Entwikkungsexponenten. Letztere ſtellen dann in großen Reihen von Generationen nur denſelben Zuſtand dar, und die Individuen unterſcheiden ſich dann auch weniger.

60. und 61. Geſchlechtsdifferenz. Nach Maaßgabe des vorigen. Uebergewicht des ſubjectiven Bewußtſeins, damit auch individueller Anſchauung. Durch Wirkung auf die erſte Jugend ſteht im Totaleinfluß das weibliche Geſchlecht dem männlichen gleich. So auch iſt das Selbſtbewußtſein in ſeiner höchſten Entwikkung als Frömmigkeit der höchſten des objectiven gleich. Zurükſtehn in Kunſt und Wiſſenſchaft, weil in beiden nur nachbildend. Vom öffentlichen Leben durch die Natur zurükgezogen.

62. und 63. Temperamentsdifferenz. Nach Maaßgabe des vorigen Heftes.

Beilage C.

Vorlesung im Winter 1833 zu 1834.

---

1. Deutsche Wort Seelenlehre, dessen Analyse bildet die Prolegomena. Seele als bekannt, was für eine Lehre. Sonst rationelle und empirische. Leztere Anekdoten von der Seele. Ersteres könnte nur Ichlehre sein, sofern das Ich-sagen allem Beobachtungsstoffe vorangeht. Andre Verschiedenheit nach Verhältniß zu den Wissenschaften. — Wird bei Logik, Physik und Ethik vorausgesezt.

2. Momente, Anthropologie.

3. Also physiologisches noch das begleitende — auf der andern Seite das metaphysische. Ob noch als einwohnend (?) ausgeschlossen z. E. Ideen angeboren u. s. w. Also alles immer, wie es in der Identität wird. Alles dialektische als Beziehung auf das Sein ausgeschlossen. Der Gegensaz von Wahrheit und Irrthum als Erscheinung gehört uns.

Auf die Frage zurück, wie der Anfang.

4. Zusammenstellung (?) der Schwierigkeiten den Anfang zu sezen und Lösung derselben durch die Sprache.

Die verschiedenen Auffassungen der Seele.

5. Wie wir zum Θρεπτικόν stehen. Frage über Bewußtsein und ἀσώματον. Dies geht auch auf Sprache (Zeichen) zurück. Alles auf

das Ich-sagen als Manifestation also als Gattungsbewußtsein im Selbstbewußtsein zurückgeführt.

6. Das Gattungsbewußtsein führt auf die Differenzen und es entsteht die Frage, ob diese nur in äußerem gegründet sind, oder nur leiblich oder auch ursprünglich psychisch. Sie scheint vorher beantwortet werden zu müssen, weil sie auf die ganze Anlage Einfluß hat. Denn sind sie etwas ursprünglich psychisches, so müssen sie auch besonders behandelt werden. Liegen sie außerhalb unseres Gebietes, so beschränkt sich auch unsere Untersuchung auf die einzelnen Functionen in ihrer Besonderheit. Beispiel von der Geschlechtsdifferenz.

7. Die Volksdifferenzen schließen sich an. Die durch die Sprache gegebenen Differenzen im Denken. Aber auch im einzelnen Leben die Differenzen der Combination von vorausgesezten gleichen Prämissen geben beim weiteren Hinaufrükken das Resultat, daß jeder einzelne schon ehe er Gegenstand für uns wird, ein andrer geworden ist, sei es nun ursprünglich oder durch äußere Einwirkungen oder durch bloß leibliche Verschiedenheit.

8. Wir würden also zwei Theile haben. Aber große Vorsicht mit den Ausdrükken. Für den elementaren Theil stände uns ein ganz empirisches zu Gebot, aber dies würde endlos sein und müßte sich im constructiven Theil aufs neue wiederholen. Also müssen wir suchen ein ordnendes Princip zu haben, indem wir uns auf unser einfaches Ich-sagen zurükziehen.

9. Das einfache Ich-sagen hält doch eine Duplicität in sich, weil wir uns nie schlechthin sondern immer irgend wie finden. Es giebt kein Ich-sagen ohne unterscheiden und also ein andres entgegensezen; wir stellen etwas vor, wir empfinden von etwas her, wir wollen etwas. Dies ist das mit dem Ich gesezte Du im weiteren Sinne abgesehen von aller Mehrheit menschlicher Individuen. Ohne dieses wäre das Ich-sagen selbst nicht zeitlich, nicht gesonderter Moment. Aber dieses Einsfein des Ich und seines Wechsels führt auf den Begriff des Lebens zurük.

10. Leben als Organismus im Gegensaz des Mechanismus nach dem ersten Aristotelischen Merkmal. Innere Bewegung beginnt freilich auch nicht ohne gewisse Reaction.

11. Vermischte Beispiele um zu zeigen, daß überall in den einzelnen Momenten ein mitwirkendes ist, sowol in gewollten Gedankenreihen als im Gedankenspiel und daß dieses überwiegend die leibliche Seite ist in ihrem Zusammenhang mit dem Außer-uns.

34 *

12. Mannigfaltigkeit diefes Verhältniffes bis zu den Extremen. Aber fobald eines von beiden Gliedern auf Null kommt, befinden wir uns außerhalb unferes Gegenftandes. Die Ernährung, wie fie hinter der Befriedigung des Hungers anfängt, liegt außer uns.

Bewußtfein fängt erft allmählich nach der Geburt an. Fortwirkende Bewegung feit dem. Leztere hört auf vor dem Tode, während die geiftigen Thätigkeiten noch in der Vollkommenheit find.

13. Alfo quantitativ exiftiren alle Differenzen, aber auch Gleichheit beider Factoren, im Minimum überhaupt als Lebensverminderung und im Maximum als ἀκμη. Dynamifch giebt oft Bewegung den Impuls und das Bewußtfein ift receptiv, dann auch Bewußtfein den Impuls und Organismus ift receptiv. Wir hätten alfo Receptivität und Spontaneität zu betrachten. (Gleichheit findet hier nicht ftatt, weil es keinen Wechfel gäbe, an dem man die Momente unterfcheiden könnte.) Nun aber treten die materiellen Differenzen ein theils im Außer-uns oder aber auch als verfchiedene Verrichtungen.

14—15. Weitere Erörterung über die Quadruplicität. Receptivität, befondere, gemeinfame; Spontaneität, befondere, gemeinfame.

16. Die Eintheilung muß vollftändig fein, wenn es keine immanenten d. h. ohne organifchen Antheil verlaufende giebt. Dergleichen fcheint es zu geben, bloß innerlich bleibendes Denken und Bilden. Dies ift aber nur abgebrochen und gehört einem auf Aeußerung gerichteten Willen an. Alfo Spontaneität in beiden. Eben fo träumende Fantaften, was man thun würde in diefem oder jenem Fall, welches nur gleichfam Erweiterungen und Anticipationen des eigenen Afficirtfeins find. Alfo Receptivität. — Von unferer bisherigen Aufftellung fcheint fich die gewöhnliche Terminologie ganz zu entfernen. Dabei aber zu bemerken, daß viele von diefen Ausdrüffen auf für unferen Standpunkt untergeordneten Unterfcheidungen beruhen, die alfo in weiterer Ausführung vorkommen werden, andere aber von der Art und Weife des Uebergangs von einem Moment zum andern reden, alfo daß fie erft in unfern conftructiven Theil gehören.

17. Die Frage von dem Uebergang gehört aber infofern auch hieher, als es darauf ankommt zu wiffen, wie fich diefe verfchiedenen Thätigkeitsformen in Beziehung auf ihre Zeitlichkeit gegen einander verhalten. Die beiden gewöhnlichen entgegengefezten Theorien des Beftimmtfeins der Seele lediglich durch äußere Einwirkungen und der Selbftbeftimmung durch abfolute Freiheit gehen mit unferer Grunderklärung des Lebens nicht zufammen. Die erftere hebt die Spontaneität

auf, weil das Bestimmtsein nur Passivität ist und äußere Einwirkungen in jedem Moment da sind; aber die Selbstthätigkeit kann dann nur Reaction sein. Die absolute Freiheit hebt alle Receptivität auf und ihre consequente Durchführung ist auch nur der Berkeley'sche Idealismus, der die Vorstellungen der Außenwelt auch als Wirkungen der Seele allein sezt. Wir fangen also die Sache von vorn an mit der Frage, wie verschiedenhaltige Momente im lebendigen zu denken sind? Die erste Annahme ist die, daß sie so auf einander folgen, daß die jezige Null war, als die vorige währte, und Null wird während die vorige *) beginnt.

18. Dieses würde die Continuität des Lebens aufheben, was gegen unsre Voraussezung ist, wozu noch das Bewußtsein kommt, daß wir in jedem Moment auch viele frühere noch theilweise mit haben. Eben so wenig ist das mit dieser Hypothese verbundene ausschließende Vorhandensein einzelner Functionen mit dem bisherigen verträglich, weil dann die Vollständigkeit des Lebens nur in einer unbestimmten Reihe von Momenten wäre, nicht in jedem, wozu noch das Bewußtsein kommt, daß wir in jedem Moment entweder (?) Selbstbewußtsein und Gattungsbewußtsein haben und so auch auf der andern Seite beide Glieder.

Wir können uns also diese Formen nur vorstellen als immer thätig, mithin auch jeden Augenblikk nur als ein Zusammensein derselben, und den ganzen Verlauf nur als ein Auf= und Abwogen. Um die Bestimmungsgründe hievon in Zukunft zu finden, werden wir aber zu keiner von jenen einseitigen Theorien geführt werden schon deshalb, weil beides Receptivität und Spontaneität immer da ist.

Wenn wir nun die Elementarformen näher betrachten wollen, wird es immer nicht gleichgültig sein, bei welcher wir anfangen, weil natürlich das schon bekannte dominirend wird, und wir können diesem nicht anders entgehen, als wenn wir bei jedem von Anfang an zugleich auf das entgegengesezte Glied sehen.

19. Als die ersten beiden Momente können wir ansehen Geschrei und Oeffnen des Auges, beide lassen sich als Receptivität und als Spontaneität ansehen, ersteres als gegen Lichtreiz und Luftreiz, lezteres als Selbstmanifestation und als Aufsuchen der Außenwelt.

20—21. Hautsinn und Gesichtssinn als Elemente des besonderen und des gemeinsamen, ersterer als Empfindung, lezterer als Wahrneh-

___

*) Wohl Schreibfehler für: folgende.

mung, (nicht zwar der Gegenstände, sondern nur der Lichtdifferenzen die aber doch äußerlich gesezt werden) sind die Anfänge des Selbstbewußtseins und des Bewußtseins der Außenwelt. Jene Empfindung geht nun durch die Reflexion in Wahrnehmung über, an und für sich ist sie ganz intransitiv. Die Gesichtswahrnehmung aber geht nie in Empfindung über ohne gestört zu werden. Die Empfindung ist überwiegende Receptivität, deren psychisches Resultat unmittelbar gar nicht erscheint, sondern nur indirect als Hemmung bei Extremen, mithin auch zwischen diesen als Richtungsbedingung, indem wir in der einen körperlichen Stimmung lieber dieses, in der andern lieber jenes wählen, ohne uns dessen bestimmt bewußt zu sein.

22. Geruch steht dem allgemeinen Sinn zunächst und ist auch nur auf die Atmosphäre, aber auf locale Processe in derselben gewiesen; die Wahrnehmung wird erst aus einem Complexus von Kenntnissen, denn der Saz „die Blume riecht" ist nur der unbestimmte Anfang einer Wahrnehmung. Geschmack ist dem Geruch genau verwandt als Empfindung, aber er kommt nicht aus dem Gesammtsein, sondern bedingt durch bestimmte Berührung eines bestimmten Gegenstandes und von dieser Seite nähert er sich dem Tastsinn. Dieser gleicht in der Objectivität dem Gesichtssinn, nur wie das Gesicht ursprünglich ein ganzes giebt und in diesem Sonderungen, so wird uns durch den Tastsinn ein einzelnes ganz und gesondert, und so allmählich erst ein Aggregat von einzelnen. Daher ergänzen sich nun beide am unmittelbarsten und die Anwendung des Tastsinnes auf die Bildergrenzen giebt uns erst Gegenstände. Nehmen wir nun mit Beiseitsezung des Hautsinnes alles zusammen, so erscheint auch die gesammte Sinnesthätigkeit nicht als ein abgeschlossenes Ganze. Einige Sinne sind leitend d. h. sie regen zu andern Operationen auf, so Gesicht und Gehör, der Tastsinn folgt diesen, denn ursprünglich ist dieser nur wirksam bei unwillkührlichem Widerstand.

Hier der Ort zur Vergleichung mit dem thierischen. Der Gegensaz zwischen subjectivem und objectivem tritt darin nicht vollständig heraus; eine allgemeinere Oeffnung der Sinne ist nur scheinbar, denn das Thier nimmt von dem, was nicht zu seiner Selbsterhaltung gehört, keine Notiz. Der Sinn wird nur durch den Trieb aufgeregt und geht auch nur auf diesen zurück. Die menschliche Sinnesthätigkeit entfernt sich von der thierischen immer mehr; aber sie kann doch auch in den ersten Momenten nicht mit ihr identisch sein.

23. Die Differenz beruht nun von dieser Seite angesehen, auf

der Bestimmtheit des Bewußtseins, die aus der Bestimmtheit der Gegensäze entsteht, und auf der Freiheit der Operationen des Bewußtseins von dem Zusammenhange mit dem persönlichen Triebe. Beides
hängt genau zusammen. Was das Thier zu seiner Existenz bedarf,
gehört in dasselbe, und es giebt kein anderes außer ihm, was es festhält, so daß beides dasselbe ist. Für den Menschen giebt es auf allen
Punkten der Aussagen des Hautsinns die Möglichkeit einer Willens-
reaction, also Gegensaz von Verweichlichung und Abhärtung, und alle
Operationen, die sich an die Thatsachen des Gesichtssinns anschließen,
sind ganz frei von der Beziehung auf die Selbsterhaltung. Wenn aber
doch in dem Begriff des Lebens die Wechselbeziehung liegt und die ganze
Scala des thierischen Lebens nur eine Steigerung dieser Wechselbeziehung ist bis zur Annäherung an die Vollständigkeit des menschlichen
Sinnensystems und an seine freie Beweglichkeit, so muß auch das
menschliche Leben unter diese Form gebracht werden können.

24. Das vollständige Resultat aller Sinnesthätigkeiten,
wenn sie Wahrnehmungen geworden sind, ist das ausgeführte Weltbild (Bild im weiteren Sinne genommen). Hierauf geht also auch
schon die Oeffnung der Sinne. Da aber das einzelne Ich hiezu nicht
gelangt, so wird dieser Impuls von dem im Ich gesezten Gattungsbewußtsein gegeben und der einzelne Leib als Organ für dieses in
Besiz genommen. Dieses Weltbild nun ist eben so wesentlich zum
Sein des Menschen gehörig, wie das, was jedes Thier aufnimmt, zu
dem seinigen.

25. Hiegegen die skeptische Ansicht, welche zugleich niedrig egoi-
stisch ist, das Interesse an der Wahrheit sei ein erkünsteltes und werde
eben so von den klügeren den übrigen eingebildet, wie es mit der Idee
des Rechts der Fall ist, denn es sei ihnen möglich, auch die Vorstellungen andrer für sich in Anwendung bringen zu können. Daß dieses
Interesse in sehr verschiedenen Graden vorhanden ist und mancher manches von sich weiß als nicht in seinen Bedürfnißkreis gehörig ebenfalls.
Eben so geht es mit der Berichtigung des Irrthums, wiewol die Neigung dazu auch sehr allgemein verbreitet ist. Demohnerachtet können
wir hier die Ansicht nicht als völlig widerlegt ansehn, sondern wollen
sie stehen lassen und nur bei vorkommenden Fällen sehen, wie sich die
beiden Voraussezungen verhalten.

26. Offenbar entstehen aus beiden verschiedene Vorstellungen von
dem was der gesunde und natürliche und von dem was der kranke und
gestörte Verlauf des Seelenlebens ist, und diese Differenz müssen wir

als Thatsache stehen lassen, die jedoch erst anderwärts ihre Erklärung finden kann.

Die Frage, wie nun aus den einzelnen Wahrnehmungen das Weltbild entsteht, gehört freilich einerseits auch anders wohin, andrerseits aber auch hieher, insofern wir nur bei dem stehen bleiben, was von der Sinnesthätigkeit ausgeht. Offenbar wenn das daraus entstandene Bewußtsein mit dieser Thätigkeit selbst verschwände, käme nie ein Weltbild zu Stande. Sollen wir aber sagen, es bleibt, oder es kann wieder erneuert werden? Das lezte würde eine eigne Function erfordern, das erste nicht. Vergleichen wir dieses Factum mit dem, daß bisweilen aus der Sinnesthätigkeit auch kein Bewußtsein entsteht, wenn unsere Aufmerksamkeit anderswohin gerichtet ist, so läßt sich auch denken, daß wir um sein Bleiben nicht wissen, weil unsre Aufmerksamkeit sich abgelenkt hat. Ein Schlüssel liegt in der Thatsache des Sich-besinnens. Da haben wir die Vorstellung, indem wir uns fragen, wie war das; aber wir haben sie auch nicht, aber das nicht gehabte wird aus dem, was wir haben. Die Sprache bezieht Gedächtniß auf das Festhalten, Erinnerung auf das Produciren und nimmt also beides an. Wer ein gutes Gedächtniß hat, braucht sich weniger zu erinnern. Auch das in der Sprache niedergelegte allgemeine Bewußtsein nimmt also als zu Grunde liegend die Beharrlichkeit des Bewußtseins an und läßt sich nur daraus das bestimmtere Hervortreten entwikkeln.

27. Es giebt nun noch zwei weiter auseinander liegende Erklärungen, die der prästabilirten Harmonie, welche das Bewußtsein ganz von der organischen Thätigkeit löst und beide nur parallel laufen läßt, und die der Platnerschen materiellen Ideen. Die leztere schiebt ein Mittelglied ein ohne allen Nuzen, denn es bleibt dieselbe Aufgabe zu wissen, wie das Verhältniß zwischen diesen und der Vorstellung ist, wenn das Bewußtsein ruht und wenn es erregt wird. Die erste hebt die Einheit des Lebens, von der wir ausgegangen sind, völlig auf. Das thut aber auch schon die Theorie, welche das Bewußtsein verschwinden läßt und gelegentlich wieder erzeugen. Denn sie verwandelt das Leben aus einer stetigen Einheit in ein Aggregat durch leere Zeit getrennter Momente. Wir müssen also vorläufig für die Erklärung entscheiden, welche mit unserer Grundanschauung stimmt. Also die durch die Sinnesthätigkeit geworbenen Vorstellungen sezen wir als bleibend aber nur mit jedem spätern Moment zum kleinern Theil ausfüllend, aber dann abwechselnd wieder hervortretend theils freiwillig theils gesucht nach einer uns noch unbekannten Regel. Die Verschie-

benheit des Weltbildes erklärt sich nun von dieser Seite theils aus der quantitativen Verschiedenheit der einzelnen Sinne in mehreren, theils auch aus der quantitativen Verschiedenheit der auf das Geöffnetsein gerichteten Willensacte.

Die Empfindungs-Seite der Sinnesthätigkeiten, am meisten repräsentirt durch den allgemeinen Sinn, ist weit mehr unwillkührlich und deshalb richtet sich das Subject gegen sie. Nämlich man kann den Punkt, wo die Vorstellung oder auch jede andre Thätigkeit durch Empfindung gehemmt oder aufgehoben wird, weiter hinausschieben, indem die Richtung auf jene Thätigkeit verstärkt, also die Empfindung weniger ins Bewußtsein aufgenommen wird. Hieraus der Gegensaz zwischen Abhärtung und Verweichlichung, der aber nicht so positiv, wenigstens nicht auf der psychischen Seite ist als er scheint. Denn wenn der Raum der freien Bewegung sich wirklich verringert, so ist das mehr eine organische Folge. Geschieht aber kein Willensimpuls dagegen, so kommen andre, die von Natur hinter jenem zurükk waren, ihm voraus, und er scheint mithin zurükkgekommen zu sein.

28. Da nun warm und kalt Gegensäze sind, Schmerz und Schmerzlosigkeit, wenn es auch kein positives Gesundheitsgefühl giebt, ebenfalls, so ist die Gesammtheit der Empfindungszustände nur im Nacheinander, mithin, wenngleich das Gesammtgefühl jedes Moments auch ein mannigfaltiges ist, das Gesammtergebniß nur im Nacheinander, nur das Selbstbewußtsein des Ich um seine gesammte Veränderlichkeit. Mit diesem zugleich wird es auch ein Bewußtsein von wachsender oder abnehmender Willenskraft um dem hemmenden Einfluß der Empfindungszustände auf die Selbstthätigkeit entgegenzuwirken. Wir stehen also nach dieser Uebersicht auf einem Punkt, wo wir von den Wahrnehmungen Uebergang sehen zum Denken, und von den Empfindungen zum Handeln. Jedoch nicht so als ob lezteres nur Reaction auf die Empfindung wäre, denn wir haben schon ursprüngliche Spontaneität bei den Sinnen selbst angenommen. Aber wir müssen zuvor noch mehr ins einzelne gehen. Der Total-Gesichtseindrukk giebt keine Sonderung von Gegenständen, denn was wir als gegenständliche Einheit sezen, ist für das Gesicht doch mannigfaltiges. Es entsteht also die Frage, woher die Einheiten kommen. Für das Gehör ist der Raum eben so bunt erfüllt.

29. Wenn wir nun auch die andere Seite in den Vorbereitungszuständen nachtragen wollen, so kommen wir zunächst auf die Darstellung. Jede Empfindung pflegt nun solche hervorzubringen, und

in den ersten Anfängen ist der Schein ganz dafür, daß es eine rein organische Reaction sei. Aber das ist nur das Minimum. Wir finden hernach die Darstellung als offenbar bezogen auf andre Individuen. Hier ist also die Thätigkeit des Gattungsbewußtseins in der Voraussezung unverkennbar. Wenn nun aber auch darstellende Aeußerungen vorkommen, wo kein wahrnehmender ist, da ist also das Subject selbst das wahrnehmende. Das Impuls gebende muß aber hier dasselbe sein, welches die Stetigkeit des Selbstbewußtseins befördern will. Wie es sich dort zwischen zwei Individuen vermittelt, so hier zwischen zwei Momenten.

30. Die werkthätigen Bewegungen sind theils auf Selbsterhaltung und diese am meisten das analoge mit dem thierischen; dann aber auch am meisten veranlaßt dadurch, daß sich in der chaotischen Gesichtsmasse etwas bewegt (oder auch sonst sich bestimmt als Eines heraushebt) dieses zu prüfen. Das zum Munde führen würde auch als Verirrung des Selbsterhaltungstriebes schon eine Befreiung von den thierischen Schranken beweisen. Es ist aber dieselbe combinatorische Richtung zur Ergänzung des Sehens. Wie schon in den darstellenden Bewegungen eine Richtung vorauszusezen ist auf Wiederfinden des menschlichen (also Vorauswissen um ein noch nicht gewordenes Bewußtsein, Platonische ἀνάμνησις), ebenso ist in jenen die Richtung auf das getheilte Sein in seiner Bestimmtheit. Die so entstehenden Bilder schwanken zwischen dem Moment, dem einzelnen Ding und seiner Art.

31. Wie sich also der chaotische Wahrnehmungszustand sondert, so entsteht der Gegensaz zwischen menschlichem und sächlichem; das erste ruhend auf dem Sich-sondern beider Elemente des Ich, das Gattungsbewußtsein und das Einzelbewußtsein, das lezte auf der Ungeschiedenheit desselben, welches sich nur erst ändert, indem es anders als Wahrnehmung und anders als die Empfindung bewirkend auf das menschliche bezogen wird.

Vergleichen wir nun auf diesem Punkt unsre bisherige Entwicklung mit den gewöhnlichen Ausdrükken Erkenntnißvermögen und Begehrungsvermögen, so können wir dies beides nicht so scheiden, weil dem Erkennen immer schon ein Begehren zum Grunde liegt und ein so großer Theil des Begehrens sich im Erkennen endigt. Wir werden am besten sagen, (abgesehen davon daß wir mit Vermögen gar nichts zu thun haben) daß das eine (Begehrungsvermögen) die Thätigkeit zu früh ergreift, denn Begehren ist nur Bewegung der Selbstthätigkeit nach irgendwohin; das andre aber (Erkenntnißvermögen) zu spät, indem das fertige von der selbstthätigen Bewegung zurükbleibende Bewußtsein darunter zumeist verstanden wird.

32. So weit mußten die Hauptfacta gebracht werden um weiter zu gehen zu dem Denken mittelst der Sprache. Zu diesem finden wir keine Brükke von den zwischen momentanem einzelnen und allgemeinem schwankenden und nach diesen Richtungen verschiebbaren Bildern. Dazu kommt noch der üble Umstand, daß wir jezt die Sprache nur überliefert empfangen von denen, die sie schon besizen. So kann der erste Mensch sie nicht empfangen haben, da eine solche Differenz in dem bisherigen nicht hervortrat. Hätte er sie nun auf einem andern Wege bekommen, so wäre sie auch für ihn etwas anderes gewesen, und der Begriff der menschlichen Natur wäre nicht derselbe zwischen ihm und uns. Daher liegt uns ob eine Anknüpfung zu finden für die Sprache und eine solche Genesis derselben, wodurch der Widerspruch zwischen dem ersten Menschen und uns vermittelt wird. Die Anknüpfung finden wir in den darstellenden Momenten Ton und Geberde, die sich freilich sowol physiologisch als auch logisch unterscheiden, aber doch eine analoge Action des psychischen Agens auf den Organismus haben.

33. Wenn wir von der gesonderten Mannigfaltigkeit sinnlicher Bilder keinen Uebergang zur Sprache finden, so müssen wir versuchen mit der organischen Seite anzufangen. Hier kennen wir den darstellenden Ton in Verbindung mit der darstellenden Geberde und wie sich jener zur Wortsprache verhält, so dieser zur Zeichensprache. Es fragt sich, ob beides sich auch gegen einander verhält wie subjectives und objectives Bewußtsein. Der Ton in der Sprache ist articulirt, Gegensaz von Selbstlauter und Mitlauter (analoges in der Bewegung) fehlt bei den Thieren eben weil beide Seiten des Bewußtseins nicht recht auseinander treten. — Die Duplicität, daß sich Darstellung primitiv auf andre bezieht (mithin auch mit der Liebe connex ist) aber dann auch einsam vorkommt, findet hier auch statt, und es fragt sich nur, ob jenes ebenfalls das primitive ist, dann würde sich diese Connexität auch leicht ergeben. Die Neigung dieses zuzugestehen hat sich schon darin gezeigt, daß wir zuvor die Liebe glaubten aus Licht bringen zu müssen, aber es bedarf noch einer Nachweisung.

Beim Auffassen der Bilder ist das selbstthätige Agens in einem Wechsel von Expansion und Contraction auf der Scala des Interesse und dieses gehört mit in den Zustand des Ich. Entsteht nun durch Contraction ein bedeutendes Interesse, so will ich dieses auch darstellen und das Zeigen auf den Gegenstand ist nun eine in das Gebiet der Zeichensprache gehörige Bewegung.

34. Wie Tonsprache und Zeichensprache sich gegen einander verhalten, sieht man an den Taubstummen, deren Unfähigkeit die Sprachwerkzeuge zu gebrauchen vom Mangel des Gehörs abhängt. Nämlich nicht als ob das Reden ganz als Nachahmung aus dem Hören entstände, sondern nur weil äußeres und inneres Gehör so genau zusammen gehören, daß ihnen eben so gewiß das vorbildende innere Gehör abgeht. Daher wirft sich nun die Richtung auf das Denken in ein anderes Organ und erzeugt ein System von Bewegungen, die sich eben so an die darstellenden anreihen, aber auch sich von ihnen unterscheiden wie die Wörter von den darstellenden Tönen. Dieses System wird ihnen so hinreichend, daß sie es auch hernach, wenn für die Tonsprache das Gehör durch Gesicht und Tastsinn ersezt ist, doch vorziehen.

Man sieht aber auch hieraus zugleich, wie es innere Selbstthätigkeit ist, welche auf diesem Entwicklungspunkt überschlägt und das bildliche Bewußtsein in Denken umsezt. Dies zeigt sich auch darin, daß die Kinder selbst im Erfinden der Sprache begriffen sind, sich nicht selten eigne articulirte Silben und Wörter bilden und diese erst allmählich gegen die, welche sie schon im Besiz finden, vertauschen.

Allein wenn wir dies bloß auf die Bilder der Gegenstände also die Substantiva beschränken, so ist dies noch nicht der Besiz der Sprache. Dieser ist erst mit dem Saz da. Also auch die Bilder der Veränderungen müssen sich umsezen und erst die Beziehung beider auf einander ist die wesentliche Eigenthümlichkeit des Denkens. Indem sich aber die Entwicklung zuerst an die Manifestation des Interesse knüpft, ist sie auch in der unmittelbarsten Beziehung auf das menschliche Verkehr, und eben so konnte sie auch bei dem ersten Menschen erfolgen, den wir ja doch im Zusammensein getrennter Geschlechter denken müssen.

35. Fängt man nun die Sprache eigentlich erst an mit dem Saz, den streng genommen dieses bildliche Bewußtsein nicht erreicht, so finden wir nun auch die beiden Hauptelemente sich vervielfältigen auf eine Weise, welche das Bild nicht erreichen kann, und combinatorische Elemente zur Verbindung der Säze, welche ebenfalls aus dem bildlichen Bewußtsein nicht herstammen, als welches nicht mehr kann als aus der unbestimmten Verworrenheit Einzelheiten hervorzurufen. Beide sind zu erklären. Schon die einfache Combination von Haupt-

wort und Zeitwort im Saz deutet auf eine doppelte mögliche Unterordnung, die Thätigkeiten dem Ding unterzuordnen oder das Ding der Thätigkeit. Die eine hat die Richtung, indem sie die Zustände des Dinges zusammenstellt, das wesentlich seinen Verlauf constituirende vom zufälligen zu scheiden, und führt auf diesem Wege aus dem bloß Aeußern der Erscheinung zu dem Innern, dem Sein. Die andre, indem sie die Dinge auf die Spannung der Kräfte zurükführt, thut dasselbe unter einer andern Form. Dasselbe wird zu verschiedenen Zeiten auf entgegengesezte Weise behandelt. Zwischen beiden zu entscheiden würde uns in die Speculation hineinführen. Wir sehen hier beides nur an als in verschiedener Form dasselbe, als Fortsezung desselben Processes, der schon mit dem Auseinanderlegen der chaotischen Sinneseindrükke anfängt, nämlich ausgehend vom Afficirtsein durch das Sein, das Sein selbst in seiner Einheit und Vielheit im Bewußtsein zu haben, und das lezte Ziel ist der, an dem Weltbilde sich entwikkelnde Weltbegriff.

Die combinatorischen Elemente im engern Sinn drükken nun am meisten die Selbstthätigkeit des Ich in diesem Proceß aus, die auf dem gegenwärtig bleiben der Bilder zunächst beruht, die glükliche wie die unglükliche unter denselben Formen.

36. Der Saz, daß das Ergreifen der Sprache, aber auch nur dieses, zwar ein neuer Entwikklungspunkt sei, aber der Impuls immer derselbe bleibe, steht im Widerspruch mit der unter vielen Formen aufgestellten Theorie von einem zwiefachen Standpunkt des Bewußtseins, welche später im Verlauf des Denkens eine stärkere Scheidung zieht und einen neuen Impuls dort entstehen läßt. Diese Differenzen lassen sich aber erklären aus dem verschiedenen quantitativen Verhältniß dieser Function zu den andern, welches wir aber hier noch nicht, sondern erst im constructiven Theil nachweisen können. Die combinatorischen Elemente, sofern sie zur Flexibilität gehören, vermitteln die Einheit des Sazes durch Beziehung von Subject und Prädicat, sofern sie selbständig sind, stellen sie die freie combinatorische Thätigkeit des denkenden Subjects dar. Hiebei kommen die entgegengesezten Zustände der Gewißheit oder Ueberzeugung und des Zweifels vor, die wir ihren Gründen nach noch nicht erklären, aber doch als entgegengesezte Zustände nachweisen können, welche die Ausübung der Denkfunction begleiten. — Schließlich noch zu bemerken, daß alles gesagte sich nicht nur auf die Naturseite, Dinge oder Kräfte bezieht, sondern auch auf die ganze geistige Seite in ihrer Totalität d. h. auf das ganze Ge-

schichtsgebiet, wie denn der Ausdruk Weltbild und Weltbegriff schon beides vereinigt.

37. Wenn Ueberzeugung und Ungewißheit Zustände der Befriedigung sind und Mangel daran, also in der Analogie mit angenehm und unangenehm, so ist also das in der Ueberzeugung vorgestellte Zusammentreffen des Bewußtseins mit dem Sein eine wesentliche Lebensbedingung, das Stocken auf dieser Scala eine Lebenshemmung. Und wenn beides in dem bildlichen Bewußtsein nicht ist, weil nämlich hier (auch wenn der Gegensaz zwischen Selbstbewußtsein und objectivem schon im Gange ist) immer nur die Berührung, das Aeußere, wiedergegeben wird, worin kein Gegensaz zwischen wahr und falsch aufgenommen werden kann, sondern dieser immer nur auf das Urtheil bezogen wird, welches nicht ohne die Sprache zu denken ist, so folgt daß mit dem denkenden Aufnehmen des getheilten Seins seinem Innern nach erst diese ganze Function aus ihrem embryonischen Zustand zum freien Leben erwacht ist. Das Interesse an der Wahrheit erleidet allerdings auch große quantitative Differenzen, aber es ist nirgend Null, sondern wozu wenig Lebenszeit auf diese Function verwendet werden kann, fehlt die Uebung, die auch hier ein wichtiger Coefficient des Exponenten ist. Diese Differenzen selbst aber gehören in den constructiven Theil.

Uebrig ist nur noch die Differenz der Sprachen, die nicht nur physiologisch ist, sondern auch den logischen Gehalt betrifft. Weil kein einzelnes Element einer Sprache einem einzelnen in einer andern entspricht, so ist das Denken in jeder Sprache anders individualisirt. Hierüber giebt es eine zwiefache Betrachtung. Gehen wir auf die eigne Erfindung der Kinder zurük, die sich doch gegen das schon vorhandene ausgleicht, so möchten wir sagen, diese Differenz entstehe nur aus der zu spät eintretenden Ausgleichung, und entstehe nur daraus, daß die Menschen erst allmählich zusammenkommen, nachdem sich in jedem Volk schon eine bestimmte Denkweise organisirt hat.

38. Weil jedoch auf der einen Seite alles nur Analyse des Weltbegriffs ist, auf der andern alles Denken auf Sein bezogen wird, so mögen wir sagen, daß Welt und Sein zwei Grenzpunkte sind, die für und in allen Sprachen dieselben sind. Aber beide theilen auch dieses, daß sie nicht Begriffe wie die andern sind, sondern Sein ist der Ausgangspunkt. Denn was wir wirklich denken ist immer schon mehr als das bloße Sein, weil näher bestimmt. Als reine Abstraction aber ist es noch chaotisch mehr oder weniger unbestimmtes enthaltend, wovon

zu abstrahiren wäre. Welt ist der Zielpunkt, auch nie wirklich gedacht, so lange das Denken noch nicht vollendet ist. In der Wirklichkeit aber etwas chaotisches daran, nämlich alles noch nicht durchforschte. Zwischen beiden aber bewegt sich alles Denken jener individuellen Differentiirungen. Wenn wir nun bedenken, wie die uns bekanntesten Grundsprachen zusammengewachsen sind aus verschiedenen Mundarten, diese sich aber gegen einander ausgeglichen haben, wie das in der Erfindung begriffene Kind sich ausgleicht in die Familiensprache ohne daß jedoch die Individualisirung dieses Denkens aufhört, die sich doch im Gebrauch der Sprache wiedererzeugt, so kommt man auf den Gedanken der Möglichkeit, daß ebenso aus allen Sprachen zusammen Eine entstehen könnte, ebenfalls ohne daß die Individualität deshalb verloren ginge.

39. Wenn bei einer allgemeinen Sprache, welche an die Stelle aller besondern träte, die Besonderheit sich wie im Umfange einer einzelnen Sprache nur einzeln reprodncirte, so ginge die Massenbesonderheit und mit derselben die Harmonie zwischen der Differentiirung der menschlichen Natur und der äußern Natur verloren, welches nicht sein darf. Darum ist dieses aber auch nicht möglich, denn eine so gemachte Sprache könnte nicht auf solche Weise gleichzeitig in das Innere aller Familien bringen, daß nicht die besondere Sprache sich immer neben ihr reproduciren sollte. Darum wäre nun die nächste Ausgleichung eine allgemeine Sprache, die nur neben den andern bestände, mithin auch nur für diejenigen, welche sich mit dem Denken als dem identischen berufsweise beschäftigten d. h. eine philosophische Sprache. Oder, da diese doch unter sich mehr in Schriftverkehr stehen als in mündlichem, eine Schriftzeichensprache, aus der jeder seine Sprache lesen könnte. Beides wurde als nicht durchführbar nachgewiesen und sonach blieb nur übrig die von beiden Seiten, von der wissenschaftlichen und der Seite des Verkehrs gleichmäßig sich ausbildende möglichste Gemeinschaft der Sprache, allerdings unvollkommen aber doch das so einzig gemäße.

40. Die weitere Entwicklung des Selbstbewußtseins, ausgehend von dem allgemeinen Wohl und Uebelbefinden, sowol von außen als körperlich von innen angeregt, kommt nun die Scala des mehr und weniger gefördertseins im Auffassen der Gegenstände von den Eindrücken an, welche den Sinn möglichst erfüllen ohne das Organ zu verletzen bis zu denen, welche ihrer geringen Kraft wegen auch gleich als verschwindend mithin als fast Null aufgefaßt werden. Positiver

Gegensaz entsteht hier nur, wenn eine bestimmte Willensrichtung dazu kommt auf eine einzelne Region, ein bestimmtes Richten der Aufmerksamkeit, denn hier können wir uns wahrhaft gehemmt fühlen theils durch Zerstreuung von außen theils durch das Widerstreben des Gegenstandes. Dies alles findet sich schon, wenn wir noch bei den Bildern versiren. Nun aber fragt sich, was wirkt das Denken und was wirkt das durch die Anerkennung des menschlichen erwekkte Gattungsbewußtsein. — Die Sprache bewirkt die Stetigkeit des Selbstbewußtseins, welche in dem Ausdrukk Ich liegt. Nicht als ob es buchstäblich eine solche gäbe, bis zu der können wir vielmehr niemals kommen, sondern haben immer nur ausgezeichnete aber sich mehr zusammendrängende Punkte. Aber erst mit der Sprache wird das Subject in allen diesen sich selbst dasselbige Ich. — Das zweite: Sobald das menschliche so erkannt wird, daß die Personen unterschieden werden, bilden sich auch die täglichen Umgebungen zu einem besondern Kreise und es entsteht ein den Einflüssen derselben eigenthümliches Wohl und Uebelbefinden. Dies ist aber ein zwiefaches, ein selbstisches und ein rein geselliges. Vermöge des ersten kann das Leiden eines andern für uns auch Freude werden, wenn wir nämlich von ihm nachtheilige Einflüsse zu erwarten gewohnt wären, das andre hingegen ist immer der reine Nachklang von dem Zustand des andern *).

41. Die selbstischen sind nur Erweiterung des rein persönlichen Selbstbewußtseins, keine neue Entwikklung, wol aber sind dies die rein geselligen. Diese theilen sich in Wahlanziehung und Gemeinsinn. (Gemeingeist als Uebergang in die Spontaneität bemerkt aber aufgespart.) Erstere vom Minimum der Indifferenz bis zum Gipfel der Freundschaft. Die Abstufung beruht nicht auf der Stärke des selbstischen Einflusses sondern auf der Verständlichkeit der bewegten Zustände. Gemeinsinn sezt Organisation voraus, die in der Familie zwar ist, aber dort in der Kindheit nicht wahrgenommen wird. Er fängt an auf der Schule und geht so zum bürgerlichen Verein, am vollkommensten, wenn positive Gestaltung und Naturgrenze zusammenfallen. Die Wahlanziehung hat in der Regel innerhalb derselben Organisation ihren Ort, geht aber auch darüber hinaus, wie man an wissen-

---

*) Anmerkung. Die Anerkennung des menschlichen tritt weit früher ein als die Sprache. Beides ist aber zusammengenommen, weil vorher jenes auch noch in die Verwirrung hineinfällt, indem erst durch das Ich die Gegensäze bestimmt auseinander treten.

schaftlichen und religiösen Verbindungen sieht, die aber auch danach streben Organisation zu erhalten. Aber auch der Gemeinsinn, eingeschlossen den sich daraus entwickelnden Gemeingeist, ist nicht das sittliche, sofern noch ein feindseliges gegen andre Organisationen darin vorkommt, sondern nur wenn ebenso das Gemeinwesen als Theil der Gesammtheit im wesentlichen Zusammengehören mit andern Theilen gesezt ist.

42. Wenn wir den Uebergang von den geselligen Affectionen zu Handlungen betrachten, so finden wir noch ein eigenthümliches — so lange wir bei den Lebensaffectionen durch die äußere Natur stehen, nicht zu bemerkendes Mittelglied, nämlich den Affect, der noch nicht die entgegenstrebende Thätigkeit selbst ist. Im Zustande des selbstischen Afficirtseins ist es z. E. Zorn, im afficirten Gemeinsinn Unwille ϑυμός. Beide sind verwandt und beruhen auf der Voraussezung, daß Lebenshemmungen aus freien Handlungen andrer, wenn sie nicht nur per accidens zu Hemmungen ausschlagen, gar nicht vorkommen sollten. Also haben sie ihren Grund im rein menschlichen. Aber dieses ist auch im Zorn Unwille, das andre beigemischte ist rein selbstisch. Ist nun alles hieher gehörige ein ganz neues Glied außer unserer Quadruplicität? Antwort, daß diese zur darstellenden Function gehören und daß dies dort weiter aus einander gesezt werden soll.

Wenn wir nun aber unsre Erfahrung mit dem aufgestellten vergleichen, so finden wir, daß uns noch zweierlei fehlt, das religiöse Gefühl und das reine Wohlgefallen. Das leztere ist zwar auch ein die Wahrnehmungen begleitendes Wohlgefallen, aber doch von Ueberzeugung u. s. w. sehr verschieden. Das erste ebenso hat eine besondere Verwandtschaft zur höchsten Entwikklung des Denkens, aber es ist doch etwas anderes und viel weiter verbreitet als alles, was Denken darüber ist.

43. Das reine Wohlgefallen als das am schönen sowol an Naturgegenständen als an menschlicher Gestalt (auch als Natur betrachtet) erklärt zugleich mit dem Mißfallen am verkümmerten, verkrüppelten, häßlichen einerseits als (analog dem angenehmen und unangenehmen) Wohl= und Uebelbefinden, aber nicht selbstisch, sondern einer gemein menschlichen Function, weil nämlich das allgemeine Bild (und ehe diese nicht aufgenommen sind, giebt es kein solches Wohlgefallen) nicht fest bleiben würde, wenn wir der Art nur verkrüppelte Figuren sehen; und jedes schöne d. h. rein als Werk der specifischen productiven Kraft ohne störende Seiteneinwirkungen dastehende erregt ein sol-

ches Wohlgefallen. Andrerseits ist es auch Mitfreude an dem Zustande der Naturkraft selbst, und in dieser Doppelseitigkeit besteht das
eigenthümliche der Function. Der besondere Geschmack z. B. der
Türken in Sachen der weiblichen Schönheit beweist nichts dagegen,
sondern nur daß im isolirten Zustande kleiner Gesellschaften das allgemeine Bewußtsein sich nur nach Maaßgabe der besondern Constitution entwickelt und daß es Einen Geschmack nur vermittelst allgemeiner Auffassung der menschlichen Natur geben kann.

44. Es scheint aber, als ob diese Erklärung nur auf das einzelne ginge, nicht auf Zusammenstellen wie Gegenden oder Gruppen:
Mißfallen haben wir an öder Natur, an wüstem Gedränge. Dem
ersten liegt ein Bild zum Grunde von Beziehungen der Natur auf
die Menschen, aber ohne irgend einen besondern Zweck im Auge zu
haben. Wir verlangen die lebendigen Naturkräfte, und zwar im Gegensaz des starren und flüssigen zu sehen und darin zugleich die Möglichkeit der menschlichen Herrschaft. Aber wir bleiben so lange in der
freien Natur im Suchen des einzelnen, bis sich uns eine Masse als
ein abgeschlossenes darstellt. Nur an ein solches kann die Forderung
eines solchen Wohlgefallens ergehen. Ebenso mit Zusammenstellungen
von Menschen. Da verlangen wir Leichtigkeit des in Verbindung
tretens zu sehen und Leichtigkeit der Auflösung. Und auch dies ist
so wie jenes ein allgemeines Bild, worauf wir das einzelne beziehen. Hiezu kam noch eine kurze Auseinandersezung über das Gefühl
des erhabenen.

1834 vom 6. Januar an.

45. Ueber das religiöse Gefühl als das lezte und höchste auf
der Seite des Selbstbewußtseins ist schwer etwas zu sagen aus dem
Standpunkt einer allgemeinen psychischen Thatsache, also ohne falsches
und wahres zu sondern.

Das Selbst kann sich auch über das Gattungsbewußtsein hinaus
erweitern. Mitgefühl mit dem Lebenden als solchen ist schon in dem
Verkehr mit den Thieren. Mitgefühl mit den Naturkräften ist im
Gefühl des erhabenen und nimmt in diesem die Furcht weg. Somit
giebt es auch möglicherweise eine Erweiterung des Selbst zum Mit-

gefühl mit allem einzelnen und getheilten Sein als solchen, unsre ganze Weltkenntniß mit eingeschlossen. Aber dies Mitgefühl kann nur stattfinden, sofern in jedem solchen eine Beziehung ist auf ein andres außer dieser Gesammtheit. Damit es aber ein solches sei, muß es auch außerhalb der Wechselwirkung liegen.

46—47. Weitere Erklärungen des religiösen Gefühls, der Parallelismus mit dem objectiven Bewußtsein, Welt und Sein. Wenn man dahin gekommen ist, so wird auch das transcendente gefordert. Weder das objective Absolute noch das subjective Gottesbewußtsein hat man jemals allein, sondern nur mit anderem (welches freilich auch allgemein gilt, weil kein Moment ganz durch einen Factor erfüllt ist, hier aber doch besonders). Daß ein Gleichsezen mit dem Sein an sich zum Menschen gehört, ist klar, weil sonst das Sein nicht ganz Bewußtsein würde. Nun aber inhärirt dem Sein an sich keine Affection als die des gänzlichen Bedingtseins, mithin ist auch diese Repräsentation im Selbstbewußtsein nur zu unterscheiden durch ein solches Bewußtsein; sowie wiederum, sofern wir uns auch unser selbst nur als schlechthin abhängig bewußt sind, sind wir uns auch unser als Sein schlechthin bewußt. Wir sezen es aber für alle Momente des Selbstbewußtseins als das Kennzeichen, ob sie rein menschlich sind oder gemein, je nachdem sie das Gottesbewußtsein in sich aufnehmen können oder nicht. Wo es sich ausschließt, sobald nämlich die Sonderungen zu einer gewissen Vollständigkeit gekommen sind, da ist das gemeine. Wir finden es auch sowol in allen Elementen des Naturgefühls als in dem geselligen. Um aber den Gegenstand ganz zu übersehen, fehlen uns noch die Momente des Selbstbewußtseins, welche der Widerschein der freien Selbstthätigkeit sind.

48. Das Gottesbewußtsein als Selbstbewußtsein ist nicht von außen hervorgebracht sondern nur von außen geweckt, innerlich aber ebenso angelegt als dem allgemeinen endlichen Seinsbewußtsein angehörig, wie das Gattungsbewußtsein angelegt ist und nur durch die menschliche Erscheinung geweckt wird. Dies ist also die Bedingung, unter der allein das Sein kann Bewußtsein werden.

Spontaneität.

Vom ersten zweideutigen an immer stetiger werdend und nur aus der Indifferenz der allgemeinen Beweglichkeit durch die äußere

Anregung herausgerissen. Digression über die Herbart'sche mathematische Psychologie, welche glaubt den inneren Factor als überall benselben aus dem calculus eliminiren zu können. Wir können dies um so weniger, da wir schon individuelle Differenz vorausgesezt haben.

49. Gehen wir nun davon aus, daß auch in den receptiven Momenten Spontaneität ist und wir also die Anfänge schon haben müssen, so ergiebt sich a) wo die Receptivität überwiegt, die Spontaneität als Reaction, welche nur manifestirt, b) wo die Receptivität nur Coefficient ist, da ist die Spontaneität α) die betrachtende, welche in ihrer Richtung auf das Sein durch die jedesmalige Affection bestimmt ist, also die Productivität im Denken, β) die aneignende, besizergreifende, die mit den ersten Aeußerungen des Selbsterhaltungstriebes anfängt. Die erste hat zur Totalität ihres Resultates die Kunst, denn jedes Kunstwerk, welches ja keinen einzelnen bestimmten Zweck haben darf, kann nur Manifestation sein wollen. Dies gilt von Epos und Tragödie ebenso wie von Mimik und Musik. Die zweite hat zu ihrer Totalität die Wissenschaft, auf welche die Richtung von Anfang an ausgeht.

50. Die dritte wird zur Cultur oder Naturbeherrschung. In allen aber unterscheiden wir Momente, die einer unmittelbaren inneren Beweglichkeit angehören, und Momente, welche mit einem Vorherdenken des Thuns, einer Willensbestimmung anfangen. Und zwar nicht so, daß jene nur in der chaotischen Zeit vorkommen, sondern jedes Kunstwerk selbst beruht auf einem solchen, auch jeder Anfang einer Meditation, ja es ist auch auf dem Culturgebiet dasselbe. Hier entsteht nun die Frage nach der Freiheit und ob nicht alles, was als zufällig erscheint, soll unter den Willen gebracht werden (Gedanken sind eben so gut ohne den Willen da als durch den Willen, ja sie entstehen auch gegen den Willen) und ob im Willen allein die Freiheit ist oder in der inneren Beweglichkeit auch.

51. Der Einfluß des Gedankens auf die Productivität ist der Einfluß einer Function auf die andre (?)*) und ob diese für sich gehen oder in einander eingreifen, das sind zwei verschiedene Modificationen des Seins, aber die eine drükt nicht mehr das menschliche aus als die andre. — Ueberdies aber geht jedes Vorherdenken eines Thuns doch wieder zurük auf einen Akt des Denkens, der aus freier Beweglichkeit entspringt. Wenn also die Freiheit nur in jenem wäre,

---

*) Das Fragezeichen steht im Manuscript.

fo wäre fie nur etwas fecunbäres. Aber zugleich auch etwas feltenes. Denn viele kommen eigentlich niemals zu dem Wollen in diesem Sinn (sondern wo es so scheint, entwikkelt sich die Selbstthätigkeit bei Gelegenheit eines Gedankens, am meisten einer Erinnerung ohne eine eigentliche Wirksamkeit desselben) und auch bei denen, die dazu kommen, sind es nur seltene Momente. Also drükkt ein aus der Unmittelbarkeit handelnder den Begriff des Menschen eben so gut aus. Alles kommt vielmehr nur darauf an, ob die Gattung auch als Kraft in der Selbstthätigkeit wirksam ist.

52. Der erste Saz in 51. ist nicht genau zu nehmen. Denn jeder Moment bestimmt sich durch den Gesammtzustand des vorhergehenden. Um das ganze klar zu machen müssen wir nun zum einzelnen gehen. Zuerst Manifestationstrieb gleich Kunsttrieb, welche Behauptung aber erst wahr zu machen ist. Aus den ursprünglichen Aeußerungen des Stoßens und Schreiens entwikkeln sich musikalische und mimische Elemente, die aber erst Kunst werden, wenn Gemessenheit und Regel hineinkommen. Dies unterbleibt aber ganz auch nur auf der alleruntersten Bildungsstufe. Die Bilderauffassung auf dem Punkt, wo schon einzelne auf allgemeine bezogen werden, findet sich gehemmt durch die Unangemessenheit der ersten zu den lezten. Daher Gegensaz von Wohlgefallen und Mißfallen und die freie Entwerfung von angemessenem, = bildende Kunst, ist die Manifestation davon. Die Poesie bildet Menschen oder menschliche Momente aus demselben Grunde, weil diese nie rein herauskommen. Daher nun auch Musik und Mimik wieder in die Poesie hineinschießen (reine Instrumentalmusik ist am Ende doch auch nur aus dem Standpunkt dieser Verbindung zu verstehen). Schon die erste Umwandlung hat ihren Grund in dem den einzelnen einwohnenden Gattungsleben, weil es Festhalten und Wiedergeben der Momente für sich und andere ist, viel mehr noch die Reinigung des objectiven und subjectiven Bewußtseins.

53 und 54. Fragen wir aber nach dem Verhältniß des Entstehens aus der unmittelbaren Lebendigkeit und des aus dem Gedanken, so ist die allgemeine Meinung, daß jedes wahre Kunstwerk den ersten Ursprung haben muß und daß erst in der Entwikklung das Vorbedachte seine Stellung bekommt. Ja je weiter derselbe ursprüngliche Impuls fortwirkt, um desto vortrefflicher. Wogegen jedes aus der Construction entstandene Werk als ein gemachtes einen geringeren Rang erhält. Aber allerdings sind nicht alle solche Keime fruchtbar

und gelangen zur wirklichen Entwicklung, weil sich der Wille zu ihnen nicht hinwendet. Insofern also geht ein Willensakt allemal am Anfange vor und man kann von allen, welche verworfen werden, sagen, daß sie gegen den Willen waren, aber freilich nur auf indirecte Weise.

Die Selbstthätigkeit im Denken (das Wort hier im so sehr weitesten Sinne genommen, daß auch die dem Selbstbewußtsein ursprünglich anhaftende Selbstthätigkeit mit darunter begriffen wird, ohne doch daß sie hier besonders berüksichtigt werden könnte) ist also der Trieb auf Wahrheit, Forschungstrieb. Trägt aber dieselbe Duplicität in sich, denn was dort Kunsttrieb ist, das hier der wissenschaftliche Trieb, der sich überall zeigt in der logischen Ausbildung der Sprache. (Die Bilder im vorbereitenden Zustande gehören dazu, insofern an ihnen zuerst die Sprache sich fortleitet.) Jedes wissenschaftliche Wirken ist nothwendig logische Sprachbildung. Das Gattungsbewußtsein ist darin freilich schon von Anfang an wirksam, weil jeder Gedanke, der in dieser Richtung wird, auch den Anspruch mitbringt für Alle dasselbige zu sein. Aber da er sich in einer bestimmten Sprache findet, so wird auch zuerst das Gattungsleben nur in diesem Umfang repräsentirt und tritt erst ganz hervor in der Richtung auf die Auflösung aller Sprachen in einander, welche eben so der Richtung auf absolute Gemeinschaft parallel ist, wie auch der ersten Beschränkung zur Seite geht, jeden außerhalb der Sprache lebenden als Feind zu behandeln oder wenigstens gering zu achten.

55. Was nun das Verhältniß des unmittelbaren und vorbedachten betrifft, so erscheint überall das lezte nur als untergeordnet. Sofern ein Complex von Gedanken sich als Kunstwerk gestaltet, (z. E. ein philosophisches System) geht dies schon aus der Analogie mit dem vorigen hervor, ja der Entschluß selbst z. E. einen Gegenstand zu beobachten ist ein unmittelbarer. Eben so der Gedanke zu einem bestimmten Versuch. Man könnte also im allgemeinen sagen, die unmittelbar entstehenden Gedanken zerfielen in solche, deren sich der Wille bemächtigt, in solche, welche sich selbst überlassen bleiben, und in solche, welche der Wille zurükweiset, wie alle einen gewollten Proceß störenden. Von diesen kann man nun, wenn sie allgemein (nämlich von demselben einzelnen unter allen Umständen) zurükgewiesen werden, nicht sagen, daß sie ein Ausdruk von dem eigenthümlichen Sein des Individuums wären. Sie führen uns auf das geheimnißvolle Vorhandensein von Gedanken, welche nur in der Masse als Aus-

brukk von den Grenzen des Bildungszustandes einer Zeit und Räumlichkeit vorhanden sind. Alle gefabelten Existenzen und aller gefabelte Zusammenhang, superstitiöses Denken, haben ihren Ursprung ebenfalls in der Richtung auf den Weltbegriff, aber sie füllen ihn nur provisorisch aus, bis die wirkliche Erkenntniß eintritt. Sie treiben aber ihr flatterndes Spiel auch hernach als solche sich unwillkürlich reproducirende aber überall zurükkgewiesene fort.

56. Im constructiven Theil wird auch auf jenes noch einmal zurükkzukommen sein. Jezt gehen wir zu der besizergreifenden Thätigkeit über, welche eben so Naturbeherrschung wird, wie Manifestation Kunst. Der Saz, daß die Noth die Mutter aller Erfindungen ist, subsumirt dies alles unter den Selbsterhaltungstrieb (den wir gar nicht als besonderen bis jezt aufgestellt haben). Dabei liegt natürlich der Gedanke zum Grunde, daß ohne Noth der Mensch nicht erfinden würde, mithin daß er träge ist. Daraus erklärt sich aber die Naturbeherrschung nicht, vielmehr müßte der Mensch bei einem Minimum von Befriedigung des Selbsterhaltungstriebes stehen bleiben und würde nichts erfinden. Daher sehen wir diesen Trieb als gleich ursprünglich an, wie denn auch schon das Greifen der Kinder, wenn sie gleich alles zum Munde führen, nicht vom Hunger ausgeht.

Gehen wir auf die ersten Anfänge zurükk, so kann man, wenn man sagt, daß die Seele sich den Leib bildet, diesen als den ersten Besiz ansehen. Es ist aber eigentlich das untrennbare Seele- und Leib-werden ein Besizergreifungsakt des Geistes von der Materie, und alle folgenden hieher gehörigen Akte sind Fortsezungen davon, Vereinigungsakte des äußeren Seins mit dem eigenen. Sobald wir aber über die vorbereitenden Zustände hinausgehen, besteht jeder aus einer Reihe von Momenten, welche vorbedacht sein muß und ein Wissen um die Natur voraussezt, und von da an entwikkelt sich beides gegenseitig an einander, Naturkenntniß und Naturbeherrschung. Wir können daher sagen, daß hier nur der Impuls an und für sich aus der Unmittelbarkeit des Lebens hervorgeht, ein bestimmtes aber immer nur wird mit einem Willensakt. So daß hier gleichsam das Maximum des Vorbedachten ist. Woher sich denn auch erklärt, weshalb man in dem vorbedachten Handeln vorzüglich die Freiheit findet, weil man nämlich fast alles eigentliche Handeln auf diese Besiz ergreifende Thätigkeit reducirt, wiewol mit Unrecht. Uebrigens kann das die Handlung bedingende Wissen auch in dem Handelnden bald ursprünglich sein bald auch nur aus Ueberlieferung. Daher kann auch hier ein Handeln unter mehrere so getheilt sein, daß nur in Einem das Wissen ist, der dann ordnet, das Handeln aber unter mehrere so getheilt sein, daß es in ihnen bloß Mechanismus ist. Daher man auch hier nicht sagen kann, daß Wissen und Handeln dasselbe sei.

57 und 58. Diese Thätigkeit ist nun von dem psychischen Leben aus die möglichste Aufhebung der Theilung des Seins. Denn wenn alles Sein auf diese Weise dem Menschen angeeignet und mit dem seinigen vereinigt ist, so ist die Theilung von dieser Seite aufgehoben.

Betrachten wir nun, wie sich hier verhält die Thätigkeit des Einzelwesens als solchen zu der Thätigkeit des Gattungslebens in ihm, so finden wir diese allerdings hier auch, denn alle Arbeit an der Natur, welche auf lange Reihen geht, ist auch nicht mehr auf das Individuum berechnet und, wenngleich es nicht das Bewußtsein der Gattung hat, doch die Wirkung des Gattungslebens in ihm. Aber wir haben noch die ganze andre Hälfte zu betrachten, nämlich die Besitzergreifung von menschlichem Sein. Nicht als ob dieses ganz vom Gattungsleben ausginge, alles was Wahlverwandtschaft ist, Freundschaft u. s. w. ist gegenseitiges Besitzergreifen der Individuen von einander, welches nur durch die Identität der Individuen in der Gattung bedingt ist. Alles aber auf Naturzusammenhang beruhende und solche Gemeinschaft constituirende (ist) geht aus dem Gattungsleben hervor. Die stoßweise Fortschreitung auf diesem Wege, die auch als positive Feindseligkeit gegen das Fremde erscheint, hängt nur mit der allmählichen Entwicklung des objectiven Bewußtseins zusammen, so daß dieses durch die Besitzergreifung wird, wie diese auch auf ihm beruht. Eben so besteht ein gegenseitiges Verhältniß zwischen diesem Zweig der Selbstthätigkeit und dem analogen Selbstbewußtsein. Die Selbstthätigkeit will ursprünglich vom Einzelwesen aus den übrigen Geist fassen; dabei schon das Gattungsleben, aber noch fast bewußtlos und darum auch die geselligen Thiere eben so behandelnd. Aber sie ist nun indifferent gegen alles einzelne und wird also durch die Eindrücke bestimmt; aber gar nicht so, daß der momentan stärkste Eindruck die Selbstthätigkeit weiter bestimmte. Wer im Geschäftsleben begriffen ist, dem kann in geselligen Stunden einer begegnen, der anderweitig einen sehr angenehmen Eindruck auf ihn macht, aber dies wird kein Grund zum Anknüpfen eines weiteren Verhältnisses, als daß er sich freut, wenn ein zweiter Moment kommt. Aber auch das umgekehrte ist möglich. Dies sind also quantitative Differenzen, die individuell sind. Die beiden Formen aber einer gegenseitigen gleichen Besitzergreifung und einer ungleichen mit Uebergewicht per Selbstthätigkeit auf einer Seite gehen durch und sind zugleich Massencharaktere, indem manche Massen sich in sich so und anders entwickeln.

59. Es kann wohl befremden, Naturbeherrschung und Liebe als zwei Triebe an demselben Zweige zu finden. Die Frage ist ganz richtig, wenn man allgemeines und besonderes als bloße Abstraction betrachtet, aber wichtig, wenn es Darstellung eines lebendigen Verhältnisses ist. Nun finden wir aber beides sich überall durchdringend. Die Ehe ist zugleich gemeinschaftlicher Naturbesitz, eben so das Volk, und die Völkergemeinschaft fängt mit dem Verkehr an, und eine Freundschaft ist nur recht kräftig, wenn sie auch auf Naturbesitz geht, sei es nun künstlerisch oder politisch, oder auch wissenschaftliche Naturerforschung. Beide sind auch eins in den transcendenten Formen. Das Seele-werden unter Seelen ist gleich das Gegenstand-werden für die Liebe und ist zugleich des Geistes Besitzergreifung von der Materie. Keines von beiden kann in einem Einzelwesen Null werden, beide können mit einander wachsen.

Maximum des Einzellebens mit Minimum des Gattungslebens ist in dem Abstoßen der Gemeinschaft als eines beschränkenden. Maximum des Gattungslebens mit Minimum des Einzelwesens ist Vernachlässigung desselben im Gemeinschaftsdienst. Aber beides ist unvollkommenes. Denn das Gattungsleben im einzelnen muß auch dieses als Organ wollen und als integrirenden Bestandtheil, und die Selbstliebe ohne Gemeinschaftssinn kann nur angesehen werden als noch in der Entwicklung begriffen und niemals als hätte es untergehen können. Die Vollkommenheit ist nur in der innigsten Durchdringung von beiden. Diese sind die Ehe als die vollständigste gegenseitige Besitzergreifung aber zugleich die Reproduction der Gattung, also unmittelbare Thätigkeit des Gattungsbewußtseins und die Kirche, als die gegenseitige Mittheilung (also auch Besitzergreifung) des höchsten Selbstbewußtseins, in welchem der Geist sich auch als mit dem Sein identisch weiß. Hieraus entstehen zugleich und lösen sich auf alle individuellen Differenzen. Und nun ist uns nur noch übrig, aber gar nicht als aus unseren Betrachtungen entstehend, die Frage, wie sich diese Darstellung verhält zu dem sogenannten Selbsterhaltungstriebe.

60. Die Formel Selbsterhaltungstrieb ist noch ziemlich neu, aber als allgemeinen Ausdruck für alle Functionen können wir sie schon deshalb nicht gelten lassen, weil das Gattungsleben dabei ganz zur Täuschung wird, ja auch alle Richtung auf das Erkennen nur insofern natürlich wäre, als sie mit der Naturbeherrschung zusammenhängt. Als einzelnen Trieb angesehen haben wir aber gar kein Bewußtsein davon, vielmehr beklagen wir jeden, welcher dasselbe hat. Der leibliche Ernährungstrieb ist allerdings die erste Aeußerung, allein sobald sich das Bewußtsein entwikkelt, wird er auch ein geselliges mithin in die Identität mit dem Gattungsleben gebracht, und wir halten es für Rohheit, wenn ohne Ordnung jeder nur ißt, wenn es ihm einfällt. Dasselbe gilt hernach mit allen zur Naturbeherrschung gehörenden weiteren Anstalten, welche bald mehr auf die Nachkommen gehen als auf den anfangenden selbst. Von dieser Seite also entstehen aus dieser Annahme lauter untergeordnete Auffassungen. Und wie, wenn wir die ganz entgegengesezte Erscheinung, den Selbstmord, erklären wollen, so muß man sagen, daß einem der Selbsterhaltungstrieb abhanden gekommen sei, und dann wäre er auch nichts wesentliches. Daher dieses immer sehr dahin führt den Selbstmord immer als Wahnsinn zu erklären.

61. Wenn nun ferner auch keine Liebe etwas ursprüngliches sein soll, sondern nur um des Selbst willen, so geht uns alle Wahrheit des Bewußtseins verloren. Faßt man nun das Seelenleben von seinem ersten Anfang als Minimum auf, so ist auch die ganze Steigerung seines Gehaltes nicht erklärlich aus dem Selbsterhaltungstriebe. Denn dieser hat doch nur den Werth der vis inertiae, des Bleibenwollens wie man ist. Statt dessen also müßte man einen Entwikklungstrieb sezen, der aber nur bis zur Lebens-Culmination ginge, dann würde er Selbsterhaltungstrieb, aber nur frustrirter, woraus am besten erhellt, daß an keinem von beiden ein Gewinn zu machen ist. — Indem aber erklärt ist, daß die Elemente nun zusammen sind, so entsteht Verwunderung, daß so viele Ausbrükke gar nicht vorgekommen sind. Die meisten davon hangen mit einem andern Schematismus zusammen, nämlich Erkenntnißvermögen, Begehrungsvermögen, niederes und höheres. Alles dies nun paßt nicht für uns. Vermögen ist immer eine Art von Passivität, und dem steht unsere ganze Ansicht die Seele als Agilität zu fassen, entgegen. Wir geben zwar auch für jeden Moment einen äußern Coefficienten zu, aber nur als bestimmend, nicht als ursprünglich erregend; nur überhaupt das Wie-

werben des Seins durch das Zusammensein bestimmend. Eben so ist niederes und höheres zweideutig. Das niedere soll auch wesentlich sein, es soll aber im Vergleich mit dem höheren zurückgesezt werden; dies giebt lauter Verwirrung.

62. So ist Verstand und Vernunft von verschiedenen verschieben gestellt. Wenn nun aber Vernunft als höchstes zugleich erklärt wird als das Vermögen zu schließen und dieses die allergeringste Verstandes = Procedur ist, doch aber alles vernünftige im höchsten Sinn die Form des Schlusses haben soll, so ist die Verwirrung total. Eben so wird Fantasie sehr hoch gestellt, aber dann auch wieder theils alles fantastische getadelt, theils auch ganz nichtsbedeutende Operationen mit dem Namen Fantasie belegt. So daß fast erst eine allgemeine Degradation vorgenommen werden muß mit Ausdrükken, die eine wissenschaftliche Stellung usurpirt haben, während sie doch ganz in der Verworrenheit der Umgangssprache versiren. Das Maaß also, das an unsern Schematismus gelegt werden muß, ist nicht, ob man über alle diese abstracten Ausdrükke Auskunft findet, sondern ob man wirkliche Momente finden kann, die man in demselben nicht zu stellen weiß.

Wenn wir nun zum constructiven Theil übergehen, so ist die Absicht desselben die zu sehen, wie sich das Leben als Continuum aus diesen Elementen zusammensezt mit allen Differenzen, die wir an den einzelnen finden. Einzeln wird aber hier im weitesten Sinne genommen als Gegensaz gegen die ungetheilte Einheit des Geistes, also auch Volkseinheit in den verschiedenen Abstufungen und Racen. Eine Construction der lezteren aus dem allgemeinen Begriff des menschlichen Lebens würde außerhalb unsrer Grenzen liegen, weil hiebei zugleich physiologische Elemente und tellurische Verhältnisse. Daher liegen auch diese Versuche immer unter einander im Streit. Die Völker sind leicht unter die Racen zu gruppiren und auch in sich zu theilen, zumal wo auch die Sprachen getheilt sind. Aber wie sich nun ein Volkscharakter, in wieviel und was für Individualitäten erschöpft, das wäre für die Construction eine unendliche Aufgabe. Wir sind also nur an die Beobachtung gewiesen. Aber doch muß es eine Vermittelung geben zwischen jener Einheit des Lebens und der Unendlichkeit der Individuen; denn aus einem unmittelbaren Uebergange kann schon nach Platon keine wissenschaftliche Erkenntniß entstehen. Wir haben aber zu sehen auf die zeitlichen Wechsel des Lebens den täglichen und den culminativen, dann auf die quantitative Differenz des Lebensgehaltes und auf die qualitativen Mischungsverschiedenheiten.

Der constructive Theil.

68. Da der Zeitwechsel uns an das Lebensende führt (mithin auch an das Ende unserer Darstellung, so ist es auch natürlich ihn zulezt zu sparen und mit den gleichzeitigen Differenzen anzufangen, und da wir an die Beobachtung gewiesen sind, auch mit der anschaulichsten und klarsten, nämlich

der Geschlechtsdifferenz.

Ausgemacht, daß sie leiblich nicht auf das System der Geschlechtsorgane beschränkt ist, aber zweifelhaft, ob sie im Gehirn und Nervensystem hervortritt. Daher ein alter Streit, ob die gewöhnlichen psychischen Differenzen ursprünglich sind oder nur ein Werk der Erziehung. Er wird immer wieder aufgenommen durch das Gewissen, weil die Erziehung eine Ungerechtigkeit wäre, wenn sie ohne angeborene Schwäche doch die Frauen von der Leitung des öffentlichen Lebens ausschließt. Plato an der Spize aller, die eine bürgerliche Verbesserung der Weiber wollen. Menstruation und Schwangerschaft haben nur einen auf Zeiträume beschränkten Einfluß und könnten nur bewirken, daß Frauen um ein weniges hinter gleich begabten Männern zurückbleiben, während sie doch über die geringeren hervorragen könnten. Dieser Voraussezung steht nun gegenüber die, daß eine ursprüngliche Ungleichheit von der Art stattfinde, daß das weibliche Geschlecht geringeren Geistesgehalt habe. Für jene muß zuerst untersucht werden, ob die Stellung beider Geschlechter wirklich eine ungleiche sei.

64. Das eigentliche Verhältniß beider ist aber das zwischen Haus und Oeffentlichkeit. Im Hause gehen von ihnen die ersten Erziehungseinflüsse aus und dann die Ausgleichung und Mäßigung der leidenschaftlichen Bewegungen, die in der Oeffentlichkeit entstehen. Man kann also sagen, daß die Männer durch sie werden und Geltung bekommen in dem, was sie in der Oeffentlichkeit sind, und so stellt sich Gleichheit her. Mithin haben wir keine qualitative Ungleichheit vorauszusezen, aber auch, wenn man nicht annehmen will, daß sich beides

auch eben so leicht umkehren ließe, keine qualitative Gleichheit. Die quantitative Ungleichheit kann also innerhalb beider Geschlechter dieselbe sein, die qualitative aber muß sich verhalten wie die beiden Standpunkte. Diese aber wie das einzelne zur zusammenfassenden Einheit. Demgemäß geht auch die Richtung der Frauen überall vom abstract allgemeinen ab zum einzelnen hin. Dies ist keine geistige Verengerung, denn das vollständige Weltbild hat dieselbe Dignität wie die Weltconstruction und vom chaotischen Zustande aus ist auch schon im Firiren des einzelnen, wenn es richtig sein soll, die ganze geistige Kraft in Thätigkeit, weil eben so die einwohnenden der Theilung des Seins entsprechenden Formen vorausgesezt werden.